gen

EDITORA MÉTODO

EXECUÇÃO PENAL

O GEN | Grupo Editorial Nacional – maior plataforma editorial brasileira no segmento científico, técnico e profissional – publica conteúdos nas áreas de concursos, ciências jurídicas, humanas, exatas, da saúde e sociais aplicadas, além de prover serviços direcionados à educação continuada.

As editoras que integram o GEN, das mais respeitadas no mercado editorial, construíram catálogos inigualáveis, com obras decisivas para a formação acadêmica e o aperfeiçoamento de várias gerações de profissionais e estudantes, tendo se tornado sinônimo de qualidade e seriedade.

A missão do GEN e dos núcleos de conteúdo que o compõem é prover a melhor informação científica e distribuí-la de maneira flexível e conveniente, a preços justos, gerando benefícios e servindo a autores, docentes, livreiros, funcionários, colaboradores e acionistas.

Nosso comportamento ético incondicional e nossa responsabilidade social e ambiental são reforçados pela natureza educacional de nossa atividade e dão sustentabilidade ao crescimento contínuo e à rentabilidade do grupo.

Norberto Avena

EXECUÇÃO PENAL

6.ª edição | revista e atualizada

gen | EDITORA MÉTODO

  EDITORA FORENSE LTDA.
  Uma editora integrante do GEN | Grupo Editorial Nacional
  Rua Conselheiro Nébias, 1384 – Campos Elíseos – 01203-904 – São Paulo – SP
  Tel.: (11) 5080-0770 / (21) 3543-0770
  faleconosco@grupogen.com.br / www.grupogen.com.br

- Capa: Danilo Oliveira

- Data de fechamento: 11/07/2019

- **CIP – BRASIL. CATALOGAÇÃO NA FONTE.**
  SINDICATO NACIONAL DOS EDITORES DE LIVROS, RJ.

A969e
Avena, Norberto

Execução penal / Norberto Avena. – 6. ed. – Rio de Janeiro: Forense; São Paulo: MÉTODO, 2019.

Inclui bibliografia e índice
ISBN 978-85-309-8734-3

1. Pena (Direito). 2. Execução penal. 3. Direito penal – Brasil – Problemas, questões, exercícios. 4. Serviço público – Brasil – Concursos. I. Título.

19-58048 CDU: 343.8(81)

Meri Gleice Rodrigues de Souza – Bibliotecária CRB-7/6439

À minha querida esposa, Vilma Andréa, e às minhas amadas filhas, Luisa e Carolina, encantos de minha vida, razões de minha existência, alegrias de todas as horas, expressões de um amor imensurável, infinito, inesgotável...

NOTA DO AUTOR

Aos vinte e nove anos de Ministério Público e dezenove anos de docência em cursos preparatórios para concursos públicos na área jurídica, percebemos que uma das maiores dificuldades dos operadores do Direito é conciliar a literalidade da Lei com as inúmeras interpretações que lhe são conferidas pela doutrina e pela jurisprudência. Por vezes, a aplicação de um mesmo dispositivo a casos concretos distintos conduz a soluções jurídicas absolutamente diversas. Tal situação gera insegurança aos profissionais (advogados, juízes, promotores, defensores e outros), aos estudantes e, sobretudo, àqueles que se preparam para enfrentar as dificuldades inerentes aos concursos públicos.

Especificamente no que se refere à execução criminal, a atividade interpretativa é ainda mais complexa. Além do conhecimento das regras estipuladas pela Lei de Execução Penal (Lei 7.210/1984), envolve também o domínio de normas, conceitos e princípios relacionados ao direito penal, processual penal e constitucional. E mais: faz-se necessário um esforço descomunal para contextualizar as normas que regem a execução das penas e das medidas de segurança em meio à realidade brasileira, em que se evidencia uma série de obstáculos ao processo de reintegração social, tais como a superlotação carcerária, a ausência de estrutura e recursos humanos nos hospitais psiquiátricos, a falta de vagas nos estabelecimentos penais, as condições sub-humanas das casas prisionais e muitos outros.

Nesse contexto de dificuldades, resolvemos enfrentar o desafio de escrever um livro capaz de facilitar o estudo e a compreensão dos temas relacionados à execução penal, sem embargo de analisar, com auxílio da jurisprudência dominante (especialmente nos Tribunais Superiores), as principais discussões e controvérsias existentes em torno da matéria.

E desse propósito, pois, é que nasceu esta obra – *Execução Penal.*

Para cumprir o mister a que nos propusemos, optamos por uma exposição objetiva, direta e sem rodeios das questões inerentes à execução das penas e das medidas de segurança, analisando os dispositivos inseridos na Lei de Execução Penal e legislação correlata contextualmente com o direito material e processual. Para maior absorção dos temas tratados, inúmeros exemplos são expostos. Agregamos, ainda, aos diversos capítulos, esquemas ilustrativos que sintetizam os conteúdos abordados, e também questões de concursos públicos.

Destarte, esperamos que este livro possibilite ao leitor, de forma amena e tranquila, conhecer o universo das regras, preceitos e princípios inerentes ao tema tratado. Se assim conseguirmos, teremos alcançado nosso escopo maior, qual seja, o de facilitar o estudo e a aplicação do chamado Direito de Execução Penal.

Porto Alegre, 2019.

SUMÁRIO

CAPÍTULO 1

OBJETO E APLICAÇÃO DA LEI DE EXECUÇÃO PENAL

1.1 DIREITO DE EXECUÇÃO PENAL

1.1.1 Direito de execução penal e direito penitenciário

Buscando uma denominação para o ramo do direito destinado a regular a execução penal, a doutrina internacional consagrou a expressão *Direito Penitenciário*. No direito brasileiro, porém, essa designação revela-se em descompasso com os termos da L. 7.210/1984 (Lei de Execução Penal – LEP), que, já em seu art. 1º, estabelece como objetivo da execução penal "efetivar as disposições de sentença ou decisão criminal e proporcionar condições para a harmônica integração social do condenado e do internado".

Como se vê, a lei estabelece como fim da execução penal não apenas a solução de questões relacionadas ao cárcere (o que justificaria a denominação *Direito Penitenciário*), mas também o estabelecimento de medidas que visem à reabilitação do condenado. Daí o surgimento da expressão *Direito de Execução Penal* para denominar a disciplina que rege o processo de cumprimento da sentença penal e seus objetivos.

Tal semântica foi acolhida nos itens 8 e 9 da Exposição de Motivos da L. 7.210/1984, ocasião em que se afirmou: "8. O tema relativo à instituição de lei específica para regular a execução penal vincula-se à autonomia científica da disciplina, que em razão de sua modernidade não possui designação definitiva. Tem-se usado a denominação Direito Penitenciário, à semelhança dos penalistas franceses, embora se restrinja essa expressão à problemática do cárcere. Outras, de sentido mais abrangente, foram propostas, como Direito Penal Executivo por Roberto Lyra (*As execuções penais no Brasil*. Rio de Janeiro, 1963, p. 13) e Direito Executivo Penal por Ítalo Luder (El princípio de legalidad en la ejecución de la pena, *Revista del Centro de Estudios Criminológicos*, Mendoza, 1968, p. 29 e ss.). 9. Em nosso entendimento pode-se denominar esse ramo Direito de Execução Penal, para abrangência do conjunto das normas jurídicas relativas à execução das penas e das medidas de segurança (cf. Cuello Calón, *Derecho Penal*, Barcelona, 1971, v. II, tomo I, p. 773; Jorge de Figueiredo Dias, *Direito Processual Penal*, Coimbra, 1974, p. 37)".

1.1.2 Autonomia do direito de execução penal

Trata-se de ramo autônomo do direito, regulado por seus próprios princípios. No entanto, conforme mencionado no item 11 da Exposição de Motivos da Lei de Execução Penal, seria "inviável a pretensão de confinar em diplomas herméticos todas as situações jurídicas oriundas das relações estabelecidas por uma disciplina. Na Constituição existem normas processuais penais, como as proibições de detenção arbitrária, da pena de morte, da prisão perpétua e da prisão por dívida. A Constituição consagra ainda regras características da execução ao estabelecer a personalidade e a individualização da pena como garantias do homem perante o Estado. Também no Código Penal existem regras de execução, destacando-se, dentre elas, as pertinentes aos estágios de cumprimento da pena e respectivos regimes prisionais".

Neste bordo, é inevitável a conclusão de que, apesar de autônomo, o Direito de Execução Penal guarda estreita relação com o direito constitucional (que estabelece garantias individuais e fixa limites à pretensão punitiva), com o direito penal (que disciplina diversos institutos relacionados à execução da pena) e com o direito processual penal (que cuida do processo executório e do qual se infere a necessidade de observância dos princípios do contraditório, da ampla defesa, do duplo grau de jurisdição etc.).

1.1.3 Antecedentes históricos da execução penal no Brasil

A primeira tentativa de consolidação das normas relativas à execução penal no Brasil foi o projeto de Código Penitenciário da República, de 1933, que, porém, foi abandonado por discrepar do Código Penal promulgado em 1940.

Em 1957, sobreveio a aprovação da L. 3.274, estabelecendo normas gerais de regime penitenciário, que, entretanto, mostrou-se ineficaz por não contemplar sanções para o descumprimento das regras estabelecidas.

Ainda no ano de 1957, foi confeccionado anteprojeto de Código Penitenciário, que não teve prosseguimento.

Em 1963, Roberto Lyra chegou a redigir um anteprojeto de Código de Execuções Penais, paralisado tempos depois diante da eclosão do movimento de 1964. Benjamim Moraes Filho, em 1970, elaborou novo anteprojeto de Código de Execuções Penais, igualmente sem sequência.

No ano de 1981, uma comissão de juristas instituída pelo Ministro da Justiça apresentou o anteprojeto da Lei de Execução Penal. Esse anteprojeto foi analisado por uma comissão revisora, que em 1982 apresentou suas conclusões ao Ministro da Justiça. Em 1983, por meio da Mensagem 242, a Presidência da República encaminhou o projeto ao Congresso Nacional, dele resultando a L. 7.210, promulgada em 11.07.1984 e publicada no dia 13 do mesmo mês e ano.

1.1.4 Execução penal: conceito, pressuposto fundamental e natureza jurídica

Estabelece o art. 1º da LEP que "a execução penal tem por objetivo efetivar as disposições de sentença ou decisão criminal e proporcionar condições para a harmônica integração social do condenado e do internado". A partir desse regramento, infere-se que a execução penal pode ser compreendida como o conjunto de normas e princípios que tem por objetivo tornar efetivo o comando judicial determinado na sentença penal que impõe ao condenado uma pena (privativa de liberdade, restritiva de direitos ou multa) ou estabelece medida de segurança.

O *pressuposto fundamental* da execução penal é a existência de uma sentença condenatória ou absolutória imprópria (absolvição com imposição de medida de segurança) transitadas em julgado. Não obstante, também estão sujeitas a execução as decisões homologatórias de transação penal exaradas no âmbito dos Juizados Especiais Criminais.

Não é pacífica na doutrina a *natureza jurídica* da execução penal, havendo, por um lado, quem defenda seu caráter puramente administrativo e, por outro, quem sustente sua natureza eminentemente jurisdicional. Prevalece, contudo, a orientação de que a execução penal encerra atividade complexa, que se desenvolve tanto no plano administrativo como na esfera jurisdicional, sendo regulada por normas que pertencem a outros ramos do direito, especialmente o direito penal e o direito processual penal. A própria Exposição de Motivos do projeto que gerou a L. 7.210/1984 (LEP) reconhece a autonomia desse ramo do direito ao dizer que, "vencida a crença histórica de que o direito regulador da execução é de índole predominantemente administrativa, deve-se reconhecer, em nome de sua própria autonomia, a impossibilidade de sua inteira submissão aos domínios do Direito Penal e do Direito Processual Penal".

Ada Pellegrini Grinover, tratando do tema, observa: "Na verdade, não se desconhece que a execução penal é atividade complexa, que se desenvolve, entrosadamente, nos planos jurisdicionais e administrativo. Nem se desconhece que dessa atividade participam dois poderes estaduais: o Judiciário e o Executivo, por intermédio, respectivamente, dos órgãos jurisdicionais e dos estabelecimentos penais."[1]

Renato Marcão, entretanto, adverte que "a execução penal é de natureza jurisdicional, não obstante a intensa atividade administrativa que envolve"[2]. Considera ele que, "embora não se possa negar tratar-se de atividade complexa, não é pelo fato de não prescindir de certo rol de atividades administrativas que sua natureza se transmuda; prevalece a atividade jurisdicional, não só na solução dos incidentes da execução"[3].

Concordamos com esta última posição, qual seja, de que a atividade de execução penal desenvolve-se nos planos administrativo e jurisdicional, havendo, porém, a prevalência deste último. Isso ocorre porque, embora uma parte da execução penal refira-se a providências que ficam a cargo das autoridades penitenciárias, é certo que o título em que se funda a execução é uma sentença penal condenatória, uma sentença absolutória imprópria ou uma decisão homologatória de transação penal, sendo que o cumprimento forçado desses títulos apenas pode ser determinado pelo Poder Judiciário. Além disso, é inquestionável que, mesmo nos momentos de atuação administrativa, é garantido ao apenado o acesso ao Poder Judiciário e a todas as garantias que lhe são inerentes (ampla defesa, contraditório, devido processo, imparcialidade do juiz, direito à produção probatória, direito de audiência etc.).

1.1.5 Início do processo de execução

O processo de execução desenvolve-se por impulso oficial, não havendo necessidade de provocação do juiz pelo Ministério Público ou por quem quer que seja. Transitando em julgado a sentença condenatória ou absolutória imprópria, cabe ao juiz da execução,

---

1 Ada Pellegrini Grinover, *Execução penal*. São Paulo: Max Limonad, 1987, p. 7.

2 Renato Marcão, *Curso de execução penal*. 10ª ed. São Paulo: Saraiva, 2012, p. 32.

3 Renato Marcão, op. cit., p. 33.

recebendo os autos do processo ou cópia das principais peças que o compõem, determinar as providências cabíveis para cumprimento da pena ou da medida de segurança.

Peculiaridade existe em relação à pena de multa. Nesse caso, se não for paga dentro do prazo de dez dias após o trânsito em julgado da sentença (art. 50, *caput*, CP), poderá o juiz da condenação (por economia processual) ou o juiz da execução, *ex officio*, determinar a intimação do condenado para que o faça. Se ainda assim não o fizer, caberá ao legitimado (prevalece o entendimento de que o seja a Procuradoria Fiscal) deduzir em juízo a competente ação de execução, visando à penhora e subsequente venda pública de bens do réu.

Em regra, o condenado não precisa ser citado do processo de execução penal, pois já possui ciência da acusação que lhe foi feita no processo de conhecimento e da sentença proferida ao final. Ressalva-se, quando tiver sido intentada, a hipótese de execução forçada da pena de multa, pois, nesses casos, é necessária a citação do condenado tendo em vista que tal processo pode resultar em constrição e subsequente venda judicial dos seus bens.

1.1.6 Sujeitos da execução penal

Sujeito ativo da execução penal é o Estado. Note-se que, no processo de conhecimento, o ofendido pode atuar como autor da ação penal privada ou na condição de assistente de acusação no curso da ação penal pública. Sendo morto ou ausente, esses papéis poderão ser exercidos por seu cônjuge, ascendente, descendente ou irmão, nos termos dos arts. 31 e 268 do CPP. Independentemente dessas faculdades, transitando em julgado a sentença penal condenatória ou absolutória imprópria e iniciada a fase da execução penal, cessa para o ofendido a possibilidade de atuação. A execução da pena, enfim, é monopólio estatal, independentemente da natureza da ação penal que gerou a sentença (pública incondicionada, pública condicionada ou privada), não podendo o particular nela se imiscuir com o objetivo de fazer cumprir o comando incorporado à decisão penal transitada em julgado. Tampouco lhe é possibilitado insurgir-se em relação a benefícios concedidos ao apenado durante o cumprimento da pena ou intervir em incidentes da execução. Sendo a execução penal de natureza pública, cabe ao Ministério Público intervir em todos os seus termos, postulando as providências necessárias para o correto cumprimento da pena imposta ou da medida de segurança.

Por outro lado, quanto ao *sujeito passivo*, trata-se do executado, isto é, a pessoa a quem imposta a pena (privativa de liberdade, restritiva de direito ou multa) ou aplicada medida de segurança. Conforme se infere do art. 2º, parágrafo único, da L. 7.210/1984, em se tratando de pena privativa de liberdade, o executado pode ser tanto o preso definitivo quanto o provisório. Ainda, poderá ser executado o autor do fato que não cumprir a transação penal homologada no âmbito dos Juizados Especiais Criminais.

1.1.7 Objeto da execução penal (art. 1º da LEP)

O art. 1º da L. 7.210/1984 estabelece os dois fins primordiais da execução penal: *a efetivação do mandamento incorporado à sentença penal* e *a reinserção social do condenado ou do internado.* Pelo primeiro, busca-se concretizar o *jus puniendi* do Estado, realizando-se o título executivo constituído pela sentença. Já o segundo traduz a ideia de ofertar, durante a execução, os meios necessários a que os apenados e os sujeitos a medida de segurança possam alcançar a reintegração social.

Conforme ensina Julio Fabbrini Mirabete, "o sentido imanente da reinserção social, conforme o estabelecido na Lei de Execução, compreende a assistência e ajuda na obtenção dos meios capazes de permitir o retorno do apenado e do internado ao meio social em condições favoráveis para sua integração, não se confundido com qualquer sistema de tratamento que procure impor um determinado número e hierarquia de valores em contraste com os direitos da personalidade do condenado"[4].

Perceba-se que o objetivo da execução de proporcionar condições para a integração social do condenado não se resume ao plano teórico, mas, ao contrário, tem balizado as decisões do Poder Judiciário no momento de decidir sobre a concessão ou negativa de benefícios. "A história da humanidade sempre teve compromisso com a reeducação do condenado e com sua reinserção social", já proclamou o STJ[5].

1.2 PENA

1.2.1 Princípios da pena

A pena, que corresponde à sanção imposta ao agente da prática criminosa, na sistemática do Código Penal Brasileiro, possui duas finalidades nítidas: a primeira, **retributiva**, consistente na resposta estatal à infração cometida; e, a segunda, **preventiva**, no sentido de evitar a prática de novos crimes. Esta finalidade *preventiva*, como bem refere Nucci[6], desdobra-se em quatro aspectos, a saber: **geral negativo**, significando o poder de intimidação da pena em relação à sociedade como um todo; **geral positivo**, correspondente à existência e eficiência do Direito Penal; **especial negativo**, visando demonstrar ao autor do delito que o Estado não será tolerante em relação à prática de outros crimes que, se ocorrerem, implicarão na aplicação de novas penas, muito especialmente a privativa de liberdade; e, por fim, **especial positivo**, no sentido de ressocializar o condenado com vista à sua reintegração à sociedade após a extinção da pena.

Pois bem, relacionados a estes objetivos, existem determinados princípios que informam a pena e que regem todas as fases de aplicação e execução. Consistem nos seguintes: *princípio da intranscendência da pena; princípio da legalidade; princípio da inderrogabilidade; princípio da proporcionalidade; princípio da individualização da pena* e *princípio da humanidade.*

1.2.1.1 Princípio da intranscendência da pena

Também conhecido como princípio da personalidade ou da pessoalidade, está previsto no art. 5º, XLV, da Constituição Federal, de onde se depreende que a pena e a medida de segurança não podem passar da pessoa do autor da infração.

Na análise do princípio, sobressai a questão relacionada ao patrimônio do condenado. Isso porque, entre as penas restritivas de direito previstas em lei, está a perda de bens e valores (art. 43, II, do CP). Essa pena não se confunde com o efeito da condenação transitada em julgado previsto no art. 91, II, *b* e § 1º, do CP, incidente sobre o produto do crime, sobre os bens adquiridos com o proveito da infração penal e sobre os bens e valores equivalentes ao produto ou ao proveito do crime. Neste último caso, o confisco do patrimônio decorre de efeito automático da condenação, não sendo, ao

---

4 Julio Fabbrini Mirabete, *Execução penal.* 11ª ed. São Paulo: Atlas, 2004, p. 28.

5 STJ, *Habeas Corpus* 123.451/RS, *DJ* 03.08.2009.

6 Guilherme de Souza Nucci. *Código Penal comentado*. 8. ed. São Paulo: Revista dos Tribunais, 2008. p. 301.

contrário do primeiro, uma pena. Logo, morto o réu depois do trânsito em julgado da condenação e antes de operar-se a perda do produto do crime ou dos bens adquiridos com o proveito do ilícito, nada impede que sejam tais bens confiscados para fins de cumprimento da regra estabelecida no art. 91 do CP. Já no caso da pena restritiva de direitos de perda de bens ou valores (art. 43, II, do CP), se morto o réu após a condenação, porém antes do confisco dos bens, fica este prejudicado em razão do princípio da intranscendência da pena. Observe-se que a distinção se encontra resguardada no próprio art. 5º, XLV, da CF, quando diz que "nenhuma pena passará da pessoa do condenado, podendo a obrigação de reparar o dano e a decretação do perdimento de bens ser, nos termos da lei, estendidas aos sucessores e contra eles executadas, até o limite do valor do patrimônio transferido".

1.2.1.2 Princípio da legalidade

Consubstanciado na expressão latina *nullum crimen, nulla poena sine praevia lege*, tem origem constitucional (art. 5º, XXXIX, da CF) e legal (art. 1º do CP), significando que nenhum comportamento pode ser considerado crime e nenhuma pena pode ser aplicada e executada sem que uma lei anterior a sua prática assim estabeleça.

A doutrina clássica costuma desdobrar o princípio da legalidade em duas outras regras: o *princípio da reserva legal*, segundo o qual não há crime sem lei que o defina, nem pena sem cominação legal, considerando-se lei, neste caso, aquela elaborada segundo os trâmites previstos na Constituição Federal; e o *princípio da anterioridade*, certificando que não há crime sem lei anterior que o defina, nem pena sem prévia cominação legal, de onde se infere que o enquadramento da conduta como crime e a previsão de pena deverão ser anteriores ao fato delituoso.

O princípio da legalidade, evidentemente, rege também a aplicação da medida de segurança.

1.2.1.3 Princípio da inderrogabilidade

Uma vez constatada a prática do crime, a pena não pode deixar de ser aplicada por liberalidade do juiz ou de qualquer outra autoridade.

Tem suscitado controvérsias na doutrina a questão relativa à incidência do princípio da insignificância em crimes contra o patrimônio, o que conduz à atipicidade material da conduta e à consequente absolvição do acusado. Para alguns, tal reconhecimento importa em ofensa ao princípio da inderrogabilidade da pena. Contornando essa ordem de argumentação, a jurisprudência tem estabelecido que a aplicação do referido princípio se justifica em situações excepcionais, isto é, apenas nas hipóteses em que o valor da *res furtiva* é claramente desprezível, sob pena de afronta, de fato, ao princípio da inderrogabilidade da pena, gerando impunidade e insegurança jurídica, o que é inconcebível no Estado Democrático de Direito[7].

1.2.1.4 Princípio da proporcionalidade

A pena deve ser proporcional ao crime praticado. Enfim, deve existir equilíbrio entre a infração praticada e a sanção imposta.

[7] TJSP, Apelação 76320220118260161, *DJ* 06.09.2012.

O princípio encontra respaldo constitucional no art. 5º, XLVI, que se refere à individualização da pena. Com base nesse princípio, vem entendendo o Excelso Pretório, por exemplo, que a imposição de regime fechado a réus condenados a penas ínfimas, primários e de bons antecedentes, entra em rota de colisão com a Constituição Federal e com a evolução do Direito Penal[8]. O princípio da proporcionalidade é, enfim, corolário da busca do justo.

1.2.1.5 Princípio da individualização da pena

Prevista no art. 5º, XLVI, da Constituição Federal, desenvolve-se a individualização da pena em três fases: primeira, no **âmbito legislativo** (individualização legislativa ou formal), que ocorre no momento da criação do tipo penal incriminador, quando o legislador estabelece abstratamente o mínimo e o máximo da pena cominada; segunda, no **âmbito judicial** (individualização judicial), quando, diante do caso concreto, o juiz do processo de conhecimento, a partir dos critérios estabelecidos na legislação, fixa a pena cabível ao agente; e, terceiro, no **âmbito executório** (individualização executória), quando o juiz da execução penal adapta a pena aplicada na sentença à pessoa do condenado ou internado, concedendo-lhe ou negando-lhe benefícios como a progressão de regime, o livramento condicional, a remição etc.

Relativamente ao enfoque executório, o princípio impõe que o juiz estabeleça para cada autor de crime a pena exata e merecida. Em outras palavras, a pena deve ser imposta e executada em relação ao condenado de acordo com o grau de sua culpabilidade e em obediência aos critérios legais.

Tratando do princípio, ressaltou o STF que "o processo de individualização da pena é um caminhar no rumo da personalização da resposta punitiva do Estado, desenvolvendo-se em três momentos distintos e complementares: o legislativo, o judicial e o executivo. É dizer: a lei comum não tem a força de subtrair do juiz sentenciante o poder-dever de impor ao delinquente a sanção criminal que a ele, juiz, afigurar-se como expressão de um concreto balanceamento ou de uma empírica ponderação de circunstâncias objetivas com protagonizações subjetivas do fato-tipo"[9].

1.2.1.6 Princípio da humanidade

Embora a segurança pública deva ser resguardada, nossa Carta Política estabelece como um dos fundamentos da República a dignidade da pessoa humana, do qual é consectário o princípio da humanidade das penas.

Na Constituição Federal, o princípio está previsto no art. 5º, XLVII, que veda o estabelecimento de penas de caráter perpétuo, de banimento, cruéis, de trabalhos forçados e de morte (salvo em caso de guerra declarada), bem como no inciso XLIX do mesmo dispositivo, que estabelece a obrigatoriedade de respeito à integridade física e moral do condenado. O princípio da humanidade determina, enfim, a prevalência dos direitos humanos, razão pela qual se proíbem penas insensíveis e dolorosas.

---

8 STF, *Habeas Corpus* 239.165/SP, *DJ* 01.10.2012.

9 STF, *Habeas Corpus* 104.174/RJ, *DJ* 18.05.2011.

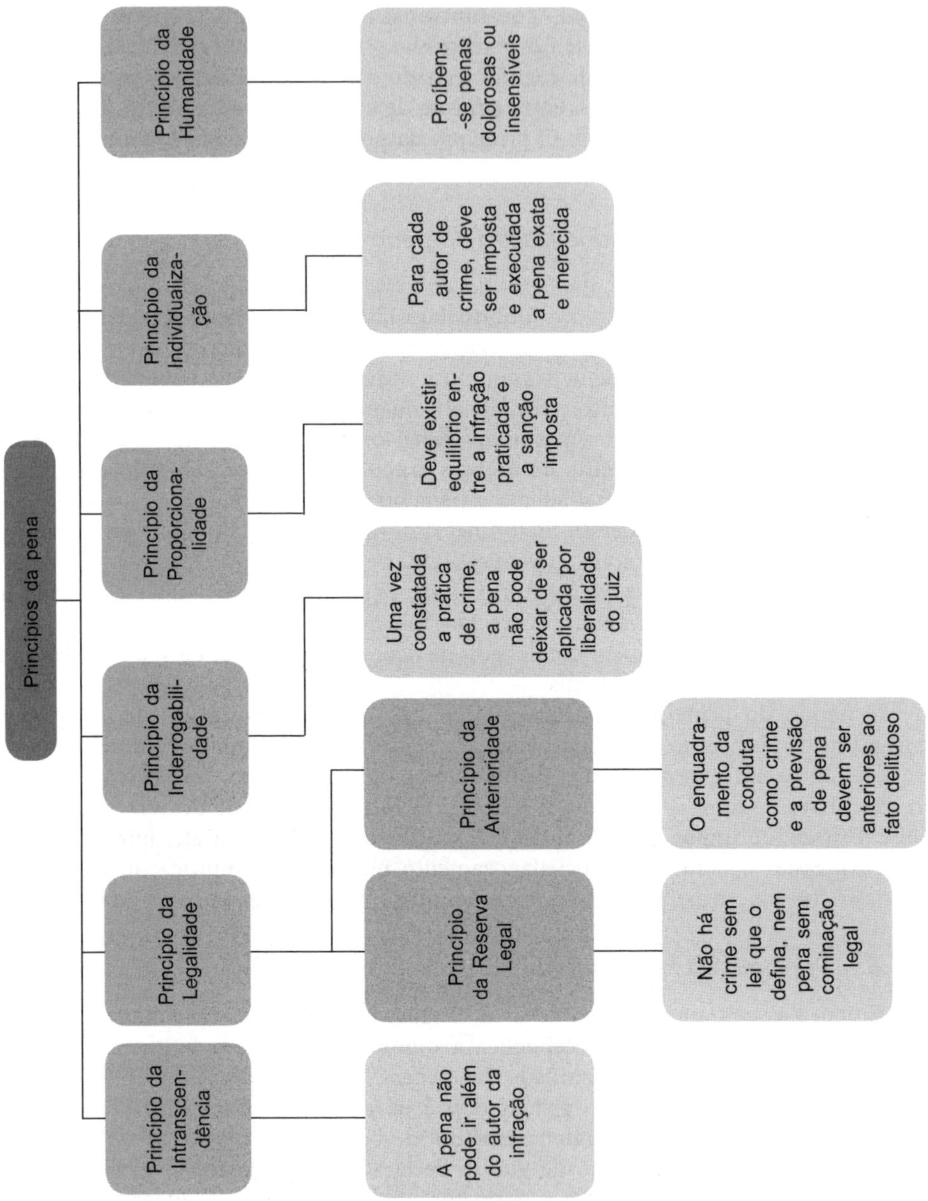

1.3 JURISDICIONALIZAÇÃO DA EXECUÇÃO PENAL

1.3.1 Princípio da jurisdicionalidade (art. 2º da LEP)

O art. 2º da LEP refere que "a jurisdição penal dos Juízes ou Tribunais da Justiça ordinária, em todo o Território Nacional, será exercida, no processo de execução, na conformidade desta Lei e do Código de Processo Penal". Desse regramento depreende-se que a execução penal rege-se pelo princípio da jurisdicionalidade.

Na prática, isso significa que a intervenção do juiz não se esgota com o trânsito em julgado da sentença proferida no processo de conhecimento, estendendo-se ao processo executório da pena. Significa também que, apesar de alguns atos administrativos fazerem parte da atuação do magistrado, sua intervenção na execução da pena é essencialmente jurisdicional. Em consequência, aplicam-se, em sede de execução, as garantias da ampla defesa, contraditório, duplo grau de jurisdição, devido processo legal, imparcialidade do juiz, uso de meios de prova lícitos e legítimos, publicidade etc.

Reforçando a ideia de jurisdicionalização prevista no art. 2º da L. 7.210/1984, estabelece o art. 194 do mesmo diploma que "o procedimento correspondente às situações previstas nesta Lei será judicial, desenvolvendo-se perante o Juízo da execução". O enfoque genérico incorporado a esse dispositivo conduz à conclusão de que as competências estabelecidas ao juiz da execução pelo art. 66 da LEP são meramente exemplificativas, não exaurindo o rol de suas intervenções possíveis no processo executório.

Paulo Lúcio Nogueira, tratando da jurisdicionalização, refere com propriedade que "não há como negar que o juiz da execução é chamado frequentemente a exercer, em sua plenitude e em sua pureza, a função jurisdicional; e nem assim poderia deixar de ser porquanto a sentença condenatória penal contém implícita a cláusula *rebus sic stantibus*, como sentença determinativa que é: o juiz fica, assim, autorizado, pela natureza mesma da sentença, a agir por equidade, operando a modificação objetiva da sentença sempre que haja mutação nas circunstâncias fáticas. Cumpre lembrar que a sentença determinativa transita em julgado, sendo, porém, passível de um processo de integração em obediência à cláusula que contém: é, pois, suscetível de revisão, no processo de execução, nos casos expressamente autorizados por lei"[10].

1.3.2 Extensão aplicativa da Lei de Execução Penal

Dispõe o art. 2º, parágrafo único, da LEP que "esta lei aplicar-se-á igualmente ao preso provisório e ao condenado pela Justiça Eleitoral ou Militar, quando recolhido a estabelecimento sujeito à jurisdição ordinária".

1.3.2.1 Presos provisórios e presos definitivos

Denomina-se *preso definitivo* o indivíduo que, diante do trânsito em julgado da decisão condenatória, encontra-se cumprindo pena. Já o *preso provisório*, para efeitos da LEP, é aquele que, conquanto já tenha sido condenado, ainda não se operou o mencionado trânsito, quer porque ainda não foi decidido seu recurso, quer por não estarem preclusas todas as vias impugnativas possíveis.

No tocante à **execução da pena**, entendia-se, até pouco tempo atrás, que tal efeito era aplicável somente depois do trânsito em julgado da condenação. Nesse cenário, a segregação pós-decisão condenatória recorrível poderia ser imposta apenas a título de prisão preventiva, quando presentes os respectivos pressupostos. Sem embargo de esse entendimento ainda subsistir em relação à **apelação da sentença condenatória**, em 17.02.2016, no julgamento do *Habeas Corpus* 126.292/SP, de relatoria do Min. Teori Zavascki, o Plenário do STF deliberou no sentido de que se viabiliza a execução provisória da pena quando, diante de recurso da defesa, **ocorre a confirmação da sentença condenatória em Segundo Grau** (raciocínio que, por óbvio, também alcança a hipó-

10 Paulo Lúcio Nogueira, *Comentários à Lei de Execução Penal*. São Paulo: Saraiva, 1990, p. 228.

tese de reforma da sentença absolutória em face de recurso da acusação e consequente condenação do réu pelo tribunal), ponderando ainda que isso não ofende o princípio constitucional da presunção de inocência, sendo indiferente, nesse caso, a presença ou não dos pressupostos da prisão preventiva. Posteriormente, em 05.10.2016, pronunciando-se acerca das liminares requeridas nas Ações Declaratórias de Constitucionalidade 43 e 44 propostas, respectivamente, pelo Partido Nacional Ecológico e pelo Conselho Federal da OAB em relação ao art. 283 do CPP, o STF ratificou o entendimento adotado no julgamento do referido HC 126.292/SP, compreendendo, pela apartada maioria de 6 votos a 5, que o referido art. 283 não impede o início do cumprimento da pena após esgotadas as instâncias ordinárias. Mais recentemente, em 11.11.2016, no julgamento do Recurso Extraordinário 964.246/SP, o Plenário virtual do STF, novamente por maioria, reafirmou a mencionada orientação. Tratando-se, nesse caso, de deliberação meritória realizada após reconhecimento da repercussão geral da matéria, a tese firmada pelo Excelso Pretório, doravante, deverá ser aplicada nos processos em curso nas instâncias inferiores.

Pois bem, quer se trate de preso provisório, quer se trate de preso definitivo, ambos estão sujeitos ao mesmo tratamento jurídico, o que implica conferir-lhes os mesmos direitos e deveres, no que for compatível, evidentemente, com o texto expresso da lei. Nesse viés, já decidiu o STF que o preso provisório possui direito à progressão do regime prisional, bastando que a decisão criminal tenha transitado em julgado para a acusação[11]. No mesmo sentido, a **Súmula 716 do STF** dispõe que "admite-se a progressão de regime de cumprimento da pena ou a aplicação imediata de regime menos severo nela determinada, antes do trânsito em julgado da sentença condenatória"; e a **Súmula 717** da mesma Corte, no sentido de que "não impede a progressão de regime de execução da pena, fixada em sentença não transitada em julgado, o fato de o réu se encontrar em prisão especial". Por outro lado, é inconcebível cogitar que tenha ele direito ao benefício da saída temporária, o que frustraria os fins pelos quais determinada a custódia.

1.3.2.2 Juízo competente para a execução provisória

Relativamente ao juízo competente em relação à execução provisória, há duas posições: uma considerando que a competência para decidir sobre pedidos formulados pelo acusado preso provisoriamente é do juiz do processo de conhecimento; outra, no sentido de que isso compete ao juiz da Vara de Execuções Penais. Aderimos a este último entendimento. É que, aberta a execução provisória, cabe ao juiz da condenação determinar a expedição da guia de recolhimento provisória e seu envio à Vara de Execução competente. Logo, é neste último juízo que deverá correr a execução e serem feitos os pedidos a ela relacionados.

Perceba-se que, conforme já decidiu o STF, quando preso preventivamente o agente, a guia de recolhimento provisória será expedida após a prolação da sentença ou do acórdão condenatório, ainda que sujeito a recurso sem efeito suspensivo, devendo ela ser prontamente remetida ao juízo da execução criminal[12].

---

[11] STF, Recurso Ordinário em *Habeas Corpus* 92.872/MG, *DJ* 27.11.2007.

[12] STF, Recurso Ordinário em *Habeas Corpus* 92.872/MG, *DJ* 27.11.2007.

1.3.2.3 Preso provisório que ao tempo do fato era funcionário da Administração da Justiça Criminal

Estabelece o art. 84, § 2º, da L. 7.210/1984: "O preso que, ao tempo do fato, era funcionário da Administração da Justiça Criminal ficará em dependência separada". Esse dispositivo é aplicado, indistintamente, tanto àqueles que ostentam condenação definitiva quanto aos presos provisórios. Assim, o recolhimento deles deve se dar em dependência própria, isolada dos presos comuns, de modo a resguardar a integridade física e moral, que ficaria comprometida com a hostilidade dos demais detentos. O STJ já decidiu que a mesma regra aplicada aos funcionários da Justiça também é extensiva, por analogia, aos ex-policiais, civis ou militares[13].

1.3.2.4 Preso provisório e prisão domiciliar

A prisão domiciliar consiste no recolhimento do apenado à sua residência, de onde apenas poderá sair com prévia autorização judicial.

Na modalidade regrada pela L. 7.210/1984, é permitida aos condenados definitivos do regime aberto, quando presentes as situações do art. 117 da L. 7.210/1984 - condenado maior de 70 anos; condenado acometido de doença grave; condenada com filho menor ou deficiente físico ou mental e condenada gestante.

Sem embargo disso, os arts. 317 e 318 do Código de Processo Penal, alterados pela L. 12.403/2011, também instituíram a prisão domiciliar, destinada, agora, ao preso provisório, como forma de cumprimento da prisão preventiva. Nesse caso, é ela aplicável para o indivíduo que se encontrar em uma das seguintes situações: maior de 80 (oitenta) anos; extremamente debilitado por motivo de doença grave; imprescindível aos cuidados especiais de pessoa menor de 6 (seis) anos de idade ou com deficiência; gestante; mulher com filho de até 12 (doze) anos de idade incompletos; e, por fim, homem, caso seja o único responsável pelos cuidados do filho de até 12 (doze) anos de idade incompletos. A propósito do tema, especialmente quanto às distinções entre essa forma de prisão provisória e a determinada pela Lei de Execução Penal, remetemos o leitor ao Capítulo 8, item 8.2.14.2.

1.3.2.5 Prisão especial e preso provisório

A prisão especial, prevista no art. 295 do CPP, não configura uma modalidade específica de prisão cautelar, mas sim uma forma de cumprimento da prisão cautelar. Em tese, pode alcançar apenas o agente que estiver sujeito à prisão antes de condenação definitiva, vale dizer, o **preso provisório**. Portanto, com o trânsito em julgado de sentença penal condenatória, deixa de existir o direito à prisão especial, devendo o condenado submeter-se ao regime normal de cumprimento da pena.

Sem embargo dessa regra, existem determinadas hipóteses legais em que terão os respectivos presos direito a cela separada dos outros **mesmo após a condenação definitiva**, a fim de evitar constrangimentos e intimidações físicas e morais durante a execução da pena[14]. É o caso: 1) *Art. 84, § 2º, da Lei de Execução Penal*, relativo ao preso que, no tempo do fato, era funcionário da Administração da Justiça Criminal; 2) *Art. 18, II, e, da Lei Complementar 75/1993*, relativo aos membros do Ministério Público

[13] STJ, *Habeas Corpus* 158.994/RJ, *DJ* 15.06.2011.

[14] STJ, *Habeas Corpus* 110.745/RJ, *DJ* 29.11.2010.

da União; 3) *Art. 44, III, da Lei Complementar 80/1994*, relativo aos membros da Defensoria Pública da União; e 4) *Art. 40, § 3º, da L. 4.878/1965*, relativo aos integrantes da Polícia Civil do Distrito Federal e da União.

1.3.2.6 Condenados pela Justiça Eleitoral ou Militar

O juízo da execução penal é competente em relação aos presos por força de condenações proferidas na Justiça Castrense e na Justiça Eleitoral, desde que se encontrem recolhidos a estabelecimentos sujeitos à jurisdição ordinária, assim considerada a jurisdição exercida tanto pela Justiça Estadual como pela Justiça Federal (em oposição à jurisdição especial, que é a exercida no âmbito das Justiças Militar, Eleitoral e Trabalhista, esta última sem competência penal). Compatível com essa disciplina, o STJ editou a **Súmula 192** dispondo que "compete ao Juízo das Execuções Penais do Estado a execução das penas impostas a sentenciados pela Justiça Federal, Militar ou Eleitoral, quando recolhidos a estabelecimentos sujeitos à administração estadual".

E se for o caso de condenado pela Justiça Militar que esteja recolhido a estabelecimento penal militar? O STF chegou a decidir que, nesse caso, não se aplicam as regras da Lei de Execução Penal[15]. Todavia, em momento posterior, no julgamento do *Habeas Corpus* 104.174/RJ (*DJ* 18.05.2011), deliberou o Excelso Pretório no sentido de que, mesmo recolhido em estabelecimento militar, devem ser aplicadas as disposições da L. 7.210/1984 naquilo em que for omissa a Lei Castrense. Por esse motivo, considerou a Corte Superior no sentido da possibilidade de serem aplicadas ao caso as normas pertinentes à progressão de regime prisional, sendo inconstitucional a exigência de cumprimento da pena privativa de liberdade sob regime integralmente fechado tão somente por estar preso o condenado em estabelecimento militar, mesmo porque os militares não foram excluídos da garantia constitucional da individualização da pena.

E se for o caso de preso provisório das Justiças Eleitoral ou Militar, que estejam recolhidos a estabelecimento sujeito à jurisdição ordinária? Embora o art. 2º, parágrafo único, refira-se aos *condenados* nessas jurisdições especiais, cremos que, por analogia, devem-se também a eles aplicar as disposições da LEP, pois não há razão para sua exclusão da disciplina determinada por esse diploma.

1.3.2.7 Condenação pela Justiça Estadual e cumprimento de pena em penitenciária federal

O art. 2º da L. 11.671/2008 estabelece que "a atividade jurisdicional de execução penal nos estabelecimentos penais federais será desenvolvida pelo juízo federal da seção ou subseção judiciária em que estiver localizado o estabelecimento penal federal de segurança máxima ao qual for recolhido o preso". Portanto, sendo o caso de condenado pela Justiça Estadual que se encontrar cumprindo pena em presídio federal, a competência para jurisdicionar o processo de execução é da Justiça Federal[16].

---

[15] STF, *Habeas Corpus* 73.920/RJ, *DJ* 08.11.1996.

[16] STJ, Conflito de Competência 90.702/PR, *DJ* 13.05.2009.

1.3.2.8 Condenação pela Justiça Federal e cumprimento de pena em penitenciária estadual

A competência para a execução penal, inclusive para apreciar pedidos de benefícios, quando estiver o detento cumprindo pena em estabelecimento estadual, é do juízo ao qual se encontra vinculado o apenado (Justiça Estadual), embora se cuide de sentença proferida pela Justiça Federal[17]. A competência da Justiça Comum Estadual, nesse caso, é ordinária – tanto a originária como a recursal –, não sendo caso de delegação de competência federal. Incidência da **Súmula 192 do STJ**, dispondo que "compete ao Juízo das Execuções Penais do Estado a execução das penas impostas a sentenciados pela Justiça Federal, Militar ou Eleitoral, quando recolhidos a estabelecimentos sujeitos à administração estadual".

1.3.2.9 Transferência de preso de um estado da Federação para outro

De acordo com o art. 65 da L. 7.210/1984, a execução penal competirá ao juiz indicado na lei local de organização judiciária e, na sua ausência, ao da sentença. Por outro lado, dispõe o art. 86 do mesmo diploma que as penas privativas de liberdade aplicadas pela Justiça de uma unidade federativa podem ser executadas em outra unidade, em estabelecimento local ou da União. Nesse contexto, se a execução penal é transferida para outra unidade da Federação, o juiz competente para esse fim será aquele da unidade da Federação onde se executará a pena, de acordo com a respectiva Lei de Organização Judiciária. Nessa hipótese, está-se diante não de uma simples delegação de competência de um estado para outro, mas de verdadeira modificação de competência[18].

1.4 PERMANÊNCIA DOS DIREITOS NÃO ATINGIDOS PELA SENTENÇA OU PELA LEI

1.4.1 Permanência de direitos (art. 3º da LEP)

Prevê o art. 3º da LEP que "ao condenado e ao internado serão assegurados todos os direitos não atingidos pela sentença ou pela lei". Isso quer dizer que, ressalvadas as restrições decorrentes da própria sentença penal e os efeitos previstos da condenação previstos na Constituição Federal e na legislação infraconstitucional, o condenado mantém incólumes todos os direitos que lhe assistiam antes do trânsito em julgado da decisão condenatória. Essa regra harmoniza-se com o disposto no art. 38 do Código Penal, dispondo este que "o preso conserva todos os direitos não atingidos pela perda da liberdade, impondo-se a todas as autoridades o respeito à sua integridade física e moral".

Nesse viés, são exemplos de **direitos preservados pela Constituição Federal**: à vida, à igualdade, à segurança e à propriedade (art. 5º, *caput*, da CF); à liberdade de consciência e de religião (art. 5º, VI, VII e VIII, da CF); de representação e de petição aos Poderes Públicos, em defesa de direito ou contra ilegalidade ou abuso de poder (art. 5º, XXXIV, *a*, da CF), de expedição de certidões requeridas às repartições públicas, para defesa de direitos e esclarecimentos de situações de interesse pessoal (art. 5º, XXXIV, *b*, e LXXII, *a* e *b*, da CF); à integridade física e moral (art. 5º, XLIX, da CF); à assistência judiciária (art. 5º, LXXIV, da CF); e à indenização por erro judiciário (art. 5º, LXXV, da CF).

---

[17] STJ, Conflito de Competência 95.575/SP, *DJ* 21.10.2008.

[18] STJ, Conflito de Competência 90.702/PR, *DJ* 13.05.2009.

Por outro lado, são exemplos de **direitos assegurados pela legislação infraconstitucional:** à alimentação, vestuário e instalações higiênicas (art. 12 da LEP); ao trabalho remunerado (art. 41, II, da LEP); à assistência material, à saúde, à jurídica, educacional, social e religiosa (art. 41, VII, da LEP); à proteção contra qualquer forma de sensacionalismo (art. 41, VIII, da LEP); ao uso do nome (art. 41, XI, da LEP); à audiência especial com o diretor do estabelecimento (art. 41, XIII, da LEP) e de atestado de pena a cumprir, emitido anualmente (art. 41, XVI, da LEP).

Por fim, são exemplos de **direitos que podem ser atingidos ou ficar restritos** como decorrência da condenação: à liberdade de ir, vir e ficar, principalmente no caso de condenação à pena de prisão; à naturalização (art. 12, II, *b*, da CF); políticos (art. 15, III, da CF); à propriedade dos bens adquiridos com o proveito do crime (art. 91, II, *b*, do Código Penal); ao exercício de cargo, função ou emprego públicos (art. 92, I, do Código Penal; art. 83 da L. 8.666/1993; art. 16 da L. 7.716/1989; art. 1º, § 5º, da L. 9.455/1997 e art. 7º, II, da L. 9.613/1998); ao exercício do mandato eletivo (art. 92, I, do Código Penal); ao exercício do poder familiar, tutela ou curatela (art. 92, II, do Código Penal) e à direção de veículo automotor (art. 92, III, do Código Penal). A violação dos direitos assegurados ao condenado enseja a intervenção do juiz da execução criminal no sentido de normalizar a fase executória e pôr fim à infringência desses direitos.

Note-se que, de acordo com o art. 42 da LEP, ao preso provisório e ao indivíduo submetido à medida de segurança aplicam-se, no que couber, os direitos assegurados ao preso definitivo, os quais estão arrolados no art. 41 da mesma lei.

No caso de medida de segurança, dispõe ainda o art. 43 da LEP que "é garantida a liberdade de contratar médico de confiança pessoal do internado ou do submetido a tratamento ambulatorial, por seus familiares ou dependentes, a fim de orientar e acompanhar o tratamento".

1.4.2 Direitos restringidos por ato do diretor do estabelecimento penitenciário

O art. 41 da LEP assegura ao condenado, entre outros direitos, a proporcionalidade na distribuição do tempo para o trabalho, o descanso e a recreação (inc. V); direito à visitação (inc. X) e direito ao contato com o mundo exterior por meio de correspondência, leitura ou outros meios de informação (inc. XV). Não obstante, preceitua o parágrafo único do mesmo dispositivo que, ao contrário da maioria dos direitos do preso, que é insuscetível de exclusão, os direitos relacionados no art. 41, V (proporcionalidade na distribuição do tempo para o trabalho, o descanso e a recreação), X (visita do cônjuge, da companheira, de parentes e amigos em dias determinados) e XV (contato com o mundo exterior por meio de correspondência escrita, da leitura e de outros meios de informação que não comprometam a moral e os bons costumes), poderão ser suspensos ou restringidos por ato motivado do diretor do estabelecimento, o que normalmente ocorre em razão de aspectos relacionados à necessidade de manutenção da ordem, da segurança e da disciplina no interior da penitenciária. Como refere Julio Fabbrini Mirabete, "a medida de suspensão ou restrição de caráter individual de direitos referida no art. 41, parágrafo único, não se confunde com a sanção disciplinar, aplicada após o procedimento específico (item 2.112), mas decorre de fatores excepcionais, tais como problemas de segurança, de moléstia e até de disciplina enquanto se procede à apuração da falta disciplinar"[19].

---

[19] Julio Fabbrini Mirabete, *Execução penal*. 11ª ed. São Paulo: Atlas, 2004, p. 131.

1.4.3 Interceptação da correspondência do preso

No art. 41, XV, a Lei de Execução Penal prevê, como direito do preso, a comunicação com o mundo exterior, inclusive mediante cartas, possibilitando, contudo, seja isso limitado pela administração penitenciária no caso do cometimento de falta grave (art. 41, parágrafo único). Esta última previsão, é claro, não importa em possibilitar a **violação irrestrita** da correspondência do preso, o que implicaria flagrante violação ao art. 5.º, XII, da Carta Magna, que considera inviolável o sigilo da correspondência. Sem embargo, discute-se se tal direito constitucional, eivado à categoria de direito fundamental e, portanto, intocável mesmo por emenda à Constituição, deve ser assegurado em sua **plenitude** ao apenado que cumpre pena privativa da liberdade.

Não se olvida, por certo, que o art. 151 do Código Penal tipifica como crime a violação da correspondência. No mesmo sentido, o art. 3.º, *c*, da L. 4.898/1965 dispõe constituir-se em abuso de autoridade qualquer atentado ao sigilo de correspondência. No artigo titulado "O sigilo de correspondência do preso *versus* a segurança da comunidade" (*Revista Consulex*, v. 1, p. 46-47, 1999), Miguel Lucena, Delegado de Polícia no Distrito Federal, refere com muita propriedade que "a norma constitucional que assegura a inviolabilidade do sigilo epistolar não foi editada para expor os agentes auxiliares da Justiça Criminal e a comunidade à vulnerabilidade resultante de práticas ilícitas, tais como motim e arrebatamento de presos, ajustadas quase sempre por meio de correspondências". Tal entendimento repisa a lição de Ada Pellegrini Grinover, citada no mesmo artigo e para quem "deve ser considerada a inviolabilidade do sigilo de correspondência e das comunicações, telegráficas e telefônicas, com vistas à finalidade ética ou social do exercício do direito que resulta da garantia; tutela desta natureza não pode ser colocada para a proteção de atividades criminosas ou ilícitas". Concordamos inteiramente com essa posição. Com efeito, não obstante as já mencionadas vedações existentes na legislação infraconstitucional, bem como a garantia inserida ao texto da Carta Magna, reputamos possível e necessária a violação da correspondência do apenado, desde que esse procedimento seja motivado em questões de segurança pública e que estejam presentes condições mínimas que o justifiquem, quais sejam: ***1)*** *indícios veementes de envolvimento do apenado que terá sua correspondência violada na prática ou comando de crimes;* ***2)*** *hipótese de preso que não esteja gozando de benefícios carcerários que permitam seu contato direto com o mundo exterior (v.g., saídas temporárias e trabalho externo);* ***3)*** *existência de autorização judicial prévia e, por fim,* ***4)*** *efetiva necessidade da medida (excepcionalidade).* Nosso entendimento, aliás, vai ao encontro de posição já agasalhada inclusive no excelso pretório, cabendo ressaltar aqui trecho do voto do Ministro Celso de Mello, quando, relatando *habeas corpus* lá impetrado, observou que "a administração penitenciária, com fundamento em razões de segurança pública, de disciplina prisional ou de preservação da ordem jurídica, pode, sempre excepcionalmente e desde que respeitada a norma inscrita no art. 41, parágrafo único, da L. 7.210/1984, proceder a interceptação da correspondência remetida pelos sentenciados, eis que a cláusula tutelar da inviolabilidade do sigilo epistolar não pode constituir instrumento de salvaguarda de práticas ilícitas"[20].

---

20 STF, *Habeas Corpus* 70.814/SP, Segunda Turma, Rel. Min. Celso de Mello, *DJ* 24.06.1994.

1.4.4 Suspensão dos direitos políticos

Nos termos do art. 15, III, da Carta da República, a condenação criminal transitada em julgado, enquanto perdurarem seus efeitos, acarreta automática e obrigatoriamente a suspensão dos direitos políticos do condenado. A suspensão cessa apenas com o cumprimento ou a extinção da pena, independendo de reabilitação ou de prova de reparação de danos (**Súmula 9 do TSE**)[21]. Observe-se que o art. 15, III, da Constituição Federal aplica-se como consequência direta e imediata do trânsito em julgado da condenação, independentemente de fundamentação na sentença a respeito. Além disso, como refere Alexandre de Moraes[22], é indiferente o tipo de infração penal cometida, abrangendo não só aquelas decorrentes da prática de crimes dolosos ou culposos, mas também as decorrentes de contravenção penal, independentemente da aplicação de pena privativa de liberdade, pois a *ratio* do citado dispositivo é permitir que os cargos públicos eletivos sejam reservados somente para os cidadãos insuspeitos, preservando-se a dignidade da representação democrática.

Outro aspecto a atentar é que a suspensão dos direitos perdura pelo tempo em que persistirem as sanções impostas ao condenado, não importando o fato de encontrar-se ele em gozo de livramento condicional, suspensão condicional da pena (*sursis*) ou prisão domiciliar.

E quanto aos presos provisórios? Esses, em tese, mantêm os direitos de votar e ser votados. Diz-se "em tese" porque, em muitos casos, torna-se inviável a instalação de sessões eleitorais no interior dos presídios e essa circunstância resulta em prejudicar o direito ao sufrágio.

1.4.5 Local de cumprimento da pena

É certo que ao condenado e ao internado são assegurados todos os direitos não atingidos pela sentença ou pela lei. Contudo, não têm eles o direito subjetivo de escolher o presídio onde pretendam cumprir a pena, situando-se essa questão no âmbito do juízo de conveniência da Administração Penitenciária, sob a direção do Juízo da Vara de Execução[23].

1.4.6 Proibição à discriminação

O condenado não poderá sofrer qualquer distinção de natureza racial, social, religiosa ou política (art. 3º, parágrafo único, da LEP).

Essa previsão, que consagra o princípio da isonomia, harmoniza-se com as liberdades públicas asseguradas na Constituição Federal, a exemplo do art. 5º, *caput*, quando estabelece a igualdade de todas as pessoas, proibindo discriminação por motivos de sexo, raça, trabalho, crença religiosa e convicções políticas, e do inc. XLI do mesmo dispositivo ao regrar que a lei punirá qualquer discriminação atentatória dos direitos e liberdades fundamentais.

---

21 "A suspensão de direitos políticos decorrente de condenação criminal transitada em julgado cessa com o cumprimento ou a extinção da pena, independendo de reabilitação ou de prova de reparação dos danos."

22 "Condenação Criminal e Suspensão dos Direitos Políticos". Disponível em: <www.tj.ro.gov.br/emeron/sapem/2001/setembro/0709/Artigos/06>. Acesso em: 5 nov. 2012.

23 STJ, Recurso Ordinário em *Habeas Corpus* 7317/PR, *DJ* 17.08.1998.

O art. 3º, parágrafo único, da LEP concilia-se, ainda, com as disposições da L. 7.716/1989, que define os crimes resultantes de preconceito de raça ou de cor. Apesar de não inserida expressamente na regra, nela se inclui evidentemente a proibição a qualquer tratamento diferenciado com relação aos homossexuais e às pessoas com necessidades especiais, lembrando-se, neste último caso, que o art. 8º da L. 7.853/1989 e os arts. 88 a 91 da L. 13.146/2015 tipificam condutas que importam em discriminação contra as pessoas portadoras de deficiência.

1.5 COOPERAÇÃO DA COMUNIDADE

Dispõe o art. 4º da LEP que "o Estado deverá recorrer à cooperação da comunidade nas atividades de execução da pena e da medida de segurança".

A propósito dessa cooperação, refere o item 25 da Exposição de Motivos da LEP que, "muito além da passividade ou da ausência de reação quanto às vítimas mortas ou traumatizadas, a comunidade participa ativamente do procedimento da execução, quer através de um conselho, quer através das pessoas jurídicas ou naturais que assistem ou fiscalizam não somente as reações penais em meios fechados (penas privativas da liberdade e medida de segurança detentiva) como também em meio livre (pena de multa e penas restritivas de direitos)". Essa explicação, aliada à redação do art. 4º da LEP, deixa claro que à comunidade cabe parte da responsabilidade pela recuperação do condenado.

E, para garantir essa atuação, foram inseridos na própria LEP, como órgãos da execução penal, o **Patronato**, que tem como uma das principais funções a prestação de assistência aos albergados e aos egressos visando reintegrá-los à vida em sociedade (art. 78 da LEP), cabendo-lhe, ainda, orientar os condenados à pena restritiva de direito, fiscalizar o cumprimento das penas de prestação de serviços à comunidade e limitação de fim de semana e colaborar na fiscalização do cumprimento das condições da suspensão e do livramento condicional (art. 79 da LEP); e, em cada comarca, o **Conselho da Comunidade**, composto, no mínimo, por 1 (um) representante de associação comercial ou industrial, 1 (um) advogado indicado pela Seção da Ordem dos Advogados do Brasil, 1 (um) Defensor Público indicado pelo Defensor Público Geral e 1 (um) assistente social escolhido pela Delegacia Seccional do Conselho Nacional de Assistentes Sociais (art. 80 da LEP), a quem incumbe visitar, pelo menos mensalmente, os estabelecimentos penais existentes na comarca; entrevistar presos; apresentar relatórios mensais ao juiz da execução e ao Conselho Penitenciário e diligenciar a obtenção de recursos materiais e humanos para melhor assistência ao preso ou internado, em harmonia com a direção do estabelecimento (art. 81 da LEP).

Lembra, ainda, Renato Flávio Marcão a importância da participação de forças comunitárias, citando como exemplo "Rotary, Lions, Clubes de Serviços em geral; Lojas Maçônicas, Igrejas: Católica (pastoral do preso), Evangélica etc., Federações Espíritas, Associações Comerciais, de Pais, de Moradores, de Bairro, Associação de Proteção e Assistência Carcerária (Apac) ou qualquer outra com fins lícitos"[24].

Evidentemente, essa colaboração da comunidade não exime o Estado (*lato sensu*) de sua atuação no processo de reinserção social do apenado ou internado, atividade que deverá ser exercida ativamente por meio de seus Ministérios, Secretarias, Tribunais, juiz da execução penal, Ministério Público e outros órgãos que, mesmo não estando contemplados na LEP, possam contribuir para essa finalidade.

[24] Renato Flávio Marcão, *Lei de Execução Penal anotada*. São Paulo: Saraiva, 2001, p. 31.

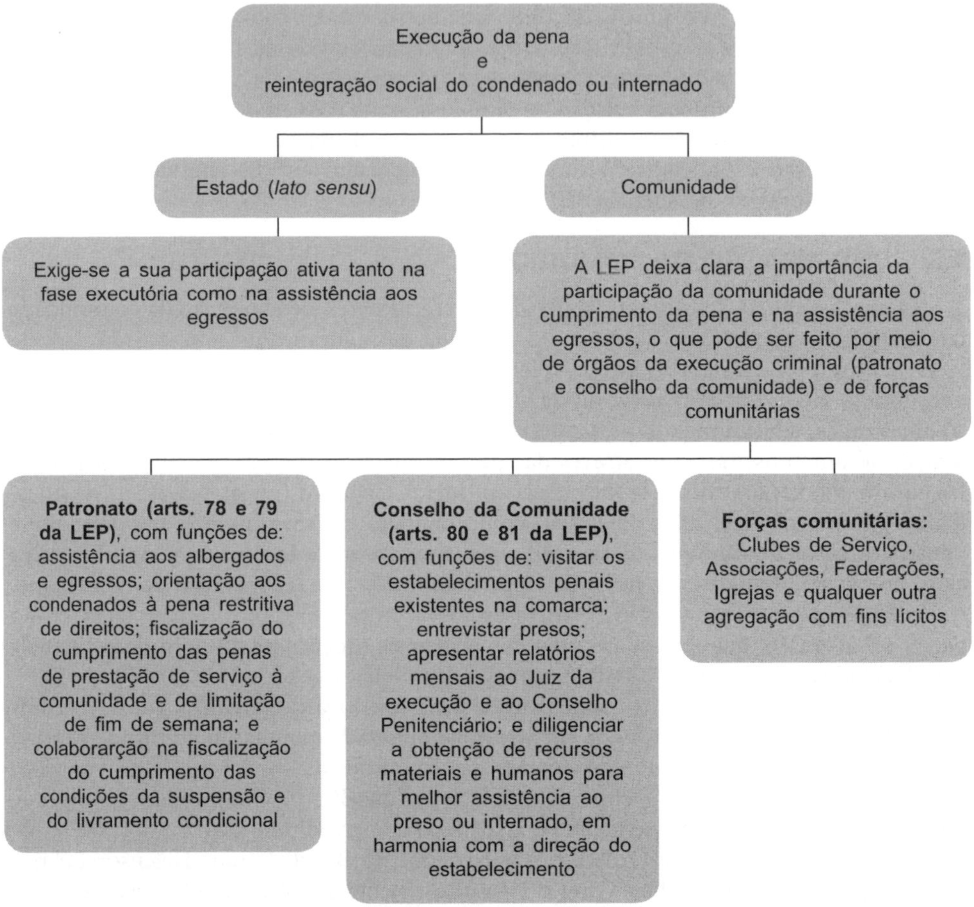
Execução da pena
e
reintegração social do condenado ou internado
Estado (*lato sensu*)
Comunidade
Exige-se a sua participação ativa tanto na fase executória como na assistência aos egressos
A LEP deixa clara a importância da participação da comunidade durante o cumprimento da pena e na assistência aos egressos, o que pode ser feito por meio de órgãos da execução criminal (patronato e conselho da comunidade) e de forças comunitárias
Patronato (arts. 78 e 79 da LEP), com funções de: assistência aos albergados e egressos; orientação aos condenados à pena restritiva de direitos; fiscalização do cumprimento das penas de prestação de serviço à comunidade e de limitação de fim de semana; e colaborarção na fiscalização do cumprimento das condições da suspensão e do livramento condicional
Conselho da Comunidade (arts. 80 e 81 da LEP), com funções de: visitar os estabelecimentos penais existentes na comarca; entrevistar presos; apresentar relatórios mensais ao Juiz da execução e ao Conselho Penitenciário; e diligenciar a obtenção de recursos materiais e humanos para melhor assistência ao preso ou internado, em harmonia com a direção do estabelecimento
Forças comunitárias: Clubes de Serviço, Associações, Federações, Igrejas e qualquer outra agregação com fins lícitos

CAPÍTULO 2

CLASSIFICAÇÃO

2.1 A INDIVIDUALIZAÇÃO DA PENA E A CLASSIFICAÇÃO DO CONDENADO

2.1.1 Classificação segundo os antecedentes e a personalidade (art. 5º da LEP)

Como dissemos, a individualização da pena ocorre em três fases: primeira, no âmbito legislativo (individualização legislativa ou formal), que ocorre no momento da criação do tipo penal incriminador, quando o legislador estabelece abstratamente o mínimo e o máximo da pena cominada; segunda, no **âmbito judicial** (individualização judicial), quando o juiz do processo de conhecimento, diante do caso concreto e a partir dos critérios estabelecidos na legislação, fixa a pena cabível ao agente; e, terceiro, no **âmbito executório** (individualização executória), quando o juiz da execução penal adapta a pena aplicada na sentença à pessoa do condenado, concedendo-lhe ou negando-lhe benefícios como a progressão de regime, o livramento condicional, a remição etc.

Pois bem, a fim de orientar este último estágio da individualização da pena e, assim, dar início à fase executória, estabeleceu o art. 5º da LEP a necessidade de **classificação** dos condenados a pena privativa de liberdade, fixando como critérios obrigatórios o exame dos seus antecedentes e da sua personalidade, aos quais, ainda, podem ser agregados outros fatores, tais como a análise de aspectos familiares e sociais e da capacidade laboral. Em outras palavras, a classificação é direito do preso, visando à diferenciação dos inúmeros sentenciados, para que cada um receba o tratamento que favoreça a sua reinserção social, respeitadas as diferenças existentes entre eles, propiciando-se o cumprimento da pena de acordo com suas condições e necessidades[1]. Conforme veremos no tópico seguinte, tal classificação é realizada pela Comissão Técnica de Classificação, à qual incumbe elaborar o programa individualizador da pena privativa de liberdade adequada ao condenado ou ao preso provisório, avaliando as condições subjetivas de cada detento, agrupando-os segundo suas particularidades (natureza do crime praticado, periculosidade, grau de instrução etc.).

Relativamente ao exame dos antecedentes, trata-se da análise dos dados relativos à sua vida pregressa, verificando-se os processos criminais pelos quais já respondeu o condenado, com destaque a sua eventual condição de reincidente. Esse exame é muito

---

[1] TJSP, Agravo 0398769-24.2010.8.26.0000, *DJ* 17.11.2011.

útil na classificação e subsequente determinação do correto tratamento penitenciário a ser conferido ao condenado. Embora a jurisprudência tenha firmado que inquéritos policiais não podem ser considerados antecedentes para fins de agravar a pena do indivíduo no momento da individualização judicial (sentença)[2], é certo que o envolvimento do condenado em inúmeros procedimentos de investigação pode ser levado em consideração para fins de sua classificação no âmbito da individualização executória, mesmo porque daí podem ser extraídos dados importantes no que concerne à sua personalidade.

Por outro lado, quanto ao exame da *personalidade*, envolve a análise genérica das características ínsitas ao indivíduo, principalmente no que concerne ao seu caráter e tendências. No exame da personalidade deve ser levado em conta que, se alguns traços são permanentes, outros podem ser dinâmicos, modificando-se durante a execução da pena. Por esse motivo, nos vários exames de classificação a que pode estar sujeito o condenado no curso da execução da pena, devem ser considerados não apenas o seu histórico conhecido como também o cenário retratado pelas suas características atuais, isto é, a realidade em que está inserido.

2.1.2 Atuação da Comissão Técnica de Classificação (arts. 6° e 9° da LEP)

De acordo com o art. 6º da LEP, alterado pela L. 10.792/2003, a classificação (análise dos antecedentes e da personalidade) "será feita por Comissão Técnica de Classificação que elaborará o programa individualizador da pena privativa de liberdade adequada ao condenado ou preso provisório", podendo especificar o tipo de trabalho adequado ao preso; se este poderá estudar; se deverá participar de terapia ocupacional; se terá acompanhamento psicológico ou terapia individual ou em grupo; necessidades de acompanhamento com assistência social em relação ao preso e seus familiares; se há necessidade de acompanhamento psiquiátrico; quais as atividades de lazer indicadas; a forma como se dará a efetivação de todas essas necessidades e qual o presídio indicado para tanto, tudo com o intuito de possibilitar a adequação da pena à realidade do condenado.

Na redação anterior à L. 10.792/2003, previa o referido art. 6º que "a classificação será feita por Comissão Técnica de Classificação, que elaborará o programa individualizador e acompanhará a execução das penas privativas de liberdade e restritivas de direito, devendo propor, à autoridade competente, as progressões e regressões dos regimes, bem como as conversões". Na atualidade, suprimiu-se do dispositivo a atuação relacionada a auxiliar o juiz no curso do processo de execução da pena, sugerindo-se, portanto, que à Comissão Técnica de Classificação cabe apenas elaborar o parecer inicial acerca do cumprimento da pena, enfatizando fatores relacionados à personalidade do condenado e seus antecedentes (art. 5º da LEP), bem como aspectos sociais e familiares, capacidade laborativa, entre outros destinados a orientar a forma como deve o indivíduo cumprir sua pena no estabelecimento penitenciário. Não obstante, muitos compreendem que a qualquer momento, e não apenas no início da execução, pode o juiz, entendendo necessário, requisitar parecer da Comissão Técnica de Classificação, utilizando-o como subsídio para conceder ou negar benefícios ao condenado. É o caso da progressão de regime e do livramento condicional, benefícios para os quais a L. 10.792/2003, ao dar nova redação ao art. 112 da LEP, afastou a exigência do parecer da Comissão Técnica de Classificação

---

[2] Súmula 444 do STJ: "É vedada a utilização de inquéritos policiais e ações penais em curso para agravar a pena-base".

e da submissão do condenado a exame criminológico, contentando-se com o implemento do lapso temporal mínimo exigido por lei e atestado de boa conduta carcerária fornecido pela direção do estabelecimento penitenciário. Apesar disso, em inúmeras oportunidades têm os tribunais deliberado no sentido de que tal circunstância não retirou do juiz a possibilidade de determinar a realização desses exames sempre que entender necessária para formação de seu convencimento. Mesmo porque tal análise satisfaz a exigência constitucional da individualização da pena, evitando que fique o juiz engessado na sua decisão à simples verificação do implemento do tempo mínimo para a concessão do benefício pretendido e a atestado de boa conduta que, na prática, nem sempre espelha a situação real do condenado[3]. No Tribunal de Justiça de São Paulo, a propósito, chegou-se a decidir que "a importante tarefa de estabelecer o perfil do condenado no momento que se inicia o cumprimento da pena é da Comissão Técnica de Classificação que auxilia o juiz em sua atividade de concessão de benefícios, livramento condicional, indulto, muito embora tenha sido modificado o art. 6º da Lei de Execução Penal"[4].

Referindo-se ao trabalho da Comissão Técnica de Classificação, estabelece o art. 9º da LEP que "a Comissão, no exame para a obtenção de dados reveladores da personalidade, observando a ética profissional e tendo sempre presentes peças ou informações do processo, poderá: I – entrevistar pessoas; II – requisitar, de repartições ou estabelecimentos privados, dados e informações a respeito do condenado; III – realizar outras diligências e exames necessários". A partir daí depreende-se que os membros da Comissão Técnica de Classificação devem buscar o maior número possível de subsídios a respeito do examinado, o que pode ser feito por meio de entrevistas pessoais, requisição de informações a respeito do condenado de repartições públicas ou estabelecimentos privados e de quaisquer outras diligências ou perícias que se mostrarem pertinentes. Evidentemente, a essas providências agrega-se a necessidade de exame dos autos da ação penal e processo de execução criminal, além da observação do comportamento do condenado durante fase executória, atentando-se, por exemplo, para seu envolvimento frequente ou não na prática de intercorrências disciplinares.

Note-se que, apesar da importância que assume o parecer da Comissão Técnica de Classificação na formação do convencimento do juiz, muito especialmente quando se trata de deferir ou não benefícios ao apenado, é certo que não fica ele necessariamente vinculado às respectivas conclusões. Em outras palavras, pode o juiz da execução penal decidir de modo contrário ao que tiver sido indicado no mencionado parecer, bastando para tanto que fundamente sua decisão[5].

2.1.3 Composição da Comissão Técnica de Classificação (art. 7º da LEP)

A composição da Comissão Técnica de Classificação está vinculada à natureza da pena executada, isto é, se privativa de liberdade ou restritiva de direitos.

Tratando-se da verificação das condições de cumprimento da pena do indivíduo condenado a **pena privativa de liberdade**, a Comissão Técnica de Classificação deve existir em cada estabelecimento penal, sendo presidida pelo respectivo diretor e composta, no mínimo, por dois chefes de serviço, um psiquiatra, um psicólogo e um assistente social. Essa composição, conforme assinala Julio Fabbrini Mirabete, justifica-se na circunstância

[3] STJ, *Habeas Corpus* 205.270/SP, *DJ* 11.10.2012.
[4] TJSP, Agravo 0300744-39.2011.8.26.0000, R. 05.07.2012.
[5] STJ, *Habeas Corpus* 183.878/RJ, *DJ* 14.04.2011.

de que "o exame de personalidade e o exame criminológico, bem como todo o processo de individualização do tratamento penitenciário, exigem postura técnica e científica e, assim, funcionários aptos a realizarem os exames clínicos, morfológicos, psiquiátricos, psicotécnicos, psicológicos, sociais etc., para a síntese criminológica necessária aos informes e pareceres a respeito da periculosidade e adaptabilidade do condenado, básicas para uma correta classificação dos presos e ajustada individualização da pena"[6]. Considerando que o art. 7º da LEP determina a composição mínima da Comissão Técnica de Classificação, infere-se que pode esta ainda ser integrada por outros membros (juristas, por exemplo), de acordo com a necessidade de cada estabelecimento penitenciário.

Sendo, porém, hipótese de **pena restritiva de direitos**, não exige a LEP o mesmo rigor dispensado à avaliação dos condenados a prisão, referindo apenas que a Comissão Técnica de Classificação atuará junto ao Juízo da Execução e será integrada por fiscais do Serviço Social.

2.1.4 Gráfico

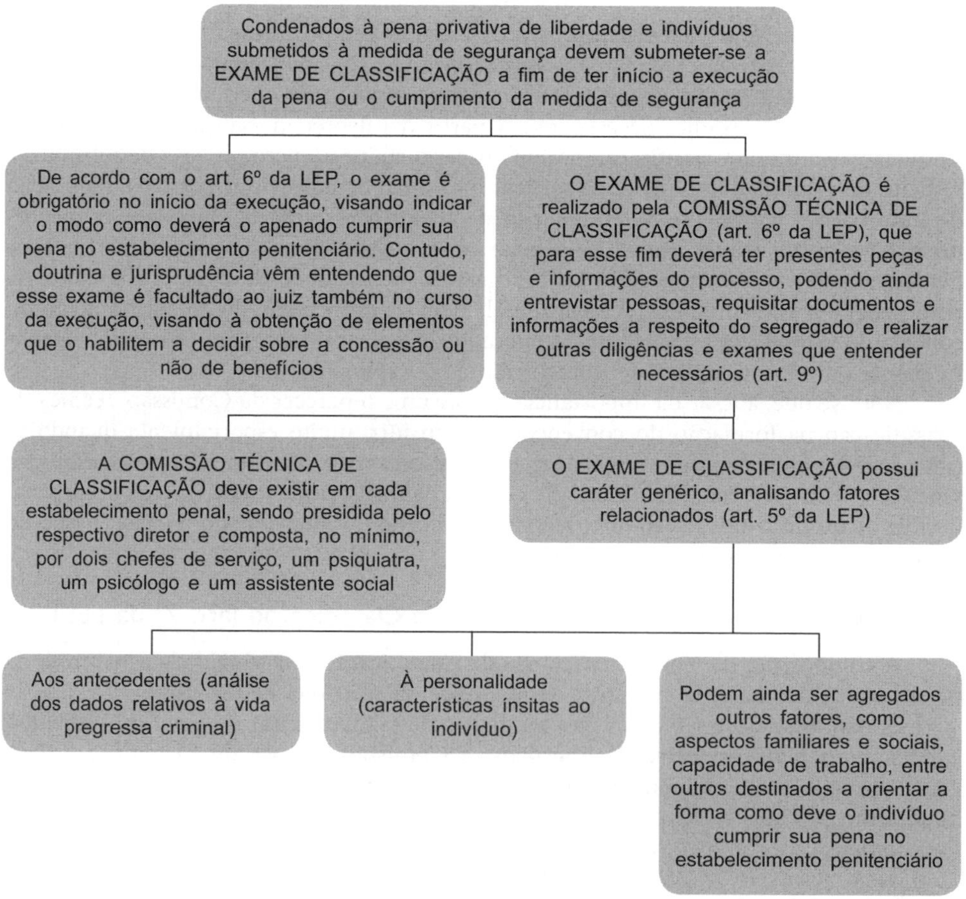

---

6 Julio Fabbrini Mirabete, *Execução penal*. 11ª ed. São Paulo: Atlas, 2004, p. 57.

2.2 EXAME CRIMINOLÓGICO

2.2.1 Exame criminológico (art. 8º da LEP)

De acordo com o art. 8º da LEP, "o condenado ao cumprimento de pena privativa de liberdade, em regime fechado, será submetido a exame criminológico para a obtenção dos elementos necessários a uma adequada classificação e com vistas à individualização da execução". Dispõe o parágrafo único, por sua vez, que "ao exame de que trata este artigo poderá ser submetido o condenado ao cumprimento da pena privativa de liberdade em regime semiaberto".

Inicialmente, deve-se ressaltar que não se confundem o *exame de classificação* previsto no art. 5º da LEP e o **exame criminológico** estabelecido pelo art. 8º. O exame de classificação é amplo, apresentando a situação do condenado de forma genérica, com ênfase em aspectos objetivos de sua personalidade, antecedentes, aspectos sociais e familiares, capacidade laborativa, entre outros destinados a orientar a forma como deve ele cumprir a pena no estabelecimento penitenciário. Já o **exame criminológico** é mais restrito, analisando questões de ordem psicológica e psiquiátrica do condenado, visando revelar elementos como maturidade, frustrações, vínculos afetivos, grau de agressividade e periculosidade e, a partir daí, prognosticar a potencialidade de novas práticas criminosas.

Conforme se infere do art. 8º, *caput*, da LEP, para o condenado ao cumprimento de pena privativa de liberdade em regime fechado, além do exame de classificação, deverá ser obrigatoriamente submetido a exame criminológico. Isso se justifica na circunstância de que a imposição do **regime fechado** decorre da prática de crimes de maior gravidade. Entretanto, para os presos que iniciem o cumprimento de pena em **regime semiaberto**, a realização do exame criminológico é apenas facultativa, podendo ser por iniciativa da Comissão Técnica de Classificação visando à correta individualização da execução. *E para os condenados em* **regime aberto** *ou a pena restritiva de direitos?* Infere-se do art. 8º da LEP que não se realiza o exame criminológico nesses casos.

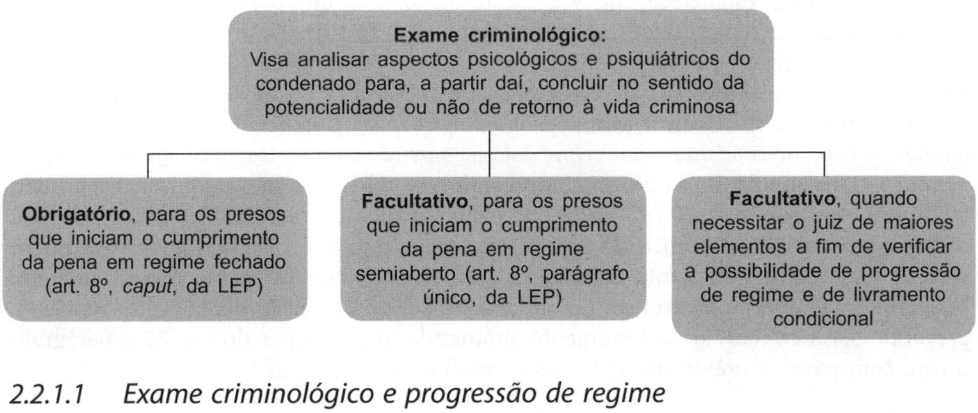

2.2.1.1 Exame criminológico e progressão de regime

Antes da L. 10.792/2003, dispunha o art. 112 da LEP que a progressão do regime carcerário condicionava-se a parecer prévio da Comissão Técnica de Classificação e realização de exame criminológico. Com a vigência da referida lei, foram suprimidas essas exigências, contentando-se o legislador com o cumprimento do mínimo de um sexto da pena imposta e atestado de bons antecedentes fornecido pela direção do estabelecimento penitenciário.

Não obstante a modificação legislativa, nos Tribunais Superiores está consolidado o entendimento de que o silêncio da LEP não inibe o juiz da execução do poder de determinar tais exames, desde que o faça fundamentadamente. Neste sentido, aliás, são os comandos da Súmula 439[7] do STJ e da Súmula Vinculante 26 do STF. Parte-se do princípio de que a análise do requisito subjetivo necessário à progressão do regime condiciona-se à verificação do mérito do condenado, para o que nem sempre é suficiente o atestado de bom comportamento carcerário atestado pelo diretor do presídio[8].

Portanto, também para fins de progressão de regime o exame criminológico tornou-se uma faculdade do juiz a fim de poder aferir se o condenado absorveu a terapêutica penal, principalmente nas hipóteses de indivíduo com histórico criminal indicativo de periculosidade ou com prontuário prisional sugestivo de demérito durante a execução da pena pela qual pretende a progressão. Essa orientação vem sendo sistematicamente reafirmada pelo STJ, a exemplo da decisão proferida no âmbito do HC 384725/SP (em 10.02.2017), quando se decidiu que as peculiaridades do caso concreto devem nortear o juízo da execução criminal ao analisar a necessidade ou não de realização do exame criminológico. Independentemente, é certo que o exame criminológico, mesmo quando realizado, não vincula obrigatoriamente o juiz, que, fundamentando sua decisão, pode decidir de forma contrária.

2.2.1.2 Exame criminológico e livramento condicional

Ao tratar do livramento condicional, dispõe o art. 83, parágrafo único, do Código Penal que, "para o condenado por crime doloso, cometido com violência ou grave ameaça à pessoa, a concessão do livramento ficará também subordinada à constatação de condições pessoais que façam presumir que o liberado não voltará a delinquir", sugerindo, portanto, a necessidade de exame criminológico também nesse caso.

O impasse existente a respeito decorre do fato de que a L. 10.792/2003, alterando o art. 112 da LEP, estabeleceu no § 2º deste dispositivo que o procedimento adotado para progressão de regime será também adotado para fins de livramento condicional. E, para fins de progressão, basta a verificação do tempo mínimo de cumprimento de pena aliado à existência de atestado de boa conduta carcerária (art. 112, *caput*, da LEP). *Nesse contexto, estaria dispensado o exame criminológico para fins de livramento condicional quando se trata de condenado por crime doloso cometido com violência ou grave ameaça à pessoa?* Guilherme de Souza Nucci compreende que tal exame não pode ser dispensado tendo em vista que "a L. 10.792/2003, que trouxe a alteração ao art. 112, não modificou o disposto no parágrafo único do art. 83, que exige o exame criminológico para quem pretenda conseguir livramento condicional, desde que autor de crime doloso violento, bem como não alterou o disposto no art. 131 da Lei de Execução Penal (L. 7.210/1984), prevendo ser a concessão do livramento submetida às condições do art. 83 e parágrafo único, com parecer prévio do MP e do Conselho Penitenciário"[9].

---

[7] Súmula 439 do STJ: "Admite-se o exame criminológico pelas peculiaridades do caso, desde que em decisão motivada".

[8] STF, *Habeas Corpus* 112.464/RS, *DJ* 14.09.2012.

[9] Guilherme de Souza Nucci. *Código Penal comentado.* 8ª ed. São Paulo: Revista dos Tribunais, 2008, p. 492.

Sem embargo, a verdade é que os Tribunais Superiores vêm considerando, também nesse caso, o exame criminológico uma faculdade do juiz. Diante de condenado à prática de crime doloso cometido com violência ou grave ameaça à pessoa, o juiz pode determiná-lo sempre que julgar necessário para apurar se existem as condições pessoais que façam presumir que ele não voltará a delinquir. Considera-se, enfim, que a noção de bom comportamento, tal como prevista no art. 112 da LEP (na redação dada pela L. 10.792/2003), abrange a valoração de elementos que nem sempre podem se restringir ao mero atestado de boa conduta carcerária fornecido pelo diretor do presídio[10].

De qualquer forma, é certo que, mesmo realizado o exame criminológico, o juiz não está adstrito às suas conclusões para fins de conceder ou negar o livramento condicional, podendo decidir de forma contrária, desde que o faça fundamentadamente.

2.3 IDENTIFICAÇÃO DO PERFIL GENÉTICO

2.3.1 Hipóteses legais

Trata-se de hipótese de identificação criminal, introduzida pela L. 12.654/2012 por meio do art. 9º-A da L. 7.210/1984 (Lei de Execução Penal), referindo-se à identificação obrigatória do perfil genético, mediante extração de DNA, dos condenados pela prática de crime doloso praticado com violência de natureza grave contra pessoa, bem como dos crimes hediondos previstos no art. 1º da L. 8.072/1990.

Essa previsão tem por finalidade abastecer banco de dados a fim de facilitar a elucidação de crimes em futuras investigações.

A exigência legal dessa forma de identificação é bastante restrita, exigindo a ocorrência de condenação pela prática de determinadas naturezas de crimes, quais sejam:

- *Crimes dolosos praticados com violência de natureza grave contra a pessoa*: a análise do que seja a violência de natureza grave condiciona-se, a nosso ver, ao exame do caso concreto. Logo, poderá ser tanto uma conduta que tenha causado lesão corporal na vítima como até mesmo o uso da força física, bastando que o *modus operandi* do agente revele violência exagerada e desmedida. Nesse viés, não concordamos com a posição defendida por alguns doutrinadores no sentido de que violência de natureza grave é apenas aquela causadora de lesões corporais graves ou morte, pois não é isso o que diz o texto legal.
- *Crimes hediondos*, isto é, aqueles previstos no art. 1º da L. 8.072/1990.

A extração do material biológico para confecção do perfil genético deverá ser feita por meio de técnica adequada (não invasiva, logicamente) e indolor. Uma vez realizada, a identificação do perfil genético deverá ser armazenada em banco de dados sigiloso regulamentado pelo Poder Executivo (art. 9º-A, § 1º, da L. 7.210), dependendo o acesso das autoridades policiais a esses bancos de ordem judicial (art. 9º-A, § 2º, da L. 7.210).

Quanto à sua efetivação, a coleta do material biológico para fins do procedimento de identificação de perfil genético compete à autoridade que mantém o condenado sob

---

10 STF, *Habeas Corpus* 105.912/RS, *DJ* 05.04.2011.

sua custódia, cabendo ao Ministério Público a fiscalização acerca do cumprimento dessa incumbência. Na hipótese de o preso recusar-se a permitir a coleta do material, caberá ao Juízo da Execução Penal intervir, determinando as providências necessárias para o cumprimento da determinação legal.[11]

Conforme referido no § 1º do dispositivo, o banco de dados é sigiloso. Por essa razão, dispõe o § 2º que o acesso ao respectivo acervo pela autoridade policial, federal ou estadual, no curso do inquérito, depende de prévia ordem emanada do juiz competente. Reputamos que o juiz competente, nesse caso, não será, necessariamente, o juiz da execução, podendo ser aquele ao qual, na sua atuação ordinária, for distribuída a representação do delegado de polícia. Logo, poderá ser o juiz de qualquer das varas criminais ou até mesmo o juiz de plantão.

2.3.2 Constitucionalidade

Considerando que o fornecimento desse material é obrigatório para os condenados pelos crimes antes referidos, nos termos do art. 9º-A da L. 7.210, parte expressiva da doutrina vem sustentando a inconstitucionalidade do dispositivo, sob o argumento de que implica violação ao direito que sobressai do art. 5º, LXIII, da Constituição Federal no sentido de que ninguém pode ser obrigado a produzir prova contra si mesmo (*nemo tenetur se detegere*).

Particularmente, discordamos dessa posição. Consideramos, enfim, que a proibição de que o indivíduo seja obrigado a produzir prova contra si alcança unicamente situações nas quais se pretenda constrangê-lo a uma postura ativa, por exemplo, o fornecimento de DNA no curso de uma investigação em andamento para comprovar a autoria de um crime pelo suspeito. Isso não pode ser feito. Contudo, na situação prevista no art. 9º-A da L. 7.210/1984, o que se estabelece é a obrigação legal de que indivíduos já condenados pela prática de determinados crimes (graves, pela própria natureza) forneçam material biológico a fim de compor banco de dados, visando subsidiar futuras investigações em relação a delitos diversos dos que motivaram a extração. A situação, como se vê, não envolve um comportamento no sentido do fornecimento de provas para uma investigação ou processo em andamento, mas simplesmente o abastecimento de banco de dados que permanecerá inerte (passivo), podendo ser acessado pelas autoridades policiais para fins de investigações de crimes apenas por ordem judicial. Tal raciocínio, enfim, guarda simetria com o entendimento adotado pela Suprema Corte norte-americana ao apreciar o célebre caso Schmerber *v.* Califórnia (1966). Nessa oportunidade, foi realizada a distinção entre os procedimentos que exigem a participação ativa do acusado e aqueles em que o acusado é apenas de uma fonte passiva de elementos de prova, entendendo-se que, neste último caso, não haveria ofensa ao *nemo tenetur se detegere*.

Em termos de jurisprudência nacional, vem decidindo o STJ que, a despeito do direito à não autoincriminação permitir ao investigado ou réu "se recusar a fornecer qualquer tipo de material, inclusive de seu corpo, para a realização de exames periciais", deve-se ressalvar "as hipóteses legalmente previstas, como para fins de identificação criminal (art. 5º, LVIII, da Constituição Federal, regulamentado pela

---

[11] TJDFT, Agravo n. 20160020057090, j. 28.04.2016.

Lei n. 12.037/09), bem como para a formação do banco de dados de perfil genético de condenados por crimes hediondos ou delitos dolosos praticados com violência de natureza grave contra pessoa (art. 9º-A da Lei de Execução Penal, incluído pela Lei n. 12.654/12").[12]

Independentemente de tudo isto, alerta-se o Leitor que o tema está sendo tratado no Recurso Extraordinário 973.837/MG, relativo aos "limites dos poderes do Estado de colher material biológico de suspeitos ou condenados por crimes, de traçar o respectivo perfil genético, de armazenar os perfis em dados e de fazer uso dessas informações" que teve reconhecida sua **repercussão geral**, não havendo o STF pronunciado decisão definitiva até o encerramento da 6ª edição deste livro.

---

[12] STJ, RHC 82748/PI, Quinta Turma, *DJ* 01.02.2018.

CAPÍTULO 3

ASSISTÊNCIA

3.1 ASSISTÊNCIA

3.1.1 A assistência ao preso, ao internado e ao egresso (art. 10 da LEP)

Entre as finalidades da pena e da medida de segurança, encontra-se primordialmente a reabilitação do indivíduo, para que possa retornar ao convívio social harmônico. Para tanto, exige-se do Estado a adoção de medidas de assistência ao preso e ao internado, a fim de orientá-los no retorno à sociedade, minimizando-se o risco de reincidência na prática delituosa. É isso o que determina o art. 10 da LEP ao dispor que "a assistência ao preso e ao internado é dever do Estado, objetivando prevenir o crime e orientar o retorno à convivência em sociedade".

Mas não apenas o preso e o internado possuem direito a assistência. Esta, por força do art. 10, parágrafo único, estende-se também ao **egresso**, assim considerado o liberado definitivo, pelo prazo de um ano a contar da saída do estabelecimento prisional, bem como o liberado condicional, durante o período de prova (art. 26 da LEP). Efetivamente, poderia resultar inútil a prestação de assistência ao preso ou ao internado no curso da fase executória se, uma vez liberado, restasse ele desamparado pelo Estado. Logo, com o objetivo de dar continuidade ao processo de reajustamento social que se espera da imposição da pena e da medida de segurança, impõe-se a assistência estatal ao egresso, principalmente nos momentos que se seguirem a sua liberação, evitando-se que o distanciamento da sociedade provocado pelo tempo de segregação e as dificuldades encontradas no seu retorno ao convício em sociedade o atraiam novamente à senda criminosa. Entre as formas de assistência ao egresso estão a orientação e apoio visando à reintegração à vida em liberdade e a concessão, se necessário, de alojamento e alimentação em estabelecimento adequado, pelo prazo de dois meses (art. 25 da LEP), bem como a colaboração para obtenção de trabalho (art. 27 da LEP). Destaca-se, ainda, a atuação do Conselho Penitenciário no sentido de supervisionar a assistência aos egressos (art. 70, IV, da LEP) e a atuação dos patronatos públicos ou particulares na prestação dessa assistência (art. 78 da LEP).

3.1.2 Formas de assistência ao preso e ao internado (art. 11 da LEP)

Visando a prevenir a prática do delito e a reincidência, bem como a orientar o retorno dos segregados ao convívio social, arrola o art. 11 da LEP as espécies de assistência a que terão eles direito: *material, à saúde, jurídica, educacional, social e religiosa.*

O dispositivo vai ao encontro do art. 41, VII, da LEP, ao dispor como direitos do preso essas formas de assistência.

3.1.2.1 Assistência material (arts. 12 e 13 da LEP)

A assistência material inclui o fornecimento de alimentação, vestuário e instalações higiênicas (art. 12 da LEP).

Conforme se infere do item 41 da sua Exposição de Motivos, a Lei de Execução Penal, no aspecto da assistência ao segregado, espelhou-se nos princípios e regras internacionais sobre os direitos da pessoa presa, especialmente os que defluem das Regras Mínimas da ONU, de 1955. Segundo eles, no tocante à **alimentação**, "a administração fornecerá a cada preso, em horas determinadas, uma alimentação de boa qualidade, bem preparada e servida, cujo valor nutritivo seja suficiente para a manutenção da sua saúde e das suas forças" (item 20.1); e "todo preso deverá ter a possibilidade de dispor de água potável quando dela necessitar" (item 20.2).

A questão do **vestuário** também não foi descurada pelas Regras Mínimas citadas, estabelecendo-se que "todo preso a quem não seja permitido vestir suas próprias roupas deverá receber as apropriadas ao clima e em quantidade suficiente para manter-se em boa saúde. Ditas roupas não poderão ser, de forma alguma, degradantes ou humilhantes" (item 17.1); "todas as roupas deverão estar limpas e mantidas em bom estado. A roupa de baixo será trocada e lavada com a frequência necessária à manutenção da higiene" (item 17.2); "em circunstâncias excepcionais, quando o preso necessitar afastar-se do estabelecimento penitenciário para fins autorizados, ele poderá usar suas próprias roupas, que não chamem atenção sobre si" (item 17.3); "quando um preso for autorizado a vestir suas próprias roupas, deverão ser tomadas medidas para se assegurar que, quando do seu ingresso no estabelecimento penitenciário, as mesmas estão limpas e são utilizáveis" (item 18); e "cada preso disporá, de acordo com os costumes locais ou nacionais, de uma cama individual e de roupa de cama suficiente e própria, mantida em bom estado de conservação e trocada com uma frequência capaz de garantir sua limpeza" (item 19).

No que concerne à **higiene pessoal e asseio da sela ou alojamento**, trata-se de dever do preso, *ex vi* do art. 39, IX, da LEP, cabendo, contudo, à administração carcerária fornecer as condições e os instrumentos necessários a que possa ele ser cumprido.

Preceitua, ainda, o art. 13 da LEP que "o estabelecimento disporá de instalações e serviços que atendam aos presos nas suas necessidades pessoais, além de locais destinados à venda de produtos e objetos permitidos e não fornecidos pela Administração". O dispositivo deve ser compreendido juntamente com o art. 88 da LEP, que, tratando dos estabelecimentos destinados aos presos em regime fechado, estabelece que o condenado será alojado em cela individual, que conterá dormitório, aparelho sanitário e lavatório, sendo requisitos básicos da unidade celular a salubridade do ambiente e área mínima de seis metros quadrados. Ainda, fazem referência aos requisitos do art. 88 os arts. 92 (relativo aos estabelecimentos destinados ao regime semiaberto); 99, parágrafo único (pertinente ao hospital de custódia e tratamento psiquiátrico, que se destina aos inimputáveis e semi-imputáveis); e 104 (referente à cadeia pública, destinada ao recolhimento dos presos provisórios). Lamentavelmente, no Brasil, em que pese o empenho do legislador na previsão de requisitos básicos dessas instalações, muitos estabelecimentos ainda subsistem ao arrepio dessas regras, apresentando condições indignas de sobrevivência que pouco ou nada contribuem para o processo de ressocialização.

Considerando a impossibilidade de acesso dos presos e internados a objetos de consumo ou de uso pessoal, estabelece o mesmo art. 13 da LEP que em cada estabelecimento deverá existir um local destinado à venda de materiais não fornecidos pela administração penitenciária, condicionando-se, naturalmente, a que se trate de objetos permitidos.

Mais recentemente, editou o Conselho Nacional de Política Criminal e Penitenciária a Resolução n. 04, de 05.10.2017, dispondo sobre padrões mínimos para a assistência material do Estado e estabelecendo "lista de produtos de higiene, de artigos de asseio e roupas limpas às pessoas privadas de liberdade, considerando as suas especificidades, além de colchão e roupas de cama e banho", visando, com isto, "melhor qualidade no tratamento penal" ofertado às pessoas presas. Dita resolução, ainda, regulamentou, em termos de assistência material, situações específicas, determinando, entre outras disciplinas, que sejam respeitadas, no tocante aos itens de asseio, enxoval uniforme e frequência de substituição, as especificidades de gênero, a situação das "mulheres gestantes, nutrizes, bebês e crianças" e as hipóteses de pessoas portadoras de patologias, inclusive as mentais.

3.1.2.2 Assistência à saúde (art. 14 da LEP)

Como todo o ser humano, o preso está suscetível a doenças, risco esse que se eleva em razão das condições em que vive no ambiente prisional. Pode ocorrer que, ao ingressar no estabelecimento penitenciário, já esteja ele acometido de alguma patologia, ou então que venha a contraí-la durante a execução da pena. O mesmo deve ser dito em relação ao indivíduo internado para fins de cumprimento de medida de segurança. Por esse motivo, determina o art. 14 da LEP que sejam viabilizados aos presos e internados, tanto em caráter preventivo como curativo, o devido tratamento odontológico, médico e ambulatorial, bem como o fornecimento da medicação necessária.

O dispositivo vai ao encontro do art. 41, VII, da LEP, quando estipula como direito do preso a assistência à saúde.

O art. 43 da mesma lei garante a liberdade de contratar médico de confiança pessoal do internado ou do submetido a tratamento ambulatorial, por seus familiares ou dependentes, a fim de orientar e acompanhar o tratamento recebido por ocasião da imposição da medida de segurança. Nesse caso, havendo divergências entre o médico oficial e o particular, serão elas resolvidas pelo juiz da execução.

Evidentemente, se dentro do estabelecimento penitenciário não houver instalações adequadas para o tratamento médico, ambulatorial e hospitalar ao preso, deve este ser feito em outro lugar, bastando que o diretor do estabelecimento ou o juiz da execução penal assim autorize (art. 14, § 2º, da LEP). Essa solução, na prática, torna-se cotidiana, já que muitos estabelecimentos penais não dispõem de equipamentos e de pessoal adequados para os atendimentos médico, odontológico e farmacêutico.

Deve-se ressaltar, ainda, que o art. 117 da LEP autoriza a concessão de prisão domiciliar para condenado em **regime aberto**, nas hipóteses expressamente previstas, entre as quais a de estar acometido com doença grave. Os tribunais, entretanto, têm admitido a concessão do benefício também aos condenados que se encontram em regime **semiaberto** e **fechado**, em situações excepcionalíssimas, como no caso dos portadores de doença grave, desde que comprovada a impossibilidade de assistência médica no estabelecimento prisional em que cumprem sua pena. Perceba-se que, nesses casos, cabe ao apenado demonstrar a imprescindibilidade da medida, isto é, comprovar a excepcionalidade do caso decorrente da incompatibilidade do tratamento de saúde com o local em que se encontra recolhido[1].

O art. 14, § 3º, da LEP assegura acompanhamento médico à mulher, principalmente no pré-natal e no pós-parto, extensivo ao recém-nascido. Muito embora não se pudesse esperar outra solução do legislador, é certo que, na prática, essa assistência é bastante prejudicada pela absoluta falta de estrutura dos estabelecimentos penais, tanto em termos de recursos humanos como de espaço físico adequado.

Tratando-se de gestante de alto risco, exigente de tratamento médico que não possa ser ministrado no presídio em que se encontra recolhida, tem-se compreendido que, excepcionalmente, é possível estender a prisão domiciliar prevista no art. 117, IV, da LEP – destinada à gestante em regime aberto – a presas em regime diverso[2].

3.1.2.3 *Assistência jurídica (arts. 15 e 16 da LEP)*

A incidência na fase executória do princípio da jurisdicionalidade faz que sejam asseguradas aos presos e internados as garantias do contraditório, ampla defesa, duplo grau de jurisdição, imparcialidade do juiz, devido processo legal, direito à produção probatória, direito de petição, entre outros. Sendo assim, revela-se de fundamental importância a prestação de assistência jurídica aos segregados, visando tornar efetivas essas garantias ao longo da execução.

Nos termos do art. 15 da LEP, a assistência jurídica estatal deve ser propiciada aos presos e internados pobres, assim compreendidos aqueles que não possuem recursos financeiros para constituir advogado particular a fim de acompanhar a execução da sentença criminal, defendê-los nos incidentes pertinentes à fase executória e requerer benefícios (progressão de regime, livramento condicional, saídas temporárias, indultos, remições), além da possibilidade, por vezes presente, de ser buscada a reparação de erros judiciários ocorridos no curso do processo de conhecimento por meio do ajuizamento de revisões criminais ou impetrações de *habeas corpus*.

Alterado pela L. 12.313/2010, estabeleceu o art. 16 da LEP a responsabilidade dos Estados pela prestação de assistência jurídica, integral e gratuita, por meio da **Defensoria Pública**, dentro e fora dos estabelecimentos penais. Na redação anterior, limitava-se o dispositivo a dizer que "as unidades da Federação deverão ter serviços de assistência jurídica nos estabelecimentos penais". A nova redação confirma o dever dos Estados quanto à instalação de assistência jurídica nos presídios e enfatiza a disponibilização desses serviços no meio externo, deixando clara a necessidade de atendimento da demanda existente para além do processo de conhecimento. Para tanto, caberá aos Estados prestar auxílio de estrutura, recursos humanos e material à Defensoria Pública, possibilitando-lhe o exercício de suas funções dentro e fora das casas prisionais. Neste último caso, inclusive, contempla a Lei a necessidade de criação de Núcleos Especializados da Defensoria Pública para assistência jurídica integral e gratuita, mesmo que se trate de sentenciados em liberdade ou de egressos e seus familiares, quando não dispuserem dos recursos necessários para constituir advogado.

Essas disposições incorporadas ao art. 16 e parágrafos harmonizam-se com a Lei Complementar 80/1994, que organiza a Defensoria Pública da União, do Distrito Federal e dos Territórios e estabelece normas gerais para sua organização nos estados, onde se constata a presença de regras concernentes à presença de defensores públicos nos estabelecimentos

---

1 STJ, *Habeas Corpus* 212.526/DF, *DJ* 01.02.2012.

2 STF, *Habeas Corpus* 31.011/SP, *DJ* 31.05.2004.

penais e a prestação de assistência jurídica aos segregados. A propósito, note-se o disposto no art. 4º, XVII, da mencionada lei complementar (incluído pela LC 132/2009), ao estipular, entre as funções institucionais da defensoria pública, a de "atuar nos estabelecimentos policiais, penitenciários e de internação de adolescentes, visando a assegurar às pessoas, sob quaisquer circunstâncias, o exercício pleno de seus direitos e garantias fundamentais".

3.1.2.4 Assistência educacional (arts. 17 a 21 da LEP)

Dispõe o art. 17 da LEP que se inserem no campo da assistência educacional a instrução escolar e a formação profissional do preso e do internado. O dispositivo concilia-se com regras constitucionais que asseguram a educação para todos, o que abrange, evidentemente, não apenas os homens livres, mas também os segregados. Veja-se que o art. 205 da CF preceitua que "a educação, direito de todos e dever do Estado e da família, será promovida e incentivada com a colaboração da sociedade, visando ao pleno desenvolvimento da pessoa, seu preparo para o exercício da cidadania e sua qualificação para o trabalho". Já o art. 208, § 1º, da mesma Carta refere que "o acesso ao ensino obrigatório e gratuito é direito público subjetivo". Especificamente em relação ao segregado, deve-se ter em conta que o estudo funciona como fator ressocializador, adaptando-o ao reingresso no convívio em sociedade.

Visando a incentivar o aperfeiçoamento educacional do preso, o art. 126 da LEP, alterado pela L.12.433/2011, assegurou ao condenado que cumpre pena em regime fechado ou semiaberto a possibilidade de remir, pelo estudo, parte do tempo de execução da pena, à proporção de um dia de pena a cada doze horas de frequência escolar, divididas, no mínimo, em três dias. Para tanto, considerou *escolar* a atividade de ensino fundamental, médio, inclusive profissionalizante, ou superior, ou ainda de requalificação profissional (art. 126, § 1º, I, da LEP), podendo essas atividades ser desenvolvidas de forma presencial ou por metodologia de ensino a distância, desde que certificadas pelas autoridades educacionais competentes dos cursos frequentados (art. 126, § 2º, da LEP). Mesmo antes da alteração do art. 126 da LEP pela L. 12.433/2011, a jurisprudência, reconhecendo que a atividade estudantil se adéqua perfeitamente à finalidade da pena de readaptar e ressocializar o condenado, já vinha interpretando extensivamente o vocábulo "trabalho" para alcançar também o "estudo" do condenado. Por essa razão, foi editada a Súmula 341 do STJ estabelecendo que "a frequência a curso de ensino formal é causa de remição de parte do tempo de execução de pena sob regime fechado ou semiaberto".

Ainda com o escopo de incentivar o condenado ao estudo, permite a LEP, no art. 122, II, que os condenados que cumprem pena em regime semiaberto obtenham autorização para saída temporária do estabelecimento prisional, sem vigilância direta, para fins de frequência a curso supletivo profissionalizante, bem como de instrução do 2º grau ou superior, na Comarca do Juízo da Execução.

No art. 18, a LEP estabelece a obrigatoriedade do ensino fundamental (antes denominado ensino de primeiro grau) a todos os presos. Mais recentemente, introduzido pela L. 13.163/2015, o art. 18-A da LEP passou a determinar que também o ensino médio deva ser a eles oferecido, obrigatoriamente. Portanto, os segregados sem instrução fundamental ou ensino médio completos possuem o direito de recebê-los do Poder Público. Para que se concretize esse escopo da lei, é necessário que haja, nos estabelecimentos penais, escola ou cursos e atividades que a substituam. Perceba-se que, de acordo com o art. 18, o ensino fundamental deve ser integrado no sistema escolar da unidade federativa. E o mesmo norte seguiu o referido art. 18-A, § 1º, preconizando que "o ensino ministrado aos presos e presas integrar-se-á ao sistema estadual e municipal de ensino...". Isso tudo significa que o ensino ministrado intramuros "deve atender a seus requisitos, modalidades e características e ser ministrado por pessoas que possuam a capacidade técnica exigida para esse mister, de acordo com as normas jurídicas correspondentes ao ensino prestado na rede escolar pública ou privada"[3]. Dessa forma, assegura-se que tal ensino possua o mesmo valor do que for transmitido nos estabelecimentos de ensino públicos ou privados, habilitando o segregado a prosseguir nos seus estudos tão logo posto em liberdade.

Considerando que a capacitação profissional, além da inegável influência positiva na manutenção da disciplina prisional, é fator que facilita a reinserção do indivíduo na sociedade, contribuindo para que não retorne à vida criminosa, refere o art. 19 da LEP que esse ensino pode se dar em iniciação, para aqueles que ainda não possuem habilitação profissional na respectiva área, ou em aperfeiçoamento técnico, para os que já desempenhavam a profissão antes da segregação. Muito embora não se trate de atividade de participação obrigatória do recluso, ficando ao seu alvedrio dela participar ou não, a circunstância de buscar a formação ou aperfeiçoamento profissional contribui na análise do mérito do apenado pelo juiz da execução no momento de apreciar requerimentos de benefícios carcerários. Como exemplo, a hipótese do livramento condicional, que, para seu deferimento, exige, entre outros requisitos, que o beneficiário possua "aptidão para prover à própria subsistência mediante trabalho honesto" (art. 83, III, do CP).

O legislador preocupou-se com a situação da mulher condenada. Ora, é certo que, na atualidade, cada vez menos o gênero é fator de distinção na escolha das profissões, sendo comum não apenas a presença de mulheres exercendo profissões que antes eram típicas dos homens (construção civil, mecânica de automóveis, carpintaria) como também homens desempenhando funções que há até algum tempo eram próprias do gênero feminino (confecção de roupas, emprego doméstico, artesanato). Não obstante essa realidade, por força de determinação legal inserta ao art. 19, parágrafo único, da LEP, devem ser disponibilizadas nos estabelecimentos prisionais atividades que sejam habitualmente adequadas ao público feminino, visando-se, assim, facilitar a sua reinserção social após o cumprimento da pena imposta.

Ciente da realidade brasileira e das dificuldades que se apresentam ao Poder Público no sentido de instalar, por sua própria conta, escolas ou cursos especializados nos estabelecimentos penais, previu o legislador, no art. 20, a possibilidade de convênio do Estado com instituições de ensino públicas ou particulares, a fim de tornar efetiva a assistência educacional.

Determinou a lei, por fim, que cada estabelecimento prisional seja dotado de biblioteca, provida de livros instrutivos, recreativos e didáticos (art. 21 da LEP). Essa preocupação decorre da constatação de que a atividade de leitura, além de ser instrumento de enriquecimento cultural e fonte de estudo, é fator relevante para a recreação do preso ou internado, auxiliando, via de consequência, na manutenção da disciplina prisional.

3.1.2.5 Assistência social (arts. 22 e 23 da LEP)

Dispõe o art. 22 da LEP que "a assistência social tem por finalidade amparar o preso e o internado e prepará-los para o retorno à liberdade".

Ora, entre as finalidades da pena e da medida de segurança encontra-se, primordialmente, a reabilitação do indivíduo, a fim de que possa retornar ao convívio social

[3] Julio Fabbrini Mirabete, *Execução penal*. 11ª ed. São Paulo: Atlas, 2004, p. 76.

harmônico. Nesse viés, surge a atuação do serviço social, no intuito de identificar em relação a cada segregado os entraves existentes ao processo de ressocialização, apresentando as medidas necessárias para sanar tais dificuldades e acompanhando o preso e o internado durante a execução da pena na superação desses obstáculos.

A assistência social, enfim, deve consistir no elo entre o ambiente carcerário e o mundo extramuros, *assistindo* o recluso e fornecendo a ele os meios necessários para conhecer as causas de seu desajuste social e as formas de eliminá-lo. Para cumprir essa finalidade, determina o art. 23 da LEP que lhe incumbe:

I - Conhecer os resultados dos diagnósticos ou exames: Considerando a necessidade de atender ao mandamento constitucional da individualização da pena (art. 5º, XLVI, da CF), estão os condenados sujeitos a exames no curso da fase executória, a exemplo do exame de classificação previsto no art. 5º da LEP (que abrange o exame de personalidade e o exame dos antecedentes), do exame criminológico referido no art. 8º da LEP, de pareceres da Comissão Técnica de Classificação e de outros exames que podem ser requisitados pelo juiz da execução visando angariar subsídios para decidir sobre a concessão ou não de benefícios. Tais análises, em seu conjunto, possibilitarão o conhecimento do caráter do segregado, tendências, temperamento, inteligência, aspectos sociais e familiares e outros fatores que convergem para a definição de sua personalidade. Ora, se o serviço social tem como finalidade *assistir* o preso e o internado, visando auxiliar na eliminação dos percalços à sua ressocialização, nada mais razoável do que estabelecer a LEP a obrigatoriedade de que conheça o resultado dos referidos diagnósticos e exames, pois é a partir deles que poderá traçar as medidas necessárias para adaptação do preso ao convívio social harmônico tão logo cumprida sua pena.

II - Relatar, por escrito, ao diretor do estabelecimento, os problemas e as dificuldades enfrentadas pelo assistido: A assistência social mantém contato direto com o preso e o internado, conhecendo, portanto, as dificuldades enfrentadas à sua adaptação ao cotidiano do ambiente carcerário, as quais, por óbvio, refletem no processo de sua reabilitação. Sendo assim, impôs a LEP como uma das atribuições do serviço social relatar esses problemas e dificuldades à Administração Carcerária, auxiliando, desse modo, na individualização da pena. Destaca-se a importância do conhecimento da situação do segregado pelo diretor do presídio diante das incumbências que este possui e que lhe são conferidas pela própria lei, sendo exemplo a possibilidade de suspender ou restringir determinados direitos do preso (art. 41, parágrafo único, da LEP); a aplicação de sanções disciplinares (art. 54, *caput*, da LEP); o fornecimento de atestado de conduta para fins de progressão de regime (art. 112, *caput*, da LEP) e de livramento condicional, indulto e comutação de penas (art. 112, § 2º, da LEP) e a permissão de saída mediante escolta nas situações contempladas em lei (art. 120, parágrafo único, da LEP).

III - Acompanhar o resultado das permissões de saída e das saídas temporárias: As autorizações de saída facultadas ao preso classificam-se em *permissões de saída* e em *saídas temporárias*. As *permissões de saída* destinam-se ao preso que cumpre pena em regimes fechado ou semiaberto, bem como ao preso provisório. Essa modalidade, que se caracteriza pela necessidade de escolta, é viabilizada nas hipóteses de falecimento ou doença grave do cônjuge, companheira, ascendente, descendente ou irmão, bem como no caso de necessitar o apenado de tratamento médico (art. 120 da LEP). Já as saídas temporárias podem ser proporcionadas ao preso em regime semiaberto, dispensando vigilância direta (embora possa ser determinado ao beneficiário o uso de equipamento de monitoração eletrônica), para fins de visita à família, frequência a curso supletivo, profissionalizante e de instrução do ensino médio ou superior e para participação em atividades adequadas para o retorno ao convívio social (art. 122 da LEP). Considerando que, em ambas as hipóteses, o apenado entra em contato com o mundo exterior, a LEP estabelece para a assistência social a atribuição de acompanhar o modo como tenham se desenvolvido essas saídas, identificando no comportamento do apenado os sinais correspondentes à sua gradual adaptação ao convívio em sociedade. Lembre-se que, muito especialmente nas situações de saída temporária, em que não há escolta, é presente o risco de fuga do preso. Nesse viés, a constatação pelo serviço social da sua obediência às regras pertinentes ao afastamento do cárcere (retorno no dia e horário previstos e comportamento satisfatório no período da saída) podem constituir fonte importante de subsídios para formação do convencimento do juiz no momento em que tiver de decidir sobre o deferimento de outros benefícios carcerários.

IV – Promover, no estabelecimento, pelos meios disponíveis, a recreação: O ócio no interior dos presídios é fator negativo para a reabilitação do preso. Por essa razão, devem ser possibilitadas ao segregado atividades de integração no presídio, dentro do possível sob a supervisão de profissionais especializados visando a garantir a disciplina durante a sua prática e diminuir o risco de brigas entre os reclusos ou outros incidentes que poderiam afetar os benefícios que se esperam da atividade recreativa. Veja-se que o art. 41, V, da LEP estabelece a recreação como um direito do preso. Por sua vez, o art. 83 da LEP dispõe que o estabelecimento penal deverá contar em suas dependências com áreas e serviços destinados a *recreação* e *prática esportiva.*

V – Promover a orientação do assistido, na fase final do cumprimento da pena, e do liberando, de modo a facilitar o seu retorno à liberdade: Ao lado da satisfação em retornar à vida em liberdade, é natural que o preso experimente sentimentos de ansiedade e medo, pois são incertas as condições de vida que o esperam no mundo extramuros. Para impedir que essas duas ordens de sentimentos opostos resultem em frustração e acabem por conduzi-lo novamente à vida criminosa, revela-se de suma importância a atuação do serviço social no sentido de orientá-lo sobre a superação dos obstáculos que possivelmente terá pela frente. Um dos caminhos a serem trilhados pela assistência social é servir de elo entre o ex-preso e sua família e amigos, cujo apoio é fundamental no processo de ressocialização, podendo ainda incentivar sua participação em programas de apoio desenvolvidos por entidades e organismos de auxílio ao ex-detento.

VI – Providenciar a obtenção de documentos, dos benefícios da Previdência Social e do seguro por acidente no trabalho: Não é incomum que, ao ser posto em liberdade, não possua o egresso qualquer documentação que o habilite à prática de atos da vida civil ou mesmo à obtenção de emprego. É o caso da cédula de identidade, carteira de trabalho, título de eleitor, certificado de reservista etc. O serviço social pode orientá-lo sobre a forma de obtenção desses documentos, além de encaminhá-lo a eventuais benefícios previdenciários a que ele ou sua família possam ter direito.

VII – Orientar e amparar, quando necessário, a família do preso, do internado e da vítima: É inevitável o abalo sofrido pela família com a segregação de um de seus integrantes, situação essa que se agrava ainda mais quando são poucos os recursos financeiros e o preso é a pessoa responsável pelo sustento. O serviço social, então, pode intervir prestando orientação, não apenas no sentido de como serem buscados recursos econômicos para a respectiva manutenção diante da nova realidade, como também no aspecto do apoio moral, a fim de que não se deteriorem com a prisão os laços familiares antes existentes. E não só a família do preso ou do internado pode precisar de assistência. Muitas vezes, também a família da vítima necessita de orientação, principalmente nas hipóteses de morte, caso em que o sofrimento pela perda do parente dissemina-se e atinge cada um de seus membros, provocando, em determinadas situações, a ruptura dos vínculos e a destruição do núcleo familiar.

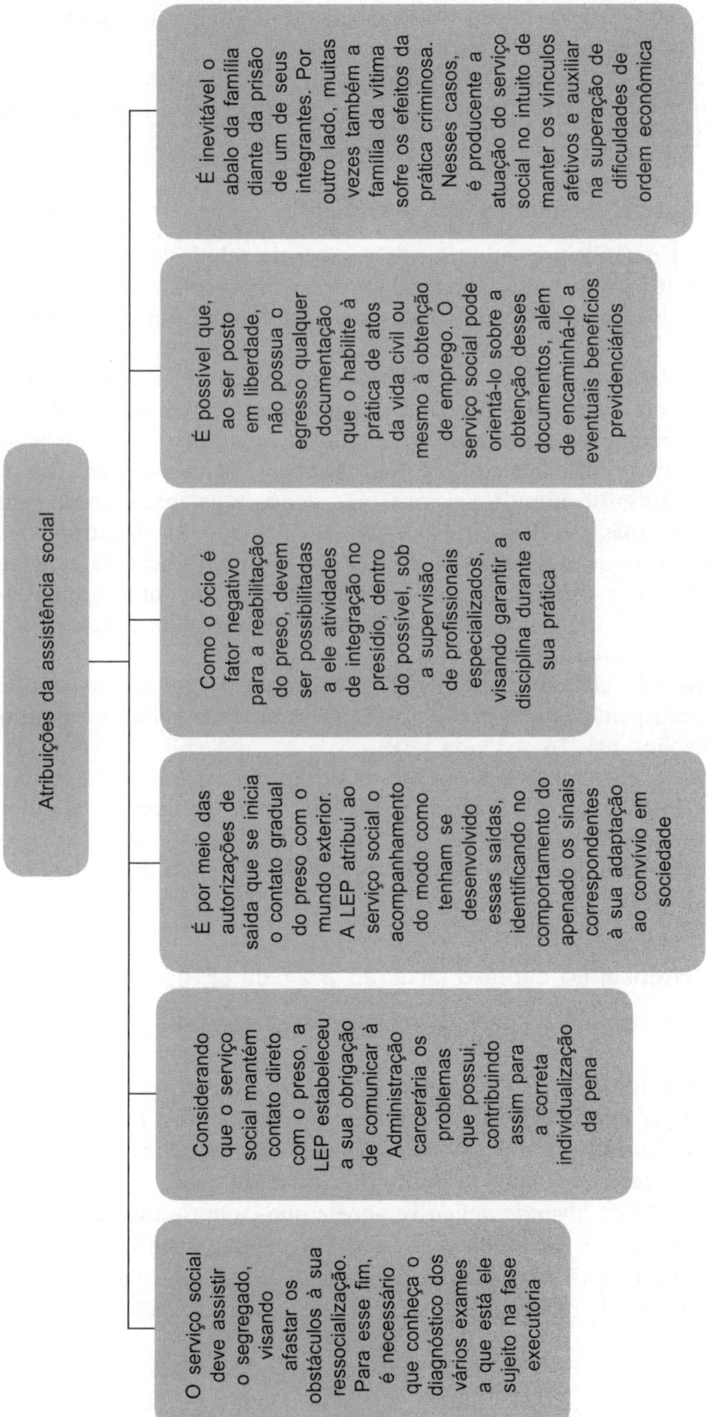
Atribuições da assistência social
O serviço social deve assistir o segregado, visando afastar os obstáculos à sua ressocialização. Para esse fim, é necessário que conheça o diagnóstico dos vários exames a que está ele sujeito na fase executória
Considerando que o serviço social mantém contato direto com o preso, a LEP estabeleceu a sua obrigação de comunicar à Administração carcerária os problemas que possui, contribuindo assim para a correta individualização da pena
É por meio das autorizações de saída que se inicia o contato gradual do preso com o mundo exterior. A LEP atribui ao serviço social o acompanhamento do modo como tenham se desenvolvido essas saídas, identificando no comportamento do apenado os sinais correspondentes à sua adaptação ao convívio em sociedade
Como o ócio é fator negativo para a reabilitação do preso, devem ser possibilitadas a ele atividades de integração no presídio, dentro do possível, sob a supervisão de profissionais especializados, visando garantir a disciplina durante a sua prática
É possível que, ao ser posto em liberdade, não possua o egresso qualquer documentação que o habilite à prática de atos da vida civil ou mesmo à obtenção de emprego. O serviço social pode orientá-lo sobre a obtenção desses documentos, além de encaminhá-lo a eventuais benefícios previdenciários
É inevitável o abalo da família diante da prisão de um de seus integrantes. Por outro lado, muitas vezes também a família da vítima sofre os efeitos da prática criminosa. Nesses casos, é producente a atuação do serviço social no intuito de manter os vínculos afetivos e auxiliar na superação de dificuldades de ordem econômica

Note-se que, a despeito da importância da participação de organismos ou entidades particulares na ressocialização, a prestação do serviço social ao preso deve ser oficial, isto é, propiciada pelo Estado, pois a este incumbe o dever de assistir o preso, *objetivando prevenir o crime e orientar o seu retorno à convivência em sociedade* (art. 10 da LEP).

3.1.2.6 Assistência religiosa (art. 24 da LEP)

O art. 24 da LEP preceitua que "a assistência religiosa, com liberdade de culto, será prestada aos presos e aos internados, permitindo-se-lhes a participação nos serviços organizados no estabelecimento penal, bem como a posse de livros de instrução religiosa".

A partir daí se depreende que cabe ao Estado estimular o segregado à prática da religião, tendo em vista seu conteúdo pedagógico e positivamente influente para frear impulsos ou tendências criminais, animando-o, no futuro, a conduzir-se de acordo com a lei. Com propriedade, refere Julio Fabbrini Mirabete que, "na atualidade, a assistência religiosa no mundo prisional não ocupa lugar preferencial nem é o ponto central dos sistemas penitenciários, tendo-se adaptado às circunstâncias de nossos tempos. Não se pode desconhecer, entretanto, a importância da religião como um dos fatores da educação integral das pessoas que se encontram internadas em um estabelecimento penitenciário, razão pela qual a assistência religiosa é prevista nas legislações mais modernas"[4].

Com vista à celebração de missas e realização de cultos e de outras atividades religiosas, é indispensável que exista nos estabelecimentos penais local apropriado para tais manifestações (art. 24, § 1º, da LEP).

Perceba-se, entretanto, que os presos devem ter liberdade de culto, não podendo qualquer interno ser obrigado a participar desta ou daquela atividade religiosa, mesmo porque a Constituição Federal, no art. 5º, VI, assegura a inviolabilidade de consciência e de crença, sendo assegurado o livre exercício dos cultos religiosos (art. 24, § 2º, da LEP).

3.1.3 Assistência ao egresso (arts. 25 a 27 da LEP)

Nos termos do art. 26 da LEP, consideram-se egressos, para efeitos legais:

- *O liberado definitivo, pelo prazo de um ano a contar da saída do estabelecimento:* Trata-se tanto daquele que cumpriu integralmente a pena imposta como também do indivíduo beneficiado por uma das causas extintivas da punibilidade (*v.g.*, prescrição) após ter cumprido parte da pena. Ainda, inclui-se na denominação de *liberado definitivo* aquele que cumpria medida de segurança e foi desinternado. Em todos esses casos, vincula-se a qualificação jurídica de *egresso* a que ainda não tenha decorrido o prazo de um ano contado da data em que foi posto em liberdade, prazo esse não sujeito a prorrogação.

---

[4] Julio Fabbrini Mirabete, *Execução penal*. 11ª ed. São Paulo: Atlas, 2004, p. 84.

- *O liberado condicional, durante o período de prova:* O período de prova do livramento condicional perdura pelo tempo restante da pena privativa de liberdade a ser cumprida. Por exemplo, o indivíduo que foi condenado a doze anos de reclusão e obteve o livramento condicional após cumpridos oito anos está sujeito ao período de prova de quatro anos. Durante esse período, para efeitos da LEP, ele é considerado egresso do sistema prisional. Vencido esse prazo, que também não está sujeito a prorrogação, o condenado perde a condição jurídica de egresso, devendo ser encaminhado, para efeitos de assistência, ao serviço social comum.

Preocupou-se o legislador em garantir a assistência estatal ao egresso diante da tendência existente na sociedade no sentido da marginalização do ex-preso, a começar pela dificuldade em aceitá-lo novamente no mercado de trabalho. Trata-se, enfim, de dar sequência, nos primeiros tempos que se seguem à liberdade do indivíduo, à assistência realizada na fase executória da pena, a fim de colaborar com os egressos do sistema prisional para a obtenção de trabalho e, ao mesmo tempo, evitar que o abandono social o direcione novamente ao caminho do crime.

O art. 25, I, da LEP estabelece que a assistência ao egresso pode consistir em orientação e apoio para reintegrá-lo à vida em liberdade. Para alcançar esse fim, algumas unidades da Federação têm criado núcleos de assistência ao egresso, vinculados às Secretarias de Estado, com objetivo de realizar ações que visem a reforçar os laços que unem o ex-detento à sua família e à comunidade; a incluí-lo em atividades produtivas, engajando-o no mercado de trabalho formal ou informal e ao estabelecimento de parcerias com a iniciativa privada e convênios federais para que o egresso e familiares recebam o apoio e respeito necessários ao exercício dos direitos humanos.

Outra forma de auxílio, prevista no art. 25, II, da LEP, cabível apenas em caráter emergencial (o dispositivo refere que será concedido "se necessário"), é o fornecimento de alojamento e de alimentação em estabelecimento adequado (poderão ser as casas do albergado), nas hipóteses em que não disponha o egresso de local para ficar no período que se segue a sua liberdade ou quando o retorno ao seu ambiente revelar-se inadequado. Nesse caso, a assistência é limitada ao prazo de dois meses, prorrogável uma única vez, desde que comprovado, por declaração do serviço social, o empenho do egresso na obtenção de emprego (art. 25, parágrafo único, da LEP). Superado esse prazo, o indivíduo deve ser encaminhado aos serviços de alojamento e alimentação destinados à população carente em geral, sem prejuízo do prosseguimento da assistência prevista no art. 25, I – orientação e apoio para reintegrá-lo à vida em liberdade.

Note-se que, entre os órgãos da execução penal arrolados no seu art. 61, a LEP estabelece função de colaboração na proteção do egresso ao Conselho Penitenciário (inc. IV) e ao Patronato (inc. VI). Relativamente ao Conselho Penitenciário, compete-lhe promover as ações necessárias à defesa dos direitos do egresso, possibilitando que recebam o tratamento necessário à sua reinserção social (art. 70, IV, da LEP). Quanto aos patronatos, uma de suas funções é assistir o egresso na vida pós-liberdade, auxiliando-o a superar as dificuldades de natureza econômica, familiar ou de trabalho que normalmente surgem nessa fase e, ao mesmo tempo, colaborar para mantê-lo afastado de situações que possam reconduzi-lo à prática do delito.

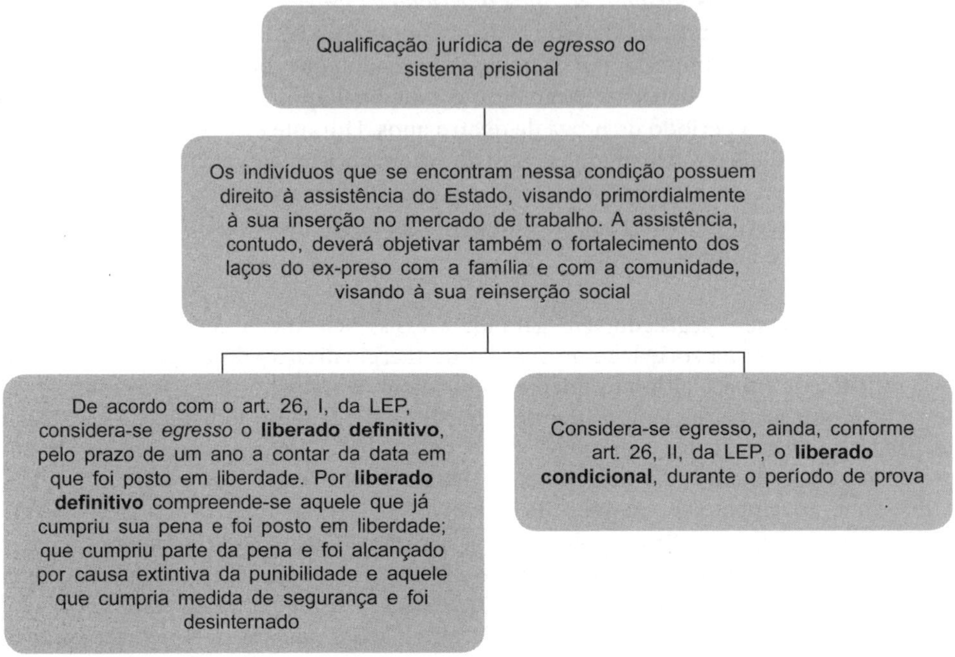

Estabelece o art. 27 da LEP que "o serviço de assistência social colaborará com o egresso para a obtenção de trabalho". Como dissemos, uma das principais funções da assistência ao egresso do sistema prisional consiste em orientá-lo à obtenção de emprego, condição fundamental para sua plena ressocialização. Evidentemente, isso não implica estabelecer para ele qualquer prioridade de contratação em relação a outros candidatos ao mesmo emprego, tampouco acesso prioritário a cargos públicos no caso de prestação de concurso. Quanto a este último aspecto, inclusive, já decidiu o STJ que "o art. 27 da L. 7.210/1984 (Lei de Execuções Penais) assegura apenas que '... o serviço de assistência social colaborará com o egresso na obtenção de trabalho', não sendo, portanto, uma forma de priorizar o ex-detento em detrimento de outros habilitados em concurso público para o mesmo cargo pleiteado"[5].

[5] STJ, Recurso Ordinário em Mandado de Segurança 14.150/MG, *DJ* 28.10.2002.

3.1.4 Gráfico

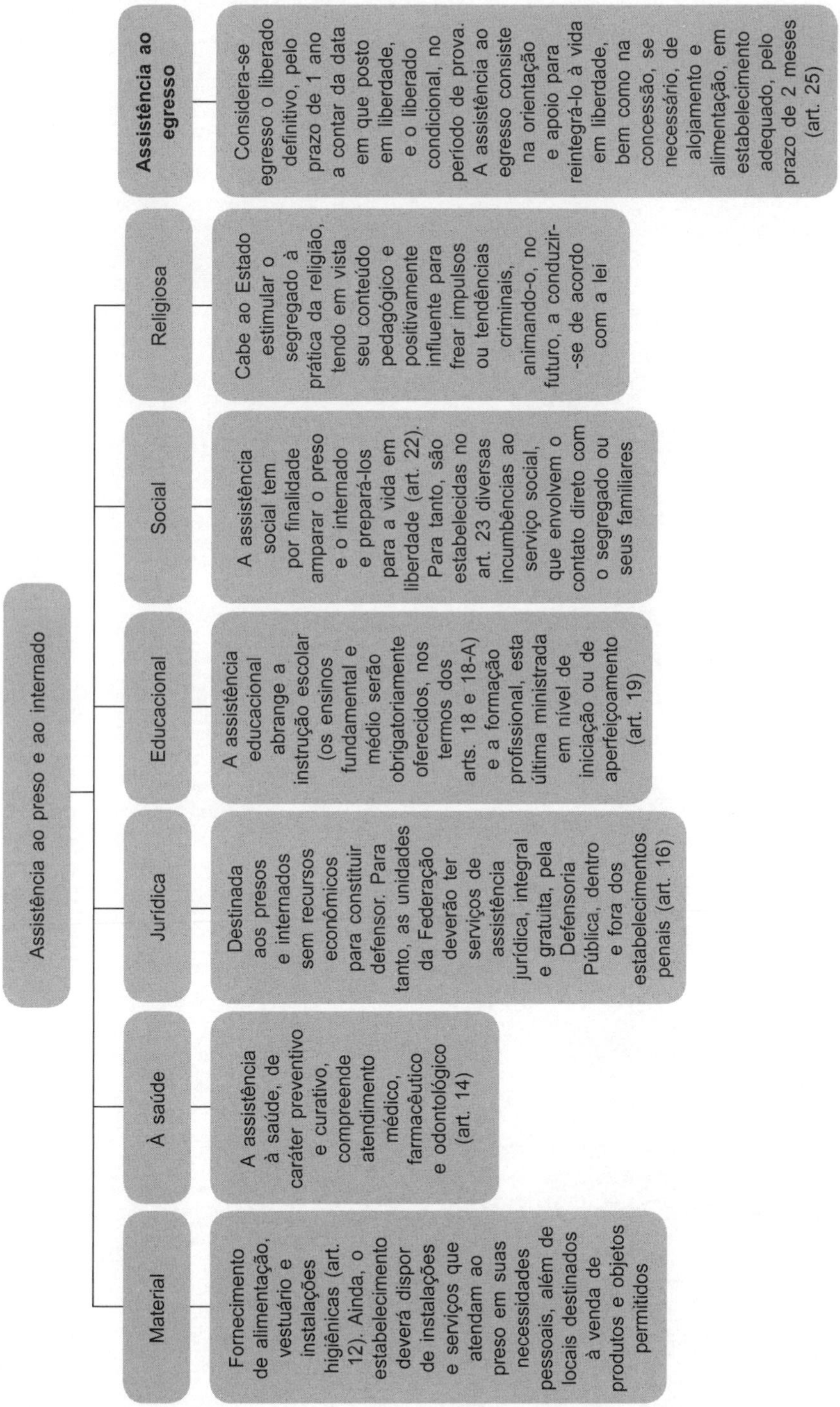
Assistência ao preso e ao internado
Material
Fornecimento de alimentação, vestuário e instalações higiênicas (art. 12). Ainda, o estabelecimento deverá dispor de instalações e serviços que atendam ao preso em suas necessidades pessoais, além de locais destinados à venda de produtos e objetos permitidos
À saúde
A assistência à saúde, de caráter preventivo e curativo, compreende atendimento médico, farmacêutico e odontológico (art. 14)
Jurídica
Destinada aos presos e internados sem recursos econômicos para constituir defensor. Para tanto, as unidades da Federação deverão ter serviços de assistência jurídica, integral e gratuita, pela Defensoria Pública, dentro e fora dos estabelecimentos penais (art. 16)
Educacional
A assistência educacional abrange a instrução escolar (os ensinos fundamental e médio serão obrigatoriamente oferecidos, nos termos dos arts. 18 e 18-A) e a formação profissional, esta última ministrada em nível de iniciação ou de aperfeiçoamento (art. 19)
Social
A assistência social tem por finalidade amparar o preso e o internado e prepará-los para a vida em liberdade (art. 22). Para tanto, são estabelecidas no art. 23 diversas incumbências ao serviço social, que envolvem o contato direto com o segregado ou seus familiares
Religiosa
Cabe ao Estado estimular o segregado à prática da religião, tendo em vista seu conteúdo pedagógico e positivamente influente para frear impulsos ou tendências criminais, animando-o, no futuro, a conduzir-se de acordo com a lei
Assistência ao egresso
Considera-se egresso o liberado definitivo, pelo prazo de 1 ano a contar da data em que posto em liberdade, e o liberado condicional, no período de prova. A assistência ao egresso consiste na orientação e apoio para reintegrá-lo à vida em liberdade, bem como na concessão, se necessário, de alojamento e alimentação, em estabelecimento adequado, pelo prazo de 2 meses (art. 25)

CAPÍTULO 4

TRABALHO

4.1 CONSIDERAÇÕES GERAIS

4.1.1 Trabalho do preso (arts. 28 a 30 da LEP)

Considera-se *trabalho* a atividade desempenhada pelos presos ou internados dentro ou fora do estabelecimento prisional, sujeita à devida remuneração. Tendo em vista sua função ressocializadora e a circunstância de que o trabalho se apresenta como fator de recuperação, disciplina e aprendizado para a futura vida profissional, sua realização é prevista como um direito (art. 41, II, da LEP) e ao mesmo tempo um dever do condenado no curso da execução da pena (art. 39, V, da LEP).

Em outras palavras, o trabalho, devidamente remunerado, é **obrigatório** ao preso na medida de sua aptidão e capacidade. Tal obrigatoriedade, entretanto, não se confunde com *trabalho forçado*, que é constitucionalmente vedado (art. 5º, XLVII, *c*, da CF). Isso significa que se o condenado recusar-se à sua execução, não poderá ser constrangido a tanto, porém tal conduta implicará cometimento de falta grave (arts. 39, V, e 50, VI, da LEP), sujeitando-o às sanções disciplinares previstas em lei. Ressalva existe com relação ao condenado por crime político que, nos termos do art. 200 da LEP, não está obrigado a trabalhar.

São indiscutíveis as vantagens do trabalho para o apenado, pois além de lhe possibilitar uma fonte de renda, permite a redução de sua pena por meio do instituto da remição (à razão de um dia de pena por três dias de trabalho – art. 126, § 1º, da LEP) e, na medida em que profissionaliza, constitui fator importante para a ressocialização.

Dispõe o art. 28, *caput*, da LEP que o trabalho do segregado possui dupla finalidade: **educativa** e **produtiva**. *Educativa,* no sentido de que mantém em atividade o preso que já trabalhava e induz o hábito de trabalhar naquele que não exercia qualquer atividade lícita antes de sua prisão, possibilitando-lhe ainda aprender um ofício ao qual poderá dar continuidade futuramente, quando posto em liberdade; *produtiva,* na medida em que o preso terá a oportunidade de realizar algo útil, vivenciando o resultado concreto de sua atividade e ainda percebendo remuneração por esse desempenho.

À semelhança do realizado pelas pessoas livres, também o trabalho do preso deve atender às normas legais de higiene e segurança (art. 28, § 1º, da LEP). Em consequência desse regramento, se no exercício do trabalho sobrevier ao segregado acidente de trabalho ou enfermidade profissional, fará ele jus à devida indenização em condições similares às que teria direito o trabalhador livre. Não é por menos que a LEP arrola entre os direitos do preso a *previdência social* (art. 41, III). Perceba-se, contudo, que tal indenização não envolve matéria acidentária em si, de competência da Justiça do Trabalho, mas sim indenização com base no direito comum, a ser enfrentada no âmbito da Justiça Comum para julgamento de ações de indenização por danos patrimoniais e morais[1].

4.1.2 Inaplicabilidade da Consolidação das Leis do Trabalho (art. 28, § 2º)

O trabalho interno do preso (realizado dentro do estabelecimento penal), sendo uma obrigação cujo descumprimento acarreta a imposição de sanções disciplinares, não está regido pela Consolidação das Leis do Trabalho (art. 28, § 2º, da LEP). O vínculo que se institui, portanto, é de direito público e não um vínculo empregatício. Em consequência, também não existirão encargos sociais incidentes sobre os valores pagos pela utilização dessa mão de obra, a exemplo de aviso prévio indenizado ou não, FGTS, repouso semanal remunerado, férias e décimo terceiro salário.

E quanto ao trabalho externo (realizado fora do presídio)? Tratando-se de preso em **regime fechado**, não há, do mesmo modo, vínculo empregatício, tampouco incidência dos referidos direitos sociais. Sendo hipótese de indivíduo que cumpre pena em **regime aberto,** pacificou-se que "o trabalho externo prestado por condenado em regime aberto não configura o trabalho prisional, previsto na Lei das Execuções Penais", razão pela qual se reconhece "relação de trabalho que se sujeita à tutela da CLT"[2]. O tema é discutido, porém, quando se trata de cumprimento de pena no **regime semiaberto**. Sem embargo da existência de corrente oposta, em inúmeras oportunidades têm os tribunais decidido que "o disposto no § 2º do art. 28 da LEP não pode servir de óbice ao reconhecimento da relação de emprego entre as partes"[3], devendo-se reconhecer a existência de vínculo trabalhista quando se trata de trabalho externo prestado por condenado em regime semiaberto.

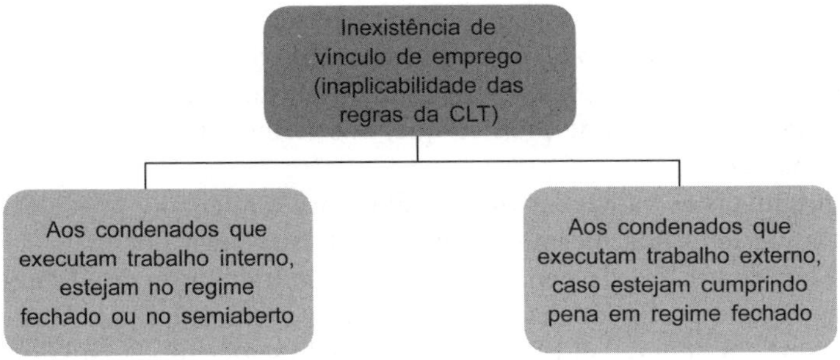

4.1.3 Remuneração do trabalho do preso (art. 29 da LEP)

Quer exerça o trabalho interno (arts. 30 a 35 da LEP), quer o trabalho externo (art. 36 da LEP), possuem o preso e o internado direito à remuneração adequada, mediante prévia tabela que, nos termos do art. 29 da LEP, não poderá ser inferior a três quartos do salário mínimo. Abolida, portanto, a possibilidade de utilização de mão de obra carcerária gratuita.

---

1 STJ, Conflito de Competência 66.974/PR, *DJ* 13.08.2007.

2 TRT da 4ª Região, Acórdão 0098800-61.2009.5.04.0018 RO, j. 19.10.2011.

3 TRT da 4ª Região, RO 01211-2007-831-04-00-6, publicado em 22.02.2008.

Não obstante, estabelece o art. 29, § 1º, que do produto da remuneração será feito o **desconto** da indenização do dano *ex delicto*, bem como dos valores necessários à assistência à família do segregado, a pequenas despesas de ordem pessoal do sentenciado e ao ressarcimento do Estado pelas despesas realizadas com a manutenção do condenado:

- **Indenização do dano *ex delicto***: Para que haja o desconto dessa verba da remuneração do preso, é necessário que exista decisão judicial definitiva estabelecendo a obrigatoriedade da reparação, bem como o montante a ser indenizado. Após a vigência da L. 11.719/2008, estabeleceu o art. 387, IV, do CPP que, na sentença condenatória, o juiz "fixará valor mínimo para reparação dos danos causados pela infração, considerando os prejuízos sofridos pelo ofendido". Com essa previsão, agilizou o legislador o processo de ressarcimento à vítima dos danos causados pela prática criminosa, já que possibilitou, imediatamente ao trânsito em julgado da condenação, o ajuizamento de ação de execução *ex delicto* visando constranger o acusado-executado ao pagamento do *quantum* fixado em sentença a título de mínimo indenizatório devido, bem como o respectivo desconto da remuneração do preso por força do trabalho executado. Evidentemente, além de buscar esse valor mínimo, faculta-se ao lesado deduzir na esfera cível a liquidação do dano efetivamente sofrido e, após, a execução da diferença entre o valor encontrado e o mínimo já executado (art. 63 do CPP), a qual também poderá ser objeto de desconto da remuneração do trabalho do preso.
- **Assistência à família**: É inevitável o abalo sofrido pela família com a segregação de um de seus integrantes, situação essa que se agrava ainda mais quando são poucos os recursos financeiros e o preso é a pessoa responsável pelo sustento. Assim, visando reduzir o impacto causado pela prisão, prevê a LEP a possibilidade de desconto, da remuneração pelo trabalho do preso, de verba própria para esse fim. Com isso, ao mesmo tempo que se alcançam recursos financeiros à família do recluso, reduz-se o sentimento de impotência do segregado diante do sofrimento de seus parentes pela decadência econômica provocada por sua prisão.
- **Pequenas despesas pessoais do preso**: Trata-se do valor destinado a aquisição de livros, aparelhos, objetos, desde que permitidos, obviamente, no estabelecimento prisional. Lembre-se ainda que, nos termos do art. 13 da LEP, o estabelecimento prisional disporá de "locais destinados à venda de produtos e objetos permitidos e não fornecidos pela Administração".
- **Ressarcimento do Estado**: Esse desconto, porém, é subsidiário, isto é, apenas será realizado quando atendidos os descontos previstos nos incisos anteriores.

Note-se que não contempla a lei a percentagem de desconto em cada caso, ficando isso a cargo da legislação federal ou da legislação estadual pertinente à matéria. Superados os descontos legais referidos no art. 29, § 1º, da LEP, o restante da remuneração deve ser depositado em caderneta de poupança para constituição do **pecúlio** em prol do segregado, que lhe será disponibilizado quando posto em liberdade. Questiona-se a possibilidade de **liberação antecipada do pecúlio** a fim de possibilitar ao preso o atendimento de suas necessidades básicas durante a execução da pena. Ora, o pecúlio decorre da remuneração percebida pelo apenado em razão de trabalho realizado. Trata-se de reserva monetária, que tem como finalidade precípua auxiliar o apenado, quando posto em liberdade, no processo de readaptação à sociedade, garantindo-lhe a subsistência temporária, evitando, assim, que seja eventualmente tentado a retornar à prática delitiva pela falta de dinheiro nos primeiros momentos em que solto. Diante disso, a legislação de regência, muito especialmente o § 2º do artigo 29[4] da Lei de Execuções Penais, estabeleceu que o pecúlio somente será entregue ao condenado quando este for solto. Destarte, a liberação antecipada apenas poderá ser admitida em situações excepcionais - caso de doença, por exemplo, ou de outra situação extrema devidamente comprovada.

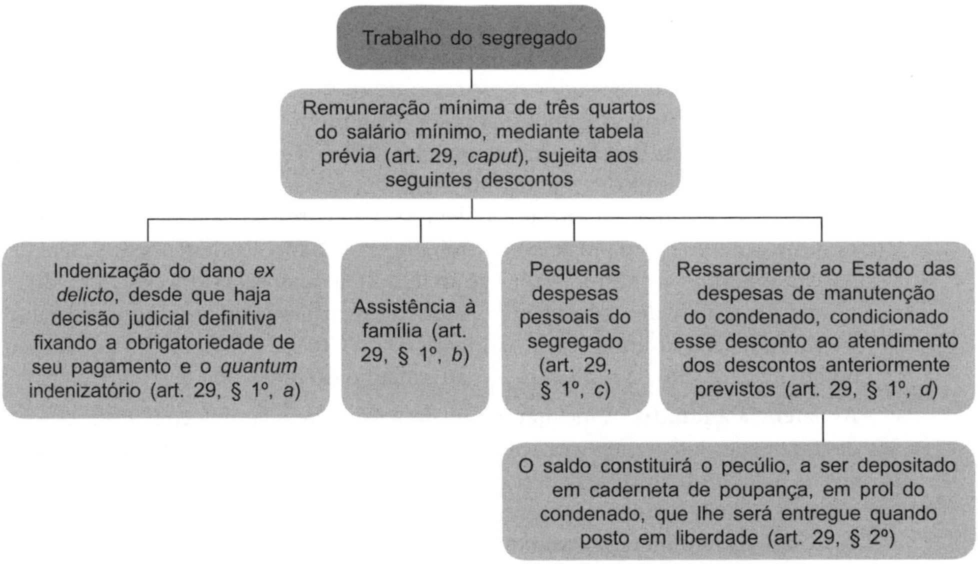

4.1.4 Prestação de serviços à comunidade (art. 30 da LEP)

Dispõe o art. 30 da LEP que as tarefas executadas a título de prestação de serviços à comunidade não são remuneradas.

A referência legal concerne à pena restritiva de direitos de *prestação de serviços à comunidade ou a entidades públicas* (art. 43, IV, do Código Penal), consistente na atribuição de tarefas gratuitas ao condenado (art. 46, § 1º, do CP) junto a entidades assistenciais, escolas, orfanatos e outros estabelecimentos congêneres (art. 46, § 2º, do CP), sendo aplicável às condenações superiores a seis meses de privação da liberdade (art. 46, *caput*, do CP). As tarefas serão atribuídas ao condenado conforme suas aptidões, devendo ser cumpridas à razão de uma hora de tarefa por dia de condenação, fixadas de modo a não prejudicar a jornada normal de trabalho (art. 46, § 3º, do CP).

Como se vê, o trabalho que se impõe ao sentenciado nessa modalidade de restrição de direitos deve ser um *plus* sobre ao trabalho habitualmente desenvolvido por ele, sendo essa a razão pela qual o art. 30 da LEP estabelece a sua não remuneração.

---

[4] "Art. 29. O trabalho do preso será remunerado, mediante prévia tabela, não podendo ser inferior a 3/4 (três quartos) do salário mínimo. § 1° (...) § 2° Ressalvadas outras aplicações legais, será depositada a parte restante para constituição do pecúlio, em Caderneta de Poupança, que será entregue ao condenado quando posto em liberdade."

4.2 TRABALHO INTERNO

4.2.1 Abrangência e obrigatoriedade (art. 31 da LEP)

Por **trabalho interno** compreende-se aquele prestado nas dependências do estabelecimento prisional. Pode consistir no aproveitamento da mão de obra dos condenados na construção, reforma, conservação e melhoramentos do estabelecimento prisional, bem como em serviços auxiliares tais como o atendimento em enfermarias, cozinhas e lavanderias.

Considerando que o Poder Público não pode se utilizar gratuitamente da capacidade profissional dos presos, em tais hipóteses caberá ao Estado remunerá-los, em conformidade com o estabelecido no art. 29 da LEP. Outra possibilidade é a prestação dessa forma de trabalho mediante convênios celebrado pelo Poder Público com empreendedores privados, caso em que caberá a estes últimos efetuar o pagamento da remuneração previamente estabelecida, além do fornecimento dos equipamentos e materiais necessários ao exercício da atividade, que pode ser industrial, agrícola, intelectual etc.

Não há na LEP previsão expressa acerca de quem pode autorizar o trabalho interno. Apesar dessa omissão, compreende-se que pode fazê-lo o diretor do estabelecimento prisional, sempre sob o crivo jurisdicional.

Como já dissemos, a LEP contempla no trabalho do preso um direito (art. 41, II) e também um dever (art. 39, V). Logo, é obrigatório, de acordo com as suas aptidões e capacidade (art. 31). Muito embora o segregado não possa ser forçado a sua execução, a recusa importa no cometimento de falta grave (art. 50, VI), sujeitando-o às sanções disciplinares previstas em lei. Ressalva, porém, existe com relação ao condenado por **crime político**, que, nos termos do art. 200 da LEP, não está obrigado a trabalhar.

De acordo com o art. 31, parágrafo único, para o **preso provisório** o trabalho não é obrigatório. Caso, porém, haja vontade do segregado em prestá-lo, sua execução está limitada ao interior do estabelecimento prisional, o que é justificado pelas circunstâncias que motivaram a prisão antes do trânsito em julgado da sentença, que não são compatíveis com a prestação de trabalho no meio externo. Ressalte-se que, até algum tempo atrás, *preso provisório*, para fins de aplicação da LEP, era considerado apenas aquele que se encontrava sob **prisão preventiva** decretada ou mantida após a condenação. Depois, passaram os tribunais a aceitar a execução provisória da pena, mesmo quando ausentes os requisitos da preventiva, quando o recurso interposto pela defesa em relação à decisão condenatória afigurar-se **manifestamente protelatório**, isto é, manejado com a finalidade única de obstar o trânsito em julgado da condenação e assim postergar a aplicação da pena[5-6]. Mais recentemente, no julgamento do *Habeas Corpus* 126.292/SP (Rel. Min. Teori Zavascki, j. 17.02.2016), deliberou o STF no sentido da viabilidade de execução provisória da pena após a **confirmação da sentença condenatória em Segundo Grau** (pelo Tribunal de Justiça no julgamento de apelação da sentença, por exemplo), não implicando isso ofensa ao princípio constitucional da presunção de inocência. Essa orientação foi reafirmada pelo Plenário virtual do Supremo em 11.11.2016, por ocasião do julgamento do Recurso Extraordinário 964.246/SP. Tratando-se, nesse último caso, de deliberação meritória realizada após reconhecimento da repercussão geral da matéria, essa tese firmada pelo Excelso Pretório, doravante, deverá, também, ser aplicada nos processos em curso nas instâncias inferiores.

---

5 STF, HC 115.517/PR, *DJ* 12.03.2013. No mesmo sentido: HC 88.500/RS e AI 177.313-ED-ED-AgR/MG.

6 STJ, Agravo de Instrumento 1.264.422/PR, j. 13.06.2011.

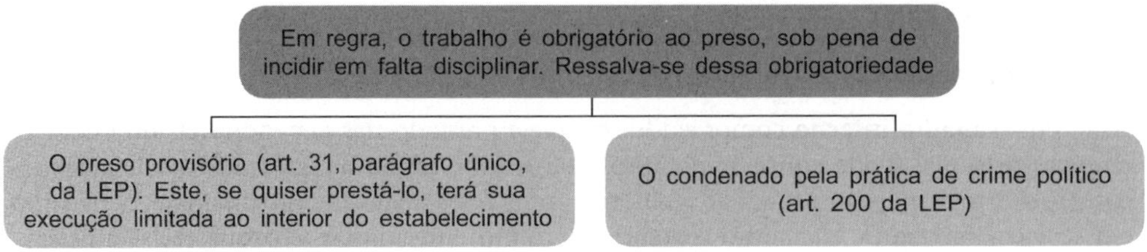

4.2.2 A atribuição do trabalho (art. 32 da LEP)

O art. 31 da LEP, inserindo norma genérica, diz que o preso executará o trabalho na medida de suas aptidões e capacidade. Já o art. 32, mais específico, esclarece que na atribuição do trabalho deverão ser levadas em conta a habilitação, a condição pessoal (*v.g.*, pessoa doente, portador de necessidades especiais, mulher grávida), as necessidades futuras do preso e as oportunidades oferecidas pelo mercado. Não poderia ser diferente. Afinal, uma das funções primordiais da exigência do trabalho do preso é colaborar com sua profissionalização. Sendo assim, afigura-se apropriado o aproveitamento do recluso em atividades que possa exercer futuramente, quando posto em liberdade, quer porque suas condições pessoais assim permitem, quer porque o mercado de trabalho mostre-se favorável a tal atividade.

A propósito, é por essa razão – necessidade de agregar qualificação profissional – que a LEP restringe a prática do **artesanato**, quando consistente na confecção de peças ou objetos de pequeno valor, considerando que, salvo nas regiões estimuladas pelo turismo, tal atividade não se mostra rentável a ponto de possibilitar com base nela o sustento futuro do ex-preso e de sua família (art. 32, § 1º). Observe-se, porém, que a lei não proíbe completamente o exercício da atividade artesanal, estabelecendo apenas que deve esta ser limitada *tanto quanto possível*. Logo, poderá ser exercida se o preso não apresentar aptidão para outras tarefas ou se não houver a possibilidade de desempenhá-las por qualquer outro motivo (p. ex., a ausência dos instrumentos necessários, falta de material etc.).

No art. 32, § 2º, a LEP assegura aos **idosos** o direito de solicitar ocupação adequada à sua idade, o que implica respeito as suas condições físicas, intelectuais e psíquicas. O preceito harmoniza-se com as disposições do Estatuto do Idoso (L. 10.741/2003), que, no seu art. 99, considera crime a conduta de expor a perigo a integridade e a saúde física ou psíquica do idoso, sujeitando-o a trabalho excessivo ou inadequado.

Outra preocupação do legislador relaciona-se com o segregado doente ou portador de necessidades especiais. A fim de não inviabilizar o exercício do trabalho, a estes devem ser ofertadas atividades adequadas a sua condição (art. 32, § 3º).

4.2.3 Jornada de trabalho do preso (art. 33 da LEP)

A jornada de trabalho não será inferior a seis nem superior a oito horas, com descanso nos domingos e feriados (art. 33, *caput*, da LEP).

Em princípio, apenas a jornada legalmente estabelecida permite a obtenção de benefícios carcerários. Por essa razão, já decidiu o STJ que, "para fins de remição, será considerado no cálculo apenas o dia de trabalho realizado, isto é, o dia em que for desempenhada a jornada completa de trabalho e não o número de horas trabalhadas"[7].

---

[7] STJ, *Habeas Corpus* 235.722/RS, *DJ* 29.06.2012.

E quanto ao trabalho aquém das seis horas ou além das oito horas? Há duas orientações: uma, no sentido de que a jornada inferior ao mínimo e a jornada superior ao máximo não podem ser consideradas com vista à futura compensação. Outra, no sentido de que não é possível desprezar o labor realizado pelo apenado **além do máximo permitido**, devendo-se compreender ocorrente um dia de trabalho para cada seis horas extras, não servindo para fins de remição, porém, os períodos de trabalho inferiores à jornada mínima legal (seis horas). Neste último sentido tem se pronunciado o STJ[8], sendo também a orientação dominante.

E quanto ao trabalho desenvolvido em domingos e feriados? Deve ser desprezado do cálculo de dias de trabalho para fins de remição, já que desenvolvido o labor em dia expressamente vedado no art. 33, *caput,* da LEP. Orientação oposta, vale dizer, no sentido de considerar o trabalho realizado nesses dias, na medida em que se dissocia da determinação legal, implica a permissão de que o apenado cumpra sua pena privativa de liberdade em período inferior ao permitido por lei.

E quanto ao trabalho realizado em sábados? Deve ser computado, desde que observada a jornada mínima de trabalho de *seis horas* no dia.

Na hipótese do apenado que labora de segunda a sexta-feira (sem que o trabalho tenha sido autorizado nos sábados, portanto), haveria a possibilidade de se considerar os sábados e os domingos dias fictamente trabalhados, a exemplo do que determina a CLT para os trabalhadores por ela regidos? Não. De fato, não é possível conceder remição da pena ao indivíduo preso pelos dias de repouso (sábado, domingos e feriados), em analogia ao regime de remuneração determinado pela CLT, pois, de acordo com o art. 28, § 2º, da LEP, o trabalho do apenado não é regido pela Consolidação das Leis do Trabalho. Lembre-se, ademais, de que o art. 126, § 1º, III, da LEP, que determina a forma como serão calculados os dias a serem remidos, dispõe que a remição se dá de um dia de pena a cada três dias de trabalho. Logo, não há como considerar que o repouso semanal do apenado corresponda, fictamente, a dia efetivo de trabalho, já que, nesse período, não houve a realização de qualquer atividade laboral.

Veja-se, por fim, que, independentemente da regra geral da jornada não inferior a seis nem superior oito horas, permite a LEP atribuição de horário especial de trabalho aos presos designados para os serviços de conservação e manutenção do estabelecimento penal, tais como os que desempenham atividades em cozinhas, lavanderias, enfermarias etc. Isso ocorre porque esses serviços não podem ser interrompidos, exigindo sua prestação em horários diversos daqueles estabelecidos para as atividades normais, inclusive nos dias de descanso.

De resto, encaminhamos o leitor ao tópico 8.2.20.2 deste livro, em que pormenorizamos o tema relativo à remição pelo trabalho do preso.

4.2.4 Gerenciamento do trabalho (art. 34 da LEP)

De acordo com o art. 34 da LEP, o trabalho poderá ser gerenciado por fundação ou empresa pública, com autonomia administrativa, e terá por objetivo a formação profissional do condenado. Nesse caso, incumbirá a essa entidade promover e supervisionar a produção, financiá-la e comercializá-la, bem como encarregar-se das

---

8 STJ, *Habeas Corpus* 290.966 (decisão monocrática), *DJ* 24.09.2015; Recurso Especial 1.302.924/RS, *DJ* 06.03.2013.

obrigações salariais (art. 34, § 1º). Outra possibilidade inserida à LEP por meio da L. 10.792/2003 é a participação da iniciativa privada, mediante convênios celebrados com o Poder Público, na implantação de oficinas de trabalho referentes a setores de apoio dos presídios (art. 34, § 2º).

4.2.5 Produto do trabalho prisional (art. 35 da LEP)

Considerando que o objetivo maior do trabalho do preso é auxiliar na sua profissionalização, preocupou-se o legislador com a destinação do produto do trabalho prisional, estabelecendo como regra que deverá ser comercializado a particulares (art. 35). Não sendo isso possível ou recomendável, tais bens deverão ser adquiridos pela Administração Direta ou Indireta da União, estados, Territórios, Distrito Federal e municípios. Neste último caso, considerando a necessidade de agilizar a venda e tendo em vista que o interesse do Poder Público não está relacionado a obtenção de vantagem econômica, mas sim dar preparação profissional ao preso, a lei estabelece que a aquisição ocorrerá com dispensa de concorrência pública, e que as importâncias arrecadadas com as vendas reverterão em favor da fundação ou empresa pública que gerenciou o trabalho do preso ou, na sua falta, em favor do estabelecimento penal.

4.3 TRABALHO EXTERNO

4.3.1 Abrangência (art. 36 da LEP)

Trabalho externo é aquele realizado fora da prisão, fundamentando-se na circunstância de que a oportunidade de trabalho é fator fundamental para o reingresso progressivo do apenado na sociedade.

Tratando-se de apenado do **regime fechado**, poderá ser atribuído trabalho externo em serviços ou obras públicas realizadas por órgãos da Administração Direta ou Indireta, ou entidades privadas, desde que tomadas as cautelas contra a fuga e em favor da disciplina por meio de escolta (art. 36, *caput*, da LEP e art. 34, § 3º, do Código Penal). A propósito, já decidiu o STJ: "Não obstante esta Corte já ter decidido pela possibilidade de concessão de trabalho externo a condenado em regime fechado, tem-se como indispensável, à concessão da benesse, a obediência a requisitos legais de ordem objetiva e subjetiva, além da vigilância direta, mediante escolta. Sobressai a impossibilidade prática de concessão da medida, evidenciando-se que não há como se designar um policial, diariamente, para acompanhar e vigiar o preso durante a realização dos serviços extramuros"[9]. Perceba-se que *serviço público* é toda a atividade prestada pelo Estado, basicamente sob regime de direito público, com vistas à satisfação de necessidades essenciais e secundárias da coletividade. São criados e regulamentados pelo Poder Público, a quem incumbe também a sua fiscalização. Já por *obras públicas* compreendem-se as construções realizadas por iniciativa das autoridades públicas para uso público ou como um serviço público. Como ensina Julio Fabbrini Mirabete[10], "não estão incluídos no dispositivo em questão os serviços de *interesse público,* que se distinguem dos serviços públicos porque, embora com caráter de utilidade coletiva, são objeto de concessão outorgada a empresas ou instituições particulares que os exploram

[9] STJ, *Habeas Corpus* 44.369/DF, *DJ* 03.10.2005.

[10] Julio Fabbrini Mirabete, op. cit., p. 103.

sob vigilância do próprio Estado, com fim meramente lucrativo, como o serviço de transportes coletivos. Nesses serviços, somente é possível o trabalho dos presos que se encontram em regime semiaberto". Conforme dissemos antes, tratando-se de preso em regime fechado, não há vínculo empregatício, tampouco incidência de direitos sociais (aviso prévio, décimo terceiro salário, férias, FGTS etc.), aplicando-se a literalidade do art. 28, § 2º, da LEP.

O trabalho externo também é admissível em relação ao indivíduo que cumpre pena em **regime semiaberto** (art. 35, § 2º, do Código Penal). Nesse caso, não existem as mesmas restrições previstas para o preso do regime fechado (trabalho em serviços ou obras públicas, mediante escolta), podendo ser prestado, portanto, em serviços, em obras públicas ou em entidades privadas. Discute-se o estabelecimento de vínculo trabalhista nessa hipótese. Sem embargo de opiniões em sentido oposto, em diversas oportunidades tem-se decidido que "o disposto no § 2º do art. 28 da LEP não pode servir de óbice ao reconhecimento da relação de emprego entre as partes"[11], devendo-se reconhecer a existência de vínculo trabalhista quando se trata de trabalho externo prestado por condenado em regime semiaberto. A propósito do tema, decidiu o Tribunal Regional do Trabalho da 4ª Região que "na exclusão do regime celetista encontram-se aqueles que cumprem pena de restrição da liberdade – caso do autor – na hipótese de trabalho interno, tão somente, e os presos em regime fechado que trabalham externamente"[12].

> **Observação importante:** Há entendimentos conflitantes quanto à possibilidade de o trabalho externo ser desempenhado pelo preso do semiaberto em empresa própria ou na condição de autônomo. Pensamos que não deve ser deferido o benefício nesses casos. Isto porque, em **primeiro lugar**, inexistindo chefia responsável pelo controle do apenado, restaria prejudicada a fiscalização das atividades por ele desenvolvidas. Tal situação é inadmissível, mesmo porque, em que pese a finalidade de reinserção social do benefício, não se pode esquecer que a benesse não afasta o caráter repressivo da pena em cumprimento, devendo, portanto, o exercício desse trabalho ser compatível com as regras da execução penal. Em **segundo lugar**, deve-se ter em conta que, conforme se infere do art. 37, parágrafo único, da Lei de Execução Penal, deve ser revogada a autorização de trabalho externo ao preso que *tiver comportamento contrário aos requisitos estabelecidos neste artigo*. Evidentemente, o mencionado *comportamento contrário aos requisitos estabelecidos na lei* refere-se à disciplina e à responsabilidade do apenado não só em sua vida carcerária como também no exercício da atividade laborativa. Tal dispositivo, se deferido o benefício ao apenado no sentido de realizar o trabalho externo sob sua própria chefia, perde, completamente, sua razão de ser.
>
> Não obstante esse nosso entendimento, é certo que tem prevalecido no STJ e no STF orientação em sentido oposto, vale dizer, de que a precária estrutura fiscalizatória do Estado não pode ser óbice ao trabalho externo do apenado, podendo desenvolvê-lo, então, em estabelecimento empresarial pertencente tanto a ele próprio quanto em empresa familiar, não ficando inviabilizada, outrossim, a remição da pena pelo trabalho nessas mesmas hipóteses.[13]

Relativamente aos condenados do **regime aberto**, naturalmente, o trabalho externo é permitido desde o ingresso do apenado nessa modalidade. Nesse caso, já se firmou

---

11 TRT da 4ª Região, RO 01211-2007-831-04-00-6, publicado em 22.02.2008.

12 TRT da 4ª Região, RO 01211-2007-831-04-00-6, publicado em 22.02.2008.

13 STJ, *Habeas Corpus* 480.348/MG, *DJ* 19.02.2019.

o entendimento de que "o trabalho externo prestado por condenado em regime aberto não configura o trabalho prisional, previsto na Lei das Execuções Penais", razão pela qual se reconhece "relação de trabalho que se sujeita à tutela da CLT"[14].

Assim como ocorre no trabalho interno, também na atividade externa devem ser observadas as aptidões do preso, sua idade, habilitação, condição pessoal, capacidade e necessidades futuras. Evidentemente, uma vez deferido o trabalho externo, cabe à empresa contratante ou empreendedor arcar com a devida remuneração, o que deve ser feito nos termos previstos no art. 29 da LEP.

Com o fim de facilitar a reintegração social e, ao mesmo tempo, permitir melhores condições de controle e vigilância contra atos de indisciplina e contra a fuga, o art. 36, § 1º, da LEP limita o número de presos a 10% do total de empregados da obra.

Outra observação concerne à responsabilidade pela remuneração do trabalho externo, que, de acordo com o art. 36, § 2º, incumbe ao órgão da Administração, à entidade ou à empresa empreiteira.

Por ocasião do deferimento do benefício ao apenado, deve-se atentar à jornada de trabalho pretendida, que, para evitar abuso de mão de obra penitenciária e descaracterização da pena privativa de liberdade, não pode exceder **8 horas diárias e 44 horas semanais**, conforme disciplina o art. 7º, XIII, da Constituição Federal[15]. Nesta quadra, descabe alcançar o benefício ao apenado a partir de proposta de emprego com jornada de trabalho a ser exercida, por exemplo, de segunda a sábado, das 8h às 12h e das 14h às 18h, ultrapassando, portanto, o limite constitucionalmente estabelecido.

Por fim, tenha-se em mente que, quando se trata de trabalho destinado a empresa privada que realiza obra pública, a prestação pelo preso depende do seu consentimento (art. 36, § 3º). "Evita-se que o preso se veja obrigado ao trabalho para a entidade que tem, precipuamente, o intuito de lucro, com a utilização inclusive do trabalho prisional, o que poderia ser visto por ele como tendo um sentido de exploração econômica"[16].

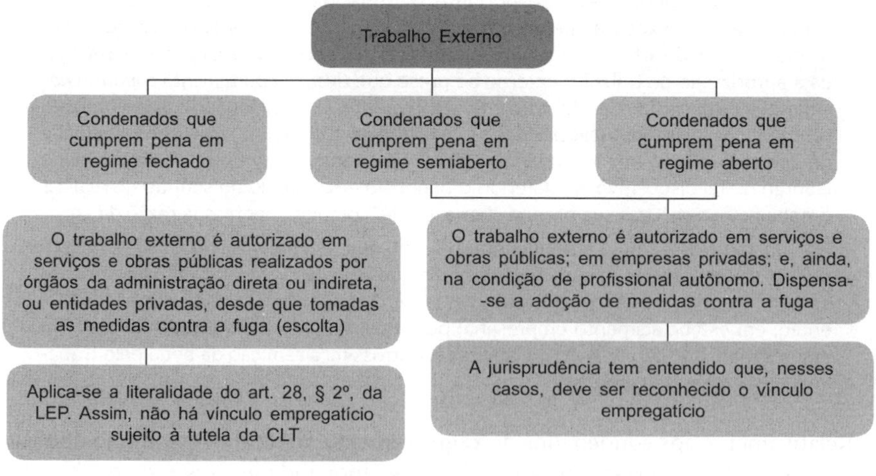

14 TRT da 4ª Região, Acórdão 0098800-61.2009.5.04.0018 RO, j. 19.10.2011.

15 TJRS, Agravo 70062706536, Primeira Câmara Criminal, Rel. Des. Sylvio Baptista Neto, j. 28.01.2015.

16 Julio Fabbrini Mirabete, op. cit., p. 107.

4.3.2 Quem pode autorizar o trabalho externo (art. 37 da LEP)

De acordo com o art. 37 da LEP, cabe à direção do estabelecimento prisional deliberar sobre o trabalho externo. Nesse sentido, o entendimento de Renato Marcão, observando que "a autorização para o trabalho externo não se insere no rol das atividades jurisdicionais, não estando incluída no art. 66 da Lei de Execução Penal"[17]. O tema, entretanto, não é pacífico. Parcela expressiva da doutrina e da jurisprudência, inclusive nós, compreende que, na verdade, cabe ao Poder Judiciário autorizá-lo, mesmo porque, de acordo com o art. 66, VI, da LEP, compete ao juiz da execução "zelar pelo correto cumprimento da pena e da medida de segurança". Há também posição eclética sobre o tema, compreendendo que compete ao juiz da execução decidir sobre pedido de trabalho externo formulado por condenado que cumpre pena privativa de liberdade em regime semiaberto (caso em que não há vigilância direta da administração) e à administração carcerária deliberar sobre a prestação de trabalho externo nos casos em que o condenado cumpre pena privativa de liberdade em regime fechado (hipótese em que o trabalho apenas pode ser realizado mediante escolta)[18].

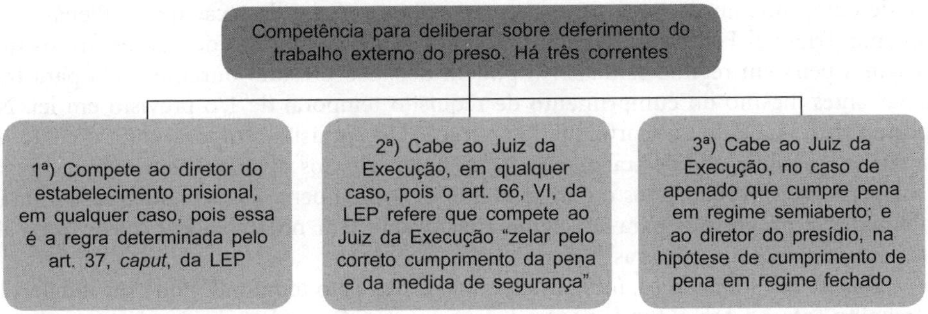

4.3.3 Pressupostos do trabalho externo (art. 37 da LEP)

O deferimento do trabalho externo exige a observância de pressupostos subjetivo e objetivo.

O **pressuposto subjetivo** respeita à aptidão, disciplina e responsabilidade do preso. A aptidão constitui regra geral para o trabalho do preso em qualquer circunstância. A disciplina confunde-se com o mérito do apenado, inserindo, por exemplo, o histórico de sua conduta no ambiente carcerário, o prognóstico de bom comportamento na execução do trabalho que lhe for atribuído e a ausência de registros de fugas. Por fim, a responsabilidade concerne ao desempenho adequado das tarefas que lhe foram confiadas no curso da fase executória. Note-se que muito embora não haja a exigência de exame criminológico para efeitos do trabalho externo, nada obsta, a nosso ver, que o juiz o determine no intuito de obter maiores subsídios para sua decisão.

Quanto ao **pressuposto objetivo**, tratando-se de condenado que cumpre pena em **regime fechado**, é necessário o implemento do lapso mínimo de um sexto da pena, tal como indica a literalidade do art. 37 da LEP. Já em relação ao apenado do **regime semiaberto,** discutia-se a necessidade de observância desse tempo mínimo de pena

17 Renato Marcão, op. cit., p. 62.

18 *RT* 639/343 e *RTJ* 120/117.

cumprida para seu deferimento. Buscando resolver o impasse, editou o STJ a **Súmula 40**. Esse verbete, referindo-se ao apenado que ingressou no sistema carcerário em regime fechado e, depois, progrediu ao semiaberto, estabeleceu que, "para a obtenção dos benefícios de saída temporária e trabalho externo, considera-se o tempo de cumprimento da pena no regime fechado", sugerindo com isso a necessidade de observância do lapso de 1/6 da pena e a possibilidade de se considerar, para implementação desse tempo, o período de pena cumprida no regime fechado. Sem embargo dessa previsão sumular, a verdade é que, na atualidade, a orientação dominante, inclusive no próprio STJ, é a de que, quer para o preso que ingressou no semiaberto por força de progressão, quer para aquele que já iniciou o cumprimento da pena nesse regime, é desnecessário o cumprimento mínimo de 1/6 da pena para a concessão do trabalho externo, bastando que estejam satisfeitos os requisitos de natureza subjetiva relacionados ao mérito do apenado[19]. Fundamento dessa orientação é a circunstância de que a LEP, ao trazer o requisito de um sexto da pena, apenas disciplina o trabalho do preso que se encontra em regime fechado (art. 36), inexistindo, desta forma, qualquer regramento explícito ou implícito que estabeleça a necessidade de observância do mesmo tempo na hipótese de cumprimento de pena no regime semiaberto. Cabe destacar que o Plenário do Supremo Tribunal Federal já validou o entendimento no sentido de que os presos que iniciam a pena em regime semiaberto podem deixar o presídio durante o dia para trabalhar antes mesmo do cumprimento de requisito temporal de 1/6 previsto em lei. Na oportunidade, salientou a Corte que "a aplicação do requisito temporal teria o efeito de esvaziar a possibilidade de trabalho externo por parte dos apenados em regime inicial semiaberto. Isso porque, após o cumprimento de 1/6 da pena, esses condenados estarão habilitados à progressão para o regime aberto, que tem no trabalho externo uma de suas características intrínsecas"[20].

Tem-se questionado se, mesmo superado o requisito temporal, pode ser indeferido o trabalho externo sob o fundamento de que o apenado ainda possui pela frente longo tempo de pena a cumprir. Embora se trate de tema polêmico, no âmbito do STJ já se decidiu que, principalmente nas hipóteses que implicam sair o apenado do encarceramento sem qualquer vigilância, o juiz pode se valer de outras exigências não previstas na legislação para fundamentar sua decisão. Logo, é possível indeferir o trabalho externo, por exemplo, ao indivíduo que possui longo lapso de pena a cumprir, pois tal fato poderá, eventualmente, consistir em estímulo ao seu não regresso ao estabelecimento prisional[21]. Concordamos com tal entendimento, pois extenso lapso de pena a cumprir faz que careça o Poder Judiciário do mínimo de segurança em relação ao comprometimento da pessoa do apenado em regressar ao estabelecimento prisional.

E quando se tratar de condenado pela prática de crime hediondo ou equiparado? Na medida em que não existe previsão legal em sentido oposto, tem-se entendido que a natureza hedionda do crime pelo qual condenado o réu, por si, não constitui fundamento idôneo para o indeferimento do benefício do trabalho externo[22].

---

19 STJ, *Habeas Corpus* 282.192/RS, *DJ* 15.05.2014. No mesmo sentido: *Habeas Corpus* 69.611/RS, *DJ* 03.09.2007; *Habeas Corpus* 98.849/SC, *DJ* 15.06.2009; *Habeas Corpus* 251.107/RS, *DJ* 19.03.2013; *Habeas Corpus* 184.291/RS, *DJ* 16.05.2011, e *Habeas Corpus* 255.781/RS, *DJ* 22.02.2013.

20 Agravo regimental no trabalho externo na execução penal: EP2 DF. Rel. Min. Roberto Barroso, Tribunal Pleno, j. 25.06.2014.

21 STJ, *Habeas Corpus* 180.780/RJ, *DJ* 01.08.2011.

22 STJ, *Habeas Corpus* 65.356/AC, *DJ* 10.09.2007.

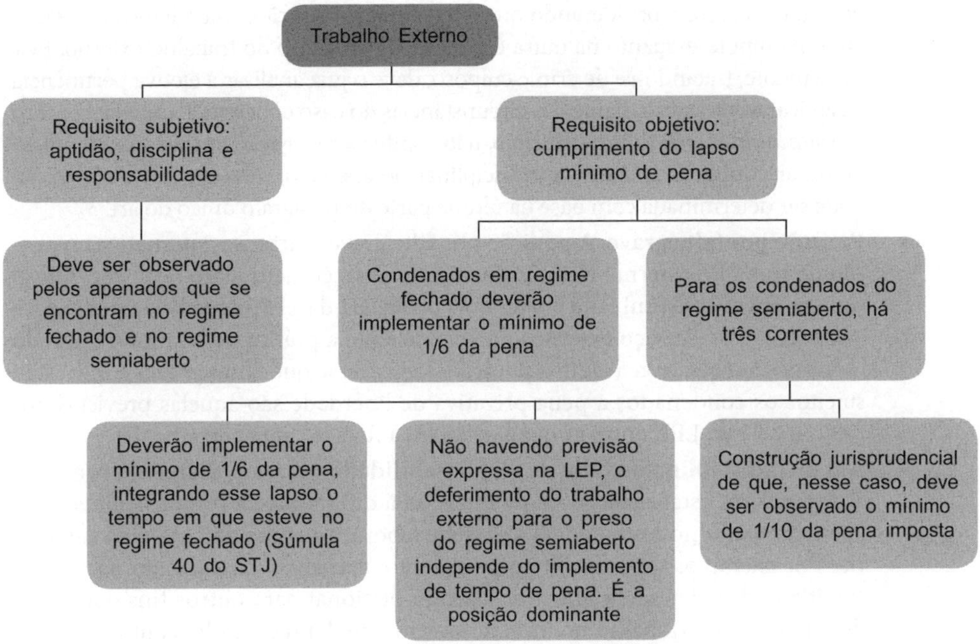

4.3.4 Revogação do trabalho externo (art. 37, parágrafo único, da LEP)

A revogação do trabalho externo ocorre na hipótese de o apenado praticar fato definido como crime, ou ser punido com falta grave, ou, ainda, se faltar com os deveres de disciplina e responsabilidade estabelecidos no *caput* do dispositivo.

- **Prática de fato definido como crime.** É causa de revogação do trabalho externo. Como o dispositivo refere-se à prática de fato definido como crime, intui-se que não é necessária a existência de condenação transitada em julgado, mesmo porque a causa da revogação não está na culpabilidade do apenado pelo delito cometido, mas sim no seu desmerecimento diante da conduta praticada. Nesse sentido: "A Lei de Execução Penal, no parágrafo único do art. 37, exige apenas o cometimento de fato definido como crime para a revogação do benefício do serviço externo, e não a condenação sobre aquele delito. Desse modo, deve-se revogar o benefício se o apenado, como ocorreu no caso em julgamento, veio a cometer fato considerado criminoso, não havendo a necessidade de se aguardar a decisão final do processo-crime"[23]. Embora haja orientação em sentido oposto, cremos ser irrelevante que o fato esteja sendo apurado em inquérito policial ou ação penal, pois a lei assim não exige. Basta, com efeito, a notícia da prática do fato criminoso, calçada no mínimo de elementos que lhe deem substrato (p. ex., termo circunstanciado e auto de prisão em flagrante). Caso, revogado o benefício, não seja instaurada a ação penal (*v.g.*, em razão do arquivamento do inquérito que apurava o fato) ou venha o apenado a ser absolvido, o benefício poderá ser restabelecido. *A causa de revogação atinge tanto o crime doloso*

[23] TJRS, Agravo 70006995179, j. 05.11.2003.

quanto o culposo? Considerando que a lei não faz distinção, entendemos que tanto em uma hipótese quanto na outra é possível a revogação do trabalho externo. Evidentemente, tratando-se de crime culposo, deve o juiz analisar a efetiva pertinência de aplicar a revogação diante das circunstâncias do caso concreto. *E quanto à prática de contravenção penal?* Em princípio, não conduz à revogação, ressalvada a hipótese de restar configurada conduta indisciplinar do apenado, caso em que a revogação pode ser determinada com base na última parte do parágrafo único do art. 37.

- **Punição por falta grave.** A punição por falta grave acarreta a automática revogação do trabalho externo. Nesse caso, ressalvado o cometimento de crime doloso (que também constitui falta grave, *ex vi* do art. 52 da LEP, e que basta por si para a revogação do serviço externo) não é suficiente a prática da conduta, exigindo o dispositivo que haja a efetiva punição. Registre-se que faltas graves a que estão sujeitos os condenados à pena privativa de liberdade são aquelas previstas nos arts. 50 e 52 da LEP, entre as quais se inclui a fuga do apenado (inc. II).
- **Ato de indisciplina ou falta de responsabilidade.** O comportamento contrário aos requisitos estabelecidos na lei refere-se à disciplina e à responsabilidade do apenado, tanto no exercício da atividade laborativa como em sua vida carcerária. Por exemplo: suponha-se que o detento, apesar de cientificado da impossibilidade de valer-se da liberação da casa prisional para outros fins que não o desempenho do trabalho no local autorizado, tenha registrado, continuamente, diversas faltas e atrasos. Esse comportamento, revelando falta do senso de disciplina e responsabilidade que se exige para a manutenção do benefício e não se coadunando com aquele esperado de quem se encontra em franco processo de ressocialização, impõe a revogação da benesse.

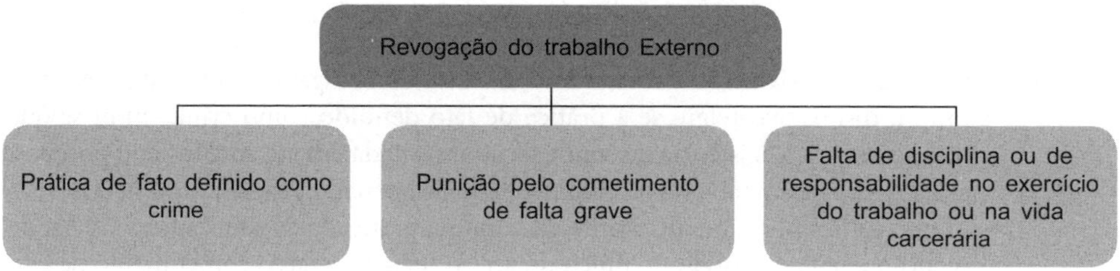

Trilhando-se o entendimento de cabe ao juiz da execução deferir o trabalho externo, deve-se entender, via de consequência, que também a ele incumbe a revogação quando ocorrerem as hipóteses legais. O tema, entretanto, não é pacífico, havendo orientação em sentido contrário. Renato Marcão, por exemplo, considera que "a revogação é ato do diretor do estabelecimento prisional"[24].

Veja-se que, revogado o trabalho externo, não exige a lei o cumprimento de mais um sexto da pena para nova concessão. Logo, desde que superado o motivo que ensejou a revogação e que atendidos os requisitos de ordem subjetiva previstos no art. 37, *caput*, da LEP, nada obsta seja o benefício novamente deferido em momento posterior[25].

[24] Renato Marcão, op. cit., p. 63.

[25] TJRS, Agravo 70048518872, j. 24.05.2012.

CAPÍTULO 5

DEVERES, DIREITOS E DISCIPLINA

5.1 DEVERES DO CONDENADO

5.1.1 Obrigações legais e submissão às normas de execução da pena (arts. 38 e 39 da LEP)

O sentenciado está vinculado ao cumprimento das obrigações decorrentes da pena imposta. Assim, para o condenado à pena de prisão, a principal obrigação que lhe advém é a de submeter-se à privação da liberdade; para o condenado a pena restritiva de direitos, sujeitar-se às limitações que lhe são impostas em decorrência da pena; e, para o condenado à pena de multa, responder com seu patrimônio pelo pagamento. Tal vinculação, a propósito, já foi estabelecida no art. 3º da LEP, ao dispor que ao condenado e ao internado serão assegurados todos os direitos *não atingidos pela sentença ou pela lei.*

Além dessas obrigações que são consequência da natureza própria da penalidade imposta, no entanto, outras são atribuídas pela LEP, tal como ocorre no art. 39, onde listados os deveres dos condenados, e cuja violação pode acarretar a aplicação de medidas disciplinares e interferir na aferição do mérito pela administração carcerária e pelo juízo da execução no momento de deliberar sobre a concessão ou não de benefícios.

Consistem esses deveres em:

- **Comportamento disciplinado e cumprimento fiel da sentença.** A *disciplina* do condenado sujeito à pena privativa de liberdade insere-se no contexto valorativo do seu mérito e, via de consequência, releva no momento de serem apreciados pedidos de benefícios carcerários. É o caso, por exemplo, da progressão de regime e do livramento condicional, para os quais, além do cumprimento de lapso mínimo de pena, exige o art. 112 da LEP (*caput* e § 2º) bom comportamento carcerário, comprovado pelo diretor do estabelecimento. Por outro lado, impõe também a lei ao apenado o dever de *cumprimento fiel da sentença,* o que abrange não apenas a obrigação principal que decorre da decisão criminal (obediência à pena imposta) como também aquelas referentes aos efeitos da sentença condenatória previstos nos arts. 91 e 92 do Código Penal (ressarcimento do dano *ex delicto* e sujeição aos efeitos relacionados à perda de instrumentos do crime, perda do cargo público, incapacidade para o exercício do poder familiar etc.).

- **Obediência ao servidor e respeito a qualquer pessoa com quem deva relacionar-se.** O dever implica tanto a obediência às determinações realizadas pela administração carcerária quanto o respeito aos agentes encarregados da fiscalização da pena e aos demais condenados, implicando o afrontamento a essas obrigações na prática de falta grave, conforme se depreende dos arts. 50, VI, e 51, III, ambos da LEP.
- **Urbanidade e respeito no trato com os demais condenados.** Esse dever, evidentemente, já está inserido no anterior quando refere o "respeito a qualquer pessoa com quem deva relacionar-se". Trata-se, em outras palavras, da obrigação de civilidade do condenado em relação aos demais, evitando a prática de condutas que possam agravar a tensão naturalmente existente no ambiente carcerário.
- **Conduta oposta aos movimentos individuais ou coletivos de fuga ou de subversão à ordem ou à disciplina.** Ao se referir a *conduta oposta,* visa a LEP desestimular atuação do condenado no sentido de liderar, organizar ou participar dos movimentos voltados a fugas, motins, tumultos, rebeliões, conflitos etc. Esse, aliás, é o sentido do art. 50, I, da lei ao considerar falta grave a atitude de *incitar ou participar de movimento para subverter a ordem ou a disciplina.* Não está a lei, portanto, exigindo do apenado que mantenha postura ostensivamente contrária a tais movimentos, a ponto de ser obrigado a denunciá-los às autoridades ou a intervir junto a outros presos no intuito de evitar que deles participem, o que seria uma exigência utópica e desconforme com a realidade da vida nas prisões.
- **Execução do trabalho, das tarefas e das ordens recebidas.** Para o condenado a pena privativa de liberdade, o trabalho (devidamente remunerado) é obrigatório, o que se justifica nos fins ressocializadores da atividade laborativa, que visa prepará-lo para a vida em liberdade após o término da pena imposta. Evidentemente, isso não se confunde com *trabalhos forçados,* o que é constitucionalmente proibido (art. 5º, XLVII, *c*, da CF), mas sim que sua inexecução implica cometimento de falta grave, *ex vi* do art. 50, VI, da LEP, interferindo na aferição do mérito do apenado por ocasião do exame de pedidos de benefícios como a progressão de regime e o livramento condicional.
- **Submissão à sanção disciplinar imposta.** O art. 53 da LEP estabelece sanções disciplinares que podem ser impostas ao condenado em razão de faltas praticadas, as quais poderão consistir em advertência verbal, repreensão, suspensão ou restrição de diretos, isolamento e inclusão no regime disciplinar diferenciado. As quatro primeiras são aplicadas por ato motivado do diretor do estabelecimento e a última, por decisão fundamentada do juiz competente. Nesse viés, ocorrendo a imposição de qualquer dessas sanções, desde que o tenha sido com observância do devido processo legal e as garantias do contraditório e da ampla defesa, impõe-se ao condenado o dever de cumpri-las.

- **Indenização à vítima ou aos seus sucessores.** O art. 91 do Código Penal insere, como efeito automático e obrigatório da decisão criminal transitada em julgado, o de *tornar certa a obrigação de indenizar o dano causado pelo crime.* Visando tornar efetiva essa previsão, estabelece a LEP o dever do condenado de reparar o dano *ex delicto* à vítima ou aos seus sucessores. Embora o eventual descumprimento desse dever não caracterize falta grave, é certo que tal circunstância poderá influir negativamente para concessão de benefícios carcerários, a exemplo do livramento condicional, cujo deferimento exige a demonstração, pelo apenado, de ter reparado o dano, salvo impossibilidade de fazê-lo (art. 83, IV, do CP). E mais: tal é a preocupação do legislador com a reparação do dano *ex delicto* que o art. 29, § 1º, *a*, da LEP estabelece que o respectivo valor, já se encontrando determinado judicialmente, poderá ser descontado da remuneração do trabalho desenvolvido pelo preso.
- **Indenização ao Estado, quando possível, das despesas realizadas com a sua manutenção, mediante desconto proporcional da remuneração do trabalho.** O dispositivo concilia-se com o disposto no art. 29, § 1º, *d*, da LEP, quando prevê a possibilidade de desconto da remuneração pelo trabalho do preso de verba destinada *ao ressarcimento ao Estado das despesas realizadas com a manutenção do condenado, em proporção a ser fixada,* desde que não haja prejuízo dos demais descontos autorizados, relativos à indenização do dano *ex delicto,* à assistência à família do preso e ao atendimento de pequenas despesas de caráter pessoal do segregado.
- **Higiene pessoal e asseio da cela ou alojamento:** Trata-se do dever de asseio e limpeza, tanto pessoal quanto do compartimento individual ou coletivo ocupado pelo preso. Na prática, é de difícil operacionalização o seu cumprimento, diante da superlotação dos presídios e aglomeração de presos na mesma cela.
- **Conservação dos objetos de uso pessoal**: Esse dever só pode dizer respeito à manutenção dos objetos fornecidos pela administração penitenciária ao preso, tal como o vestuário recebido, o colchão onde dorme, a roupa de cama fornecida etc., pois não seria razoável estabelecer a título de dever do condenado a conservação de seus próprios pertences, isto é, aqueles que trouxe para o presídio ou que lhe foram dados por parentes e amigos.

5.1.2 Deveres do condenado e o preso provisório (art. 39, parágrafo único, da LEP)

De acordo com o art. 39, parágrafo único, da LEP, "aplica-se ao preso provisório, no que couber, o disposto neste artigo". Isso quer dizer que o preso provisório deve atender às obrigações listadas no dispositivo, ressalvando-se, contudo, aquelas que decorrem exclusivamente da condenação, as quais estão relacionadas ao cumprimento fiel da sentença (inc. I, segunda parte), à execução do trabalho, que é facultativo nessa hipótese (inc. V), e às indenizações previstas à vítima, sucessores e ao Estado (incs. VII e VIII).

Deveres do condenado

I. Comportamento disciplinado e cumprimento das obrigações que decorrem da sentença	O dever de disciplina é imposto tanto aos condenados definitivos quanto aos presos provisórios. Evidentemente, a obrigação de cumprimento fiel da sentença concerne apenas ao sentenciado definitivo
II. Obediência aos servidores e respeito às pessoas com quem deva relacionar-se	Aplica-se aos presos definitivos e provisórios
III. Civilidade no trato com os demais presos	Aplica-se aos presos definitivos e provisórios
IV. Não liderar, organizar ou participar de movimentos de fuga ou de subversão à ordem e disciplina	Aplica-se aos presos definitivos e provisórios
V. Execução do trabalho, das tarefas e ordens recebidas	A execução do trabalho é aplicável apenas aos presos definitivos, eis que, para o provisório, a atividade laboral é facultativa (art. 31, parágrafo único)
VI. Sujeição às sanções disciplinares	Aplica-se aos presos definitivos e provisórios
VII. Pagamento da indenização *ex delicto* à vítima e sucessores	Tratando-se de obrigação que decorre da sentença, aplica-se apenas aos condenados definitivos
VIII. Indenização ao Estado, quando possível, mediante desconto da remuneração pelo trabalho	Aplica-se apenas aos condenados definitivos
IX. Higiene pessoal e asseio da cela ou alojamento	Aplica-se aos presos definitivos e provisórios
X. Conservação dos objetos de uso pessoal	Aplica-se aos presos definitivos e provisórios

5.2 DIREITOS DO CONDENADO

5.2.1 Respeito à integridade física e moral (art. 40 da LEP)

O art. 5º, XLIX, da Constituição Federal, o art. 40 da LEP e o art. 38 do Código Penal asseguram aos presos (definitivos e provisórios) o respeito à integridade física e moral. Essas regras harmonizam-se com outras previstas na Constituição Federal, a exemplo da previsão de que *ninguém será submetido a tortura nem a tratamento desumano ou degradante* (art. 5º, III, da CF); da proibição a penas de morte (salvo em caso de guerra declarada), de caráter perpétuo, de trabalhos forçados, de banimento e cruéis (art. 5º, XLVII, da CF). Também na LEP verifica-se a existência de normas que têm por objetivo resguardar a integridade física e moral dos detentos, como é o caso do art. 84, § 2º, ao dispor que os presos que eram funcionários da administração da justiça criminal (o que, por analogia, aplica-se aos ex-policiais civis ou militares) devam ser recolhidos em dependência própria, isolada dos presos comuns, e do art. 117, facultando a prisão domiciliar ao preso em regime aberto quando maior de setenta anos, quando acometido de doença grave e quando se tratar de condenada gestante ou com filho menor ou deficiente físico e mental.

A mesma razão – necessidade de respeito à integridade física e moral do preso – conduziu o Supremo Tribunal Federal à edição da **Súmula Vinculante 11**, segundo a qual "só é lícito o uso de algemas em casos de resistência e de fundado receio de fuga ou de perigo à integridade física própria ou alheia, por parte do preso ou de terceiros, justificada a excepcionalidade por escrito, sob pena de responsabilidade disciplinar, civil e penal do agente ou da autoridade e de nulidade da prisão ou do ato processual a que se refere, sem prejuízo da responsabilidade civil do Estado".

Em 19.06.2016, referendando essa proteção constitucional e legal à integridade do condenado, aprovou o Excelso Pretório a **Súmula Vinculante 56**, na qual ficou estabelecido que *"a falta de estabelecimento penal adequado não autoriza a manutenção do condenado em regime prisional mais gravoso, devendo-se observar, nesta hipótese, os parâmetros fixados no RE 641.320/RS"*. Mencionado recurso extraordinário insere o posicionamento da Corte na hipótese de falta de vagas para cumprimento de pena nos regimes semiaberto e aberto, estabelecendo diretrizes a serem observadas pelos Juízes das Varas de Execução Penal, as quais incluem a possibilidade de deferimento de prisão domiciliar.

5.2.2 Direitos do condenado (art. 41 da LEP)

A LEP estipula o rol de *direitos do preso*. Evidentemente, esta relação é meramente exemplificativa. Na medida em que o art. 3º da LEP determina que "ao condenado e ao internado serão assegurados todos os direitos não atingidos pela sentença ou pela lei", é certo que o preso tem direito a tudo aquilo que não lhe for restrito perante sua condição de segregado.

São direitos do preso, na dicção do art. 41 da LEP:

- **Alimentação suficiente e vestuário.** Considerando que o Estado mantém o indivíduo segregado, é claro que lhe incumbe prover a alimentação necessária, em quantidade e qualidade, à sua subsistência. Também é adequado o fornecimento de uniforme para identificá-lo entre as demais pessoas (agentes, servidores, funcionários terceirizados e outros) que circulam no estabelecimento prisional, não podendo, contudo, ser algo que afronte a dignidade humana ou exponha os detentos ao ridículo, dados os nossos padrões culturais.

- **Atribuição de trabalho e sua remuneração.** O trabalho remunerado não apenas é um dever do preso (art. 39, V, da LEP), como também um direito seu. Isso se justifica no caráter ressocializador do trabalho, que não apenas contribui para a disciplina do recluso como também o auxilia na sua profissionalização. Além disso, o trabalho é uma oportunidade permitida por lei ao preso para redução de sua pena, por meio do instituto da remição (arts. 126 a 130 da LEP). Ressalte-se também que a remuneração do trabalho do preso poderá ser utilizada para a realização de descontos destinados à indenização do dano *ex delicto*, à assistência familiar, à cobertura de pequenas despesas pessoais e ao ressarcimento do Estado (art. 29, § 1º, da LEP). Também é dela que provém a verba prevista em lei para a constituição do pecúlio que, depositado em caderneta de poupança, será entregue ao preso quando posto em liberdade (art. 29, § 2º, da LEP).
- **Previdência Social.** O preso possui direito à **previdência social**, o que se infere do art. 39 do Código Penal e do art. 41, III, da LEP. Em consequência, apesar de não ficar sujeito às regras da Consolidação das Leis do Trabalho, faz jus a benefícios previdenciários, inclusive a aposentadoria. Evidentemente, neste último caso, como a lei não prevê a possibilidade de se descontar da remuneração do preso pelo trabalho a contribuição previdenciária, será necessário que ele contribua voluntariamente para a Previdência Social, consoante legislação específica relativa ao trabalho prisional. Nos termos do art. 23, VI, da LEP, cabe à assistência social promover esses benefícios em favor do preso. Outro direito importante respeita ao **auxílio-reclusão**, que é concedido pelo INSS aos dependentes de pessoas presas, quando estas já contribuem para a Previdência Social por ocasião da sua prisão. Esse auxílio deve ser requerido junto ao órgão previdenciário pelos dependentes de presos em regimes fechado e semiaberto. Não terão direito, portanto, os dependentes dos segurados condenados em regime aberto ou que estejam em livramento condicional. Para fins do auxílio, são considerados dependentes o cônjuge ou companheiro, filho ou equiparado (tutelado ou enteado), pais e irmãos. A concessão condiciona-se a que o segregado, no momento da prisão, não esteja recebendo nenhum outro benefício do INSS, bem como a que não esteja recebendo salário de empresa. Não existe carência para requerer o benefício. Portanto, a partir do momento em que se iniciou a contribuição para o INSS, ocorrendo a prisão do segurado em regime fechado ou semiaberto, fica garantido aos seus dependentes o direito ao seu recebimento. *E se o recluso passar ao cumprimento da pena em prisão domiciliar?* Imagine-se, por exemplo, que, para determinado apenado do regime semiaberto, seja deferida a prisão domiciliar em face da inexistência de vaga adequada a esse regime no estabelecimento prisional. Ainda assim os seus dependentes terão direito ao benefício, pois o fundamento legal do auxílio reclusão é o fato de estar o segurado impedido de exercer atividade laboral remunerada. São motivos que fazem cessar o recebimento do auxílio: morte do

segurado, caso em que o auxílio será convertido em pensão por morte; ocorrência de livramento condicional; transferência para o regime aberto; fuga do segurado; hipótese de o segurado passar a receber auxílio-doença ou aposentadoria; perda da qualidade de dependente do segurado; morte ou término da invalidez do dependente.

- **Constituição de pecúlio.** Trata-se da verba depositada em caderneta de poupança a partir da remuneração do trabalho do preso (art. 29, § 2º, da LEP), a qual lhe será entregue futuramente, quando posto em liberdade. Lembre-se que o valor destinado ao pecúlio é aquele auferido pelo preso após a realização dos descontos necessários à reparação do dano *ex delicto*, à assistência da sua família, à cobertura de pequenas despesas pessoais e ao ressarcimento do Estado pelos custos de sua manutenção.
- **Proporcionalidade na distribuição do tempo para o trabalho, o descanso e a recreação.** Tratando do trabalho do preso, estabelece o art. 33 que deverá ser realizado em jornada não inferior a seis e nem superior a oito horas, com descanso nos domingos e feriados. A fim de que o tempo livre de que dispõe o preso não seja absolutamente ocioso, contempla a lei como um direito seu o de exercer atividades recreativas, que contribuem não apenas para a manutenção da disciplina interna da casa prisional como também para o processo de ressocialização. Note-se que a preocupação do legislador com a recreação do detento está presente em vários momentos da LEP. É o caso do art. 21, estabelecendo que "em atendimento às condições locais, dotar-se-á cada estabelecimento de uma biblioteca, para uso de todas as categorias de reclusos, provida de livros instrutivos, recreativos e didáticos"; e do art. 23, IV, dispondo que incumbe ao serviço de assistência social "promover, no estabelecimento, pelos meios disponíveis, a recreação".
- **Exercício das atividades profissionais, intelectuais, artísticas e desportivas anteriores, desde que compatíveis com a execução da pena.** O dispositivo contempla a necessidade de possibilitar ao indivíduo, quando ingressa no estabelecimento prisional, a continuidade das atividades profissionais, intelectuais, artísticas e desportivas que exercia quando estava em liberdade, desde que se trate, obviamente, de atividades compatíveis com a execução da pena. Para tanto, cabe à administração penitenciária conceder-lhe espaço, meios e condições que as tornem possíveis.
- **Assistência material, à saúde, jurídica, educacional, social e religiosa.** Nos arts. 10 a 24, cuidou a LEP da assistência estatal ao preso, dispondo sobre a *assistência material* ao preso e ao internado, que consistirá no fornecimento de alimentação, vestuário e instalações higiênicas (art. 12); a *assistência à saúde,* que terá caráter preventivo e curativo, compreendendo tratamento médico, farmacêutico e odontológico (art. 14); a *assistência jurídica* destinada aos presos e internados sem recursos econômicos para constituir advogado (art. 15); a *assistência educacional,* abrangendo a instrução escolar e a formação profissional (art. 17); a *assistência social,* que tem por finalidade amparar o preso e o internado e prepará-los para o retorno à liberdade (art. 22) e a *assistência religiosa,*

caracterizada pela liberdade de culto, permitindo-se aos presos e internados a participação nos serviços organizados no estabelecimento penal, bem como a posse de livros de instrução religiosa (art. 24).

- **Proteção contra qualquer forma de sensacionalismo.** Essa tutela à imagem do preso é decorrência da proteção que lhe é assegurada tanto em nível constitucional, no art. 5º, XLIX, segundo o qual os presos conservam o direito à intangibilidade de sua integridade física e moral; como no prisma legal, dispondo o art. 40 da LEP e o art. 38 do Código Penal sobre a necessidade de ser respeitada a integridade física e moral dos condenados e presos provisórios. Pela mesma razão, dispõe o art. 198 da LEP que "é defesa ao integrante dos órgãos da execução penal, e ao servidor, a divulgação de ocorrência que perturbe a segurança e a disciplina dos estabelecimentos, bem como exponha o preso à inconveniente notoriedade, durante o cumprimento da pena". A *ratio* da proteção legal consiste no fato de que a imagem do indivíduo sujeito à pena privativa de liberdade já é naturalmente atingida pelo fato da condenação e do seu recolhimento ao cárcere, não havendo, portanto, razões para sensacionalismos infundados envolvendo sua pessoa, o que só contribui para a marginalização ainda maior do detento. Evidentemente, não ficam proibidas reportagens ou notícias envolvendo estabelecimentos prisionais, tampouco entrevistas espontâneas concedidas pelos presos, desde que o respectivo conteúdo não seja atentatório à dignidade humana dos detentos.
- **Entrevista pessoal e reservada com o advogado.** É prerrogativa que decorre do direito à ampla defesa, assegurado no art. 5º, LV, da Constituição Federal. O dispositivo, ainda, vai ao encontro do que dispõe o art. 7º, III, da L. 8.906/1994 (Estatuto da Advocacia), que assegura ao advogado o direito de "comunicar-se com seus clientes, pessoal e reservadamente, mesmo sem procuração, quando estes se acharem presos, detidos ou recolhidos em estabelecimentos civis ou militares, ainda que considerados incomunicáveis". O exercício do direito de entrevista entre o detento e o advogado, como refere a lei, exige que seja assegurado o contato pessoal e reservado. Daí decorre o direito ao sigilo dessa conversação, vedando-se a realização de interceptações ou a interferência de terceiros por qualquer modo. Chegou-se a discutir a possibilidade de restringir o contato de presos que se encontram no Regime Disciplinar Diferenciado com seus advogados. No âmbito do Estado de São Paulo, por exemplo, a Secretaria da Administração Penitenciária editou a Resolução SAP 49, de 17 de julho de 2002, com o objetivo de disciplinar o direito de visita e entrevista dos advogados com os presos do Regime Disciplinar Diferenciado, dispondo que "as entrevistas com advogado deverão ser previamente agendadas, mediante requerimento, escrito ou oral, à direção do estabelecimento, que designará imediatamente data e horário para o atendimento reservado, dentro dos 10 dias subsequentes" (art. 5º). Referido ato normativo foi considerado ilegal pelo STJ, compreendendo que "o prévio agendamento das visitas, mediante requerimento à direção do estabelecimento prisional, é exigência que fere o direito do advogado de comunicar-se com cliente recolhido a estabelecimento civil, ainda que incomunicável, confor-

me preceitua o citado art. 7º da L. 8.906/1994, norma hierarquicamente superior ao ato impugnado"[1]. No mesmo aresto, salientou a Corte, ainda, que o direito do preso à entrevista pessoal e reservada com seu advogado **independe do fato de estar ele submetido ao Regime Disciplinar Diferenciado**, pois, mesmo inserido nesse sistema, ainda assim mantém ele integralmente seu direito à igualdade de tratamento, nos termos do art. 41, XII, da LEP. Ressalvou-se, contudo, a possibilidade de a Administração Penitenciária, de forma motivada, individualizada e circunstancial, disciplinar a visita do advogado quando por razões excepcionais, por exemplo, a garantia da segurança do próprio causídico ou dos outros presos.

- **Visita do cônjuge, da companheira, de parentes e amigos em dias determinados.** É essencial no processo de reabilitação do apenado a manutenção dos laços que o unem à família e aos amigos. Por essa razão, assegura a LEP o direito de visitação ao preso, cabendo à Administração Penitenciária regulamentá-lo, estabelecendo os dias e os horários de sua realização. Note-se que a ausência de restrições expressas na LEP ao direito de visitas não significa que seja ele irrestrito, porquanto a própria Lei de Execução Penal, no parágrafo único do seu art. 41, prevê que "os direitos previstos nos incisos V, X e XV poderão ser suspensos ou restringidos mediante ato motivado do diretor do estabelecimento".

Aspecto relevante tem pertinência à visita de **filhos menores** do preso. Essa questão foi regulamentada pela L. 12.962, de 08.04.2014, que, alterando o Estatuto da Criança e do Adolescente (L. 8.069/1990), estabeleceu no art. 19, § 4º, desse diploma que "será garantida a convivência da criança e do adolescente com a mãe ou o pai privado de liberdade, por meio de visitas periódicas promovidas pelo responsável ou, nas hipóteses de acolhimento institucional, pela entidade responsável, independentemente de autorização judicial". Essa previsão legislativa veio ao encontro do que já vinha decidindo o Supremo Tribunal Federal a respeito, compreendendo essa Corte que, com vista à ressocialização e *partindo-se da premissa de que o convívio familiar é salutar para a perseguição desse fim, cabe ao Poder Público propiciar meios para que o apenado possa receber visitas, inclusive dos filhos e enteados, em ambiente minimamente aceitável, preparado para tanto e que não coloque em risco a integridade física e psíquica dos visitantes.*[2] **Mas atenção:** a despeito da previsão legal e da citada orientação do STF, é sabido que a realidade prisional brasileira é bem diversa da que, muitas vezes, é cogitada pelo legislador e materializada em leis absolutamente utópicas. Logo, a verdade é que, em grande parte dos estabelecimentos prisionais brasileiros, inexiste ambiente adequado para que menores visitem pai ou mãe segregados. E nestes casos, considerando que o direito de visita não é ilimitado, tampouco absoluto, deve *ser preponderante a preservação da integridade dos menores*, em atenção, até mesmo, ao princípio da proteção integral, que tem amparo no art. 227 da CF, não se facultando, portanto, a visita quando o estabelecimento prisional revelar ambiente impróprio à *formação psíquica e moral das crianças e adolescentes.*[3]

E quanto à chamada **visita íntima**, *assim compreendida aquela destinada à satisfação das necessidades sexuais do preso?* Essa forma de visita, que hoje é viabilizada

---

1 STJ, Recurso Especial 1028847/SP, *DJ* 21.08.2009.

2 STF, *Habeas Corpus* 107.701, *DJ* 26.03.2012.

3 STJ, RMS 056097, Decisão Monocrática, *DJ* 21.01.2018.

em grande número de estabelecimentos prisionais, reduz a tensão interna das casas prisionais, favorece a disciplina do preso, estimula a manutenção dos vínculos conjugais e familiares e reduz a violência entre os presos, em especial a de natureza sexual. Independentemente dessas vantagens, é certo que algumas cautelas devem ser adotadas para sua efetivação, entre elas a exigência de que o visitante esteja previamente cadastrado e vinculado a preso determinado, evitando-se, destarte, a prática de atos de prostituição no interior dos estabelecimentos prisionais. Em muitos casos, a visita íntima tem sido limitada ao cônjuge e ao companheiro estável do preso. Tal situação, porém, produz desigualdade em relação ao preso solteiro, razão pela qual parte expressiva da doutrina defende a orientação de que também a este deve ser assegurada a visita íntima, sempre se condicionando sua efetivação ao prévio credenciamento do visitante. Sendo uma concessão da administração prisional, a visita íntima pode ser suspensa ou restringida, por exemplo, em razão de falta disciplinar do preso, por ato inapropriado do visitante ou da submissão do recluso ao regime disciplinar diferenciado.[4] Por meio da Portaria n. 717/2017, estabeleceu o Ministério da Justiça regras pertinentes à visita íntima no interior das Penitenciárias Federais, dispondo, por exemplo, sobre a periodicidade mínima de uma vez por mês, em dias e horários estabelecidos pela administração prisional; a efetivação da visita em local adequado para essa finalidade, assegurada a intimidade, com duração de 1 (uma) hora; as hipóteses em que autorizada visita íntima do menor de 18 anos; os casos de proibição (preso que tiver despenhado função de liderança em organização criminosa; preso submetido ao Regime Disciplinar Diferenciado; preso envolvido em incidentes de fuga etc.) ou de suspensão da visita, entre outras regras.

E quanto à visitação íntima de pessoas que possuem vínculo afetivo entre si, encontrando-se ambas presas em estabelecimentos penais distintos? Tem-se compreendido que, nesse caso, não estando nenhum dos envolvidos no gozo de sua liberdade de locomoção, não existe o dever do Estado em transportar um ou outro para assegurar a visitação, até porque isto oneraria os cofres públicos com despesas de escolta. Segundo esta ótica, muito embora se reconheça a pertinência de o apenado receber visitas dos familiares com vista à sua reinserção social, o direito de visita íntima deve ser assegurado ao apenado desde que se mostre viável, o que não ocorre nesses casos.

Ainda com relação às visitas em estabelecimentos prisionais, cabe destacar a edição da L. 13.271/2016, dispondo sobre a proibição de **revista íntima**, no âmbito de empresas privadas e de órgãos e entidades da administração pública direta e indireta, em funcionárias e clientes do sexo feminino. Não está pacificado o alcance dessa disciplina em relação à visitação a pessoas presas, alguns entendendo que apenas proíbe a revista íntima em locais de trabalho, não a excluindo nos ambientes prisionais. Tal orientação, porém, afigura-se claramente minoritária, sendo prevalente o entendimento no sentido de que referido diploma legal também alcança os presídios, cabendo ao Poder Público prevenir o uso de mulheres no transporte de drogas, celulares e outros itens proibidos para o interior dos presídios por outros meios que não atentem contra a dignidade humana, a exemplo dos *scanners* corporais.

- **Chamamento nominal.** Significa que o preso tem o direito de ser tratado pelo próprio nome, proibindo-se a sua designação por meio de números, alcunhas

4 TJSP, *Habeas Corpus* 0028455-10.2002.8.26.0000, R. 23.06.2003.

ou qualquer outra forma de denominação. A previsão legal justifica-se na necessidade de preservação da personalidade, intimidade e dignidade do condenado.

- **Igualdade de tratamento salvo quanto às exigências da individualização da pena.** Os presos devem ser tratados de forma isonômica, em termos de direitos e obrigações, sendo proibidos tratamentos discriminatórios por motivo de raça, convicção política, orientação sexual, condição econômica, crença religiosa ou qualquer outro. Deve-se ressaltar, porém, que a isonomia de tratamento se impõe quando há igualdade de situações. Por essa razão, preocupou-se o legislador em ressaltar a possibilidade de tratamento diferenciado quando se cuida de atender às exigências da individualização da pena. Considere-se, por exemplo, que dois indivíduos, condenados por homicídio, tenham requerido ao juízo da execução o benefício da progressão de regime. Nada impede que, em relação a um deles, devido a seus péssimos antecedentes criminais e personalidade classificada como violenta, entenda o juiz necessária a prévia submissão a exame criminológico, dispensando a mesma exigência do outro, com uma só condenação e sem alterações registradas na personalidade (lembre-se que o art. 5º da LEP determina que os condenados sejam classificados, para fins de individualização da pena, segundo seus antecedentes e personalidade). A propósito do tema, reiteradamente tem o STJ decidido no sentido de que, "embora a nova redação do art. 112 da Lei n.º 7.210/84 não mais exija, de plano, a realização do exame criminológico, cabe ao magistrado verificar o atendimento dos requisitos subjetivos à luz do caso concreto, podendo, por isso, determinar a realização da perícia, se entender necessário, ou mesmo negar o benefício, desde que o faça fundamentadamente, quando as peculiaridades da causa assim o recomendarem em observância ao princípio da individualização da pena previsto no art. 5º, inciso XLVI, da Constituição Federal"[5].
- **Audiência especial com o diretor do estabelecimento.** Trata-se do direito ao contato direto entre o recluso e o diretor da casa prisional, para apresentar reclamações, comunicações, postulações, sugestões etc. A previsão legal constitui importante instrumento para a manutenção da ordem e da disciplina na casa prisional, contribuindo, inclusive, para evitar motins e rebeliões. Julio Fabbrini Mirabete compreende que "deve ser permitido que o preso entre em contato direto com o diretor da prisão em qualquer dia da semana para qualquer reclamação ou comunicação"[6]. Concordamos, entretanto, com o entendimento de Guilherme de Souza Nucci, segundo o qual "o direito não deve ser absoluto, mas regrado. O diretor geral não pode negar-se sistematicamente a receber os presos em audiência, mas pode impor limites e condições em nome da disciplina e da segurança"[7].

---

[5] STJ, *Habeas Corpus* 244.655/SP, *DJ* 09.10.2012.

[6] Julio Fabbrini Mirabete, op. cit., p. 127.

[7] Guilherme de Souza Nucci, *Leis penais e processuais penais comentadas*. 4. ed. São Paulo: Revista dos Tribunais, 2009, p. 466.

- **Representação e petição a qualquer autoridade, em defesa de direito.** O direito encontra respaldo no art. 5º, XXXIV, da CF, dispondo que "são a todos assegurados, independentemente do pagamento de taxas: a) o direito de petição aos Poderes Públicos em defesa dos direitos ou contra ilegalidade ou abuso de poder". Assegura-se ao preso, enfim, a possibilidade de representar ou peticionar diretamente ao Poder Judiciário ou a outros órgãos públicos, visando apresentar reclamações ou realizar postulações em defesa de seu direito. Situação bastante comum é valerem-se os detentos da prerrogativa legal para efetivação de pedidos de benefícios carcerários. Note-se que, constituindo esses pleitos expressão de exercício de direito legal e constitucionalmente previsto, obrigam-se os juízes a sobre eles se pronunciarem de forma fundamentada, obedecendo-se, destarte, ao disposto no art. 381, III, do CPP e no art. 93, IX, da CF. É inequívoco que, também aqui, a prerrogativa legal assume grande importância na manutenção da ordem e disciplina da casa prisional, já que se assegura ao preso o direito de expressar suas inconformidades com situações eventualmente vivenciadas no presídio e de buscar, pessoalmente, a concessão de determinados direitos, em reforço à assistência jurídica por meio de advogado, a qual lhe é garantida pela LEP. Sem embargo, deve-se ressaltar que o *direito de representação e petição* conferido pela lei ao preso não lhe permite ajuizar medidas para as quais a lei exija capacidade postulatória. É possível ao preso, por exemplo, intentar um *habeas corpus*, para o que não exige a lei a subscrição por advogado, ou, como referimos, pleitear benefícios penitenciários (progressão de regime, livramento condicional, saída temporária etc.). Não é lícito, porém, ingressar em causa própria (salvo se for advogado, logicamente) com mandado de segurança[8] e revisão criminal, por exemplo, pois essas providências exigem a subscrição por quem detenha o *jus postulandi*.
- **Contato com o mundo exterior por meio de correspondência escrita, da leitura e de outros meios de informação que não comprometam a moral e os bons costumes.** Ao preso é possibilitado o direito de contato com o mundo exterior por meio de correspondência, leitura de jornais e periódicos, televisão, rádio, enfim, qualquer meio de comunicação. Inclusive o acesso à internet, na atualidade, tem sido possibilitado em muitos estabelecimentos prisionais, já que é relativamente comum serem disponibilizadas aos presos aulas de informática. Sem embargo, ressalva a LEP o acesso a meios de informação ou comunicação que possam comprometer "a moral e os bons costumes". Compreendemos que tal limitação deve ser compreendida em sentido amplo, possibilitando à administração carcerária, em prol da segurança, da disciplina e do objetivo ressocializador da pena, vedar aos detentos o acesso a determinados conteúdos, *v.g.*, notícias de rebeliões ou motins, filmes com atos de violência entre detentos ou relativos ao cometimento de crimes, sites pornográficos, livros alusivos a armas, bombas etc. Questão controvertida respeita à correspondência do preso e à possibilidade de sua interceptação pela administração carcerária. No artigo titulado "O sigilo de correspondência do preso *versus* a segurança da comunidade"

[8] TJSP, Mandado de Segurança 0229217-90.2012.8.26.0000, R. 31.10.2012.

(*Revista Consulex*, v. 1, p. 46-47, 1999), Miguel Lucena, Delegado de Polícia no Distrito Federal, refere com muita propriedade que "a norma constitucional que assegura a inviolabilidade do sigilo epistolar não foi editada para expor os agentes auxiliares da Justiça Criminal e a comunidade à vulnerabilidade resultante de práticas ilícitas, tais como motim e arrebatamento de presos, ajustadas quase sempre por meio de correspondências". Tal entendimento repisa a lição de Ada Pellegrini Grinover, citada no mesmo artigo e para quem "deve ser considerada a inviolabilidade do sigilo de correspondência e das comunicações, telegráficas e telefônicas, com vistas à finalidade ética ou social do exercício do direito que resulta da garantia; tutela desta natureza não pode ser colocada para a proteção de atividades criminosas ou ilícitas". Concordamos inteiramente com essa posição. Com efeito, não obstante as mencionadas vedações existentes na legislação infraconstitucional, bem como a garantia inserida ao texto da Carta Magna, reputamos possível e necessária a violação da correspondência do apenado, desde que esse procedimento seja motivado em questões de segurança pública e que estejam presentes condições mínimas que o justifiquem, quais sejam indícios veementes de envolvimento do apenado que terá sua correspondência violada na prática ou comando de crimes; hipótese de preso que não esteja gozando de benefícios carcerários que permitam seu contato direto com o mundo exterior (*v.g.*, saídas temporárias e trabalho externo); existência de autorização judicial prévia e, por fim, efetiva necessidade da medida (excepcionalidade). Nosso entendimento, aliás, vai ao encontro de posição já agasalhada, inclusive, no Excelso Pretório, cabendo ressaltar, aqui, trecho do voto do Ministro Celso de Mello, quando, relatando *habeas corpus* lá impetrado, observou que "a administração penitenciária, com fundamento em razões de segurança pública, de disciplina prisional ou de preservação da ordem jurídica, pode, sempre excepcionalmente, e desde que respeitada a norma inscrita no art. 41, parágrafo único, da Lei 7.210/1984, proceder a interceptação da correspondência remetida pelos sentenciados, eis que a cláusula tutelar da inviolabilidade do sigilo epistolar não pode constituir instrumento de salvaguarda de práticas ilícitas"[9].

- **Atestado de pena a cumprir, emitido anualmente, sob pena da responsabilidade da autoridade judiciária competente.** Esse direito do preso foi incluído pela L. 10.713/2003, justificando-se na necessidade de fornecer ao preso, pelo menos uma vez por ano, o atestado com a indicação do saldo de pena a cumprir. Justifica-se a previsão, mesmo porque o cálculo da pena pode não se limitar a simples operação aritmética entre o total já cumprido e o que há pela frente. O trabalho do preso, por exemplo, confere a ele o direito de remir parte da pena (arts. 126 a 130 da LEP). Além do mais, determinadas situações podem alterar o saldo final, como é o caso da unificação de penas, de competência do juiz da execução, consistente no reconhecimento do crime continuado ou do concurso formal próprio em sede executória.

---

9 STF, *Habeas Corpus* 70814/SP, 1ª Turma, Rel. Min. Celso de Mello, *DJ* 24.06.1994.

Direitos do preso (art. 41 da LEP)

1) Alimentação suficiente, em quantidade e qualidade, e vestuário adequado, sendo viável o fornecimento de uniforme

2) Atribuição de trabalho e sua remuneração. O trabalho contribui para a ressocialização e auxilia na manutenção da disciplina prisional

3) Previdência Social. O preso faz jus a benefícios previdenciários. Destaca-se, também, o auxílio-reclusão, destinado aos dependentes do preso, quando este se encontra contribuindo para previdência no momento da prisão

4) Constituição do pecúlio, que se constitui em verba depositada em caderneta de poupança, oriunda do trabalho do preso, que lhe será entregue ao ser posto em liberdade

5) Proporcionalidade na distribuição do tempo para o trabalho, descanso e recreação

6) Continuidade das atividades intelectuais, profissionais, artísticas e desportivas exercidas pelo apenado antes de sua prisão, desde que compatíveis com a pena

7) Assistência material, à saúde, jurídica, educacional, social e religiosa

8) Tutela à imagem do preso, protegendo-se contra qualquer forma de sensacionalismo

9) Entrevista pessoal e reservada com advogado

10) Direito à visita de parentes e amigos em dias determinados. Destaca-se a questão relacionada à visita íntima

11) Chamamento nominal e não por números, alcunhas etc.

12) Igualdade de tratamento, ressalvadas as exigências relativas à individualização da pena

13) Audiência pessoal com o diretor do estabelecimento para fins de reclamações, postulações, sugestões etc.

14) Direito de representação e petição a autoridades públicas, inclusive ao Poder Judiciário

15) Contato com o mundo exterior por meio de correspondência, leituras e meios de comunicação, desde que não comprometidos a moral e os bons costumes

16) Atestado de pena a cumprir, emitido anualmente

5.2.3 Suspensão ou restrição de direitos (art. 41, parágrafo único, da LEP)

De acordo com o art. 41, parágrafo único, da LEP, "os direitos previstos nos incisos V, X e XV poderão ser suspensos ou restringidos mediante ato motivado do diretor do estabelecimento". Trata-se da suspensão ou redução da jornada de trabalho, da recreação, das visitas e dos contatos com o mundo exterior. Tendo em vista a explicitude da regra, depreende-se, por exclusão, que os demais direitos arrolados no mesmo dispositivo não podem ser atingidos.

Considerando que as referidas suspensões ou restrições também estão previstas no art. 53, III, da LEP, a título de sanção pela prática de faltas disciplinares, discute-se na doutrina se a sua imposição exige, em qualquer caso, prévia instauração de procedimento administrativo disciplinar. Tratando do tema, Julio Fabbrini Mirabete compreende que "a medida de suspensão ou restrição de caráter individual de direitos referida no art. 41, parágrafo único, não se confunde com a sanção disciplinar, aplicada após o procedimento específico, mas decorre de fatores excepcionais, tais como problemas de segurança, de moléstia e até de disciplina enquanto se procede à apuração da falta disciplinar"[10]. Em sentido oposto, a posição de Guilherme de Souza Nucci, para quem "tais ações da direção devem ter por base a aplicação de sanção disciplinar"[11]. Trilhando-se este último entendimento, é necessário, então, considerar indispensável a instauração prévia de procedimento administrativo disciplinar, a teor da **Súmula 533 do STJ**, que assim refere: "Para o reconhecimento da prática de falta disciplinar no âmbito da execução penal, é imprescindível a instauração de procedimento administrativo pelo diretor do estabelecimento prisional, assegurado o direito de defesa, a ser realizado por advogado constituído ou defensor público nomeado".

Também há controvérsia quanto à possibilidade de a suspensão ou restrição dos direitos referidos partir do diretor da casa prisional, conforme a literalidade do art. 41, parágrafo único, da LEP. Nesse contexto, há quem defenda que, dadas a jurisdicionalização da execução e a natureza dos direitos que podem ser suspensos ou restringidos, ao juízo da execução criminal caberia a adoção de tais medidas. Essa tese, contudo, não prospera, compreendendo a jurisprudência majoritária que a questão em tela concerne à esfera administrativa e, assim, deve ser analisada pelo diretor da unidade prisional, nos termos da lei[12], descabendo ao Poder Judiciário até mesmo adentrar no chamado mérito administrativo das medidas adotadas, apenas podendo interferir no aspecto da legalidade ou não dessas providências[13].

As medidas de suspensão ou restrição dos direitos podem ser adotadas individual ou coletivamente, exigindo, em qualquer caso, a motivação, devendo ser estabelecidas por prazo determinado. Caso aplicadas pela direção da casa prisional sem que estejam presentes circunstâncias fáticas que as autorizem, ou impostas imotivadamente, podem elas ser impugnadas mediante as vias judiciais cabíveis, como o *mandado de segurança,* sem prejuízo da possibilidade de instauração de incidente de excesso ou desvio da execução, nos moldes do art. 185 da LEP.

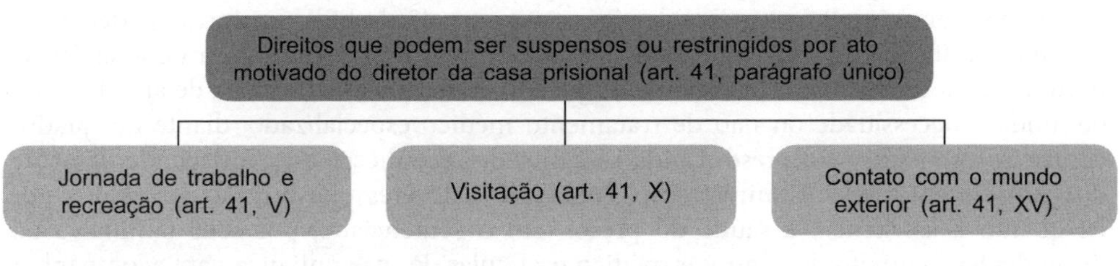

[10] Julio Fabbrini Mirabete, op. cit., p. 131.

[11] Guilherme de Souza Nucci, op. cit., p. 468.

[12] TJSP, Mandado de Segurança 0201254-44.2011.8.26.0000, R. 19.12.2011.

[13] TJSP, Agravo 0107719-27.2012.8.26.0000, R. 21.08.2012.

5.2.4 Direitos do preso provisório e do submetido à medida de segurança (arts. 42 e 43 da LEP)

Os direitos do preso definitivo assegurados pelo art. 41 da LEP, bem como a possibilidade de sua restrição nos casos do art. 41, parágrafo único, são extensivos, no que couber, ao preso provisório e ao submetido a medida de segurança (art. 42).

Relativamente ao **preso provisório**, é preciso ressalvar o disposto no art. 41, XVI (atestado de pena a cumprir), já que, dada a sua condição, não possui ainda pena definitivamente estabelecida. Outro ponto a mencionar é que, de acordo com o art. 31, parágrafo único, não está ele obrigado ao trabalho. Se o exercer, é certo que faz jus à devida remuneração nos termos do art. 41, II, e ao pecúlio estipulado no art. 41, IV.

Por outro lado, quanto ao **internado**, existe a possibilidade de que seu estado mental não permita o exercício de determinados direitos, que então podem restar suspensos ou restringidos pelo tempo necessário, como é o caso do trabalho e suas decorrências (remuneração e formação do pecúlio).

Aspecto que deve ser mencionado respeita ao disposto no art. 43 da LEP, facultando a contratação de **médico de confiança pessoal** do internado ou do submetido a tratamento ambulatorial, a fim de orientar e acompanhar o tratamento. Embora o permissivo possibilite a ocorrência de desigualdades (já que o indivíduo com boas condições econômicas receberá tratamento diferenciado em relação ao que não possa arcar com os custos da contratação de médico particular), não se pode ignorar que as possibilidades de cura (que é objetivo primeiro da medida de segurança) são maiores se houver a assistência de profissional da confiança do internado, por ele contratado ou por seus familiares, mesmo porque são evidentes as limitações dos estabelecimentos psiquiátricos em termos de recursos materiais e humanos. Nesse caso, ocorrendo divergências entre o médico oficial e o particular, serão elas resolvidas pelo juiz da execução (art. 43, parágrafo único), sendo plausível a aplicação, por analogia, do disposto no art. 180 do CPP, dispondo que, "se houver divergência entre os peritos, serão consignadas no auto do exame as declarações e respostas de um e de outro, ou cada um redigirá separadamente o seu laudo, e a autoridade nomeará um terceiro; se este divergir de ambos, a autoridade poderá mandar proceder a novo exame por outros peritos".

Questão debatida respeita à possibilidade ou necessidade de tratamento diferenciado na hipótese de o sentenciado encontrar-se devidamente assistido pela equipe médica da unidade. Parte da doutrina, nesses casos, entende que a permissão para o acompanhamento do médico particular gera um privilégio inadmissível. *Data venia*, pensamos que tal entendimento implica negativa de vigência ao art. 43 da LEP. Conforme já decidiu o Tribunal de Justiça de São Paulo, "não se cuida de examinar a ausência de assistência, porque não aparelhado o estabelecimento penal, ou mesmo a deficiência de atendimento ou ainda a necessidade ou não de tratamento médico especializado, diante do quadro clínico apresentado pelo preso. Cuida-se assim de reconhecer que, independentemente do cumprimento pela Administração Pública dos deveres que lhe são atribuídos por lei quanto à assistência à saúde do preso, tem o sentenciado, por seus familiares ou dependentes, o direito de contratar médico particular de sua confiança para acompanhar e orientar seu tratamento"[14].

[14] TJSP, Mandado de Segurança 0071689-27.2011.8.26.0000, R. 15.06.2011.

5.3 DISCIPLINA

5.3.1 Disciplina (art. 44 da LEP)

Estabelece o art. 44 da LEP que "a disciplina consiste na colaboração com a ordem, na obediência às determinações das autoridades e seus agentes e no desempenho do trabalho". Trata-se, enfim, de um conjunto de regras que impõem ao sentenciado a atenção às normas disciplinares do estabelecimento, bem como o cumprimento dos deveres estipulados no art. 39.

Mais uma vez preocupou-se o legislador em inserir, no âmbito da disciplina prisional, o desenvolvimento do trabalho pelo apenado. Como já dissemos, isso ocorre devido à importância do trabalho na profissionalização do preso (para que tenha maiores condições de colocação no mercado, quando posto em liberdade) e ao seu fim ressocializador. Não é por outra razão que a LEP considera o trabalho obrigatório, exceto para o preso provisório (art. 31, parágrafo único) e, inexplicavelmente, para o condenado por crime político (art. 200).

Estão sujeitos à disciplina o **condenado à pena privativa de liberdade**, os que devam cumprir **pena restritiva de direitos** e o **preso provisório** (art. 44, parágrafo único). Relativamente ao *preso*, a necessidade da disciplina é óbvia, não se podendo conceber a existência do sistema penitenciário sem que estejam estipuladas as medidas necessárias a manter a ordem nas casas prisionais. Por outro lado, também o condenado a *pena restritiva de direitos* deve atender a normas de disciplina, principalmente se considerarmos que, dependendo da pena, poderá ele ter contato com outros indivíduos na mesma condição, como na hipótese da limitação de final de semana, que impõe ao condenado a obrigação de permanecer, aos sábados e domingos, por cinco horas diárias, em casa do albergado ou lugar adequado, a fim de participar de cursos e ouvir palestras, bem como desenvolver atividades educativas, convivendo, portanto, com outras pessoas; e da prestação de serviços à comunidade, consistente na atribuição de tarefas gratuitas ao condenado em entidades assistenciais, hospitais, orfanatos, asilos e outros estabelecimentos similares, o que lhe impõe a obrigação de se ater aos regulamentos de conduta desses locais. Por fim, em relação ao *preso provisório*, é evidente que, assim como ocorre para os presos definitivos, deve ser exigida obediência às normas disciplinares do estabelecimento, mesmo porque, sendo-lhe aplicáveis as disposições da Lei de Execução Penal (art. 2º, parágrafo único), está sujeito tanto a benefícios penitenciários (*v.g.*, progressão de regime, *ex vi* da **Súmula 716 do STF**) quanto à aplicação de sanções disciplinares no caso de faltas cometidas, para o que releva a verificação de seu comportamento carcerário.

5.3.2 Princípio da legalidade (art. 45, *caput*, da LEP)

Estabelece o art. 45 da LEP que "não haverá falta nem sanção disciplinar sem expressa e anterior previsão legal ou regulamentar". A regra é simétrica ao princípio legal (art. 1º do Código Penal) e constitucional (art. 5º, XXXIX, da CF) de que não existe crime sem lei anterior que o defina, nem pena sem prévia cominação legal (*nullum crimen nulla poena sine praevia lege*).

Nos termos do art. 49 da LEP, as faltas disciplinares classificam-se em leves, médias e graves.

Conforme se depreende do mesmo art. 49, tocante às **faltas leves** e **médias**, assim como as respectivas sanções, cabe à legislação local (legislação estadual) especificá-las, com aplicação, evidentemente, aos presídios estaduais. Sinale-se que nessa remissão da LEP à legislação dos estados não há qualquer inconstitucionalidade, pois o art. 24, I, da CF estabelece a competência concorrente da União, dos estados e do Distrito Federal para legislar sobre *direito penitenciário.* Tratando-se de presídios federais, tal definição condiciona-se à regulamentação por meio de legislação federal.

Por outro lado, em relação às **faltas graves**, são as previstas nos arts. 50 a 52 da Lei de Execução Penal, nada impedindo que venham a estipuladas por legislação federal de igual ou superior hierarquia à LEP. No art. 53, são arroladas as sanções disciplinares passíveis de aplicação.

Aspecto controvertido refere-se à possibilidade de previsão de faltas disciplinares em *regulamentos* expedidos pela administração carcerária, conforme se infere do art. 45, parte final, da LEP. Evidentemente, tratando-se de *faltas graves* isso não é viável, já que são as definidas na Lei de Execução Penal, *ex vi* dos arts. 50 a 52. A dúvida, assim, prende-se às faltas *leves ou médias.* Na esteira da maioria doutrinária, compreendemos que, efetivamente, não se pode atribuir à administração penitenciária o poder de legislar sobre faltas e sanções, especialmente aquelas que possam ter relevância na aferição da conduta carcerária do preso. Concordamos, enfim, com a posição de que tais regulamentos prisionais podem, quando muito, estabelecer, para determinadas condutas que não se classifiquem como faltas leves, médias ou graves, penalidades que se esgotem em si mesmas. Por exemplo, pode-se estipular a proibição do uso de computador por determinado período no caso de o apenado permanecer conectado à internet por tempo superior ao autorizado. Tal penalidade, como se vê, tem um fim em si mesmo, consistente na vedação ao uso de equipamentos de informática por certo tempo, sem interferir na classificação de sua conduta carcerária.

São proibidas as sanções que possam colocar em perigo a integridade física e moral do condenado (art. 45, § 1º). Essa regra harmoniza-se com a previsão do art. 5º, XLIX, da CF, segundo a qual "é assegurado aos presos o respeito à integridade física e moral". No mesmo sentido, aliás, o art. 38 do Código Penal dispõe que "o preso conserva todos os direitos não atingidos pela perda da liberdade, impondo-se a todas as autoridades o respeito à sua integridade física e moral", e o art. 40 da LEP estabelece que "impõe-se a todas as autoridades o respeito à integridade física e moral dos condenados e dos presos provisórios". Como se vê, não há como permitir qualquer ato de constrangimento ou prática vexatória contra segregados, mesmo porque o art. 4º, *b*, da L. 4898/1965 firma que constitui abuso de autoridade "submeter pessoa sob sua guarda ou custódia a vexame ou a constrangimento não autorizado em lei". Do mesmo entendimento compartilham Alexandre de Moraes e Gianpaolo Poggio Smanio, para quem "o desrespeito a esses direitos para submeter pessoa sob sua guarda ou custódia a vexame ou constrangimento não autorizado caracterizará o delito de abuso de poder"[15].

5.3.3 Proibição de "cela escura" e de imposição de sanções coletivas (art. 45, §§ 2º e 3º, da LEP)

Preocupou-se o legislador em coibir o uso da **cela escura** (art. 45, § 2º), mais conhecida como solitária e que, no passado, caracterizava-se por sua ambiência inabitável

---

[15] Alexandre de Moraes e Gianpaolo Poggio Smanio, *Legislação penal especial,* 6. ed. São Paulo: Atlas, 2002, p. 45.

e insalubre. Importante mencionar que a proibição não impede o recolhimento do preso em cela individual, nos termos previstos para o preso em regime disciplinar diferenciado (art. 52, II), caso em que ele deverá permanecer afastado dos demais. Isso é possível, pois o que a lei coíbe é sua colocação ou manutenção em condições de sobrevivência indignas, desumanas ou degradantes.

Também veda a Lei de Execução Penal a imposição de **sanções coletivas**, como é o caso da punição indiscriminada a todos os indivíduos que ocupam cela onde é perpetrada infração disciplinar, mesmo sem a demonstração específica da participação de cada um. Tal situação, na ótica do legislador, implicaria inaceitável consagração de responsabilidade penal objetiva, a qual, proibida no âmbito do direito penal, deve ser também repudiada no campo da punição disciplinar. Como exemplo, veja-se a hipótese não tão incomum de ser descoberto um túnel escavado a partir da cela ocupada por vários detentos, sem que se possa esclarecer a efetiva responsabilidade de todos eles pela escavação. Tratando do tema, decidiu o Tribunal de Justiça de São Paulo que simples o fato de alguns apenados habitarem a cela, sem a demonstração de sua participação efetiva na escavação do túnel com intenção de fuga, não conduz a aplicação da pena correspondente à falta grave, devendo-se ponderar "que nos termos do § 3º do art. 45 da LEP é vedada a sanção coletiva, prevalecendo assim o princípio da individualização da culpa"[16-17].

5.3.4 Ciência das normas disciplinares (art. 46 da LEP)

Não se ignora que, no âmbito do direito penal, o desconhecimento da lei é inescusável (art. 21 do CP). Para o indivíduo que ingressa no sistema prisional, contudo, não se pode estabelecer idêntica presunção, já que existem regras próprias a serem observadas, mormente aquelas necessárias à preservação da ordem e da disciplina, impostas pela própria Lei de Execução Penal (é o caso dos deveres estabelecidos no art. 39), bem como por leis locais ou por regulamentos prisionais.

Por essa razão, estabeleceu o art. 46 da LEP que "o condenado ou denunciado, no início da execução da pena ou da prisão, será cientificado das normas disciplinares". Acautelou-se, como se vê, o legislador em determinar que o indivíduo preso, tão logo ingresse na prisão, seja comunicado a respeito das regras disciplinares existentes, a fim de que posteriormente não alegue a ignorância de tais regras[18].

Note-se que o art. 46 refere-se tanto ao "condenado" como ao "denunciado". Por condenado deve-se compreender aquele em relação ao qual já exista sentença condenatória transitada em julgado, condenação definitiva, enfim. Já o uso da expressão "denun-

---

16 TJSP, Agravo 990.08.106454-5, j. 16.12.2008.

17 No mesmo sentido: A simples ilação de que "o sentenciado [...] habitante da cela onde a escavação foi descoberta, participou do fato, de forma comissiva ou omissiva, de modo que sua condenação era mesmo de rigor" e que "diante de toda a movimentação dentro da cela, tinha ciência da escavação e oferecia, no mínimo, apoio aos que escavavam, até mesmo auxiliando para que ninguém de fora da cela percebesse a movimentação suspeita" [...] "são circunstâncias que, por si sós, não podem erigir-se em sustentáculo para a prolação de édito condenatório, já que não passam de meros indícios ou presunções" (TJSP, Agravo 0116932.57.2012.8.26.0000, R. 26.11.2012).

18 "Todos os condenados, quando incluídos no sistema prisional, são cientificados das normas disciplinares, inclusive da proibição de uso de telefonia celular nas dependências da unidade prisional... Desse modo é evidente que a posse de telefone celular ou objeto a ele relacionado no interior do estabelecimento penal configura desobediência de regra básica e elementar de disciplina, de modo que ao fato se aplica o art. 50, VI, da LEP" (TJSP, Agravo 990.08.012975-9, j. 07.08.2008).

ciado" certamente destina-se à hipótese do preso provisório, já que a este também são aplicáveis, em regra, as normas da Lei de Execução Penal (art. 2º, parágrafo único, da LEP). De qualquer forma, esqueceu-se o legislador que, também no curso do inquérito, é possível a prisão provisória do *indiciado*. E mais: olvidou também a possibilidade de a prisão preventiva ser determinada no curso de ações penais privadas, caso em que não se tem a figura do *denunciado* e sim do *querelado*. Por essas razões, conclui-se imprópria a redação do dispositivo que, em vez de *condenado* e *denunciado*, deveria ter utilizado a nomenclatura *preso definitivo* e *preso provisório*.

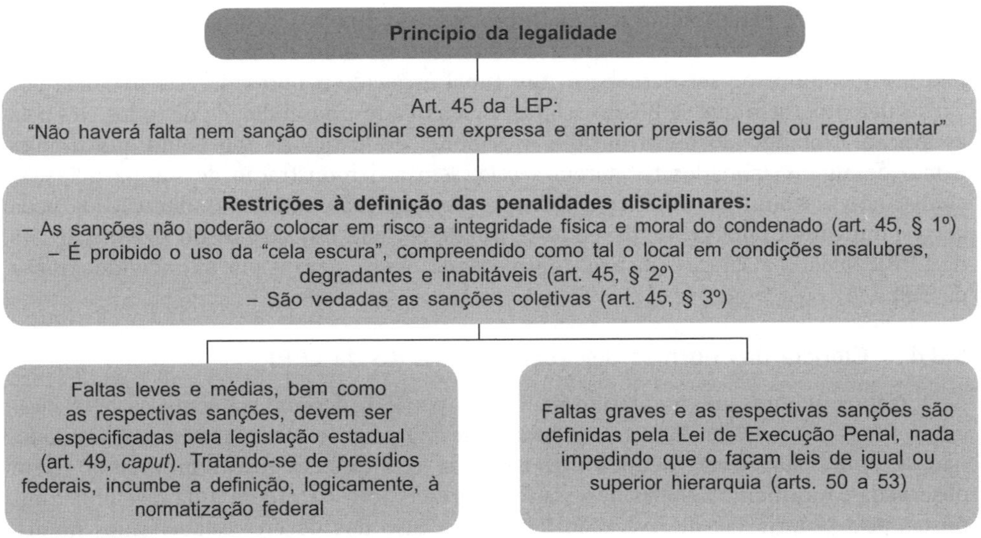

5.3.5 Poder disciplinar (arts. 47 e 48 da LEP)

Tratando-se de execução da **pena privativa de liberdade**, estabelece o art. 47 da LEP que o poder disciplinar será exercido pela autoridade administrativa (leia-se: administração carcerária), conforme dispuser o regulamento da respectiva casa prisional. Na sequência dessa determinação, prevê o art. 54 que, ressalvada a hipótese de inclusão do preso em regime disciplinar diferenciado (o que se vincula à existência de decisão fundamentada do juiz competente), as demais sanções disciplinares estabelecidas no art. 53 (advertência verbal, repreensão, suspensão ou restrição de direitos e isolamento) serão aplicadas por ato motivado do diretor do estabelecimento. Essa previsão segue uma lógica natural, já que é a autoridade administrativa que mantém o contato direto com o preso. Na verdade, ao conferir à direção do estabelecimento prisional e a seus agentes a imposição e a execução das sanções disciplinares, estabelece a lei uma exceção ao princípio da jurisdicionalidade. Em razão disso, é certo afirmar que a atuação do juiz da execução nesses casos apenas ocorrerá nas hipóteses em que a administração carcerária infringir as regras estabelecidas pela lei ou pelo regulamento, devendo-se instaurar, nesse caso, o incidente de desvio de execução contemplado no art. 185 da LEP, o qual pode ser suscitado pelo Ministério Público, pelo Conselho Penitenciário, pelo próprio sentenciado ou por qualquer dos demais órgãos da execução penal.

Por outro lado, cuida o art. 48 da LEP do condenado a **pena restritiva de direitos**, estabelecendo-se que "o poder disciplinar será exercido pela autoridade administrativa a que estiver sujeito o condenado". Justifica-se a previsão no fato de que, eventualmente, a pena restritiva de direitos pode ser executada em estabelecimentos administrados por agentes do Estado. É o caso da limitação de final de semana, que impõe ao condenado a obrigação de permanecer, aos sábados e domingos, por cinco horas diárias, em casa do albergado ou lugar adequado, a fim de participar de cursos e ouvir palestras, bem como desenvolver atividades educativas, convivendo, portanto, com outras pessoas. Nesses casos, praticadas faltas disciplinares de natureza leve ou média, poderá a autoridade administrativa do respectivo local aplicar a devida punição.

Pois bem, tratando-se de **faltas médias e leves**, sua punição ocorre nos limites do estabelecimento prisional, a partir do poder disciplinar conferido pelos arts. 47 e 48 à administração carcerária. Questão importante refere-se à hipótese de **falta grave**. É que, nesse caso, dispõe o art. 48, parágrafo único, da LEP que "a autoridade representará ao juiz da execução para os fins dos arts. 118, inciso I, 125, 127, 181, §§ 1º, *d*, e 2º, desta lei". Ora, por um lado, trata-se de parágrafo inserido no dispositivo que se refere ao poder disciplinar no curso de pena restritiva de direito. Por outro, o artigo faz remissão a dispositivos pertinentes à prática de falta grave por quem cumpre pena privativa de liberdade. Veja-se: o art. 118, I, trata da regressão de regime; o art. 125, da perda do direito a saídas temporárias; e o art. 127, da perda parcial do tempo remido pelo trabalho. Assim, apenas o art. 181, §§ 1º e 2º, concerne à (re)conversão da pena restritiva de direito em privativa de liberdade. Nesse viés, compreendemos que se equivocou o legislador em posicionar a disposição como parágrafo do art. 48, pois devia constituir regra autônoma. Considerando, pois, a imprópria posição topográfica da regra no corpo da LEP, cremos ser necessário interpretá-la para que seja aplicada em duas situações, ambas pertinentes à hipótese do cometimento de **falta grave** pelo sentenciado:

- *Primeira*, relativa ao indivíduo que cumpre **pena privativa de liberdade** (arts. 50 e 52 da LEP): Sem embargo da possibilidade de se facultar à administração penitenciária utilizar seu poder disciplinar, impondo e executando as sanções adequadas previstas no art. 53, III e IV, consistentes na suspensão ou restrição de direitos e isolamento (a *advertência* do inciso I e a *repreensão* do inciso II são punições adequadas a faltas leves e médias, e a *inclusão no regime disciplinar diferenciado* do inciso V depende de decisão fundamentada do juiz, em conformidade com o art. 54), caber-lhe-á, também, representar ao juiz da execução penal para os fins de: regressão de regime (art.118, I); perda do direito à saída temporária (art. 125); e perda de dias remidos pelo trabalho (art. 127).
- *Segunda*, relativa ao indivíduo que cumpre pena **restritiva de direitos** (art. 51 da LEP): Além do poder disciplinar pertinente à inobservância de regras de conduta próprias do local em que eventualmente cumprida a pena (como é o caso da limitação de final de semana, satisfeita em casa do albergado), cabe à administração carcerária representar ao juiz da execução para o fim do art. 181, §§ 1º, *d*, e 2º (acrescentamos também o § 3º, pertinente à interdição temporária de direitos, injustificadamente omitido da remissão do art. 48, parágrafo único), qual seja, determinar, sendo o caso, a conversão da pena restritiva de direitos em privação da liberdade.

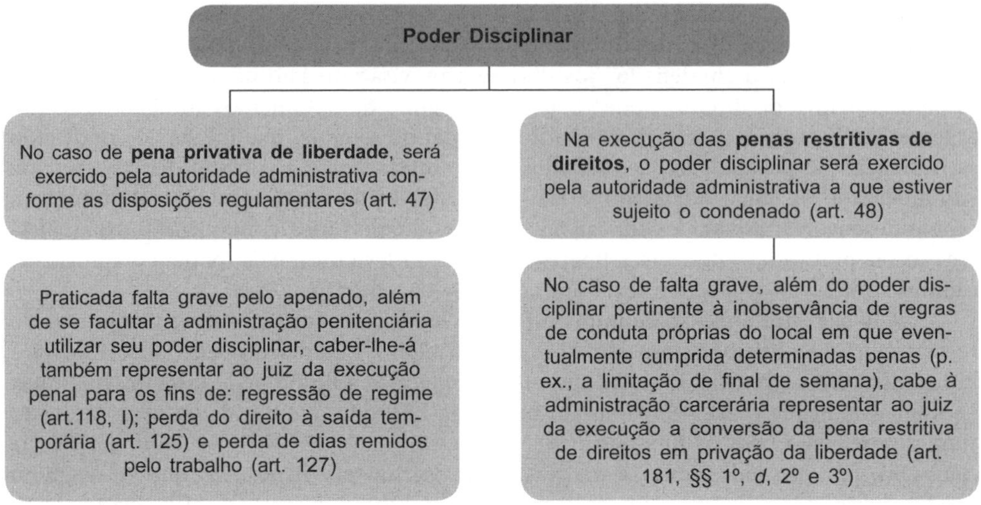

5.3.6 Faltas disciplinares (arts. 49 a 52 da LEP)

Como dissemos, classificam-se as faltas disciplinares em **leves, médias** e **graves** (art. 49, *caput*, da LEP). As duas primeiras devem ser definidas pela legislação estadual, desde que se trate, evidentemente, de penitenciária estadual. Em se tratando de presídio federal, é lógico relegar a definição dessas faltas à legislação federal. Já as faltas graves estão definidas na LEP, nos arts. 50 a 52, nada obstando que também sejam estabelecidas por legislação federal de igual ou superior hierarquia.

No Estado do Rio Grande do Sul, por exemplo, o Decreto 46.534/2009, que aprova o Regimento Disciplinar Penitenciário, estabelece como *faltas de natureza leve* o descuido da higiene pessoal ou conservação dos objetos pessoais; agir com desleixo ou desinteresse na execução das tarefas determinadas; manusear equipamento de trabalho sem autorização ou conhecimento do responsável e adentrar em cela alheia sem autorização (art. 13). Já como *faltas de natureza média* são estabelecidas, entre outras, a prática de atos que perturbem a ordem nas ocasiões de descanso, de trabalho ou de reuniões; faltar com o zelo na conservação e higiene do alojamento ou cela; agir de forma a protelar os deslocamentos com o fim de obstruir ou dificultar as rotinas diárias do estabelecimento; circular por áreas do estabelecimento onde é vedada a presença do preso; impedir ou perturbar a jornada de trabalho ou a realização de tarefas de outro apenado; portar ou ter em qualquer local da unidade prisional, dinheiro, cheque, nota promissória, cartão de crédito, quando houver norma que não permita a prática de tais atos; improvisar qualquer transformação não autorizada no alojamento ou cela que resulte em prejuízo à vigilância e segurança; fabricar, portar, possuir, ingerir ou fornecer bebida alcoólica; atrasar o retorno do serviço externo e saídas autorizadas (art. 12). O mesmo regimento estipula, em termos de sanções, que se aplica a advertência verbal ao autor quando a infração disciplinar for de natureza leve, e que se aplica a repreensão quando se tratar de infração de natureza média ou quando houver reincidência em falta de natureza leve (art. 19, §§ 1º e 2º).

De acordo com o art. 49, parágrafo único, da LEP, pune-se a **tentativa** com a sanção correspondente à falta consumada. Como exemplo, ilustre-se a hipótese da fuga: caracteriza falta grave tanto a efetiva evasão do sistema prisional (art. 50, II) como o ato de tentar fugir.

Entendemos que na aplicação da sanção disciplinar cabível à espécie (natureza e duração) deverá ser levado em consideração se a hipótese é de falta disciplinar consumada ou tentada, já que, neste último caso, as consequências do fato não são tão graves. Em sentido contrário, a posição de Renato Marcão, para quem "tentada ou consumada a conduta ensejadora de falta disciplinar grave, caberá a mesma sanção, sem qualquer abrandamento"[19].

5.3.6.1 Falta grave pelo condenado à pena privativa de liberdade (art. 50 da LEP)

O art. 50 da LEP estabelece o rol de condutas que se classificam como *faltas de natureza grave* praticadas por condenados que cumprem pena privativa de liberdade, e que se estendem, no que couber, também ao preso provisório (art. 50, parágrafo único).

De acordo com a jurisprudência, esse rol estabelecido pela Lei de Execução Penal é **taxativo**, não podendo ser ampliado por outros atos normativos, como resoluções, portarias, decretos etc. Nesse ponto, aliás, já se pronunciou o Superior Tribunal de Justiça, salientando que "resolução da Secretaria de Administração Penitenciária do Estado de São Paulo tipificando a conduta como falta grave não é suficiente para legitimar a decisão (*de punição*), pois nos termos do art. 49 da L. 7.210/1984 a legislação local somente está autorizada a especificar as condutas que caracterizem faltas leves ou médias e suas respectivas sanções"[20]. Logicamente, a taxatividade que se estabelece em relação ao art. 50 da LEP não impede que legislação federal de igual ou superior hierarquia estabeleça condutas caracterizadoras como falta disciplinar de natureza grave.

Na apuração da falta grave, é indispensável assegurar ao apenado o direito à **ampla defesa** e ao **contraditório**, sob pena de nulidade da punição eventualmente aplicada. Quanto à forma do exercício dessa garantia pelo sentenciado, há divergências, muito especialmente se é necessária a instauração de **procedimento administrativo disciplinar** no âmbito da casa prisional, ou se, ao contrário, é suficiente o procedimento judicial com oitiva do apenado perante o juízo da execução. Alguns consideram que é imprescindível a instauração do procedimento administrativo disciplinar, cujo escopo é justamente preservar o direito de defesa do apenado, não sendo suprida a sua ausência pela posterior realização de audiência judicial de oitiva do apenado para justificativa da falta praticada. Outros, ao contrário, sustentam não constituir constrangimento ilegal a omissão na instauração do procedimento administrativo disciplinar se, antes da homologação judicial da falta grave, for assegurado ao apenado o direito de ser ouvido em audiência de justificação perante o juízo da execução, com a devida assistência de advogado, garantido, assim, o exercício da ampla defesa e do contraditório. Tal questão, no âmbito do *Superior Tribunal de Justiça*, foi resolvida com a aprovação da **Súmula 533**, dispondo que "para o reconhecimento da prática de falta disciplinar no âmbito da execução penal, é imprescindível a instauração de procedimento administrativo pelo diretor do estabelecimento prisional, assegurado o direito de defesa, a ser realizado por advogado constituído ou defensor público nomeado".

A falta disciplinar está sujeita a prazo prescricional? Considerando a inexistência de legislação específica, os Tribunais Superiores firmaram entendimento de que o prazo prescricional para aplicação de sanção disciplinar decorrente da prática de falta grave no curso da execução deve ser o menor lapso temporal previsto no art. 109 do Código Penal, ou seja, o de **três anos** para fatos ocorridos após a vigência da L. 12.234/2010 (que alterou o

---

19 Renato Marcão, op. cit., p. 70.

20 STJ, *Habeas Corpus* 155.372/SP, *DJ* 15.08.2012.

art. 109, VI, do CP) ou **dois anos**, se a falta tiver ocorrido antes dessa data[21]. Nesses casos, deve-se considerar como *dies a quo* da contagem da marcha processual a data da **consumação da falta disciplinar**. Entretanto, na hipótese de fuga do estabelecimento prisional, por se tratar de infração disciplinar de natureza permanente, a contagem deve ter como termo inicial a **data da recaptura do apenado**, já que esse é o momento que se tem como cessada a permanência, nos termos do art. 111, III, do Código Penal. A título de exemplo, considere-se que determinado indivíduo, cumprindo pena no regime semiaberto, evada-se do estabelecimento prisional em *01.03.2015*, sendo recapturado em *01.04.2015*. Nesse caso, ouvido o apenado em audiência judicial de justificação, eventual decisão homologando a falta grave e determinando a regressão do regime carcerário deve ser proferida até *31.03.2018* (três anos após a data da recaptura), sob pena de operar-se a prescrição.

A falta grave, uma vez apurada e homologada, será registrada no prontuário do condenado, interferindo na concessão ou manutenção de benefícios. Conforme estabelece o art. 57, parágrafo único, da LEP, a prática de falta grave sujeita o apenado à aplicação das sanções disciplinares previstas no art. 53, III e V, da LEP, que consistem na suspensão ou restrição de direitos do preso, no isolamento na própria cela ou em local adequado e na inclusão do regime disciplinar diferenciado. Lembre-se de que esta última sanção apenas pode ser aplicada por decisão fundamentada do juiz, ao passo que as duas primeiras podem ser impostas por ato motivado do diretor do estabelecimento (arts. 47 e 54, *caput*, da LEP). Não fosse o bastante, a falta grave pode ainda acarretar a regressão do regime carcerário (art. 118, I), a revogação do benefício da saída temporária (art. 125) e a revogação de até 1/3 (um terço) do tempo remido (art. 127). Neste último enfoque – revogação parcial do tempo remido –, tem sido questionado se a penalidade alcança, também, o tempo trabalhado, porém ainda não declarado remido, vale dizer, o tempo por remir. Ora, se a falta grave autoriza o magistrado a revogar até 1/3 do tempo já remido, parece lógico que seu cometimento permite a ele desconsiderar o mesmo percentual, também, do tempo a remir. Esse entendimento, inclusive, já foi agasalhado pelo STJ, trazendo à baila o caráter meramente declaratório da decisão judicial que defere a remição e a necessidade de se prestigiar a disciplina carcerária.[22] Concordamos plenamente com essa orientação, mesmo porque seria contraditório decretar a perda dos dias já remidos em função da falta grave, mas deferir a remição em função de dias de trabalho que ainda não haviam sido considerados, razão pela qual não importa se a homologação dos dias de trabalho se deu antes ou depois da falta. Sinale-se, porém, a existência de orientação em sentido oposto, vale dizer, de que "a interpretação do dispositivo supracitado deve contemplar, estritamente, os dias declarados remidos e computados na pena, não englobando aqueles ainda não declarados judicialmente, uma vez que menciona, tão somente, o tempo remido, ou seja, os dias declarados judicialmente".[23] Outra consequência atinente ao reconhecimento da falta grave é, conforme a jurisprudência do STJ e do STF, a interrupção do lapso temporal para obtenção de benefícios. Isso implica reinício, por exemplo, da contagem do prazo de progressão de regime carcerário, conforme inteligência da Súmula 534 do STJ, ao dispor que "a prática de falta grave interrompe a contagem do prazo para a progressão de regime de cumprimento de pena, o qual se reinicia a partir do cometimento dessa infração". Ressalva-se, contudo, o disposto na Súmula 441 do STJ, segundo a qual "a falta grave não interrompe o prazo para obtenção do livramento condicional", bem como a previsão da Súmula 535 desse mesmo tribunal no sentido de que "a prática de falta grave não interrompe o prazo para fim de comutação de pena ou indulto".

---

21 STJ, *Habeas Corpus* 217.052/RS, *DJ* 31.10.2012.

22 STJ, REsp 1517936/RS, *DJ* 23.10.2015.

23 TJRS, Agravo 70051683233J. 28.11.2012.

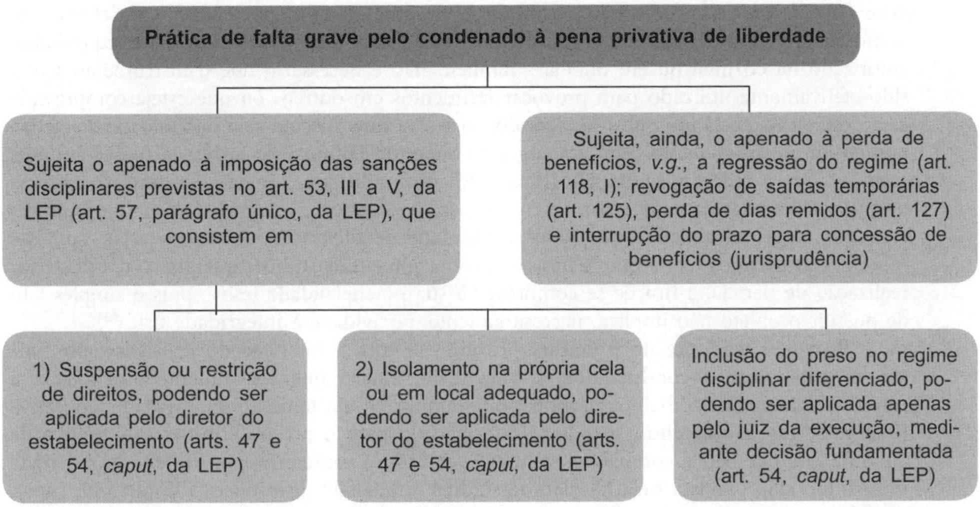

De acordo com o art. 50 da LEP, são as seguintes as condutas classificadas como caracterizadoras de falta grave no cumprimento da pena privativa de liberdade:

I - Incitar ou participar de movimento para subverter a ordem ou a disciplina: *Instigar* tem o sentido de provocar, estimular ou instigar. *Participar* respeita à atuação efetiva do apenado. Seja uma seja outra a conduta, incorre o apenado na prática de falta grave, sendo irrelevante, para tanto, se ele tomou parte do movimento por meios materiais (atos de violência, intimidações) ou simplesmente morais (planejamento, organização). A conduta aproxima-se do crime tipificado no art. 354 do Código Penal, que dispõe: "amotinarem-se presos, perturbando a ordem ou disciplina da prisão". Diz-se que se trata de conduta aproximada, tendo em vista que, para a configuração do delito, exige-se a presença de certo número de presos, ao passo que a falta grave tratada no art. 50, I, da LEP confirma-se até mesmo com o envolvimento de apenas um preso. *E se, apesar dos atos de instigação e organização, o movimento não for realizado?* Ainda assim responderá o apenado pela falta disciplinar, mesmo porque o art. 49, parágrafo único, estabelece a punição da tentativa.

II - Fugir: A fuga, e também sua tentativa, caracterizam falta grave, sendo irrelevante se o apenado evadiu-se do estabelecimento prisional ou se estava fora do presídio em cumprimento de saídas temporárias, trabalho externo, permissões de saída, traslado etc. Eventualmente, a fuga pode constituir ilícito penal. Isso ocorre quando caracterizada a figura típica do art. 352 do Código Penal, *in verbis:* "Evadir-se ou tentar evadir-se o preso ou o indivíduo submetido a medida de segurança detentiva, usando de violência contra a pessoa". Diferenciam-se, contudo, a falta grave da infração penal pelo fato de que a primeira pode ser praticada com ou sem violência à pessoa, ao passo que a segunda exige atos de violência.

III - Possuir, indevidamente, instrumento capaz de ofender a integridade física de outrem: É comum a localização, nos presídios, de instrumentos artesanais pontiagudos, normalmente fabricados pelos próprios detentos a partir de materiais de uso corriqueiro nas cozinhas ou oficinas dos estabelecimentos prisionais (estilete, canivete, chuço, broca, pedaço de serra, faca etc.). Nesse caso, comprovada a posse voluntária, caracteriza-se a falta grave, não importando o motivo alegado para estar na posse do objeto. Note-se que a ocorrência da falta condiciona-se a que o detento "possua" o instrumento lesivo, o que não implica exigir que tenha sido ele surpreendido com o objeto em seu poder. Logo, pode ocorrer de ter sido o objeto encontrado em sua cela ou em lugar a que tenha acesso. A posse do instrumento, além disso, deve ser *indevida,* vale dizer, não permitida. Não comete a falta, por exemplo, o detento que manuseia uma faca durante ou outro instrumento cortante durante a execução de seu trabalho autorizado na cozinha ou em oficinas. Também não é necessário que o instrumento tenha sido efetivamente utilizado para provocar ferimentos em outrem ou que esteja comprovada essa destinação, bastando que seja algo idôneo a esse fim. Discute-se a necessidade de efetiva **apreensão** do instrumento. Sem embargo, no Superior Tribunal de Justiça já se decidiu que, considerando a redação do art. 50, III, da LEP, dispondo que comete falta grave o apenado que "possuir, indevidamente, instrumento capaz de ofender a integridade física de outrem", torna-se imperiosa a demonstração da capacidade de ofensa do objeto material. Por esse motivo, considerou a Corte que "é indispensável a apreensão do instrumento, com a posterior realização de perícia, a fim de se comprovar a sua potencialidade lesiva, pois o simples fato de possuir o objeto não implica, necessariamente, nocividade à integridade física"[24].

IV – Provocar acidente de trabalho: Presume-se aqui a intenção do legislador em considerar falta grave a conduta dolosa, vale dizer, aquela intencionalmente direcionada a produzir acidente de trabalho, visando, por exemplo, ao afastamento da atividade laborativa (lembra-se que o trabalho, em regra, é obrigatório para o preso definitivo). A prática de conduta culposa não é compatível, a nosso ver, com a caracterização da falta grave, nada impedindo seja prevista pela legislação estadual como falta leve ou média (art. 49, *caput,* da LEP). Veja-se que a falta, no caso, independe da produção de dano ao patrimônio do presídio ou a materiais empregados na confecção do trabalho, bem como da provocação de ferimentos no próprio apenado ou em terceiros. Basta, com efeito, a ocorrência do acidente de trabalho intencionalmente causado. É indiferente, por fim, se a hipótese é de trabalho interno ou externo, pois o art. 50, IV, da LEP não faz essa distinção.

V – Descumprir, no regime aberto, as condições impostas: As condições do regime aberto classificam-se em *legais* e *judiciais. Legais* são as previstas no art. 115, I a IV, da LEP, consistindo na permanência do condenado no local que for designado, durante o repouso e nos dias de folga; sair para o trabalho e retornar, nos horários fixados; não se ausentar da cidade onde reside sem autorização judicial, e comparecer a juízo para informar e justificar as suas atividades quando for determinado. Já as condições *judiciais* são as outras condições que a lei faculta ao juiz impor (arts. 115, *caput,* e 116 da LEP). Pois bem, o sentenciado do regime aberto que descumprir tais condições incorre em falta grave. Obviamente, o descumprimento deve ser aquele provocado dolosamente. Não se pode, por exemplo, punir o apenado pelo atraso no retorno do trabalho provocado por acidente envolvendo o veículo em que se encontrava.

VI – Inobservar os deveres previstos nos incisos II e V do art. 39 desta Lei: Incorre em falta grave o preso que desobedecer a ordem (legal) de servidor ou desrespeitar a qualquer pessoa com que deva relacionar-se (art. 39, II). Também comete a falta o condenado que, por motivo não justificado, deixar de executar o trabalho, as tarefas e as ordens recebidas (art. 39, V). Note-se que mais uma vez o legislador preocupou-se com a questão atinente ao trabalho do preso, o que se justifica na sua função de profissionalização e reabilitação. Realizando-o, o preso recebe benefícios, como é o caso da remição, além de ter seu mérito avaliado positivamente para fins de concessão de outros benefícios. Deixando, porém, de efetivá-lo, sujeita-se o preso a imposição de sanção disciplinar, o que interfere negativamente na avaliação de sua conduta prisional.

VII – Tiver em sua posse, utilizar ou fornecer aparelho telefônico, de rádio ou similar, que permita a comunicação com outros presos ou com o ambiente externo: A contemplação legal da conduta como falta grave foi incluída na LEP pela L. 11.466/2007. O propósito primordial dessa alteração legislativa foi o de conter a comunicação dos presos entre si, bem como entre eles e o ambiente externo, buscando-se dificultar a sua colaboração com novas práticas criminosas, notadamente se considerada a proliferação da criminalidade organizada no interior dos presídios.

---

[24] STJ, *Habeas Corpus* 184.880/MG, *DJ* 02.08.2012.

Assim, considerou a lei falta grave não apenas a posse de aparelho de telefonia em si, como também de rádio e similares. De acordo com a maioria, a proibição abrange também a posse, utilização ou fornecimento de qualquer outro componente imprescindível para o funcionamento desses aparelhos (como é o caso dos *chips* e dos *plugs* de telefones celulares). Entender em sentido contrário implicaria dar margem à entrada fracionada do celular, estimulando-se uma burla ás medidas disciplinares da Lei de Execução Penal. Neste sentido: "A intenção essencial do legislador, ao editar a L. 11.466/2007, é impedir a comunicação do preso com outros apenados ou com o ambiente externo, buscando-se dificultar que o mesmo continue, de qualquer forma, colaborando com novas práticas criminosas. A apreensão de chip de telefone móvel – elemento necessário ao funcionamento do aparelho – caracteriza a conduta descrita na Lei de Execuções Penais como falta grave, devendo ser penalizada para que a finalidade da legislação supracitada seja respeitada, bem como para se afastar a possibilidade de que as peças do telefone móvel sejam divididas entre os presos, sendo agrupadas apenas quando necessário"[25]. Note-se que o art. 349-A do Código Penal considera crime a conduta de "ingressar, promover, intermediar, auxiliar ou facilitar a entrada de aparelho telefônico de comunicação móvel, de rádio ou similar, sem autorização legal, em estabelecimento prisional". Considerando que algumas vezes a conduta envolve servidores públicos que sucumbem a pedidos de presos para introdução de celulares nas unidades penitenciárias, incrimina o art. 319-A do Código Penal, também, a conduta do diretor de penitenciária e do agente público que deixa de cumprir o seu dever de vedar ao preso o acesso a aparelho telefônico, de rádio ou similar que permita a comunicação com outros presos ou com o ambiente externo.

Perceba-se, finalmente, que, de acordo com o art. 50, parágrafo único, da LEP, a anotação das faltas disciplinares recém-examinadas pode ocorrer tanto no prontuário do preso definitivo como em relação ao preso provisório, a quem se aplicam, no que couber, as normas relativas à execução penal (art. 2º, parágrafo único), inclusive no que toca à obtenção de determinados benefícios carcerários (p. ex., a progressão de regime, a teor da Súmula 716 do STF). Não é outra a dicção da Exposição de Motivos da Lei de Execuções Penais, nos itens 17 e 18, onde há indicação expressa acerca da aplicação de suas normas aos presos provisórios, como forma de manter a equidade entre os presos recolhidos na mesma instituição prisional: "17. A igualdade da aplicação da lei ao preso provisório e ao condenado pela Justiça Eleitoral ou Militar, quando recolhidos a estabelecimento sujeito à jurisdição ordinária, assegurada no parágrafo único do artigo 2º, visa a impedir o tratamento discriminatório de presos ou internados submetidos a jurisdições diversas. 18. Com o texto agora proposto, desaparece a injustificável diversidade de tratamento disciplinar a presos recolhidos ao mesmo estabelecimento, aos quais se assegura idêntico regime jurídico". Na realidade, das faltas disciplinares arroladas no art. 50 da LEP, a única que parece não ter aplicação ao preso provisório é a que concerne ao descumprimento do dever de execução do trabalho (art. 50, VI, combinado com art. 39, V), já que, para o preso provisório, o trabalho é facultativo (art. 31, parágrafo único), não podendo ele, portanto, ser obrigado ao desempenho de tal atividade, muito menos sofrer sanção disciplinar pela sua não realização. Diante disso, infere-se que, trate-se de preso provisório (mesmo aquele que não conta com sentença condenatória) ou trate-se de preso definitivo, ambos estão sujeitos ao mesmo tratamento jurídico, o que implica conferir os mesmos direitos e deveres (inclusive e principalmente quanto ao respeito à disciplina carcerária), no que for compatível, evidentemente.

---

25 STJ, Recurso Especial 1.287.956/SP, *DJ* 14.08.2012. No mesmo sentido: STJ, HC 297.150/SP, *DJ* 27.08.2014.

Faltas disciplinares de natureza grave

Incitar ou participar de movimento para subverter a ordem ou a disciplina	Fugir	Possuir, indevidamente, instrumento capaz de ofender a integridade física de outrem	Provocar acidente de trabalho	Descumprir, no regime aberto, as condições impostas	Inobservar os deveres previstos nos incisos II e V do art. 39	Ter em sua posse, utilizar ou fornecer aparelho telefônico, de rádio ou similar
Abrange o ato de estimular ou participar, material ou moralmente, de motins, rebeliões etc. A conduta aproxima-se do tipo penal do art. 354 do CP	É irrelevante se o apenado se encontrava no presídio ou no meio externo. Se a conduta for praticada com violência à pessoa, resta caracterizada a infração penal do art. 352 do CP	Não se exige que o apenado seja surpreendido em poder do instrumento, bastando que seja encontrado em sua cela ou em local a que tenha acesso	Pune-se a conduta dolosa, isto é, aquela intencionalmente direcionada a produzir acidente de trabalho	Trata-se das condições legais estabelecidas no art. 115, I a IV, da LEP, além de outras fixadas pelo juiz (art. 115, *caput*, e 116 da LEP)	Trata-se da desobediência à ordem (legal) de servidor ou desrespeito a qualquer pessoa com que deva relacionar-se, bem como a não execução do trabalho, das tarefas e das ordens recebidas	A proibição abrange também a posse, utilização de componente imprescindível para o funcionamento destes aparelhos (como é o caso dos *chips* de telefones celulares). Note-se ainda que a conduta pode caracterizar o crime do art. 349-A do CP

5.3.6.2 *Falta grave pelo condenado à pena restritiva de direitos (art. 51 da LEP)*

Estabelece a Lei de Execução Penal as faltas graves pertinentes aos condenados que cumprem pena restritiva de direitos. Embora, nos termos do art. 48 da LEP, a prática dessas faltas submeta o sentenciado ao poder disciplinar da autoridade administrativa a que estiver ele subordinado, é certo que tal poder apenas será exercido quando se tratar de faltas leves ou médias. *Por que isso?* Isso ocorre porque, de acordo com o art. 57, parágrafo único, da LEP, às faltas graves devem ser aplicadas as sanções previstas no art. 53, III a V, da LEP – suspensão ou restrição de direitos, recolhimento em cela própria ou lugar adequado e inclusão em regime disciplinar diferenciado –, e nenhuma delas é adequada ao preso que cumpre pena restritiva de direitos. Logo, praticada falta grave pelo sentenciado às penas de prestação de serviços à comunidade, limitação de fim de semana e de interdição temporária de direitos, outra solução não resta à administração penitenciária do que representar ao juiz da execução, com base no art. 48, parágrafo único, da LEP, com vista à conversão da pena restritiva de direitos em privativa de liberdade, conforme autoriza o art. 181, §§ 1º, *d*, 2º e 3º, da LEP.

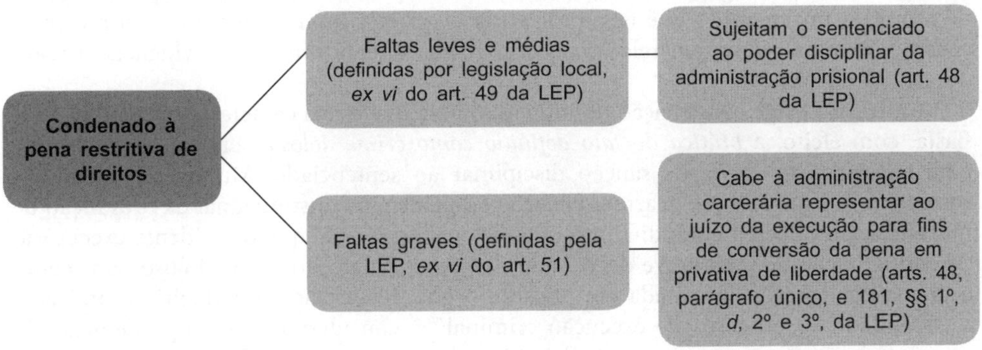

Constituem faltas graves que sujeitam o condenado à pena restritiva de direitos (art. 51 da LEP):

I – Descumprir, injustificadamente, a restrição imposta: Trata-se do descumprimento injustificado das obrigações que decorrem da pena imposta. É o caso de o sentenciado não prestar os serviços à comunidade ou à entidade pública nos termos que lhe foram atribuídos (arts. 43, IV, e 46 do Código Penal); ou então da sua ausência aos sábados e domingos, por cinco horas diárias, em casa do albergado ou outro estabelecimento, quando imposta pena de limitação de fim de semana (arts. 43, VI, e 48 do Código Penal).

II – Retardar, injustificadamente, o cumprimento da obrigação imposta: Assim como ocorre com o descumprimento, também o atraso imotivado na prestação das obrigações determinadas em sentença constitui falta grave. Ilustre-se com a hipótese do indivíduo que retarda a execução da prestação de serviços à comunidade, e do condenado que atrasa o recolhimento à casa de albergado para fins de cumprimento da limitação de fim de semana.

III – Inobservar os deveres previstos nos incisos II e V do art. 39 desta Lei: Trata-se da desobediência ao servidor, do desrespeito a qualquer pessoa com quem deva o condenado relacionar-se e da não execução do trabalho, das tarefas ou das ordens recebidas. Por exemplo, o condenado à prestação de serviços à comunidade tem a obrigação de realizar, gratuitamente, as tarefas que lhe forem determinadas. Não o fazendo, incorre na falta. Já o indivíduo a quem tenha sido imposta a limitação de final de semana possui a obrigação de permanecer, aos sábados e domingos, por cinco horas diárias, em casa do albergado ou lugar adequado, a fim de participar de cursos e ouvir palestras, bem como desenvolver atividades educativas, convivendo, portanto, com outras pessoas. Nesses casos, comete falta grave se praticar atos que importem desrespeito com as demais pessoas em idêntica condição.

5.3.6.3 *Prática de fato previsto como crime doloso (art. 52 da LEP)*

De acordo com o art. 52, *caput*, 1ª parte, da LEP, constitui falta grave a prática de fato previsto como crime doloso. Na medida em que a lei não faz qualquer distinção, constata-se que o dispositivo é aplicável tanto para os condenados a pena privativa de liberdade como para aqueles submetidos a pena restritiva de direitos[26]. Exclui-se, como se vê, a prática de crimes culposos, nada impedindo, contudo, que essa conduta seja prevista na lei local (art. 49, *caput*, 2ª parte, da LEP) como falta de natureza leve ou média. *E quanto à prática de crimes preterdolosos?* Compreendem-se como tais aqueles em que o agente pratica um crime distinto do que havia projetado, advindo o resultado mais grave de sua negligência, imprudência ou imperícia (*v.g.*, lesão corporal seguida de morte). Considerando que nessa categoria de crimes há *dolo* quanto ao crime antecedente (a culpa ocorre em relação ao crime subsequente), incide, à evidência, a regra do art. 52 da LEP.

A lei não exige condenação do indivíduo para que esteja caracterizada a falta grave. Basta, com efeito, a *prática do fato definido como crime doloso*, sendo isso o bastante para ensejar a aplicação de sanção disciplinar ao sentenciado. Muito embora alguns sustentem que tal situação acarreta violação ao princípio constitucional da presunção de inocência, prevalece o entendimento oposto, qual seja, o de que o incidente executório de configuração de falta grave decorrente do cometimento do crime doloso não requer a prévia condenação transitada em julgado, o que, fosse exigido, reduziria a um nada a efetividade do processo de execução criminal[27-28] considerando o tempo demandado para a solução do processo criminal instaurado para apuração do novo crime. Além disso, compreende-se que a aplicação de sanção disciplinar em consequência da falta grave cometida não implica, de modo algum, a discussão a respeito da culpabilidade do indivíduo, relevando apenas o seu desmerecimento diante da conduta praticada. Essa orientação, no âmbito do STJ, está sedimentada por meio da **Súmula 526**, dispondo esta que "o reconhecimento de falta grave decorrente do cometimento de fato definido como crime doloso no cumprimento da pena prescinde do trânsito em julgado de sentença penal condenatória no processo penal instaurado para apuração do fato".

---

[26] "Configura falta grave o cometimento de novo delito doloso pelo reeducando durante o cumprimento da pena restritiva de direitos, sendo dispensada, por previsão legal, sentença condenatória transitada em julgado" (TJRS, Agravo 70052488632, Segunda Câmara Criminal, Rel. Des. Lizete Andreis Sebben, j. 31.01.2013).

[27] STJ, Recurso Especial 564.971/RS, *DJ* 17.12.2004.

[28] "Para a consideração de falta grave pela prática do fato definido como delito não se exige a condenação do apenado. A Lei de Execução Penal fala em praticar fato definido como crime doloso e não ser condenado, e equipara, grosso modo, o cometimento da infração penal com a simples falta grave. Para o art. 52 da LEP, a sanção disciplinar independe de que o fato ainda seja objeto de inquérito ou ação penal, não se podendo falar, nesta hipótese, em princípio constitucional da presunção de inocência" (TJRS, Agravo 70050710334, j. 26.09.2012).

Note-se por fim que, se a prática do fato previsto como crime doloso ocasionar subversão da ordem ou disciplina internas do estabelecimento prisional, autoriza-se o juiz da execução a determinar a inclusão do apenado no regime disciplinar diferenciado, nos termos do art. 52, *caput*, 2ª parte, do art. 53, V, e do art. 54, 2ª parte, todos da LEP.

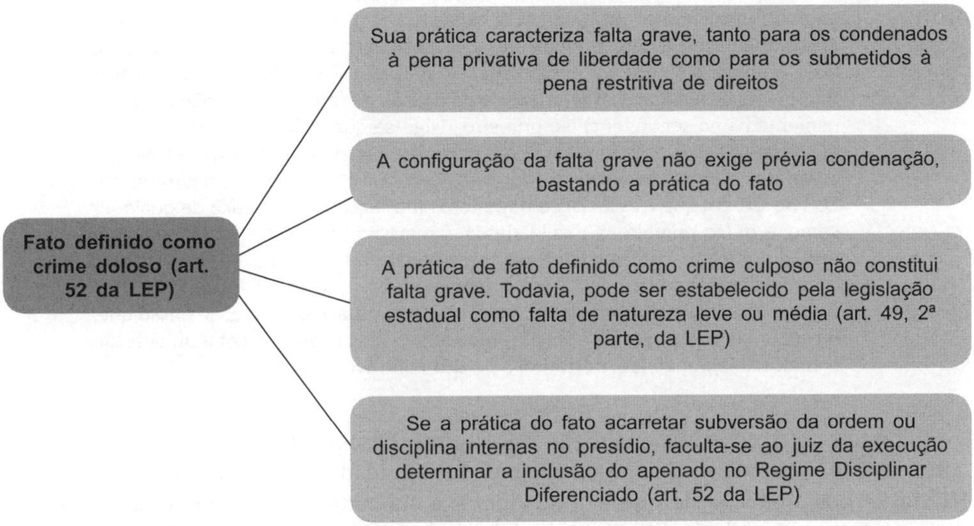

5.3.7 Regime Disciplinar Diferenciado (art. 52 da LEP)

5.3.7.1 Natureza e destinatários do Regime Disciplinar Diferenciado (art. 52 da LEP)

Não se trata o regime disciplinar diferenciado de uma quarta modalidade de cumprimento da pena privativa de liberdade além das já existentes (regime fechado, semiaberto e aberto), mas sim de uma forma especial de cumprimento da pena no regime fechado, caracterizada pela permanência do preso em cela individual, limitação do direito de visita e redução do direito de saída da cela. Quanto a sua natureza, apresenta-se o RDD, ora como uma **sanção disciplinar**, ora como uma **medida cautelar**: *sanção disciplinar* na hipótese regrada pelo art. 52, *caput*, da LEP, que prevê sua imposição para o condenado que cometer fato definido como crime doloso que ocasione subversão da ordem e da disciplina da casa prisional; e *medida cautelar* no caso do art. 52, §§ 1º e 2º, ao estabelecer a inserção no RDD dos condenados que apresentem alto risco para a ordem e segurança do estabelecimento penal ou da sociedade, bem como para aquele em relação ao qual recaiam fundadas suspeitas de envolvimento em organização criminosa ou associação criminosa (este último o *nomen juris* atribuído pela L. 12.850/2013 ao crime do art. 288 do CP, antes rotulado de "quadrilha ou bando)".

1. **Organização criminosa:** *trata-se da associação de quatro ou mais pessoas estruturalmente ordenada e caracterizada pela divisão de tarefas, ainda que informalmente, com objetivo de obter, direta ou indiretamente, vantagens de qualquer natureza, mediante a prática de infrações penais cujas penas máximas sejam superiores a quatro anos, ou que sejam de caráter transnacional* (art. 1°, § 1°, da L. 12.850/2013).

2. **Associação criminosa:** consiste na *associação de três ou mais pessoas, para o fim específico de cometer crimes* (art. 288 do Código Penal, com a redação determinada pelo art. 24 da L. 12.850/2013).
3. **Diferenças entre os delitos:** Tanto o delito do art. 2° da L. 12.850/2013 como o crime do art. 288 do CP traduzem a ideia de estabilidade e permanência. No entanto, diferem eles nos seguintes aspectos: a) O primeiro tipifica-se com o envolvimento de quatro ou mais pessoas, enquanto o segundo requer três ou mais agentes; b) O primeiro caracteriza-se pela existência de associação estruturalmente ordenada e caracterizada pela divisão de tarefas, o que não necessariamente há no segundo; c) No primeiro, exige-se que as infrações penais objetivadas pela associação tenham penas máximas superiores a quatro anos ou que sejam de caráter transnacional, requisitos estes não presentes no delito do art. 288 do CP, em que a associação pode ter como finalidade a prática de qualquer crime; e d) No primeiro, a finalidade da associação pode estar relacionada, em tese, à prática de crimes e contravenções penais (o tipo penal refere-se à associação voltada à prática de infrações penais), desde que atendidos os requisitos da pena máxima superior a quatro anos ou da transnacionalidade, ao passo que, no segundo, o objetivo da associação deve ser, unicamente, o cometimento de crimes, não abrangendo, portanto, a prática contravencional.

Discute-se a constitucionalidade do Regime Disciplinar Diferenciado, existindo corrente que o reputa afrontar o princípio da dignidade da pessoa humana (art. 1º, III, da CF), a proibição de que o indivíduo seja submetido a tratamento desumano e degradante (art. 5º, III, da CF) e o princípio da humanidade das penas (art. 5º, XLVII, da CF). Não obstante, prevalece o entendimento contrário, compreendendo-se constitucional o art. 52 da LEP. Considera-se enfim que, apesar de agravar o cerceamento à liberdade de locomoção, o RDD "não representa, per si, a submissão do encarcerado a padecimentos físicos e psíquicos, impostos de modo vexatório, o que somente restaria caracterizado nas hipóteses em que houvesse, por exemplo, o isolamento em celas insalubres, escuras ou sem ventilação. Ademais, o sistema penitenciário, em nome da ordem e da disciplina, bem como da regular execução das penas, há que se valer de medidas disciplinadoras, e o regime em questão atende ao primado da proporcionalidade entre a gravidade da falta e a severidade da sanção"[29-30]. Correta, a nosso ver, essa orientação, agregando-se o fato de que o RDD prestigia o princípio da individualização do cumprimento da pena, já que possibilita tratamento penitenciário diferenciado a presos desiguais, seja pela prática de falta disciplinar de natureza grave, seja pelo alto

---

29 STJ, *Habeas Corpus* 40.300/RJ, *DJ* 22.08.2005.

30 "Com efeito, o regime disciplinar diferenciado não fere qualquer princípio ou norma constitucional, não acarretando a sua imposição cumprimento de pena de forma cruel degradante ou desumana. Outrossim, não contraria regras internacionais sobre a dignidade humana, nem mesmo mencionadas na contrariedade apresentada. Por outro lado, e contrariamente ao sustentado, prestigia o princípio da individualização do cumprimento da pena, uma vez que permite tratamento penitenciário desigual a presos desiguais, seja pela prática de faltas disciplinares graves, seja por seu envolvimento com o crime organizado, seja, por fim, pelo alto risco que representam para a ordem e a segurança da sociedade e dos presídios comuns. Anote-se que o regime diferenciado não suprime direitos do preso, limitando-se a restringi-lo ao que se verifica da leitura ao art. 52, I, II, III e IV, da Lei n.° 7.210/1983 e art. 5, II a V, da Lei n.° 10.792/2003. Tais restrições (recolhimento a cela individual, limitação do número de visitas e do número de horas de banho de sol), ao que se verifica, não são, evidentemente, caracterizadoras de tratamento desumano ou degradante, restringindo somente a liberdade de locomoção do preso no interior do presídio, com a finalidade de punição pelas faltas graves por ele praticadas (art. 52, *caput*), ou de acautelamento da administração penitenciária contra a sua potencial periculosidade (art. 52, §§ 1.° e 2.°, da LEP)" (STJ, *Habeas Corpus* 40.300/RJ, *DJ* 22.08.2005).

risco que representam para a ordem e segurança dos presídios e da sociedade, seja por seu envolvimento com o crime organizado.

Destina-se o RDD:

1) **Aos presos provisórios ou condenados definitivos que praticarem fato definido como crime doloso, desde que essa conduta ocasione subversão da ordem ou disciplina internas (art. 52, *caput*, da LEP).** Nesse caso, não é suficiente a prática da falta grave consistente em fato definido como crime doloso, sendo necessário também que essa conduta seja causadora de tumulto ou conturbação da ordem ou disciplina da casa prisional em que se encontre recolhido o preso. Trata-se, enfim, do agir que prejudica a normalidade do presídio (ordem) ou implica desobediência ou descaso com as regras existentes e determinações da administração carcerária (disciplina). Lembre-se que não se exige a condenação pelo crime, bastando, para efeitos de inclusão no RDD, a sua prática. *E se for hipótese de fato definido como crime doloso que não produza subversão da ordem ou disciplina?* Nesse caso, são aplicáveis as sanções disciplinares previstas no art. 53, III e IV, da LEP, nos termos do art. 57, parágrafo único, do mesmo diploma, mas não a inclusão no RDD. Outro aspecto a referir é que não contemplou a lei neste caso, ao contrário do que faz no art. 52, § 1º, a possibilidade de inclusão dos *estrangeiros*. Para alguns, essa omissão faz concluir que, sob o fundamento do art. 52, *caput*, a inclusão no RDD seja viabilizada apenas aos presos nacionais. Discordamos, porém, desse entendimento, reputando que se o RDD, na hipótese do art. 52, *caput*, apresenta-se como sanção disciplinar, não há razão plausível para excluir de sua aplicação os presos estrangeiros.

2) **Aos presos provisórios ou condenados definitivos, nacionais ou estrangeiros, que apresentem alto risco para a ordem e a segurança do estabelecimento penal ou da sociedade (art. 52, § 1º, da LEP).** Não se exige, para fins de enquadramento nessa hipótese, a prática de fato definido como crime doloso, sendo suficiente que represente o apenado alto risco para a ordem e a segurança do presídio ou da sociedade. Conforme ensina Julio Fabbrini Mirabete, ocorre a situação em exame quando a permanência do apenado no regime comum "possa ensejar a ocorrência de motins, rebeliões, lutas entre facções, subversão coletiva da ordem ou a prática de crimes no interior do estabelecimento em que se encontre ou no sistema prisional"[31]. Nessa hipótese, a inclusão no RDD caracteriza-se como uma medida cautelar com finalidade preventiva e não como uma punição pela prática de falta grave, tal como ocorre na hipótese anteriormente examinada.

3) **Aos presos provisórios ou condenados definitivos sobre os quais recaiam fundadas suspeitas de envolvimento ou participação, a qualquer título, em organização criminosa ou associação criminosa (art. 52, § 2º, da LEP).** Também aqui é notório o caráter cautelar da medida, vale dizer, seu objetivo preventivo, visando a assegurar o cumprimento da pena em condições de segurança, tanto do estabelecimento prisional quanto da própria sociedade. Note-se que

---

31 Julio Fabbrini Mirabete, op. cit., p. 151.

a lei exige *fundada suspeita*, a não prova efetiva do envolvimento do apenado em organização criminosa ou associação criminosa. Isto quer dizer que, para inclusão do apenado no RDD com base na hipótese em exame, basta o raciocínio feito pelo juiz a partir de dados concretos trazidos ao seu conhecimento, que lhe permitam concluir no sentido da possibilidade dessa participação. E mais: também neste caso não incluiu a lei o preso estrangeiro. Injustificável, a nosso ver, essa omissão. Nesse viés, consideramos possível também a essa ordem de preso a inserção no RDD, até mesmo por interpretação sistêmica da hipótese de incidência prevista no art. 52, § 1º, da LEP, em que facultada a imposição do regime aos presos estrangeiros. Afinal, tanto naquela hipótese (§ 1º) como nesta (§ 2º), apresenta-se o RDD como medida cautelar que visa assegurar a segurança das casas prisionais e da própria sociedade.

5.3.7.2 Características do Regime Disciplinar Diferenciado (art. 52 da LEP)

As características do RDD estão previstas no art. 52, I a IV da LEP, consistindo em:

I – Duração máxima de 360 (trezentos e sessenta) dias, sem prejuízo da repetição da sanção por nova falta grave de mesma espécie, até o limite de 1/6 (um sexto) da pena aplicada (art. 52, I): O dispositivo insere o limite máximo de tempo em que o apenado poderá estar sujeito ao Regime Disciplinar Diferenciado, devendo, depois de decorrido esse lapso, retornar ao regime fechado comum. Ressalva, porém, a lei a hipótese de ter sido ele incluído no RDD por força da prática de falta grave, referindo-se aqui, obviamente, à situação tratada no art. 52, *caput*, da LEP, pertinente à *prática de fato previsto como crime doloso* (lembre-se que as demais hipóteses que autorizam o RDD, previstas no art. 52, §§ 1º e 2º, da LEP, não se referem necessariamente ao cometimento de falta grave). Nesse caso, portanto, praticado novo crime doloso com potencial de subverter a ordem e a disciplina internas do presídio, faculta a lei a repetição da sanção por outros trezentos e sessenta dias, desde que, no total, não seja ultrapassado o limite de um sexto da pena aplicada. Logo, se estiver condenado o réu, por exemplo, a oito anos de reclusão (noventa e seis meses), considerando que um sexto deste quantitativo corresponde a dezesseis meses, tem-se que poderá estar ele sujeito ao RDD pelo período de trezentos e sessenta dias e, no caso da prática de novo crime doloso (não se exige condenação), à repetição da sanção por no máximo quatro meses e cinco dias. Considere-se, agora, que esteja condenado o indivíduo a quinze anos de reclusão (cento e oitenta meses). Nessa situação, poderá ser inserido no RDD por trezentos e sessenta dias, facultada a repetição do período na mesma proporção em que outras faltas graves da mesma natureza forem praticadas[32], sempre observado o limite máximo de um sexto da pena. *E se for o caso de apenado incluído no RDD em razão das previsões do art. 52, §§ 1º e 2º?* Nesses casos, para alguns, na medida em que não é possível utilizar a hipótese de repetição do RDD prevista em lei, os apenados somente poderão ser inseridos nesse regime uma vez, limitada ao tempo de trezentos e sessenta dias. Para outros, contudo, a limitação de trezentos e sessenta dias, referida no art. 52, I, da LEP, é específica da falta grave, não se aplicando à reposta executória prevista nos §§ 1º e 2º do mesmo diploma legal, casos em que há de perdurar pelo tempo da situação que a autoriza, não podendo, contudo, ultrapassar o

[32] STJ, Conflito de Competência 40.326/RJ, *DJ* 30.03.2005.

limite de um sexto da pena[33]. Concordamos com esta última posição, já que a inserção no regime nos casos do art. 52, §§ 1º e 2º, afinal, justifica-se em questões relacionadas à segurança do estabelecimento prisional e da sociedade, não sendo razoável, portanto, fixação de tempo máximo de inclusão em número de dias.

II - Recolhimento em cela individual (art. 52, II): O Regime Disciplinar Diferenciado caracteriza-se pelo maior isolamento do preso, estabelecendo-se seu recolhimento em cela individual a fim de evitar o contato permanente com outros detentos. Aspecto interessante é o de que a permanência em cela individual é, na verdade, um direito estabelecido a todos os presos pelo art. 88 da LEP, o qual dispõe que "o condenado será alojado em cela individual que conterá dormitório, aparelho sanitário e lavatório". Considerando, porém, que na realidade brasileira isso não é observado na prática, caracterizando-se as casas prisionais pela superlotação e pela aglomeração de presos em um mesmo ambiente, estabeleceu o legislador que, para fins do Regime Disciplinar Diferenciado, impõe-se, necessariamente, a ocupação de cela individual, justificando-se essa situação no interesse do próprio Estado em garantir a segurança das casas prisionais e da própria sociedade.

III - Visitas semanais de duas pessoas, sem contar as crianças, com duração de duas horas (art. 52, III): Limita-se o direito de visita a duas horas semanais, estabelecendo-se ainda o número máximo de dois visitantes no período. Tratando-se o RDD de um regime especial que se caracteriza pelo maior rigor no tratamento dos sentenciados, a visitação deve ocorrer em sala própria, com sistema de comunicação específico, sem que haja o contato pessoal entre o preso e seu visitante. Por essa razão, é lógico que não são permitidas visitas íntimas ao preso inserido no RDD.

IV - Saída da cela por duas horas diárias para banho de sol (art. 52, IV): Apesar do maior grau de isolamento do preso que caracteriza o RDD, é óbvio que deve ser assegurado ao apenado, em determinados períodos, a saída da cela. Por tal razão, prevê a LEP que permanecerá ele recolhido por vinte e duas horas diárias, assegurando-se, contudo, o tempo de duas horas para banho de sol. *E se não houver sol?* Concordamos, nesse caso, com a posição de Guilherme de Souza Nucci quando observa que "essas duas horas de saída precisariam ser sempre garantidas, haja sol ou não. Na realidade, fator maior a ser considerado é a possibilidade de deixar a cela por alguns momentos, sendo levado para outro ambiente, seja qual for. Havendo sol, pode ir para o pátio. Se não houver, parece-nos razoável que saia da cela para ser levado a outro lugar qualquer no interior do presídio (ex.: uma sala de leitura ou em local de lazer controlado)"[34]. Outra questão: *Possui o apenado sujeito ao RDD direito à saída da cela para o trabalho em outras áreas do presídio?* Compreendemos que não, já que o art. 52, IV, é expresso em determinar a saída para *banho de sol*, o que, quando muito, pode alcançar outras atividades relacionadas ao lazer, desde que devidamente supervisionadas. Sem embargo, como o Decreto 6.049/2007 prevê a possibilidade de trabalho dos presos em Regime Disciplinar Diferenciado (art. 98, § 2º), infere-se, com o objetivo de harmonizar essa disciplina com o texto da LEP, que em tal caso o trabalho a ser proporcionado é unicamente aquele que pode ser desenvolvido no interior da própria cela em que recolhido o sentenciado.

---

[33] STJ, *Habeas Corpus* 44049/SP, *DJ* 19.12.2007.

[34] Guilherme de Souza Nucci, op. cit., p. 501.

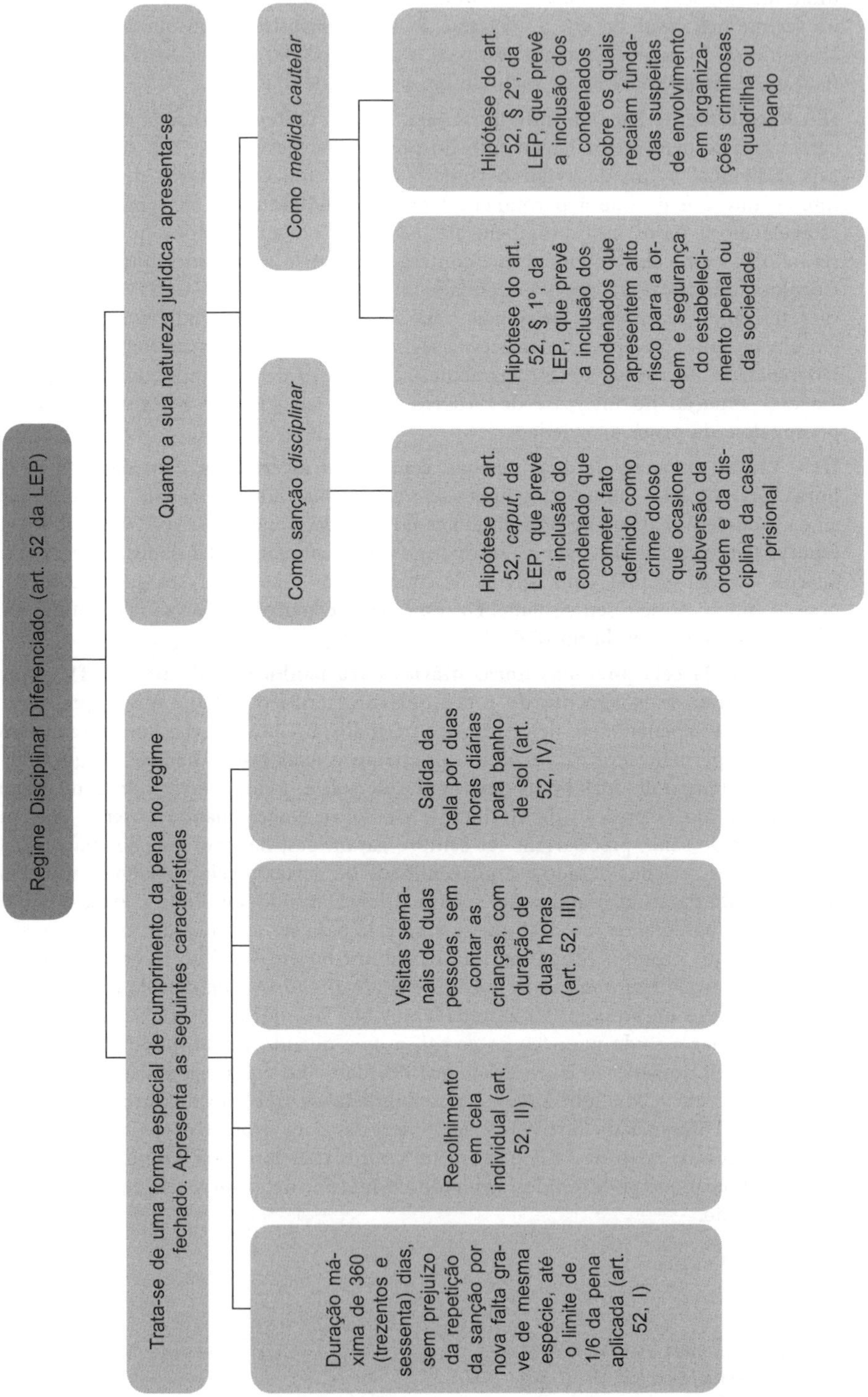
Regime Disciplinar Diferenciado (art. 52 da LEP)
Trata-se de uma forma especial de cumprimento da pena no regime fechado. Apresenta as seguintes características
Duração máxima de 360 (trezentos e sessenta) dias, sem prejuízo da repetição da sanção por nova falta grave de mesma espécie, até o limite de 1/6 da pena aplicada (art. 52, I)
Recolhimento em cela individual (art. 52, II)
Visitas semanais de duas pessoas, sem contar as crianças, com duração de duas horas (art. 52, III)
Saída da cela por duas horas diárias para banho de sol (art. 52, IV)
Quanto a sua natureza jurídica, apresenta-se
Como sanção *disciplinar*
Hipótese do art. 52, *caput*, da LEP, que prevê a inclusão do condenado que cometer fato definido como crime doloso que ocasione subversão da ordem e da disciplina da casa prisional
Como *medida cautelar*
Hipótese do art. 52, § 1º, da LEP, que prevê a inclusão dos condenados que apresentem alto risco para a ordem e segurança do estabelecimento penal ou da sociedade
Hipótese do art. 52, § 2º, da LEP, que prevê a inclusão dos condenados sobre os quais recaiam fundadas suspeitas de envolvimento em organizações criminosas, quadrilha ou bando

5.3.7.3 Competência para inclusão no RDD (art. 54, caput, da LEP)

De acordo com o art. 54, caput, da LEP, a inclusão do preso no Regime Disciplinar Diferenciado condiciona-se a *prévio e fundamentado despacho do juiz competente*. De plano, cumpre esclarecer o termo impróprio utilizado pelo legislador ao referir-se a *despacho*. Trata-se, com efeito, não de um simples despacho, mas sim de uma verdadeira *decisão judicial*.

Quanto a quem seja o *juiz competente* previsto no dispositivo, há divergências. Guilherme de Souza Nucci, por exemplo, sustenta a competência do juiz da execução penal[35]. No mesmo sentido, Renato Marcão[36]. Julio Fabbrini Mirabete, por outro lado, observa que, "ao mencionar no art. 54 o juiz competente para aplicação da sanção de inclusão no regime disciplinar diferenciado, prevê a lei a possibilidade de ser competente outro juiz que não o juiz da execução, como o juiz do processo. Tratando-se de aplicação de sanção no curso do cumprimento da pena privativa de liberdade, competente será o juiz da execução. Se a falta for cometida no curso de prisão cautelar, a competência, em princípio, será do juiz do processo"[37].

Comungamos da primeira corrente, mesmo porque, em se tratando da inclusão no RDD de um incidente da execução, a decisão a respeito deve ser da competência do juízo da execução, *ex vi* do art. 66, III, letra *f*, da LEP[38-39], sendo irrelevante, para tanto, se o indivíduo sujeito ao regime trata-se de condenado definitivo ou de preso provisório (lembre-se de que para este último também se aplicam, no que for cabível, as normas da L. 7.210/1984, *ex vi* do seu art. 2º, parágrafo único).

5.3.7.4 Legitimidade para postular a inclusão no RDD (art. 54, §§ 1º e 2º, da LEP)

Dispõe o art. 54, § 1º, da LEP que "a autorização para a inclusão do preso em regime disciplinar dependerá de requerimento circunstanciado elaborado pelo diretor do estabelecimento ou outra autoridade administrativa".

A partir dessa regra, expressiva parcela da doutrina considera que a legitimidade para postular a inclusão no RDD é do diretor do estabelecimento prisional em que encontre o preso provisório ou condenado, ou de outra autoridade administrativa, tais como Secretário de Segurança Pública e o Secretário da Administração Penitenciária, sendo vedado ao juiz determiná-lo *ex officio*, tampouco o Ministério Público requerer essa inserção.

Concordamos, efetivamente, que não pode o juiz decretar a medida *ex officio*, já que a lei é clara ao exigir, para tanto, requerimento da administração carcerária ou de outra autoridade administrativa. Sem embargo, discordamos da orientação no sentido de que ao Ministério Público é vedada a realização de tal ordem de postulação, devendo-se reconhecer ao *parquet* tal legitimidade. A um porque no exercício das atribuições em matéria de execução criminal é conhecedor da realidade dos presídios; e, a dois, porque não parece lógico aceitar legitimação do diretor do presídio ou de outra autoridade administrativa e negá-la ao Ministério Público, a quem incumbe a fiscalização da execução penal e oficiar no processo executivo e nos incidentes da execução (arts. 67 e 195 da LEP). Nesse mesmo sentido, a propósito, decidiu o Tribunal de Justiça do Rio de Janeiro, compreendendo que "a iniciativa do diretor do estabelecimento prisional,

---

35 Guilherme de Souza Nucci, op. cit., p. 504.

36 Renato Marcão, op. cit., p. 79.

37 Julio Fabbrini Mirabete, op. cit., p. 156.

38 TJPR, Conflito de Competência 437048-5, j. 01.11.2007.

39 TJPR, Conflito de Competência 437036-5, j. 12.06.2008.

por certo, não retira do Ministério Público a legitimidade para requerer a imposição da sanção disciplinar, no caso de não ser a mesma postulada no processo disciplinar, por isso que, sendo o órgão incumbido de fiscalizar a execução da pena e da medida de segurança, não se concebe o exercício deste poder sem a possibilidade de requerer ao magistrado ministrar as medidas necessárias à aplicação da lei penal, processual e de execução penal, como, aliás, infere-se dos arts. 67 e 195 da LEP, perfeitamente harmônicos com os arts. 127 e 129, II, da Carta da República"[40-41].

5.3.7.5 Procedimento de inclusão do preso no RDD

O procedimento para inserção no RDD é bastante simples, decorrendo do que dispõe o art. 54, §§ 1º e 2º, da LEP. Com efeito, apresentado o pedido de inclusão do preso no regime, sobre ele deverão manifestar-se o Ministério Público (caso não tenha sido o autor do requerimento) e a Defesa. Por interpretação do art. 196 da LEP, depreende-se que o prazo para cada uma dessas manifestações será de três dias. Após, caberá ao juiz da execução proferir sua decisão no prazo de quinze dias. Desse pronunciamento judicial é cabível agravo da execução, com fundamento no art. 197 da LEP.

5.3.7.6 Inclusão preventiva do preso no RDD (art. 60 da LEP)

O art. 60, *caput*, 2ª parte, da LEP permite a inclusão preventiva do preso no Regime Disciplinar Diferenciado, isto é, sem a prévia oitiva do Ministério Público e da Defesa nos moldes exigidos pelo art. 54, § 2º. Tal inserção, conforme se infere do dispositivo, não pode ultrapassar o prazo de dez dias. Com o esgotamento desse prazo, cabe ao juiz proferir a decisão definitiva de inclusão do preso no regime, ou, não sendo esse o caso, restabelecer sua condição normal de segregado.

Muito embora haja quem sustente que tal inserção ofende as garantias do contraditório, da ampla defesa e do devido processo legal, predomina o entendimento no sentido da sua viabilidade, pois em determinados casos a urgência na adoção das medidas pertinentes ao RDD exige a pronta atuação judicial. Independentemente, após a determinação da medida, cabe ao juiz possibilitar a manifestação do Promotor de Justiça e da Defesa Técnica, não sendo possível, sob pena de nulidade absoluta, proferir a decisão definitiva sem que isso seja oportunizado.

Considerando que o prazo máximo da inclusão preventiva do preso no RDD é de dez dias, compreende-se que este também é o prazo em que o juiz da execução deverá ouvir o Ministério Público e a Defesa Técnica, bem como proferir a decisão definitiva. Neste caso, não dispõe o juiz do prazo de quinze dias previsto no art. 54, § 2º, da LEP para tal decisão.

A inclusão preventiva do preso no RDD deve justificar-se *no interesse da disciplina e da averiguação do fato* (sua efetiva ocorrência e autoria). Ausentes esses fundamentos, veda-se a inserção do preso no regime sem a adoção do procedimento estabelecido no art. 54, § 2º, da LEP. Ressalte-se ainda que tal inclusão não é cabível apenas na hipótese versada no art. 52, *caput* (falta grave consistente na prática de crime doloso), podendo ser decretada também em relação às hipóteses previstas no art. 52, § 1º (alto risco para a ordem ou segurança do estabelecimento prisional e da sociedade) e § 2º (fundada suspeita do envolvimento em organização criminosa ou associação criminosa).

Outra observação relevante é a de que o tempo de inclusão preventiva no regime disciplinar diferenciado deve ser descontado do tempo final da medida. Logo, o

---

[40] TJRJ, Processo 2008.076.01135, j. 29.07.2008.

[41] TJRJ, Processo 2005.076.00278, *DJ* 10.01.2006.

segregado que permaneceu sob isolamento preventivo pelo prazo de dez dias poderá cumprir apenas outros 350 dias no RDD, de forma a não ultrapassar, no total, os 360 dias previstos no art. 52, I, da LEP (ressalvada a hipótese de repetição da sanção diante do cometimento de novo crime doloso).

Questões processuais relativas à inclusão do preso no Regime Disciplinar Diferenciado

- **Competência:** Há duas correntes. Primeira: a competência é sempre do juiz da execução. Segunda: a competência é do juiz da execução, no caso do condenado definitivo; e do juiz do processo, no caso do preso provisório
- **Legitimidade:** A inclusão do preso no RDD condiciona-se a decisão do juiz competente (art. 54 da LEP). Este, contudo,não poderá agir *ex officio*, dependendo de representação do Diretor do presídio ou de outra autoridade administrativa (art. 54, § 1º, da LEP). Para alguns, também pode requerer tal inclusão o Ministério Público
- **Procedimento:** Apresentado o pedido de inclusão do preso no RDD, sobre ele deverão manifestar-se o Ministério Público (caso não tenha sido o autor do requerimento) e a defesa. Após, caberá ao juiz da execução proferir sua decisão no prazo de quinze dias (art. 54, § 2º, da LEP)
- **Inclusão preventiva:** O art. 60, *caput*, 2ª parte, da LEP permite a inclusão preventiva do preso no RDD, isto é, sem a prévia oitiva do Ministério Público e da defesa nos moldes exigidos pelo art. 54, § 2º. Tal inserção não pode ultrapassar o prazo de dez dias. Com o esgotamento deste prazo, cabe ao juiz proferir a decisão definitiva de inclusão do preso no regime, ou, não sendo esse o caso, restabelecer sua condição normal de segregado

5.4 SANÇÕES DISCIPLINARES E RECOMPENSAS

5.4.1 Sanções disciplinares (arts. 53, 54, 57 e 58 da LEP)

Estabelece o art. 45 da LEP que "não haverá falta nem sanção disciplinar sem expressa e anterior previsão legal ou regulamentar". Objetivando implementar tal regra, arrola o art. 53 as sanções que podem ser impostas em decorrência de anterior falta disciplinar. Esse rol sanções é taxativo, não sendo admitida sua ampliação. Sua aplicação é alternativa e não cumulativa.

Considerando a necessidade de que a sanção seja individualizada e proporcional à conduta praticada pelo apenado, determina o art. 57, *caput*, da LEP que, na sua imposição, devem ser levados em conta a natureza, os motivos, as circunstâncias e as consequências do fato, bem como a pessoa do faltoso e seu tempo de prisão (art. 57, *caput*, da LEP).

Consistem as sanções disciplinares em:

I - **Advertência verbal:** é uma admoestação ao condenado. Tratando-se de sanção menos severa, deve ser cominada pela legislação local (art. 49, *caput*, da LEP) às faltas disciplinares de menor importância, vale dizer, aquelas que possuam natureza leve. É o que faz, por exemplo, no Estado do Rio Grande do Sul, o Decreto 46.534/2009, determinando o art. 19, § 1º, que "aplica-se a sanção de advertência verbal ao autor quando a infração disciplinar for de natureza leve". A advertência será aplicada por ato motivado do próprio diretor do estabelecimento (art. 54, *caput*, da LEP). Obviamente, uma vez imposta, deverá constar do prontuário do condenado, interferindo na apuração de seu mérito por ocasião do pedido de benefícios carcerários.

II – Repreensão: também é uma forma de admoestação ao condenado, diferenciando-se da advertência pelo fato de que, ao contrário desta, deve ser feita por escrito e não verbal. Considerando que se trata de penalidade um pouco mais grave do que a simples advertência, reputamos adequada a previsão de sua aplicação para as hipóteses de falta disciplinar de natureza média ou de reincidência na prática de falta leve. Obviamente, tal utilização depende da existência de previsão expressa na legislação dos estados. Também aqui a sanção será imposta por ato motivado do diretor do presídio (art. 54, *caput*, da LEP) e constará do prontuário do condenado, relevando para fins de aferição de seu mérito.

III – Suspensão ou restrição de direitos: considerando que o art. 53, III, da LEP faz remissão expressa ao art. 41, parágrafo único, da mesma lei, e tendo em vista que este se refere aos direitos assegurados no art. 41, V, X e XV, infere-se que podem ser suspensos ou restringidos, como penalidade disciplinar, os direitos à proporcionalidade na distribuição do tempo para o trabalho, descanso e recreação; à visita do cônjuge, companheira, parentes e amigos em dias determinados, e ao contato com o mundo exterior por meio de correspondência escrita, leitura e outros meios de informação. Tendo em vista o que dispõe o art. 57, parágrafo único, da LEP, depreende-se que a sanção em exame deve ser reservada às faltas disciplinares de natureza grave. Assim como as sanções anteriores, a penalidade será imposta por ato motivado do diretor do estabelecimento (art. 54, *caput*, da LEP) e, ainda, não poderá exceder a trinta dias, ressalvada a hipótese de ser consequência de inserção do condenado do Regime Disciplinar Diferenciado (art. 58 da LEP).

IV – Isolamento na própria cela ou em local adequado: é sanção severa, destinada às hipóteses de prática de falta grave, *ex vi* do art. 57, parágrafo único, da LEP. Note-se que o art. 53, IV, exige a observância das condições do art. 88, que dispõe sobre a obrigatoriedade de contar a cela com aparelho sanitário e lavatório, além de condições salubres e área mínima de seis metros quadrados. Fica proibida, assim, a denominada "cela escura" (art. 45, § 2º), mais conhecida como solitária e que, no passado, caracterizava-se por sua ambiência praticamente inabitável. Também o isolamento será aplicado por ato motivado do diretor do presídio e não pode exceder o prazo de trinta dias, salvo se imposto em razão de inclusão do preso no Regime Disciplinar Diferenciado (art. 58 da LEP). Além disso, sua aplicação deverá sempre ser comunicada ao juiz da execução (art. 58, parágrafo único, da LEP).

V – Inclusão no regime disciplinar diferenciado. Como dissemos (item 5.3.7.1), a inserção do preso no regime disciplinar diferenciado caracteriza-se como *sanção disciplinar* na hipótese do art. 52, *caput*, da LEP, vale dizer, quando for decorrência de falta grave consistente na prática de crime doloso pelo apenado que ocasione subversão da ordem e disciplina interna. Não é, portanto, qualquer falta grave que autoriza sua imposição. Nos demais casos, previstos no art. 52, §§ 1º e 2º, da LEP (alto risco para a ordem e segurança do presídio e da sociedade e fundada suspeita de envolvimento em organização criminosa ou associações criminosas), a natureza do RDD não é de sanção, mas sim de medida cautelar preventiva. A teor do art. 54, *caput*, da LEP, a inclusão no RDD exige decisão fundamentada do juiz competente, depois de vencido o procedimento estipulado no art. 54, § 2º (vista ao Ministério Público e à Defesa), ressalvando-se a possibilidade de ordenar o juiz competente a inclusão preventiva do preso no RDD, a qual não poderá exceder a dez dias, *ex vi* do art. 60 da LEP (v. item 5.3.7.6)

Questões que se impõem:

- *Considerando que o art. 49, 2ª parte, da LEP determina que a legislação local especifique as faltas leves e médias bem como as respectivas sanções, é possível ao legislador estadual ampliar o rol de sanções definido no art. 53 da LEP?* Prevalece o entendimento no sentido negativo, vale dizer, que o rol do art. 53 é taxativo, sendo que a previsão do art. 49, 2ª parte da LEP apenas faculta à legislação estadual definir as condutas que, classificadas como faltas leves ou médias, estão sujeitas às penalidades de advertência verbal e repreensão. E mais: veda-se, também, à legislação local estipular, para faltas definidas como leves ou médias, as sanções da suspensão ou restrição de direitos ou de isolamento celular, já que estas, de acordo com o art. 57, parágrafo único, da LEP, destinam-se às faltas de natureza grave. Relativamente à inclusão no Regime Disciplinar Diferenciado não há qualquer questionamento, já que este, efetivamente, como sanção disciplinar, é previsto apenas para a hipótese de falta grave consistente na prática de crime doloso que ocasione subversão da ordem ou disciplina da casa prisional (art. 52, *caput*, da LEP).

- *As penalidades estabelecidas no art. 53 da LEP aplicam-se aos condenados a pena restritiva de direitos?* Evidentemente, entre as sanções previstas no dispositivo, as únicas que podem ser aplicadas ao indivíduo condenado a pena restritiva de direito são a advertência verbal e a repreensão, isto mesmo, se cabíveis, como na hipótese da pena de limitação de final de semana. Nesse caso, atribuindo o art. 48 o exercício do poder disciplinar à autoridade administrativa a que estiver sujeito o condenado, infere-se que a esta caberá a aplicação da sanção, desde que se trate de faltas de natureza leve ou média. *E se for o caso de falta grave?* Nessa hipótese, aplica-se o disposto no art. 48, parágrafo único, da LEP, que atribui à autoridade administrativa o dever de representar ao juiz da execução para os fins do art. 181, § 1º, letra *d*, § 2º (e acrescentamos também o § 3º) a fim de que seja convertida a pena restritiva em privativa de liberdade.

5.4.2 Procedimento administrativo disciplinar e aplicação das sanções (art. 59 da LEP)

A aplicação das sanções disciplinares previstas no art. 53, I a V – *advertência verbal, repreensão, suspensão ou restrição de direitos e isolamento em cela individual* – competem ao diretor do estabelecimento prisional, exigindo-se, para este fim, ato motivado seu. Já a penalidade estabelecida no art. 53, V – inclusão no regime disciplinar diferenciado –, condiciona-se à decisão fundamentada do juiz competente. Esse é o regramento do art. 54, *caput*, da LEP.

De acordo com o art. 59 da LEP, a aplicação dessas sanções, em qualquer caso, deve ser precedida de prévio procedimento administrativo disciplinar, instaurado no âmbito da casa prisional, em que seja assegurado ao preso o direito de defesa. Note-se que a disposição harmoniza-se com o disposto nos arts. 47 e 48 da LEP, que estabelecem a atribuição da autoridade administrativa para instaurar procedimento administrativo disciplinar para apuração da falta cometida durante a execução penal.

Discute-se a necessidade de defesa técnica no curso do procedimento administrativo disciplinar. Há duas correntes a respeito: *primeira,* no sentido de que é dispensável a atuação de advogado, bastando facultar ao apenado prestar pessoalmente sua versão dos fatos. Adepto dessa orientação, observa Guilherme de Souza Nucci que "não há necessidade de defesa técnica, inclusive para não burocratizar e emperrar o processo administrativo, que necessita ser célere para a garantia da ordem e disciplina internas do estabelecimento penal"[42]; e, *segunda,* compreendendo que em procedimento adminis-

---

42 Guilherme de Souza Nucci, op. cit., p. 488.

trativo disciplinar instaurado para apuração de falta grave, o apenado deve ser assistido por defensor técnico, não se admitindo que tal função fique a cargo de quem não seja advogado. Esta última orientação foi agasalhada com a edição da **Súmula 533 do STJ** dispondo que "para o reconhecimento da prática de falta disciplinar no âmbito da execução penal, é imprescindível a instauração de procedimento administrativo pelo diretor do estabelecimento prisional, assegurado o direito de defesa, a ser realizado por advogado constituído ou defensor público nomeado". Particularmente, adotamos posição eclética sobre o tema. Consideramos que a presença de advogado no procedimento administrativo disciplinar é, em princípio, necessária, sob pena de nulidade por afrontamento às garantias constitucionais da ampla defesa e do contraditório. Logo, não poderá ser aplicada a sanção correspondente à falta grave pelo diretor do estabelecimento prisional sem que tenha sido observada tal formalidade. Se o fizer, a imposição da falta grave poderá ser revista judicialmente, inclusive por meio do incidente de excesso ou desvio da execução previsto no art. 185 da LEP. Quanto ao teor da Súmula Vinculante 5 do STF, dispondo que "a falta de defesa técnica por advogado no processo administrativo disciplinar não ofende a Constituição", compreendemos que não tem ela aplicação em sede de execução penal diante da repercussão na liberdade de ir e vir do condenado[43]. Todavia, se, mesmo realizado o procedimento administrativo disciplinar sem a assistência de advogado, for o apenado intimado posteriormente a justificar judicialmente a falta cometida, sendo ouvido pelo juiz da execução na presença de defensor, supre-se a ausência de defesa técnica na fase administrativa. É o que ocorre, por exemplo, na hipótese de regressão de regime motivada na prática de falta grave, em que o art. 118, § 2º, da LEP impõe a prévia oitiva judicial do reeducando. Neste mesmo sentido, aliás, é o posicionamento do STF, para o qual "a oitiva do condenado em audiência de justificação realizada na presença do defensor e do Ministério Público supre eventual nulidade decorrente da ausência ou deficiência de defesa técnica no curso de procedimento administrativo disciplinar instaurado para apurar a prática de fala grave durante o cumprimento da pena privativa de liberdade"[44].

Pois bem, instaurado na casa prisional o procedimento administrativo disciplinar, as seguintes situações poderão ocorrer:

1) **Não é reconhecida a prática de falta disciplinar ou não é apurada sua autoria.** Ocorrendo essa situação, logicamente nenhuma sanção disciplinar será aplicada.
2) **É reconhecida a prática de falta disciplinar de natureza leve ou média.** Nesse caso, caberá ao diretor do estabelecimento prisional, com fundamento nos arts. 47 e 54, *caput*, da LEP, no uso do seu poder disciplinar, aplicar a sanção cabível, que será a *advertência verbal* ou a *repreensão* (art. 53, I e II, da LEP), já que as demais sanções previstas no art. 53 destinam-se à ocorrência de falta grave (art. 57, parágrafo único, da LEP).
3) **É reconhecida a prática de falta disciplinar de natureza grave.** Duas alternativas assistem ao diretor do estabelecimento prisional:
   a. Aplicar a sanção disciplinar de *suspensão ou restrição de direitos* ou *isolamento em cela individual* (art. 53, III e IV, da LEP), fazendo-o com base nos arts. 47 e 54, *caput*, da LEP. Sem embargo, caberá, ainda, ao diretor do

[43] STF, Recurso Extraordinário 398.269/RS, *DJ* 26.02.2010.
[44] STF, Recl. 15.486Agr/SP, *DJ* 13.02.2015.

presídio, com base no art. 48, parágrafo único, da LEP, representar perante o juízo das execuções penais para fins de regressão de regime (art. 118, I), revogação de saídas temporárias (art. 125) e perda de dias remidos (art. 127).

b. Requerer ao juízo da execução, com base no art. 54, § 1º, da LEP, a inclusão do preso no regime disciplinar diferenciado, caso se trate da hipótese de falta grave que acarrete subversão da ordem ou disciplina internas do presídio (art. 52, *caput*). Nesse caso, após manifestação do Ministério Público e da defesa, o juiz decidirá no prazo de quinze dias (art. 54, §§ 1º e 2º).

O ato do diretor do presídio ao aplicar sanção disciplinar deve ser motivado (arts. 54 e 59, parágrafo único, da LEP). Conforme já dissemos antes, não há previsão de recurso para impugná-lo. No entanto, reputamos que no caso de ilegalidade pode ser suscitado perante o juízo da execução, para fins de revisão da penalidade, o competente incidente de excesso ou desvio da execução previsto no art. 185 da LEP ("haverá excesso ou desvio de execução sempre que algum ato for praticado além dos limites fixados na sentença, em normas legais ou regulamentares"). Contra as decisões do juiz da execução, evidentemente, é cabível, em qualquer caso, a interposição de agravo com base no art. 197 da LEP.

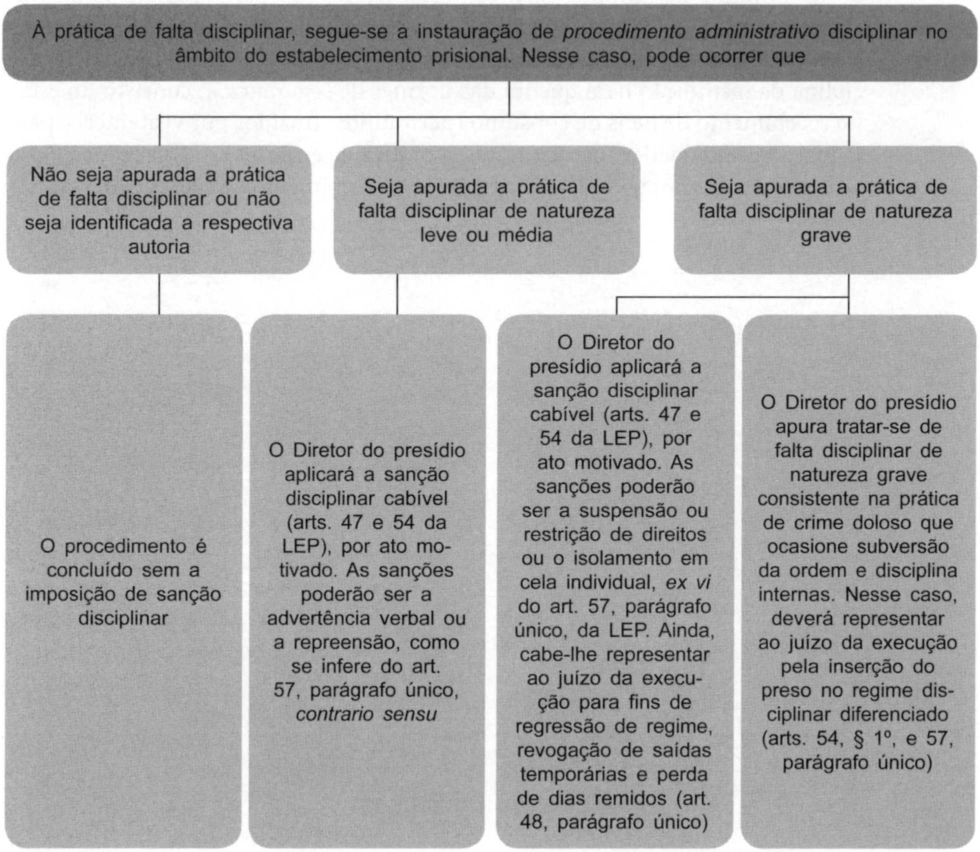

5.4.3 Recompensas

Nos termos do art. 55 da LEP, "as recompensas têm em vista o bom comportamento reconhecido em favor do condenado, de sua colaboração com a disciplina e de sua dedicação ao trabalho". Trata-se de estimular o apenado a manter bom comportamento pessoal, a ter responsabilidade no exercício da atividade laboral e a cumprir adequadamente os deveres que lhe são impostos pela Lei de Execução Penal, em especial os contemplados no art. 39 desse diploma.

São recompensas (art. 56 da LEP):

a) **O elogio:** trata-se de ato de reconhecimento da boa conduta do apenado. Deve ser realizado verbalmente, sem embargo de sua anotação no prontuário do preso a fim de balizar a análise de seu mérito.

b) **A concessão de regalias:** consistem em privilégios concedidos a determinados apenados em detrimento de outros diante de seu comportamento, disciplina e trabalho. A fim de evitar que tais vantagens sejam concedidas discricionariamente, determina o art. 56, parágrafo único, que "a legislação local e os regulamentos estabelecerão a natureza e a forma de concessão de regalias". No estado do Rio Grande do Sul, por exemplo, estabelece o art. 38, parágrafo único, do Decreto 46.534/2009 que "entende-se por regalia a possibilidade de eventuais alterações da rotina que necessariamente não poderão causar transtornos à disciplina da instituição nem quebra das normas de segurança...", consistindo estas no recebimento de bens de consumo (permitidos) trazidos por visitantes, a participação de atividades socioculturais, a prática de esportes em áreas específicas, a ampliação dos horários de visita e pátio e o recebimento de visitas extraordinárias.

CAPÍTULO 6

ÓRGÃOS DA EXECUÇÃO PENAL

6.1 ÓRGÃOS DA EXECUÇÃO PENAL

A Lei de Execução Penal estabelece como órgãos da execução o *Conselho Nacional de Política Criminal e Penitenciária; o Juízo da Execução; o Ministério Público; o Conselho Penitenciário; os Departamentos Penitenciários; o* patronato; o conselho da comunidade e, incluída pela L. 12.313/2010, a Defensoria Pública. Esses órgãos, que possuem atribuições diferenciadas e não conflitantes entre si, são relevantes para o controle e fiscalização da execução penal e para o fortalecimento do propósito da LEP de ressocialização do condenado e de apoio ao egresso.

6.1.1 Conselho Nacional de Política Criminal e Penitenciária (arts. 62 a 64 da LEP)

Trata-se de Órgão Colegiado, com sede em Brasília, subordinado ao Ministério da Justiça (art. 62 da LEP). É integrado por treze membros, designados através de ato do Ministério da Justiça, entre professores e profissionais da área do Direito Penal, Processo Penal, Penitenciário e ciências correlatas, bem como por representantes da comunidade dos Ministérios da área social. O mandato dos membros do conselho tem duração de dois anos, renovando-se um terço em cada ano (art. 63 da LEP).

As funções do Conselho Nacional de Política Criminal e Penitenciária, definidas no art. 64 da LEP, consistem em: I – propor diretrizes da política criminal quanto à prevenção do delito, administração da Justiça Criminal e execução das penas e das medidas de segurança; II – contribuir na elaboração de planos nacionais de desenvolvimento, sugerindo as metas e prioridades da política criminal e penitenciária; III – promover a avaliação periódica do sistema criminal para a sua adequação às necessidades do país; IV – estimular e promover a pesquisa criminológica; V – elaborar programa nacional penitenciário de formação e aperfeiçoamento do servidor; VI – estabelecer regras sobre a arquitetura e construção de estabelecimentos penais e casas de albergados; VII – estabelecer os critérios para a elaboração da estatística criminal; VIII – inspecionar e fiscalizar os estabelecimentos penais, bem assim informar-se, mediante relatórios do Conselho Penitenciário, requisições, visitas ou outros meios, acerca do desenvolvimento da execução penal nos estados, Territórios e Distrito Federal, propondo às autoridades dela incumbidas as medidas necessárias ao seu aprimoramento; IX – representar ao juiz da execução ou à autoridade administrativa para instauração de sindicância ou procedimento administrativo, em caso de violação das normas referentes à execução penal e X – representar à autoridade competente para a interdição, no todo ou em parte, de estabelecimento penal.

O CNPCP foi instalado em julho 1980. Portanto, esse órgão já existia quando da vigência da L. 7.210/1984. Segundo consta do item 187 da Exposição de Motivos da LEP, sua implantação tem proporcionado "valioso contingente de informações de análises, de deliberações e de estímulo intelectual e material às atividades de prevenção da criminalidade". No exercício de suas atribuições, aprovou o CNPCP, em 26 de abril de 2011, o Plano Nacional de Política Criminal e Penitenciária, consistente no conjunto de orientações destinadas aos responsáveis pela concepção e execução de ações relacionadas à prevenção da criminalidade, à administração da justiça criminal e à execução das penas e das medidas de segurança. No desenvolvimento desse plano foram sugeridas medidas como a sistematização e institucionalização da Justiça Restaurativa; a criação e implantação de uma política de integração social dos egressos do sistema prisional; o aperfeiçoamento do sistema de penas e medidas alternativas à prisão; a implantação da política de saúde mental no sistema prisional; o desenvolvimento de ações específicas para os diferentes públicos, respeitando-se as diferenças de gênero, condição sexual, deficiência, idade, nacionalidade, entre outras; a implantação da Defensoria Pública plena; o fortalecimento do controle social, incentivando-se o envolvimento da sociedade civil na prevenção da criminalidade; o enfrentamento das drogas etc.

6.1.2 Juízo da execução

6.1.2.1 Juízo competente para a execução penal (art. 65 da LEP)

Dispõe o art. 65 da LEP que "a execução penal competirá ao Juiz indicado na lei local de organização judiciária e, na sua ausência, ao da sentença". A menção ao *juiz da sentença* decorre do fato de que, especialmente nas comarcas menores, é comum inexistirem varas especializadas da execução criminal. Neste contexto, a função de execução da pena é exercida pelo próprio juiz que proferiu a sentença no processo de conhecimento.

Considerando que o dispositivo em exame refere-se à *execução penal* e tendo em vista que o art. 2º, parágrafo único, da LEP refere que essa lei aplica-se igualmente ao preso provisório, depreende-se que, seja hipótese de execução de pena definitiva, seja o caso de execução provisória, compete ao Juízo da execução do local de cumprimento da reprimenda decidir sobre os incidentes que surgirem durante a execução[1]. Sinale-se, contudo, a existência de entendimento no sentido contrário, vale dizer, no sentido de que a execução provisória da pena seria de incumbência do juízo da condenação[2].

Hipótese bastante comum é ter sido o **indivíduo condenado pela Justiça Federal, encontrando-se, no entanto, recolhido a estabelecimento prisional sujeito à administração da Justiça Estadual**. Nesse caso, compete ao Juízo das Execuções Penais do estado presidir a execução da pena imposta, sendo irrelevante o fato de a condenação

---

1 STJ, Conflito de Competência 81.284/RS, *DJ* 29.03.2010; Conflito de Competência 95404/MG, *DJ* 08.09.2008.

2 STJ, Recurso Especial 304266/DF, *DJ* 23.06.2003; *Habeas Corpus* 7955/MT, *DJ* 17.02.1999; Recurso Ordinário em *Habeas Corpus* 5722/SP, *DJ* 21.10.1996.

ter sido proferida no âmbito da Justiça Federal[3]. Veja-se que o art. 85 da L. 5.010/1966 autoriza, na ausência de presídios da União, a que o cumprimento das penas impostas pela Justiça Federal ocorra em estabelecimentos penais dos estados.

Outra possibilidade é a de **transferência de preso recolhido em penitenciária estadual para presídio de segurança máxima federal**. Essa situação é tratada apela L. 11.671/2008, que dispõe sobre a transferência e inclusão de presos em estabelecimentos penais federais de segurança máxima. De acordo com esse diploma, em tal hipótese, o acompanhamento da execução cabe ao Juízo Federal competente da localidade em que se situar o referido estabelecimento (art. 4º, § 1º, da L. 11.671/2008). Ressalva-se da regra, porém, a hipótese de se tratar o transferido de preso provisório, pois nesse caso "a fiscalização da prisão provisória será deprecada, mediante carta precatória, pelo juízo de origem ao juízo federal competente, mantendo aquele juízo a competência para o processo e para os respectivos incidentes" (art. 4º, § 2º, da L. 11.671/2008). Em outras palavras, no caso de preso provisório, incumbe ao juízo que solicitou a transferência do preso (Vara de Execução Penal de origem) dirigir o controle da prisão, fazendo-o por meio de carta precatória. De resto, o tema relacionado à inclusão do preso em estabelecimento federal será examinado detidamente no Capítulo 7 deste livro, no item 7.1.8, ao qual remetemos o leitor.

E se o indivíduo estiver preso provisoriamente em comarca distinta daquela em que cumpre pena? Considere-se, como exemplo, a hipótese de que um apenado do regime semiaberto que cumpre pena em Porto Alegre, no curso de saída temporária, seja preso em flagrante e tenha sua preventiva decretada na Comarca de Camaquã, nesta permanecendo recolhido. Nesse caso, prevalece o entendimento de que a fixação da competência para execução da pena é a do local em que o apenado cumpre pena em caráter permanente, logo, Porto Alegre[4]. Nesse sentido, aliás, leciona Julio Fabbrini Mirabete, dizendo que "a remoção eventual do condenado para estabelecimento penal de comarca diversa daquela em que foi condenado não implica a perda da competência daquele. Também não perde sua competência para a execução o juiz da sentença com relação a sentenciado que se encontre provisoriamente preso em cadeia pública de outra comarca que não a de sua jurisdição"[5]. Por questão de coerência, tratando-se de remoção definitiva, desloca-se, evidentemente, a competência da execução penal para o juiz do local para onde transferido o preso.

Em se tratando de apenado que se encontra sob **suspensão condicional da pena (*sursis*)**, fixa-se a competência do juízo da residência do executado. Situação idêntica ocorre na hipótese de indivíduo que cumpre **pena restritiva de direitos**.

Relativamente à **pena de multa**, a competência para sua execução é das Varas das Execuções Fiscais. Observe-se que a nova redação do art. 51 do Código Penal, conferida pela L. 9.268/1996, modificou o procedimento de cobrança da pena de multa, que passou a ser considerada dívida de valor, aplicando-se as regras relativas às dívidas da Fazenda Pública. Logo, com o trânsito em julgado da sentença penal condenatória, não sendo efetuado o pagamento da multa imposta no prazo do art. 50 do Código Penal (dez dias), o Juízo das Execuções Penais deve comunicar o fato à Fazenda Pública Nacional, que procederá à execução nos termos da L. 6.830/1980. Conforme posição

---

3 STJ, Conflito de Competência 22.504/SC, *DJ* 12.04.1999.

4 STJ, Conflito de Competência 83.962/ES, *DJ* 29.05.2008.

5 Julio Fabbrini Mirabete, op. cit., p. 178.

jurisprudencial consolidada no Superior Tribunal de Justiça, o Ministério Público não possui legitimidade para promover tal execução[6].

Por fim, relativamente à **medida de segurança**, a competência é do juízo da execução da comarca em que estiver sendo cumprida, sendo irrelevante, para tanto, se a hipótese é de internação ou de tratamento ambulatorial.

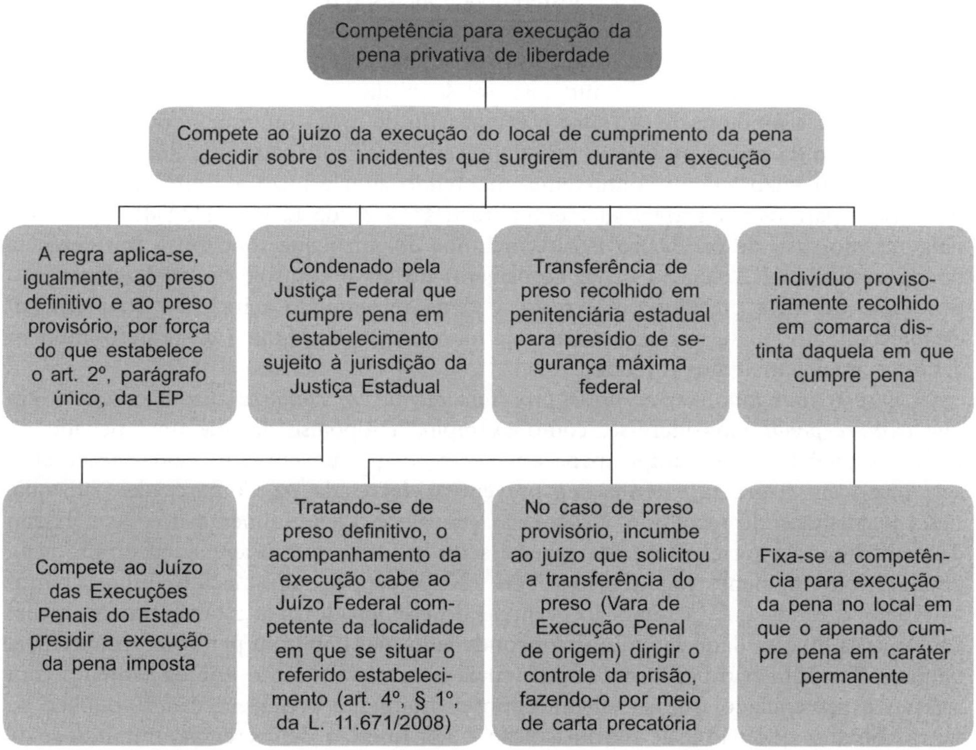

6.1.2.2 *Competências do juiz da execução (art. 66 da LEP)*

A execução penal é jurisdicionalizada, significando que incumbe ao magistrado impulsioná-la e fiscalizar o adequado cumprimento da pena imposta. Nesse viés, arrola o art. 66 da LEP determinadas competências do juiz da execução. Trata-se, porém, de rol meramente exemplificativo, que não exaure todas as possibilidades de intervenção judicial.

Consistem essas competências em:

I – Aplicar aos casos julgados lei posterior que de qualquer modo favorecer o condenado;

II – Declarar extinta a punibilidade;

III – Decidir sobre:

a) soma ou unificação de penas;

b) progressão ou regressão nos regimes;

c) detração e remição da pena;

[6] STJ, Agravo Regimental no Recurso Especial 1333113/MG, *DJ* 09.10.2012.

d) suspensão condicional da pena;

e) livramento condicional;

f) incidentes da execução.

IV - Autorizar saídas temporárias;

V - Determinar:

a) a forma de cumprimento da pena restritiva de direitos e fiscalizar sua execução;

b) a conversão da pena restritiva de direitos e de multa em privativa de liberdade;

c) a conversão da pena privativa de liberdade em restritiva de direitos;

d) a aplicação da medida de segurança, bem como a substituição da pena por medida de segurança;

e) a revogação da medida de segurança;

f) a desinternação e o restabelecimento da situação anterior;

g) o cumprimento de pena ou medida de segurança em outra comarca;

h) a remoção do condenado na hipótese prevista no § 1º do art. 86 desta Lei.

VI - Zelar pelo correto cumprimento da pena e da medida de segurança;

VII - Inspecionar, mensalmente, os estabelecimentos penais, tomando providências para o adequado funcionamento e promovendo, quando for o caso, a apuração de responsabilidade;

VIII - Interditar, no todo ou em parte, estabelecimento penal que estiver funcionando em condições inadequadas ou com infringência aos dispositivos desta Lei;

IX - Compor e instalar o conselho da comunidade.

X - Emitir anualmente atestado de pena a cumprir.

6.1.2.2.1 Aplicação da lei posterior favorável ao apenado (art. 66, I, da LEP)

Determina o art. 5º, XL, da Constituição Federal que "a lei penal não retroagirá, salvo para beneficiar o réu". Por sua vez, dispõe o art. 2º, parágrafo único, do Código Penal que "a lei posterior, que de qualquer modo favorecer o agente, aplica-se aos fatos anteriores, ainda que decididos por sentença condenatória transitada em julgado". Como se vê, estabelece o ordenamento jurídico a retroatividade da lei penal mais benigna.

Com o objetivo de regrar a aplicação da lex mitior às hipóteses já decididas por decisão transitada em julgado, prevê o art. 66, I, da LEP que compete ao juiz da execução "aplicar aos casos julgados lei posterior que de qualquer modo favorecer o condenado". Perceba-se que ao dizer *de qualquer modo*, permite a LEP a aplicação aos casos julgados tanto das disposições mais benignas relativas ao crime (p. ex., a hipótese de *abolitio criminis*, deixando o fato de ser previsto como ilícito penal) como aquelas pertinentes à pena (p. ex., normas que estabeleçam penas mais brandas, causas de redução, atenuantes etc.). E mais: não obstante refira-se ao "condenado", é certo que a disposição deve ser aplicada também em relação à medida de segurança, garantindo-se a retroatividade das normas mais benéficas que eventualmente concernirem a esse instituto.

Chegou-se a polemizar, no passado, a possibilidade de o juiz da execução, que é um juiz de primeiro grau, aplicar a lei penal mais benigna a casos decididos por instâncias superiores. Essa questão, porém, restou definitivamente superada com a edição da **Súmula 611 do STF**, dispondo que, transitada em julgado a sentença condenatória, compete ao juízo das execuções a aplicação de lei mais benigna. A Súmula, como se vê, não distingue, para efeitos de fixação da competência do juiz da execução, a condição do órgão jurisdicional junto ao qual transitou em julgado a decisão. Logo, nada impede, por exemplo, que o juiz da execução aplique lei penal mais favorável ao réu condenado pelo Supremo Tribunal Federal em sede de recurso extraordinário interposto pela acusação. A situação não se modifica nas hipóteses de réu condenado em foro privilegiado.

A esse regramento poder-se-ia opor a circunstância de que a possibilidade ventilada pelo art. 66, I, da LEP ofende a coisa julgada. O argumento, contudo, não resiste a melhor análise. Em primeiro lugar, deve-se considerar que é a própria Constituição Federal que determina a retroatividade da lei penal favorável ao réu (art. 5º, XL). Por outro lado, deve-se ter em conta que, em se tratando de execução penal, a coisa julgada é flexível. Basta ver que um indivíduo condenado em regime fechado pelo juiz da sentença está sujeito à progressão de seu regime, no curso da execução, para o semiaberto e, posteriormente, deste para o aberto. Também o apenado a quem fixado determinado *quantum* de pena privativa de liberdade pode vir a ser beneficiado pela remição, daí acarretando a extinção da pena a partir do cumprimento de tempo menor do que o inicialmente fixado.

Observe-se que a competência do juiz da execução para aplicar a *lex mitior* surge na hipótese de lei *posterior* mais benéfica, vale dizer, lei com vigência em momento subsequente ao trânsito em julgado da decisão. Na hipótese de a lei nova favorável ao réu ter entrado em vigor antes do trânsito em julgado da decisão condenatória, resta inviabilizada sua aplicação pelo juiz da execução. Neste último caso, o novo regramento deve ser observado pelo juiz da sentença, no momento de sua prolação, ou, não o fazendo, pelos tribunais em grau de recurso.

Tenha-se em mente que a competência estabelecida ao juiz da execução para aplicar aos casos julgados a *novatio legis in mellius* afasta o cabimento de revisão criminal para esse mesmo fim[7-8]. Em outras palavras, postulações envolvendo a aplicação de lei mais benéfica não devem ser objeto de revisão criminal, devendo ser dirigidas ao juízo das execuções criminais, conforme previsão expressa do art. 66, I, da LEP e também da **Súmula 611 do STF**.

E quando se tratar de norma posterior mais gravosa? Esta, evidentemente, não possui aplicação aos casos julgados. Questão importante refere-se à lei posterior que afasta ou restringe a concessão de benefícios carcerários. Nesse caso, pensamos necessário distinguir duas situações: *primeira*, relativa ao apenado que já reunia os requisitos subjetivos e objetivos necessários à concessão do benefício por ocasião da entrada em vigor da *novatio legis in pejus*, caso em que, em respeito ao direito adquirido (art. 5º, XXXVI, da CF), deve ser assegurada a aplicação da lei anterior; *segunda*, pertinente ao indivíduo que, conquanto iniciada a execução da pena na vigência de lei mais benéfica, ainda não preenchia os requisitos necessários ao benefício quando da entrada em vigor da lei mais gravosa, hipótese na qual deve ser aplicada a lei posterior. Sem embargo desse nosso entendimento, a verdade é que em reiterados julgamentos definiu o Superior Tribunal de Justiça a aplicação da lei vigente à época da prática do crime. Isso ocorreu em relação aos autores dos crimes hediondos, para os quais o art. 2º, § 1º, da L. 8.072/1990 estabelecia o cumprimento da pena em regime integralmente fechado. Todavia, entendendo

---

7 STJ, *Habeas Corpus* 148.862/MG, *DJ* 28.02.2011.

8 TJSP, Revisão Criminal 0052317-58.2012.8.26.0000, R. 04.12.2012.

inconstitucional essa norma, ampla parcela da jurisprudência passou compreender como possível a progressão de regime nos termos do art. 112 da LEP, vale dizer, a partir do cumprimento de um sexto da pena imposta. Ocorre que, nesse ínterim, sobreveio a vigência da L. 11.464/2007, que, alterando o art. 2º, § 2º, da L. 8.072/1990, contemplou a possibilidade de progressão de regime dos condenados por crimes hediondos, fixando, porém, o prazo maior de cumprimento de pena em dois quintos ou três quintos, conforme primário ou reincidente o réu. Diante dessa realidade fático-jurídica, passou-se a questionar qual o lapso temporal necessário para progressão de regime prisional em relação a indivíduos que cometeram crimes hediondos antes da entrada em vigor da L. 11.464/2007: *um sexto de pena*, conforme entendimento jurisprudencial, ou os *dois quintos* e *três quintos* estabelecidos pelo novo regramento? No âmbito do Superior Tribunal de Justiça prevaleceu a primeira orientação, isto é, no sentido de que, cuidando-se de crimes praticados anteriormente à vigência da L. 11.464/2007, incidiam os termos da **Súmula 471** daquele Tribunal dispondo que *os condenados por crimes hediondos ou assemelhados cometidos antes da vigência da L. 11.464/2007 sujeitam-se ao disposto no art. 112 da L. 7.210/1984 (Lei de Execução Penal) para a progressão de regime prisional*, o que importava em considerar suficiente o preenchimento do lapso mínimo de um sexto da pena. Tal entendimento importa em referendar o critério da lei vigente à época do crime para fins de definição do regramento aplicável, independentemente de preencher ou não o apenado os requisitos necessários à concessão do benefício por ocasião da entrada em vigor da L. 11.464/2007.

E quando se tratar de jurisprudência posterior mais benigna? Considere-se a seguinte situação: no julgamento do *Habeas Corpus* n.º 111.840/ES (em 27.06.2012), o Supremo Tribunal Federal declarou, incidentalmente, a inconstitucionalidade do § 1º do art. 2º da L. 8.072/1990, possibilitando que os condenados por crimes hediondos ou equiparados iniciem o cumprimento da pena em regime diferente do fechado. Referida decisão, contudo, não tem efeito *erga omnes*, mas apenas *inter partes*. Não possui, enfim, caráter vinculante, já que proferida em sede de controle difuso da constitucionalidade, refletindo apenas sobre o caso concreto julgado no referido *habeas corpus*. Sem embargo dessa consideração, a verdade é que, desse julgamento em diante, a jurisprudência majoritária no País passou a viabilizar a fixação de regime diverso do fechado aos condenados por crimes hediondos ou equiparados. Neste caso, pergunta-se: **diante dessa realidade, faculta-se ao Juiz da Execução aplicar, retroativamente, a nova orientação aos casos julgados com base no art. 66, I, da LEP?** Entendemos que não existe essa possibilidade. A nosso ver, a aplicação de nova orientação jurisprudencial em sede de execução penal apenas se viabiliza quando se trata de entendimento consolidado por meio de Súmula Vinculante, o que não é a hipótese do exemplo[9]. Pensamento diverso implica facultar ao magistrado que oficia na execução criminal aplicar seu entendimento pessoal a qualquer hipótese, em verdadeiro afrontamento à coisa julgada, bastando que sua posição tenha respaldo em jurisprudência nova. Sem embargo, há divergências sobre o tema. No julgamento do Agravo 70050810407 (em 13.12.2012), apreciando hipótese em que indivíduo condenado por tráfico de drogas (art. 33 da L. 11.343/2006) buscava a aplicação da nova orientação do STF no sentido da inconstitucionalidade da vedação

---

9 Perceba-se que a declaração incidental de inconstitucionalidade da regra posta no art. 2º, § 1º, da L. 8.072/1990 pelo Supremo Tribunal Federal (*Habeas Corpus* 111.840/ES), foi comunicada ao Senado Federal que deixou de suspender a eficácia na norma legal precitada.

à conversão de pena privativa de liberdade em restritiva de direitos determinada pelo art. 44 da L. 11.343/2006, o Tribunal de Justiça do Rio Grande do Sul, conquanto tenha reconhecido que os efeitos da decisão do STF apenas alcançavam as partes envolvidas no respectivo processo, asseverou que *a inovação também poderá atingir indivíduos fora daquele feito,* facultando-se aos interessados ingressar com postulação própria, perante o órgão jurisdicional competente, caso em que *se aplica a jurisprudência mais benigna.*

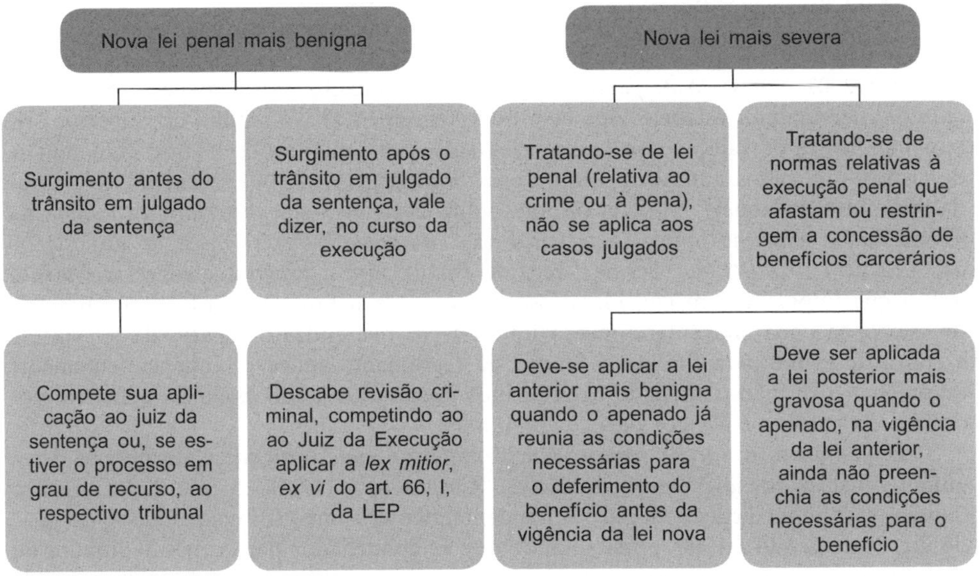

6.1.2.2.2 Extinção da punibilidade (art. 66, II, da LEP)

Compreende-se por *punibilidade* a possibilidade jurídica de o Estado aplicar uma sanção penal. Nesse viés, *causas de extinção da punibilidade* são aquelas que extinguem o direito de punir do Estado, sendo previstas no art. 107 do Código Penal e em outros dispositivos desse mesmo diploma e da legislação especial.

A extinção da punibilidade pode ocorrer antes ou depois do trânsito em julgado da sentença. No primeiro caso, seu reconhecimento compete ao juiz do processo ou ao tribunal, em grau de recurso. No segundo, a decretação incumbe ao juiz da execução, *ex vi* do art. 66, II, da LEP, concernindo por exemplo, à morte do agente (art. 107, I, do CP), anistia, graça ou indulto (art. 107, II, do CP), retroatividade da lei que já não considera o fato como criminoso (art. 107, III, do CP), prescrição da pretensão executória (art. 107, IV, do CP), anulação de casamento no crime de bigamia (art. 235, § 2º, do CP), decurso do prazo do *sursis* (art. 82 do CP), decurso do prazo do livramento condicional (art. 90 do CP), etc.

Questão interessante respeita à necessidade de oitiva do Ministério Público. No caso de ser motivada a extinção da punibilidade pela morte do agente, o art. 62 do CPP é expresso ao exigir a prévia manifestação do *parquet.* Mesmo nos casos em que não há essa ordem de previsão, reputamos sempre necessária a vista prévia ao Ministério Público, sob pena de nulidade, já que a este incumbe, nos termos do art. 67 da LEP, fiscalizar a execução da pena e da medida de segurança, além de oficiar nos processos e incidentes da execução.

6.1.2.2.3 Soma e unificação das penas (art. 66, III, *a*, da LEP)

A **soma das penas** decorre das hipóteses de *concurso material de crimes* (art. 69 do CP) e de *concurso formal impróprio* (art. 70, 2ª parte, do CP). Dá-se o *concurso material* quando o agente, mediante mais de uma ação ou omissão, pratica dois ou mais crimes. Por exemplo, o agente, após estuprar a vítima, rouba seus objetos pessoais, cometendo os crimes tipificados nos arts. 213 e 157 do Estatuto Repressivo. Por sua vez, o *concurso formal impróprio* ocorre quando o agente, mediante uma só ação ou omissão, pratica dois ou mais crimes dolosos, decorrendo, porém, tais crimes de desígnios autônomos. Ilustra essa forma de concurso de crimes a hipótese do agente que, utilizando-se de arma de alto poder vulnerante, atinge com um único disparo duas vítimas, sendo ambos os resultados por ele desejados.

Na hipótese de os crimes em concurso estarem sendo apurados no mesmo processo criminal, a soma das penas aplicadas resultará da própria sentença condenatória, por ato do juiz do processo de conhecimento. Todavia, é comum tratarem-se de crimes processados em feitos distintos, quer pela ausência de conexão, quer por tramitarem em momentos ou juízos diferentes. Nesse caso, já existindo pena em execução na Vara de Execuções Criminais, à medida que aportar nova condenação, caberá ao magistrado determinar a soma da respectiva pena à anterior.

Já a **unificação das penas** tem lugar, primeiramente, nas hipóteses de *concurso formal próprio* (art. 70, 1ª parte, do CP) e de *crime continuado* (art. 71 do CP). Há o *concurso formal próprio* quando o indivíduo, mediante uma só ação ou omissão, pratica dois ou mais crimes, não havendo desígnios autônomos em relação a cada um dos delitos. Como exemplo, a hipótese de o indivíduo provocar, diante de sua imprudência, acidente de trânsito em que resultam lesionados três tripulantes. Há aqui uma só ação (conduzir o veículo imprudentemente), causadora, porém, de três crimes distintos, nenhum deles resultante da vontade do agente. Outro exemplo: o agente, pretendendo atingir determinada pessoa, desfere-lhe um tiro que, por erro na execução, vem a acertar também um terceiro. Nessa situação, inexistindo desígnios autônomos em relação aos dois resultados (o autor pretendia causar apenas um deles), aplica-se a regra do concurso formal próprio (art. 73, 2ª parte, do Código Penal). Por outro lado, dá-se o *crime continuado* quando o agente, mediante mais de uma ação ou omissão, pratica dois ou mais crimes da mesma espécie em condições semelhantes de tempo, lugar e maneira de execução. É o caso de um indivíduo, na mesma localidade, em curtos espaços de tempo e com *modus operandi* similar, praticar vários furtos.

Frequentemente, os crimes praticados em concurso formal próprio ou continuidade delitiva são apurados no mesmo processo. No caso de concurso formal, inclusive, é rara a apuração em processos distintos, já que os resultados decorrem de uma mesma conduta. Em um e outro caso, caberá ao juiz do processo de conhecimento aplicar somente a pena de um dos crimes, se idênticas, ou a mais grave, se diversas, aumentadas de um sexto à metade na hipótese de concurso formal, e de um sexto a dois terços no caso do crime continuado. Perceba-se que, no crime continuado, tratando-se de crimes dolosos contra vítimas diferentes, cometidos com violência ou grave ameaça à pessoa, faculta-se ao juiz, em vez do aumento da pena de um sexto a dois terços, elevá-la até o triplo. Contudo, seja no caso de concurso formal próprio, seja na hipótese de crime continuado, o resultado final da operação não pode tornar a pena superior à que resultaria da soma das penas.

Pode ser, entretanto, que a existência do concurso de crimes seja detectada unicamente na fase da execução. Ocorrendo essa situação, caberá ao juiz da execução realizar a unificação de penas, vale dizer, aplicar apenas uma das reprimendas, se idênticas, ou a mais grave, se diversas, com a elevação do índice previsto em lei. Imagine-se, por exemplo, que o indivíduo esteja condenado, em processos distintos, por três crimes de tráfico de drogas, sendo-lhe fixadas penas de 7 anos no primeiro, 8 anos e 6 meses no segundo e 7 anos e 8 meses no terceiro, totalizando 23 anos e 2 meses. Verificando o juiz da execução que as condenações versam sobre delitos da mesma espécie, praticados em curto intervalo de tempo e com o mesmo modo de execução, poderá unificar as penas, aplicando, em sede de execução, a regra do art. 71 do Código Penal. Nesse contexto, poderá valer-se apenas da pena maior, procedendo-lhe à exasperação de um sexto a dois terços. Supondo-se que utilize o menor índice (um sexto) sobre a maior pena (8 anos e 6 meses), daí resultaria como pena final unificada o total de 9 anos e 11 meses.

Outra hipótese de **unificação de penas** é a prevista no art. 75, § 1º, do Código Penal, dispondo que, "quando o agente for condenado a penas privativas de liberdade cuja soma seja superior a 30 (trinta) anos, devem elas ser unificadas para atender ao limite máximo deste artigo". Tal unificação, como se vê, deve ser determinada com a finalidade de impedir que o condenado cumpra mais de 30 anos de prisão, pois esse é o limite máximo que uma pessoa pode permanecer no cárcere. Observe-se, porém, que, nos termos da **Súmula 715 do STF**, "a pena unificada para atender ao limite de 30 anos de cumprimento, determinado pelo art. 75 do Código Penal, não é considerada para a concessão de outros benefícios, como o livramento condicional ou regime mais favorável de execução".

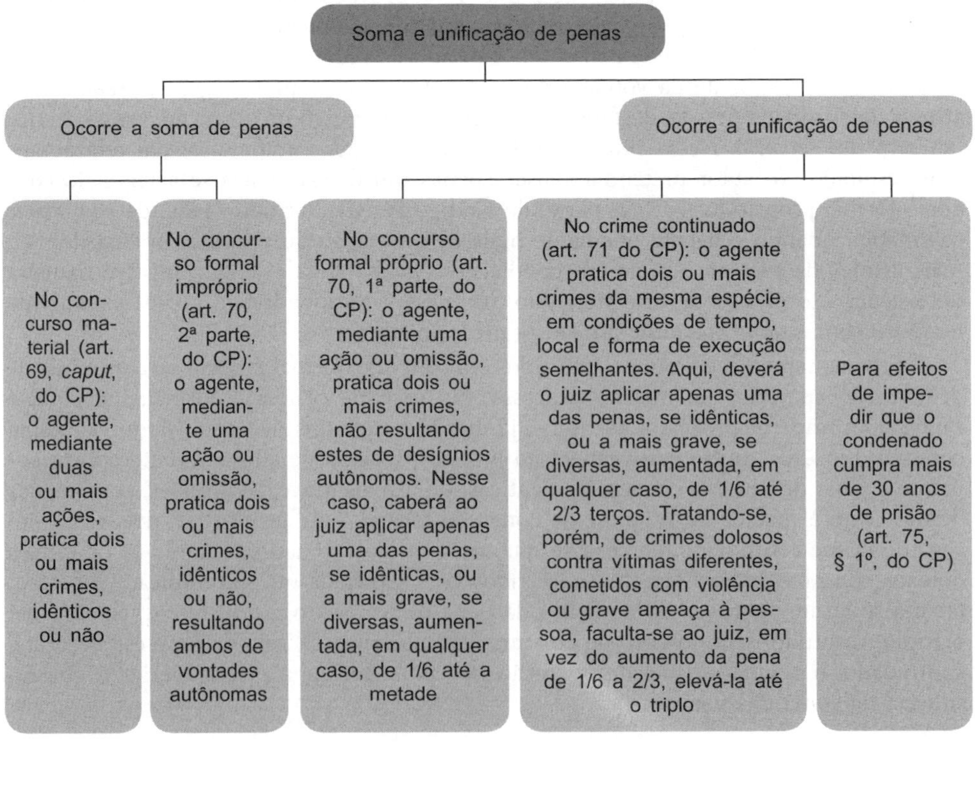

6.1.2.2.4 Progressão ou regressão de regime (art. 66, III, *b*, da LEP)

As penas privativas de liberdade são executadas segundo um sistema progressivo, passando o condenado do regime mais gravoso ao menos severo. Para tanto, exige-se o atendimento dos requisitos de ordem objetiva (cumprimento mínimo de um sexto da pena, ou, no caso de crimes hediondos, de dois quintos, se primário, e de três quintos, se reincidente) e de ordem subjetiva (bom comportamento carcerário, comprovado por atestado emitido pelo diretor do estabelecimento prisional). Nesse viés, tratando-se de apenado submetido ao regime fechado, atendidos os pressupostos legais, poderá progredir para o regime semiaberto e deste para o aberto. Note-se que não se admite progressão *per saltum*, vale dizer, diretamente do regime fechado para o aberto[10].

Sem embargo, determinados atos, fatos ou circunstâncias legalmente previstos, relacionados ao comportamento do apenado ou à prática de outro crime, podem conduzir o sentenciado à regressão do regime carcerário. Logo, um indivíduo, no regime aberto, pode regredir para o semiaberto e deste para o fechado. Perceba-se que, ao contrário da progressão, a regressão pode ser ordenada por salto, isto é, diretamente do regime aberto para o fechado[11].

Pois bem, de acordo com o art. 66, III, da LEP, tanto a progressão quanto a regressão do regime prisional são determinações que incumbem ao juiz da execução.

Questão discutível refere-se à possibilidade de o juiz da execução, independentemente das situações que ensejam progressão ou regressão, estabelecer, no início do cumprimento da pena, **regime prisional diverso do que foi fixado na sentença condenatória transitada em julgado**. Prevalece o entendimento de que, em respeito ao princípio da coisa julgada, o regime prisional fixado no decreto condenatório, salvo os casos de retroatividade de lei mais benéfica, só pode ser alterado pelo Juízo de execução em razão de fato superveniente ocorrido quando do cumprimento da reprimenda, para fins de progressão (art. 112 da LEP) ou regressão (art. 118 da LEP) da pena[12]. Logo, ainda que eventualmente equivocada a fixação do regime prisional no decreto condenatório, não é facultada a sua correção pelo juiz da execução, sob pena de inarredável violação da coisa julgada[13], especialmente se o for para agravar as condições de cumprimento da pena imposta[14]. Sinale-se, todavia, a existência de corrente oposta, sustentando ser possível a modificação do regime prisional na hipótese de erro material grosseiro, por exemplo, no caso da fixação do regime aberto em sentença que condena o réu a 18 anos de reclusão. Consideram os adeptos dessa orientação que o erro material não transita em julgado. Sendo assim, ditando a sentença condenatória regime equivocado, seria permitido ao juiz da execução penal adequar o regime de cumprimento, não havendo falar em violação à coisa julgada[15].

---

[10] STJ, *Habeas Corpus* 234.178/SP, *DJ* 23.11.2012.

[11] STJ, *Habeas Corpus* 210.880/SP, *DJ* 14.10.2011.

[12] STJ, *Habeas Corpus* 85923/SP, *DJ* 10.12.2007.

[13] STJ, *Habeas Corpus* 35039/RJ, *DJ* 01.02.2005.

[14] STJ, *Habeas Corpus* 162908/TO, *DJ* 28.06.2010.

[15] Voto vencido dos Ministros Napoleão Nunes Maia Filho e Gilson Dipp, no julgamento do *Habeas Corpus* 176320/AL, *DJ* 17.09.2012.

6.1.2.2.5 Detração (art. 66, III, *c*, da LEP)

Compreende-se por *detração* o cômputo, na **pena privativa de liberdade** e na **medida de segurança**, do tempo em que o indivíduo esteve recolhido em razão de prisão provisória, no Brasil ou no exterior, assim como o tempo de prisão administrativa e o de internação em hospital de custódia e tratamento psiquiátrico (art. 42 do CP).

Como se percebe, a detração está prevista apenas para a pena privativa de liberdade e para a medida de segurança. Isso, porém, não significa que o instituto não possa ser aplicado às **penas restritivas de direito**, uma vez que estas substituem a reprimenda privativa de liberdade. Parte-se do princípio de que não seria razoável beneficiar com a detração quem, por não atender os requisitos necessários, não pode ter sua pena de prisão substituída por restritiva de direitos e negá-la ao indivíduo que faz jus a essa substituição. Ademais, de acordo com o art. 55 do Código Penal, as penas restritivas de direito terão a mesma duração da pena privativa de liberdade substituída. Sendo assim, fere a lógica pensar que alguém condenado, por exemplo, a seis meses de detenção e que não tenha essa pena substituída por restritiva de direitos possa ter direito à detração, negando-se, contudo, o mesmo direito a quem, por satisfazer as exigências legais, tenha essa pena de prisão substituída por prestação de serviços à comunidade. Conforme ensina Fernando Capez, "quando se mantém alguém preso durante o processo, para, ao final, aplicar-lhe pena não privativa de liberdade, com ainda maior razão não deve ser desprezado o tempo de encarceramento cautelar. Além disso, a pena restritiva de direitos substitui a privativa de liberdade pelo mesmo tempo de sua duração (art. 55 do CP), tratando-se de simples forma alternativa de cumprimento da sanção penal, pelo mesmo período. Assim, deve ser admitida a detração"[16].

E quanto à pena de multa? Não se admite a detração penal em relação à pena de multa, tendo em vista a proibição legal sua conversão em pena privativa de liberdade. Além disso, o art. 42 do Código Penal excluiu a incidência da detração em relação à sanção pecuniária. Por fim, deve-se atentar ao fato de que a pena privativa de liberdade e a multa possuem finalidades diferentes, não existindo critério legal viabilizando expressar em dias-multa o tempo de prisão provisória.

E quanto às medidas cautelares diversas da prisão previstas no art. 319 do CPP? A nosso ver, é necessário examinar caso a caso. Assim, a **internação provisória do acusado (art. 319, VII, do CPP)**, evidentemente, deve permitir a detração, a partir, inclusive, do que dispõe o próprio art. 42 do Código Penal quando refere que se computa na pena privativa de liberdade e na medida de segurança o tempo de internação em hospital de custódia e tratamento psiquiátrico ou outro estabelecimento adequado. Tocante ao **recolhimento domiciliar no período noturno e nos dias de folga (art. 319, V, do CPP)**, consideramos que o respectivo período poderá ser objeto de detração apenas na hipótese em que fixado o regime inicial aberto, isso mesmo a partir de cálculo proporcional que deverá levar em conta o tempo efetivo no qual o apenado esteve submetido à restrição cautelar. Previsão semelhante, aliás, existe no texto do Projeto de Lei do Senado 156/2009, que reforma o Código de Processo Penal (atualmente em tramitação na Câmara dos Deputados sob o n.º PL 8.045/2010), estabelecendo o seu art. 607 que "o tempo de recolhimento domiciliar será computado no cumprimento da pena privativa de liberdade, na hipótese de fixação inicial do regime aberto na

---

16 Fernando Capez, *Execução penal simplificado*, 15ª ed. São Paulo: Saraiva, 2012, p. 86.

sentença condenatória". No que concerne às demais medidas cautelares restritivas estabelecidas no art. 319 do CPP, pensamos que a possibilidade de detração deve ser condicionada à observância de dois fatores: *primeiro*, que tenha sido a pena privativa de liberdade imposta ao condenado substituída por restritiva de direitos; e, *segundo*, que a pena restritiva de direitos aplicada apresente identidade ou, ao menos, compatibilidade lógica com a medida cautelar restritiva a que submetido o réu no curso da investigação ou do processo. Levando em conta esses critérios, pode-se admitir, por exemplo, a detração da providência cautelar de **proibição de acesso ou frequência a determinados lugares (art. 319, II, do CPP)** em relação à pena restritiva de interdição temporária de direitos consistente na *proibição de frequentar determinados lugares* (art. 47, IV, do CP); do mesmo modo, a medida cautelar de **suspensão do exercício de função pública ou de atividade de natureza econômica ou financeira (art. 319, VI, do CPP)** pode ser detraída da pena restritiva de *proibição do exercício de cargo, função ou atividade pública* (art. 47, I, do CP). Não se deve admitir, por outro lado, a detração da **monitoração eletrônica (art. 319, IX, do CPP)**, pois as hipóteses que autorizam o uso do equipamento eletrônico na fase da execução penal têm por objetivo permitir ao juiz o controle do apenado nas situações previstas no art. 146-B da L. 7.210/1984 - saída temporária no regime semiaberto e cumprimento de pena em prisão domiciliar. Do mesmo modo, absolutamente despropositado falar-se em detração da **fiança (art. 319, VIII, do CPP)**, mesmo porque esta consiste em garantia que ou é restituída ao apenado após os descontos legais (arts. 336 e 347 do CPP) ou é julgada perdida na hipótese de não se apresentar o condenado para cumprimento da pena definitivamente imposta (art. 344 do CPP). Por fim, também não são passíveis de detração as medidas de **comparecimento obrigatório em juízo (art. 319, I, do CPP)**, de **proibição de contato com pessoa determinada (art. 319, III, do CPP)**, de **proibição de ausentar-se da Comarca (art. 319, IV)** e de **proibição de ausentar-se do país (art. 320, do CPP)**, primeiro em razão da ausência de uma pena restritiva de direitos que possa ser considerada da mesma espécie ou simétrica a essas cautelares; e, segundo, por oferecerem grau reduzido de restrição à liberdade do indivíduo em comparação com outras medidas de maior caráter restritivo (*v.g.*, internação e recolhimento domiciliar).

Quanto ao *juízo competente para decidir a detração*, é o que oficia perante a vara de execuções penais, consoante se infere do art. 66, III, *c*, da LEP. Sem embargo, não fica definitivamente afastada a possibilidade de fazê-lo também o juiz do processo de conhecimento ao proferir sentença condenatória. Isso porque, objetivando agilizar a concessão dos benefícios da execução criminal ao condenado, especialmente quanto ao regime prisional, a L. 12.736/2012, em seu art. 1º, estabeleceu que "a detração deverá ser considerada pelo juiz que proferir a sentença condenatória". Referido diploma, ainda, inserindo § 2º no art. 387 do CPP, dispôs que "o tempo de prisão provisória, de prisão administrativa ou de internação, no Brasil ou no estrangeiro, será computado para fins de determinação do regime inicial de pena privativa de liberdade". Levando em conta essas últimas normatizações, chegou-se a questionar se as alterações determinadas pela L. 12.736 teriam acarretado a revogação tácita da competência prevista na LEP para que o Juiz da Execução decida a detração. Não obstante tenha sido levantada essa polêmica, a verdade é que sempre foi, e ainda é, largamente predominante, inclusive na jurisprudência dos Tribunais Superiores, o entendimento no sentido de que a previsão do art. 387, § 2º, do CPP apenas incide quando o reconhecimento da detração na sentença condenatória produzir reflexos no regime de cumprimento da pena a ser fixado.

Neste sentido, com propriedade, ensina *Rejane Zenin Jungbluth Teixeira*,[17] ao comentar as disposições da L. 12.736/2012, "somente ocorrerá a detração penal pelo juiz do processo de conhecimento para fins de progressão de regime de pena. Isso significa que, nas hipóteses em que a detração não é hábil a modificar o regime, não haverá cômputo inferior de pena a ser realizado, sob pena de o juízo de conhecimento invadir a competência do juízo da execução, pois o art. 66, III, 'c', da LEP, não restou alterado pela Lei 12.736/2012 nesse particular. A detração a ser realizada pelo juiz de conhecimento, conforme determinado pela nova lei, é apenas para fins de regime de pena, em relação tão somente ao início de cumprimento da reprimenda. Se este não for alterado, não pode haver cálculos para diminuir a reprimenda. Nesse caso, o juiz disporá que deixa de aplicar a detração prevista no § 2º, do art. 387 do Código de Processo Penal, vez que o regime não será modificado, não obstante o período de prisão preventiva do sentenciado. Pensar de modo diverso significa invadir seara de competência do juízo da execução, incidindo à espécie nulidade indicada no art. 564, inciso I, do Código de Processo Penal. Além disso, essa consideração equivocada do tempo de detração, como se desconto fosse, ensejaria perplexidades, como a de que o tempo de custódia cautelar tivesse cômputo diverso do tempo de recolhimento próprio da execução penal em sentido estrito".[18] Em outras palavras: o reconhecimento da detração na própria sentença condenatória somente é viabilizado quando implicar em modificação do regime inicial de cumprimento da pena. Se isto não ocorrer, a competência para detração é do juiz da execução, nos termos do art. 66, III, "c", da LEP. Por exemplo: determinado indivíduo, primário, é condenado a 8 anos e 5 meses de reclusão por roubo, sendo fixado o regime fechado (art. 33, § 2º, "a", do CP). Se este réu, no curso do processo, tiver permanecido sob prisão provisória pelo período de 6 meses, caberá ao juiz da sentença detrair esse período do total da pena imposta. Isto porque, com tal abatimento, a pena resultará em 7 anos e 11 meses, inferior, portanto, a 8 anos, sujeitando o condenado ao regime semiaberto como o inicial de cumprimento (art. 33, § 2º, "b", do CP). Agora, se, em vez de 6 meses, permaneceu ele sob prisão preventiva pelo lapso de 3 meses, neste caso não poderá o juiz da sentença realizar a detração, já que isto não afetará o regime carcerário inicial, que permanecerá o mesmo – 8 anos e 5 meses, abatidos os 3 meses de prisão provisória, resultariam em 8 anos e 2 meses, permanecendo superior a 8 anos e, com isto, impondo o regime fechado (art. 33, § 2º, "a", do CP). Logo, neste último caso, a competência para detração será do juiz da execução.

Importante: existe segmento doutrinário condicionando o reconhecimento da detração na sentença condenatória a que o tempo de prisão provisória corresponda ao coeficiente mínimo necessário à progressão de regime – 1/6 da pena, no caso crimes comuns, ou 2/5 (não reincidente) e 3/5 (reincidente), no caso de crimes hediondos ou equiparados, consoante previsões dos arts. 112 da LEP e 2º, § 2º, da L. 8.072/1990. De acordo com esta orientação, no exemplo acima (indivíduo condenado a 8 anos e 5 meses por roubo e que havia permanecido 6 meses sob prisão provisória no curso do processo), não poderia o juiz da sentença realizar a detração, pois, ainda que, com essa detração, a pena final resultasse em 7 anos e 11 meses (sujeita, portanto, ao regime semiaberto), o período de prisão provisória é inferior a 1/6 da pena de 8

[17] Juíza de Direito da Vara de Execuções das Penas e Medidas Alternativas do Tribunal de Justiça do Distrito Federal e Territórios (TJDFT).

[18] Disponível em: <http://www.tjdft.jus.br/institucional/imprensa/artigos/2012/lei-12-736-12-e-a-nova-detracao--penal-juiza-rejane-zenir-jungbluth-teixeira>.

anos e 5 meses (1/6 de 8 anos e 5 meses corresponde ao lapso aproximado de 1 ano e 4 meses). Consideram os adeptos dessa corrente que, se para a progressão de regime na execução é necessário, no caso de crimes não hediondos, o cumprimento do requisito objetivo relacionado ao tempo de cumprimento de 1/6 da pena, não é possível dispensar o cumprimento do mesmo requisito na hipótese de alteração de regime na sentença por força de detração. Trata-se, porém, de **posição minoritária**. Enfim, a **orientação prevalente** é a de que, não tratando a regra do art. 387, par. 2°, do CPP de hipótese de progressão de regime, mas sim de fixação originária do regime de cumprimento de pena, não se condiciona sua aplicação à verificação do requisito objetivo (temporal) previsto na LEP para o deferimento do benefício da progressão. Afinal, o art. 387 citado não faz menção a isto e, se há contrassenso desse dispositivo frente ao estabelecido pela LEP, tal não pode ser interpretado em desfavor do réu. Neste sentido, inclusive, a posição do STJ (RHC 86286/BA, J. 22.08.2017).

Outra situação: considere-se que determinado indivíduo tenha permanecido preso provisoriamente por um ano e que, ao ser condenado, teve a pena privativa de liberdade suspensa condicionalmente por dois anos. Nesse caso, o fato da prisão cautelar não refletirá no período de prova, que permanecerá sendo de dois anos. Caso, porém, o *sursis* venha a ser revogado, sendo o condenado submetido ao cumprimento integral da pena, por óbvio, fará jus à detração, que será ordenada pelo juiz da execução.

Perceba-se que, relativamente à consideração da detração na sentença, não estabeleceu a L. 12.736/2012 uma nova fase no critério trifásico de dosimetria da pena. Persistem, com efeito, as mesmas etapas: *1ª fase - exame das circunstâncias judiciais do art. 59 do CP; 2ª fase - incidência de agravantes e atenuantes; e 3ª fase - causas de aumento e de diminuição da pena.* Logo, a detração realizada na sentença, se cabível no caso concreto, deve ocorrer depois de já concluída a dosimetria e antes da fixação do regime inicial de cumprimento.

A detração penal pode se dar em processo diverso daquele em que o acusado permaneceu sob custódia cautelar e foi, no final, absolvido? Não há dúvidas aqui. Enfim, a detração penal pode, sim, dar-se em **processo diverso daquele em que o acusado permaneceu sob prisão provisória** e foi no final absolvido, mesmo porque o art. 42 do Código Penal, ao permitir a compensação do tempo em que o apenado permaneceu encarcerado sem a devida sentença transitada em julgado, não leva em conta se tal processo resulta em condenação ou absolvição. Logo, infere-se que. Todavia, nesses casos, o processo em que poderá se dar a detração deve ser relativo a delito cometido em data anterior à prisão provisória, sob pena de haver a concessão de crédito de pena cumprida contra o Estado a ser usado para impunidade de posteriores infrações penais[19]. A título de exemplo, *considere-se que o apenado cumpra pena por delito cometido em 10 de setembro de 2012 (Processo de Execução Penal n.º 12345). Considere-se que, posteriormente, venha a ser preso provisoriamente em outro processo (Processo Criminal 67890), por delito praticado em 20 de março de 2017, sendo, porém, absolvido desta última imputação. Considerando que o processo pelo qual cumpre pena (nº 12345) refere-se a crime praticado anteriormente à prisão provisória realizada no Processo 67890, é possível a detração do período que esteve recolhido cautelarmente.* E, nesse caso, quem

[19] "É admitida a detração em relação a fato diverso daquele que deu azo à prisão processual; contudo, somente em relação a delitos anteriores à segregação provisória, sob risco de se criar uma espécie de crédito contra a Justiça Criminal" (STJ, *Habeas Corpus* 422.310/DF, *DJ* 11.05.2018).

poderá ordenar a detração? Obviamente, incumbirá ao juiz da execução, consoante a competência que lhe é estabelecida pelo art. 66, III, *c*, da LEP.

Podem ser objeto de detração penal períodos de prisão provisória inferiores a um dia? Tome-se como exemplo a hipótese de indivíduo que, preso em flagrante, seja colocado em liberdade no mesmo dia, após a prestação de fiança. Nessa hipótese, não há detração a ser considerada, por consequência do art. 11 do Código Penal ao dispor que frações de dia não podem ser computadas como pena cumprida.

Questão relevante diz respeito à influência ou não da detração no cálculo da **prescrição retroativa**. Imagine-se que determinado réu, que ficou preso cautelarmente por *3 meses*, seja condenado a *4 anos e 2 meses* de reclusão, circunstância esta que permite ao juiz da sentença realizar a detração, já que a pena detraída possibilita a fixação de regime mais brando. *Nessa hipótese, o cálculo da prescrição retroativa deverá levar em conta o total da pena imposta (4 anos e 2 meses, que prescrevem no lapso de 12 anos – art. 109, III, do CP) ou a pena remanescente, após detraído o período da prisão provisória (3 anos e 11 meses, que prescrevem no lapso de 8 anos – art. 109, IV, do CP)?* Pensamos que, não obstante o regime de início de pena deva considerar a detração por força do aludido art. 387, § 2º, do CPP, a prescrição deve ser calculada sobre o montante total de pena encontrado a partir do critério trifásico de dosimetria que, no exemplo, é 4 anos e 2 meses.

6.1.2.2.6 Remição (art. 66, III, *c*, da LEP)

Por meio da remição assegura-se ao condenado o direito de descontar, em função do trabalho ou do estudo, parte do tempo de execução da pena (art. 126, *caput*, da LEP). Perceba-se que a remição pelo trabalho alcança apenas o condenado que cumpre pena em regime fechado ou semiaberto (art. 126, *caput*, da LEP). Já a remição pelo estudo formal e regular pode beneficiar os presos que se encontram nos regimes fechado, semiaberto e aberto, bem como o liberado condicionalmente e o preso cautelar (art. 126, *caput* e §§ 6º e 7º, da LEP).

A contagem do tempo é feita à razão de um dia de pena por três dias de trabalho e, no caso do estudo, de um dia de pena a cada doze horas de frequência escolar (art. 126, § 1º, da LEP). O pedido de remição será decidido pelo juiz da execução (art. 66, III, *c*, da LEP), ouvidos previamente o Ministério Público e a defesa (art. 126, § 8º, da LEP).

A soma do tempo de pena efetivamente cumprido pelo apenado com o tempo que resultar da remição será considerado para efeitos de concessão de benefícios penitenciários, tais como a progressão de regime e o livramento condicional (art. 128 da LEP). Sem embargo, deve-se levar em conta que a prática de falta grave pelo apenado faculta ao juiz revogar até um terço do tempo remido (art. 127 da LEP).

6.1.2.2.7 Suspensão condicional da pena – *sursis* (art. 66, III, *d*, da LEP)

Trata-se do instituto que permite ao réu condenado a pena privativa de liberdade não ser submetido a sua execução, desde que atendidos os requisitos previstos em lei. Denomina-se *condicional* porque o seu implemento vincula-se ao cumprimento, pelo condenado, no período fixado pelo juiz, das obrigações que lhe são impostas, que serão adequadas ao fato e à situação pessoal do condenado (art. 158, § 1º, da LEP). Para a concessão do benefício, é necessário que o indivíduo tenha sido condenado a pena privativa de liberdade não superior a dois anos. Conforme se infere do art. 77

do Código Penal e do art. 156 da LEP, o juiz poderá suspender a execução da pena privativa de liberdade pelo período de dois a quatro anos, desde que o condenado não seja reincidente em crime doloso; a culpabilidade, os antecedentes, a conduta social e personalidade do agente, bem como os motivos e as circunstâncias, autorizem a concessão do benefício; e não seja indicada ou cabível a substituição da pena de prisão por restritiva de direitos. Observe-se que, tratando-se de condenado maior de setenta anos de idade, ou cujas condições de saúde autorizem a suspensão, permite-se a suspensão, pelo período de quatro a seis anos, da pena privativa de liberdade não superior a quatro anos (art. 77, § 2º, do Código Penal).

Extrai-se do art. 157 da LEP que cabe ao juiz do processo, na sentença que aplicar a pena privativa de liberdade, pronunciar-se, motivadamente, sobre a suspensão condicional da pena, concedendo-a ou denegando-a. Se, porém, vier a omitir-se nesse pronunciamento e transitar em julgado essa decisão, permite o art. 66, III, *d*, da LEP ao juiz da execução decidir sobre o seu deferimento ou não.

Situação que por vezes ocorre é a de ser o benefício concedido pelos tribunais, no julgamento de recursos, cabendo-lhe, nesse caso, o estabelecimento das condições do benefício (art. 159, *caput*, da LEP). Sem embargo, permite a lei que o tribunal, em vez de estabelecer tais condições, atribua essa atividade ao juízo da execução (art. 159, § 2º, da LEP), que então passa a ser competente para tanto.

Note-se que também compete ao juízo da execução decidir a revogação do *sursis* (art. 162 da LEP), a modificação das condições e regras estabelecidas na decisão que o deferiu (art. 158, § 2º, da LEP), a prorrogação do prazo quando ocorrente causa facultativa de revogação (art. 81, § 3º, do CP) e a decretação da extinção da punibilidade pelo decurso do prazo da suspensão sem a ocorrência de causa de revogação (art. 82 do CP).

6.1.2.2.8 Livramento condicional (art. 66, III, *e*, da LEP)

O livramento condicional é o instituto pelo qual se antecipa a liberdade do apenado, diante do cumprimento de determinados pressupostos de ordem subjetiva e objetiva, estabelecendo-se exigências que deverão ser por ele cumpridas durante o restante da pena. A disciplina legal desse benefício encontra-se prevista nos arts. 83 a 90 do Código Penal e 131 a 146 da LEP.

A decisão sobre o livramento condicional deve ser precedida de oitiva do Ministério Público e da defesa, salvo, quanto a esta última, se tiver sido a autora da postulação (art. 112, §§ 1º e 2º, da LEP).

A concessão independe do regime prisional de cumprimento da pena. Com efeito, inexiste na legislação penal qualquer dispositivo que exija o cumprimento de pena no regime semiaberto ou aberto antes de se conceder ao apenado o benefício, podendo isso ocorrer ainda que se encontre ele no regime fechado[20].

Caso entenda por indeferi-lo, deve o juiz fazê-lo de forma motivada, amparando-se em dados concretos da execução da pena, não podendo cercar-se de elementos ou circunstâncias não previstos da LEP, tal como a gravidade abstrata do crime cometido ou o fato de o apenado possuir ainda longo tempo de pena a cumprir[21].

Veja-se que o art. 66, III, *e*, da LEP, ao dispor que compete ao juiz da execução decidir sobre o livramento condicional, possui aplicação ampla, significando que incumbe

[20] STJ, *Habeas Corpus* 182.496/SP, *DJ* 17.05.2012.
[21] STJ, *Habeas Corpus* 249.411/SP, *DJ* 29.10.2012.

a esse magistrado não apenas a decisão sobre a concessão ou denegação do benefício, mas também a deliberação sobre todas as questões que o envolvem, tais como a sua revogação (arts. 140 a 143 da LEP), a advertência ao apenado ou agravamento das condições do livramento na hipótese de sua revogação facultativa (art. 140, parágrafo único, da LEP), a modificação das condições estabelecidas (art. 144 da LEP), a suspensão do curso do livramento na hipótese da prática de infração penal pelo liberado (art. 145 da LEP) e a extinção da pena privativa de liberdade no caso de expirar o prazo do livramento sem revogação (art. 146 da LEP).

6.1.2.2.9 Incidentes da execução (art. 66, III, *f*, da LEP)

Sob o rótulo de *incidentes da execução*, cuida o Título VII da LEP das *conversões* (arts. 180 a 184), do *excesso ou desvio* (arts. 185 e 186) e da *anistia e do indulto* (arts. 187 a 193). Independentemente dessas previsões, também se consideram incidentes da execução *lato sensu* as demais ocorrências tratadas ao longo da Lei de Execução Penal e que interferem na execução da pena ou da medida de segurança, acarretando a sua redução, substituição ou extinção. É o caso da unificação de penas, da remição, da progressão e regressão de regime prisional, do livramento condicional etc. Pois bem, a decisão sobre todas essas vertentes, segundo o art. 66, III, *e*, da LEP, incumbe ao juiz que oficia perante a Vara de Execuções Criminais.

Note-se que a competência para decidir tais incidentes é do juízo da execução penal ao qual se encontra vinculado o apenado. Logo, se a execução penal é transferida para outro âmbito jurisdicional, o juiz competente para a respectiva decisão é aquele onde se executará a pena, sendo irrelevante se a hipótese é de transferência provisória ou definitiva[22]. Do mesmo modo, se o réu cumpre pena imposta pela Justiça Federal em estabelecimento prisional sujeito à administração estadual, a competência para o processamento e julgamento dos incidentes da execução é da Vara de Execuções Penais do Estado[23].

6.1.2.2.10 Saídas temporárias (art. 66, IV, da LEP)

A saída temporária pode ser proporcionada ao preso em regime semiaberto, dispensando vigilância direta (embora possa ser determinado ao beneficiário o uso de equipamento de monitoração eletrônica), para fins de visita à família, frequência a curso supletivo, profissionalizante e de instrução do ensino médio ou superior e para participação em atividades que sejam adequadas para o retorno ao convívio social (art. 122 da LEP). Sua concessão dá-se por ato motivado do juiz da execução, ouvido o Ministério Público e a administração penitenciária.

Note-se que a *saída temporária* (arts. 122 a 125 da LEP), assim como a *permissão de saída*, é espécie do gênero *autorizações de saída* (Título V, Capítulo I, Seção III). Não obstante, a Lei de Execução Penal estabeleceu a competência do juiz da execução para decidir apenas as *saídas temporárias*. Isso ocorre porque a *permissão de saída* é viabilizada pelo diretor do estabelecimento prisional. Destina-se ao preso que cumpre pena em regime fechado ou semiaberto, bem como ao preso provisório, e caracteriza-se pela necessidade de escolta, sendo cabível nas hipóteses de falecimento ou doença grave do cônjuge, companheira, ascendente, descendente ou irmão, bem como no caso de necessitar o apenado de tratamento médico (art. 120 da LEP).

---

[22] STJ, Conflito de Competência 90.702/PR, *DJ* 13.05.2009.

[23] STJ, *Habeas Corpus* 106.367/SP, *DJ* 22.09.2008.

6.1.2.2.11 Forma de cumprimento da pena restritiva de direitos (art. 66, V, *a*, da LEP)

Nos termos do art. 43 do Código Penal, as penas restritivas de direito são a *prestação pecuniária*, a *perda de bens e valores*, a *prestação de serviço à comunidade ou a entidades públicas*, a interdição temporária de direitos e a limitação de fim de semana.

Cabe ao **juiz da sentença** a verificação dos requisitos legais e, encontrando-se eles presentes, a substituição da pena de prisão por uma das restritivas de direito estabelecidas em lei. Sem embargo, de acordo com o art. 66, V, *a*, da LEP, incumbe ao **juiz da execução** estabelecer "a forma de cumprimento da pena restritiva de direitos e fiscalizar a sua execução", observando, para esse fim, os limites impostos pela decisão condenatória transitada em julgado.

A Lei de Execução Penal não cuidou da execução das penas restritivas de direitos correspondentes à *prestação pecuniária* (art. 43, I, do CP) e à *perda de bens e valores* (art. 43, II, do CP), mesmo porque essas penas alternativas apenas foram incluídas no Código Penal pela L. 9.714/1998.

Tocante à *prestação de serviço à comunidade ou a entidades públicas*, dispõe o art. 149 da LEP que compete ao juiz da execução designar a entidade ou programa junto ao qual o condenado deverá trabalhar gratuitamente e determinar a sua intimação quanto à entidade, dias e horários em que deverá cumprir a pena. Cabe ao magistrado, ainda, designar os dias e horários em que as atividades deverão ser realizadas, atentando para que não prejudiquem a jornada normal de trabalho do condenado.

Relativamente à *interdição temporária de direitos*, incumbe ao juiz da execução comunicar à autoridade competente a pena aplicada, determinando, se for o caso, a apreensão dos documentos que autorizam o exercício do direito interditado (art. 154 da LEP).

No que concerne à *limitação de fim de semana*, refere o art. 151 da LEP que caberá ao juiz da execução determinar a intimação do condenado quanto ao local, dias e horário em que deverá cumprir a pena.

Observe-se que, de acordo com o art. 44, § 4º, do Código Penal, a pena restritiva de direitos converte-se em privativa de liberdade quando ocorrer o descumprimento injustificado da restrição imposta. Nesse viés, afigura-se de extrema importância a função atribuída pelo art. 66, V, *a*, da LEP no sentido da fiscalização da execução da pena restritiva.

6.1.2.2.12 Conversão da pena restritiva de direitos em privativa de liberdade (art. 66, V, *b*, da LEP)

Dispõe o art. 66, V, *b*, da LEP que compete ao juiz da execução determinar "a conversão da pena restritiva de direitos e de multa em privativa de liberdade".

Relativamente à conversão da **pena de multa** em prisão, deve-se ressaltar que, na atualidade, não existe mais essa possibilidade, restando tacitamente revogadas quaisquer disposições legais que assim estabelecerem. Isso ocorre porque o art. 1º da L. 9.268/1996 atribuiu nova redação ao art. 51 do Código Penal, passando este a dispor que, "transitada em julgado a sentença condenatória, a multa será considerada dívida de valor, aplicando-se-lhe as normas da legislação relativa à dívida ativa da Fazenda Pública, inclusive no que concerne às causas interruptivas e suspensivas da prescrição". Percebe-se dessa disciplina que a multa assumiu o caráter de *dívida de valor*, implicando o seu não pagamento, portanto, em ser executada como tal, com citação do condenado para pagamento sob pena de penhora e demais termos legais, nos termos estabelecidos pela L. 6.830/1980, que regulamenta a execução fiscal. *E quanto à disposição do art. 85 da L. 9.099/1995, dispondo que não efetuado o pagamento de multa, será feita a conversão em pena privativa da liberdade?* Essa normatização está igualmente prejudicada, descabendo a conversão da multa em prisão. Em casos tais, tratando-se do inadimplemento de pena de multa imposta em sentença penal condenatória proferida no âmbito dos Juizados Especiais Criminais, a alternativa que resta é proceder a Fazenda Pública sua execução, nos termos estabelecidos pela L. 6.830/1980 (lembre-se que é prevalente o entendimento de que o Ministério Público não dispõe de legitimidade para ingressar com essa execução). Por outro lado, sendo hipótese de descumprimento de multa estabelecida em transação penal judicialmente homologada, faculta-se a continuidade à persecução penal, com o ajuizamento da competente ação penal[24-25].

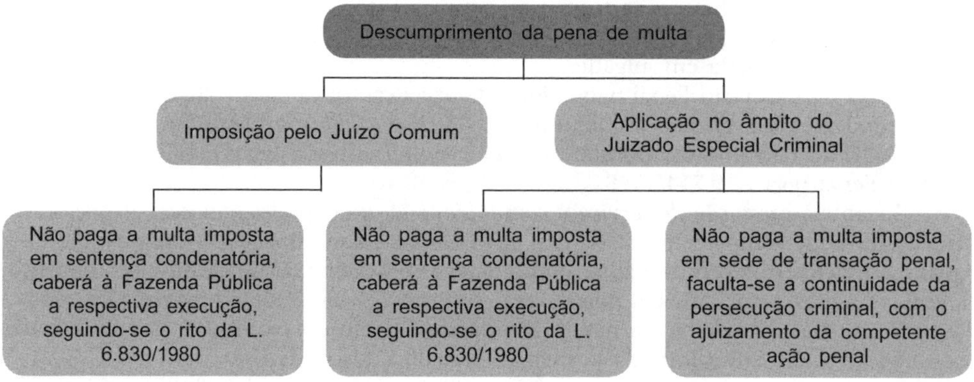

Quanto à **pena restritiva de direitos**, é ela aplicada em substituição à pena privativa de liberdade, nos termos do art. 44 do Código Penal, ressalvando-se apenas a hipótese estabelecida na L. 9.099/1995, que permite a imposição dessa modalidade de pena a título de transação penal diante da prática de infração considerada de menor potencial ofensivo. Ocorrente a primeira situação – pena restritiva de direitos aplicada em substituição à pena de prisão –, admite-se sua conversão em pena privativa de liberdade nas hipóteses do art. 44, §§ 4º e 5º, do Código Penal e do art. 181 da LEP, que se referem basicamente ao descumprimento injustificado da restrição imposta e à ocorrência de fato novo. Tratando-se, contudo, do descumprimento de pena restritiva de direitos aplicada em sede de Juizado Especial Criminal diante de transação penal, revela-se possível o ajuizamento de ação penal.

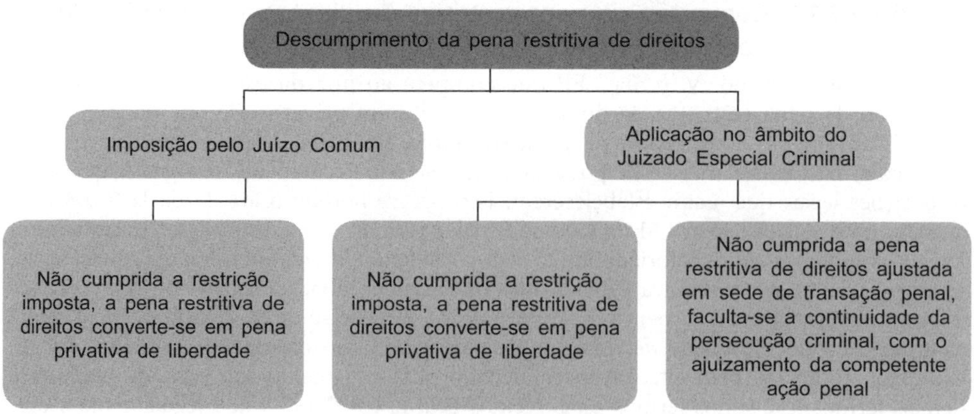

24 STF, Recurso Extraordinário 602.072 QO-RG/RS, *DJ* 26.10.2010.

25 STJ, *Habeas Corpus* 188.959/DF, j. 20.10.2011.

6.1.2.2.13 Conversão da pena privativa de liberdade em restritiva de direitos (art. 66, V, *c*, da LEP)

O art. 180 da LEP possibilita a conversão da pena privativa de liberdade em restritiva de direitos no curso da execução da pena quando observados os seguintes requisitos: *1. Condenação a pena privativa de liberdade não superior a dois anos; 2. Encontrar-se o condenado cumprindo pena em regime aberto; 3. Ter sido cumprido o mínimo de um quarto da pena; 4. Os antecedentes e a personalidade do condenado indicarem ser recomendável a conversão.*

Em tal situação, de acordo com o art. 66, III, *c*, da LEP, compete ao juiz da execução determinar a conversão. Veja-se, porém, que tal hipótese de conversão – durante a execução da pena – é incomum, pois o indivíduo condenado a pena privativa de liberdade não superior a dois anos, como regra, obtém benefícios penais no âmbito da própria sentença condenatória, sendo o exemplo a suspensão condicional da pena (*sursis*), cabível quando presentes as condições do art. 77 do Código Penal.

6.1.2.2.14 Aplicação da medida de segurança (art. 66, V, *d*, 1ª parte, da LEP)

Ordinariamente, compete ao juiz da sentença a aplicação da medida de segurança e não ao juiz da execução, ao qual incumbe, isso sim, fiscalizar a execução da medida já aplicada. Logo, imprópria essa primeira parte do art. 66, V, *d*, da LEP quando refere a competência do juiz da execução para aplicar a medida de segurança.

Veja-se que, para o **inimputável**, a medida de segurança imposta no processo de conhecimento resulta de sentença absolutória – a chamada *absolvição imprópria* (art. 97 do CP). Isso ocorre porque, segundo o art. 26, *caput*, do CP, é isento de pena o agente que, no tempo da ação ou omissão, era inteiramente incapaz de compreender o caráter ilícito do fato ou de se autodeterminar de acordo com esse entendimento. Ora, o indivíduo isento de pena, em conformidade com o art. 386, VI, 2ª parte, do CPP, deve ser absolvido e, de acordo com o art. 386, parágrafo único, III, do mesmo diploma, na sentença absolutória o juiz "aplicará medida de segurança, se cabível". E, por fim, reza o art. 97 do Código Penal que para o inimputável é cabível a aplicação de medida de segurança, isso condicionado, logicamente, a que estejam comprovadas autoria e materialidade do fato, bem como que inexistam causas excludentes de tipicidade e de ilicitude, e de outras causas excludentes de culpabilidade.

Já em relação ao **semi-imputável**, dispõe o art. 26, parágrafo único, do Código Penal que o juiz poderá (deverá) reduzir a pena de um a dois terços quando o agente, no tempo da ação ou omissão, não era inteiramente capaz de compreender o caráter ilícito do fato e de se autodeterminar de acordo com esse entendimento. Não obstante tal previsão, refere o art. 98 do mesmo Código que, se necessitar o condenado de especial tratamento curativo em razão de perturbação da saúde mental, a pena privativa de liberdade poderá ser substituída por internação ou tratamento ambulatorial. Da combinação dessas duas previsões (arts. 26, parágrafo único e 98, ambos do CP), infere-se que, para o semi-imputável, a medida de segurança no processo de conhecimento decorre de substituição da pena pela qual tiver sido condenado o réu.

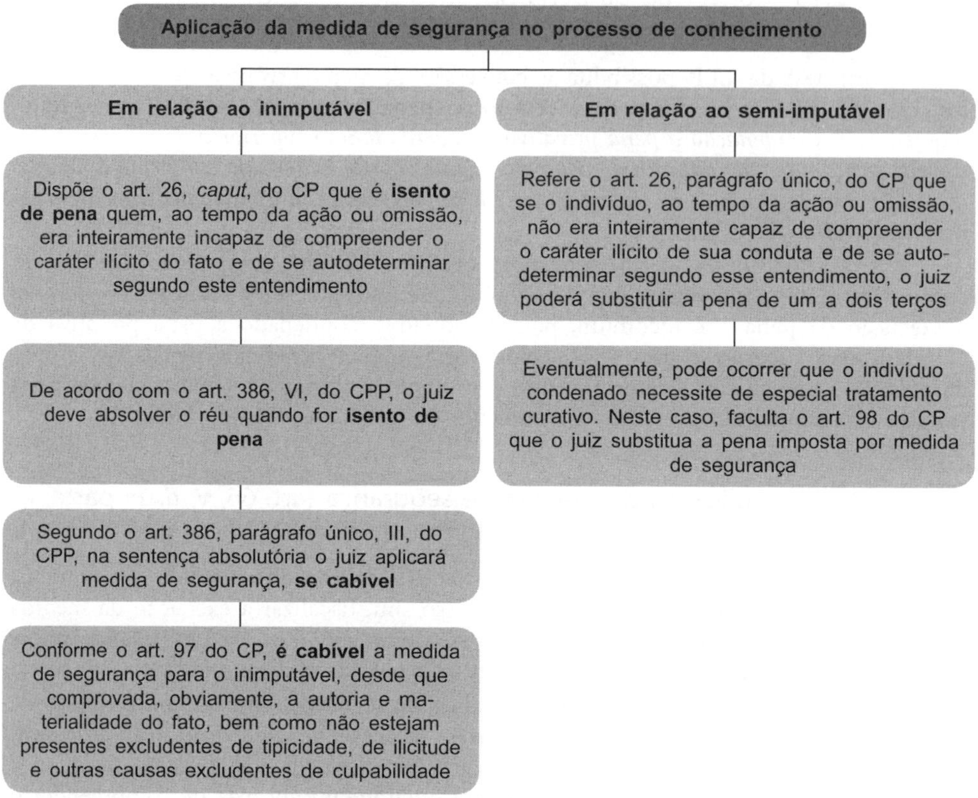

6.1.2.2.15 Substituição da pena por medida de segurança (art. 66, V, *d*, 2ª parte, da LEP)

Após o trânsito em julgado da sentença, apenas o juiz da execução criminal poderá determinar a aplicação de medida de segurança (art. 66, III, *d*, da LEP). Isso ocorrerá quando o indivíduo, definitivamente condenado, vier a apresentar problemas mentais no curso da execução da pena privativa da liberdade. Nesse caso, o juiz da vara de execuções, com base no art. 183 da L. 7.210/1984, poderá substituir a pena por medida de segurança. Importante ressaltar que essa conversão ditada pela LEP é definitiva. Destarte, ao contrário do que ocorre com a previsão do art. 41 do Código Penal (que prevê a simples internação do apenado em hospital para tratamento e não importa em conversão de pena em medida de segurança), ainda que o indivíduo venha a recuperar-se mentalmente antes do tempo que restava de pena, não retornará à penitenciária. Em outras palavras, cessando sua periculosidade, extingue-se a medida de segurança, devendo ocorrer a desinternação, independentemente de quanto tempo de pena faltaria para cumprir caso estivesse preso.

6.1.2.2.16 Revogação da medida de segurança (art. 66, V, *e*, da LEP)

A *revogação* da medida de segurança corresponde a sua extinção, o que ocorre quando cessada a periculosidade do indivíduo.

Questão relevante concerne ao **prazo** da medida de segurança.

De acordo com os arts. 97, § 1º, e 98 do Código Penal, ao estabelecer as medidas de segurança de internação e de tratamento ambulatorial deve o juiz fixar **prazo mínimo** de seu cumprimento, que poderá ser de um, dois ou três anos. Perceba-se, porém, que o estabelecimento de tal prazo visa não obrigar o respectivo cumprimento, podendo ser revogada a medida antes mesmo desse prazo, se, por meio de perícia, for comprovada a cessação da periculosidade do indivíduo (art. 176 da L. 7.210/1984). Nesse contexto, é correto afirmar que o chamado "prazo mínimo" visa apenas marcar a época obrigatória do primeiro exame para verificação de cessação de periculosidade (art. 175 da L. 7.210/1984).

Não estabelece o Código Penal prazo máximo de duração da medida de segurança. Pelo contrário. Determinam os arts. 97, § 1º, e 98 do CP que a internação ou o tratamento ambulatorial será por tempo indeterminado. Isso significa que, de acordo com a lei, deve a medida perdurar enquanto não cessar a periculosidade do indivíduo. Não obstante essa previsão, os Tribunais Superiores firmaram a posição de que a medida de segurança é uma forma de sanção penal, apresentando tanto o caráter de retribuição ao delito cometido, como o de prevenção a possível cometimento de novos crimes. Logo, na sua aplicação, deve ser observado o disposto no art. 5.º, XLVII, *b*, da Constituição Federal, que veda a pena de prisão perpétua. A partir daí consagrou-se o entendimento de que o tempo de cumprimento da medida de segurança, na modalidade de internação ou tratamento ambulatorial, deve ser limitado. Assim, para o STJ (revisando seu entendimento anterior), essa limitação corresponde ao máximo da pena abstratamente cominada ao delito perpetrado[26], encontrando-se tal questão, inclusive, sedimentada na Corte por meio de sua **Súmula 527** (aprovada em 18.05.2015), dispondo esta que "o tempo de duração da medida de segurança não deve ultrapassar o limite máximo da pena abstratamente cominada ao delito praticado". Já para o STF, a medida de segurança fica jungida ao período máximo de 30 anos, tal como previsto no art. 75 do Código Penal em relação ao cumprimento da pena privativa de liberdade[27]. Pois bem, independentemente dessa divergência quanto à duração da medida de segurança estabelecida nos Tribunais Superiores (pena máxima abstrata, para o STJ; 30 anos, para o STF), se, ao revogar a medida em razão de ter sido alcançado o patamar máximo, constatar o juiz criminal que permanece perigoso o indivíduo, deverá ele determinar sejam extraídas cópias dos autos e enviadas ao juízo cível, para que lá, em procedimento judicial próprio instaurado pelos familiares do indivíduo ou pelo Ministério Público com base na L. 10.216/2001, delibere-se acerca da possibilidade de internação. Nesse caso, a internação possui natureza civil, não se confundindo com medida de segurança.

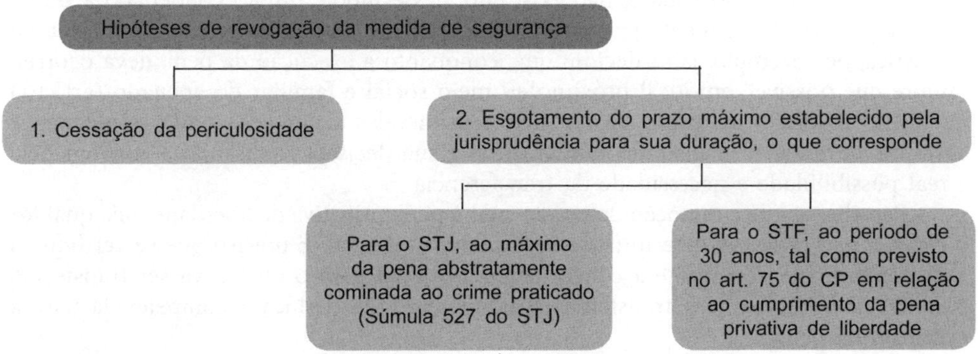

26 STJ, *Habeas Corpus* 91.602/SP, *DJ* 26.10.2012.

27 STF, *Habeas Corpus* 107.777/RS, *DJ* 07.02.2012.

6.1.2.2.17 Desinternação (art. 66, V, *f*, 1ª parte, da LEP)

Essa hipótese confunde-se com a anteriormente examinada (revogação da medida de segurança). Com efeito, uma vez alcançada a finalidade da medida de segurança, verificando-se a cessação da periculosidade do agente, cabe ao juiz da execução determinar sua desinternação do hospital de custódia e tratamento psiquiátrico.

Note-se que, de acordo com os arts. 97, § 3º, e 98 da LEP, a desinternação, assim como a liberação do tratamento ambulatorial, será sempre condicional, devendo ser restabelecida a situação anterior se o agente, antes do decurso de um ano, praticar fato indicativo de persistência de sua periculosidade.

6.1.2.2.18 Restabelecimento da situação anterior (art. 66, V, *f*, 2ª parte, da LEP)

A previsão da competência do juiz da execução para o *restabelecimento da situação anterior* tem lugar na hipótese de o agente praticar fato indicativo de persistência de periculosidade no período de um ano após a desinternação ou liberação do tratamento ambulatorial (arts. 97, § 3º, e 98 do CP).

Por vezes, diante da superveniência de doença mental no curso da execução da pena privativa de liberdade, em vez da conversão dessa pena em medida de segurança (art. 183 da LEP), determina o juiz a simples internação do condenado para tratamento em hospital psiquiátrico (art. 41 do CP). Neste último caso, retomada a plenitude mental do agente, cabe ao magistrado da execução, também com amparo no art. 66, III, *f*, da LEP, determinar o *retorno do indivíduo à situação anterior*, vale dizer, sua volta ao estabelecimento penitenciário para o prosseguimento da execução, computando-se como tempo de pena cumprida o período em que esteve internado (art. 42 do CP).

6.1.2.2.19 Cumprimento da pena ou medida de segurança em outra comarca (art. 66, V, *g*, da LEP)

É da competência do juiz da execução do lugar em que se encontra cumprindo pena o condenado autorizar a sua remoção para comarca diversa, da mesma ou de outra unidade da Federação. Essa transferência implica declinar o juiz de sua competência para a execução penal, que, assim, passa a ser do juiz da comarca para a qual transferido o preso.

A remoção do apenado para estabelecimento diverso vincula-se a razões de segurança pública, disciplina, existência de vagas e de instalações adequadas e à organização do sistema prisional do Estado, não existindo, desse modo, direito condenado à transferência para estabelecimento prisional de sua escolha. No âmbito do Superior Tribunal de Justiça, por exemplo, já se decidiu que, conquanto a execução da pena deva ocorrer, sempre que possível, em local próximo ao meio social e familiar do apenado (art. 103 da LEP), "o direito do preso de ter suas reprimendas executadas onde reside não é absoluto, devendo o magistrado fundamental a sua decisão, analisando a conveniência e real possibilidade e necessidade da transferência"[28].

Perceba-se que a remoção do condenado à pena privativa de liberdade, seja qual for o regime, não pode ser determinada de maneira unilateral. É preciso que se verifiquem a disponibilidade de vagas e a concordância do juízo para o qual deva ser transferido o sentenciado. Somente a transferência assim realizada desloca a competência para a execução da pena.

---

[28] STJ, *Habeas Corpus* 166.837/MS, *DJ* 12.09.2011.

Situação questionável respeita à transferência de presos por determinação do Poder Executivo sob o fundamento de que razões de segurança assim autorizam. Tais remoções, contudo, revelam-se ilegais e violam a competência estatuída no art. 66, V, *g*, da LEP, que expressamente atribui ao juiz da execução a competência para decidir a respeito. Nesse viés, deve-se concluir que a transferência de preso é matéria jurisdicional, não podendo decorrer de atos meramente administrativos.

E quanto à transferência de presos para outros países? Nesse caso, deve-se obedecer ao que tiver sido estabelecido em acordos internacionais. É o caso, por exemplo, do tratado de transferência de presos condenados estabelecido com a Espanha (Decreto 2.576/1998), com vistas a promover a reabilitação social dos presos, permitindo que estes cumpram suas penas no país do qual sejam nacionais. Veja-se que esse pleito deverá ser apresentado perante o Ministério da Justiça e dependerá de anuência das autoridades dos países envolvidos.

6.1.2.2.20 Remoção do condenado para presídio federal (art. 66, V, *h*, da LEP)

Cuida-se, no art. 66, V, *h*, da LEP, da competência do juiz da execução para autorizar a transferência do condenado para presídio federal distante do local da condenação quando essa medida se justificar no interesse da segurança pública ou a do próprio condenado (art. 86, § 1º, da LEP).

A inclusão de presos em estabelecimentos federais de segurança máxima obedece ao disposto na L. 11.671/2008, que, no seu art. 3º, reitera os motivos que a autorizam dispostos no citado art. 86, § 1º, da LEP – "interesse da segurança pública ou a do próprio condenado". Regulamentando essa Lei, dispõe o Decreto 6.877/2009, em seu art. 3º, que para a inclusão ou transferência, o preso deverá possuir, ao menos, uma das seguintes características: "ter desempenhado função de liderança ou participado de forma relevante em organização criminosa; ter praticado crime que coloque em risco a sua integridade no ambiente prisional de origem; estar submetido ao Regime Disciplinar Diferenciado – RDD; ser membro de quadrilha ou bando,[29] envolvido na prática reiterada de crimes com violência ou grave ameaça; ser réu colaborador ou delator premiado, desde que essa condição represente risco à sua integridade física no ambiente prisional de origem; estar envolvido em incidentes de fuga, de violência ou de grave indisciplina no sistema prisional de origem".

Observe-se que a transferência de preso oriundo de outro sistema penitenciário para estabelecimento penal federal de segurança máxima, nos termos regulados pela L. 11.671/2008, constitui medida de exceção, sendo inspirada em fatos e fundamentos adequadamente justificados pelo juízo que solicitar essa providência, qual seja, a Vara de Execução Penal de origem. Realizado esse pleito, cabe ao Juízo da Justiça Federal que jurisdiciona o estabelecimento penal para o qual transferido o preso aceitar as razões do juízo solicitante, que é o único habilitado a declarar a necessidade da transferência, salvo se existirem razões objetivas para tanto, tais como a superlotação carcerária e a

[29] O crime de *quadrilha ou bando*, previsto no art. 288 do Código Penal, com as alterações determinadas pela L. 12.850/2013, teve seu nomen iuris modificado para *associação criminosa*, considerando-se como tal a conduta de "associarem-se 3 (três) ou mais pessoas, para o fim específico de cometer crimes".

incapacidade do presídio para receber novos apenados[30]. Neste último caso, rejeitada a transferência, o juízo de origem poderá suscitar o conflito de competência perante o tribunal competente (ao Superior Tribunal de Justiça compete dirimir os conflitos existentes entre juiz federal e juiz estadual, *ex vi* do art. 105, I, *d*, da CF), que o apreciará em caráter prioritário (art. 9º da L. 11.671/2008).

São legitimados para requerer o processo de transferência do preso para estabelecimento penal federal de segurança máxima a autoridade administrativa (*v.g.*, o Secretário Estadual de Administração Penitenciária), o Ministério Público e o próprio preso (art. 5º da L. 11.671/2008).

A inclusão de preso em estabelecimento federal, nos termos disciplinados pela L. 11.671/2008, será excepcional e por prazo determinado (art. 10 da L. 11.671/2008), não podendo ser superior a trezentos e sessenta dias, renovável excepcionalmente quando solicitado motivadamente pelo juízo de origem (art. 10, § 1º, da L. 11.671/2008). Decorrido o prazo legal sem que tenha sido feito pedido de renovação da permanência do preso no estabelecimento federal, o juízo de origem ficará obrigado a recebê-lo novamente no estabelecimento penal sob sua jurisdição (art. 10, § 2º, da L. 11.671/2008). Existindo, porém, pedido de renovação, será este submetido ao juízo federal que jurisdiciona o presídio federal (art. 10, § 3º, da L. 11.671/2008). Aceita a renovação, o preso permanecerá no estabelecimento federal de segurança máxima em que estiver, retroagindo o termo inicial do prazo de trezentos e sessenta dias ao término do prazo anterior (art. 10, § 4º, da L. 11.671/2008). Rejeitada a renovação, faculta-se ao juízo de origem suscitar o conflito de competência, a ser apreciado pelo Superior Tribunal de Justiça (ao Superior Tribunal de Justiça compete dirimir os conflitos existentes entre juiz federal e juiz estadual, *ex vi* do art. 105, I, *d*, da CF) em caráter prioritário (art. 10, § 5º, da L. 11.671/2008).

6.1.2.2.21 Zelar pelo correto cumprimento da pena e da medida de segurança (art. 66, VI, da LEP)

O art. 66, VI, da LEP refere-se à função fiscalizatória do juiz da execução penal, a quem incumbe adotar todas as medidas necessárias para o regular cumprimento da pena e da medida de segurança, observando os deveres do sentenciado e ao comando legal de que ao condenado e ao internado são assegurados todos os direitos não atingidos pela sentença ou pela lei (art. 3º da LEP). A disposição, na verdade, mais uma vez consagra dentro da LEP a jurisdicionalização da execução penal, reclamando a intervenção do magistrado para promover e zelar pela regularidade do processo executivo, para decidir incidentes da execução e para solucionar os conflitos que importem em alteração do título executivo originário (livramento condicional, indulto, progressão e regressão de regime etc.).

Note-se que o art. 66, VI, da LEP insere cláusula genérica de competência do juiz da execução, permitindo firmar o entendimento de que a tarefa jurisdicional, no processo executivo, não se limita ao rol de atividades previsto nos demais incisos do mesmo dispositivo, cuja enumeração, portanto, não é exaustiva, mas meramente exemplificativa.

---

[30] "Não cabe ao Juízo Federal discutir as razões do Juízo Estadual, quando solicita a transferência de preso para estabelecimento prisional de segurança máxima, assim quando pede a renovação do prazo de permanência, porquanto este é o único habilitado a declarar a excepcionalidade da medida" (STJ, Conflito de Competência 120.929/RJ, *DJ* 16.08.2012).

6.1.2.2.22 Inspecionar os estabelecimentos penais (art. 66, VII, da LEP)

Refere o art. 66, VII, da LEP que cabe ao magistrado da execução penal "inspecionar, mensalmente, os estabelecimentos penais, tomando providências para o adequado funcionamento e promovendo, quando for o caso, a apuração de responsabilidade".

Conforme ensina Julio Fabbrini Mirabete, "para verificar o andamento das execuções, torna-se obrigatória a visita mensal a todos os estabelecimentos penais submetidos à competência do magistrado. Terá o juiz da execução, assim, condições de verificar *in loco* a situação desses estabelecimentos, podendo determinar as medidas necessárias para seu adequado funcionamento, tornando efetivas as determinações legais e judiciais concernentes ao cumprimento das penas e ao desconto das medidas de segurança. Apuradas as irregularidades ou deficiências, caberá a ele promover a apuração de responsabilidade administrativa e penal dos infratores, na forma que a lei estabelece (requisição de ação penal, instauração de procedimento administrativo etc.)"[31].

Tais inspeções, na verdade, relacionam-se com a atividade fiscalizatória prevista no art. 66, VI, da LEP e assumem papel importante no curso da execução, pois é por meio delas que terá o juiz condições de verificar pessoalmente as condições dos estabelecimentos penais, constatando irregularidades e adotando as medidas cabíveis para apuração de eventuais responsabilidades, em especial aquelas relacionadas à violação dos direitos assegurados ao preso pela Lei de Execução Penal.

Cabe ressaltar, entretanto, que a competência estabelecida pelo art. 66, VII, da LEP ao juiz da execução para inspecionar estabelecimentos penais não é exclusiva, cabendo também ao Ministério Público, fiscal da lei por excelência, a fiscalização da execução da pena e a inspeção dos estabelecimentos prisionais. Tal atribuição do *parquet* encontra-se expressa no art. 25, VI, da L. 8.625/1993, dispondo que incumbe ao Ministério Público "exercer a fiscalização dos estabelecimentos prisionais", e no art. 68, parágrafo único, da LEP dizendo que "o Ministério Público visitará mensalmente os estabelecimentos penais". Assim, sendo a inspeção dos estabelecimentos penais atribuição tanto do juiz da execução quanto do Ministério Público, infere-se que devem estes Órgãos atuar conjuntamente, "mesmo porque ambos têm como meta precípua, no desenvolvimento de suas atividades, o atendimento aos fins sociais e às exigências do bem comum"[32].

6.1.2.2.23 Interditar estabelecimentos penais (art. 66, VIII, da LEP)

A interdição, total ou parcial, dos estabelecimentos penais constitui medida excepcional, justificada na hipótese de constatar o juiz da execução penal a ocorrência de graves irregularidades ou deficiências que não possam ser solucionadas por outro meio que não a remoção dos apenados para local diverso. Autorizam-na, por exemplo, situações relacionadas à superlotação, à falta de condições de habitabilidade compatíveis com a dignidade dos sentenciados que cumprem pena no local, à inexistência das condições mínimas de higiene e à deterioração estrutural da casa prisional.

Embora se reconheça que é mais favorável ao processo de ressocialização que o apenado cumpra pena junto aos seus familiares, a situação extrema de interdição do presídio autoriza sua transferência para estabelecimentos situados em outras localidades,

---

31 Julio Fabbrini Mirabete, op. cit., p. 225.

32 TJRS, Mandado de Segurança 70010929867, j. 15.06.2005.

especialmente por se considerar que tal interdição tem por fim resguardar a integridade física e moral do apenado.

Discute-se a possibilidade de concessão de prisão domiciliar aos condenados no período em que persistir interditado o estabelecimento penal. Por muito tempo, prevaleceu a orientação de que a precariedade e a superlotação dos estabelecimentos prisionais não podem servir, isoladamente, como fundamento para o deferimento da prisão domiciliar, por constituir flagrante desvio aos limites fixados na sentença penal condenatória e infração ao princípio da individualização da pena. Além do mais, a hipótese não se enquadraria no art. 117 da LEP, que enumera taxativamente as possibilidades de cumprimento da pena nessa modalidade de prisão, implicando a liberação dos condenados estimular o Poder Executivo a permanecer omisso na geração de vagas e no aprimoramento do sistema prisional[33]. Essa orientação, na atualidade, não persiste, pois aprovada pelo STF, em 19.06.2016, a **Súmula Vinculante 56**, na qual ficou estabelecido que *"a falta de estabelecimento penal adequado não autoriza a manutenção do condenado em regime prisional mais gravoso, devendo-se observar, nesta hipótese, os parâmetros fixados no RE 641.320/RS"*. Mencionado recurso extraordinário insere o posicionamento da Corte na hipótese de falta de vagas para cumprimento de pena nos regimes semiaberto e aberto, estabelecendo diretrizes a serem observadas pelos Juízes das Varas de Execução Penal, as quais incluem a possibilidade de deferimento de prisão domiciliar.

Perceba-se, por fim, que a decisão que interdita total ou parcialmente estabelecimentos penais possui natureza jurisdicional e não administrativa. Nesse contexto, pode ser atacada por meio de agravo da execução, fundamentado este no art. 197 da LEP.

6.1.2.2.24 Compor o conselho da comunidade (art. 66, IX, da LEP)

Trata-se o conselho da comunidade de órgão colegiado da execução penal, ao qual incumbe visitar, pelo menos mensalmente, os estabelecimentos penais existentes na comarca; entrevistar presos; apresentar relatórios ao juiz da execução e ao Conselho Penitenciário e diligenciar a obtenção de recursos materiais e humanos para melhor assistência ao preso ou internado (art. 81 da LEP).

É composto pelos seguintes membros: um representante da Associação Comercial ou Industrial; um advogado indicado pela Seção da OAB; um defensor público indicado pelo Defensor Público Geral e um assistente social escolhido pela Delegacia Seccional do Conselho Nacional de Assistentes Sociais (art. 80 da LEP).

Discute a doutrina se o juiz da execução também deve integrar o conselho da comunidade. Julio Fabbrini Mirabete compreende que, "embora não esteja expresso, é evidente que lhe cabe a presidência do conselho"[34]. Discordamos, contudo, dessa posição. Isso porque, em primeiro lugar, o art. 80 é expresso ao indicar a composição do conselho, nele não incluindo o juiz. Além disso, entre as atribuições do colegiado está a apresentação de relatórios ao juiz da execução (art. 81, III, da LEP), o que sugere não fazer ele parte do conselho. Quanto à disposição do art. 66, IX, da LEP, dispondo como competência do magistrado "compor o conselho da comunidade", implica dizer, a nosso ver, que cabe a ele organizar esse colegiado à luz dos critérios legais, promovendo-lhe o devido funcionamento.

---

33 TJRS, Agravo 70048384945, j. 27.09.2012.

34 Julio Fabbrini Mirabete, op. cit., p. 226.

6.1.2.2.25 Emitir anualmente atestado de pena a cumprir (art. 66, X, da LEP)

Constitui direito do preso a emissão de atestado de pena a cumprir, o que deve ser feito anualmente, sob pena de responsabilidade do juiz competente (art. 41, XVI, da LEP). Esse direito foi incluído pela L. 10.713/2003, justificando-se na necessidade de fornecer ao preso, pelo menos uma vez por ano, o atestado com a indicação do saldo de pena a cumprir. Justifica-se a previsão, mesmo porque o cálculo da pena pode não se limitar a simples operação aritmética entre o total já cumprido e o que há pela frente. O trabalho do preso, por exemplo, confere a ele o direito de remir parte da pena (arts. 126 a 130 da LEP). Além do mais, determinadas situações podem alterar o saldo final, como é o caso da unificação de penas, de competência do juiz da execução, consistente no reconhecimento do crime continuado ou do concurso formal próprio em sede executória.

Perceba-se que o art. 10 da Resolução 2, de 24.06.2016, do Conselho Nacional de Política Criminal e Penitenciária estabelece medidas para assegurar o direito do preso de acesso ao conteúdo do atestado de pena a cumprir e para conferir efetividade a tal providência. Para tanto, determina que tal documento deverá consignar, entre outras informações eventualmente necessárias, o montante da pena privativa de liberdade, o regime prisional de cumprimento da pena, as datas de início e término de cumprimento e a data a partir da qual o apenado poderá postular a progressão de regime e o livramento condicional.

6.1.3 Ministério Público (arts. 67 e 68 da LEP)

Dispõe o art. 67 da LEP que "o Ministério Público fiscalizará a execução da pena e da medida de segurança, oficiando no processo executivo e nos incidentes da execução". A partir dessa previsão, infere-se que lhe incumbe atuar em todo o processo executivo, vale dizer, desde o início do cumprimento da pena (art. 195 da LEP) até seu final e a consequente extinção da punibilidade do sentenciado.

No curso dessa atuação, duas ordens de intervenção são facultadas ao promotor de justiça: uma, no sentido de *requerer* deliberações judiciais relacionadas à concessão ou revogação de benefícios, instauração de incidentes, conversões e demais providências concernentes ao desenvolvimento do processo executivo; outra, no sentido de *intervir* mediante a formulação de pareceres em relação a situações materializadas no processo de execução criminal decorrentes de postulações do apenado ou do seu defensor, de manifestações do conselho da comunidade, de pronunciamentos do Conselho Penitenciário, de constatações *ex officio* do juiz da execução etc.

Na esteira de consolidada jurisprudência, a ausência de manifestação do Ministério Público em todas as fases referentes à execução da pena é causa de nulidade absoluta[35]. Note-se que, não bastasse a disposição genérica do art. 67 da Lei de Execução Penal, em vários dispositivos esse diploma traz expressa a necessidade de oitiva do *parquet* previamente a pronunciamentos judiciais. É o caso, por exemplo, da progressão de regime (art. 112, § 1º, da LEP), da saída temporária (art. 123 da LEP), da remição (art. 126, § 8º, da LEP) e da concessão e revogação do livramento condicional (arts. 131 e 143

[35] TJSP, Agravo 990.09.103404-5, j. 01.09.2009; TJRS, Agravo 70025098401, j. 31.07.2008.

da LEP) e da extinção da medida de segurança diante da cessação da periculosidade (art. 175, III, da LEP).

O art. 68 da LEP arrola uma série de atribuições do Ministério Público. Evidentemente, esse rol é meramente exemplificativo e, na verdade, revela-se até desnecessário, já que a amplitude do art. 67 da mesma lei abrange as situações nele previstas. De acordo com a disposição legal, incumbe ao Ministério Público:

- **Fiscalizar a regularidade formal das guias de recolhimento e internamento (art. 68, I, da LEP):** Transitada em julgado a sentença, cabe ao juiz determinar a expedição da competente guia de recolhimento, no caso de aplicação de pena privativa de liberdade (art. 105 da LEP), e de internamento ou tratamento ambulatorial na hipótese de aplicação de medida de segurança (art. 171 da LEP). Essas guias serão extraídas e rubricadas pelo escrivão e assinadas pelo juiz, sendo, ato contínuo, encaminhadas à autoridade administrativa incumbida da execução.

Sendo o caso de *pena privativa de liberdade*, a guia de recolhimento deverá conter (art. 106 da LEP): *o nome do condenado; a sua qualificação civil e o número do registro geral no órgão oficial de identificação; o inteiro teor da denúncia e da sentença condenatória, bem como certidão do trânsito em julgado; a informação sobre os antecedentes e o grau de instrução; a data da terminação da pena; outras peças do processo reputadas indispensáveis ao adequado tratamento penitenciário.*

Por outro lado, no caso de cumprimento de *medida de segurança*, são requisitos da guia (art. 173 da LEP): *a qualificação do agente e o número do registro geral do órgão oficial de identificação; o inteiro teor da denúncia e da sentença que tiver aplicado a medida de segurança, bem como a certidão do trânsito em julgado; a data em que terminará o prazo mínimo de internação ou do tratamento ambulatorial; outras peças do processo reputadas indispensáveis ao adequado tratamento ou internamento.*

Em um e outro casos, deverá ser dada ciência da guia ao Ministério Público, cabendo-lhe verificar sua regularidade, bem como se espelha a condição jurídica do sentenciado. E não é só. Considerando que a guia de recolhimento, internamento ou tratamento ambulatorial deve ser retificada por ordem do juiz da execução sempre que houver modificação quanto ao prazo de execução (arts. 106, § 2º, e 173, § 2º), cabe ao Ministério Público intervir, também, por ocasião dessas retificações a fim de verificar a exata correspondência com a situação jurídica do indivíduo.

- **Requerer todas as providências necessárias ao desenvolvimento do processo executivo (art. 68, II, *a*, da LEP):** A disposição é inócua perante o que determina o art. 67 da LEP. É evidente que, se nos termos desse artigo, cabe ao Ministério Público fiscalizar a execução da pena e da medida de segurança, oficiando no processo executivo e nos incidentes, compete-lhe também postular ao juiz todas as medidas necessárias à regularidade da execução criminal.
- **Requerer a instauração dos incidentes de excesso ou desvio de execução (art. 68, II, *b*, da LEP):** De acordo com o art. 185 da LEP, "haverá excesso ou desvio de execução sempre que algum ato for praticado além dos limi-

tes fixados na sentença, em normas legais ou regulamentares". Ocorre o *excesso* na hipótese de execução abusiva da pena ou da medida de segurança, violando-se direito do sentenciado em termos de *quantidade* de punição. É o caso do indivíduo que permanece preso, muito embora, diante de remição anteriormente concedida, a pena já esteja cumprida. Já o *desvio* refere-se a situações nas quais, em dado momento, a execução passa a destoar dos parâmetros estabelecidos pela lei ou por decisão judicial, podendo referir-se não apenas ao afrontamento de direitos do sentenciado como também a benefícios impropriamente concedidos. Aqui, o constrangimento ilegal supera em conteúdo *qualitativo* os limites fixados. Ilustra-se o caso de ter sido deferido ao apenado a progressão para o regime semiaberto, permanecendo ele, contudo, no regime fechado diante da ausência de vaga em estabelecimento compatível com o regime mais brando[36]; ou da hipótese em que deferido livramento condicional quando ainda não implementado o tempo mínimo de cumprimento de pena exigido por lei.

- **Requerer a aplicação de medida de segurança, bem como a substituição da pena por medida de segurança (art. 68, II, *c*, da LEP):** Como já dissemos nos itens 6.1.2.2.14 e 6.1.2.2.15, a aplicação da medida de segurança propriamente dita compete ao juiz da sentença e não ao juiz da execução. A este último incumbe, isto sim, a fiscalização de seu cumprimento. Compete-lhe também, substituir a pena imposta por medida de segurança quando, no curso da execução, sobrevier doença mental ao condenado. Logo, ao contrário do que sugere o art. 68, II, *c*, da LEP, não cabe ao Ministério Público requerer ao juiz da execução a "aplicação de medida de segurança", o que é da alçada do juiz da sentença, mas simplesmente requerer a ele a substituição da pena por medida de segurança quando acometido o apenado de problemas mentais no curso da execução da pena privativa de liberdade.
- **Requerer a revogação da medida de segurança (art. 68, II, *d*, da LEP):** A revogação da medida de segurança ocorrerá em duas hipóteses: primeira, estabelecida por lei, quando constatada a cessação da periculosidade do indivíduo; e, segunda, quando transcorrido o máximo de prazo aceito pela jurisprudência (veja-se que a lei não estabelece prazo máximo, apenas prazo mínimo) para duração da medida de segurança. Consoante já examinamos no tópico 6.1.2.2.16, para o STJ essa limitação corresponde ao máximo da pena abstratamente cominada ao delito perpetrado[37]. Já para o STF, a medida de segurança fica jungida ao período máximo de 30 anos, tal como previsto no art. 75 do Código Penal em relação ao cumprimento da pena privativa de liberdade[38].
- **Requerer a conversão de penas (art. 68, II, *e*, da LEP):** O art. 180 da LEP possibilita a conversão da **pena privativa de liberdade em restritiva de direitos**

---

36 TJSP, *Habeas Corpus* 0226653-41.2012.8.26.0000, j. 06.12.2012.

37 Súmula 527 (aprovada em 18.05.2015).

38 STF, *Habeas Corpus* 107.777/RS, *DJ* 07.02.2012.

no curso da execução da pena quando observados os seguintes requisitos: *1. Condenação a pena privativa de liberdade não superior a dois anos; 2. Encontrar-se o condenado cumprindo pena em regime aberto; 3. Ter sido cumprido o mínimo de um quarto da pena; 4. Os antecedentes e a personalidade do condenado indicarem ser recomendável a conversão.* Por sua vez, os arts. 44, §§ 4º e 5º, do Código Penal e 181 da LEP contemplam a **conversão da pena restritiva de direitos em privativa de liberdade** no âmbito da execução na hipótese de descumprimento injustificado da restrição imposta e da ocorrência de fato novo, como a prática de falta grave e a superveniência de condenação por outro crime à pena privativa de liberdade cuja execução não tenha sido suspensa. Relativamente à **conversão da pena de multa em prisão**, na atualidade, não existe mais essa possibilidade, restando tacitamente revogadas quaisquer disposições legais que assim estabelecerem. Isso ocorre porque o art. 1º da L. 9.268/1996 atribuiu nova redação ao art. 51 do Código Penal, passando este a dispor que, "transitada em julgado a sentença condenatória, a multa será considerada dívida de valor, aplicando-se-lhe as normas da legislação relativa à dívida ativa da Fazenda Pública, inclusive no que concerne às causas interruptivas e suspensivas da prescrição". Percebe-se dessa disciplina que a multa assumiu o caráter de *dívida de valor*, implicando no seu não pagamento, portanto, em ser executada como tal, com citação do condenado para pagamento sob pena de penhora e demais termos legais, nos termos estabelecidos pela L. 6.830/1980, que regulamenta a execução fiscal.

- **Requerer a progressão ou regressão nos regimes (art. 68, II, *e*, da LEP):** Já dissemos que as penas privativas de liberdade são executadas segundo um sistema progressivo, passando o condenado do regime mais gravoso ao menos severo. Sem embargo, determinados atos, fatos ou circunstâncias legalmente previstos, relacionados ao comportamento do apenado ou à prática de outro crime, podem conduzir o sentenciado à regressão do regime carcerário. Pois bem, no desempenho da função fiscalizatória da execução penal, faculta a lei ao Ministério Público requerer a progressão e a regressão do regime prisional do condenado.

- **Requerer a revogação da suspensão condicional da pena (art. 68, II, *e*, da LEP):** Dispõe o art. 162 da LEP que a revogação da suspensão condicional da pena dar-se-á na forma do art. 81 do Código Penal. Este, por sua vez, estabelece causas de **revogação obrigatória** e de **revogação facultativa**, uma e outra atinentes à competência do juiz da execução. Ocorrerá a revogação obrigatória se, no curso do prazo, o beneficiário for condenado, em sentença irrecorrível, por crime doloso; frustrar, embora solvente, a execução de pena de multa ou não efetuar, sem motivo justificado, a reparação do dano; descumprir a obrigação de prestação de serviços à comunidade ou de submeter-se à limitação de fim de semana no primeiro ano do prazo. De outra sorte, será facultativa a revogação se o condenado descumprir qualquer outra condição imposta ou for irrecorrivelmente condenado, por crime culposo ou contravenção, a pena privativa de liberdade ou restritiva de direitos.

- **Requerer a revogação do livramento condicional (art. 68, II, *e*, da LEP):** De acordo com o art. 140 da LEP, a revogação do livramento condicional dar-se-á nas hipóteses previstas nos arts. 86 e 87 do Código Penal, relativos a situações de **revogação obrigatória** e de **revogação facultativa**, respectivamente. Com efeito, revoga-se obrigatoriamente o livramento condicional se o liberado vem a ser condenado a pena privativa de liberdade, em sentença irrecorrível, por crime cometido durante a vigência do benefício ou se for condenado por crime anterior, observando-se, neste último caso, que a revogação apenas ocorrerá quando a soma do tempo que resta a cumprir com a nova condenação não permita a permanência do apenado em liberdade, nos termos do art. 84 do CP. Por outro lado, será facultativa a revogação quando o liberado deixar de cumprir qualquer das condições constantes da sentença, ou for irrecorrivelmente condenado, por crime ou contravenção, a pena que não seja privativa de liberdade.
- **Requerer a internação, a desinternação e o restabelecimento da situação anterior (art. 68, II, *f*, da LEP):** A **internação** do apenado em hospital de custódia e tratamento psiquiátrico é providência estipulada pelo art. 41 do Código Penal, cabível na hipótese de seu acometimento por problemas mentais no curso da execução da pena privativa de liberdade. Tal medida não se confunde com a conversão da pena em medida de segurança, a qual está prevista no art. 183 da LEP. No primeiro caso, com efeito, recuperada a sanidade mental, retorna o apenado ao estabelecimento penitenciário para dar continuidade ao cumprimento da pena, descontando-se da pena o tempo de internação. No segundo caso, cessada a periculosidade, extingue-se a medida de segurança. Uma e outra situações - internação e conversão da pena em medida de segurança - competem ao juiz da execução. Quanto à **desinternação**, tem lugar no caso de estar o indivíduo cumprindo medida de segurança de internação, cessando, porém, a sua periculosidade. Tal situação impõe ao juiz a extinção (revogação) da medida de segurança em execução. Por fim, o **restabelecimento da situação anterior** é previsão genérica que tem lugar, por exemplo, na hipótese de o agente praticar fato indicativo de persistência de periculosidade no período de um ano após a desinternação ou liberação do tratamento ambulatorial (arts. 97, § 3º, e 98 da LEP), caso em que deverá retornar ao cumprimento da medida de segurança a que antes estava sujeito. Dá-se, também, o *restabelecimento da situação anterior* quando o indivíduo que cumpre pena, internado por força do art. 41 do Código Penal em hospital psiquiátrico, recupera sua condição mental, retornando assim ao estabelecimento penitenciário onde antes se encontrava.
- **Interpor recursos das decisões proferidas pela autoridade judiciária durante a execução (art. 68, III, da LEP):** O recurso previsto na LEP para o insurgimento em relação às decisões do juiz da execução penal é o agravo, contemplado no art. 197 daquele diploma. Esse recurso pode ser manejado pelo Ministério Público quer em favor do apenado, quer em sentido contrário. Em qualquer hipótese, não possui efeito suspensivo.

Atribuições do Ministério Público na execução criminal

Fiscalizar a execução da pena e da medida de segurança, oficiando em todos os termos do processo executivo e nos incidentes da execução (art. 67 da LEP). Dentro dessa atuação, incumbe-lhe, especialmente (art. 68 da LEP)

- Fiscalizar a regularidade da guia de recolhimento, de internamento e de tratamento ambulatorial, vale dizer, se espelham a real condição jurídica do indivíduo submetido a pena e a medida de segurança
- Postular ao juiz todas as providências necessárias à regularidade da execução criminal
- Requerer a instauração de incidentes de excesso e desvio da execução
- Requerer a substituição da pena por medida de segurança, na hipótese de superveniência de doença mental, bem como a revogação da medida de segurança quando cessada a periculosidade do agente ou alcançados os prazos definidos pela jurisprudência como sendo o máximo da medida de segurança
- Requerer a conversão de pena restritiva de direito em privativa de liberdade e privativa de liberdade em restritiva de direitos, nos casos previstos em lei
- Requerer progressão e regressão de regime; revogação do *sursis*; revogação do livramento condicional, internação e desinternação do indivíduo
- Interpor recursos
- Visitar mensalmente os estabelecimentos penais

- **Visitar mensalmente os estabelecimentos penais (art. 68, parágrafo único, da LEP):** Assim como a lei prevê em relação ao juiz da execução penal (art. 66, VII, da LEP), também o Ministério Público possui a atribuição de visitar mensalmente os presídios a fim de constatar-lhes a regularidade, adotando, caso assim não ocorra, as medidas legais e judiciais pertinentes. Essa função vem ao encontro do que dispõe o art. 25, VI, da L. 8.625/1993, estabelecendo como incumbência do Ministério Público *exercer a fiscalização dos estabelecimentos penais.*

6.1.4 Conselho Penitenciário (arts. 69 e 70 da LEP)

Depreende-se dos arts. 69 e 70 da LEP que o *Conselho Penitenciário* é órgão consultivo e fiscalizador da execução da pena, constituindo um verdadeiro elo entre os Poderes Executivo e Judiciário no que se refere a esse tema. É *órgão consultivo* na medida em que lhe compete opinar, mediante pareceres, nas situações que lhe são enviadas à análise, por exemplo, em relação à concessão de benefícios penitenciários; é *órgão fiscalizador* no sentido de que lhe cabe zelar pela observância dos direitos e interesses dos sentenciados.

O *Conselho Penitenciário* será integrado por membros nomeados pelo governador do estado, do Distrito Federal e dos Territórios, entre professores e profissionais da área do direito penal, processo penal, penitenciário e ciências correlatas, bem como por representantes da comunidade, com mandato de quatro anos. A legislação federal e estadual regulará o seu funcionamento (art. 69 da LEP). No Estado de São Paulo, por exemplo, o Conselho Penitenciário encontra-se estruturado **na forma prevista no Decreto 46.623/2002**. É composto por vinte membros efetivos, escolhidos e indicados entre profissionais que apresentem experiência de, no mínimo, dez anos na área de Direito Penal, Processual Penal, Penitenciário e ciências correlatas, observada a seguinte distribuição: seis médicos psiquiatras, indicados pelo Conselho Regional de Medicina do Estado de São Paulo; quatro Procuradores de Justiça, indicados pelo Procurador-Geral de Justiça do Estado; dois Procuradores da República, indicados pelo Procurador-Geral da República; quatro advogados, indicados pela Ordem dos Advogados do Brasil – Seção São Paulo, sendo dois deles na qualidade de representantes da comunidade; dois Procuradores do Estado, da Procuradoria de Assistência Judiciária, indicados pelo Procurador-Geral do Estado; e dois psicólogos, indicados pelo Conselho Regional de Psicologia do Estado de São Paulo, além de dirigentes de órgãos com atuação no sistema prisional, estes últimos na qualidade de membros informantes, sem direito a voto (art. 71 do Decreto 46.623/2002).

Não havendo restrição em lei, nada obsta a que os membros do Conselho Penitenciário, vencido o respectivo mandato, sejam reconduzidos. Também não se afasta a possibilidade de sua exoneração antes do final do período de quatro anos, o que pode ser motivado pela prática de infrações penais ou administrativas, tudo conforme dispuser a legislação que rege a matéria.

Constituem atribuições do Conselho Penitenciário, nos termos do art. 70 da LEP:

- **Emitir parecer sobre indulto e comutação de pena, excetuada a hipótese de pedido de indulto com base no estado de saúde do preso (art. 70, I, da LEP):** Por *indulto* compreende-se o perdão deferido pelo Presidente da República mediante decreto, acarretando a extinção da punibilidade do agente (art. 107, II, do

CP). Já a *comutação* também chamada indulto parcial, consiste na redução da pena ou sua substituição por outra de menor gravidade, não implicando extinção da punibilidade. Pois bem, em um e outro caso, cabe ao Conselho Penitenciário manifestar-se previamente, emitindo parecer que poderá ser favorável ou contrário ao deferimento do benefício. Tal atribuição do Conselho Penitenciário harmoniza-se com a disciplina do art. 84, XII, da CF, quando refere que compete ao Presidente da República *conceder indulto e comutar penas, com audiência, se necessário, dos órgãos instituídos em lei*. Sem embargo da regra, percebe-se do dispositivo que ressalva da necessidade de parecer do Conselho Penitenciário a hipótese do indulto com base no estado de saúde do preso, conhecido como *indulto humanitário*. É que, nesse caso, os requisitos para concessão devem ser estipulados objetivamente pelo decreto presidencial. Isso inclui o fato de o sentenciado ser portador de doença grave permanente exigente de cuidados contínuos, o que pode ser comprovado por laudo médico oficial, dispensando, por isso mesmo, a necessidade de serem apresentados outros elementos pelo Conselho Penitenciário com o fim de subsidiar a decisão judicial.

A despeito da relevância do parecer do Conselho Penitenciário para subsidiar a decisão judicial, é certo que não há necessária vinculação do juiz da execução a seus termos. Em outras palavras, desde que devidamente fundamentado, pode o juiz deferir o indulto e a comutação de penas mesmo na hipótese de parecer contrário do conselho, assim como indeferir tais benefícios em que pese haja manifestação favorável do referido colegiado.

Antes das alterações ditadas pela L. 10.792/2003, estabelecia o art. 70, I, da LEP também a necessidade de ser ouvido o Conselho Penitenciário em relação ao livramento condicional. Muito embora tenha ocorrido a supressão dessa exigência na nova redação conferida ao dispositivo, parte expressiva da doutrina sustenta que a formalidade ainda é necessária, visto que não modificado o art. 131 da LEP, dispondo que o livramento condicional poderá ser concedido pelo juiz da execução quando presentes os requisitos legais, *ouvidos o Ministério Público e Conselho Penitenciário*. Em sentido contrário, porém, decidiu o Superior Tribunal de Justiça, compreendendo que a L. 10.792/2003 retirou do Conselho Penitenciário a atribuição para emitir parecer sobre o livramento condicional[39].

- **Inspecionar os estabelecimentos penais (art. 70, II, da LEP):** Trata-se de atribuição que se relaciona com a atividade fiscalizatória da execução da pena, permitindo-se ao Conselho Penitenciário representar ao juiz da execução na hipótese de constatar irregularidades nos estabelecimentos penais, com vista à adoção das medidas legais e judiciais que se fizerem necessárias.
- **Apresentar, no primeiro trimestre de cada ano, ao Conselho Nacional de Política Criminal e Penitenciária, relatório dos trabalhos efetuados no exercício anterior (art. 70, III, da LEP):** Objetivou o legislador, nesse caso, permitir que o resultado das análises efetuadas pelo Conselho Penitenciário nas inspeções realizadas em estabelecimentos penais e na apreciação das situações relacionadas

[39] STJ, Recurso Especial 773.635/DF, *DJ* 03.04.2006.

à concessão de benefícios sejam utilizadas pelo Conselho Nacional de Política Criminal e Penitenciária no que concerne, especialmente, à propositura das diretrizes da política criminal quanto à prevenção do delito, administração da Justiça Criminal e execução das penas e da medida de segurança, bem como na elaboração de planos nacionais de desenvolvimento e apresentação das metas e prioridades da política criminal e penitenciária.

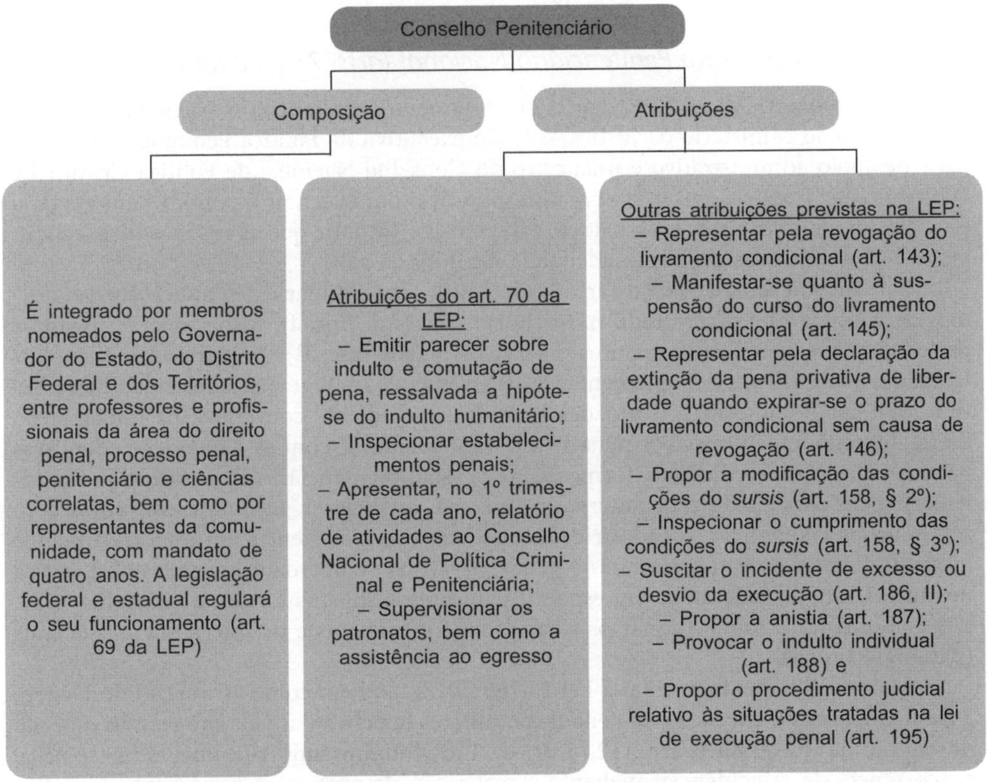

- **Supervisionar os patronatos, bem como a assistência aos egressos (art. 70, IV, da LEP):** Levando em conta as atribuições que possui e a sua composição, é inequívoco que o Conselho Penitenciário pode contribuir na ajuda aos egressos do sistema penitenciário, garantindo a defesa dos direitos assegurados em lei a fim de facilitar a sua reinserção no meio social. Nos termos do art. 26 da LEP, considera-se egresso o "liberado definitivo, pelo prazo de um ano a contar da saída do estabelecimento, e o liberado condicional, durante o período de prova".

Note-se que o rol de atribuições do Conselho Penitenciário previsto no art. 70 da LEP não é taxativo, na medida em que a própria Lei de Execução Penal estabelece, em dispositivos esparsos, diversas outras funções tais como: representar pela revogação do livramento condicional (art. 143); manifestar-se quanto à suspensão do curso do livramento condicional (art. 145); representar pela declaração da extinção da pena privativa de liberdade quando expirar-se o prazo do livramento condicional sem causa de revogação (art. 146); propor a modificação das condições do *sursis* (art. 158, § 2º); inspecionar o cumprimento das condições do *sursis* (art. 158, § 3º); suscitar o incidente de excesso ou desvio da execução (art. 186, II); propor a anistia (art. 187); provocar o indulto individual (art. 188); e propor o procedimento judicial relativo às situações tratadas na lei de execução penal (art. 195).

6.1.5 Departamentos penitenciários

6.1.5.1 Departamento Penitenciário Nacional (arts. 71 e 72 da LEP)

Dispõe o art. 71 da LEP que o Departamento Penitenciário Nacional (Depen), subordinado ao Ministério da Justiça, é órgão executivo da Política Penitenciária Nacional e de apoio administrativo e financeiro do Conselho Nacional de Política Criminal e Penitenciária. Trata-se, enfim, do órgão responsável por executar a política penitenciária estabelecida pelo Ministério da Justiça, cabendo-lhe garantir que as normas de execução penal sejam aplicadas de forma adequada em todo o país.

São atribuições do Depen (art. 72 da LEP): acompanhar a fiel aplicação das normas de execução penal em todo o Território Nacional (inc. I); inspecionar e fiscalizar periodicamente os estabelecimentos e serviços penais (inc. II); assistir tecnicamente as Unidades Federativas na implementação dos princípios e regras estabelecidos nesta Lei (inc. III); colaborar com as Unidades Federativas mediante convênios, na implantação de estabelecimentos e serviços penais (inc. IV); colaborar com as Unidades Federativas para a realização de cursos de formação de pessoal penitenciário e de ensino profissionalizante do condenado e do internado (inc. V); estabelecer, mediante convênios com as Unidades Federativas, o cadastro nacional das vagas existentes em estabelecimentos locais destinadas ao cumprimento de penas privativas de liberdade aplicadas pela justiça de outra Unidade Federativa, em especial para presos sujeitos a regime disciplinar (inc. VI) e coordenar e supervisionar os estabelecimentos penais e de internamento federais (parágrafo único).

Mais recentemente, incluiu a Lei 13.769/2018, também como atribuição do Depen, a de acompanhar a execução da pena das mulheres beneficiadas pela progressão especial de regime de que trata o art. 112, § 3º, da LEP, monitorando sua integração social e a ocorrência de reincidência mediante a realização de avaliações periódicas e de estatísticas criminais (art. 72, VII). Trata-se, aqui, da progressão com tempo abrandado de cumprimento de pena, viabilizada, mediante o cumprimento de requisitos previstos no referido § 3º, a condenadas gestantes ou mães ou responsáveis por crianças ou pessoas com deficiência). Tal progressão, preenchidas as condições que a autorizam, poderá ocorrer a partir do cumprimento de 1/8 (um oitavo) da pena no regime anterior, possibilidade esta que alcança, inclusive, as condenadas por crimes hediondos e equiparados, mesmo que reincidentes (art. 2º, § 2º, *fine,* da L. 8.072/1990). Acerca dessa modalidade de progressão de regime prisional, remetemos o Leitor ao Capítulo 8, tópico 8.2.17.4, em que abordamos o tema.

Publicada em 2 de maio de 2016, a Portaria 495 do Ministério da Justiça estabeleceu, também como atribuição do Depen, a execução da Política Nacional de Alternativas Penais, instituída com o "objetivo de desenvolver ações, projetos e estratégias voltadas ao enfrentamento do encarceramento em massa e à ampliação da aplicação de alternativas penais à prisão, com enfoque restaurativo, em substituição à privação de liberdade" (art. 1º), incumbindo-lhe articular "com Estados, Distrito Federal e Municípios, bem como, com Poder Judiciário, Ministério Público e Defensoria Pública para o desenvolvimento dos projetos e ações previstos nesta Portaria" (art. 2º, § 1º) e fomentar "junto aos Estados e Distrito Federal, a instituição de estruturas organizacionais com competência formal para a articulação e gestão da política de alternativas penais em âmbito local" (art. 2º, § 2º).

6.1.5.2 Departamento Penitenciário Local (arts. 73 e 74 da LEP)

A Lei de Execução Penal possibilita aos estados-membros criar, no seu âmbito, departamento penitenciário ou órgão similar, com as atribuições que a lei local estabelecer (art. 73 da LEP), visando supervisionar e coordenar os estabelecimentos penais da respectiva Unidade da Federação. No Rio Grande do Sul, por exemplo, a faculdade legal foi concretizada por meio da *Superintendência dos Serviços Penitenciários* (Susepe), órgão estadual vinculado à Secretaria da Segurança Pública, responsável pelo planejamento da política penitenciária e pela execução administrativa das penas privativas de liberdade e das medidas de segurança. Em outros estados, como é o caso de São Paulo e Rio de Janeiro, foram instituídas Secretarias de Administração Penitenciária. Além de buscar a execução da pena de acordo com a sentença judicial, a esses órgãos deve ser incumbida a função de promover a melhoria contínua do sistema prisional, dotando-o de infraestrutura capaz de atender às demandas de humanização da pena, bem como de fortalecer ações de ressocialização e integração do preso na sociedade.

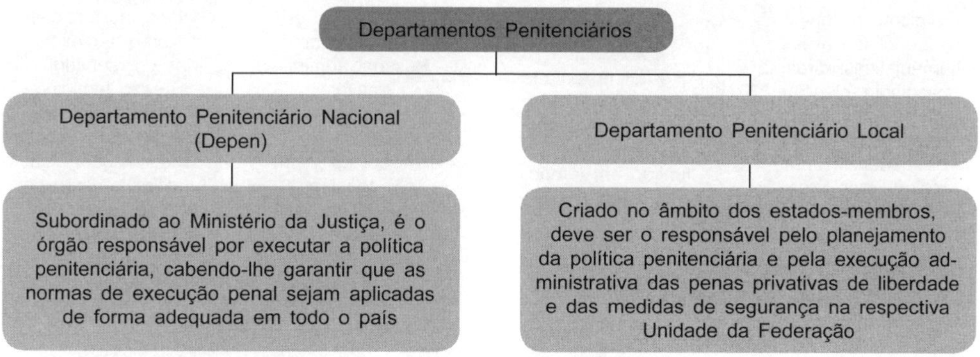

6.1.5.3 Direção e pessoal dos estabelecimentos penais (arts. 75 a 77 da LEP)

6.1.5.3.1 Diretor do estabelecimento penal

O exercício da função de diretor de estabelecimento penal exige o preenchimento dos seguintes requisitos, dispostos no art. 75 da LEP:

- Possuir diploma de nível superior em uma das seguintes áreas: Direito, Psicologia, Ciências Sociais, Pedagogia ou Serviços Sociais. Justifica-se a exigência da formação profissional diante da ligação das áreas mencionadas com aspectos relacionados à execução da pena;
- Possuir experiência na área relativa à administração penitenciária ou de hospital psiquiátrico;

- Tratar-se de pessoa com absoluta idoneidade moral e reconhecida aptidão para o desempenho da função.

Além disso, deverá o diretor residir no próprio estabelecimento, ou nas proximidades, dedicando tempo integral à função.

6.1.5.3.2 Quadro do Pessoal Penitenciário

Preocupou-se a Lei de Execução Penal com a organização do Quadro do Pessoal Penitenciário em diferentes categorias funcionais, estabelecidas de acordo com as necessidades do serviço, com especificação de atribuições relativas às funções de direção, chefia e assessoramento do estabelecimento e às demais funções (art. 76 da LEP). Isso se justifica na complexidade do processo de execução da pena, para o que releva o estabelecimento de funções diversas, vinculando-se pessoas especializadas no exercício das atribuições pertinente a cada uma delas.

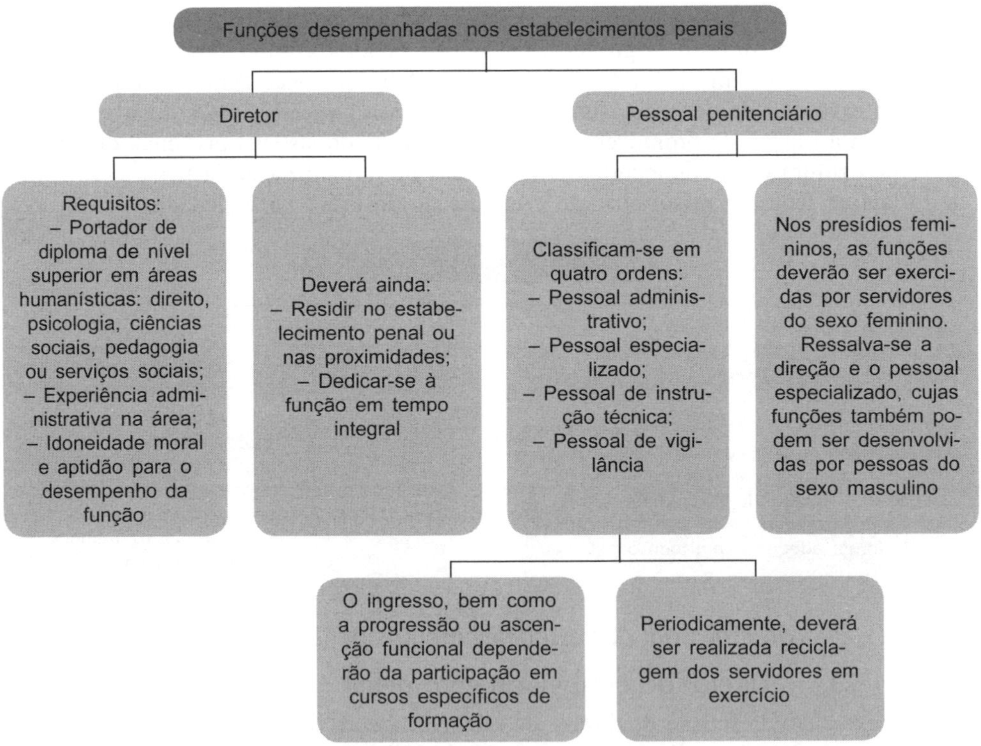

Infere-se, ainda, do texto legal que o pessoal penitenciário é distribuído em quatro categorias distintas (art. 77 da LEP): *pessoal administrativo* (diretor e outros servidores que exercem funções de chefia); *pessoal especializado* (médicos, dentistas, assistentes sociais, psicólogos etc.); *pessoal de instrução técnica* (professores, especialistas em ofícios determinados, educadores etc.) e *pessoal de vigilância* (guardas). Independentemente dessa classificação, estabelece a lei que o ingresso dos servidores, bem como a progressão e ascensão funcional estão condicionados à participação de cursos específicos, devendo ser realizada a reciclagem periódica dos que estiverem em exercício (art. 77, § 1º, da LEP).

Nos estabelecimentos penais destinados a mulheres, dispõe a lei que "somente se permitirá o trabalho de pessoal do sexo feminino, salvo quando se tratar de pessoal técnico especializado" (art. 77, § 2º, da LEP). Por exclusão, constata-se que deverá ser do sexo feminino o pessoal administrativo, de instrução técnica e de vigilância. *E quanto à função de direção?* Considerando que a LEP distingue o diretor dos demais funcionários, cuidando do primeiro no art. 75 e dos demais nos arts. 76 e 77, e tendo em vista que a proibição de pessoas do sexo masculino em estabelecimentos penais femininos relaciona-se unicamente às categorias mencionadas no art. 77, depreende-se que tal vedação não alcança o cargo de diretor.

6.1.6 Patronato (arts. 78 e 79 da LEP)

O patronato trabalha com o apenado que se encontra solto, quer por se encontrar no regime aberto, quer em razão de estar cumprindo pena restritiva de direitos, quer porque em gozo do *sursis* ou em liberdade condicional. Isso se conclui a partir do que dispõem os arts. 78 e 79 da LEP, dispondo que se destina o patronato a prestar assistência aos albergados e aos egressos (art. 78 da LEP), incumbindo-lhe, ainda, orientar os condenados à pena restritiva de direitos; fiscalizar o cumprimento das penas de prestação de serviço à comunidade e de limitação de fim de semana e colaborar na fiscalização das condições da suspensão condicional da pena e do livramento condicional.

Os patronatos podem ser **públicos**, assim compreendidos os patronatos oficiais, vinculados ao Poder Público, ou **particulares**, consistentes em instituições privadas que auxiliam o Poder Judiciário na execução e fiscalização das penas alternativas e contribuem para a valorização do apenado na comunidade e no seio familiar.

Embora não disponha a LEP sobre a composição dos patronatos, tem-se entendido que devem contar com a colaboração de profissionais de áreas como direito, psicologia, serviço social e medicina. Quanto à supervisão dos patronatos, compete ao Conselho Penitenciário, *ex vi* do art. 70, IV, da LEP.

Conforme dissemos, constituem suas funções:

- **Prestar assistência aos albergados e egressos (art. 78 da LEP).** Consideram-se *albergados*, para efeito do art. 78 da LEP, os indivíduos que cumprem a pena privativa de liberdade no regime aberto (art. 93 da LEP). Já por *egressos* compreendem-se o liberado definitivo, pelo prazo de um ano a contar da saída do estabelecimento, bem como o liberado condicional, durante o período de prova (art. 26 da LEP). Nesse enfoque de atribuições, desempenha o patronato função de ordem social, auxiliando o albergado e o egresso no processo de reintegração na sociedade e a suplantar as dificuldades decorrentes do isolamento provocado pelo tempo em que estiveram privados da liberdade.
- **Orientar os condenados à pena restritiva de direito (art. 79, I, da LEP).** Trata-se de orientar o sentenciado que cumpre prestação de serviços à comunidade, interdição temporária de direitos ou limitação de fim de semana sobre a correta execução dessas penas e sobre as consequências de eventual violação dos deveres a elas inerentes.
- **Fiscalizar o cumprimento das penas de prestação de serviços à comunidade e de limitação de fim de semana (art. 79, II, da LEP).** Além de função social,

relacionada à reinserção social dos albergados e egressos, desempenham os patronatos atividade fiscalizatória no que concerne ao cumprimento efetivo das penas de prestação der serviços à comunidade e de limitação de fim de semana. Incumbe-lhes, inclusive, comunicar ao juiz da Vara de Execuções Criminais sobre eventual descumprimento, pelo condenado, das restrições pertinentes às referidas sanções.

- **Colaborar na fiscalização do cumprimento das condições da suspensão e do livramento condicional (art. 79, III, da LEP).** Como ensina Julio Fabbrini Mirabete[40], "o liberado condicional e o beneficiário do *sursis* têm condições legais ou judiciais a obedecer, têm normas de conduta a observar e a fiscalização da observância dessa obediência está agora afeta também ao patronato, ao lado do serviço social penitenciário, conselho da comunidade e entidade beneficiada com os serviços (arts. 139 e 158, § 3º)".

6.1.7 Conselho da comunidade (arts. 80 e 81 da LEP)

A instituição legal do conselho da comunidade relaciona-se à importância da participação da sociedade no processo de reintegração do condenado, já que o descaso da sociedade, reconhecidamente, é um dos fatores determinantes da reincidência criminosa. Nesse contexto, é inestimável o valor da colaboração da comunidade para a readaptação do sentenciado, possibilitado a ele vencer as barreiras sociais decorrentes do período de isolamento carcerário.

De acordo com o art. 80 da LEP, "haverá, em cada comarca, um conselho da comunidade". Considerando que as atribuições desse colegiado, estabelecidas no art. 81 da LEP, referem-se na maioria a sua atuação diante de sentenciados presos ou internados, depreende-se que, na verdade, o conselho da comunidade deve ser instalado em *cada comarca onde haja presídio ou hospital de custódia e tratamento psiquiátrico.* Basta ver que no art. 81, I, da LEP estabelece-se como incumbência do conselho "visitar, pelo menos mensalmente, os estabelecimentos penais existentes na comarca". Nesse contexto, fazendo-se um paralelo das atribuições do conselho da comunidade com as funções do patronato (arts. 78 e 79 da LEP), pode-se afirmar que, enquanto este lida com os acusados soltos, aquele trabalha com os sentenciados presos.

O conselho da comunidade é composto pelos seguintes membros: um representante da associação comercial ou industrial; um advogado indicado pela Seção da OAB; um defensor público indicado pelo Defensor Público Geral e um assistente social escolhido pela Delegacia Seccional do Conselho Nacional de Assistentes Sociais (art. 80 da LEP). Sem embargo, estabelece o art. 80, parágrafo único, da LEP que, "na falta de representação prevista neste artigo, ficará a critério do Juiz da execução a escolha dos integrantes do conselho". Permite a regra, portanto, que o magistrado escolha outros representantes para compor o conselho da comunidade quando não houver, na comarca, os profissionais mencionados no *caput* do dispositivo.

Segundo o art. 66, IX, da LEP, compete ao juiz da execução compor e instalar o conselho da comunidade. A partir daí, discute a doutrina se o juiz da execução também deve integrar o conselho da comunidade. Julio Fabbrini Mirabete compreende que,

---

[40] Julio Fabbrini Mirabete, op. cit., p. 246.

"embora não esteja expresso, é evidente que lhe cabe a presidência do conselho[41]". Discordamos, contudo, dessa posição. Isso porque, em primeiro lugar, o art. 80 é expresso ao indicar a composição do conselho, nele não incluindo o juiz. Além disso, entre as atribuições do colegiado está a apresentação de relatórios ao juiz da execução (art. 81, III, da LEP), o que sugere não fazer ele parte do conselho. Quanto à disposição do art. 66, IX, da LEP, dispondo como competência do magistrado "compor o conselho da comunidade", implica dizer, a nosso ver, que cabe a ele organizar esse colegiado à luz dos critérios legais, promovendo-lhe o devido funcionamento.

Nos termos do art. 81 da LEP, constituem atribuições do conselho da comunidade:

- **Visitar, pelo menos mensalmente, os estabelecimentos penais existentes na Comarca.** Busca-se, com isso, possibilitar ao conselho da comunidade a constatação de eventuais carências dos condenados que se encontram em estabelecimentos penais (presídios, cadeias públicas, colônias agrícolas, casa de albergados e hospital de custódia e tratamento psiquiátrico), adotando as providências necessárias para solucioná-las.
- **Entrevistar presos.** O contato direto do conselho da comunidade com os condenados constitui importante instrumento para aferição do tratamento a eles dispensado no âmbito do estabelecimento penal.
- **Apresentar relatórios mensais ao juiz da execução e ao Conselho Penitenciário.** Se, por ocasião das visitas aos estabelecimentos penais ou do contato com os condenados, detectar o conselho da comunidade a existência de irregularidades nos estabelecimentos penais ou de necessidades dos segregados, deverão tais circunstâncias ser mencionadas nos relatórios mensais apresentados ao juiz da execução e ao Conselho Penitenciário para que sejam adotadas medidas cabíveis.
- **Diligenciar a obtenção de recursos materiais e humanos para melhor assistência ao preso ou internado, em harmonia com a direção do estabelecimento.** É função importante do conselho da comunidade a de buscar, junto à iniciativa privada ou a setores como Rotary, Lions, lojas maçônicas, Igreja Católica, federações espíritas, associações comerciais, de moradores, de bairro, etc., os meios necessários para a melhoria das condições de execução da pena e da medida de segurança.

Perceba-se que o rol de atribuições do conselho da comunidade previsto no art. 81 da LEP não é exaustivo, já que a própria L. 7.210/1984 estabelece, no seu contexto, outras funções. Basta ver, por exemplo, o que consta no art. 139 da LEP, no sentido de que lhe cabe, também, a observação cautelar e proteção dos liberados condicionais, com o objetivo de fazer observar o cumprimento das condições especificadas na sentença concessiva do benefício e proteger o beneficiário, orientando-o na execução de suas obrigações e auxiliando-o na obtenção de atividade laborativa. Ainda, nos termos do art. 158, § 3º, da LEP, incumbe-lhe, juntamente com outros órgãos, fiscalizar o cumprimento das condições da suspensão condicional da pena.

---

41 Julio Fabbrini Mirabete, op. cit., p. 226.

6.1.8 Defensoria Pública (arts. 81-A e 81-B da LEP)

Dispõe o art. 81-A da LEP que "a Defensoria Pública velará pela regular execução da pena e da medida de segurança, oficiando no processo executivo e nos incidentes da execução, para a defesa dos necessitados em todos os graus e instâncias, de forma individual e coletiva". Já o art. 81-B do mesmo diploma, por sua vez, relaciona atividades que poderão ser executadas pela Defensoria Pública no curso da execução da pena. Essa relação de atribuições, evidentemente, é exemplificativa, sendo desnecessário o seu estabelecimento no texto legal, já que se trata de funções naturalmente abrangidas pela amplitude do art. 81-A.

Veja-se que as atribuições conferidas pela Lei de Execução Penal guardam sintonia com o que estabelece o art. 1º da Lei Complementar 80/1984, segundo o qual "a Defensoria Pública é instituição permanente, essencial à função jurisdicional do Estado, incumbindo-lhe, como expressão e instrumento do regime democrático, fundamentalmente, a orientação jurídica, a promoção dos direitos humanos e a defesa, em todos os graus, judicial e extrajudicial, dos direitos individuais e coletivos, de forma integral e gratuita, aos necessitados, assim considerados na forma do inciso LXXIV do art. 5º da Constituição Federal".

Constituem, pois, funções da Defensoria Pública em sede de execução penal, no contexto ditado pelos arts. 81-A e 81-B da LEP:

- **Regular a execução da pena e da medida de segurança, oficiando no processo executivo e nos incidentes da execução, para a defesa dos necessitados em todos os graus e instâncias, de forma individual e coletiva (art. 81-A da LEP).** Trata-se de dispositivo introduzido na Lei de Execução Penal pela L. 12.313/2010, do qual se infere a participação da Defensoria Pública em todas as etapas e incidentes do processo de execução criminal, defendendo os necessitados em todos os graus de jurisdição. Perceba-se que, em face desta disciplina, cabe ao juiz, não sendo o apenado assistido por defensor constituído, oportunizar à Defensoria Pública manifestar-se, previamente, acerca de decisões contrárias aos interesses do preso (a exemplo da revogação do trabalho externo e de saídas temporárias, da conversão de penas restritivas de direitos em privativa de liberdade etc.), sob pena de nulidade da decisão. Afinal, em que pese não estabeleça a Lei de Execuções Penais um rito específico para eventuais incidentes, há de se respeitar, sempre, o direito da defesa dos apenados, o que apenas se efetiva se, a eles, for oportunizada anterior manifestação acerca de questões que possam lhe acarretar prejuízo.

Aspecto importante que se extrai do dispositivo refere-se à promoção de demandas coletivas, notadamente aquelas destinadas à defesa da dignidade do preso. Essa previsão, conforme referido pelo Defensor Público Carlos Eduardo Rios do Amaral[42], constitui "marco fundamental para fazer cessar, de uma vez por todas, torturas e superlotações nas cadeias públicas, principais causas de deflagração de sangrentas rebeliões". E prossegue: "Ninguém melhor do que o Defensor Público para conhecer, compreender e se

[42] In: "Novo papel da Defensoria Pública na tutela coletiva da execução penal (Lei 12.313, de 19 de agosto de 2010)", disponível em: <www.jurisway.org.br>, acesso em: 15 de janeiro de 2013.

irresignar com as aflições do preso e de seus familiares. Deve, por isto, ser a Defensoria Pública instituição indispensável e essencial para, de maneira independente e destemida, garantir em sede individual e coletiva o resgate da dignidade da pessoa humana do preso, zelando pelo exato cumprimento da pena em condições dignas e salubres, a propiciar a verdadeira ressocialização do apenado, impondo, ao Poder Público e seus Agentes, quando for o caso, a responsabilização pelos danos materiais e morais ocasionados".

Discute-se a possibilidade do uso da ação civil pública, pela Defensoria Pública, para discutir questões relativas à violação de direitos dos presos, como ocorre, por exemplo, nas frequentes hipóteses de excesso da população carcerária, condições inadequadas de ocupação etc. Há, na verdade, duas correntes sobre o tema: uma, compreendendo possível discutir esta ordem de questão em sede de ação civil pública, mesmo porque a L. 11.448/2007 alterou o art. 5º, II, da L. 7.347/1985 para incluir a Defensoria Pública como legitimada ativa para a propositura dessa ação; outra, sustentando que a ação civil pública possui natureza cível, não sendo adequado o seu manejo para discutir questões atinentes à execução criminal. No âmbito do Tribunal de Justiça de São Paulo tem sido prevalente esta última orientação, compreendendo-se que a dedução de ação civil pública para discutir matéria de execução criminal viola a competência privativa do juízo especial da execução penal, devendo-se reconhecer, portanto, a impossibilidade jurídica do pedido decorrente do uso de via processual incompatível com os instrumentos processuais estabelecidos pela L. 7.210/1984[43].

- **Requerer todas as providências necessárias ao desenvolvimento do processo executivo (art. 81-B, I, *a*, da LEP).** A disposição é inócua diante do que determina o art. 81-A da LEP. É evidente que se, nos termos desse artigo, cabe à Defensoria Pública fiscalizar a execução da pena e da medida de segurança, oficiando no processo executivo e nos incidentes, compete-lhe também postular ao juiz todas as medidas necessárias à regularidade da execução criminal.
- **Requerer a aplicação aos casos julgados de lei posterior que de qualquer modo favorecer o condenado (art. 81-B, I, *b*, da LEP).** Determina o art. 5º, XL, da Constituição Federal que "a lei penal não retroagirá, salvo para beneficiar o réu". Por sua vez, dispõe o art. 2º, parágrafo único, do Código Penal que "a lei posterior, que de qualquer modo favorecer o agente, aplica-se aos fatos anteriores, ainda que decididos por sentença condenatória transitada em julgado". Como se vê, estabelece o ordenamento jurídico a retroatividade da lei penal mais benigna. Com o objetivo de regrar a aplicação da *lex mitior* às hipóteses já decididas por decisão transitada em julgado, prevê o art. 66, I, da LEP que compete ao juiz da execução "aplicar aos casos julgados lei posterior que de qualquer modo favorecer o condenado", facultando o art. 81-B, I, *b*, da LEP à Defensoria Pública requerer as providências necessárias para tal fim. Ressalte-se, contudo, que não fica obstado ao juiz da execução agir *ex officio*, podendo ainda fazê-lo mediante provocação do Ministério Público.

---

[43] TJSP, Apelação 0000491-79.2006.8.26.0104, j. 01.03.2011; Apelação 9256841-97.2008.8.26.0000, j. 20.03.2012.

No mais, encaminhamos o leitor ao item 6.1.2.2.1 deste Capítulo, em que analisamos o assunto com maior profundidade.

- **Requerer a declaração de extinção da punibilidade (art. 81-B, I, c, da LEP).** A extinção da punibilidade pode ser realizada *ex officio* pelo juiz ou mediante provocação do Ministério Público ou da Defesa. Exemplos de causas extintivas da punibilidade que podem ocorrer na fase executória da pena consistem na morte do agente (art. 107, I, do CP), anistia, graça ou indulto (art. 107, II, do CP), retroatividade da lei que já não considera o fato como criminoso (art. 107, III, do CP), prescrição da pretensão executória (art. 107, VIII, do CP), anulação de casamento no crime de bigamia (art. 235, § 2º, do CP), decurso do prazo do *sursis* (art. 82 do CP), decurso do prazo do livramento condicional (art. 90 do CP) etc.
- **Requerer a unificação de penas (art. 81-B, I, *d*, da LEP).** A *unificação de penas* tem lugar, primeiramente, nas hipóteses de *concurso formal próprio* (art. 70, 1ª parte, do CP) e de *crime continuado* (art.71 do CP). Em um e outro casos, caberá ao juiz aplicar somente a pena de um dos crimes, se idênticas, ou a mais grave, se diversas, aumentadas de um sexto à metade na hipótese de concurso formal, e de um sexto a dois terços, no caso do crime continuado. Perceba-se que, no crime continuado, tratando-se de crimes dolosos contra vítimas diferentes, cometidos com violência ou grave ameaça à pessoa, faculta-se ao juiz, em vez do aumento da pena de um sexto a dois terços, elevá-la até o triplo. Contudo, seja no caso de concurso formal próprio, seja na hipótese de crime continuado, o resultado final da operação não pode tornar a pena superior à que resultaria da soma das penas. Pois bem, se nos casos de concurso formal próprio e de crime continuado, a aplicação dos arts. 70 e 71 do Código Penal não for realizada pelo juiz do processo de conhecimento por ocasião da prolatação da sentença, faculta-se ao juiz da execução fazê-lo, salvo, evidentemente, se o juiz da sentença houver se manifestado expressamente no sentido da inaplicabilidade dessas regras ao caso concreto, pois, neste último caso, apenas em grau recursal poderia ser modificado o comando inserto à decisão judicial.

Outra hipótese de unificação de penas é a prevista no art. 75, § 1º, do Código Penal, dispondo que, "quando o agente for condenado a penas privativas de liberdade cuja soma seja superior a 30 (trinta) anos, devem elas ser unificadas para atender ao limite máximo deste artigo". Tal unificação, como se vê, deve ser determinada com a finalidade de impedir que o condenado cumpra mais de trinta anos de prisão, pois este é o limite máximo que uma pessoa pode permanecer no cárcere.

Para maiores considerações, remetemos o leitor ao item 6.1.2.2.3 deste Capítulo.

- **Requerer a detração e remição da pena (art. 81-B, I, *e*, da LEP).** Compreende-se por *detração* o cômputo, na pena privativa de liberdade e na medida de segurança, do tempo em que o condenado esteve recolhido em razão de prisão provisória, no Brasil ou no exterior, assim como o tempo de prisão administrativa e o de internação em hospital de custódia e tratamento psiquiátrico (art. 42 do CP). Já a *remição* é o benefício pelo qual se assegura ao condenado o direito de descontar, em função do *trabalho* ou do *estudo*, parte do tempo de execução da pena (art. 126, *caput*, da LEP). Sobre o tema, remetemos o leitor aos tópicos 6.1.2.2.5 e 6.1.2.2.6 deste Capítulo.

- **Requerer a instauração dos incidentes e excesso ou desvio de execução (art. 81-B, I, *f*, da LEP).** De acordo com o art. 185 da LEP, "haverá excesso ou desvio da execução sempre que algum ato for praticado além dos limites fixados na sentença, em normas legais ou regulamentares". Ocorre o *excesso* na hipótese de execução abusiva da pena ou da medida de segurança, violando-se direito do sentenciado em termos de *quantidade* de punição. É o caso do indivíduo que permanece preso, muito embora, diante de remição anteriormente concedida, já esteja cumprida a pena. Já o *desvio* refere-se a situações nas quais, em dado momento, a execução passa a destoar dos parâmetros estabelecidos pela lei ou por decisão judicial, podendo referir-se não apenas ao afrontamento de direitos do sentenciado como também a benefícios impropriamente concedidos. Aqui, o constrangimento ilegal supera em conteúdo *qualitativo* os limites fixados. Ilustra-se o caso de ter sido deferido ao apenado a progressão para o regime semiaberto, permanecendo ele, contudo, no regime fechado diante da ausência de vaga em estabelecimento compatível com o regime mais brando[44]; ou da hipótese em que deferido livramento condicional quando ainda não implementado o tempo mínimo exigido de cumprimento de pena exigido por lei. Pois bem, conforme dispõe o art. 186 da LEP, podem suscitar o incidente de excesso ou desvio de execução o Ministério Público, o Conselho Penitenciário, o sentenciado e *qualquer dos demais órgãos da execução penal*, no que se insere a Defensoria Pública, *ex vi* do art. 61, VIII, do CPP.
- **Requerer a aplicação de medida de segurança e sua revogação, bem como a substituição da pena por medida de segurança (art. 81-B, I, *g*, da LEP).** Como dissemos nos itens 6.1.2.2.14 e 6.1.2.2.15, a aplicação da medida de segurança propriamente dita compete ao juiz da sentença e não ao juiz da execução. A este último incumbe, isso sim, a fiscalização de seu cumprimento. Compete-lhe também substituir a pena imposta por medida de segurança quando, no curso da execução, sobrevier doença mental ao condenado. Logo, ao contrário do que sugere o art. 81-B, I, *g*, da LEP, não cabe à Defensoria Pública requerer ao juiz da execução a "aplicação de medida de segurança", o que é da alçada do juiz da sentença, mas simplesmente requerer a ele a substituição da pena por medida de segurança quando acometido o apenado de problemas mentais no curso da execução da pena privativa de liberdade.

Quanto à revogação da medida de segurança, ocorrerá em duas hipóteses: primeira, estabelecida por lei, quando constatada a cessação da periculosidade do indivíduo; e, segunda, quando transcorrido o máximo de prazo aceito pela jurisprudência (veja-se que a lei não estabelece prazo máximo, apenas prazo mínimo) para duração da medida de segurança. Consoante já examinamos no tópico 6.1.2.2.16, para o STJ essa limitação corresponde ao máximo da pena abstratamente cominada ao delito perpetrado[45]. Já para o STF, a medida de segurança fica jungida ao período máximo de 30 anos, tal como

[44] TJSP, *Habeas Corpus* 0226653-41.2012.8.26.0000, j. 06.12.2012.

[45] Súmula 527 (aprovada em 18.05.2015).

previsto no art. 75 do Código Penal em relação ao cumprimento da pena privativa de liberdade[46].

- **Requerer a conversão de penas (art. 81-B, I, *h*, da LEP).** O art. 180 da LEP possibilita a conversão da **pena privativa de liberdade em restritiva de direitos** no curso da execução da pena quando observados os seguintes requisitos: *1. Condenação a pena privativa de liberdade não superior a dois anos; 2. Encontrar-se o condenado cumprindo pena em regime aberto; 3. Ter sido cumprido o mínimo de um quarto da pena; 4. Os antecedentes e a personalidade do condenado indicarem ser recomendável a conversão.* Por sua vez, o art. 44, §§ 4º e 5º, do Código Penal e o art. 181 da LEP contemplam a **conversão da pena restritiva de direitos em privativa de liberdade** no âmbito da execução na hipótese de descumprimento injustificado da restrição imposta e da ocorrência de fato novo, como a prática de falta grave e a superveniência de condenação por outro crime à pena privativa de liberdade cuja execução não tenha sido suspensa. Relativamente à **conversão da pena de multa em prisão**, na atualidade, não existe mais tal possibilidade, restando tacitamente revogadas quaisquer disposições legais que assim estabelecerem. Isso ocorre porque o art. 1º da L. 9.268/1996 atribuiu nova redação ao art. 51 do Código Penal, passando este a dispor que, "transitada em julgado a sentença condenatória, a multa será considerada dívida de valor, aplicando-se-lhe as normas da legislação relativa à dívida ativa da Fazenda Pública, inclusive no que concerne às causas interruptivas e suspensivas da prescrição". Percebe-se dessa disciplina que a multa assumiu o caráter de *dívida de valor,* implicando o seu não pagamento, portanto, em ser executada como tal, com citação do condenado para pagamento sob pena de penhora e demais termos legais, nos termos estabelecidos pela L. 6.830/1980, que regulamenta a execução fiscal.
- **Requerer a progressão nos regimes (art. 81-B, I, *h*, da LEP).** As penas privativas de liberdade são executadas segundo um sistema progressivo, passando o condenado do regime mais gravoso ao menos severo. Para tanto, exige-se o atendimento dos requisitos de ordem objetiva (cumprimento mínimo de um sexto da pena, ou, no caso de crimes hediondos, de dois quintos, se primário, e de três quintos, se reincidente) e de ordem subjetiva (bom comportamento carcerário, comprovado por atestado emitido pelo diretor do estabelecimento prisional). Nesse viés, tratando-se de apenado submetido ao regime fechado, atendidos os pressupostos legais, poderá progredir para o regime semiaberto e deste para o aberto. Note-se que não se admite progressão *per saltum*, vale dizer, diretamente do regime fechado para o aberto[47].
- **Requerer a suspensão condicional da pena (art. 81-B, I, *h*, da LEP).** Trata-se do instituto que permite ao réu condenado a pena privativa de liberdade não ser submetido a sua execução, desde que atendidos os requisitos previstos em lei. Para outras considerações, remetemos o leitor ao item 6.1.2.2.7 deste Capítulo.
- **Requerer o livramento condicional (art. 81-B, I, *h*, da LEP).** O livramento condicional é o instituto pelo qual se antecipa a liberdade do apenado, diante do cumpri-

[46] STF, *Habeas Corpus* 107.777/RS, *DJ* 07.02.2012.

[47] STJ, *Habeas Corpus* 234.178/SP, *DJ* 23.11.2012.

mento de determinados pressupostos de ordem subjetiva e objetiva, estabelecendo-se exigências que deverão ser por ele cumpridas durante o restante da pena. Melhor examinamos o tema no item 6.1.2.2.8 deste Capítulo, para o qual remetemos o leitor.

- **Requerer a comutação de pena e o indulto (art. 81-B, I, *h*, da LEP).** Por *indulto* compreende-se o perdão deferido pelo Presidente da República mediante decreto, acarretando a extinção da punibilidade do agente (art. 107, II, do CP). Já a *comutação,* também chamada de indulto parcial, consiste na redução da pena ou sua substituição por outra de menor gravidade, não implicando extinção da punibilidade.
- **Requerer autorização de saídas temporárias (art. 81-B, I, *i*, da LEP).** A saída temporária pode ser proporcionada ao preso em regime semiaberto, dispensando vigilância direta (embora possa ser determinado ao beneficiário o uso de equipamento de monitoração eletrônica), para fins de visita à família, frequência a curso supletivo, profissionalizante e de instrução do ensino médio ou superior e para participação em atividades que sejam adequadas para o retorno ao convívio social (art. 122 da LEP). Sua concessão dá-se por ato motivado do juiz da execução, ouvido o Ministério Público e a administração penitenciária. Note-se que a *saída temporária* (arts. 122 a 125 da LEP), assim como a *permissão de saída,* são espécies do gênero *autorizações de saída* (Título V, Capítulo I, Seção III). Não obstante, a Lei de Execução Penal estabeleceu a competência do juiz da execução para decidir apenas as *saídas temporárias.* Isso ocorre porque a *permissão de saída* é viabilizada pelo diretor do estabelecimento prisional. Destina-se ao preso que cumpre pena em regimes fechado ou semiaberto, bem como ao preso provisório, e caracteriza-se pela necessidade de escolta, sendo cabível nas hipóteses de falecimento ou doença grave do cônjuge, companheira, ascendente, descendente ou irmão, bem como no caso de necessitar o apenado de tratamento médico (art. 120 da LEP).
- **Requerer a internação (art. 81-B, I, *j*, da LEP).** Por vezes, diante da superveniência de doença mental no curso da execução da pena privativa de liberdade, em vez da conversão dessa pena em medida de segurança (art. 183 da LEP), determina o juiz a simples internação do condenado para tratamento em hospital psiquiátrico (art. 41 do CP). Neste último caso, retomada a plenitude mental do agente, cabe ao magistrado da execução determinar sua volta ao estabelecimento penitenciário para o prosseguimento da execução, computando-se como tempo de pena cumprida o período em que esteve internado (art. 42 do CP).
- **Requerer a desinternação e o restabelecimento da situação anterior (art. 81-B, I, *j*, da LEP).** A *desinternação* do sentenciado é hipótese que tem lugar em dois casos: primeiro, na situação anteriormente examinada, vale dizer, quando, internado o agente diante de superveniência de doença mental no curso da execução da pena (art. 41 do CP), retorna ele à sua plenitude mental. Nesse caso, será ele *desinternado,* retornando ao presídio para continuidade da execução da pena privativa de liberdade; outra situação que autoriza a *desinternação* do indivíduo é aquela em que cumpre ele medida de segurança de internação, vindo-se a apurar, contudo, a cessação da periculosidade. Tal situação acarreta a revogação da medida de segurança e a consequente desinternação. Note-se que, de acordo com os arts. 97, § 3º, e 98 da LEP, a desinternação, assim como a liberação do tratamento

ambulatorial, serão sempre condicionais, devendo ser restabelecida a situação anterior se o agente, antes do decurso de um ano, praticar fato indicativo de persistência de sua periculosidade (arts. 97, § 3º, e 98 da LEP).

- **Requerer o cumprimento de pena ou medida de segurança em outra comarca (art. 81-B, I, *k*, da LEP).** A remoção do apenado para estabelecimento diverso vincula-se a razões de segurança pública, disciplina, existência de vagas e de instalações adequadas e à organização do sistema prisional do Estado, não existindo desse modo direito condenado à transferência para estabelecimento prisional de sua escolha. No âmbito do Superior Tribunal de Justiça, por exemplo, já se decidiu que, conquanto a execução da pena deva ocorrer sempre que possível em local próximo ao meio social e familiar do apenado (art. 103 da LEP), *o direito do preso de ter suas reprimendas executadas onde reside não é absoluto, devendo o magistrado fundamentar a sua decisão, analisando a conveniência e real possibilidade e necessidade da transferência.* De resto, encaminhamos o leitor ao tópico 6.1.2.2.19 deste Capítulo, em que analisamos o tema.
- **Requerer a remoção do condenado na hipótese prevista no § 1º do art. 86 desta Lei (art. 81-B, I, *l*, da LEP).** Cuida-se da transferência do condenado para presídio federal distante do local da condenação quando essa medida se justificar no interesse da segurança pública ou a do próprio condenado (art. 86, § 1º, da LEP). Para evitar tautologia, remetemos o leitor ao tópico 6.1.2.2.20 deste Capítulo, em que abordamos o assunto.
- **Requerer a emissão anual de atestado de pena a cumprir (art. 81-B, II, da LEP).** A emissão de atestado de pena a cumprir é direito do preso, estabelecido no art. 41, XVI, da LEP, justificando-se na necessidade de fornecer a ele, pelo menos uma vez por ano, a indicação do saldo de pena a cumprir. Justifica-se a previsão, mesmo porque o cálculo da pena pode não se limitar a simples operação aritmética entre o total já cumprido e o que há pela frente. O trabalho do preso, por exemplo, confere a ele o direito de remir parte da pena (arts. 126 a 130 da LEP). Além do mais, determinados situações podem alterar o saldo final, como é o caso da unificação de penas, de competência do juiz da execução, consistente no reconhecimento do crime continuado ou do concurso formal próprio em sede executória.
- **Interpor recursos de decisões proferidas pela autoridade judiciária ou administrativa durante a execução (art. 81-B, III, da LEP).** O recurso previsto na LEP para o insurgimento em relação às decisões do juiz da execução penal é o agravo, contemplado no art. 197 desse diploma. Não prevê a LEP recurso das decisões proferidas pela administração carcerária. Nada obsta, contudo, sejam tais insurgências previstas no âmbito da legislação local. É o que ocorre, por exemplo, no Estado do Rio Grande do Sul, estabelecendo o art. 30 do Decreto 46.534/2009 que "é direito do preso, pessoalmente ou por intermédio de defensor, recorrer à Autoridade Administrativa que proferiu a decisão do Procedimento Disciplinar, mediante pedido de reconsideração do ato punitivo, no prazo de 3 (três) dias, a contar da ciência expressa da decisão". Já o art. 31 do mesmo diploma dispõe que "a Autoridade Administrativa que indeferir o pedido de reconsideração, no prazo máximo de 5 (cinco) dias, deverá remetê-lo ao Superintendente da Susepe, que atuará como instância recursal e apreciará o pedido em 10 (dez) dias".

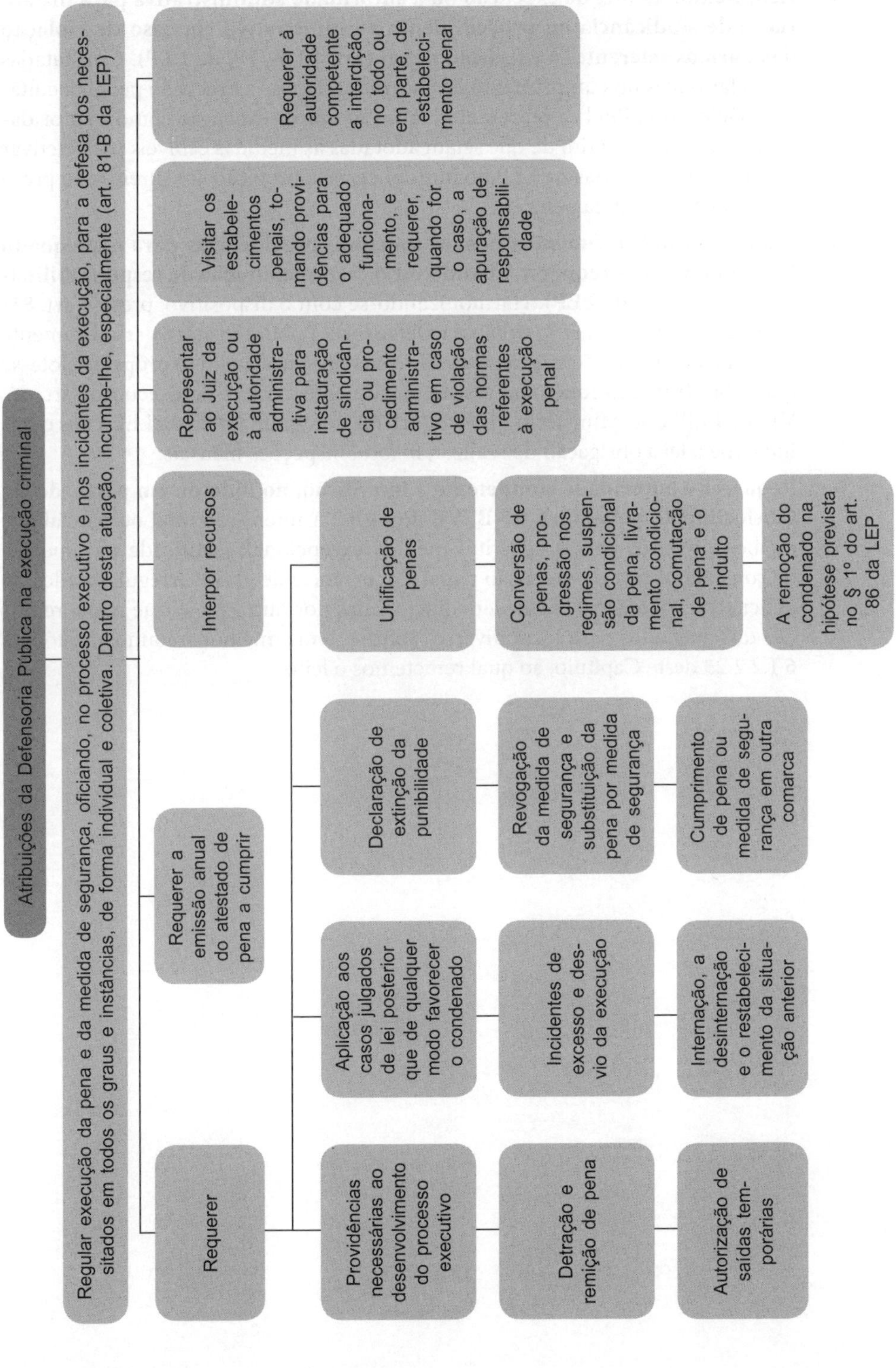
Atribuições da Defensoria Pública na execução criminal
Regular execução da pena e da medida de segurança, oficiando, no processo executivo e nos incidentes da execução, para a defesa dos necessitados em todos os graus e instâncias, de forma individual e coletiva. Dentro desta atuação, incumbe-lhe, especialmente (art. 81-B da LEP)
Requerer
Requerer a emissão anual do atestado de pena a cumprir
Interpor recursos
Representar ao Juiz da execução ou à autoridade administrativa para instauração de sindicância ou procedimento administrativo em caso de violação das normas referentes à execução penal
Visitar os estabelecimentos penais, tomando providências para o adequado funcionamento, e requerer, quando for o caso, a apuração de responsabilidade
Requerer à autoridade competente a interdição, no todo ou em parte, de estabelecimento penal
Providências necessárias ao desenvolvimento do processo executivo
Aplicação aos casos julgados de lei posterior que de qualquer modo favorecer o condenado
Declaração de extinção da punibilidade
Unificação de penas
Detração e remição de pena
Incidentes de excesso e desvio da execução
Revogação da medida de segurança e substituição da pena por medida de segurança
Conversão de penas, progressão nos regimes, suspensão condicional da pena, livramento condicional, comutação de pena e o indulto
Autorização de saídas temporárias
Internação, a desinternação e o restabelecimento da situação anterior
Cumprimento de pena ou medida de segurança em outra comarca
A remoção do condenado na hipótese prevista no § 1º do art. 86 da LEP

- **Representar ao juiz da execução ou à autoridade administrativa para instauração de sindicância ou procedimento administrativo em caso de violação das normas referentes à execução penal (art. 81-B, IV, da LEP).** Constatadas irregularidades no cumprimento das normas relativas à execução penal, faculta-se à Defensoria Pública representar, tanto ao juiz da execução como à autoridade administrativa, a fim de que sejam adotadas as medidas cabíveis para efetivar as regras estabelecidas na LEP no que concerne à proteção aos direitos do preso e correta execução da pena.
- **Visitar os estabelecimentos penais, tomando providências para o adequado funcionamento, e requerer, quando for o caso, a apuração de responsabilidade (art. 81-B, V, da LEP).** Harmonizando-se com o dispositivo, prevê o art. 81-B, parágrafo único, que "o órgão da Defensoria Pública visitará periodicamente os estabelecimentos penais, registrando a sua presença em livro próprio". Note-se que essa obrigação funcional assiste, igualmente, ao juiz da execução (art. 66, VII, da LEP) e ao Ministério Público (art. 68, parágrafo único da LEP), aos quais incumbe a lei a obrigação de realizar, *in loco*, inspeções mensais.
- **Requerer à autoridade competente a interdição, no todo ou em parte, de estabelecimento penal (art. 81-B, VI, da LEP).** A interdição total ou parcial dos estabelecimentos penais constitui medida excepcional, justificada na hipótese de constatar o juiz da execução penal a ocorrência de graves irregularidades ou deficiências que não possam ser solucionadas por outro meio que não a remoção dos apenados para local diverso. Sobre o tema, melhor tratamos no tópico 6.1.2.2.23 deste Capítulo, ao qual remetemos o leitor.

CAPÍTULO 7

ESTABELECIMENTOS PENAIS

7.1 ESTABELECIMENTOS PENAIS

7.1.1 Considerações gerais sobre os estabelecimentos penais (arts. 82 e 83 da LEP)

De acordo com o art. 82 da LEP, os estabelecimentos penais destinam-se ao condenado, ao submetido à medida de segurança, ao preso provisório e ao egresso, considerando-se este último *o liberado definitivo, pelo prazo de 1 (um) ano a contar da saída do estabelecimento,* bem como *o liberado condicional, durante o período de prova* (art. 26, I e II, da LEP). Poder-se-ia questionar essa destinação de estabelecimento penal aos egressos, pois, afinal, estes se encontram em liberdade. Não há, entretanto, qualquer contradição na lei. O que pretendeu o legislador foi assegurar o cumprimento da regra do art. 25 da LEP, segundo a qual os egressos possuem direito a assistência do Poder Público, o que abrange, além da *orientação e apoio para reintegrá-lo à vida em liberdade* (art. 25, I), também a *concessão, se necessário, de alojamento e alimentação, em estabelecimento adequado, pelo prazo de 2 (dois) meses* (art. 25, II).

São os seguintes os estabelecimentos penais previstos na Lei de Execução Penal:

1) *Penitenciária*, para os condenados à pena de reclusão, quando cumprida em regime fechado;
2) *Colônia Agrícola, Industrial ou similar*, para os condenados à pena de reclusão ou detenção, em regime semiaberto;
3) *Casa do Albergado*, para os condenados que cumprem pena de prisão em regime aberto e para os condenados à pena restritiva de direitos de limitação de fim de semana;
4) *Centro de observação*, destinado à realização de exames gerais e criminológicos;
5) *Hospital de custódia e tratamento psiquiátrico*, para os indivíduos acometidos de perturbação da saúde mental; e
6) *Cadeia pública*, reservada aos presos provisórios (prisão preventiva e prisão temporária).

A despeito da classificação legal dos estabelecimentos penais e das diversidades entre eles, a lei não obriga o Poder Público à construção de prédios separados para abrigar cada um deles. Nesse viés, assegura o art. 82, § 2º, da LEP que o mesmo conjunto arquitetônico poderá abrigar estabelecimentos de destinação diversa, desde que, logicamente, devidamente isolados. Tal isolamento pode ocorrer, por exemplo, com o estabelecimento de pavilhões ou alas específicas para as diversas categorias de presos.

Os estabelecimentos penais, conforme sua natureza, deverão contar em suas dependências com áreas e serviços destinados a dar assistência, educação, trabalho, recreação e prática esportiva (art. 83 da LEP). Essa disposição vai ao encontro de outras regras inseridas na Lei de Execução Penal, especialmente aquelas que garantem ao preso a assistência material (arts. 12 e 13), a assistência à saúde (art. 14), a assistência jurídica (arts. 15 e 16), a assistência educacional (arts. 17 a 21) e a assistência social (arts. 22 e 23). Concilia-se a disposição, também, com as normas que regulamentam o trabalho do preso (arts. 28 a 37 da LEP).

Obriga a lei, também, a que existam nos estabelecimentos penais salas de aula destinadas a cursos de ensino básico e profissionalizante (art. 83, § 4º, da LEP). A previsão visa auxiliar na capacitação do indivíduo para o retorno ao mercado de trabalho quando posto em liberdade, o que releva principalmente se considerarmos que uma das grandes dificuldades no processo de reajustamento do sentenciado reside nas dificuldades de emprego que encontra ele após o término do período de isolamento.

Outra preocupação do legislador foi assegurar instalação destinada à Defensoria Pública nos estabelecimentos prisionais (art. 83, § 5º, da LEP), impondo-se ao Poder Público, para efetivação da regra, fornecer aos defensores a estrutura pessoal e material necessária para o atendimento da população carcerária. Como diz Adeildo Nunes, "considerando que o preso brasileiro – seja provisório ou já condenado – é sujeito de direitos e obrigações, a presença de defensoria pública nos presídios brasileiros é indispensável, pois, além dos direitos assegurados pela Lei de Execução Penal – entre eles a assistência jurídica –, a Constituição Federal e outras leis federais e estaduais também consagram um número acentuado de outros direitos ao encarcerado, que devem ser preservados. Por outro lado, seja provisório ou já condenado, quase sempre o perfil social do preso que ingressa em nossos estabelecimentos prisionais é de uma pessoa pobre, ademais constantemente observa-se que no tempo da prisão ele estava desempregado, significando dizer, por conseguinte, que a ausência de assistência jurídica tende a prejudicar o seu direito de defesa, o que lamentavelmente vem acontecendo diante da deficiência na prestação da exigida assistência jurídica"[1].

Introduzido pela L. 13.190/2015, o art. 83-A da Lei de Execução Penal passou a dispor que poderão ser objeto de execução indireta (terceirização) as atividades materiais acessórias, instrumentais ou complementares desenvolvidas em estabelecimentos penais, e notadamente serviços de conservação, limpeza, informática, copeiragem, portaria, recepção, reprografia, telecomunicações, lavanderia e manutenção de prédios, instalações e equipamentos internos e externos, assim como serviços relacionados à execução de trabalho pelo preso, inserindo-se, aqui, também "o fornecimento de materiais, equipamentos, máquinas e profissionais (§ 2º). Frise-se que, em qualquer das

[1] Adeildo Nunes, *Defensoria Pública e presídios*, disponível em: <http://www.anadef.org.br>, acesso em: 17.01.2013.

hipóteses elencadas, "a execução indireta será realizada sob supervisão e fiscalização do poder público" (§ 1º). A mesma lei, ainda, ao inserir na LEP o art. 83-B, vedou, nos estabelecimentos penais de todo o país, a delegação de funções que digam respeito à atividade-fim dos estabelecimentos penais, referindo que são indelegáveis as funções de direção, chefia e coordenação no âmbito do sistema penal, bem como todas as atividades que exijam o exercício do poder de polícia, e notadamente classificação de condenados; aplicação de sanções disciplinares; controle de rebeliões e transporte de presos para órgãos do Poder Judiciário, hospitais e outros locais externos aos estabelecimentos penais.

Com o objetivo de regular a lotação nos estabelecimentos penais, estabelece o art. 85 da Lei de Execução Penal que deverão eles ter lotação compatível com sua estrutura e finalidade, relegando-se ao Conselho Nacional de Política Criminal e Penitenciária determinar o limite máximo de capacidade do estabelecimento, atendendo a sua natureza e peculiaridades. A ocorrência de superlotação carcerária poderá implicar interdição do estabelecimento penal, determinada pelo juiz da execução com fundamento no art. 66, VIII, da LEP, sem prejuízo da incidência do art. 203, § 4º, do mesmo diploma, ao dizer que "o descumprimento injustificado dos deveres estabelecidos para as Unidades Federativas implicará na suspensão de qualquer ajuda financeira a elas destinada pela União, para atender às despesas de execução das penas e medidas de segurança".

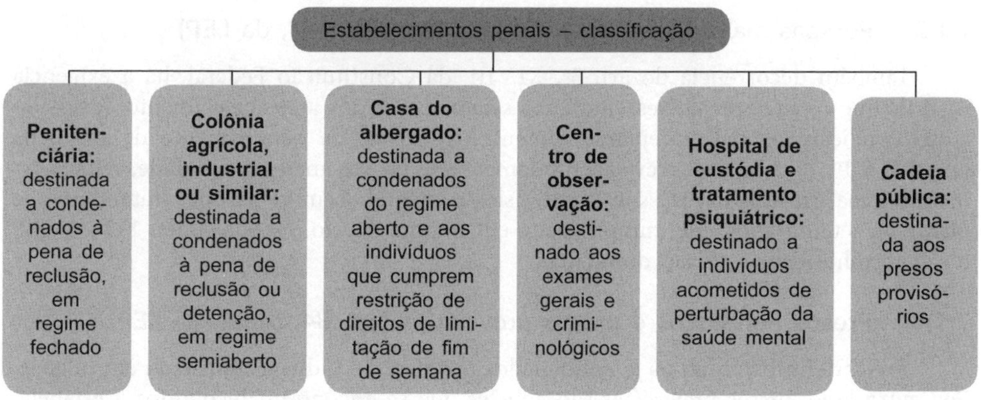

7.1.2 Mulheres (art. 82, § 1º, da LEP)

Prevê o art. 5º, XLVIII, da Constituição Federal que "a pena será cumprida em estabelecimentos distintos, de acordo com a natureza do delito, a idade e o sexo do apenado". Harmonizando-se com essa disposição, estabelece o art. 82, § 1º, da LEP que a mulher deverá ser recolhida a estabelecimento próprio e adequado à sua condição pessoal. Objetiva-se, na separação entre homens e mulheres, afastar violências de ordem sexual e a própria promiscuidade entre eles.

Os estabelecimentos penais destinados a mulheres deverão possuir, exclusivamente, agentes do sexo feminino na segurança de suas dependências internas (art. 83, § 3º, da LEP).

Ainda, deverão contar com berçário, onde as condenadas possam cuidar de seus filhos, inclusive amamentá-los, no mínimo, até 6 (seis) meses de idade (art. 83, § 2º, da LEP). A disposição harmoniza-se com o disposto no art. 5º, L, da Constituição Federal, segundo o qual "às presidiárias serão asseguradas condições para que possam permanecer com seus filhos durante o período de amamentação". Alexandre de Moraes, tratando do tema, observa com muita propriedade que "trata-se de inovação em termos de direitos humanos fundamentais garantir-se o direito às presidiárias de amamentarem seus filhos. A destinação dessa previsão é dúplice, pois ao mesmo tempo que garante à mãe o direito ao contato e amamentação com seu filho, garante a este o direito à alimentação natural, por meio do aleitamento"[2].

Perceba-se que, com o objetivo de reformular as práticas do sistema prisional brasileiro e contribuir para a garantia dos direitos das mulheres, nacionais e estrangeiras, inclusive as previstas nos referidos arts. 82, § 1º, e 83, §§ 2º e 3º, da LEP, o Ministério da Justiça, por meio da Portaria Interministerial n.º 210, de 16.01.2014, instituiu a Política Nacional de Atenção às Mulheres em Situação de Privação de Liberdade e Egressas do Sistema Prisional, estabelecendo, no enfoque dos estabelecimentos penais, entre outras metas, o incentivo aos órgãos estaduais de administração prisional para que promovam a efetivação dos direitos fundamentais no âmbito dos estabelecimentos prisionais, levando em conta as peculiaridades relacionadas a gênero, cor ou etnia, orientação sexual, idade, maternidade, nacionalidade, religiosidade e deficiências física e mental (art. 4º, II, da Portaria).

7.1.3 Pessoas maiores de sessenta anos (art. 82, § 1º, da LEP)

Também decorrência do art. 5º, XLVIII, da Constituição Federal, há a exigência legal de que os maiores de sessenta anos sejam recolhidos a estabelecimento adequado à sua condição pessoal, independentemente do regime de cumprimento de sua pena (art. 82, § 1º, da LEP). A previsão fundamenta-se na sua maior fragilidade, relevando, inclusive, na preservação de sua saúde física e mental. Lembre-se que, tratando-se de maior de setenta anos que cumpre pena em regime aberto, faculta o art. 117 da LEP o seu recolhimento a prisão domiciliar.

7.1.4 Presos definitivos e presos provisórios (art. 84, *caput*, da LEP)

Presos definitivos são os já condenados por decisão judicial transitada em julgado. Por outro lado, *presos provisórios* são aqueles que se encontram recolhidos a estabelecimentos penais em razão de prisão preventiva ou de prisão temporária. Lembre-se que, após a vigência da L. 12.403/2011, a prisão em flagrante deixou de considerada, propriamente, uma *prisão provisória,* já que o flagrante, por si, não é capaz de manter o indivíduo segregado, exigindo-se, para esse fim, sua conversão em prisão preventiva (art. 310, II, do CPP).

Dispõe o art. 300 do CPP que "as pessoas presas provisoriamente ficarão separadas das que já estiverem definitivamente condenadas, nos termos da lei de execução penal". Por sua vez, estabelece art. 84, *caput*, da LEP que "o preso provisório ficará separado do condenado por sentença transitada em julgado". Absolutamente correta a cautela legal, que se justifica na necessidade de evitar o contato do preso definitivo com o preso

2 Alexandre de Moraes, *Direitos humanos fundamentais.* São Paulo. Atlas: 1998, p. 244.

provisório, mesmo porque, enquanto a prisão do primeiro decorre do reconhecimento de sua responsabilidade criminal, a do segundo justifica-se unicamente na necessidade de acautelar a sociedade ou o processo criminal, podendo até mesmo sobrevir juízo posterior de absolvição, já que não se sabe se é inocente ou culpado das acusações que lhe são atribuídas.

Situação bastante comum é a de esgotar-se a pena fixada em condenação definitiva, permanecendo, porém, o indivíduo preso em razão de prisão provisória decretada em outro processo. Também nesse caso impõe-se sua transferência para estabelecimento penal adequado aos presos provisórios, nada obstando que seja mantido no mesmo estabelecimento, porém em pavilhão ou ala destinada a tal modalidade de presos[3].

Outra hipótese frequente é deparar-se o Poder Judiciário com a falta de vagas ou de estrutura carcerária para separação dos presos definitivos dos provisórios. Em casos como este, há entendimentos divergentes, surgindo duas posições:

> *Primeira:* Sendo cogentes as determinações dos arts. 300 do CPP e 84 da LEP, se não for possível ao Estado cumprir esses comandos, a prisão provisória não poderá ser executada, sob pena de implicar constrangimento ilegal ao indiciado ou acusado. Nesse caso, a prisão preventiva domiciliar apresenta-se como solução possível, podendo, inclusive, ser conjugada com a medida cautelar de monitoração eletrônica prevista no art. 319, IX, do CPP.
>
> *Segunda:* Apesar da ilegalidade que decorre da colocação dos presos provisórios junto com os definitivos, não se pode cogitar a manutenção em liberdade do indivíduo em relação ao qual se fazem presentes os requisitos da prisão preventiva. Tal situação, além de implicar risco à segurança social e à efetividade que se espera da persecução criminal, serve, em última análise, de estímulo ao Poder Executivo no sentido de prosseguir com sua histórica omissão na geração de vagas no sistema prisional. Quanto à ventilada prisão domiciliar, revela-se descabida já que o rol do art. 318 do CPP é taxativo ao referir as hipóteses em que a prisão preventiva pode ser executada extramuros, não contemplando entre elas situações relacionadas à falta de vagas em estabelecimento compatível com a situação do preso. Logo, deve-se tolerar a manutenção do preso provisório no mesmo ambiente do segregado definitivo até que surjam vagas em estabelecimento adequado.

Repensando essa questão, defendemos hoje posição eclética, isto é, nem para aceitar a interpretação extensiva do art. 318 do CPP e permitir sua aplicação irrestrita aos presos provisórios sempre que não houver vagas separadas dos demais detentos, nem para sustentar que a ausência de estrutura física nos estabelecimentos prisionais para abrigar essa ordem de presos referende a violação incondicional à disciplina dos arts. 300 do CPP e 84 da LEP. Em nossa ótica, a aferição da existência ou não de constrangimento ilegal em decorrência da manutenção de presos provisórios junto com segregados definitivos não pode ser realizada abstratamente, mas sim, à luz do caso concreto. A partir desse raciocínio, compreendemos que, em situações específicas, nas quais, evidentemente, a não execução da prisão provisória importe em prejuízo potencial à ordem pública e aos fins do processo criminal, é possível tolerar a permanência do preso provisório em conjunto com o definitivo

[3] STJ, *Habeas Corpus* 138.769/PE, *DJ* 09.11.2009.

(respeitada a necessária triagem a fim de evitar que presos de elevada periculosidade convivam com outros que não apresentem tal *status*) a fim de evitar mal maior. Imagine-se, por exemplo, que um indivíduo que registra várias condenações pela prática de crimes violentos, havendo relatos de ameaças a testemunhas, tenha sua prisão preventiva decretada em face do notório envolvimento em organização criminosa voltada à traficância e a quem se impute, ainda, a prática de homicídio relacionado ao comércio de drogas. Em casos como esse, não haveria o menor propósito cogitar de prisão preventiva domiciliar, pois tal medida, indubitavelmente, restaria inócua, justificando-se, então, a excepcional inobservância dos referidos arts. 300 do CPP e 84 da LEP.

Cabe destacar que, com a edição da L. 13.167/2015, modificou-se parcialmente a redação do art. 84 da LEP, passando este dispositivo a estabelecer, também, critérios para separação de presos provisórios e de presos condenados entre si. Com isto, ficou regrado que os **presos provisórios** ficarão separados de acordo com os seguintes critérios (§ 1º): *I – acusados pela prática de crimes hediondos ou equiparados; II – acusados pela prática de crimes cometidos com violência ou grave ameaça à pessoa; III – acusados pela prática de outros crimes ou contravenções diversos dos apontados nos incisos I e II.* Por sua vez, a separação dos **presos condenados** obedecerá às seguintes regras (§ 2º): *I – condenados pela prática de crimes hediondos ou equiparados; II – reincidentes condenados pela prática de crimes cometidos com violência ou grave ameaça à pessoa; III – primários condenados pela prática de crimes cometidos com violência ou grave ameaça à pessoa; IV – demais condenados pela prática de outros crimes ou contravenções em situação diversa das previstas nos incisos I, II e III.* Com o objetivo de assegurar o implemento dessas regras, instituiu o Conselho Nacional de Política Criminal e Penitenciária, por meio da Resolução 02, de 24.06.2016, o Cadastro Único de Pessoas Privadas de Liberdade da Unidade Penal (CadUPL), visando a conferir transparência e uniformização de dados estatísticos mínimos, a ser avaliado por ocasião das inspeções e fiscalizações jurídicas das unidades prisionais. Referido cadastro, obrigatoriamente, deverá estar implementado em todas as unidades penais e carceragens de delegacias de polícia que custodiam pessoas privadas da liberdade no País (art. 1º), devendo conter, entre outros dados mencionados no Anexo I, informações sobre o cumprimento do art. 84 da LEP no que tange à separação entre presos provisórios e definitivos; a ocorrência de audiência de custódia; a referência à condição jurídica do apenado (provisório sem sentença, provisório com sentença ou condenado por sentença definitiva) e a natureza do crime pelo qual condenado (hediondo ou equiparado, cometido com ou sem violência ou grave ameaça à pessoa etc.)

7.1.5 Natureza do crime e condição pessoal do condenado (art. 84, § 3º, da LEP)

Como vimos anteriormente, o § 3º do art. 84 da LEP, incluído pela L. 13.167/2015, estabelece critérios de separação entre presos condenados, levando em consideração a natureza do crime cometido (hediondos/equiparados ou não e com ou sem violência ou grave ameaça à pessoa) e a condição pessoal do apenado (primário ou reincidente), determinando o cumprimento da pena em seções distintas, conforme o caso. Andou certo o legislador ao assim disciplinar. Trata-se, afinal de contas, de evitar que condenados de maior e menor periculosidade permaneçam no mesmo ambiente, assim como de impedir que indivíduos apenas iniciados na senda do crime fiquem recolhidos na mesma cela que criminosos habituais, sendo alvos da transferência de valores negativos que possam prejudicar o processo de ressocialização.

Guilherme de Souza Nucci, referindo-se ao primário e ao reincidente, observa que este último "apresenta, sem dúvida, maior tendência à criminalidade, tanto que já possui condenações variadas. O outro é estreante, podendo nunca mais tornar a delinquir, desde que consiga ser convenientemente reeducado. Para isso, o Estado deve assumir a responsabilidade de não prejudicar o seu aprendizado, não permitindo que conviva com delinquentes habituais, muito mais distantes de qualquer chance de ressocialização efetiva"[4].

Destaque-se, ainda, que, de acordo com o art. 84, § 4º, o preso que tiver sua integridade física, moral ou psicológica ameaçada pela convivência com os demais presos ficará segregado em local próprio.

7.1.6 Preso que era funcionário da administração da justiça criminal (art. 84, § 2º, da LEP)

O preso que, ao tempo do fato, era funcionário da Administração da Justiça Criminal ficará em dependência separada (art. 84, § 2º, da LEP). Ao determinar o recolhimento dessa ordem de detentos em dependência própria, isolada dos presos comuns, a norma tem o objetivo evidente de resguardar-lhes a integridade física e moral, que poderia ficar comprometida com a hostilidade dos demais presos.

Note-se que, embora o dispositivo refira-se a quem era *funcionário da Administração da Justiça Criminal*, os Tribunais Superiores consolidaram o entendimento de que o art. 84, § 2º, da LEP deve ser aplicado, por analogia, a agentes penitenciários[5] e a policiais civis ou militares[6].

Outro aspecto relevante é o de que a proteção legal alcança tanto o preso definitivo quanto o preso provisório, já que a lei não faz distinção. Uns e outros, portanto, devem permanecer em dependência separada dos demais durante todo o tempo de recolhimento ao cárcere.

E quanto ao indivíduo que exercia função pública, muito embora não fosse, propriamente, funcionário público? Considerando que o art. 327 do Código Penal estabelece que "considera-se funcionário público, para os efeitos penais, quem, embora transitoriamente e sem remuneração, exerce cargo, emprego ou função pública", depreende-se que tal indivíduo encontra-se igualmente amparado pelo art. 84, § 2º, da LEP.

E quanto ao indivíduo que, embora tenha sido funcionário da justiça, já não o era no tempo da infração penal? Muito embora a literalidade do art. 84, § 2º, da LEP estabeleça o benefício apenas para quem exercia a função pública no tempo do fato, reputamos necessário estender-lhe a proteção legal se ficar evidenciado que o convívio com os demais presos possa implicar risco a sua incolumidade física ou moral. Em sentido contrário, a posição de Julio Fabbrini Mirabete, compreendendo que "o direito ao cumprimento da pena em estabelecimento penal especial é reservado àquele que, na época da infração penal, exercia função ou cargo público, não amparando aquele que, na época da infração penal, já não era funcionário".[7]

---

[4] Guilherme de Souza Nucci, op. cit., p. 510.

[5] TJSP, *Habeas Corpus* 0503255-60.2010.8.26.0000, j. 16.12.2010.

[6] STJ, *Habeas Corpus* 158.994/RJ, *DJ* 15.06.2011.

[7] MIRABETE, Julio Fabbrini. *Execução Penal*. 11. ed. São Paulo: Atlas, 2004, p. 255.

7.1.7 Prisão especial

Em que pese a Constituição Federal, no seu art. 5.º, *caput*, estabelecer o princípio da igualdade, segundo o qual "todos são iguais perante a lei, sem distinção de qualquer natureza", o Código de Processo Penal e a legislação especial asseguram a determinadas categorias o direito de permanecer em celas ou estabelecimentos penais distintos da prisão comum até o trânsito em julgado da sentença penal condenatória. Trata-se da **prisão especial**, assim considerada a modalidade de segregação que se justifica no cargo ou função exercida pelas pessoas beneficiadas.

A prisão especial não configura uma modalidade específica de prisão cautelar, mas sim uma forma de cumprimento da prisão cautelar. Em tese, pode alcançar apenas o agente que estiver sujeito à prisão *antes de condenação definitiva*, vale dizer, o **preso provisório**. Portanto, com o trânsito em julgado de sentença penal condenatória, deixa de existir o direito à prisão especial, devendo o condenado submeter-se ao regime normal de cumprimento da pena. Sem embargo dessa regra, existem determinadas hipóteses legais em que terão os respectivos presos direito a cela separada dos outros **mesmo após a condenação definitiva**, a fim de evitar constrangimentos e intimidações físicas e morais durante a execução da pena. Observe-se:

- Art. 84, § 2º, da Lei de Execução Penal[8], relativo ao preso que, no tempo do fato, era funcionário da Administração da Justiça Criminal;
- Art. 18, II, *e*, da Lei Complementar 75/1993[9], relativo aos membros do Ministério Público da União;
- Art. 44, III, da Lei Complementar 80/1994, relativo aos membros da Defensoria Pública da União; e
- Art. 40, § 3º, da L. 4.878/1965[10], relativo aos integrantes da Polícia Civil do Distrito Federal e da União.

No âmbito do Código de Processo Penal, a prisão especial encontra-se prevista no art. 295, alterado pela L. 10.258/2001, assegurando ao rol de pessoas nele previsto *direito ao recolhimento em local distinto da prisão comum*, por exemplo, distritos policiais (§ 1.º), bem como o direito de, sendo necessário seu traslado ao fórum ou delegacia, *não ser transportado juntamente com presos que não detenham o mesmo privilégio* (§ 4º). No tocante aos demais direitos e deveres do preso especial, serão os mesmos do preso comum.

Editada em 1967, previa a L. 5.256 que, nas localidades em que não houvesse estabelecimento adequado ao recolhimento dos que indivíduos com direito à prisão especial, o juiz, considerando a gravidade das circunstâncias do crime, poderia autorizar a prisão do réu ou indiciado na própria residência, de onde este não poderia afastar-se

---

8 Art. 84, § 2º: "O preso que, ao tempo do fato, era funcionário da Administração da Justiça Criminal ficará em dependência separada."

9 Art. 18, II, *e*: "ser recolhido à prisão especial ou à sala especial de Estado-Maior, com direito a privacidade e à disposição do tribunal competente para o julgamento, quando sujeito a prisão antes da decisão final; e a dependência separada no estabelecimento em que tiver de ser cumprida a pena."

10 Art. 40, § 3º: "Transitada em julgado a sentença condenatória, será o funcionário encaminhado a estabelecimento penal, onde cumprirá a pena em dependência isolada dos demais presos não abrangidos por esse regime, mas sujeito, como eles, ao mesmo sistema disciplinar e penitenciário."

sem prévio consentimento judicial. Tratava-se da previsão de **prisão domiciliar** ao preso especial. Contudo, em vista das alterações introduzidas no art. 295, § 2.º, do Código de Processo Penal pela referida L. 10.258/2001, permitindo ao indivíduo permanecer sob prisão especial no estabelecimento comum[11], apenas em cela distinta dos demais, essa previsão da prisão domiciliar perdeu bastante de sua aplicação.

Situação por vezes ocorrente é a de se encontrar o segregado provisório em prisão especial por força de determinado crime e sobrevir condenação definitiva a pena privativa de liberdade em razão de outro. Nessa hipótese, passando ele a ostentar condenação criminal com trânsito em julgado, ainda que em outra ação penal, perderá o direito à prisão especial. "O paciente que ostenta condenações criminais com trânsito em julgado deixa de ser preso provisório, ainda que tenha contra si outras ações penais em andamento, perdendo, assim, o direito à prisão especial"[12].

Veja-se, ademais, que a prisão especial não obsta a progressão de regime. Com efeito, de acordo com a Súmula 717 do Supremo Tribunal Federal, "*não impede a progressão de regime de execução da pena, fixada em sentença não transitada em julgado, o fato de o réu se encontrar em prisão especial*". Claro que, para tanto, deverá ele preencher os requisitos estipulados pela Lei de Execução Penal (art. 112 da L. 7.210/1984) e, sendo o caso, pela Lei dos Crimes Hediondos (art. 2º, § 2º, da L. 8.072/1990).

São as seguintes as categorias beneficiadas com a prisão especial pelo art. 295 do CPP:

> I – os ministros de Estado;
>
> II – os governadores ou interventores de estados ou Territórios, o prefeito do Distrito Federal, seus respectivos secretários, os prefeitos municipais, os vereadores e os chefes de Polícia:

- Quanto aos "interventores de Estado", trata-se da previsão incorporada ao art. 36, § 1º, da Constituição Federal, dispondo que "o decreto de intervenção, que especificará a amplitude, o prazo e as condições de execução e que, se couber, nomeará o interventor, será submetido à apreciação do Congresso Nacional ou da Assembleia Legislativa do Estado, no prazo de vinte e quatro horas". Referido parágrafo relaciona-se com os arts. 34 e 35, que preceituam as hipóteses de intervenção da União nos estados, Distrito Federal e municípios, e dos estados nos municípios.
- Não existe mais a figura do "Prefeito do Distrito Federal", devendo-se entender como tal o "Governador do Distrito Federal".

---

11 "O direito subjetivo do médico, ou de qualquer outro preso especial, deve circunscrever-se à garantia de recolhimento em local distinto da prisão comum (art. 295, § 1º, do CPP). Não havendo estabelecimento específico, poderá o preso ser recolhido à cela distinta da prisão comum (art. 295, § 2º, do CPP), observadas as condições mínimas de salubridade e dignidade da pessoa humana" (STJ, HC 87.933/SP, 5.ª Turma, Rel. Min. Felix Fischer, *DJ* 23.06.2008).

12 STJ, *Habeas Corpus* 56.208/PE, 6.ª Turma, Rel. Min. Maria Thereza de Assis Moura, *DJ* 04.05.2009.

III – os membros do Parlamento Nacional, do Conselho de Economia Nacional e das Assembleias Legislativas dos Estados;

- Por "membros do Parlamento Nacional" compreendam-se os "membros do Congresso Nacional".
- O "Conselho de Economia Nacional" foi extinto na organização constitucional em vigor.

IV – os cidadãos inscritos no "Livro de Mérito";

- Instituído pelo Decreto-Lei 1.706/1939, o "Livro de Mérito" destina-se a receber a inscrição dos nomes das pessoas que, por doações valiosas ou pela prestação desinteressada de serviços relevantes, tenham notoriamente cooperado para o enriquecimento do patrimônio material ou espiritual da Nação e merecido o testemunho público do seu reconhecimento (art. 1º).

V – os oficiais das Forças Armadas e os militares dos Estados, do Distrito Federal e dos Territórios;

- Como se vê, o dispositivo abrange os oficiais das Forças Armadas e os oficiais das Polícias Militares, aí se incluindo, obviamente, os pertencentes ao Corpo de Bombeiros. Por outro lado, quanto aos militares que não se enquadrem na categoria de "oficiais", aplica-se a regra do art. 296, devendo ser colocados, na hipótese de prisão provisória, em estabelecimentos militares. Muito embora a lei não se refira a esses como "prisão especial", a verdade é que o são, na prática, pois se trata de estabelecimentos diversos daqueles destinados aos presos comuns.

VI – os magistrados;

VII – os diplomados por qualquer das faculdades superiores da República;

VIII – os ministros de confissão religiosa;

IX – os ministros do Tribunal de Contas;

X – os cidadãos que já tiverem exercido efetivamente a função de jurado, salvo quando excluídos da lista por motivo de incapacidade para o exercício daquela função;

- O dispositivo contempla a prisão especial para os cidadãos que *tiverem exercido efetivamente a função de jurado*. A respeito do cabimento da prisão especial, neste caso, sempre houve controvérsias. Alguns, com efeito, entendiam que o *exercício efetivo da função de jurado* exigia a participação em julgamento pelo júri, vale dizer, uma das sete pessoas sorteadas. Outros, ao contrário, aderiam à orientação de que bastava o comparecimento do jurado no dia da sessão, ainda que não fosse sorteado para compor o Conselho de Sentença. Na atualidade, porém, essa diversidade de orientações não apresenta relevância, eis que tacitamente revogada, a nosso ver, a prisão especial do art. 295, X, do CPP, diante da alteração determinada pela L. 12.403/2011 ao art. 439 do CPP. Basta observar que, antes da vigência desse diploma legal, dispunha o art. 439 que "o exercício efetivo da função de jurado constituirá serviço público relevante, estabelecerá presunção de idoneidade moral" e assegurará prisão especial, em caso de crime comum, até o julgamento definitivo. Com a nova redação que lhe foi conferida, foi suprimida esta última parte do dispositivo, limitando-se a regrar que "o exercício efetivo da função de jurado constituirá serviço público relevante e estabelecerá presunção de idoneidade moral". Nesse contexto, impossível não cogitar da revogação tácita da prisão especial para os jurados, ressalvando-se, evidentemente, a manutenção desse benefício para aquelas pessoas que já exerceram efetivamente a função de jurado antes do surgimento da L. 12.403/2011.

XI – os delegados de polícia e os guardas-civis dos estados e Territórios, ativos e inativos.

Observe-se que o rol do art. 295 não é taxativo. Tanto é que, em seu § 1.º, faz referência à previsão incorporada em outras leis. Logo, por força de legislação específica, outras categorias também poderão usufruir da **prisão especial**, como é o caso:

a) dos dirigentes de entidades sindicais e representativas de empregados, empregadores, profissionais, liberais, agentes e trabalhadores autônomos (L. 2.860/1956);
b) dos servidores do departamento federal de segurança pública com exercício de atividade estritamente policial (L. 3.313/1957);
c) dos pilotos de aeronaves mercantes nacionais (L. 3.988/1961);
d) dos policiais civis da União e do Distrito Federal (L. 4.878/1965);
e) dos funcionários da polícia civil dos estados e Territórios (L. 5.350/1967);
f) dos oficiais da marinha mercante (L. 5.606/1970);
g) dos vigilantes e transportadores de valores (L. 7.102/1983);
h) dos professores de 1º e 2º graus (L. 7.172/1983).

Tramita na Câmara dos Deputados o Projeto de Lei n.º 2.302/2015, que garante prisão especial aos guardas municipais antes da condenação definitiva. Esse Projeto foi aprovado na Comissão de Constituição e Justiça e de Cidadania em 07.12.2016.

Sem embargo dessas situações, existem categorias de *presos provisórios* para as quais leis especiais asseguram o direito de ficarem detidos em **sala de Estado-Maior das Forças Armadas**, o que vem a ser, também, uma forma de prisão especial que, na visão da doutrina, afigura-se ainda "mais especial".

O que é *sala de Estado-Maior?* Considerando que *Estado-Maior das Forças Armadas* é o conjunto de oficiais que tem por objetivo assessorar as decisões de um comandante militar, infere-se como *sala de Estado-Maior* qualquer recinto ou compartimento que, localizado no âmbito de uma instituição militar, eventualmente possa vir a ser utilizado por esse grupo para o exercício de suas funções. Trata-se, como o nome sugere, de uma "sala" e não de uma "cela"[13]. Entretanto, importante referir que não é totalmente

---

[13] "Deveras, a expressão 'sala de Estado-Maior' segundo o Pretório Excelso, equivale a uma dependência em estabelecimento castrense sem grades, com instalações condignas. É dizer: No julgamento do *Habeas Corpus*

pacífica essa vinculação de *sala de Estado-Maior* a um recinto dentro do quartel. Basta ver que, no julgamento, pelo Supremo Tribunal Federal, da Reclamação 5.826/PR[14], chegou-se a ventilar a possibilidade de mudança da jurisprudência para o fim de ampliar a abrangência da expressão "sala de Estado-Maior" e, via de consequência, afastar a mencionada restrição.

Entre as hipóteses que ensejam o recolhimento a sala de Estado-Maior, cabe ressaltar:

- Art. 7º, V, da L. 8.906/1994 (Estatuto da Ordem dos Advogados do Brasil): Assegura ao *advogado* o direito de não ser recolhido preso, antes de sentença transitada em julgado, senão em sala de Estado-Maior, com instalações e comodidades condignas e, na sua falta, em prisão domiciliar. Note-se que o Supremo Tribunal Federal, no julgamento da Ação Direta de Inconstitucionalidade 1.127-8, afastou do mundo jurídico a expressão "assim reconhecidas pela OAB", antes incorporada ao dispositivo na sua redação original;
- Art. 40, V, da L. 8.625/1993, estatuindo como prerrogativa do membro do Ministério Público a de "ser custodiado ou recolhido à prisão domiciliar ou à sala especial de Estado-Maior, por ordem e à disposição do Tribunal competente, quando sujeito a prisão antes do julgamento final". No mesmo sentido, o art. 18, II, *e*, da LC 75/1993, assegurando ao membro do Ministério Público da União a prerrogativa de "ser recolhido à prisão especial ou à sala especial de Estado-Maior, com direito a privacidade e à disposição do tribunal competente para o julgamento, quando sujeito a prisão antes da decisão final; e a dependência separada no estabelecimento em que tiver de ser cumprida a pena";
- Art. 33, III, *da Lei Complementar 35/1979,* garantindo, como prerrogativa do magistrado, "ser recolhido a prisão especial, ou a sala especial de Estado-Maior, por ordem e à disposição do Tribunal ou do órgão especial competente, quando sujeito a prisão antes do julgamento final"; e
- Art. 44, III, e 128, III, da LC 80/1994, garantindo ao membro da Defensoria Pública a prerrogativa de "ser recolhido à prisão especial ou à sala especial de Estado-Maior, com direito à privacidade e, após sentença condenatória transitada em julgado, ser recolhido em dependência separada, no estabelecimento em que tiver de ser cumprida a pena".

7.1.8 Transferência de preso (art. 86 da LEP)

Dispõe o art. 86 da LEP que as penas privativas de liberdade aplicadas pela Justiça de uma Unidade Federativa podem ser executadas em outro estado, em estabelecimento

---

181.231/RO, assim deliberou o Superior Tribunal de Justiça: 'Por Estado-Maior se entende o grupo de oficiais que assessoram o Comandante de uma organização militar (Exército, Marinha, Aeronáutica, Corpo de Bombeiros e Polícia Militar); assim sendo, 'sala de Estado-Maior' é o compartimento de qualquer unidade militar que, ainda que potencialmente, possa por eles ser utilizado para exercer suas funções. A distinção que se deve fazer é que, enquanto uma 'cela' tem como finalidade típica o aprisionamento de alguém – e, por isso, de regra contém grades –, uma 'sala' apenas ocasionalmente é destinada para esse fim. De outro lado, deve o local oferecer 'instalações e comodidades condignas', ou seja, condições adequadas de higiene e segurança" (3ª Turma, Rel. Min. Vasco Della Giustina, *DJ* 14.04.2011).

[14] Tribunal Pleno, Rel. Min. Cármen Lúcia, j. 19.08.2010.

local ou da União. Isso é comum nas hipóteses em que o indivíduo, condenado e preso em um estado, é natural de outro, neste possuindo seu último domicílio. Em tal caso, o cumprimento da pena no local onde possui vínculos familiares, afetivos e até profissionais constitui fator importante para sua ressocialização, podendo justificar, portanto, a remoção. De qualquer sorte, deve-se ter em mente que não possui o apenado direito subjetivo à transferência, sendo o interesse público o critério fundamental para definir sua remoção ou não. O interesse da segurança pública, enfim, pode sobrepor-se ao interesse particular nesses casos[15].

A competência para determinar a remoção é do juiz da execução, *ex vi* do art. 66, V, *g* e *h*, da LEP, devendo, contudo, ser ouvidos previamente o condenado e o Ministério Público. Também deve pronunciar-se o juiz do local para onde será transferido o apenado, muito especialmente no que concerne à existência de vagas no presídio da comarca. Ocorrendo essa transferência, o juiz competente para execução passa a ser o da comarca ou Unidade da Federação onde se executará a pena, de acordo com a respectiva Lei de Organização Judiciária.

Aspecto importante refere-se à remoção de preso para **estabelecimento federal de segurança máxima**. Veja-se que, nos termos do art. 86, § 1º, da LEP, "a União Federal poderá construir estabelecimento penal em local distante da condenação para recolher os condenados, quando a medida se justifique no interesse da segurança pública ou do próprio condenado". A inclusão de presos em estabelecimentos federais de segurança máxima obedece ao disposto na L. 11.671/2008, que no seu art. 3º reitera os motivos que a autorizam dispostos no citado art. 86, § 1º - interesse da segurança pública ou a do próprio preso, condenado ou provisório. Regulamentando essa Lei, dispõe o Decreto 6.877/2009, em seu art. 3º, que, para a inclusão ou transferência, o preso deverá possuir, ao menos, uma das seguintes características: ter desempenhado função de liderança ou participado de forma relevante em organização criminosa; ter praticado crime que coloque em risco a sua integridade no ambiente prisional de origem; estar submetido ao Regime Disciplinar Diferenciado (RDD); ser membro de quadrilha ou bando,[16] envolvido na prática reiterada de crimes com violência ou grave ameaça; ser réu colaborador ou delator premiado, desde que essa condição represente risco à sua integridade física no ambiente prisional de origem; estar envolvido em incidentes de fuga, de violência ou de grave indisciplina no sistema prisional de origem.

Observe-se que a transferência de preso oriundo de outro sistema penitenciário para estabelecimento penal federal de segurança máxima, nos termos regulados pela L. 11.671/2008, constitui medida de exceção, sendo inspirada em fatos e fundamentos adequadamente justificados pelo juízo que solicitar essa providência, qual seja, o juízo da Vara de Execução Penal de origem.

São legitimados para requerer o processo de transferência do preso para estabelecimento penal federal de segurança máxima a autoridade administrativa (*v.g.*, o Secretário Estadual de Administração Penitenciária), o Ministério Público e o próprio preso (art. 5º da L. 11.671/2008). O requerimento deverá conter os motivos que justifiquem a necessidade da medida e estar acompanhado da documentação pertinente.

---

[15] STJ, *Habeas Corpus* 116.201/RJ, *DJ* 14.12.2009.

[16] O crime de *quadrilha ou bando*, previsto no art. 288 do Código Penal, com as alterações determinadas pela L. 12.850/2013, teve seu nomen iuris modificado para *associação criminosa*, considerando-se como tal a conduta de "associarem-se 3 (três) ou mais pessoas, para o fim específico de cometer crimes".

O processo de inclusão ou de transferência será autuado em apartado (art. 2º, §§ 1º e 2º, do Decreto 6.877/2009), devendo ser instruído com os documentos previstos no art. 4º do Decreto 6.877/2009. A seguir, serão ouvidos, no prazo de cinco dias, a autoridade administrativa, o Ministério Público e a Defesa (quando não forem os requerentes), além do Departamento Penitenciário Nacional, que opinará sobre a pertinência da inclusão ou da transferência (art. 5º, § 2º, da L. 11.671/2008 e art. 5º do Decreto 6.877/2009), e indicará o estabelecimento penal federal adequado à custódia, podendo ainda solicitar diligências complementares, incluindo o histórico criminal do preso. No final da instrução do procedimento e após as referidas manifestações, o juiz da Vara de Execução Criminal de origem, admitindo a necessidade da transferência do preso, remeterá os autos do procedimento ao juízo federal competente com (art. 6º do Decreto 6.877/2009) – aquele que jurisdiciona o estabelecimento penal para onde se pretende transferir o preso. Recebidos os autos, o juiz federal decidirá sobre a inclusão ou a transferência, podendo determinar diligências necessárias à formação de seu convencimento (art. 7º do Decreto 6.877/2009). Na esteira da jurisprudência dominante, o juiz federal deverá aceitar as razões do juízo solicitante (que é o único habilitado a declarar a necessidade da transferência), salvo se existirem razões objetivas para a não admissão do preso, tais como a superlotação carcerária e a incapacidade do presídio para receber novos apenados[17]. Nesse último caso, rejeitada a transferência, o juízo de origem poderá suscitar o conflito de competência perante o tribunal competente (ao Superior Tribunal de Justiça compete dirimir os conflitos existentes entre juiz federal e juiz estadual, *ex vi* do art. 105, I, *d*, da CF), que o apreciará em caráter prioritário (art. 9º da L. 11.671/2008). Referendando essa repartição de competências entre o Juiz da Execução Penal e o Juízo Federal, no sentido de que é de incumbência do primeiro decidir sobre a necessidade de inclusão ou permanência do preso em presídio de segurança máxima federal, decidiu o STJ, recentemente, que "ao Juízo Federal cabe exclusivamente a competência para avaliar a legalidade e a existência dos requisitos para a implantação ou renovação de preso no sistema penitenciário federal, não lhe competindo revisar as razões do Juízo de origem, ou valorar os fundamentos concretos da decisão" (AgRg na PET nos EDcl no CC 152889/SC, *DJ* 28.02.2018).

Note-se que, eventualmente, a transferência do preso poderá ser realizada sem a prévia instrução dos autos, desde que justificada a situação de extrema necessidade. Nesse caso, a transferência deverá ser requerida diretamente ao juízo de origem, instruída com elementos que demonstrem a extrema necessidade da medida. Concordando com a inclusão ou a transferência, o juízo de origem remeterá imediatamente o requerimento ao juízo federal competente. Admitida a inclusão ou a transferência emergencial pelo juízo federal competente, caberá ao juízo de origem remeter àquele, imediatamente, os documentos previstos no art. 4º do Decreto 6.877/2009.

A inclusão de preso em estabelecimento federal, nos termos disciplinados pela L. 11.671/2008, será excepcional e por prazo determinado (art. 10 da L. 11.671/2008), não podendo ser superior a trezentos e sessenta dias, renovável excepcionalmente quando solicitado motivadamente pelo juízo de origem (art. 10, § 1º, da L. 11.671/2008). Tal

[17] "Não cabe ao Juízo Federal discutir as razões do Juízo Estadual quando solicita a transferência de preso para estabelecimento prisional de segurança máxima, assim quando pede a renovação do prazo de permanência, porquanto este é o único habilitado a declarar a excepcionalidade da medida" (STJ, CC 120.929/RJ, *DJ* 16.08.2012).

renovação pode ocorrer mais de uma vez, retroagindo o termo inicial do prazo de trezentos e sessenta dias ao dia seguinte ao término do prazo anterior (art. 10, § 4º, da L. 11.671/2008). Decorrido o prazo legal sem que tenha sido feito pedido de renovação da permanência do preso no estabelecimento federal, o juízo de origem ficará obrigado a recebê-lo novamente no estabelecimento penal sob sua jurisdição (art. 10, § 2º, da L. 11.671/2008). Existindo, porém, pedido de renovação, será este submetido ao juízo federal que jurisdiciona o presídio federal (art. 10, § 3º, da L. 11.671/2008). Aceita a renovação, o preso permanecerá no estabelecimento federal de segurança máxima em que estiver, retroagindo o termo inicial do prazo de trezentos e sessenta dias ao término do prazo anterior (art. 10, § 4º, da L. 11.671/2008). Rejeitada a renovação, faculta-se ao juízo de origem suscitar o conflito de competência, a ser apreciado pelo Superior Tribunal de Justiça (ao Superior Tribunal de Justiça compete dirimir os conflitos existentes entre juiz federal e juiz estadual, *ex vi* do art. 105, I, *d*, da CF) em caráter prioritário (art. 10, § 5º, da L. 11.671/2008).

Caberá à Defensoria Pública da União a assistência jurídica ao preso que estiver nos estabelecimentos penais federais de segurança máxima (art. 5º, § 1º, da L. 11.671/2008).

Realizada a transferência de preso recolhido em penitenciária estadual para presídio de segurança máxima federal, o acompanhamento da execução cabe ao Juízo Federal competente da localidade em que se situar o referido estabelecimento (art. 4º, § 1º, da L. 11.671/2008). Ressalva-se da regra, porém, a hipótese de se tratar o transferido de preso provisório, pois nesse caso "a fiscalização da prisão provisória será deprecada, mediante carta precatória, pelo juízo de origem ao juízo federal, mantendo aquele juízo a competência para o processo e para os respectivos incidentes" (art. 4º, § 2º, da L. 11.671/2008). Em outras palavras, no caso de preso provisório, incumbe ao juízo que solicitou a transferência do preso (Vara de Execução Penal de origem) dirigir o controle da prisão, fazendo-o por meio de carta precatória.

Perceba-se, finalmente, que poderão ocorrer transferências de presos entre estabelecimentos penais federais mediante requerimento da autoridade administrativa, do Ministério Público ou do próprio preso. O requerimento de transferência, instruído com os fatos motivadores, será dirigido ao juiz federal corregedor do estabelecimento penal federal onde o preso se encontrar, que ouvirá o juiz federal corregedor do estabelecimento penal federal de destino. Autorizada e efetivada a transferência, o juiz federal corregedor do estabelecimento penal federal em que o preso se encontrava comunicará da decisão ao juízo de execução penal de origem, se preso condenado, ou ao juízo do processo, se preso provisório, e à autoridade policial, se for o caso (art. 12 do Decreto 6.877/2009).

7.1.9 Trabalho dos liberados e egressos nos estabelecimentos penais (art. 86, § 2º, da LEP)

Depreende-se do art. 86, § 2º, da LEP que os liberados de medida de segurança e os egressos (liberados definitivos, pelo prazo de um ano a contar da saída do estabelecimento, bem como o liberado condicional, durante o período de prova) poderão trabalhar nos estabelecimentos penais desde que se dediquem a obras públicas ou ao aproveitamento de terras ociosas. Esse trabalho, poderá ser desenvolvido ordinariamente em estabelecimentos destinados aos presos dos regimes semiaberto e aberto. Por questões de segurança, apenas em caráter excepcional pode-se tolerar seja tal trabalho realizado em locais reservados aos presos do regime fechado.

7.2 PENITENCIÁRIA

7.2.1 Considerações gerais (art. 87, *caput*, da LEP)

A penitenciária é destinada ao condenado à pena de reclusão, em regime fechado. Trata-se de estabelecimento que deve contar com o máximo de segurança, muros e grades, bem como a vigilância ostensiva exercida por meio de policiais ou agentes penitenciários.

Na medida em que o art. 87, *caput*, da LEP reserva a *penitenciária* ao cumprimento de pena pelos condenados a reclusão em regime fechado, constata-se a ocorrência de lacuna na lei em relação aos condenados à pena de detenção que se encontrem nesse regime. Como dissemos alhures, embora os *detentos* devam iniciar o cumprimento de pena no regime semiaberto ou aberto (art. 33, *caput*, da LEP), pode ocorrer que sejam conduzidos ao regime fechado no curso da pena por força de regressão. Nesse caso, parece evidente que, assim como ocorre em relação aos *reclusos*, deverão os *detentos* cumprir a pena em penitenciária, permanecendo essas duas categorias, porém, em pavilhões ou alas prisionais distintas.

7.2.2 Penitenciária e regime disciplinar diferenciado (art. 87, parágrafo único, da LEP)

O art. 87, parágrafo único, da LEP estabelece que a União Federal, os estados, o Distrito Federal e os Territórios poderão construir penitenciárias destinadas exclusivamente aos presos (provisórios e definitivos) sujeitos ao regime disciplinar diferenciado. O dispositivo apresenta relevância, primeiro porque prevê a construção de presídios específicos para a colocação dos presos sob RDD, os quais, evidentemente, devem contar com a máxima condição de segurança, além de permitir o recolhimento em cela individual (arts. 52, II, e 88 da LEP); segundo porque ressalva a regra de que o preso provisório deve permanecer em cadeia pública (art. 102 da LEP), facultando sua inclusão em penitenciária adequada ao RDD.

Note-se que não se trata o regime disciplinar diferenciado de uma quarta modalidade de cumprimento da pena privativa de liberdade além das já existentes (regime fechado, semiaberto e aberto), mas de uma forma especial de cumprimento da pena no regime fechado, que se caracteriza pela permanência do preso em cela individual, limitação do direito de visita e redução do direito de saída da cela. Quanto a sua natureza, apresenta-se o RDD ora como **sanção disciplinar** ora como **medida cautelar**: *sanção disciplinar* na hipótese regrada pelo art. 52, *caput*, da LEP, que prevê sua imposição para o condenado que cometer fato definido como crime doloso que ocasione subversão da ordem e da disciplina da casa prisional; e *medida cautelar* no caso do art. 52, §§ 1º e 2º, ao estabelecer a inserção no RDD dos condenados que apresentem alto risco para a ordem e segurança do estabelecimento penal ou da sociedade, bem como para aquele em relação ao qual recaiam fundadas suspeitas de envolvimento em organização criminosa ou associação criminosa[18]. Para outras considerações em torno do RDD, remetemos o leitor ao Capítulo 5, tópico 5.3.7.

---

[18] V. nota 16.

7.2.3 Arquitetura da penitenciária (art. 88 da LEP)

Visando assegurar os direitos e garantias fundamentais do preso, estabelece a Lei de Execução Penal que o condenado deva ser alojado em cela individual, que conterá dormitório, aparelho sanitário e lavatório, sendo ainda requisitos básicos a salubridade do ambiente pela concorrência dos fatores de aeração, insolação e condicionamento térmico adequado à existência humana, bem como área mínima de seis metros quadrados (art. 88 da LEP).

Infelizmente, no Brasil a realidade carcerária corre à revelia dessa normatização, caracterizando-se muitas de nossas penitenciárias como ambientes absolutamente insalubres, onde se concentram, na mesma cela, número de presos superior à sua capacidade, prejudicando sensivelmente o processo de readaptação do preso à sociedade. Consequência dessa situação desastrosa que atinge o preso é a criação de ambiente negativo ao reajustamento, facilitando a reincidência criminosa que, bem sabemos, atinge níveis alarmantes no país.

Sensível a essa realidade, em muitos casos o Poder Judiciário tem ordenado a interdição total ou parcial de estabelecimentos prisionais, ora simplesmente proibindo o ingresso de novos sentenciados, ora também determinando sua transferência para outros locais. Em casos excepcionais, tem-se visto até a determinação de recolhimento de apenados a prisão domiciliar, providência essa que, na atualidade, é referendada pela **Súmula Vinculante 56 do STF** (aprovada em 19.06.2016), na qual ficou estabelecido que *"a falta de estabelecimento penal adequado não autoriza a manutenção do condenado em regime prisional mais gravoso, devendo-se observar, nesta hipótese, os parâmetros fixados no RE 641.320/RS"*. Mencionado recurso extraordinário insere o posicionamento da Corte na hipótese de falta de vagas para cumprimento de pena nos regimes semiaberto e aberto, estabelecendo diretrizes a serem observadas pelos Juízes das Varas de Execução Penal, as quais incluem a possibilidade de deferimento de prisão domiciliar.

7.2.4 Penitenciária feminina (art. 89 da LEP)

Dispõe o art. 89 da LEP que, além dos requisitos previstos no art. 88 (cela individual, condições de salubridade, tamanho mínimo etc.), a penitenciária destinada à mulher apenada será dotada de seção para gestante e parturiente e de creche para abrigar crianças maiores de seis meses e menores de sete anos, com a finalidade de assistir a criança desamparada cuja responsável estiver presa. A previsão, que tem por objetivo facilitar o processo de ressocialização e possibilitar a execução da pena de forma justa, guarda sintonia com diversos outros dispositivos, a saber:

- Art. 5º, XLVIII, da Constituição Federal, segundo o qual "a pena será cumprida em estabelecimentos distintos, de acordo com a natureza do delito, a idade e o sexo do apenado";
- Art. 5º, L, da Constituição Federal, dispondo que "às presidiárias serão asseguradas condições para que possam permanecer com seus filhos durante o período de amamentação";
- Art. 37 do Código Penal, referindo que "as mulheres cumprem pena em estabelecimento próprio, observando-se os deveres e direitos inerentes à sua condição pessoal (...)"; e

- Art. 83, § 2º, da LEP, ao determinar que "os estabelecimentos penais destinados a mulheres serão dotados de berçário, onde as condenadas possam cuidar de seus filhos, inclusive amamentá-los, no mínimo, até 6 (seis) meses de idade".

Incluído pela L. 11.942/2009, o parágrafo único do art. 89 da LEP estabelece os requisitos básicos da seção e da creche a que se refere o dispositivo, quais sejam: I – atendimento por pessoal qualificado, de acordo com as diretrizes adotadas pela legislação educacional e em unidades autônomas; e II – horário de funcionamento que garanta a melhor assistência à criança e à sua responsável.

Perceba-se que, com o objetivo de reformular as práticas do sistema prisional brasileiro e contribuir para a efetividade dos direitos assegurados pela LEP às reclusas, inclusive dos previstos no art. 89 em exame, o Ministério da Justiça, por meio da Portaria Interministerial n.º 210, de 16.01.2014, reforçou a necessidade de que os órgãos estaduais de administração prisional promovam medidas concretas visando assegurar os direitos fundamentais das apenadas no âmbito dos estabelecimentos prisionais, contemplando, muito especialmente, a assistência material (alimentação, vestuário e instalações higiênicas); o acesso à saúde, à educação, à assistência jurídica e ao atendimento psicossocial desenvolvido no interior das unidades prisionais, à assistência religiosa, o acesso à atividade laboral e a atenção específica à maternidade e à criança intramuros (art. 4º, II, da Portaria), além de ações relacionadas à garantia de estrutura física de unidades prisionais adequadas à dignidade da mulher (art. 4º, III, da Portaria) e à promoção de ações voltadas à segurança e gestão prisional que garantam procedimentos de segurança, regras disciplinares, escolta e oferecimento de transporte diferenciado para as mulheres idosas, com deficiência, gestantes, lactantes e mães com filhos (art. 4º, IV, da Portaria).

7.2.5 Penitenciária masculina (art. 90 da LEP)

A penitenciária para homens será construída em local afastado do centro urbano a distância que não restrinja a visitação (art. 90 da LEP).

Nesse caso, o cuidado legislativo decorre de questões de segurança para a comunidade junto à qual esteja situado o estabelecimento, considerando-se principalmente a possibilidade de motins e de fugas. Sem embargo dessa distância necessária, não pode ela restringir em demasia a visitação, já que o contato com parentes e amigos durante o período de isolamento constitui fator importante para o reajustamento social que se espera alcançar com o cumprimento da pena.

Cabe lembrar, por oportuno, que o cumprimento da pena no local da residência do apenado ou próximo a ela, conquanto adequado, não constitui propriamente um direito do preso, cabendo ao juiz da execução decidir a respeito com base em critérios de conveniência e oportunidade, atentando à primazia do interesse público. No âmbito do Superior Tribunal de Justiça, por exemplo, já se decidiu que, "não obstante o preceituado no art. 103 da Lei de Execução Penal, que assegura ao condenado o direito, em tese, de permanecer próximo ao local onde reside sua família, é possível transferir-se para outro estabelecimento penal o detento que lidera rebeliões e continua a realizar a sua empreitada criminosa dentro do presídio, controlando o tráfico de entorpecentes inclusive via celular. Interesse público evidenciado"[19].

[19] STJ, Recurso Ordinário em *Habeas Corpus* 8142/MG, *DJ* 01.03.1999.

7.3 COLÔNIA AGRÍCOLA, INDUSTRIAL OU SIMILAR

A **colônia agrícola, industrial ou similar** destina-se ao cumprimento da pena em regime semiaberto, não importando se esse foi o regime inicialmente aplicado ao sentenciado na decisão condenatória ou se a ele acessou por força de progressão do regime fechado ou regressão do regime aberto (art. 91 da LEP). Trata-se de estabelecimento de segurança média, sem muros ou grades, com segurança exercida por meio de guarda discreta e não armada. Os presos, aqui, possuem relativa liberdade de movimento, já que a vigilância se baseia sobretudo na disciplina e responsabilidade do preso.

Ao contrário do que prevê a LEP para o regime fechado, o preso do regime semiaberto alocado em colônia agrícola, industrial ou similar poderá ser alojado em compartimento coletivo, observadas as condições de salubridade do ambiente, em especial a adequada aeração, isolação e condicionamento térmico (art. 92 da LEP). São requisitos básicos, ainda, a *seleção adequada de presos*, evitando-se, por exemplo, a permanência no mesmo ambiente de apenados que mantenham desavenças e o convívio daqueles que possam reunir forças no comando de ações criminosas externas, e a *observância da capacidade máxima de presos,* já que a superlotação é fator prejudicial ao processo de ressocialização, além de contribuir para a indisciplina e violência nos estabelecimentos penais (art. 92, parágrafo único, da LEP).

Problemática frequente envolvendo os presos do semiaberto é a ausência de vaga em unidade prisional compatível com esse regime. Nesses casos, considerando ilegal manter o preso nas condições fáticas relativas ao regime fechado, tem sido autorizado o cumprimento da reprimenda em estabelecimento que, conquanto não se caracterize como colônia de trabalho, apresente instalações compatíveis com o regime intermediário (semiaberto).[20] Também isto não sendo possível, viabiliza a **Súmula Vinculante 56 do STF** (v. item 7.2.3 deste Capítulo) ao Juiz da Execução, diante da impossibilidade de manutenção do condenado em regime prisional mais gravoso, autorizar o cumprimento da pena no regime aberto, ou, na falta de casa de albergado, em prisão domiciliar, providências essas autorizadas.

7.4 CASA DO ALBERGADO

A **casa do albergado** é o estabelecimento penal destinado ao cumprimento da pena privativa de liberdade em regime aberto, bem como da pena restritiva de direitos de limitação de fim de semana (art. 93 da LEP).

O *regime aberto,* nos termos do art. 36, *caput,* do Código Penal baseia-se na autodisciplina e senso de responsabilidade do condenado. Este deverá, fora do estabelecimento e sem vigilância, trabalhar, frequentar curso ou exercer outra atividade autorizada, permanecendo recolhido na casa do albergado durante o período noturno e nos dias de folga (art. 36, § 1º, do CP).

A *limitação de fim de semana,* por sua vez, consiste na obrigação de permanecer, aos sábados e domingos, por cinco horas diárias, em casa do albergado ou outro estabelecimento adequado (art. 48, *caput,* do CP). Nesse local poderão ser ministrados ao condenado cursos e palestras ou atribuídas atividades educativas (art. 48, parágrafo único, do CP).

---

20 STF, Rcl. 25123/SC, *DJ* 01.08.2017.

O prédio da *casa do albergado* deverá situar-se em centro urbano, separado dos demais estabelecimentos, caracterizando-se pela ausência de guarda armada e de obstáculos físicos contra a fuga, tais como grades e muros (art. 94 da LEP). Não obstante essa condição, deve existir na referida casa controle de entrada e saída dos condenados, até mesmo para que seja informado adequadamente o juiz da execução sobre o correto cumprimento da pena. Em termos de estrutura física, dispõe a lei que a edificação, além dos aposentos para acomodar os presos, deverá conter local adequado para cursos e palestras (art. 95 da LEP).

Não obstante estabeleça o art. 95 da LEP que "em cada região haverá, pelo menos, uma casa de albergado", a verdade é que também aqui se depara o Poder Judiciário com a insuficiência desses estabelecimentos diante do número de presos que se encontram no regime aberto. Diante dessa realidade, é que aprovou o STF a já mencionada **Súmula Vinculante 56** (v. tópico 7.2.3, acima), estabelecendo diretrizes a serem observadas pelos Juízes das Varas de Execução Penal, as quais incluem a possibilidade de deferimento de prisão domiciliar. Cabe destacar que essa orientação incorporada à citada súmula não é de agora. No âmbito do Superior Tribunal de Justiça, com efeito, reiteradas eram as decisões no sentido de que "é cabível, excepcionalmente, a concessão de regime domiciliar aos apenados do regime aberto, quando constatada a ausência das condições necessárias ao cumprimento da pena, vale dizer, superlotação, precariedade do estabelecimento, falta de vagas ou de estabelecimento compatível, até que sejam sanadas as omissões"[21]. E também essa já era, de há muito, a orientação do Supremo Tribunal Federal, compreendendo que "a inexistência de estabelecimento prisional que atenda aos requisitos da Lei de Execução Penal para o cumprimento da pena no regime fixado na sentença, excepcionalmente, permite o recolhimento do condenado ao regime de prisão domiciliar previsto no art. 117 daquele diploma legal, cujo rol não é taxativo"[22].

7.5 CENTRO DE OBSERVAÇÃO

A fim de orientar a individualização pena e, assim, dar início à fase executória, estabelece o art. 5º da LEP a necessidade de classificação dos condenados a pena privativa de liberdade, fixando como critério obrigatório o *exame de personalidade*. Já o art. 8º da LEP refere que o condenado ao cumprimento de pena privativa de liberdade em regime fechado será submetido a *exame criminológico* para obtenção dos elementos necessários a uma adequada classificação e com vistas à individualização da execução. Por sua vez, dispõe o parágrafo único desse mesmo artigo que também o condenado ao cumprimento da pena privativa de liberdade em regime semiaberto poderá ser submetido àquele exame.

Pois bem, com vista à efetivação dos exames gerais de personalidade e do exame criminológico, contempla a Lei de Execução Penal a existência do **centro de observação**, que encaminhará os respectivos resultados à Comissão Técnica de Classificação a fim de que seja elaborado o programa individualizador da pena privativa de liberdade adequada ao condenado (art. 96 da LEP).

Note-se que, além de possibilitarem a primeira classificação dos condenados, os pareceres do centro de observação fornecem ao juiz elementos importantes acerca da

---

21 STJ, *Habeas Corpus* 288.026/RS, *DJ* 09.10.2014.

22 STF, *Habeas Corpus* 113.334/DF, *DJ* 20.03.2014.

personalidade do condenado, subsidiando-o na concessão ou não de benefícios penais. É o que ocorre, por exemplo, em relação à progressão de regime. Muito embora a L. 10.792/2003 tenha alterado a redação do art. 112 da LEP, suprimindo a exigência de exame criminológico antes prevista em parágrafo único do referido dispositivo, os tribunais consolidaram o entendimento de que referida modificação legislativa "não proibiu a realização do exame criminológico, quando concretamente necessário para a avaliação do apenado, tampouco proibiu a sua utilização para a formação do convencimento sobre o direito de progressão de regime"[23]. A matéria foi também objeto da Súmula 439 do STJ, dispondo que "admite-se o exame criminológico pelas peculiaridades do caso, desde que em decisão motivada".

O centro de observação, que deve existir em cada estado, será instalado em unidade autônoma ou em prédio anexo a estabelecimento penal. Se ausente, permite a lei que os exames gerais e criminológicos sejam realizados pela Comissão Técnica de Classificação instalada no estabelecimento penal em que se encontra o condenado (art. 98 da LEP).

7.6 HOSPITAL DE CUSTÓDIA E TRATAMENTO PSIQUIÁTRICO

O **hospital de custódia e tratamento psiquiátrico**, nos termos do art. 99 da LEP, destina-se aos inimputáveis e semi-imputáveis referidos no art. 26 e seu parágrafo único do Código Penal. Constitui, em outras palavras, o lugar ao qual devem ser recolhidos os indivíduos sujeitos a *medida de segurança de internação* (medida de segurança detentiva), sem embargo permita a lei, na ausência desses hospitais ou na falta de vagas, a internação em outra instituição adequada (art. 96, I, do CP). É também o local adequado para receber os indivíduos acometidos de doença mental no curso da execução da pena, nos termos do art. 41 do Código Penal, até que se recuperem e possam retornar à casa prisional.

As dependências, além dos equipamentos médicos necessários, devem observar os requisitos do art. 88, parágrafo único, da LEP, isto é, possuir condições de salubridade (aeração, insolação e condicionamento térmico adequados) e área mínima de seis metros quadrados. Todavia, conforme refere o item 99 da Exposição de Motivos da LEP, *não existe a previsão de ela individual, já que a estrutura e as divisões de tal unidade estão na dependência de planificação especializada, dirigida segundo os padrões da medicina psiquiátrica.* Não se pode deixar de mencionar, contudo, que a realidade brasileira destoa em muito da previsão legal, constituindo-se muitos desses hospitais em "depósitos de vidas humanas banidas de sanidade e de esperança, porquanto desestruturados para o tratamento determinado pela lei e reclamado pelo paciente, desprovidos que são de recursos pessoais e materiais apropriados à finalidade a que se destinam"[24].

Todos os internados devem ser submetidos a exame psiquiátrico, a fim de que lhe seja atestada a efetiva condição mental (art. 100 da LEP). A periodicidade dessa análise não é prevista em lei, devendo ser aquela determinada pelos médicos responsáveis. Para os indivíduos sujeitos à medida de segurança, ainda, deve ser realizado o exame de cessação de periculosidade. Nesse caso, o art. 175 da LEP determina que a perícia seja realizada no final do prazo mínimo da medida de segurança, nada obstando que seja feita antes mesmo desse lapso se houver indicativos de que o indivíduo já está recuperado

---

[23] STJ, *Habeas Corpus* 206.391/RJ, *DJ* 10.12.2012.

[24] Renato Marcão, op. cit., p. 143-144.

(art. 176 da LEP). Constatada a cessação da periculosidade, pode o juiz da execução penal determinar sua desinternação, lembrando-se que esta será sempre condicional, devendo ser restabelecida a medida de segurança se o agente, antes do decurso de um ano, pratica fato indicativo de persistência de sua periculosidade (art. 97, § 3º, do CP).

Também pode ser realizada em hospital de custódia ou em outro local com dependência médica adequada (*v.g.*, postos de saúde) a apresentação do agente para fins da *medida de segurança de tratamento ambulatorial* (medida de segurança restritiva). Esta é cabível em relação ao inimputável ou semi-imputável que pratica fato previsto como crime punido com detenção quando não for necessária sua internação para fins curativos (art. 97, *caput*, 2ª parte, e § 4º, do CP). Nesse caso, ao contrário da *medida de segurança de internação*, que implica privação da liberdade do agente, o indivíduo não permanece recolhido, apenas devendo comparecer a estabelecimento médico para entrevistas e acompanhamento de sua condição.

Considerando que o art. 96, I, do CP refere-se ao cumprimento da medida de segurança de internação "em hospital de custódia e tratamento psiquiátrico ou, à falta, em outro estabelecimento adequado", discute-se a possibilidade de efetivá-la o agente em clínica particular. Parcela da jurisprudência compreende que não há impeditivo, desde que se trate de entidade idônea. Justifica-se essa orientação na finalidade da medida de segurança, que é o tratamento e recuperação do indivíduo e na realidade de nosso país, que sugere o descaso, falência e ineficiência do sistema de execução da medida de segurança[25]. Há, contudo, uma segunda posição compreendendo inviável o cumprimento da medida de segurança em estabelecimento particular, não apenas por questões relacionadas à necessidade de ser mantida a segurança e cautelas contra a fuga, como também porque a execução da medida de segurança compete ao Estado, não podendo ser delegada[26]. Sobre o tema, adotamos posição eclética. Compreendemos, enfim, que a regra deve ser o cumprimento da medida de segurança em instituição própria para esse fim. Contudo, excepcionalmente, pode ser admitida sua execução em estabelecimento particular quando não se tratar de indivíduo de elevada periculosidade e desde que fique comprovada a impossibilidade de atenção adequada à sua condição pelo Estado, devendo ainda as perícias e laudos ser feitos por médicos oficiais ou devidamente nomeados e compromissados pelo juízo.

7.7 CADEIA PÚBLICA

Na dicção do art. 102 da LEP, destina-se a **cadeia pública** ao recolhimento de presos provisórios, adotando-se sistema simétrico ao regime fechado.

Compreende-se como *preso provisório* aquele que se encontra sob prisão preventiva ou prisão temporária. Conforme redação do art. 310, II, do CPP, o flagrante não é mais uma forma de manutenção da prisão, exigindo-se, para esse fim, sua conversão em preventiva. Também não subsistem no ordenamento jurídico as prisões decorrentes da sentença condenatória recorrível e da pronúncia, antes previstas nos arts. 393, II, e 408, § 1º, do CPP.

Lembre-se de que a Lei de Execução Penal é aplicável ao preso provisório (art. 2º, parágrafo único, da LEP). Possui ele, no que couber, os deveres e direitos inerentes ao

---

25 TJRS, Recurso no Sentido Estrito 70023228117, j. 16.04.2008; Apelação 70013286265, j. 16.03.2006.

26 TJPR, Processo 526638-4, j. 21.01.2010.

condenado definitivo, não sendo, porém, obrigado ao trabalho, que poderá ser executado apenas no interior do estabelecimento (art. 31, parágrafo único, da LEP). Está sujeito também à disciplina carcerária (art. 44, parágrafo único), podendo ser responsabilizado pela prática de falta grave (arts. 50, parágrafo único, e 52 da LEP).

Transitando em julgado a decisão condenatória, impõe-se a transferência do sentenciado que se encontra em cadeia pública para estabelecimento penal adequado aos regimes fechado, semiaberto e aberto, conforme estipular a sentença. Não obstante, diante da realidade brasileira de insuficiência de vagas nos estabelecimentos prisionais, por vezes tais transferências não ocorrem rapidamente, permanecendo, então, o preso definitivo em cadeia pública. Tratando-se de situação momentânea, motivada por força maior, têm os tribunais tolerado essa permanência, sob o argumento de que "o circunstancial desvio da destinação de estabelecimento dessa espécie (LEP, art. 102) não substantifica coação ilegal"[27].

Dispõe ainda o art. 201 da LEP que, não havendo estabelecimento adequado, é na cadeia pública que deverá ser recolhido o indivíduo sujeito à prisão civil (caso do alimentante inadimplente) e à prisão com vista à retirada compulsória do estrangeiro do território nacional em razão dos procedimentos de extradição, deportação e expulsão (arts. 207 a 212 do Decreto 9.199/2017, que regulamenta a Lei de Migração - L. 13.445/2017). Na medida em que não se lhes imputa a prática de crime, não seria adequado efetivamente concentrá-los no mesmo local dos já condenados. Nesse sentido, aliás, já se pronunciou o STJ, afirmando que "a privação da liberdade dos alimentantes inadimplentes deverá ser efetivada em local próprio, diverso do destinado aos presos criminais, o que preserva o devedor dos efeitos deletérios da convivência carcerária"[28].

Cada comarca terá pelo menos uma cadeia pública (art. 103 da LEP). A exigência fundamenta-se, primeiro, no interesse da Administração da Justiça Criminal, visando facilitar a participação do preso em audiências e outras diligências importantes ao inquérito e ao processo; e, segundo, na conveniência de ser mantido em local próximo ao meio social e familiar, mesmo porque, enquanto não houver condenação transitada em julgado, é ele presumidamente inocente. Ressalta-se, porém, que não possui o preso direito absoluto à permanência junto ao meio social em que vive sua família, podendo o juiz competente, motivado por razões de conveniência, decidir de forma diversa. No âmbito do STJ, por exemplo, já se decidiu que, "a princípio, deve ser assegurado ao preso provisório a permanência em cadeia pública próxima ao seu meio social e familiar. Todavia, diante da periculosidade do réu, somada à suspeita do planejamento de fuga e da realização de novos assassinatos, resta devidamente justificada a determinação de sua transferência para presídio de maior segurança"[29].

Por fim, determina a lei que a cadeia pública esteja localizada próximo de centro urbano, devendo ser observadas, na sua construção, as exigências de cela individual com dormitório, aparelho sanitário e lavatório, além dos requisitos de aeração, insolação, condicionamento térmico e área mínima de seis metros quadrados (art. 104 da LEP). Infelizmente, tais exigências, na prática, não são observadas, caracterizando-se a maioria dos estabelecimentos penais no Brasil pela existência de celas coletivas, muitas vezes sem as mínimas condições de salubridade.

---

[27] TACrimSP, *Habeas Corpus* 290.250/3, j. 16.05.1996.

[28] STJ, *Habeas Corpus* 181.231/RO, *DJ* 14.04.2011.

[29] STJ, Recurso Ordinário em *Habeas Corpus* 11.227/MG, *DJ* 01.10.2001.

CAPÍTULO 8

PENAS PRIVATIVAS DE LIBERDADE

8.1 FIXAÇÃO DA PENA PRIVATIVA DE LIBERDADE – SÍNTESE DO MÉTODO TRIFÁSICO

Dispõe o art. 68 do Código Penal que "a pena-base será fixada atendendo-se ao critério do art. 59 deste Código; em seguida, serão consideradas as circunstâncias atenuantes e agravantes; por último, as causas de diminuição e de aumento". Tem-se, aqui, o chamado método trifásico, que determina ao magistrado a observância de três etapas distintas até chegar à quantificação final:

- **1.ª Etapa:** fixação da *pena-base*, levando-se em conta as circunstâncias judiciais do art. 59 do Código Penal.
- **2.ª Etapa:** fixação da *pena provisória*, considerando-se as circunstâncias agravantes e atenuantes.
- **3.ª Etapa:** fixação da *pena definitiva*, utilizando-se as causas de aumento e de diminuição de pena.

A necessidade de individualização da pena (art. 5º, XLVI, da CF) e a garantia constitucional da ampla defesa impõem que cada etapa da fixação da pena seja devidamente fundamentada pelo juiz, implicando a ausência de motivação em nulidade da sentença no aspecto relativo à dosimetria da reprimenda[1] ou redução da pena ao patamar mínimo pelo tribunal.

a) Pena-base: como já referimos, nessa primeira etapa do cálculo da pena privativa de liberdade, o magistrado deverá considerar as **circunstâncias judiciais do art. 59 do Código Penal: culpabilidade, antecedentes, conduta social, personalidade do agente, motivos, circunstâncias e consequências do crime e comportamento da vítima.**

A denominação *circunstâncias judiciais* deve-se ao fato de que, quanto a elas, caberá ao juiz verificar se possuem carga positiva ou negativa, diferentemente do que ocorre com as *circunstâncias legais* – agravantes e atenuantes (2.ª etapa do cálculo da pena),

1 STJ, *Habeas Corpus* 42.151/ES, *DJ* 20.06.2005.

majorantes e minorantes (3.ª etapa do cálculo da pena) – em que a lei já previamente estabelece a respectiva carga. A reincidência do indivíduo, por exemplo, é circunstância legal com carga negativa, pois está prevista no art. 61, I, do Código Penal, como uma *agravante*. Já a confissão espontânea caracteriza-se como circunstância legal com carga positiva, pois está prevista no art. 65, III, *d*, como uma *atenuante*.

As circunstâncias judiciais possuem caráter residual ou subsidiário. Isso quer dizer que somente podem ser consideradas pelo juízo na aferição da pena-base quando não constituírem elementos do tipo penal, qualificadoras ou privilegiadoras, agravantes ou atenuantes genéricas e causas de aumento ou de diminuição de pena, que são preferenciais.

Para a fixação da pena-base, cabe ao Magistrado, em atenção ao disposto no art. 59 do Código Penal, examinar separada e fundamentadamente cada um dos oito vetores nele arrolados. A ausência dessa análise, *em tese*, é causa de nulidade. Diz-se *em tese* porque, conquanto essa motivação seja obrigatória quando a pena-base for aplicada acima do mínimo contemplado no tipo penal[2], expressiva parcela da jurisprudência tem entendido que a ausência dessa fundamentação não implica qualquer nulidade quando for estabelecida a pena-base no patamar mínimo. Neste último caso, portanto, não seria exigível rigor na fundamentação das circunstâncias judiciais em face da inocorrência de prejuízo ao apenado.

Pois bem, feito esse exame, procederá o juiz à avaliação conjunta dessas circunstâncias (as do art. 59 do CP), verificando, à luz do princípio da proporcionalidade, se no todo preponderam as circunstâncias favoráveis ou as desfavoráveis ao acusado Esse sopesamento é importante porque quanto mais favorável for o conjunto de circunstâncias, maior deverá ser a aproximação da pena do mínimo legal cominado *in abstrato* pelo tipo incriminador; opostamente, quanto mais desfavorável for esse conjunto, maior será o distanciamento da pena-base do termo mínimo e sua aproximação do termo médio, que corresponde à soma do mínimo e do máximo abstratamente cominados, dividido por dois. Não se deve admitir, nessa primeira fase, que seja ultrapassado o termo médio[3], ressalvando-se dessa regra apenas situações excepcionais em que demonstrada a real necessidade dessa fixação para se reprovar e prevenir a conduta delituosa, caso em que, para alguns, a pena-base poderá ser estipulada no grau máximo.

Em resumo:

- Conjunto das circunstâncias judiciais favorável ao condenado: a pena-base será fixada no mínimo legal.
- Conjunto das circunstâncias judiciais desfavorável ao condenado: a pena-base será fixada no termo médio ou próxima deste.
- Presença de circunstâncias judiciais favoráveis e desfavoráveis ao condenado: quanto maior for o número de circunstâncias judiciais desfavoráveis ao condenado, maior será o distanciamento do termo mínimo e a aproximação do termo médio.

---

[2] STJ, *Habeas Corpus* 95.203/SP, *DJ* 18.08.2008; *Habeas Corpus* 185.633/ES, *DJ* 28.06.2012; *Habeas Corpus* 149.907/SE, *DJ* 18.06.2012; *Habeas Corpus* 227.302/RJ, *DJ* 13.03.2013.

[3] TJRS, Apelação 70052776820, j. 27.03.2013; Apelação 70053094322, j. 27.03.2013; Apelação 70052244191, j. 14.03.2013.

Mas, atenção: Quando se diz que, nessa primeira etapa da dosimetria, cabe ao Juiz analisar motivadamente cada uma das circunstâncias do art. 59 do Código Penal, isto não significa, como querem alguns, que esteja o Juiz obrigado a discriminar o *quantum* de aumento de pena decorrente de cada dos vetores considerados negativos. Isto porque **não existe preponderância entre as circunstâncias judiciais arroladas no precitado art. 59 do Estatuto Repressivo.** Logo, é evidente que o *quantum* de aumento estabelecido pelo Magistrado sentenciante nessa etapa do cálculo da pena atende a critério de proporção, o que faz concluir que o aumento eventualmente fixado corresponde implica atribuição de partes iguais a cada um dos vetores individualmente negativados[4].

Nessa fase, jamais a pena poderá ficar aquém do mínimo legal, tampouco além do máximo abstratamente previsto no tipo penal incriminador.

Embora não se trate de matéria inteiramente pacificada, os Tribunais Superiores têm entendido que inquéritos ou ações penais em andamento não podem servir de parâmetro para efeito de fixação da pena-base acima do mínimo legal sob o rótulo de *antecedentes desfavoráveis*, em respeito ao princípio da presunção de inocência[5]. No Superior Tribunal de Justiça, inclusive, a **Súmula 444** é expressa ao referir que "é vedada a utilização de inquéritos policiais e ações penais em curso para agravar a pena-base".

Por fim, cabe ressaltar que, a despeito de se tratar da primeira etapa do cálculo da pena privativa de liberdade, a fixação da pena-base pode refletir no regime carcerário a ser imposto. Veja-se que o art. 33, § 2.º, do Código Penal estabelece parâmetros para a definição desse regime, levando em consideração o *quantum* da pena definitiva estabelecida na decisão condenatória. Não obstante, o § 3.º do mesmo artigo estabelece que *a determinação do regime inicial de cumprimento da pena far-se-á com observância dos critérios previstos no art. 59 deste Código*. Logo, ressalvada a hipótese de ter sido a pena-base fixada no mínimo legal (**Súmula 440 do STJ**[6]), nada obsta, por exemplo, que venha a ser fixado regime prisional mais gravoso do que o ordinariamente previsto no mencionado art. 33, § 2.º, se as circunstâncias judiciais do art. 59 não lhe forem inteiramente favoráveis. Nesse caso, deve atentar o juiz ao disposto na **Súmula 719 do STF**, segundo a qual "a imposição do regime de cumprimento mais severo do que a pena aplicada permitir exige motivação idônea".

b) Pena provisória: incidem, nessa fase, **as agravantes e as atenuantes (arts. 61 a 67 do CP)**. Somente podem ser consideradas *agravantes* as circunstâncias que a lei expressamente prever como tais. O rol, portanto, é taxativo, correspondendo à enumeração dos arts. 61 e 62 do Código Penal, sem embargo da possibilidade de outras serem estipuladas no âmbito da legislação especial (*v.g.*, o art. 298 da L. 9.503/1997). Já as *atenuantes* encontram-se previstas na legislação de modo apenas exemplificativo,

---

4 "[...] Não há nulidade na dosimetria da pena do embargante, pela inexistência de quantificação de cada vetor do art. 59 do CP. O magistrado deve usar critérios subjetivos, dentro dos parâmetros estabelecidos como pena mínima e máxima para o delito, de acordo com seu livre convencimento, exercendo seu poder discricionário e não se afastando dos principais objetivos da reprimenda, a prevenção e a retribuição, assim chegando ao *quantum* mais justo, considerando as particularidades individuais daquele que cometeu o fato tipificado como crime, pela norma penal. O essencial é que a fixação da pena esteja bem fundamentada. Preliminar rejeitada. No mérito, inexistente a nulidade, incabível a redução da pena realizada pelo voto vencido. Embargos infringentes desacolhidos. Por maioria" (Embargos Infringentes e de Nulidade 70056950330, Quarto Grupo de Câmaras Criminais, Rel. Des. Isabel de Borba Lucas, j. 28.03.2014).

5 STJ, *Habeas Corpus* 149.510, Decisão monocrática de lavra do Des. Conv. Haroldo Rodrigues, *DJ* 25.02.2010.

6 "Fixada a pena-base no mínimo legal, é vedado o estabelecimento de regime prisional mais gravoso do que o cabível em razão da sanção imposta, com base apenas na gravidade abstrata do delito".

a exemplo do art. 65 do CP, nada impedindo o reconhecimento, pelo juiz, em favor do réu, "de circunstância relevante, anterior ou posterior ao crime, embora não prevista expressamente em lei" (art. 66 do CP).

A base de cálculo para a incidência das agravantes e das atenuantes será sempre a pena-base. É sobre essa pena que incidirá cada agravante ou atenuante. Tomando-se por base, por exemplo, hipótese na qual haja três agravantes, todas elas serão calculadas sobre a pena fixada na primeira fase, jamais podendo fazer incidir uma agravante sobre a pena já alterada pela incidência de agravante anterior. Difere-se, aqui, do terceiro momento (pena definitiva), em que a base de incidência será o resultado do cálculo anterior, incidindo cada aumento ou diminuição sobre a última operação.

Encontrando-se presentes no caso concreto, as agravantes e atenuantes devem obrigatoriamente incidir na fixação da pena. Isso se depreende da redação dos arts. 61 ("*sempre* agravam a pena"), 62 ("a pena *será* agravada") e 65 ("*sempre* atenuam a pena"), todos do Código Penal. Sua aplicação, portanto, é compulsória. Sem embargo, o reconhecimento de circunstâncias agravantes resultará inócuo quando a pena-base já tiver sido fixada no máximo legal; e também o reconhecimento de circunstâncias atenuantes será ineficaz quando a pena-base tiver sido estabelecida no mínimo previsto. Afinal, assim como ocorre em relação à fixação da pena-base, também aqui não pode o magistrado conduzir a pena aquém do mínimo legal ou além do máximo cominado em lei. A propósito, dispõe a **Súmula 231 do STJ** que "a incidência de circunstância atenuante não pode conduzir à redução da pena abaixo do mínimo legal".

Eventualmente, pode ocorrer que as circunstâncias agravantes e atenuantes já estejam previstas como elementares do tipo penal, qualificadora ou privilegiadoras e causas de aumento ou diminuição de pena. Nessas hipóteses, não poderão ser consideradas na segunda fase do cálculo da pena pelo juiz, sob pena de *bis in idem*. E mais: consoante orientação consolidada no Superior Tribunal de Justiça, havendo pluralidade de qualificadoras, é possível a utilização de uma delas para qualificar o delito e das outras como agravantes, quando previstas legalmente a esse título, ou, não o sendo, como circunstâncias judiciais, residualmente[7].

A lei não determina critério para o estabelecimento do *quantum* de aumento e de diminuição incidente sobre a pena-base, em razão da consideração das agravantes e das atenuantes. O Código Penal limita-se, no art. 67, a dispor que, no concurso de agravantes e atenuantes, a pena deve se aproximar do limite indicado pelas circunstâncias preponderantes, entendendo-se como tais as que resultam dos motivos determinantes do crime, da personalidade do agente e da reincidência. Existem, então, várias posições a respeito:

> *Primeira posição*: nada prevendo a lei em termos de mensuração das agravantes e atenuantes, será a quantidade de aumento ou de diminuição estabelecida segundo o livre-arbítrio do magistrado.
>
> *Segunda posição*: o índice máximo de aumento ou de redução deve estar limitado a *um sexto* da pena-base, já que esta é a quantidade mínima prevista no Código Penal a título de causas de aumento ou de diminuição e que serão objeto da última etapa do cálculo da pena privativa da liberdade.
>
> *Terceira posição*: nessa fase, a mensuração deve guardar proporcionalidade com as diretrizes utilizadas pelo magistrado para o estabelecimento da *pena-base* e, também, considerar o índice de *um sexto* dessa pena como parâmetro. Assim:

---

7 STJ, *Habeas Corpus* 139577/RJ, *DJ* 01.08.2012.

- Se na primeira etapa do cálculo da pena o conjunto das circunstâncias judiciais evidenciou **reprovabilidade mínima**, na segunda etapa, diante do concurso entre agravantes e atenuantes, a **agravação deverá ser mínima**, distanciando-se do índice de um sexto da pena-base e conduzindo-se, destarte, a uma atenuação mais intensa.
- Se, contudo, no estabelecimento da pena-base, a reprovabilidade decorrente da análise conjunta das circunstâncias ocorreu no **grau máximo**, gerando-se uma pena-base próxima do termo médio, na segunda fase do cálculo da pena a **agravação deverá ser máxima**, aproximando-se da fração de *um sexto*, enquanto a atenuação deverá ser a menor possível.
- Caso a reprovabilidade constatada na fixação da pena-base tenha sido **média** (conjunto das circunstâncias judiciais favoráveis e desfavoráveis equilibrado), admitir-se-á que o juiz, no cálculo da pena provisória, **neutralize as agravantes e as atenuantes**. Exige-se, porém, para que haja essa compensação, que se trate de circunstâncias da mesma ordem, ou seja, agravante objetiva com uma atenuante objetiva, ou uma agravante subjetiva com uma atenuante subjetiva. Não será possível, contudo, compensar uma circunstância subjetiva com outra objetiva, já que a primeira tem maior peso em relação à segunda.

Independentemente da posição agasalhada pelo magistrado na mensuração das agravantes e atenuantes, é certo que a doutrina e a jurisprudência, a teor do art. 67 do Código Penal, vêm entendendo que, no concurso entre tais circunstâncias, inclusive para verificação de eventual compensação entre elas, deverá ser observada a seguinte ordem:

1) Atenuante da **menoridade relativa** (réu menor de 21 anos na época do fato). Trata-se da circunstância que deve modificar a pena-base em maior grau[8]. Sinale-se, porém, a existência de entendimento no sentido de que a preponderância dessa circunstância não mais subsiste em razão da entrada em vigor do Código Civil de 2002, que considerou plenamente capazes para os atos da vida civil os maiores de 18 anos.
2) Agravantes e atenuantes relacionadas aos **motivos determinantes do crime**; agravantes e atenuantes relacionadas à **personalidade do agente**; agravante da **reincidência**. Imagine-se, para ilustrar, que estejam presentes no caso concreto a agravante da reincidência (art. 61, I, do CP) e a atenuante da confissão espontânea (art. 65, III, *d*, do CP). Considerando que a confissão espontânea revela traço da personalidade do agente, indicando o seu arrependimento e desejo de emenda[9], e considerando que tanto as circunstâncias ligadas à personalidade como a reincidência são preponderantes (art. 67 do CP), admite-se a compensação entre elas.
3) Demais agravantes e atenuantes **subjetivas**.
4) Agravantes e atenuantes **objetivas**.

---

8 "Penal. *Habeas corpus*. Art. 157, § 2.°, incisos I e II, do CP. Concurso entre agravantes e atenuantes. Preponderância da atenuante da menoridade. Confissão espontânea extrajudicial. Retratação em juízo. Incidência como atenuante. I – Na linha de precedentes desta Corte e do Pretório Excelso, a circunstância atenuante da menoridade deve prevalecer sobre todas as demais circunstâncias, a teor do art. 67 do Código Penal (...)" (*Habeas Corpus* 56832/SP, *DJ* 30.10.2006). No mesmo sentido: STJ, Agravo Regimental no *Habeas Corpus* 247282/RS, *DJ* 13.03.2003; *Habeas Corpus* 139577/RJ, *DJ* 01.08.2012; *Habeas Corpus* 185730/RJ, *DJ* 13.12.2011; *Habeas Corpus* 136337/MG, *DJ* 09.03.2011.

9 STJ, *Habeas Corpus* 181014/DF, *DJ* 16.05.2013.

Em se tratando de *crimes dolosos*, a regra é a obrigatoriedade da aplicação de todas as agravantes e atenuantes, desde que pertinentes à espécie, independentemente de quem seja o autor do delito, da espécie criminosa, da natureza da pena ou de sua quantidade. Tratando-se, contudo, de crime culposo, há forte restrição jurisprudencial à aplicação das agravantes, tendo em vista que o resultado não é desejado, embora haja voluntariedade na conduta. Nesses casos (crimes culposos), tem sido admitida a consideração apenas da agravante da reincidência, pois se trata de causa objetiva e que independe da consciência e da vontade do agente.

Sugere o art. 68 do Código Penal que as atenuantes devem ser examinadas antes das agravantes. Sem embargo dessa inferência legal, é certo que a ordem de apreciação não altera o resultado final, já que nessa fase todas as atenuações e agravamentos incidirão sobre a pena-base.

Cabe ressaltar ainda que, nos julgamentos afetos ao juiz singular, em se tratando de **crime de ação pública**, é possível, na sentença condenatória, o reconhecimento de agravantes não articuladas na denúncia, *ex vi* da previsão expressa no art. 385 do CPP. Evidentemente, tal faculdade estende-se não só nos crimes de ação penal pública, como também nos delitos de ação penal privada, às atenuantes, mesmo que não alegadas pela defesa técnica no curso do processo. Em se tratando, porém, de processo criminal de competência do Tribunal do Júri, é preciso verificar a natureza da decisão prolatada. Assim:

- **Decisão de pronúncia:** Nesse momento, é vedado ao magistrado manifestar-se sobre agravantes ou atenuantes, ainda que tenham sido articuladas pelo Ministério Público na denúncia, ou pela defesa na resposta à acusação, pois não é prevista esta possibilidade no art. 413, § 1.º, do CPP. Precitado dispositivo refere que "a fundamentação da pronúncia limitar-se-á à indicação da materialidade do fato e da existência de indícios suficientes de autoria ou de participação, devendo o juiz declarar o dispositivo legal em que julgar incurso o acusado e especificar as circunstâncias qualificadoras e as causas de aumento de pena", silenciando, como se vê, em relação a agravantes ou atenuantes.
- **Sentença proferida no âmbito do tribunal do júri a partir do veredicto dos jurados:** É possível, aqui, ao juiz-presidente do tribunal do júri reconhecer agravantes e atenuantes, desde que estas tenham sido alegadas nos debates pelas partes (art. 492, I, *b*, do CPP).

c) Pena definitiva: nessa terceira e última etapa do cálculo da pena privativa da liberdade, deverão ser consideradas as **majorantes ou causas de aumento de pena** e as **minorantes ou causas de diminuição de pena**. Umas e outras estão previstas tanto na Parte Geral do Código Penal (causas gerais) como na Parte Especial (causas especiais), incidindo sobre o montante resultante da segunda fase de aplicação da pena e não sobre a pena-base. Nesse momento, a pena tanto poderá ficar aquém do mínimo legal, como poderá extrapolar o máximo cominado.

Distinguem-se as *majorantes e minorantes* das *agravantes e atenuantes* por duas razões: *primeira*, a circunstância de que, nas primeiras, os dispositivos que as estabelecem já trazem índices certo ou mínimo e máximo determinados de aumento e diminuição da pena, enquanto nas agravantes e atenuantes isso não acontece, cabendo ao juiz estipular o *quantum* de agravamento ou atenuação da pena; *segunda*, o fato de que as majorantes e minorantes encontram-se previstas tanto na parte geral quanto na parte especial do Código Penal, ao passo que as atenuantes e agravantes situam-se exclusivamente na parte geral.

Diferem elas também das *qualificadoras*, pois estas, inseridas em subtipos penais, definem novos limites mínimo e máximo de pena *in abstrato*. Além disso, as penas fixadas nos tipos que estabelecem as qualificadoras já são consideradas por ocasião da fixação da pena-base, vale dizer, na primeira etapa do cálculo da pena.

Eventualmente, pode ocorrer que mais de uma causa de aumento ou diminuição seja aplicável. É o que se chama de *incidência plúrima*. Nesse caso, tomando-se como exemplo a hipótese de ocorrência de duas causas de aumento e/ou de diminuição de pena, as seguintes regras devem ser observadas, a teor do art. 68, parágrafo único, do Código Penal:

> **Primeira: Existem duas causas de aumento ou de diminuição previstas na Parte Geral do Código Penal.** Todas deverão ser aplicadas, sendo obrigatória a sua incidência. No caso de concorrerem *duas ou mais causas de aumento*, o segundo aumento incidirá sobre a pena já aumentada pela primeira causa; na hipótese de concorrerem *duas ou mais causas de diminuição*, a segunda redução deverá recair sobre o *quantum* já reduzido pela primeira.
> **Segunda: Existem duas causas de aumento ou de diminuição previstas na Parte Especial do Código Penal.** Nessa hipótese, pode o juiz fazer incidir todas as causas de aumento ou de diminuição, ou então limitar-se a um só aumento ou a uma só diminuição, prevalecendo, neste último caso, a causa que mais aumente ou que mais diminua.
> **Terceira: Existem uma causa de aumento e uma causa de diminuição previstas na Parte Geral ou na Parte Especial.** Ambas devem ser aplicadas, cabendo ao magistrado aplicar, em primeiro lugar, a causa de aumento e depois a de diminuição.
> **Quarta: Existem duas causas de aumento ou duas causas de diminuição, uma prevista na Parte Geral e outra na Parte Especial.** Todas as causas serão aplicáveis, devendo-se fazer incidir primeiramente as causas previstas na Parte Especial e depois as estabelecidas na Parte Geral.

8.2 EXECUÇÃO DA PENA PRIVATIVA DE LIBERDADE

8.2.1 Considerações gerais: natureza da pena e regime prisional

A pena privativa de liberdade é a sanção penal correspondente à supressão da liberdade de locomoção por determinado período de tempo fixado em decisão condenatória. No direito penal brasileiro, essa pena pode ser de três espécies: *reclusão, detenção* ou *prisão simples*.

A *natureza da pena privativa de liberdade* aliada à *quantidade de pena, à reincidência ou não do indivíduo* e às circunstâncias do art. 59 do Código Penal é que vão permitir ao juiz sentenciante definir o regime de cumprimento, que poderá ser *fechado, semiaberto* ou *aberto* (art. 33, *caput* e §§ 2º e 3º, do CP):

- *Regime fechado:* a pena será executada em estabelecimento de segurança máxima ou média;
- *Regime semiaberto:* a pena será executada em colônia agrícola, industrial ou estabelecimento similar; e
- *Regime aberto:* a pena será executada em casa do albergado ou estabelecimento adequado.

Veja-se que, na hipótese de concurso de crimes, deve o juiz considerar o total da reprimenda imposta. Assim, tratando-se de **concurso material (art. 69 do CP)** e de **concurso formal impróprio (art. 70, 2ª parte, do CP)**, levará em conta o resultado do somatório das penas; já no caso de **concurso formal próprio (art. 70, 1ª parte, do CP)** e de **crime continuado (art. 71 do CP)**, considerará o resultado da exasperação, isto é, o resultado decorrente da incidência do percentual previsto em lei.

Em tese, o regime de cumprimento da pena fixado pelo juiz sentenciante em decisão transitada em julgado não pode ser modificado pelo juiz da execução, sob pena de ofensa à coisa julgada. Ressalva-se, contudo, a hipótese de novas condenações no curso da execução da pena. Nesse caso, cabe ao juízo da execução somar o restante da pena em execução com as novas penas para, a partir daí, fixar o regime de cumprimento do total das penas.

8.2.2 A pena de reclusão e o regime de cumprimento

A **pena de reclusão** é prevista pelo preceito secundário do tipo penal nos crimes mais graves, podendo ser cumprida nos regimes fechado, semiaberto e aberto (art. 33, *caput*, 1ª parte, do CP). Levando-se em consideração os critérios estabelecidos pelo art. 33, § 2º, *a*, *b* e *c*, do Código Penal, infere-se que:

1. *O condenado reincidente à pena de reclusão deve iniciar o seu cumprimento em regime fechado, independentemente da quantidade de pena aplicada.* Tal regra, porém, é flexibilizada pela **Súmula 269 do STJ**, que dispõe ser "admissível a adoção do regime prisional semiaberto aos reincidentes condenados a pena igual ou inferior a quatro anos, se favoráveis as circunstâncias judiciais".
2. *O réu primário, cuja pena seja superior a 8 (oito) anos de reclusão, deve iniciar o seu cumprimento no regime fechado.*
3. *O réu primário, cuja pena seja superior a 4 (quatro) anos de reclusão e não exceda a 8 (oito), poderá iniciar o seu cumprimento no regime semiaberto.*
4. *O réu primário, cuja pena seja igual ou inferior a 4 (quatro) anos de reclusão, poderá cumpri-la no regime aberto.*

Não obstante essas regras, o art. 33, § 3º, do Código Penal faculta a imposição de regime inicial mais rigoroso do que aquele indicado pela quantidade de pena aplicada, quando esse regime não se revelar adequado à luz das circunstâncias do art. 59 do mesmo diploma. Exemplificando: ao indivíduo primário condenado a seis anos de reclusão deve ser fixado, em princípio, o regime semiaberto. Constatando, porém, que lhe são desfavoráveis as circunstâncias judiciais do art. 59 do CP e que essa situação contraindica a fixação do regime semiaberto, poderá o magistrado sentenciante estabelecer o início da pena no regime fechado. Note-se que, para tal fim, não é suficiente o juízo acerca da gravidade do crime, dispondo a **Súmula 718 do STF** que "a opinião do julgador sobre a gravidade em abstrato do crime não constitui motivação idônea para a imposição de regime mais severo do que o permitido segundo a pena aplicada". Deve-se observar, ainda, que ao proceder da forma prevista no art. 33, § 3º, do Código Penal, deve o juiz justificar adequadamente a escolha do regime mais gravoso, referindo a respeito à **Súmula 719 do STF** que "a imposição do regime de cumprimento mais severo do que a pena aplicada permitir exige motivação idônea". Outro aspecto a ser considerado em relação à fixação do regime prisional mais gravoso do que o autorizado pela pena privativa de liberdade aplicada refere-se ao que disciplina a **Súmula 440 do STJ**: "Fixada a pena-base no mínimo legal, é vedado o estabelecimento de regime prisional mais gravoso do que o cabível em razão da sanção imposta, com base apenas na gravidade abstrata do delito".

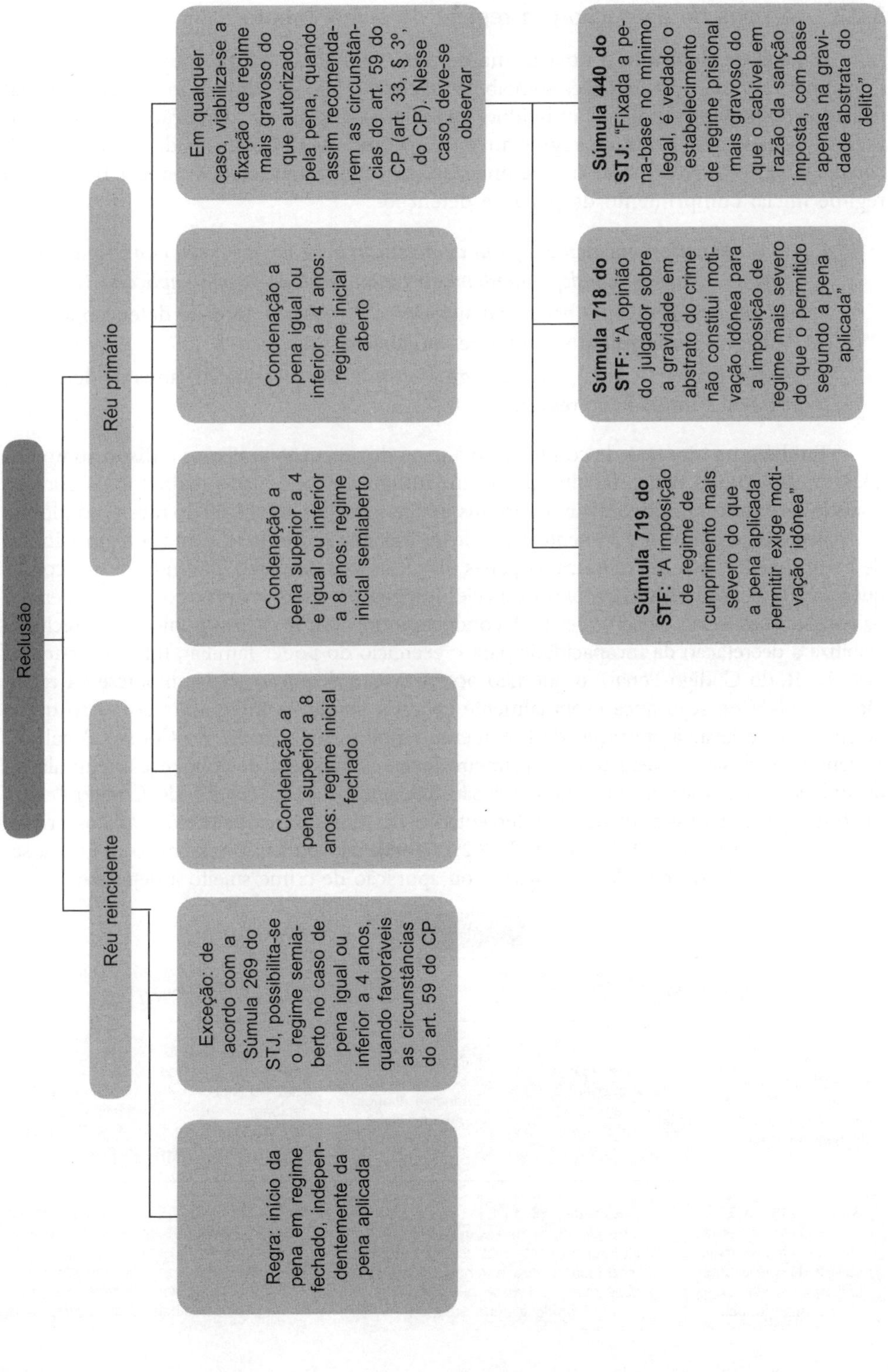
Reclusão
Réu primário
Condenação a pena superior a 8 anos: regime inicial fechado
Condenação a pena superior a 4 e igual ou inferior a 8 anos: regime inicial semiaberto
Condenação a pena igual ou inferior a 4 anos: regime inicial aberto
Em qualquer caso, viabiliza-se a fixação de regime mais gravoso do que autorizado pela pena, quando assim recomendarem as circunstâncias do art. 59 do CP (art. 33, § 3º, do CP). Nesse caso, deve-se observar
Súmula 440 do STJ: "Fixada a pena-base no mínimo legal, é vedado o estabelecimento de regime prisional mais gravoso do que o cabível em razão da sanção imposta, com base apenas na gravidade abstrata do delito"
Súmula 718 do STF: "A opinião do julgador sobre a gravidade em abstrato do crime não constitui motivação idônea para a imposição de regime mais severo do que o permitido segundo a pena aplicada"
Súmula 719 do STF: "A imposição de regime de cumprimento mais severo do que a pena aplicada permitir exige motivação idônea"
Réu reincidente
Regra: início da pena em regime fechado, independentemente da pena aplicada
Exceção: de acordo com a Súmula 269 do STJ, possibilita-se o regime semiaberto no caso de pena igual ou inferior a 4 anos, quando favoráveis as circunstâncias do art. 59 do CP

8.2.3 A pena de detenção e o regime de cumprimento

A **pena de detenção** é uma forma de pena mais branda, que pode ser cumprida inicialmente apenas nos regimes semiaberto e aberto, não se admitindo o regime inicial fechado. No entanto, pode o indivíduo condenado a pena de detenção sujeitar-se ao regime fechado por força de regressão operada durante a execução da pena (art. 33, *caput,* 2ª parte, do CP). São os seguintes os critérios estabelecidos para a fixação do regime inicial cumprimento da pena de detenção:

1. *O condenado reincidente à pena de detenção deve iniciar o seu cumprimento em regime semiaberto, independentemente da quantidade de pena aplicada.*
2. *O réu primário, cuja pena seja superior a 4 (quatro)* anos de detenção, deverá iniciar o cumprimento no regime semiaberto.
3. O réu primário, cuja pena seja igual ou inferior a 4 (quatro) anos de detenção, poderá cumpri-la no regime aberto.

Também na hipótese de condenação à pena de detenção aplica-se o disposto no art. 33, § 3º, do Código Penal, facultando ao juiz infligir ao condenado regime mais gravoso quando reconhecer desfavoráveis as circunstâncias judiciais do art. 59 do mesmo diploma.

Perceba-se que não é somente a maior ou menor rigidez, bem como o regime inicial de cumprimento, que diferenciam as penas de reclusão e detenção, havendo outras consequências da fixação de uma e outra espécie de pena previstas no próprio Código Penal e na legislação especial. Observe-se: 1) A condenação por crime doloso punido com reclusão viabiliza a decretação da incapacidade para o exercício do poder familiar, tutela ou curatela (art. 92, II, do Código Penal), o que não ocorre com a detenção; 2) Na hipótese da reclusão, a medida de segurança eventualmente aplicada conduz a internação, ao passo que a detenção pode levar à aplicação de tratamento ambulatorial (art. 97 do Código Penal); 3) A pena de reclusão é executada em primeiro lugar, na hipótese de condenação cumulativa do indivíduo a crimes punidos com reclusão e detenção (art. 69, *caput,* do Código Penal); 4) Restringe-se a possibilidade de interceptação das comunicações telefônicas aos crimes punidos com reclusão (art. 2º, III, da L. 9.296/1996), não podendo esse meio de prova ser ordenado quando se trata de investigação ou apuração de crime sujeito a detenção.

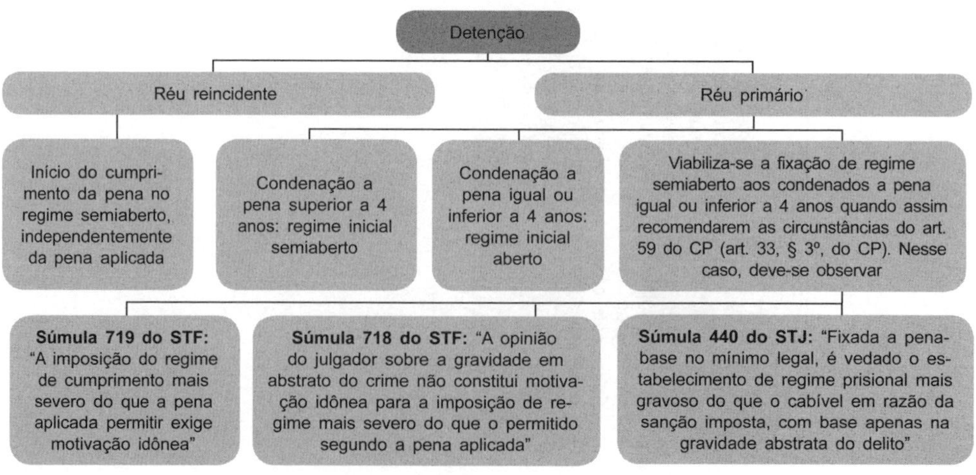

8.2.4 A pena de prisão simples e o regime de cumprimento

A **prisão simples,** que é prevista especificamente para as contravenções penais, deve ser cumprida, sem rigor penitenciário, em estabelecimento especial ou seção especial de prisão comum, em regime semiaberto ou aberto (art. 6º, *caput,* da Lei das Contravenções Penais). Nesse contexto, inviável o seu cumprimento em regime fechado, seja inicialmente, seja em razão de regressão.

O condenado à prisão simples deve permanecer separado dos condenados à pena de reclusão ou de detenção (art. 6º, *caput* e § 1º, da Lei das Contravenções Penais). Para ele, não excedendo a pena a 15 (quinze) dias, o trabalho é facultativo.

8.2.5 Crimes hediondos, equiparados a hediondos e regime de cumprimento

De acordo com o art. 2º, § 1º, da L. 8.072/1990, estão sujeitos ao regime inicialmente fechado, ainda, os condenados à pena de reclusão pela prática de crimes hediondos, tortura, tráfico de drogas e terrorismo. Não obstante, o Plenário do Supremo Tribunal Federal, ao julgar o *Habeas Corpus* 111.840/ES, em 27.06.2012, declarou incidentalmente a inconstitucionalidade do referido dispositivo legal, afastando a obrigatoriedade do regime inicial fechado para os crimes hediondos e equiparados. Na ocasião, estabeleceu o STF que o § 1º, do art. 2º da L. 8.072/1990 afronta o princípio da individualização da pena, previsto no art. 5º, XLVI, da Constituição Federal, porquanto cabe ao magistrado particularizar a reprimenda do condenado conforme as circunstâncias do caso concreto. Logo, independentemente de ser o crime hediondo ou a ele equiparado, quando da fixação do regime inicial de cumprimento de pena, deve o julgador observar o disposto no art. 33, §§ 2º e 3º, do Código Penal.

8.2.6 Execução provisória da pena privativa de liberdade

A *execução provisória da pena privativa de liberdade* ocorre na hipótese de prisão do indivíduo já sentenciado, porém antes do trânsito em julgado da sentença condenatória.

Por muito tempo, considerou-se possível essa execução quando interposto, contra a decisão condenatória, recurso sem efeito suspensivo, como é o caso dos recursos extraordinário e especial. Entendia-se que, se o recurso interposto não suspendia o efeito principal da condenação, que é o cumprimento da pena, poderia esta ser imediatamente executada, ordenando-se a prisão do réu.

Tal entendimento, contudo, perdeu força com o julgamento pelo Plenário do Supremo Tribunal Federal do *Habeas Corpus* 84.078/MG (*DJ* 26.02.2009). Na ocasião, foi decidido que "ofende o princípio da não culpabilidade a execução da pena privativa de liberdade antes do trânsito em julgado da sentença condenatória, ressalvada a hipótese de prisão cautelar do réu, desde que presentes os requisitos autorizadores previstos no art. 312 do CPP". A partir daí, consolidaram-se os Tribunais Superiores no sentido de que a execução provisória da pena era possível apenas quando, na decisão condenatória ou após ela, fosse mantida ou decretada a prisão preventiva do indivíduo.

Referida orientação – de que a execução provisória da pena após sentença condenatória recorrível exige a presença dos requisitos e fundamentos da prisão preventiva – mantém-se íntegra na atualidade em relação aos condenados em Primeiro Grau cujos recursos ainda não foram julgados em Segundo Grau. Todavia, recentemente, no julgamento do *Habeas Corpus* 126.292/SP (Rel. Min. Teori Zavascki, j. 17.02.2016), o STF deliberou no sentido da viabilidade de execução provisória da pena após a **confirmação da sentença condenatória em Segundo Grau** (pelo Tribunal de Justiça no julgamento de apelação da sentença, por exemplo), estejam ou não presentes os pressupostos da prisão preventiva, não implicando isso ofensa ao princípio constitucional da presunção de inocência. Essa orientação foi reafirmada pelo Plenário virtual do Supremo em 11.11.2016, por ocasião do julgamento do Recurso Extraordinário 964.246/SP. Tratando-se, nesse último caso, de deliberação meritória realizada após reconhecimento da repercussão geral da matéria, essa tese firmada pelo Excelso Pretório, doravante, deverá, também, ser aplicada nos processos em curso nas instâncias inferiores.

De outra banda, também há – e isso vem de há muito tempo – a orientação do STF e do STJ aceitando a execução provisória da pena quando, mesmo ausentes os pressupostos da preventiva, for o recurso interposto pela defesa em relação à decisão condenatória manifestamente protelatório, isto é, manejado com a finalidade única de obstar o trânsito em julgado da condenação e assim postergar a aplicação da pena. Considera-se que, nesses casos, há abuso do direito de recorrer, o que autoriza a imediata execução da reprimenda imposta[10-11].

Em resumo: na atualidade, possibilita-se a execução provisória da pena em relação ao indivíduo que teve decretada ou mantida sua prisão preventiva por ocasião da decisão condenatória de Primeiro Grau; em relação àquele que, conquanto não decretada a preventiva em Primeiro Grau, teve sua condenação determinada ou mantida em Segundo Grau após julgamento de recursos da acusação ou defesa, respectivamente; e, por fim, em relação àquele que, mesmo não se encontrando preso preventivamente, interpõe recurso claramente protelatório contra a decisão condenatória.

E qual a consequência prática de facultar-se a execução provisória da pena nesses casos? A consequência daí advinda é a viabilidade de que o indivíduo provisoriamente preso postule benefícios previstos na Lei de Execução Penal, inclusive aqueles que têm como pressuposto o cumprimento de lapso mínimo de pena, entre os quais sobressai a progressão de regime, *ex vi* da **Súmula 716 do STF**: "Admite-se a progressão de regime de cumprimento da pena ou a aplicação imediata de regime menos severo nela determinada, antes do trânsito em julgado da sentença condenatória". Isso ocorre porque o art. 2º, parágrafo único, da LEP determina a aplicação desse diploma igualmente aos presos provisórios.

> *Atenção:* essa viabilidade de requerimento de benefícios prisionais tem como pressuposto fundamental **o trânsito em julgado para a acusação da pena aplicada**, afastando-se, portanto, a possibilidade de que seja ela aumentada em grau de recurso. Se, ao contrário, houve recurso da acusação em relação ao *quantum* de pena imposta na decisão condenatória, não se pode facultar ao condenado a postulação de benefícios prisionais que tenham como pressuposto o cumprimento de tempo mínimo de pena, pois é possível que venha a ser agravada a reprimenda imposta, alterando-se, como consequência, a data para obtenção do benefício pretendido.

---

[10] STF, HC 115.517/PR, *DJ* 12.03.2013. No mesmo sentido: HC 88.500/RS e AI 177.313-ED-ED-AgR/MG.

[11] STJ, Agravo de Instrumento 1.264.422/PR, j. 13.06.2011.

Considere-se que determinado indivíduo, reincidente, tenha sido condenado por roubo com emprego de arma à pena de sete anos de reclusão, em regime inicial fechado. Considere-se também que, dessa decisão, apenas a defesa tenha apelado, transitando em julgado, portanto, a pena para a acusação. Ora, nesse contexto fático existe segurança de que, em razão da vedação à *reformatio in pejus*, a pena não poderá, em hipótese alguma, ser agravada em grau de recurso. Logo, após 14 meses de prisão (o que corresponde a 1/6 da pena imposta), poderá o réu, se possuir mérito, alcançar a progressão para o regime semiaberto, ainda que, em decorrência de sucessivos recursos interpostos pela defesa, ainda não haja decisão definitiva. Nesse caso, o benefício da progressão de regime prisional poderá ser deferido diante da execução provisória da pena, consequente à incidência do art. 2º, parágrafo único, da LEP.

Imagine-se agora que, nesse mesmo caso, tenha o Ministério Público apelado da sentença condenatória buscando a elevação da pena. Enquanto não houver o trânsito em julgado para a acusação, não poderão ser concedidos ao réu benefícios prisionais vinculados ao cumprimento de certo lapso de pena, já que indefinido o *quantum* total final dessa reprimenda.

Veja-se que a circunstância de se encontrar recolhido o executado a prisão especial, mesmo quando se tratar de execução provisória, não impede a progressão de regime, *ex vi* da **Súmula 717 do STF**: "Não impede a progressão de regime, fixada em sentença não transitada em julgado, o fato de o réu se encontrar em prisão especial".

8.2.7 Início formal da execução da pena - a guia de recolhimento (arts. 105 a 107 da LEP)

Na dicção do art. 105 da LEP, transitando em julgado a sentença que aplicar pena privativa de liberdade e encontrando-se preso réu, deve ser expedida a **guia de recolhimento,** dando-se, assim, início formal à execução da pena. Como se vê, para a expedição da guia, dois requisitos devem estar presentes: um, o trânsito em julgado da decisão condenatória; e dois, que o réu esteja preso, quer porque assim já se encontrava quando prolatada a sentença, quer porque, posteriormente ao seu trânsito, foi cumprido mandado de prisão. Observe-se que, anteriormente à vigência da LEP, esse instrumento era denominado de *carta de guia*, consoante redação dos arts. 674 e ss. do Código de Processo Penal.

A guia de recolhimento é documento indispensável à execução da pena privativa de liberdade (art. 107, *caput*, da LEP), materializando o título executivo judicial na medida em que insere os principais elementos acerca da pena executada (data do fato, sentença, acórdão, trânsito em julgado, término da pena, data-base para futuros benefícios, término da pena etc.). Resume, enfim, o tratamento penitenciário conferido ao condenado. Conforme ensina Julio Fabbrini Mirabete, trata-se de instrumento que possui "três funções: em primeiro lugar, constitui-se em medida de garantia individual, pois somente ela possibilita a execução de uma pena privativa de liberdade. Em segundo, é o instrumento do título executório constituído pela sentença condenatória transitada em julgado, não permitindo que na execução se extravase a punição além dos limites fixados pela decisão. Por fim, é também um documento que orienta a individualização da pena, já que deve fornecer elementos sobre os antecedentes e o grau de instrução do condenado, o relato do fato criminoso e outros dados reputados indispensáveis ao adequado tratamento penitenciário"[12].

---

12 Julio Fabbrini Mirabete, op. cit., p. 302.

De acordo com o art. 106 da LEP, a guia deverá conter as seguintes peças e informações: I – o nome do condenado; II – a sua qualificação civil e o número do registro geral no órgão oficial de identificação; III – o inteiro teor da denúncia e da sentença condenatória, bem como certidão do trânsito em julgado; IV – a informação sobre os antecedentes e o grau de instrução; V – a data da terminação da pena; e VI – outras peças do processo reputadas indispensáveis ao tratamento penitenciário.

Com maior detalhamento, estabelece o art. 1º da Resolução 113/2010 do Conselho Nacional de Justiça que a guia deverá inserir, ainda, o interrogatório do executado na polícia e em juízo; informação sobre os endereços em que possa o executado ser localizado, instrumentos de mandato, substabelecimentos, despachos de nomeação de defensores dativos ou de intimação da Defensoria Pública; cópia do mandado de prisão temporária e/ou preventiva, com a respectiva certidão da data do cumprimento, bem como com a cópia de eventual alvará de soltura, também com a certidão da data do cumprimento da ordem de soltura, para cômputo da detração; nome e endereço do curador, se houver; informações acerca do estabelecimento prisional em que o condenado encontra-se recolhido; cópias da decisão de pronúncia, da certidão de preclusão em se tratando de condenação em crime doloso contra a vida e da certidão carcerária.

Na guia de recolhimento deve constar referência à circunstância de ter sido o condenado, no tempo do fato, funcionário da administração da justiça criminal (art. 106, § 3º, da LEP). É o caso, por exemplo, de ter exercido o sentenciado funções de juiz, promotor de justiça, policial etc. A relevância dessa menção prende-se à garantia legalmente estabelecida de que essa ordem de preso permaneça em dependência separada dos demais (art. 84, § 2º, da LEP). A norma, logicamente, tem o objetivo resguardar sua integridade física e moral, que poderia ficar comprometida com a hostilidade dos demais presos.

Chegou-se a discutir a competência para expedição dessa guia, alguns entendendo incumbir ao juízo da condenação, enquanto outros a relegavam ao juízo da execução. Na atualidade, consolidou-se o entendimento de que a tal competência, efetivamente, é do juízo da condenação, cabendo a este encaminhá-la, com as peças necessárias do processo de conhecimento, ao juízo da execução e também à autoridade administrativa do local onde o sentenciado deva cumprir sua pena. Este, a propósito, o comando da Resolução 113/2010 do Conselho Nacional de Justiça, ao dispor que "a guia de recolhimento para cumprimento da pena privativa de liberdade e a guia de internação para cumprimento da medida de segurança obedecerão aos modelos dos anexos e serão expedidas em duas vias, remetendo-se uma à autoridade administrativa que custodia o executado e a outra ao juízo da execução penal competente" (art. 2º). Note-se que o encaminhamento da guia ao juízo da execução visa possibilitar o controle estatal sobre quem está preso, o tratamento penitenciário a ser dispensado e a data de término da pena. Já a entrega de cópia à autoridade administrativa responsável pelo presídio tem por fim materializar o motivo pelo qual o indivíduo será encarcerado, qual seja, o de que há uma sanção penal a ser cumprida. Nesse viés, determina a lei que a autoridade administrativa incumbida da execução passará recibo da guia de recolhimento. Esse recibo será juntado aos autos do processo de execução, cabendo ao diretor do estabelecimento dar ciência dos termos da guia ao condenado (art. 107, § 1º, *in fine*, da LEP) a fim de que sejam efetivamente assegurados a ampla defesa, o devido processo legal e o contraditório (art. 3º da LEP). Sem a guia, portanto, não pode ser recebido o sentenciado no presídio sob pena de configurar-se o encarceramento crime de abuso de autoridade (art. 4º, *a*, da L. 4.898/1965), sem prejuízo da responsabilização em nível funcional.

E se o juiz da sentença recusar-se ou omitir-se na expedição da guia de recolhimento? Cabível, nesse caso, o pedido de correição parcial, já que a guia de recolhimento é indispensável para que tenha início a execução, caracterizando-se a sua ausência em manifesto *error in procedendo.* Segundo a doutrina, não é possível, aqui, a interposição de agravo da execução ou a impetração de *habeas corpus*, já que a expedição da carta de guia insere-se no âmbito das providências administrativas do juiz, não se inserindo no âmbito de sua competência jurisdicional[13-14]. *Data venia*, não concordamos com essa posição e reputamos plenamente possível o manejo dessas vias impugnativas com vistas à obtenção de pronunciamento judicial determinando a expedição de guia de recolhimento quando omisso o juízo da condenação, pois tal omissão reduz a possibilidade de controle, pelo apenado, da pena privativa de liberdade em execução, caracterizando, por isso mesmo, constrangimento ilegal[15]. E não só ao apenado interessa a exatidão da guia, mas também ao Juiz e ao Ministério Público. Afinal, a par do caráter administrativo-informativo da guia de recolhimento, não se pode olvidar que, nos processos de execução criminal, muitas vezes compostos de vários volumes, envolvendo condenações diversas, que podem estar ou não unificadas, possui ela (a guia) relevante poder de convencimento, norteando, no mais das vezes, os pareceres do Ministério Público e as decisões do Juízo da Execução Criminal.

Considerando que a guia de recolhimento insere elementos importantes acerca da execução da pena privativa de liberdade, do seu teor deve ser dada ciência ao Ministério Público a fim de fiscalizar sua regularidade, em especial a correspondência dos dados nela inseridos com os elementos extraídos do processo criminal no qual perada a condenação (art. 106, § 1º, da LEP). Essa ciência ao promotor de justiça quanto aos termos da guia de recolhimento vem ao encontro do art. 67 da LEP ao dispor que o Ministério Público fiscalizará a execução da pena, oficiando em todos os termos do processo executivo, bem como da previsão do art. 68, I, da LEP ao estabelecer que compete ao Ministério Público "fiscalizar a regularidade formal das guias de recolhimento e de internamento".

Determinados dados da guia de recolhimento estão sujeitos à alteração durante a execução da pena. Para tais hipóteses, contempla a lei a necessidade de retificação da guia, notadamente nos casos em que sobrevier a modificação quanto ao início da execução ou ao tempo de duração da pena (art. 106, § 2º, da LEP). Exemplo de situação na qual deve ser retificada a data de *início da pena* ocorre quando, ao ser expedida a guia, já existe condenação proferida em outro processo. Nesse caso, a guia deverá ser retificada no juízo da execução, fazendo-se nela constar como data de início da pena o dia seguinte ao término da pena que deva ser cumprida antes. Por outro lado, justificam a alteração da data de término da pena circunstâncias como remições concedidas pelo juízo da execução diante do trabalho do apenado, unificação de penas, revogação do livramento condicional motivado por fato que impeça o desconto na pena do tempo em que esteve em liberdade o condenado etc. Em outras hipóteses, ocorre a modificação da data-base para concessão de benefícios prisionais em razão da prática de falta grave pelo apenado. Também não é incomum apresentar a guia de recolhimento erros materiais.

---

13 Julio Fabbrini Mirabete, op. cit., p. 302.

14 Renato Marcão, op. cit., p. 147.

15 STJ, Recurso Ordinário em *Habeas Corpus* 28.348/BA, *DJ* 06.09.2010.

Na hipótese de execução provisória da pena privativa de liberdade, deve ser expedida guia de recolhimento? Sim, cabe ao juiz do processo criminal expedir a chamada **guia de recolhimento provisória**, consoante a disciplina dos arts. 8º a 11 da Resolução 113/2010 do Conselho Nacional de Justiça.

Guia de recolhimento

- Trata-se do documento expedido pelo juiz da sentença, indispensável à execução da pena privativa de liberdade (art. 107 da LEP)
- Sua expedição exige dois requisitos: trânsito em julgado da sentença condenatória e que o réu esteja preso (art. 105 da LEP)
- Deverá conter (art. 106 da LEP): I – o nome do condenado; II – a sua qualificação civil e o número do registro geral no órgão oficial de identificação; III – o inteiro teor da denúncia e da sentença condenatória, bem como certidão do trânsito em julgado; IV – a informação sobre os antecedentes e o grau de instrução; V – a data da terminação da pena; e VI – outras peças do processo reputadas indispensáveis ao tratamento penitenciário. Ainda, deve mencionar a circunstância de ter sido o sentenciado funcionário da Administração da Justiça Criminal (art. 106, § 3º, da LEP)
- Do seu teor deve ser dada ciência ao Ministério Público a fim de fiscalizar a sua regularidade, em especial a correspondência dos dados nela inseridos com os elementos extraídos do processo criminal no qual operada a condenação (art. 106, § 1º, da LEP)
- Deve ser retificada nas hipóteses em que sobrevier a modificação quanto ao início da execução ou ao tempo de duração da pena (art. 106, § 2º, da LEP)
- Na hipótese de execução provisória da pena (o que se admite quando a decisão transitar em julgado para a acusação), deve ser expedida guia de recolhimento provisória, *ex vi* dos arts. 8º a 11 da Resolução 113/2010 do CNJ

8.2.8 O registro da guia de recolhimento e o critério de precedência das penas (art. 107, § 2º, da LEP)

O art. 107, § 2º, da LEP estabelece que "as guias de recolhimento serão registradas em livro especial, segundo a ordem cronológica do recebimento, e anexadas ao prontuário do condenado, aditando-se, no curso da execução, o cálculo das remições e de outras retificações posteriores". Note-se que essa previsão não implica dizer que a **execução das penas** referidas nas guias de recolhimento observará ordem cronológica, mas apenas que tal ordem deva ser observada no registro das guias.

Com efeito, havendo diversas penas impostas em um mesmo processo ou até mesmo em processos distintos, a ordem a ser observada na respectiva execução não é necessariamente a estabelecida pelo registro da guia ou pelo aporte desse documento à Vara de Execuções Criminais, mas aquela ditada pela precedência das penas mais graves sobre as mais brandas. Tal regramento decorre da previsão inserta ao art. 76 do Código Penal, segundo o qual "no concurso de infrações, executar-se-á primeiro a pena mais grave". Na mesma direção, ao tratar do concurso material de crimes, dispõe o art. 69, *caput*, 2ª parte do Código Penal que, "no caso de aplicação cumulativa de penas de reclusão e de detenção, executa-se primeiro aquela".

Logo, havendo várias penas, primeiro devem ser executadas as penas de reclusão, seguindo-se as de detenção e, por último, a pena de prisão simples.

Do mesmo modo, se tiver sido o réu condenado por crime hediondo ou equiparado e outros sem essa natureza, a pena do crime hediondo deve ser executada em primeiro lugar, já que lhe é fixada a pena mais grave, o que se infere pela natureza do crime e pelos prazos mais dilatados para obtenção dos benefícios da progressão de regime e do livramento condicional.

Por fim, sendo hipótese de diversas penas da mesma natureza (reclusão, detenção ou prisão simples), ensina Julio Fabbrini Mirabete que "a precedência deve ser determinada pelo critério cronológico de acordo com as datas do trânsito em julgado de cada sentença, pois é a partir desse momento que a pena torna-se passível de ser executada e não das datas da expedição ou recebimento da guia de recolhimento".[16]

8.2.9 Doença mental superveniente (art. 108 da LEP)

Pode ocorrer que, após a prática do fato delituoso, seja o agente acometido de doença mental que o torne totalmente incapaz ou apenas parcialmente capaz de compreender a ilicitude de seu comportamento. As consequências desse acometimento exigem a análise sob dois enfoques:

1) Superveniência de doença mental no curso do processo de conhecimento;
2) Superveniência de doença mental durante a execução da pena privativa de liberdade.

8.2.9.1 Superveniência de doença mental durante o processo de conhecimento

Instaurado incidente de insanidade mental (art. 149 do CPP), pode ser que o exame psiquiátrico realizado no réu conclua no sentido de que, embora fosse ele plenamente capaz na época do fato, sobreveio, durante a ação penal, doença mental que o torne inimputável ou semi-imputável. Nesse caso, determina o art. 152 do Código de Processo Penal que o processo permaneça paralisado (na verdade, já estava paralisado desde a instauração do incidente, *ex vi* do art. 149, § 2º, do CPP) até que o indivíduo se restabeleça ou que ocorra a extinção da punibilidade, *v.g.*, pela prescrição.

Restabelecendo-se o réu, o processo retomará seu curso, podendo ele ser condenado ou absolvido.

Pode ocorrer, entretanto, que nesse período de paralisação do processo criminal o acusado venha a demonstrar periculosidade diante de sua condição mental. Nesse caso, depreende-se do art. 152, § 1º, do CPP que poderá o juiz determinar sua internação em estabelecimento psiquiátrico até que cesse a periculosidade. Ressalte-se que essa providência (a internação) não possui natureza de *medida de segurança provisória*, que há muito foi extirpada do ordenamento jurídico brasileiro. E também não se trata da internação prevista no art. 319, VII, do CPP (alterado pela L. 12.403/2011) a título de *medida cautelar diversa da prisão.* Afinal, esse dispositivo, por equívoco ou não do legislador, faz remissão expressa ao art. 26 do Código Penal, referente ao indivíduo que, *no tempo da ação ou omissão,* era inteiramente incapaz ou não era inteiramente capaz de entender o caráter ilícito do fato ou de determinar-se com esse entendimento,

---

[16] MIRABETE, Julio Fabbrini. *Execução Penal.* 11. ed. São Paulo: Atlas, 2004, p. 319.

não abrangendo, portanto, a hipótese de incapacidade superveniente ao fato, que é a situação disciplinada pelo art. 152 do CPP. Nesse contexto, infere-se que a internação referida no art. 152, § 1º, do CPP apenas pode resultar de prisão preventiva que tenha sido decretada quando presentes os respectivos pressupostos. Trata-se, enfim, de analogia ao que dispõe o art. 150, *caput*, do CPP quando estabelece que, "para efeito do exame (de sanidade mental), o acusado, se estiver preso, será internado em manicômio judiciário". Nesse sentido, aliás, reiterados julgamentos do STJ: "A prisão preventiva é a medida adequada para assegurar que o acusado, doente mental, fique segregado quando presentes os requisitos do art. 312 do Código de Processo Penal, como na hipótese, uma vez que não existe em nosso ordenamento jurídico, desde a reforma de 1984, a medida de segurança provisória".

8.2.9.2 *Superveniência de doença mental durante a execução da pena (arts. 108 e 183 da LEP)*

O art. 154 do CPP refere que se a insanidade sobrevier no curso da execução da pena, observar-se-á o disposto no art. 682 do mesmo diploma. Prejudicada, entretanto, essa regra, pois o citado art. 682 encontra-se tacitamente revogado pela Lei de Execução Penal. Logo, na atualidade, sobrevindo a incapacidade, total ou parcial, na fase da execução penal, duas possibilidades são facultadas ao juízo:

a) **Aplicação das regras dos arts. 108 da LEP e 41 do CP:** Esses artigos determinam a internação (também chamada de transferência) do apenado para hospital de custódia e tratamento psiquiátrico ou outro estabelecimento adequado. Recuperando-se, volta ele a cumprir o restante da pena, computando-se como tempo de cumprimento o período de internação (art. 42 do CP).

b) **Aplicação da regra do art. 183 da LEP:** É medida adequada aos casos em que se revelar improvável a recuperação do reeducando. Trata-se, aqui, da conversão do saldo de pena em medida de segurança. Recuperando-se o apenado antes do tempo que corresponde ao saldo da pena convertida, a medida de segurança será extinta e o indivíduo desinternado, não retornando ao presídio. As regras, enfim, são as pertinentes à medida de segurança. Saliente-se, porém, a existência de entendimento consolidado no sentido de essa medida não poderá perdurar por mais tempo do que o correspondente à pena substituída. Assim, se ainda restavam seis anos de pena privativa de liberdade no momento em que se deu a conversão em medida de segurança, esta igualmente estará limitada a seis anos[17]. *E se, vencido esse prazo, persistir a periculosidade do indivíduo?* Em tal situação, compete ao magistrado que atua na execução criminal, ao extinguir a medida de segurança, encaminhar cópia dos documentos que sugerem a persistência da periculosidade ao juízo cível, a fim de que neste, em procedimento próprio, seja averiguada a possibilidade de internação civil, com base na L. 10.216/2001.

Note-se que a opção entre essas duas alternativas – *internação (arts. 108 da LEP e 41 do CP) e conversão em medida de segurança (art. 183 da LEP)* – compete ao juiz da execução,

[17] STJ, *Habeas Corpus* 130.160/SP, *DJ* 14.12.2009.

levando em conta as peculiaridades do caso concreto e os elementos de convicção existentes a seu dispor (art. 66, V, *d* e *f*, da LEP). Evidentemente, sabedor que o apenado encontra-se com perturbação da saúde mental, a cautela recomendas que o juiz, inicialmente, determine a sua internação em estabelecimento psiquiátrico na tentativa de recuperá-lo. Alcançado esse objetivo, retornará o reeducando ao cumprimento da pena imposta. Verificada, porém, que tal recuperação é impossível ou improvável, somente aí deverá o juiz ordenar a conversão do saldo de pena em medida de segurança. Não obstante esse procedimento seja o adequado, nada impede que o juiz decida imediatamente pela conversão da pena em medida de segurança, deixando de ordenar previamente a internação psiquiátrica.

8.2.10 Libertação após cumprimento ou extinção da pena (art. 109 da LEP)

Cumprida a pena privativa de liberdade imposta ao executado, deve o condenado ser posto em liberdade mediante a expedição do competente alvará de soltura (art. 109 da LEP). Ressalva-se, evidentemente, a hipótese em que tenha sido ordenada sua prisão por outro motivo, vale dizer, em decorrência de condenação judicial proferida em processo distinto ou de decretação da sua prisão provisória no âmbito de inquérito policial ou de processo de conhecimento.

Também deve ser posto em liberdade o indivíduo quando sobrevier a extinção da punibilidade por qualquer outra causa, muito especialmente aquelas previstas no art. 107 do Código Penal (p. ex., *abolitio criminis*, anistia e indulto).

Muito embora não exista previsão legal expressa e apesar da existência de orientação em sentido oposto, compreendemos que, sob pena de nulidade, deve o Ministério Público ser ouvido previamente à decisão judicial que declarar cumprida ou extinta a pena. Afinal, como se infere do art. 67 da LEP, incumbe ao Ministério Público fiscalizar a execução da pena e da medida de segurança, oficiando em todos os termos no processo executivo e nos incidentes da execução. Nesse sentido, aliás, decidiu o Tribunal de Justiça de São Paulo, compreendendo ser "imprescindível, assim e por isso mesmo, a oitiva do Ministério Público em incidentes de execução, mormente em decisões de extinção da pena privativa de liberdade, sob pena de nulidade"[18].

Idêntica consequência – liberação imediata do executado – ocorre quando extinta a medida de segurança de internação.

8.2.11 Regimes de cumprimento da pena privativa de liberdade (art. 110 da LEP)

De acordo com o art. 33, § 1º, do Código Penal, são três os regimes de cumprimento da pena privativa de liberdade:

a) **Regime fechado**: a pena é executada em estabelecimento de segurança máxima ou média;

b) **Regime semiaberto**: a pena é executada em colônia agrícola, industrial ou estabelecimento similar; e

c) **Regime aberto**: a pena é executada em casa de albergado ou estabelecimento adequado.

---

[18] TJSP, Agravo 0445584-79.2010.8.26.0000, j. 15.02.2011.

Para fixação do regime inicial de cumprimento da pena privativa de liberdade, infere-se do art. 33, §§ 2º e 3º, do CP que deve o juiz levar em conta os seguintes aspectos fundamentais: a natureza (detenção ou reclusão) e quantidade de pena imposta, a reincidência ou não do condenado e as circunstâncias judiciais do art. 59 do CP. Assim:

a) **Pena de reclusão:**

a.1) Condenado reincidente: o regime inicial será o fechado. Saliente-se, porém, que, segundo a **Súmula 269 do STJ**, "é admissível a adoção do regime prisional semiaberto aos reincidentes condenados a pena igual ou inferior a quatro anos se favoráveis as circunstâncias judiciais".

a.2) Condenado não reincidente:

- Pena superior a 8 anos: o regime inicial será o fechado.
- Pena superior a 4 anos e não superior a 8 anos: o regime inicial será o semiaberto, salvo se as circunstâncias judiciais do art. 59 do CP impuserem a fixação do regime inicial fechado.
- Pena igual ou inferior a 4 anos: o regime inicial será o aberto, salvo se as circunstâncias judiciais do art. 59 do CP impuserem a fixação do regime inicial fechado ou semiaberto.

b) **Pena de detenção:**

b.1) Condenado reincidente: o regime inicial será o semiaberto, não sendo possível estabelecer-se o regime inicial fechado.

b.2) Condenado não reincidente:

- Pena superior a 4 anos: o regime inicial será o semiaberto, não sendo possível estabelecer-se o regime inicial fechado.
- Pena igual ou inferior a 4 anos: o regime inicial será o aberto, salvo se as circunstâncias judiciais do art. 59 do CP impuserem a fixação do regime inicial semiaberto.

c) **Pena de prisão simples:** Prevista em relação às contravenções penais, o regime inicial será o aberto ou semiaberto, sendo vedado o estabelecimento do regime fechado (art. 6º da LCP). Por essa razão, quanto ao regime inicial de cumprimento devem ser aplicadas as normas relativas à pena de detenção, seja ou não reincidente o condenado:

c.1) Condenado reincidente: o regime inicial será o semiaberto.

c.2) Condenado não reincidente:

- Pena superior a 4 anos: o regime inicial será o semiaberto, lembrando-se que, de acordo com o art. 10 da LCP, "a duração da pena de prisão simples não pode, em caso algum, ser superior a 5 (cinco) anos...".
- Pena igual ou inferior a 4 anos: o regime inicial será o aberto, salvo se as circunstâncias judiciais do art. 59 do CP impuserem a fixação do regime inicial semiaberto.

Observação 1: Relativamente de regime prisional mais gravoso do que o indicado pela natureza e quantidade da pena imposta, deve-se atentar ao que dispõem as Súmulas 719 e 718 do STF, segundo as quais "a imposição do regime de cumprimento mais severo do que a pena aplicada permitir exige motivação idônea e a opinião do julgador sobre a gravidade em abstrato do crime não constitui motivação idônea para a imposição de regime mais severo do que o permitido segundo a pena aplicada".

Observação 2: Em qualquer situação, a fixação do regime inicial aberto condiciona-se, além da observância à quantidade de pena imposta e à compatibilidade do condenado à luz do art. 59 do CP, a que restem atendidas as condições determinadas pelo art. 114 da LEP.

Observação 3: Ao indivíduo condenado à pena de detenção pode ser imposto o regime fechado apenas por força de regressão dos regimes aberto e semiaberto. O mesmo não ocorre, porém, em relação ao condenado a pena de prisão simples, pois nesse caso não se admite a regressão para o regime fechado, mas unicamente do regime aberto para o semiaberto.

Atentando às diretrizes do art. 33 do CP, caberá ao **juiz da sentença** estabelecer o regime no qual o condenado iniciará o cumprimento da pena privativa de liberdade (art. 110 da LEP e art. 59, III, do CP). Na hipótese de concurso de crimes, deve o juiz considerar, para efeitos de fixação do regime inicial, o total das penas impostas, somadas (nos casos do concurso material e do concurso formal impróprio) ou exasperadas (nas hipóteses do concurso formal próprio e do crime continuado).

Na omissão da sentença quanto à fixação do regime, devem ser opostos embargos declaratórios, a fim de que seja sanado o vício pelo juiz prolator.

Outro aspecto a considerar é o de que descabe à superior instância, no julgamento de recursos interpostos pelas partes, proceder à fixação do regime inicial, pois isso implicaria supressão de instância. Logo, omissa a sentença, deve o Tribunal determinar seja a omissão suprida pelo juiz sentenciante. Em sentido contrário, entendendo que "a omissão da pena ou do regime na sentença pode ser suprida em grau de recurso, sem que tal decidir acarrete qualquer violação de princípios reguladores do devido processo penal", é o entendimento de Renato Marcão[19]. *E se a sentença omissa já tiver transitado em julgado?* Nesse caso, entendemos que o regime inicial de cumprimento deverá ser estabelecido pelo juiz da execução, devendo impor o regime mais brando, desde que adequado à normatização do art. 33, § 2º, do CP.

Ao fixar o regime inicial de cumprimento da pena com base no art. 33, §§ 2º e 3º, do CP, cabe, **em tese**, ao juiz, na sentença condenatória descontar o tempo de prisão provisória do total da pena imposta. Esse regramento decorre do art. 1º da L. 12.736/2012, determinando que "a detração deverá ser considerada pelo juiz que proferir a sentença condenatória, nos termos desta Lei", e do art. 387, § 2º, do CPP (introduzido pela L. 12.736/2012), estipulando que "o tempo de prisão provisória, de prisão administrativa ou de internação, no Brasil ou no estrangeiro, será computado para fins de determinação do regime inicial de pena privativa de liberdade". **Mas, atenção:** falamos "em tese" porque esta previsão – no sentido do reconhecimento da detração na própria sentença condenatória – apenas incide quando implicar em modificação do regime inicial

---

[19] Renato Marcão, op. cit., p. 156.

de cumprimento da pena. Se isso não ocorrer, a competência para detração é do juiz da execução, nos termos do art. 66, III, "c", da LEP. A respeito do tema, remetemos o leitor ao Capítulo 6, tópico 6.1.2.2.5, em que abordamos minuciosamente aspectos relativos à detração da pena.

Estabelecido o regime inicial pelo juiz da sentença e transitando em julgado essa decisão, faz ela coisa julgada formal e material. Isso quer dizer que não pode o juiz da execução modificar tal comando, salvo se ocorrerem outros fatos ou incidentes, como a superveniência do trânsito em julgado de nova condenação e a progressão ou regressão de regime prisional.

É de notar que, tratando-se de condenação por **crimes hediondos** (aqueles previstos no art. 1º da L. 8.072/1990) e dos delitos a eles equiparados por força do art. 5º, XLIII, da CF (tráfico de drogas, tortura e terrorismo), a pena privativa de liberdade deve ser cumprida inicialmente em regime fechado, independentemente de sua quantidade e dos aspectos subjetivos relacionados à pessoa do réu (reincidência e circunstâncias judiciais do art. 59 do CP). É o que consta no art. 2º, § 1º, da L. 8.072/1990, com a redação dada pela L. 11.464/2007. Não obstante esse regramento, os Tribunais Superiores têm decidido sistematicamente no sentido da inconstitucionalidade dessa norma, compreendendo que viola os princípios da proporcionalidade, da razoabilidade e da individualização da pena. Por essa razão, independentemente da hediondez do crime, deve o julgador observar, na fixação do regime de cumprimento da pena, o disposto no art. 33, §§ 2º e 3º, do CP, o que autoriza ao juiz a fixação de quaisquer dos regimes prisionais legalmente previstos[20-21].

Questão importante refere-se ao regime prisional a ser aplicado na hipótese de execução provisória da sentença condenatória. Conforme sustentamos anteriormente (item 8.2.6, *supra*), tal forma de execução é possível apenas quando, na decisão condenatória ou depois dela, for mantida ou decretada a prisão preventiva do indivíduo; quando, em grau de recurso, o juízo *ad quem* determinar ou mantiver a condenação do réu; e, por fim, quando o recurso interposto pela defesa contra a decisão condenatória for manifestamente protelatório. Em tais situações, o regime a ser imposto será o estabelecido na sentença penal, admitindo-se ainda a possibilidade de progressão mesmo antes do trânsito em julgado, *ex vi* da **Súmula 716 do STF**, *in verbis*: "Admite-se a progressão de regime de cumprimento da pena ou a aplicação imediata de regime menos severo nela determinada, antes do trânsito em julgado da sentença condenatória".

8.2.12 Regime fechado

A **penitenciária** é o local adequado para o cumprimento da pena privativa de liberdade em regime fechado (art. 87 da LEP), devendo o condenado ser alojado em cela individual. Esta conterá dormitório, aparelho sanitário e lavatório, observando-se ainda os requisitos de salubridade do ambiente pela concorrência dos fatores de aeração, insolação e condicionamento térmico adequado à existência humana e de área mínima de seis metros quadrados (art. 88 da LEP). Ainda, tratando-se de penitenciária para homens, estabelece a lei que deverá ser construída em local afastado do centro urbano, embora a distância que não restrinja a visitação (art. 90 da LEP).

[20] STJ, Embargos declaratórios no *Habeas Corpus* 221.556/DF, *DJ* 04.02.2013.

[21] STF, *Habeas Corpus* 111.840/ES, j. 14.06.2012.

Ao iniciar o cumprimento da pena, o preso do regime fechado deverá ser submetido a **exame criminológico** para a obtenção dos elementos necessários a uma adequada classificação e com vistas à individualização da execução (art. 8º, *caput*, da LEP e art. 34, *caput*, do CP).

No regime fechado, são exercidos **controle e vigilância** rigorosos sobre o preso.

É obrigatório o **trabalho** (art. 31, *caput*, da LEP), que deverá ser desempenhado sob pena de, no caso de recusa injustificada, incorrer ele em falta grave (art. 50, VI c/c o art. 39, V, ambos da LEP). Observe-se que o preso que desempenha atividade laborativa tem direito à remuneração, que não pode ser inferior a três quartos do salário mínimo (art. 29, *caput*, da LEP e art. 39 do CP), assistindo-lhe ainda direito aos benefícios da Previdência Social (art. 41, III, da LEP e art. 39 do CP).

O *trabalho interno* será prestado no período diurno, ficando o condenado sujeito ao isolamento durante o repouso noturno (o chamado *período de silêncio*). Esse trabalho será em comum dentro do estabelecimento, na conformidade das aptidões ou ocupações anteriores do condenado, desde que compatíveis com a execução da pena (art. 34, §§ 1º e 2º, do CP). Na atribuição do trabalho, deverão ser consideradas ainda a habilitação, a condição pessoal e as necessidades futuras do preso, bem como as oportunidades oferecidas pelo mercado. Tanto quanto possível, deverá ser limitado o artesanato sem expressão econômica, salvo nas regiões de turismo. Os maiores de 60 (sessenta) anos poderão solicitar ocupação adequada à sua idade. Os doentes ou deficientes físicos somente exercerão atividades apropriadas ao seu estado (art. 32 da LEP). A jornada normal de trabalho não será inferior a 6 (seis), nem superior a 8 (oito) horas, com descanso nos domingos e feriados. Aos presos designados para os serviços de conservação e manutenção do estabelecimento penal poderá ser atribuído horário especial de trabalho (art. 33 da LEP).

Admite-se, ainda, para o preso em regime fechado o *trabalho externo*, desde que em serviço ou obras públicas realizadas por órgãos da Administração Direta ou Indireta, ou entidades privadas, devendo ser tomadas as cautelas contra a fuga e em favor da disciplina (art. 36, *caput*, da LEP e art. 34, § 3º, do CP). Com vista à prestação do trabalho externo, deve ser observado ainda o limite máximo do número de presos, que poderá ser de até 10% do total de empregados na obra, cabendo ao órgão da administração, à entidade ou à empresa empreiteira a remuneração desse trabalho. Tratando-se de trabalho em entidade privada, a execução do trabalho depende de consentimento expresso do preso (art. 36, §§ 1º a 3º, da LEP). Note-se que a admissão do trabalho externo ao preso, a ser autorizada pela direção do estabelecimento, depende de aptidão, disciplina e responsabilidade, além do cumprimento mínimo de um sexto da pena. Tal autorização poderá ser revogada caso o preso venha a praticar fato definido como crime, for punido por falta grave ou faltar com aptidão, disciplina e responsabilidade (art. 37, *caput* e parágrafo único, da LEP). Já se discutiu a admissibilidade de trabalho externo em relação ao condenado pela prática de crime hediondo ou equiparado. No âmbito do STJ, contudo, pacificou-se o entendimento no sentido de que a natureza hedionda do delito, por si só, não constitui fundamento idôneo para o indeferimento à concessão do benefício do trabalho externo[22].

Em razão da prestação de trabalho ou por estudo, faz jus o preso à remição de sua pena, que será feita à razão de um dia de pena para cada doze horas de frequência

[22] STJ, *Habeas Corpus* 65.356/AC, *DJ* 10.09.2007.

escolar, divididas, no mínimo, em três dias; e de um dia de pena para cada três dias de trabalho (art. 126 da LEP).

Os condenados que cumprem pena em regime fechado poderão obter permissão para sair do estabelecimento, mediante escolta, quando ocorrer um dos seguintes fatos: I – falecimento ou doença grave do cônjuge, companheira, ascendente, descendente ou irmão; II – Necessidade de tratamento médico que não possa ser realizado na penitenciária. A permissão de saída, nesses casos, de acordo com o art. 120, parágrafo único, da LEP, é concedida pelo diretor do estabelecimento prisional, com duração necessária à finalidade da saída (art. 121).

8.2.13 Regime semiaberto

Os condenados do regime semiaberto devem cumprir a pena privativa de liberdade em **colônia agrícola, industrial ou estabelecimento similar** (art. 91 da LEP). Nesse caso, o condenado poderá ser alojado em compartimento coletivo, desde que observada a salubridade do ambiente pela concorrência dos fatores de aeração, insolação e condicionamento térmico adequado à existência humana. Ademais, as dependências coletivas devem atender aos requisitos da seleção adequada dos presos e do limite de capacidade máxima que atenda os objetivos de individualização da pena (art. 92, *caput* e parágrafo único, da LEP).

Muito embora o art. 35 do Código Penal determine que se aplica para o apenado do regime semiaberto a norma do art. 34, sugerindo a realização obrigatória de **exame criminológico**, prevalece o entendimento de que tal exame é apenas facultativo, podendo ser realizado pela iniciativa da Comissão Técnica de Classificação visando à correta individualização da execução. Essa orientação decorre da regra do art. 8º, parágrafo único, da LEP, dispondo que: "ao exame de que trata este artigo poderá ser submetido o condenado ao cumprimento da pena privativa de liberdade em regime semiaberto".

O condenado do semiaberto sujeita-se a **trabalho em comum** durante o período diurno, sendo também admissíveis o trabalho externo e a frequência a cursos supletivos profissionalizantes, de instrução de segundo grau ou superior (art. 35, §§ 1º e 2º, do CP). Relativo ao **trabalho externo**, discutia-se a necessidade de observância desse tempo mínimo de pena cumprida para seu deferimento. Buscando resolver o impasse, editou o STJ a **Súmula 40**. Esse verbete, referindo-se ao apenado que ingressou no sistema carcerário em regime fechado e, depois, progrediu ao semiaberto, estabeleceu que, "para a obtenção dos benefícios de saída temporária e trabalho externo, considera-se o tempo de cumprimento da pena no regime fechado", sugerindo com isso a necessidade de observância do lapso de 1/6 da pena e a possibilidade de se considerar, para implementação desse tempo, o período de pena cumprida no regime fechado. Sem embargo dessa previsão sumular, a verdade é que, na atualidade, a orientação dominante, inclusive no próprio STJ, é a de que, quer para o preso que ingressou no semiaberto por força de progressão, quer para aquele que já iniciou o cumprimento da pena nesse regime, é desnecessário o cumprimento mínimo de 1/6 da pena para a concessão do trabalho externo, bastando que estejam satisfeitos os requisitos de natureza subjetiva relacionados ao mérito do apenado[23].

---

[23] STJ, *Habeas Corpus* 98.849/SC, *DJ* 15.06.2009. No mesmo sentido: *Habeas Corpus* 251.107/RS, *DJ* 19.03.2013; *Habeas Corpus* 184.291/RS, *DJ* 16.05.2011; *Habeas Corpus* 255.781/RS, *DJ* 22.02.2013 e *Habeas Corpus* 69.611/RS, *DJ* 03.09.2007.

Evidentemente, pelo exercício do trabalho, assim como pelo estudo, o preso do regime semiaberto possui direito à remição, nos termos e na proporção definidos no art. 126 da LEP (um dia de pena para cada doze horas de frequência escolar, divididas, no mínimo, em três dias; e um dia de pena para cada três dias de trabalho).

Também os indivíduos que cumprem pena no regime semiaberto podem usufruir de *permissões de saída*, concedidas pelo diretor do estabelecimento penal nos casos de falecimento ou de doença grave de cônjuge, companheiro, ascendente, descendente ou irmão, e de necessidade de tratamento médico que não possa ser realizado no cárcere (arts. 120 e 121 da LEP). E mais: ao contrário do previsto para os presos do regime fechado, os apenados do semiaberto poderão obter autorização para *saída temporária* do estabelecimento, sem vigilância direta, nos seguintes casos: I - visita à família; II - frequência a curso supletivo profissionalizante, bem como de instrução do 2º grau ou superior, na Comarca do Juízo da Execução; e III - participação em atividades que concorram para o retorno ao convívio social. Essas saídas poderão ser deferidas pelo juiz da execução quando o apenado ostentar comportamento adequado; tiver cumprido o mínimo de 1/6 da pena, se primário, e de 1/4, se reincidente; e houver compatibilidade do benefício com os objetivos da pena (art. 123 da LEP). A autorização será concedida por prazo não superior a 7 (sete) dias, podendo ser renovada por mais 4 (quatro) vezes durante o ano (art. 124 da LEP).

Atenção: diante da ausência ou precariedade dos estabelecimentos prisionais destinados ao regime semiaberto, firmou-se na jurisprudência o denominado "**regime semiaberto disciplinar**", forma de cumprimento de pena esta que em nada se confunde com a disciplina normativa do regime disciplinar diferenciado (v. item 8.2.17.15 deste Capítulo). O *regime semiaberto disciplinar*, com efeito, consiste na permanência do indivíduo fora do cárcere, geralmente motivada pela ausência de vagas ou por condições estabelecidas em acordos de colaboração premiada, devendo ele dormir em casa e nela permanecer, em período integral, nos fins de semana, dias de folga e feriados, portando tornozeleira eletrônica e podendo sair do domicílio apenas nos horários determinados, além de se submeter a determinadas restrições, a exemplo da prestação de serviços comunitários por determinado número de horas semanais, Logicamente, vencido o lapso necessário à progressão de regime, poderá o apenado passar ao regime aberto, submetendo-se às regras pertinentes à essa modalidade de cumprimento de pena.

8.2.14 Regime aberto (arts. 113 a 117 e 119 da LEP)

8.2.14.1 Considerações gerais (arts. 113 a 116 e 119 da LEP)

O local adequado para o cumprimento da pena no regime aberto é a **casa do albergado**. Esta deve situar-se em centro urbano, em prédio separado dos demais estabelecimentos, caracterizando-se pela ausência de obstáculos físicos contra a fuga (lembre-se que o regime aberto fundamenta-se na autodisciplina e senso de responsabilidade do condenado, *ex vi* do art. 36, *caput*, do CP). Em cada região deverá existir pelo menos uma casa do albergado, que deve conter, além dos aposentos para acomodar os presos, local adequado para cursos e palestras. O estabelecimento deverá ter ainda instalações para os serviços de fiscalização e orientação dos condenados (arts. 93 a 95 da LEP).

O condenado deverá, fora do estabelecimento e sem vigilância, trabalhar, frequentar curso ou exercer outra atividade autorizada, permanecendo recolhido durante o período noturno e nos dias de folga (art. 36, § 1º, do CP). Nada impede, contudo, o juiz da execução de, analisando as peculiaridades do caso concreto, além das condições gerais e obrigatórias que vinculam o regime aberto, estabelecer condições especiais, podendo, ainda, alterar estas condições diante da ocorrência atos, fatos ou circunstâncias que justifiquem essa modificação. *E se, a despeito do condicionamento estabelecido no art. 36, § 1º, do CP, o apenado não exercer qualquer atividade laboral e não frequentar nenhum curso?* Nesse caso, deve ser facultado ao Juiz determinar o recolhimento domiciliar do apenado em período integral, autorizando a sua saída, unicamente, em situações emergenciais ou previamente autorizadas pelo Juízo (REsp 1649771/SC, *DJ* 12.03.2018).

Note-se que a prisão-albergue é uma das espécies do regime aberto, nada obstando que lei federal ou até mesmo lei local estabeleça outras espécies, desde que seja determinado o cumprimento em casa do albergado (art. 93 da LEP) e que sejam observados os requisitos próprios para o ingresso nesse regime. Não é por outra razão, aliás, que o art. 119 da LEP contempla que "a legislação local poderá estabelecer normas complementares para o cumprimento da pena privativa de liberdade em regime aberto (art. 36, § 1º, do Código Penal)".

O ingresso do condenado em regime aberto supõe a aceitação espontânea de seu programa e das condições impostas pelo juiz (art. 113 da LEP). Essas condições podem ser de duas ordens:

1) **Condições gerais ou legais**, previstas no art. 115, I a IV, da Lei de Execução Penal, consistentes na permanência do condenado no local em que for designado, durante o repouso e dias de folga; na obediência a horários de saída e retorno do trabalho; na proibição de ausentar-se da cidade em que reside sem autorização judicial; e no comparecimento obrigatório a juízo, para informar e justificar suas atividades, quando isso for determinado; e

2) **Condições especiais ou judiciais**, tratadas pelo art. 115, *caput*, da LEP: são aquelas que o juiz pode estabelecer discricionariamente, de acordo com seu prudente arbítrio, considerando para tanto a natureza do delito e as condições pessoais de seu autor, sendo exemplo a proibição de frequentar determinados lugares ou de trazer consigo instrumentos capazes de ofender a integridade física de outrem. Podem ser impostas, ainda, a título de condições judiciais, as que são fixadas na concessão de benefícios como a suspensão condicional da pena e o livramento condicional.

   Questão relevante e muito discutida refere-se à possibilidade de o juiz fixar, como condição especial de cumprimento de pena no regime aberto, a *prestação de serviços à comunidade.* Vértice da controvérsia é o fato de que essa ordem de prestação constitui pena restritiva de direitos, de caráter substitutivo e autônomo. Embora tal possibilidade seja admitida por muitos, é predominante no Superior Tribunal de Justiça o entendimento de que "as penas restritivas de direito constituem sanções autônomas e alternativas, sendo inadmissível sua imposição como condição especial para o cumprimento da pena de regime aberto, porque aí ocorreria a imposição de duas sanções, incorrendo em vedado *bis in idem*"[24]. Como se vê, considera a Corte Superior que o objetivo do legislador, ao facultar a estipulação de condições especiais para o cumprimento do regime aberto, abrange circunstâncias pertinentes ao próprio regime. Logo, tal fixação não pode consistir na imposição de outra pena (como o é a prestação de serviços à comu-

[24] STJ, *Habeas Corpus* 231.959/SP, *DJ* 19.12.2012.

nidade), pois, se assim o fosse, receberia o apenado do regime aberto pena em dobro para um mesmo ilícito penal, sem que isso tenha sido imposto na sentença condenatória.

As condições estabelecidas para o regime aberto podem ser modificadas pelo juiz de ofício, a requerimento do Ministério Público, da autoridade administrativa ou do condenado, desde que as circunstâncias assim o recomendem (art. 116 da LEP). Isso significa, em outras palavras, que existe certa flexibilidade para o cumprimento da pena no regime aberto, o que se coaduna com a necessidade de individualização da pena. Como exemplo de situação que pode justificar a alteração das condições determinadas, suponha-se que o albergado passe a exercer trabalho noturno, justificando com isso a adequação de seus horários de saída e chegada à casa do albergado. Outro exemplo, citado por Nucci[25], é a hipótese do condenado que passa a desempenhar atividade que exige seu deslocamento frequente para fora da cidade em que localizada a casa do albergado, acarretando, então, a necessidade de lhe ser fornecida, para tanto, autorização judicial que permita esses afastamentos frequentes.

A par do cumprimento das condições impostas, para ingressar no regime aberto o condenado deverá preencher determinados requisitos, que consistem (art. 114 da LEP):

1) **Estar trabalhando ou comprovar a possibilidade de fazê-lo imediatamente:** Alguns consideram que, para a satisfação desse requisito, não é suficiente que tenha o condenado aptidão física para o trabalho, exigindo-se, também, a comprovação de que possui oferta idônea de emprego. Compreende-se, enfim, que deverá ele demonstrar a efetiva possibilidade de obtenção imediata de emprego, não bastando o comprometimento abstrato de sua obtenção futura. Não obstante, no âmbito do Superior Tribunal de Justiça tem prevalecido a orientação de que a demonstração de possibilidade iminente de emprego pelo apenado deve ser analisada com temperamentos, pois a realidade mostra que, estando a pessoa presa, raramente possui ela condições de, desde logo, comprovar a existência de proposta efetiva de emprego ou de demonstrar que está trabalhando com apresentação de carteira assinada[26]. Segundo essa linha de pensamento, de acordo com o princípio da razoabilidade, pode-se e deve-se conceder ao apenado prazo determinado para, em regime aberto, procurar e obter emprego lícito, apresentando posteriormente a respectiva comprovação da ocupação.

   Sem embargo dessa discussão, deve-se atentar que, segundo dispõe o art. 114, parágrafo único, da LEP, poderão ser dispensados do trabalho, em virtude de sua condição especial, os maiores de setenta anos de idade, portadores de doença grave, aqueles que possuam filho menor ou portador de deficiência física ou mental e a condenada gestante.

   "(...) Diante do quadro brasileiro e até mesmo mundial, a registrar uma grave crise empregatícia, exigir-se a apresentação de comprovante de emprego das pessoas oriundas do sistema carcerário, nem sempre se mostra viável, redundando, quase sempre, na vedação in abstrato à pretendida progressão. III. Se a oferta de em-

---

[25] Guilherme de Souza Nucci, op. cit., p. 537.

[26] STJ, *Habeas Corpus* 229.494/RJ, *DJ* 19.09.2012; Agravo Regimental no *Habeas Corpus* 247.638/RJ, *DJ* 19.02.2013.

prego está escassa até mesmo para aqueles que não possuem algum antecedente penal, imagina-se impor tal obrigação a quem já registra alguma condenação. IV. A flexibilização não significa dizer que o sentenciado progredido ao regime aberto esteja desobrigado de trabalhar e manter ocupação licita, encargo do qual somente estão dispensadas as pessoas relacionadas no art. 117 da LEP, nos termos do art. 114, parágrafo único, da mesma lei. V. O julgador deve buscar uma interpretação teleológica que vise à consecução dos objetivos de proporcionar as condições para uma harmônica integração social do condenado e do internado, de maneira que eles, em virtude de seus antecedentes e histórico prisional, se apresentarem merecimento e empenho para recolocarem-se dignamente no mercado de trabalho, poderão obter a progressão de regime, ainda que estejam desempregados. (...)"[27].

2) **Apresentar, pelos seus antecedentes ou pelo resultado dos exames a que foi submetido, fundados indícios de que irá ajustar-se, com autodisciplina e senso de responsabilidade, ao novo regime:** Busca-se, com esse requisito, a demonstração da compatibilidade do condenado com o regime aberto, o que pode ser deduzido a partir do seu exame de personalidade, caso a este tenha sido submetido (hipótese, por exemplo, de indivíduo que iniciou o cumprimento de pena no regime fechado, deste progredindo para o semiaberto e, depois, para o aberto), ou de outros elementos, como os seus antecedentes e até mesmo de seu histórico prisional[28]. Como ensina Julio Fabbrini Mirabete, "é preciso a presença de compatibilidade, oportunidade e conveniência da progressão, comprovadas pelo resultado dos exames ou pela soma de outros dados importantes, como informações da laborterapia, do comportamento carcerário, das visitas familiares, da inexistência de faltas disciplinares recentes etc. Na falta de outros elementos, podem ser levados em conta os antecedentes e a personalidade do condenado"[29].

8.2.14.2 Prisão domiciliar (art. 117 da LEP)

O art. 117 da Lei de Execução Penal estabelece as hipóteses em que se admite o recolhimento, em residência particular, do condenado a pena privativa de liberdade em regime aberto. Trata-se da chamada *prisão domiciliar*, permitida exclusivamente nas situações legais enumeradas no referido dispositivo legal, que consistem nas seguintes:

I - Condenado maior de 70 (setenta) anos: Levou em conta o legislador a maior fragilidade do apenado, sua menor periculosidade e as naturais dificuldades para suportar a pena. Veja-se que, para fins de incidência dessa hipótese de prisão domiciliar, deve ser considerada a idade do apenado ao tempo de execução da pena. Nesse contexto, nada obsta que inicie ele o cumprimento da reprimenda em casa do albergado e, depois de ultrapassados os 70 (setenta) anos, seja-lhe concedida a prisão domiciliar. O Estatuto do Idoso - L. 10.741/2003 -, muito embora tenha estabelecido como sujeitos à sua proteção pessoas com idade igual ou superior a 60 (sessenta) anos, não alterou a disciplina legal instituída pela LEP em relação à prisão domiciliar do septuagenário.

---

[27] STJ, *Habeas Corpus* 217.180/RJ, *DJ* 22.03.2012.

[28] STJ, *Habeas Corpus* 217.180/RJ, *DJ* 22.03.2012.

[29] Julio Fabbrini Mirabete, op. cit., p. 461.

II - Condenado acometido de doença grave: A medida tem cunho humanitário. Por *doença grave* deve-se compreender aquela difícil de ser curada, sujeita a cuidados continuados ou que coloque em risco a vida do indivíduo. É o caso do câncer e da Aids. De acordo com o entendimento dominante, não é suficiente, contudo, a constatação da doença, sendo necessário que não possa o condenado ser devidamente atendido por médico da rede pública na casa do albergado e se encontre em estágio terminal da doença.

III - Condenada com filho menor ou deficiente físico ou mental: Nesse caso, o benefício é concedido em prol da criança ou da pessoa portadora de deficiência que necessitam de amparo do pai ou da mãe. Observe-se que a prisão domiciliar não pode, nessa hipótese, constituir-se em privilégio ou em fraude à lei. Daí que, para que seja concedida, faz-se necessária a comprovação da efetiva necessidade de cuidados a serem prestados pela mãe segregada aos filhos, não bastando a juntada de certidão de nascimento comprovando a filiação. *E quanto ao condenado (homem) nas mesmas condições?* A despeito da literalidade da lei, que se refere à "condenada" (mulher, portanto), compreendemos que o gênero não constitui obstáculo intransponível à concessão do benefício, sendo possível, em dadas circunstâncias, interpretar extensivamente o art. 117, III, da LEP para que alcance também o homem condenado[30].

IV - Condenada gestante: A prisão domiciliar, aqui, tem o objetivo de proporcionar à mulher condições de vida dignas e adequadas durante o período gestacional. Seu deferimento, porém, exige a comprovação de que apresenta ela um quadro clínico delicado e que necessita de cuidados especiais, o que torna inviável sua permanência no estabelecimento penal.

Muito embora o rol do art. 117 da LEP seja taxativo e não exemplificativo, enumerando rigorosamente as situações que admitem o deferimento da prisão domiciliar, a jurisprudência majoritária de há muito vem compreendendo que, inexistindo vaga em estabelecimento penal compatível com o regime semiaberto ou aberto, é legítima a prisão domiciliar do apenado, já que a este não se pode impor o cumprimento de pena em local mais severo que o determinado na decisão executória[31-32]. Sempre discordamos dessa solução, inclusive porque serve de estímulo ao Poder Executivo no sentido de prosseguir com sua histórica omissão na geração de vagas no sistema prisional. Ademais, a execução penal rege-se pelo **princípio da legalidade**, exigindo-se, no seu curso, a estrita observância dos limites ditados pela sentença penal condenatória, bem como das prescrições estabelecidas em lei. Logo, nos precisos termos do art. 185 da LEP, pensávamos implicar **desvio ou excesso** de execução a decisão do juiz que, em dado momento, ultrapassasse referidos limites e, com isso, afetasse a regularidade do processo executivo. De qualquer forma, essa discussão, na atualidade, perdeu a razão de ser. Isso porque, em 19.06.2016, aprovou o Excelso Pretório a **Súmula Vinculante 56**, na qual ficou estabelecido que *"a falta de estabelecimento penal adequado não autoriza a manutenção do condenado em regime prisional mais gravoso, devendo-se observar, nesta*

---

30 "Agravo em Execução. Prisão Domiciliar. Apenado com Filho Menor e Deficiente Mental. Possibilidade, tendo em vista a excepcionalidade do caso, de interpretação extensiva do art. 117, III, da LEP. Manutenção da Decisão Agravada. A prisão domiciliar é resguardada a casos especialíssimos, conforme estabelecido no art. 117 da LEP. E, na espécie, em se tratando de apenado com filho menor e deficiente mental, com mãe já falecida, e que, portanto, conta apenas com o pai para auxiliá-lo nas tarefas diárias, bem como existindo indicativos suficientes acerca da efetiva convivência entre ambos, deve ser ampliada a interpretação do inc. III do art. 117 já mencionado para abranger também o homem condenado. Agravo Desprovido" (TJRS, Agravo 70057197626, 8ª Câmara Criminal, Rel. Isabel De Borba Lucas, j. em 11.12.2013).

31 STJ, EDcl no AgRg no REsp 1.198.344/RS, *DJ* 22.02.2013.

32 STF, *Habeas Corpus* 107.810/PR, *DJ* 03.05.2012.

hipótese, os parâmetros fixados no RE 641.320/RS". Mencionado recurso extraordinário insere o posicionamento da Corte na hipótese de falta de vagas para cumprimento de pena no regime em que se encontrar o apenado. Nesse cenário, especialmente em relação aos apenados dos regimes semiaberto e aberto, determinou o STF que, inexistindo vagas em colônia agrícola ou industrial e em casa do albergado, respectivamente, nem sendo possível a colocação do preso em estabelecimento que, mesmo com qualificação diversa, permita o isolamento entre os reeducandos de ambos os regimes e a garantia de todos os direitos previstos na LEP, caberá ao juiz determinar uma ou mais das seguintes medidas: *(I) a saída antecipada de sentenciado no regime com falta de vagas; (II) a liberdade eletronicamente monitorada ao sentenciado que sai antecipadamente ou é posto em prisão domiciliar por falta de vagas; (III) o cumprimento de penas restritivas de direito e/ou estudo ao sentenciado que progride ao regime aberto*, sem prejuízo de, *até que sejam estruturadas as medidas alternativas propostas, ser deferida a prisão domiciliar ao sentenciado*. **Mas atenção:** muito embora, no cotidiano forense, se possa observar uma espécie de *automaticidade* na aplicação da prisão domiciliar quando constatada a falta de vagas no regime prisional em que se encontra o apenado, não deve ser este o procedimento a ser adotado pelo Juízo da Execução, tampouco foi esta a determinação da Súmula Vinculante 56 do STF. A Terceira Seção do STJ, tratando desta questão no julgamento do Tema 993 dos recursos repetitivos, firmou a tese de que "a inexistência de estabelecimento penal adequado ao regime prisional determinado par o cumprimento da pena não autoriza a concessão imediata do benefício da prisão domiciliar", sendo necessária, portanto, previamente a essa providência, a observância das diretrizes do STF traçadas no Recurso Extraordinário 641.320/RS, acima mencionadas.

Outro aspecto importante a considerar é o de que, não obstante a prisão domiciliar destine-se legalmente ao preso do regime aberto, quando presentes as hipóteses que a autorizam (art. 117, *caput*, da LEP), o Superior Tribunal de Justiça, em hipóteses excepcionais, tem admitido o benefício a condenados portadores de doenças graves, que estejam cumprindo pena em regimes semiaberto e fechado, desde que demonstrada a impossibilidade de receberem o tratamento adequado no estabelecimento prisional[33].

Havia divergências em relação ao cabimento da prisão domiciliar ao condenado pela prática de **crime hediondo ou equiparado**. O Supremo Tribunal Federal, contudo, examinando essa vertente, já deliberou no sentido de que *o fato de o paciente estar condenado por delito tipificado como hediondo não enseja, por si só, uma proibição objetiva incondicional à concessão de prisão domiciliar, pois a dignidade da pessoa humana, especialmente a dos idosos, sempre será preponderante, dada a sua condição de princípio fundamental da República (art. 1º, III, da CF/1988). Por outro lado, incontroverso que essa mesma dignidade se encontrará ameaçada nas hipóteses excepcionalíssimas em que o apenado idoso estiver acometido de doença grave que exija cuidados especiais, os quais não podem ser fornecidos no local da custódia ou em estabelecimento hospitalar adequado*[34].

Por força do que dispõe o art. 146-B, IV, da LEP, a pessoa beneficiada com a prisão domiciliar poderá estar sujeita a fiscalização por meio de monitoração eletrônica. Na hipótese de comprovada violação nos deveres pertinentes à monitoração eletrônica previstos no art. 146-C, I e II, do mesmo diploma (receber visitas do servidor responsável pela monitoração eletrônica, responder aos seus contatos e cumprir suas orientações, bem como abster-se de

[33] STJ, *Habeas Corpus* 228.408/PR, *DJ* 01.08.2012.

[34] STF, *Habeas Corpus* 83.358/SP, *DJ* 04.06.2004; Recurso Ordinário em *Habeas Corpus* 94358/SC, j. 29.04.2008.

remover, violar, modificar, danificar o dispositivo de monitoração ou de permitir que outrem o faça), a prisão domiciliar poderá ser revogada (art. 146-C, parágrafo único, VI, da LEP).

Deve-se ressaltar que não se confunde a *prisão domiciliar do art. 117 da LEP* com a *prisão domiciliar prevista nos arts. 317 a 318-B do CPP.* No primeiro caso, com efeito, tem-se um benefício concedido pela Lei de Execução Penal aos apenados do regime aberto nos casos expressamente autorizados; no segundo, a prisão domiciliar possui natureza cautelar, sendo prevista como forma de cumprimento da prisão preventiva, de sorte que o indiciado ou acusado recolhido a sua residência apenas poderá dela ausentar-se com autorização judicial (art. 317 do CPP). Além disso, também não são exatamente os mesmos os permissivos legais em um e outro caso. Veja-se:

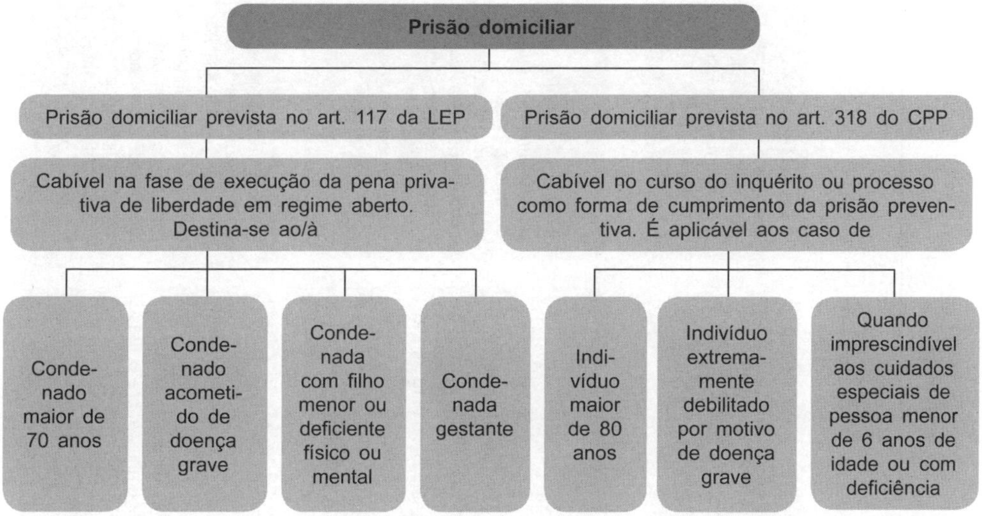

Por derradeiro, cabe, aqui, fazer alerta no sentido da inaplicabilidade, das hipóteses de prisão domiciliar regradas pelo art. 117 da LEP para os presos definitivos, do entendimento adotado pela 2ª Turma do STF, no julgamento do ***Habeas Corpus* coletivo n. 143.641/SP**, em 20.02.2018, quando compreendeu essa Corte por conceder a ordem e determinar a substituição da prisão preventiva pela prisão domiciliar a todas "*as mulheres presas, gestantes, puérperas ou mães de crianças e de pessoas com deficiência, bem assim às adolescentes sujeitas a medidas socioeducativas em idêntica situação no território nacional*", ressalvando, apenas, as hipóteses de "crimes praticados por elas mediante violência ou grave ameaça, contra seus descendentes", bem como "de situações excepcionalíssimas, as quais deverão ser devidamente fundamentadas pelos juízes que denegarem o benefício" e o caso de se encontrar a presa beneficiária sob suspensão ou destituição do poder familiar por outro motivo que não a prisão de que está sendo liberada. Isso porque, em primeiro lugar, precitado julgado concernia, especificamente, à situação das **presas provisórias,** não alcançando as presas definitivas; e, em segundo, pelo fato de que, a nosso ver (há vozes no sentido oposto), referida decisão restou superada a partir da posterior edição da Lei 13.769, de 19.12.2018, que, endereçando-se, também, apenas às **presas provisórias**, incluiu no Código de Processo Penal os arts. 318-A e 318-B, tratando da mesma situação, embora com algumas diferenças em relação às destinatárias da benesse e às ressalvas estabelecidas.

8.2.15 Gráfico comparativo – regimes fechado, semiaberto e aberto

Regime

- **Fechado**
  - 1) Regime destinado aos presos de maior periculosidade
  - 2) Cumprimento da pena em penitenciária
  - 3) Máxima vigilância sobre o preso
  - 4) É obrigatória a realização de exame criminológico ao iniciar o cumprimento da pena (art. 8º, *caput*, da LEP)
  - 5) O preso trabalha em comum no período diurno e fica isolado no período noturno. É admissível o trabalho externo em serviços ou obras públicas, ou entidades privadas, desde que tomadas as cautelas contra a fuga e em favor da disciplina. Pelo trabalho, faz ele jus à remição de pena (art. 126 da LEP)
  - 6) Podem ser deferidas, pelo diretor do estabelecimento, permissões de saída, mediante escolta, nos casos legais (art. 120 da LEP)
- **Semiaberto**
  - 1) Regime destinado aos presos com menor periculosidade
  - 2) Cumprimento da pena em colônia penal agrícola, industrial ou estabelecimento similar
  - 3) Menor vigilância e segurança sobre o preso
  - 4) É facultativa a realização de exame criminológico ao iniciar o cumprimento da pena (art. 8º, parágrafo único, da LEP)
  - 5) O preso trabalha em comum durante o período diurno, podendo ser alojado em dependência coletiva. É admissível o trabalho externo. Pelo trabalho, faz ele jus a remição de pena (art. 126 da LEP)
  - Podem ser deferidas, pelo diretor do estabelecimento, permissões de saída, mediante escolta, nos casos legais (art. 120 da LEP), bem como saídas temporárias, sem vigilância direta, nas hipóteses previstas (art. 122 da LEP)
- **Aberto**
  - 1) Fundamenta-se na autodisciplina e no senso de responsabilidade do condenado
  - 2) O preso pode trabalhar, frequentar cursos ou exercer outra atividade autorizada fora do estabelecimento e sem vigilância. Permanecerá, contudo, recolhido durante o período noturno e nos dias de folga
  - 3) Não existe previsão legal de exame criminológico
  - 4) Admite-se a remição pelo estudo (art. 126, § 6º, da LEP)

8.2.16 Condenação por mais de um crime (art. 111 da LEP)

8.2.16.1 Condenação por mais de um crime no mesmo processo

Estabelece o art. 111, *caput*, da Lei de Execução Penal que "quando houver condenação por mais de um crime, no mesmo processo ou em processos distintos, a determinação do regime de cumprimento será feita pelo resultado da soma ou unificação das penas, observada, quando for o caso, a detração ou remição".

Ora, de acordo com o art. 59, III, do Código Penal, compete ao juiz da sentença, observando as determinações do art. 33, §§ 2º e 3º, do Código Penal, estabelecer o regime inicial do cumprimento da pena privativa de liberdade. Pode ocorrer, entretanto, que a hipótese *sub judice* seja de concurso de crimes. Nesse caso, a determinação regime inicial deverá levar em consideração o total das penas impostas, somadas (nos casos de concurso material e concurso formal impróprio) ou exasperadas do percentual previsto em lei (hipóteses de concurso formal próprio e crime continuado). A título de exemplos, considerem-se os seguintes:

1) Determinado indivíduo é condenado por dois crimes de estupro. Na sentença, fixa o juiz a pena para cada um dos delitos em 6 anos de reclusão, reconhecendo a ocorrência de *concurso material*, o que implica na soma de penas, *ex vi* do art. 69, *caput*, do CP. Considerando que, somadas, tais penas resultam em 12 anos de reclusão, caberá ao magistrado fixar o **regime fechado** para início do cumprimento de pena, já que, de acordo com o art. 33, § 2°, alínea *a*, do Código Penal, esse é o regime apropriado ao réu condenado a pena superior a 8 anos de reclusão.

2) O acusado é condenado por dois crimes de roubo majorado pelo concurso de agentes, praticados em *continuidade delitiva*, o que importa exasperação da pena mais grave de 1/6 a 2/3, *ex vi* do art. 71 do CP. Considere-se que, na terceira etapa do cálculo da pena, o juiz tenha chegado às seguintes penas: pelo *primeiro fato, 5 anos e 4 meses de reclusão;* pelo *segundo fato, 5 anos e 8 meses de reclusão.* Considere-se agora que, diante do reconhecimento do crime continuado, o juiz, aplicando o art. 71 do CP, tenha exasperado a pena mais alta (5 anos e 8 meses) em 2/3, chegando então a 9 anos, 5 meses e 10 dias de reclusão pela prática de ambos os crimes. Nesse caso, considerando o *quantum* de pena a que restou condenado o acusado, deverá ele iniciar o cumprimento da pena em **regime fechado**, nos termos do art. 33, § 2°, alínea *a*, do CP, pois sua pena final foi superior a oito anos de reclusão.

3) Ao proferir sentença, o juiz condena o réu, não reincidente, pela prática de duas tentativas de furto praticadas durante o repouso noturno, em *continuidade delitiva.* Na última fase do cálculo da pena, após fazer incidir a majorante do repouso noturno e a minorante da tentativa, chega o juiz aos seguintes patamares: pelo *primeiro fato*, 5 meses de reclusão; pelo *segundo fato*, 6 meses de reclusão. Tendo em vista o reconhecimento do crime continuado, resolve o juiz exasperar a pena mais grave (6 meses) no patamar de 1/6, aplicando, então, o total de 7 meses de reclusão pela prática dos dois crimes. Ora, tratando-se de réu não reincidente, condenado a pena inferior a 4 anos, o início da pena deverá ocorrer no **regime aberto**, conforme determina o art. 33, § 2°, alínea *c*, do CP. E se fosse o caso de réu reincidente? Nesse caso, o regime prisional deveria ser o **fechado**, pois esse é o apropriado para o condenado reincidente à pena de reclusão. Agora, se, mesmo reincidente, as circunstâncias judiciais do art. 59 do CP fossem favoráveis, poderia o juiz aplicar o **regime semiaberto** por força do que dispõe a Súmula

269 do STJ, *in verbis*: "É admissível a adoção do regime prisional semiaberto aos reincidentes condenados a pena igual ou inferior a 4 (quatro) anos, se favoráveis as circunstâncias judiciais."

Nos exemplos anteriores, as penas relativas a todos os delitos ilustrados eram de *reclusão*. Sendo assim, seguindo os parâmetros determinados no art. 33, §§ 2º e 3º, do CP, poderia o juiz determinar o regime inicial como sendo o fechado, semiaberto ou aberto, conforme o caso. Fossem, contudo, hipóteses de crimes punidos com *detenção*, não poderia em nenhuma hipótese ser fixado o regime inicial fechado, mas apenas o semiaberto ou o aberto. Lembre-se que, nos delitos apenados com detenção, o condenado apenas poderá ser conduzido ao regime fechado por força de regressão, nos casos legais.

E se fosse o caso de condenação por crimes apenados com reclusão e detenção em **concurso material** (art. 69, *caput*, do CP)? Ou de **concurso material** entre crime apenado com detenção ou reclusão e contravenção penal, que é punida com prisão simples? Em conformidade com a jurisprudência majoritária, pensamos que, muito embora o concurso material importe em soma das reprimendas fixadas, as penas de reclusão, detenção e prisão simples, sendo de espécies diversas, não podem ser somadas diretamente para o fim de acarretar a imposição de apenas uma delas para todos os delitos em concurso. Em outras palavras, no caso de o juiz condenar o réu por infrações punidas com detenção e prisão simples, em concurso material, não pode estabelecer a prevalência da pena de detenção para ambos, impondo-se que mantenha a distinção: detenção para uma das infrações e prisão simples para outra, devendo ser executada, inicialmente, a modalidade de pena mais grave, *ex vi* do art. 76 do Código Penal (no caso, a detenção). O mesmo ocorre se houver condenação por crimes punidos com reclusão e detenção em concurso material: nesta hipótese, a pena de reclusão, sendo mais grave do que a detenção, é executada em primeiro lugar (art. 76 do Código Penal). Veja-se que, em tais casos, o regime prisional também deverá ser fixado separadamente para cada infração pela qual condenado o réu, levando-se em consideração os critérios normais de estipulação (especialmente a natureza e a quantidade da pena e a ocorrência ou não de reincidência). Ressalte-se, por oportuno, que o mesmo raciocínio tem lugar na hipótese de **concurso formal impróprio** (art. 70, 2ª parte, do CP) já que essa modalidade, assim como ocorre em relação ao concurso material, implica teoricamente na soma das penas impostas. E, como dissemos, não é possível essa soma quando se trata de crimes sujeitos a penas de naturezas distintas (reclusão, detenção ou prisão simples). Ilustra-se:

1) Suponha-se que determinada pessoa, não reincidente, seja condenada à pena de 2 meses de detenção por crime de ameaça e à pena de 1 mês e 15 dias de prisão simples pela contravenção de vias de fato. Reconhecido o concurso material, não pode o juiz, somando as duas penas, considerar ambas de detenção, pois tal solução seria prejudicial ao réu. Afinal, mesmo que a detenção e a prisão simples não possuam grandes diferenças do ponto de vista teórico, é evidente que a prisão simples é mais benéfica, conforme se depreende do art. 6º do Decreto-lei 3.688/1941, devendo ser cumprida "sem rigor penitenciário, em estabelecimento especial ou seção especial de prisão comum". Além disso, ao contrário do que ocorre com a detenção, na prisão simples inexiste a possibilidade de regressão para o regime fechado. Logo, no caso narrado, impõe-se ao magistrado fixar as penas de 2 meses de detenção pelo delito de ameaça e de 1 mês e 15 dias de prisão simples pela contravenção penal de vias de fato, fixando, não obstante, o **regime aberto** para cumprimento de ambas as penas, com base no art. 33, § 2º, alínea *c*, do CP.

2) Determinado indivíduo, não reincidente, é denunciado pela contravenção de vias de fato (punida com prisão simples), pelo crime de ato obsceno (punido com detenção) e pelo crime de disparo de arma de fogo (punido com reclusão). Nesse contexto, fixa-lhe o juiz as seguintes penas: 1 mês de prisão simples, pela contravenção de vias de fato; 6 meses de detenção, pelo crime de ato obsceno e 2 anos de reclusão pelo crime de disparo de arma de fogo. Nesse contexto, ainda que reconheça o concurso material, deve o juiz fixar o **regime aberto** para cumprimento de todas as penas, com base no art. 33, § 2º, alínea *c*, do CP.

3) Considere-se a seguinte situação fática: o réu, reincidente, é denunciado pela prática de roubo majorado pelo uso de arma (punido com reclusão) e pelo crime de resistência (punido com detenção). Sendo condenado, fixa-lhe o magistrado a pena de 7 anos e 7 meses de reclusão pelo roubo e a pena de 6 meses de detenção pela reincidência. Nesse caso, reconhecido o concurso material, deve ser fixado ao réu o **regime inicial fechado** para cumprimento dos 7 anos e 7 meses de reclusão pelo roubo, e o **regime inicial semiaberto** para cumprimento dos 6 meses de detenção pela resistência, lembrando-se que a pena de reclusão deverá ser executada em primeiro lugar (art. 76 do CP).

Mas cuidado: independentemente de os casos narrados retratarem a posição sedimentada pela maioria da jurisprudência, há, também, precedentes no sentido da possibilidade de se unificar penas de reclusão e detenção, inclusive para efeito de fixação do regime prisional. No próprio STJ, conquanto já tenha esta Corte se inclinado, em inúmeros casos, no sentido da impossibilidade de unificação de penas de reclusão, detenção e prisão simples (referindo que estas devem ser executadas separadamente), tem-se encontrado, mais recentemente, julgados em direção oposta, vale dizer, no sentido de que "as reprimendas de reclusão e de detenção devem ser somadas para fins de unificação da pena, tendo em vista que ambas são modalidades de pena privativa de liberdade e, portanto, configuram sanções da mesma espécie"[35].

E se fosse o caso de condenação por crimes apenados com reclusão e detenção em **concurso formal próprio** (art. 70, 1ª parte, do CP)? Ou de **concurso formal próprio** entre crime apenado com detenção ou reclusão e contravenção penal, que é punida com prisão simples? No concurso formal próprio, deve o juiz considerar a pena de um só dos crimes, se idênticas, ou a pena mais grave, se diversas, aumentada, em qualquer caso, de um sexto até a metade. Ocorrendo essa situação entre crimes sujeitos a penas de naturezas distintas (reclusão, detenção ou prisão simples), cabe ao magistrado fixar o regime em atenção à natureza da pena utilizada para a exasperação de um sexto até a metade. Idêntico regramento, deve-se mencionar, tem cabimento na hipótese de reconhecimento de continuidade delitiva entre crimes sujeitos a penas de naturezas diversas. Exemplo:

Determinado indivíduo, não reincidente, é condenado pelo crime de lesão corporal leve (punida com detenção) e pelo crime de lesão corporal gravíssima (punida com reclusão), contra vítimas diferentes, reconhecendo o juiz a ocorrência de concurso formal próprio. Considere-se que, pelo delito lesão corporal leve, tenha sido fixada a pena de 8 meses de detenção e que, pelo crime de lesão corporal gravíssima, tenha

35 STJ, REsp 1.642.346/MT, *DJ* 25.05.2018; AgRg no HC 473.359/SP, *DJ* 01.03.2019.

sido aplicada a pena de 3 anos e 6 meses de reclusão, por força do concurso formal, caberá ao juiz valer-se da pena mais grave (3 anos e 6 meses), elevando-a de um sexto até a metade. Considere-se, pois, que tenha o juiz exasperado a pena em um sexto, totalizando-a em 4 anos e 1 mês de reclusão. Nesse caso, com base no art. 33, § 2°, alínea *b*, do CP, deve o juiz fixar, para início de cumprimento de pena, o **regime semiaberto.**

8.2.16.2 Condenação por mais de um crime em processos distintos

Assim como ocorre no caso de condenação por mais de um crime no mesmo processo, também quando se trata de processos distintos incide a regra do art. 111, caput, da LEP, determinando que o regime inicial de cumprimento da pena seja fixado pelo resultado da soma ou unificação das penas, observada, quando for caso, a detração ou a remição.

Logo, se aportarem na Vara de Execuções Criminais de determinada comarca duas ou mais condenações do mesmo acusado, cada qual estabelecendo regimes prisionais apropriados para a respectiva hipótese, caberá ao juízo da execução, a partir de *soma das penas*, estabelecer o regime prisional adequado, conforme a normatização do art. 33, §§ 2º e 3º, do CP. Note-se que tal situação não é incomum devido ao chamado **juízo universal da execução da pena**, que faz que todas as penas fixadas ao réu concentrem-se na mesma Vara de Execução Criminal, normalmente a da Comarca onde está ele preso ou, no caso de se encontrar em liberdade, onde tem fixada sua residência.

Imagine-se que em dado momento quatro condenações criminais transitadas em julgado, do mesmo réu, cada uma delas fixando pena de 3 anos de reclusão, em regime aberto, sejam encaminhadas à Vara de Execuções Criminais. Nesse juízo, somadas as penas, resultarão elas em doze anos de reclusão, o que impõe a fixação, pelo juiz da execução, do **regime fechado** para início de cumprimento da pena privativa de liberdade, *ex vi* do art. 33, § 2°, alínea *a*, do CP.

Pode ocorrer, entretanto, que constate o juiz da execução que as várias condenações proferidas em processos de conhecimento diversos referem-se, na verdade, de crimes da mesma espécie, cometidos em condições de tempo, local e forma de execução semelhantes, caracterizando-se a continuidade delitiva entre eles. Nessa hipótese, caberá ao referido magistrado proceder à *unificação das penas,* isto é, fazer incidir sobre uma das penas (se idênticas) ou sobre a mais grave delas (se diferentes) o percentual de um sexto até dois terços previsto no art. 71 do CP e, a partir do *quantum* obtido, estabelecer o regime prisional. O mesmo raciocínio tem lugar na hipótese de constatar o juiz da execução tratar-se de crimes cometidos em concurso formal próprio (art. 70, 1ª parte, do CP), muito embora nesse caso o percentual de exasperação seja de um sexto até a metade.

No exemplo anterior, imagine-se que o juiz da execução constate que, a par da instauração de processos distintos, os crimes pelos quais condenado o réu foram cometidos em continuidade delitiva. Nesse caso, com lastro no art. 71 do CP, deverá o magistrado aplicar a pena de um só dos crimes (3 anos), pois idênticas, acrescida de um sexto até dois terços. Supondo-se que seja aplicada a exasperação de dois terços, resultará a pena final em 5 anos de reclusão, o que obrigará o juiz à fixação do **regime semiaberto** (presumindo-se que se trate de condenado não reincidente).

8.2.16.3 Superveniência de nova condenação durante a execução da pena

Aplicado à execução das penas privativas de liberdade, estabelece o art. 111, parágrafo único, da LEP que, "sobrevindo condenação no curso da execução, somar-se-á a pena ao restante da que está sendo cumprida, para determinação do regime". O dispositivo refere-se à hipótese de serem proferidas novas condenações contra o mesmo preso após ter sido iniciada a execução de pena decorrente de condenação anterior. Nesse caso, estabelece a lei que o tempo já cumprido deve ser descontado. Enfim, para determinação do regime de cumprimento, procede-se à soma do restante da pena que estava sendo executada com a nova pena aplicada. O resultado dessa operação deverá balizar a fixação do regime prisional, considerando-se, para tanto, o regramento do art. 33, § 2º, do CP. Nesse caso, poderá ocorrer também a regressão do regime, com base no art. 118, II, da LEP, o qual dispõe que a pena privativa de liberdade ficará sujeita à forma regressiva quando o apenado "sofrer condenação, por crime anterior, cuja pena, somada ao restante da pena em execução, torne incabível o regime".

1) Determinado indivíduo foi condenado a 15 anos de reclusão em regime inicial fechado. Após o cumprimento de certo tempo de pena, logrou progredir para o regime semiaberto e, mais tarde, para o aberto. Faltando-lhe 3 anos de pena por cumprir, sobrevém nova condenação, desta vez a 6 anos de reclusão no regime semiaberto. Esse lapso - 6 anos - deverá ser somado ao restante da pena anterior - 3 anos - para fins de fixação do regime. Totalizando 9 anos de pena, caberá ao juiz da execução determinar a regressão para o **regime fechado**, com base no art. 33, § 2°, alínea *a*, do CP.

2) Suponha-se que, após progressões, encontre-se o réu no regime aberto, faltando-lhe 2 anos de reclusão para o fim da pena e que nesse interregno seja ele condenado por outro crime à pena de 1 ano de reclusão no regime aberto. Ora, somado o lapso faltante da pena anterior - 2 anos - com a nova condenação - 1 ano -, resultam 3 anos de pena, o que autoriza o juiz a manter o indivíduo no **regime aberto**, forte no art. 33, § 2°, alínea *c*, do CP.

E se houver condenação superveniente a pena restritiva de direitos? Nesta hipótese, é necessário aferir se há ou não a possibilidade de as sanções (a pena privativa de liberdade e a restritiva de direitos) serem cumpridas simultaneamente. Se houver esta possibilidade, não haverá qualquer óbice à manutenção da pena restritiva de direitos fixada na nova condenação. É o caso, por exemplo, de, encontrando-se o indivíduo a cumprir pena privativa de liberdade em regime semiaberto, sobrevir condenação por crime anterior à pena restritiva de prestação pecuniária. Nesse caso, é perfeitamente possível o cumprimento simultâneo da pena privativa de liberdade já em execução com a restritiva superveniente.

Agora, se não for isto viável, vale dizer, se a execução da pena carcerária revelar-se incompatível com o cumprimento da restritiva de direitos, não poderá esta ser mantida, impondo-se a sua reconversão em pena de prisão. Exemplo: considere-se que determinado indivíduo esteja cumprindo pena de 8 anos e 2 meses de reclusão, em regime fechado (Processo n.º 12345) e que, posteriormente seja inserida à execução uma nova condenação (Processo n.º 67890), na qual a pena privativa de liberdade tenha sido substituída pela restritiva de direito de prestação de serviços à comunidade. Nessa situação, caberá ao juiz reconverter a pena restritiva fixada no Processo n.º 67.890 em pena de prisão, para cumprimento cumulativo com a pena decorrente da sentença anterior, estipulando o regime prisional em conformidade com a regra do art. 111, parágrafo único, da LEP (nesse exemplo, o regime permanecerá sendo o fechado). Trata-se, enfim, de regra lógica: ficando o executado privado da liberdade em face da condenação anterior em regime fechado, não poderá, por óbvio, cumprir a prestação de serviços à comunidade. Logo, a reconversão da pena restritiva de direitos em prisão é necessária, até mesmo em face do que dispõe o art. 181, § 1º, "e", da LEP. *E não poderia o juiz suspender a execução da pena restritiva de direitos para cumprimento posterior à execução da pena privativa de liberdade?* Parece-nos que não, dada à inexistência de previsão legal quanto à possibilidade de suspensão da pena restritiva.

8.2.17 Progressão de regime (art. 112 da LEP)

8.2.17.1 Sistemas

Três são os sistemas clássicos que objetivam disciplinar a progressão de regime de cumprimento da pena privativa de liberdade:

a) *Sistema da Filadélfia ou Pensilvânico:* Baseia-se no isolamento. O preso, com efeito, permanece isolado na sua cela, saindo apenas esporadicamente, para passeios em pátio fechado.

b) *Sistema de Auburn:* O condenado, em absoluto silêncio, trabalha durante o dia com outros presos e sujeita-se ao isolamento no período noturno.

c) *Sistema progressivo:* Há um período inicial de isolamento absoluto. Após, segue-se a fase em que o apenado trabalha durante o dia na companhia de outros presos. No estágio final, é colocado em liberdade condicional.

No Brasil, adota-se na atualidade o *sistema progressivo*. Basta ver que o art. 33, § 2º, do Código Penal estabelece que "as penas privativas de liberdade deverão ser executadas em forma progressiva, segundo o mérito do condenado". Por sua vez, determina o art. 112 da LEP que "a pena privativa de liberdade será executada em forma progressiva com a transferência para regime menos rigoroso". Sem embargo, não se pode negar que a Lei de Execução Penal confere algumas adaptações ao sistema progressivo, visando ajustá-lo à moderna execução criminal. Para tanto, estabelece a necessidade de classificação do condenado, institui estabelecimentos penais distintos para cumprimento da pena privativa de liberdade (penitenciária, colônia penal e casa do albergado) segundo o regime no qual se encontra o preso e estabelece o exame do mérito do apenado como condicionante para o deferimento da progressão de regime.

8.2.17.2 Regras gerais da progressão de regime

Examinaremos, neste tópico, a disciplina da progressão de regime aplicada aos condenados em geral pela prática de **crimes não hediondos** e desde que **não se trate de mulher gestante ou mãe ou responsável por crianças ou pessoas com deficiência**. Isso porque, em relação a esses dois últimos casos, existem regras específicas ditadas pela Lei dos Crimes Hediondos e pela própria Lei de Execuções Penais, cuja análise faremos nos tópicos 8.2.17.3 e 8.2.17.4 deste Capítulo.

Pois bem, em termos genéricos, não há dúvidas de que a progressão do regime prisional fundamenta-se na necessidade de individualização da execução e tem por fim assegurar que a pena privativa de liberdade a que submetido o condenado alcançará efetivamente seu objetivo, que é o de reinserção na sociedade. Nesse viés, o benefício poderá ser deferido quando o apenado revelar condições de adaptar-se ao regime menos rigoroso, devendo ser atendidos, ainda, dois requisitos, sendo um *objetivo* e outro *subjetivo*. Observe-se que esses requisitos são **cumulativos**, condicionando-se a progressão ao atendimento de ambos. São eles:

a) **Requisito objetivo:** trata-se do cumprimento do mínimo de 1/6 da pena no regime anterior. Logo, se o indivíduo foi condenado a 12 anos de pena privativa de liberdade em regime *fechado*, poderá postular a progressão para o *semiaberto* após o cumprimento de ao menos 2 anos de prisão, o que corresponde a 1/6 do total da pena imposta. Note-se que, sendo hipótese de *apenada gestante ou mãe ou responsável por crianças ou pessoas com deficiência*, o tempo mínimo de cumprimento de pena necessário à progressão é de 1/8 no regime anterior, nos termos do art. 112, § 3º, III, da LEP (incluído pela L. 13.769/2018), requisito este que deverá ser observado, cumulativamente, com os demais previstos nos incisos remanescentes do mesmo dispositivo, consoante abordaremos no tópico 8.2.17.4 deste Capítulo. Por outro lado, em se tratando de *crime hediondo (ou equiparado)*, estabelece o art. 2º, § 2º, da L. 8.072/1990 que a progressão dar-se-á após o cumprimento de 2/5 da pena se o apenado for primário, e de 3/5 se reincidente, abordagem esta realizada no tópico 8.2.17.3 deste Capítulo.

Na hipótese de condenação a **pena superior a trinta anos**, mas que tenha sido unificada nesse montante por força do disposto no art. 75 do Código Penal, o percentual de 1/6 da pena deve ser calculado sobre o total da pena imposta e não sobre os trinta anos. Isso ocorre porque tal montante - trinta anos - é fixado apenas para fins de efetivo cumprimento da pena privativa de liberdade, não balizando, contudo, o deferimento de benefícios. Consagrando esse entendimento, dispõe a **Súmula 715 do STF** que "a pena unificada para atender ao limite de trinta anos de cumprimento, determinado pelo art. 75 do Código Penal, não é considerada para a concessão de outros benefícios, como o livramento condicional ou regime mais favorável de execução". Assim, sendo alguém condenado a noventa anos de prisão, poderá fazer jus à progressão quando cumprir pelo menos quinze anos no regime fechado.

Situação controvertida refere-se à **segunda progressão**, isto é, à hipótese em que o réu iniciou o cumprimento de sua pena no regime fechado, depois de 1/6 do total da pena obteve progressão para o regime semiaberto e pretende, agora, a progressão para o regime aberto. Nesse último caso, questiona-se: *o índice de 1/6 da pena deve incidir, novamente, sobre o total da pena imposta ou, contrariamente, deve incidir sobre o restante da pena a cumprir?* Embora haja posição no sentido de que deve ser considerado, em qualquer caso, o total da pena, prevalece a orientação de que, para a segunda progressão, deve ser cumprido 1/6 do restante da pena. Nesse viés, se o indivíduo foi condenado a doze anos de reclusão em regime fechado e, após o cumprimento de dois anos (1/6 do total), obteve progressão para o regime semiaberto, poderá fazer jus a progressão para o regime aberto quando cumprir um ano e oito meses de pena (1/6 dos anos que restam a cumprir). Nesse sentido, decidiu o Supremo Tribunal Federal, compreendendo que "a nova progressão no regime de cumprimento da pena se fará, ante o critério, considerado o percentual de um sexto a incidir sobre os anos que restam a cumprir"[36].

Após alcançada a progressão do regime fechado para o semiaberto, pensamos que o novo tempo de 1/6 de pena, calculado sobre o que resta da pena a cumprir, deve ter início a partir da **data da progressão anterior**, isto é, a data da efetiva ação de transferência para o regime semiaberto, não se podendo falar em retroatividade ao momento em que implementado o lapso temporal que se fazia necessário para a progressão. Não obstante este nosso entendimento, não podemos deixar de mencionar que, no âmbito dos Tribunais Superiores, tem vigorado posição oposta, sustentando que, não sendo culpa do sentenciado o fato de ele não ter sido promovido ao regime adequado no tempo devido, não se pode exigir que o lapso para a progressão seguinte seja contado da data da decisão que autorizou a progressão anterior, podendo ser incluído, então, na sua contagem, o tempo em que o indivíduo permaneceu indevidamente no regime fechado. A título de ilustração, veja-se que, no julgamento *Habeas Corpus* n. 369774/RS (em 22.11.2016), o STJ, alinhando-se à orientação do STF, deliberou que "a decisão do Juízo das Execuções, que defere a progressão de regime – reconhecendo o preenchimento dos requisitos objetivo e subjetivo da lei (art. 112 da LEP) – é declaratória, e não constitutiva", razão pela qual "não se pode desconsiderar, em prejuízo do reeducando, o período em que permaneceu cumprindo pena enquanto o Judiciário analisava seu requerimento de progressão". A partir desse raciocínio, deliberou a Corte que, para efeito de futura progressão, deve-se levar em consideração, sim, a data em que o condenado passou a ter direito a progredir do regime fechado para o semiaberto e não a data em que, efetivamente, foi determinada sua transferência para esse regime.

Outra hipótese a ser verificada refere-se ao tempo de pena a cumprir no caso de **regressão** do regime. Imagine-se, por exemplo, a situação do indivíduo condenado a doze anos de reclusão no regime fechado, que obteve a progressão para o semiaberto, sendo, contudo, determinada a regressão para o regime fechado quando restavam nove anos de pena a cumprir. Nesse caso, o percentual de 1/6 de cumprimento de pena exigido para nova progressão ao regime semiaberto incidirá sobre o restante da pena, isto é, sobre nove anos, sendo alcançado quando o condenado tiver cumprido pelo menos um ano e seis meses de pena.[37] *E se a regressão de regime for provocada por nova condenação?* Nesse caso, incide o art. 111, parágrafo único, da LEP, dispondo que, "sobrevindo condenação no curso da execução, somar-se-á a pena ao restante da que está sendo cumprida, para determinação do regime". A partir desse regramento, infere-se que a superveniência de condenação, por crime praticado anteriormente ou durante a execução, importa no reinício da contagem do prazo para a concessão do benefício da progressão de regime, que deverá ser novamente calculado tendo como base a soma das penas restantes a serem cumpridas. Em tal situação, deve-se considerar o termo inicial a data do trânsito em julgado da nova sentença condenatória.

Conforme se infere do art. 128 da LEP, alterado pela L. 12.433/2011, o **tempo remido** pelo trabalho ou pelo estudo do preso (art. 126 da LEP) deve ser considerado tempo de pena efetivamente cumprido para todos os fins, inclusive de progressão de regime prisional. Isso significa que os dias remidos devem ser somados ao total da pena

---

36 STF, Recurso Ordinário em *Habeas Corpus* 89.031/RS, *DJ* 31.08.2007.

37 STF, *Habeas Corpus* 100.729/RS, *DJ* 23.04.2010.

já cumprido, para fins de integrar o lapso necessário à obtenção de benefícios em sede de execução penal. Com esse regramento, restou prejudicado o entendimento adotado por alguns tribunais antes da vigência da L. 12.433/2011, compreendendo que os dias remidos não deveriam ser considerados pena cumprida, mas simplesmente descontados do total da pena.

O cometimento pelo executado de **falta disciplinar de natureza grave** importa em *interrupção* do tempo de pena para fins de progressão do regime prisional, consoante inteligência da **Súmula 534 do STJ.**[38] Em decorrência, o cômputo do novo período aquisitivo do direito à progressão de regime terá reinício na data do cometimento da última falta grave pelo apenado ou, no caso de fuga do estabelecimento prisional, de sua recaptura[39], incidindo em qualquer caso sobre o restante da pena a cumprir e não sobre a totalidade dela. Fundamenta-se esse raciocínio em duas circunstâncias: primeira, a de que a prática de falta grave afasta o merecimento do apenado, o que é requisito para a transferência ao regime mais brando; e, segunda, a de que, embora a prática de falta grave acarrete regressão do regime prisional (art. 118, I, da LEP), tal consequência não pode atingir o preso do regime fechado (dada a inexistência de regime prisional mais gravoso do que este), sendo correto, portanto, sujeitá-lo à interrupção do prazo de cumprimento de pena e ao reinício da contagem do lapso aquisitivo.

b) **Requisito subjetivo:** consiste no mérito do apenado, revelado por meio de *bom comportamento carcerário* durante a execução da pena privativa de liberdade. Nos termos do art. 112, *caput*, da LEP, esse bom comportamento deverá ser aferido pelo juiz da execução por meio de atestado fornecido pelo diretor do estabelecimento prisional. Sem embargo dessa disposição, deve-se ter em mente que o referido atestado de boa conduta carcerária constitui, na verdade, elemento mínimo de formação do convencimento do juiz sobre o mérito do apenado, podendo e devendo o magistrado, se entender necessário, valer-se de outros fatores para tal aferição. Se assim não fosse, a competência para conceder o benefício ao encarcerado passaria a ser do diretor do estabelecimento prisional em que se encontrasse, e não mais do juiz da execução, uma vez que, diante de um atestado favorável, somente restaria ao julgador homologá-lo, sem proceder a uma análise mais criteriosa a respeito da capacidade provável de adaptação condenado ao regime menos severo[40].

Antes da L. 12.792/2003, que alterou diversos dispositivos da Lei de Execução Penal, dispunha o art. 112, parágrafo único, que a decisão judicial sobre o pedido de progressão de regime feito pelo condenado deveria ser "precedida de parecer da Comissão Técnica de Classificação e do exame criminológico". Tais elementos, sem dúvida, constituíam importante fonte de convencimento do julgador, permitindo-lhe uma análise global do preso a fim de verificar se estava ele apto a usufruir das benesses atinentes ao regime mais brando sem risco de tornar a delinquir. Porém, com a nova redação conferida ao precitado artigo, tais exigências foram retiradas da LEP, contentando-se o legislador (a

[38] Súmula 534 do STJ: "a prática de falta grave interrompe a contagem do prazo para a progressão de regime de cumprimento de pena, o qual se reinicia a partir do cometimento dessa infração".

[39] STJ, *Habeas Corpus* 172.059/RS, *DJ* 10.05.2012.

[40] STJ, *Habeas Corpus* 205504/SP, *DJ* 28.02.2013.

nosso ver, equivocadamente), para efeitos de progressão, com o mérito atestado pelo diretor do estabelecimento.

Não obstante essa realidade, a jurisprudência dominante firmou o entendimento de que não é vedado ao juiz aferir o mérito do reeducando por outros elementos, entre os quais o **exame criminológico ou psicossocial** do condenado[41-42]. Detecta-se, portanto, que, apesar de a nova redação conferida pela L. 10.792/2003 ao art. 112 da LEP não exigir a submissão do condenado a exame criminológico, ainda assiste ao juiz a faculdade de determinar sua realização quando, fundamentada e excepcionalmente, entender necessária sua confecção para a formação de seu convencimento. Ele pode, inclusive, indeferir o benefício na hipótese em que as conclusões de tal exame forem desfavoráveis ao abrandamento do regime prisional pretendido. Não é outro, aliás, o sentido da **Súmula 439 do STJ** ao dizer que "admite-se o exame criminológico pelas peculiaridades do caso, desde que em decisão motivada"; bem como o teor da **Súmula Vinculante 26 do STF** ao estabelecer que, para efeito de progressão de regime no cumprimento de pena por crime hediondo ou equiparado, o juízo da execução avaliará se o condenado preenche ou não os requisitos objetivos e subjetivos do benefício, podendo determinar para tal fim, de modo fundamentado, a realização de exame criminológico. Perceba-se que, em observância ao princípio da individualização da pena, a própria gravidade concreta do delito praticado pelo apenado deve ser levada em consideração pelo juiz, constituindo motivação suficiente para a realização do exame criminológico. Como refere Guilherme de Souza Nucci, "um autor de furtos, por exemplo, pode progredir do regime fechado para o semiaberto, bastando o atestado de boa conduta, se não houver outros dados negativos a seu respeito. Entretanto, o condenado por vários homicídios, em outro exemplo, ainda que tenha bom comportamento, pode despertar no magistrado a necessidade do exame criminológico ou mesmo de ouvir a Comissão Técnica de Classificação para autorizar a progressão"[43].

Absolutamente correta, a nosso ver, essa orientação jurisprudencial, *a um* porque é sabido que o atestado de boa conduta prisional emitido pelo diretor do estabelecimento pode ser falho, nem sempre refletindo de forma fidedigna a real postura do apenado; *a dois* porque o exame criminológico permite avaliar com maior segurança o requisito subjetivo exigido para a progressão, especialmente se o reeducando apresenta as condições necessárias para iniciar a sua integração ao meio social; e a três porque a noção de *bom comportamento*, tal como prevista no art. 112 da LEP, abrange a valoração de elementos que não se restringem ao mero atestado de boa conduta carcerária, tais como a dissimulação, o baixo grau de responsabilidade, a ausência de reflexão sobre os atos cometidos, a insegurança da personalidade, a dificuldade de observar leis e normas, o desinteresse em trabalhar ou frequentar cursos profissionalizantes etc. O exame criminológico, enfim, propicia ao juiz, com base em parecer técnico, uma decisão mais consciente a respeito do benefício a ser concedido ao condenado[44].

---

41 STF, *Habeas Corpus* 111830/SP, *DJ* 18.02.2013; *Habeas Corpus* 100068/SP, *DJ* 17.12.2012; *Habeas Corpus* 112464/RS, *DJ* 14.09.2012.

42 STJ, *Habeas Corpus* 191150/SP, *DJ* 27.02.2013; *Habeas Corpus* 255665/SP, *DJ* 27.02.2013; *Habeas Corpus* 206647/SP, *DJ* 27.02.2013.

43 Guilherme de Souza Nucci, op. cit., p. 280.

44 *RT* 613/278.

Note-se que, assim como ocorre em relação ao exame criminológico, também não fica impedido o juiz de requisitar, para fins de análise da progressão, parecer prévio da *Comissão Técnica de Classificação*, que, ao fim e ao cabo, é o órgão incumbido da elaboração do programa individualizador da pena, nos termos do art. 6º da LEP.

Sem embargo de todas essas considerações, deve-se esclarecer que, mesmo determinando a realização do exame criminológico e, eventualmente, a obtenção de parecer da Comissão Técnica de Classificação, não está o juiz obrigatoriamente adstrito aos respectivos termos (art. 182 do CPP). Logo, ainda que tais análises sejam favoráveis, poderá o juiz negar a progressão quando estiver convencido, por meio de outros elementos, que o apenado não reúne as condições pessoais necessárias para cumprir a pena em regime mais brando, assim como poderá conceder o benefício, mesmo diante de manifestações desfavoráveis, quando não se convencer dessas conclusões.

O histórico do apenado, maculado por registros de fugas, faltas disciplinares de natureza grave e cometimento de delitos quando anteriormente beneficiado com o regime mais brando, participação em movimentos de subversão da ordem e disciplina, entre outros fatores, devem ser considerados pelo juízo da execução indicativos de que não se encontra o condenado apto à progressão.

Divide-se a doutrina quanto à possibilidade de progressão de regime na hipótese de o apenado estar **cumprindo pena em penitenciária federal de segurança máxima**. Apesar da polêmica, o STF, sobre o tema, já decidiu que a remoção do sentenciado para penitenciária federal é suficiente para demonstrar que não possui ele conduta compatível com a progressão de regime prisional, ressalvando, apenas, a hipótese de tal transferência ter ocorrido no interesse do próprio preso (situação prevista no art. 3º da L. 11.671/2008). E foi mais longe o Excelso Pretório, aventando a possibilidade de que "o regime fechado dure por toda a pena" caso o apenado permaneça em estabelecimento prisional federal dado o interesse da segurança pública (hipótese incomum, já que o art. 10, § 1º, da L. 11.671/2008 limita essa permanência a 360 dias, prazo este renovável apenas excepcionalmente), salientando, outrossim, que, nesta situação inocorre qualquer afrontamento ao sistema progressivo da execução ou à garantia da individualização da pena, já que motivada pelas particularidades do comportamento do sentenciado e não por uma determinação legal abstrata, como fazia a L. 8.072/1990, no art. 2º, § 1º, em sua redação original (STF, Habeas Corpus 131.649/RJ, j. 06.09.2016).

8.2.17.3 Progressão de regime e crimes hediondos ou equiparados

A redação original do art. 2º, § 1º, da L. 8.072/1990 estabelecia que a pena privativa de liberdade imposta pela prática de crime hediondo ou equiparado (tráfico de drogas, tortura e terrorismo) deveria ser cumprida **integralmente em regime fechado**. Excetuava-se, como se vê, o sistema progressivo instituído pela Lei de Execução Penal, já que o condenado iniciava e terminava o cumprimento da pena no regime fechado, sem a possibilidade de sua transferência para os regimes semiaberto e aberto.

Não obstante a previsão legal, doutrina e jurisprudência passaram a questionar a constitucionalidade do referido art. 2º, § 1º, da LCH, alegando muito especialmente que o rigor estabelecido no cumprimento da pena privativa de liberdade violava o princípio constitucional da individualização da pena.

Com a vigência da L. 9.455/1997, definindo os crimes de tortura, agravou-se a discussão, já que esse diploma, em seu art. 1º, § 7º, estabelece que o condenado por crime nela previsto apenas iniciará o cumprimento da pena em regime fechado. A norma, enfim, permitiu a progressão, possibilitando o raciocínio de que, se isso pode ocorrer no caso de condenação pelo crime de tortura, a mesma solução deveria ser conferida em relação aos crimes hediondos e demais delitos a estes equiparados, já que todos receberam igual tratamento pelo art. 5º, XLIII, da Constituição Federal. No auge dessa controvérsia, porém, logrou o Supremo Tribunal Federal pôr fim ao debate, editando a **Súmula 698**, segundo a qual "não se estende aos demais crimes hediondos a admissibilidade de progressão no regime de execução da pena aplicada ao crime de tortura".

Sem embargo da referida súmula, a verdade é que a discussão em torno da constitucionalidade do art. 2º, § 1º, da LCH prosseguiu, até que, no julgamento do *Habeas Corpus* 82.959/SP (j. 20.03.2006), o Supremo Tribunal Federal, modificando seu entendimento, declarou a inconstitucionalidade da determinação legal de cumprimento da pena em regime integralmente fechado, agasalhando o fundamento de que tal disciplina efetivamente afrontava o princípio constitucional da individualização da pena. Tal entendimento importou submeter os crimes hediondos e equiparados ao mesmo tratamento legal conferido aos demais crimes, possibilitando aos condenados alcançar a progressão do regime prisional a partir do atendimento aos requisitos do art. 112 a LEP, quais sejam, o cumprimento do lapso mínimo de 1/6 da pena no regime anterior e mérito. Considerando que essa solução – progressão de regime para condenados por crimes hediondos e não hediondos a partir dos mesmos requisitos – implicava violar o espírito da Constituição Federal quando, no seu art. 5º, XLIII, conferiu aos crimes hediondos e equiparados tratamento diverso dos crimes comuns, apressou-se o legislador ordinário em editar a L. 11.464, de 29.03.2007. Essa norma alterou a Lei dos Crimes Hediondos, estabelecendo que os condenados pelos crimes nela previstos apenas *iniciarão o cumprimento da pena em regime fechado* (art. 2º, § 1º, da LCH), mas que, para efeitos de progressão de regime, deverão cumprir tempo mínimo de pena superior ao exigido dos condenados por outros delitos, isto é, 2/5 de pena, se primários, e 3/5, se reincidentes (art. 2º, § 2º, da LCH).

E quanto aos crimes praticados antes da vigência da L. 11.464/2007? Retroagirão ou não os termos dessa lei? Veja-se bem: a alteração da L. 11.464/2007 ao art. 2º, § 1º, da Lei dos Crimes Hediondos, por um lado, mostrou-se favorável aos condenados por crimes hediondos e equiparados. Afinal, ao contrário do regime integralmente fechado antes previsto, passou-se a contemplar que apenas o início de cumprimento da pena ocorreria em regime fechado, possibilitando-se, via de consequência, a progressão de regime. Ocorre que, como dissemos, a L. 11.464/2007 modificou também o art. 2º, § 2º, da LCH, passando este a dispor que "a progressão de regime, no caso dos condenados aos crimes previstos neste artigo, dar-se-á após o cumprimento de 2/5 (dois quintos) da pena, se o apenado for primário, e de 3/5 (três quintos), se reincidente", regramento esse mais gravoso do que o instituído pelo art. 112 da LEP, que foi o que passou a regrar a progressão do regime prisional dos condenados por crimes hediondos e equiparados após a declaração pelo STF de inconstitucionalidade do regime integral fechado antes previsto no art. 2º, § 1º, da LCH. Nesse cenário, buscando resolver o impasse relativo ao direito intertemporal, passaram os Tribunais Superiores, em reiterados julgamentos, a decidir no sentido de que, se o crime hediondo ou assemelhado ocorreu antes de 29 de março de 2007 – data da vigência da L. 11.464/2007 –, a progressão de regime deve observar o disposto no art. 112 da LEP, que estabelece como requisitos o cumprimento de 1/6 de pena no regime anterior e mérito. Se, porém, o fato foi praticado após essa data, aí sim deve ser utilizada a disciplina do art. 2º, § 2º, da LCH determinando o cumprimento mínimo de 2/5 ou 3/5 de pena, conforme primário ou reincidente o condenado. No intuito de sedimentar essa orientação, editou o Superior Tribunal de Justiça a **Súmula 471**, prevendo que "os condenados por crimes hediondos ou assemelhados cometidos antes da vigência da Lei n. 11.464/2007 sujeitam-se ao disposto no art. 112 da Lei n. 7.210/1984 (Lei de Execução Penal) para a progressão de regime prisional".

Outra questão controvertida respeita à correta exegese do art. 2º, § 2º, da LCH, quando determina que "a progressão de regime, no caso dos condenados aos crimes previstos neste artigo, dar-se-á após o cumprimento de 2/5 (dois quintos) da pena, se o apenado for primário, **e de 3/5 (três quintos), se reincidente**". Interpretando esse dispositivo, com efeito, há quem diga que a exigência de cumprimento de 3/5 de pena determinada pelo dispositivo concerne apenas aos apenados considerados **reincidentes específicos**, vale dizer, em crimes da mesma natureza do que se encontra em execução. Não concordamos. E isto pela simples razão de que o citado art. 2º, § 2º, parte final, da LCH não faz qualquer distinção a respeito. Não exige, enfim, para a fixação do prazo mínimo de 3/5 necessário à progressão de regime dos condenados por crimes hediondos e equiparados, que a reincidência seja específica em crimes dessas naturezas, ao contrário do que faz em outras hipóteses, nas quais tal condicionamento encontra-se explícito, a exemplo do que dispõe o art. 83, V, do Código Penal quanto ao prazo necessário ao livramento condicional.

E também existe polêmica em relação ao *quantum* de pena cumprida que deve ser exigido para fins da *segunda progressão* de regime dos condenados por crimes hediondos ou equiparados. Discute-se, enfim, se as frações de 2/5 (primário) e 3/5 (reincidente) exigidas para a primeira progressão de regime (do fechado para o semiaberto) devem, também, ser exigidas para fins da nova progressão, vale dizer, do semiaberto para o aberto. Pois bem, há quem defenda que mencionados coeficientes apenas devem ser observados para a primeira progressão (do fechado para o semiaberto), sustentando que, na segunda progressão (do semiaberto para o aberto), deve ser observada a fração de 1/6, sob pena de violação do sistema progressivo de execução da pena. Não concordamos com isso. E também não a jurisprudência majoritária. Parte-se do princípio de que a legislação de regência não faz qualquer distinção entre a primeira e a segunda progressão de regime, não sendo viável, então, ao intérprete, fazer tal diferenciação e compreender de modo diverso ao que determina o comando legal[45]. Em síntese: tratando-se de condenado pela prática de delito hediondo ou equiparado, adota-se, em

---

[45] "[...]. 2. O Superior Tribunal de Justiça não faz distinção entre a primeira e a segunda progressão para fins de aplicação do art. 2°, § 2°, da Lei n. 8.072/1990, o qual estabelece as frações de 2/5 e de 3/5 para a obtenção do benefício, conforme o apenado seja primário ou reincidente. 3. Sendo a hipótese de condenação por crime hediondo e estando caracterizada a reincidência da paciente, aplica-se a fração de 3/5 para a aferição do requisito objetivo, independentemente de se tratar de segunda progressão. 4. *Habeas corpus* não conhecido." (HC 310.649/RS, Rel. Ministro Sebastião Reis Júnior, Sexta Turma, j. 12.02.2015).

qualquer hipótese, para efeito de progressão, o coeficiente qualificado de 2/5 ou 3/5, conforme seja primário ou reincidente o reeducando, respectivamente, sendo irrelevante tratar-se da primeira progressão (do fechado para o semiaberto) ou da segunda (do semiaberto para o aberto).

Mas atenção: do regramento acima examinado (mínimo de cumprimento de pena de 2/5 ou 3/5, conforme seja, respectivamente, primário ou reincidente o indivíduo condenado por crime hediondo) exclui-se a hipótese da mulher gestante, mãe ou responsável por crianças ou pessoas com deficiência. É que, para essas, a L. 13.769/2018, alterando o art. 2º, § 2º, *fine,* da L. 8.072/1990, previu a necessidade de ser observado o regramento do art. 112, § 3º, da LEP, dispositivo este que, no seu inciso III, atendidas, cumulativamente, as demais condicionantes previstas nos incisos I, II, IV e V do mesmo parágrafo, estabelece em 1/8 o tempo mínimo de cumprimento de pena seja primária ou seja reincidente a apenada (v. tópico 8.2.17.4, abaixo).

8.2.17.4 Progressão de regime para a apenada gestante ou que for mãe ou responsável por crianças ou pessoas com deficiência

A Lei 13.769/2018, tratando da chamada "progressão especial" (nomenclatura utilizada no art. 72, VII, da LEP) introduziu no art. 112 da Lei de Execução Penal e no art. 2º, § 2º, da Lei dos Crimes Hediondos regras especificas para a apenada gestante ou que for mãe ou responsável por crianças (assim devendo ser consideradas, por força do art. 2º, *caput,* da L. 8.069/1990 – Estatuto da Criança e do Adolescente – a pessoa com até 12 anos incompletos de idade) ou pessoa com deficiência.

Relativamente às condenadas por **crimes não hediondos**, estabeleceu referida lei, ao incluir o § 3º ao art.112 da LEP, que, se não tiver cometido crime com violência ou grave ameaça a pessoa (inc. I); se não tiver cometido o crime pelo qual condenada contra seu filho ou dependente (inc. II); se for primária e com bom comportamento carcerário, comprovado isso pelo diretor do estabelecimento (inc. IV) e se não tiver integrado organização criminosa (inc. V), a fração de tempo mínimo de pena no regime anterior, para fins de progressão, será de 1/8 (um oitavo) – menor, portanto, que o coeficiente de 1/6 (um sexto) determinado pela regra geral da progressão constante no art. 112, *caput,* da LEP, que é a aplicável para os condenados homens e para as mulheres que não se enquadram nas demais condicionantes do citado parágrafo (incisos I, II, IV e V citados).

E quanto às condenadas por **crimes hediondos ou equiparados**? Ora, a disciplina geral da progressão de regime é a prevista no art. 2º, § 2º, primeira parte, da L. 8.072/1990, que estabelece, para os condenados primários, a exigência de cumprimento do mínimo de 2/5 (dois quintos) da pena e, para os reincidentes, o mínimo de 3/5 (três quintos) da pena. Ocorre, porém, que tal diploma também foi alterado pela Lei 13.769/2018, que, para a mulher gestante ou que for mãe ou responsável por crianças ou pessoa com deficiência estabeleceu, para fins de progressão, os mesmos requisitos previstos no art. 112, § 3º, e seus incisos da LEP para as condenadas por crimes não hediondos, incluindo-se aí o cumprimento do mínimo de 1/8 da pena, desimportando, para tanto, se primárias ou reincidentes. Como se vê, também para as apenadas pela prática dos crimes considerados hediondos ou equiparados estabeleceu a citada L. 13.769/2018 o abrandamento da exigência relacionada ao tempo mínimo de pena cumprida.

Tempo necessário à progressão de regime

- Crimes não hediondos
  - **Regra geral (art. 112 da LEP)** 1/6 da pena no regime anterior
  - **Exceção (art. 112, § 3º, III, da LEP)** 1/8 da pena no regime anterior para a apenada gestante ou que for mãe ou responsável por crianças ou pessoas com deficiência, desde que atendidos os demais requisitos previstos no art. 112, § 3º, I, II, IV e V, da LEP
- Crimes hediondos ou equiparados
  - **Regra geral (art. 2º, § 2º, 1ª parte, da L. 8.072/1990)** 2/5 (condenado primário) ou 3/5 (condenado reincidente) da pena no regime anterior
  - **Exceção (art. 2º, § 2º, *fine*, da L. 8.072/1990 c/c art. 112, § 3º, III, da LEP)** 1/8 da pena no regime anterior para a apenada (primária ou reincidente) gestante ou que for mãe ou responsável por crianças ou pessoas com deficiência, desde que atendidos os demais requisitos previstos no art. 112, § 3º, I, II, IV e V, da LEP

Mas atenção: como já dissemos, a aplicação do benefício de menor tempo de pena cumprida (um oitavo) possibilitada pelo art. 112, § 3º, III, da LEP aplica-se às apenadas referidas (gestante, mãe ou responsável por crianças ou pessoas com deficiência) desde que satisfeitos, **cumulativamente**, os demais requisitos estipulados nos incisos I, II, IV e V do mesmo artigo. Logo, ocorrente qualquer das situações arroladas nesses incisos, fica afastada a possibilidade de progressão com apenas um oitavo de pena cumprida no regime anterior, devendo-se aplicar, então, o regramento geral determinado pelo art. 112, *caput*, da LEP ou pelo art. 2º, § 2º, primeira parte, da Lei dos Crimes Hediondos. São as seguintes situações que condicionam a progressão de regime em menor tempo:

> I - Não ter cometido crime com violência ou grave ameaça a pessoa.
>
> II - Não ter cometido o crime contra seu filho ou dependente.

Da conjugação dessas duas regras, infere-se que não faz jus à progressão com um oitavo de pena cumprida no regime anterior à apenada que praticou o crime em execução com violência ou grave ameaça contra qualquer pessoa. É o caso, por exemplo, daquela que, conquanto gestante, esteja cumprindo pena pela prática de homicídio.

E também não terá direito à progressão com tempo abrandado aquela cujo crime pelo qual cumpre pena tenha sido cometido contra filho ou dependente, sendo irrelevante, aqui, se foi ou não cometido com violência ou grave ameaça a pessoa.

Perceba-se que a exegese literal dessas duas regras pode conduzir a situações paradoxais. É o caso, por exemplo, da mãe que, conquanto já tenha sido condenada por crime praticado contra filho (ainda hoje *criança* para efeitos legais), esteja, agora, cumprindo pena por delito que não tenha sido praticado contra ele. Pois bem, nesse caso, *incide ou não a regra proibitiva do art. 112, § 3º, II, da LEP*? Ora, considerada a literalidade do inciso II em questão, percebe-se que, em tese, não há tal incidência, na medida em que o citado inciso, *contrario sensu*, vincula a proibição à progressão com menor fração de pena cumprida a que tenha sido cometido contra filho ou dependente o crime cuja pena está em execução – tanto que refere a "não ter cometido **o crime** contra filho..." (grifamos), e não a "não ter cometido **crime** contra filho...". Independentemente desta conclusão, entendemos que a solução do impasse há de passar, necessariamente, pela verificação da *ratio* da norma, que é a tutela da criança ou da pessoa com deficiência pelas quais se apresente a apenada como responsável. Logo, se, apesar de o crime objeto da execução não ter sido cometido contra filho ou dependente, estes, mesmo que indiretamente, tenham sido atingidos com sua prática, deverá incidir a vedação à progressão de regime a partir de tempo abrandado de pena cumprida. Essa situação é muito bem explorada por *Eduardo Luiz Santos Cabette*, Delegado de Polícia do Estado de São Paulo, quando refere: "*Pode surgir a dúvida no caso em que, por exemplo, a mãe tenha já cometido crimes contra o próprio filho, mas esteja em execução um crime hediondo ou equiparado que não foi, este, especificamente, cometido contra o filho. Pela leitura do dispositivo, não haveria impedimento para a progressão mais benéfica, já que exige a lei que "o crime", ou seja, aquele em execução, não tenha sido cometido contra seu filho ou dependente. Exemplo: uma mulher cumpre pena por tráfico de drogas, crime vago, não sendo, portanto, a vítima seu filho. Entretanto, já cumpriu pena antes por crime de estupro praticado contra o próprio filho. Pela letra da lei, seria possível o benefício, mas nos parece algo inaceitável, porque não acompanha o espírito da norma. Nesse caso, a interpretação meramente gramatical deve ceder espaço para a lógica e para a justiça. Outro exemplo controverso seria também quando a mãe estivesse cumprindo pena por tráfico de drogas e tivesse envolvido os próprios filhos no tráfico e consumo. Eles não seriam propriamente vítimas do crime equiparado a hediondo, que é vago, mas ensejando tal circunstância inclusive aumento de pena para o tráfico no caso de menores, não parece lógico ou justo que a genitora seja beneficiada por uma progressão de regime mais branda*"[46].

IV – Ser primária e ter bom comportamento carcerário, comprovado pelo diretor do estabelecimento.

O requisito da *primariedade*, por óbvio, corresponde à *não reincidência*. Logo, superado o período depurador de cinco anos (art. 64, I, do CP) a contar da data do cumprimento ou extinção de pena anteriormente imposta e a prática da infração penal cuja pena está em execução, a condenação anterior deixa de constituir óbice à progressão com um oitavo de pena cumprida.

V – Não ter integrado organização criminosa.

[46] "Novas regras para progressão de regime nos crimes hediondos de acordo com a Lei 13.769/18", disponível em: https://jus.com.br/artigos/71998/novas-regras-para-progressao-de-regime-nos-crimes-hediondos-de-acordo-com-a-lei-13-769-18, acesso em 08.04.2019.

O empecilho à progressão com tempo de cumprimento de pena abrandado alcança a apenada que esteja cumprindo pena em razão de condenação imposta em processo no qual reconhecido ser ela integrante de organização criminosa. Trata-se de dispositivo semelhante a outros existentes na legislação, a exemplo da causa de diminuição da pena, prevista no art. 33, § 4º, da L. 11.343/2006, relativa ao chamado *tráfico de drogas privilegiado*, que pode ser aplicada "*desde que o agente seja primário, de bons antecedentes, não se dedique às atividades criminosas nem integre organização criminosa*"; da minorante do art. 149-A, § 2º, do Código Penal, facultando a redução da pena do condenado pelo crime de tráfico de pessoas primário e que não integre organização criminosa; e do art. 185, § 2º, I, do CPP, que autoriza o interrogatório do réu preso por sistema de videoconferência com vista a "*prevenir risco à segurança pública, quando exista fundada suspeita de que o preso integre organização criminosa...*".

Por fim, embora não diga respeito às hipóteses de progressão especial contempladas no art. 112, § 3º, da LEP e no art. 2º, § 2º, *fine*, da Lei dos Crimes Hediondos, mas sim a uma forma implícita de **regressão de regime**, estabelece o art. 112, § 4º, da LEP que "o cometimento de novo crime doloso ou falta grave implicará a revogação do benefício previsto no § 3º deste artigo". Essa disposição guarda correspondência com a disciplina geral de regressão de regime prisional estabelecida no art. 118, I, da LEP quando dispõe que "*a execução da pena privativa de liberdade ficará sujeita à forma regressiva, com a transferência para qualquer dos regimes mais rigorosos, quando o condenado: I – praticar fato definido como crime doloso ou falta grave*". Perceba-se que, assim como para a regressão de regime com base no art. 118, I, da LEP basta o cometimento de crime doloso ou de falta grave, não se cogitando da necessidade de trânsito em julgado da decisão condenatória pelo crime doloso ou homologatória da falta grave (entendimento que decorre, inclusive, dos termos da Súmula 526 do STJ), também no caso do art. 112, § 4º, da LEP descabe cogitar da existência desse trânsito para a "revogação" da progressão especial de regime antes realizada.

Aspecto controvertido em relação à **revogação da progressão especial** estipulada no mencionado art. 112, § 4º, da LEP respeita a saber se, uma vez operada essa forma de regressão, nova(s) progressão(ões) poderia(m) ocorrer a partir do cumprimento de apenas mais 1/8 da pena, ou, ao contrário, tal revogação implicaria perda definitiva da possibilidade de deferimento desse benefício. Há posições em ambos os sentidos, cabendo ao leitor, dado à recenticidade das alterações promovidas pela L. 13.769/2018, acompanhar a evolução da jurisprudência a respeito. Adiantamos, porém, desde logo, nossa visão sobre o tema, reputando que o cometimento de crime doloso ou de falta grave após o deferimento da progressão especial e sua consequente revogação acarreta o impedimento a nova concessão do benefício, devendo a apenada, doravante, sujeitar-se às disciplinas gerais dos arts. 112, *caput*, da LEP (cumprimento mínimo de 1/6 de pena) e 2º, § 2º, primeira parte, da Lei dos Crimes Hediondos (cumprimento mínimo de 2/5 ou 3/5 de pena, conforme primária ou reincidente, respectivamente, a condenada) – tanto é assim que, ao contrário do que ocorre no art. 118, I, da LEP, que trata do cometimento de crime doloso ou falta grave como causa de **regressão** de regime, o art. 112, § 4º, do mesmo diploma traz as duas situações como motivo de **revogação do benefício**, devendo-se, como tal entender como *revogação do direito à sua obtenção.*

8.2.17.5 Condenação por crime hediondo ou assemelhado e crime comum

Considere-se que determinado indivíduo tenha sido condenado, em um mesmo processo ou em processos distintos, pela prática de crime hediondo ou equiparado e pela prática de outro crime sem essa natureza. Considere-se outrossim que, transitadas em julgado, ambas as condenações tenham sido encaminhadas à Vara de Execuções Criminais, onde se encontram em execução conjunta. Nesse caso, questiona-se *qual deverá ser o tempo mínimo de cumprimento de pena* exigido para que possa o apenado pleitear a progressão de regime.

A indagação tem lugar pelo fato de que, em se tratando de crimes hediondos ou equiparados, exige o art. 2º, § 2º, da L. 8.072/1990 o mínimo de 2/5 (na hipótese de primariedade) ou 3/5 (na hipótese de reincidência) e, sendo o caso de crimes comuns, o coeficiente estabelecido pelo art. 112 da LEP é de 1/6 da pena.

Existem divergências a respeito do tema, subsistindo duas orientações. Perceba-se:

1ª corrente: executadas conjuntamente penas privativas de liberdade pela prática de crime hediondo ou equiparado e pelo cometimento de crime comum, ter-se-á como cumprido o requisito temporal exigido para a progressão de regime quando o executado tiver cumprido a soma do tempo correspondente a *2/5 (se primário) ou 3/5 (se reincidente) da pena relativa ao crime hediondo ou assemelhado com o lapso de 1/6 da pena relativa ao crime comum Exemplo:* alguém, não reincidente, é condenado, em processos distintos, à pena de 30 anos de reclusão em regime inicial fechado, sendo 24 anos pela prática de latrocínio (crime hediondo) e 6 anos pelo cometimento de roubo (crime não hediondo). Este indivíduo terá direito à progressão de regime quando cumpridos **10 anos, 7 meses e 2 dias** de prisão, correspondente à soma de 9 anos, 7 meses e 2 dias (equivalente a 2/5 de 24 anos) com 1 ano (equivalente a 1/6 de 6 anos). Trata-se da orientação prevalente na jurisprudência nacional, inclusive nos Tribunais Superiores.

2ª corrente: o preenchimento do requisito temporal ocorrerá quando o apenado *2/5 (se primário) ou 3/5 (se reincidente)* da pena equivalente ao crime hediondo ou assemelhado, desde que satisfeito o coeficiente de *1/6* da soma das penas desse delito com a do *crime comum*. Considerando este critério, no exemplo acima, o apenado passaria a ter direito à progressão de regime quando cumpridos **9 anos, 7 meses e 2 dias** (equivalente a 2/5 de 24 anos) de prisão, pois tal lapso é maior do que 1/6 da pena total (1/6 de 30 anos resulta em 5 anos).

8.2.17.6 *Vedação à progressão per saltum*

A evolução no regime prisional deve ocorrer gradualmente, isto é, na medida em que o apenado apresentar indicativos de modificação de suas tendências e comportamentos.

Por essa razão, estabelece o art. 112 da LEP que ele será transferido *para regime menos rigoroso* quando tiver cumprido ao menos um sexto da pena *no regime anterior.* Veda-se, enfim, a *progressão por saltos*, vale dizer, diretamente do regime fechado (mais rigoroso) para o aberto (menos rigoroso), tornando-se obrigatória a passagem pelo regime semiaberto (regime intermediário). Nesse sentido, aliás, estabelece o item 120 da Exposição de Motivos da Lei de Execução Penal que "se o condenado estiver no regime fechado não poderá ser transferido diretamente para o regime aberto. Essa progressão depende do cumprimento mínimo de um sexto da pena no regime semiaberto, além da demonstração do mérito, compreendido tal vocábulo como aptidão, capacidade e merecimento, demonstrados no curso da execução".

A vedação à progressão *per saltum* encontra-se ainda sedimentada na jurisprudência pátria. No Superior Tribunal de Justiça, por exemplo, reiterados julgamentos têm compreendido que "em atenção ao art. 112 da L. 7.210/1984, não se admite a progressão *per saltum*, sendo obrigatório o cumprimento do requisito temporal no regime intermediário"[47]. A matéria, ainda, foi sumulada pelo STJ no Verbete 491, dispondo que "é inadmissível a chamada progressão *per saltum* de regime prisional".

Questão debatida refere-se à possibilidade de *aproveitamento do tempo excedente*, cumprido indevidamente no regime mais severo, na avaliação da próxima progressão de pena. Imagine-se a seguinte hipótese: determinado indivíduo, reincidente, é condenado a 6 anos de pena privativa de liberdade em regime fechado. Após cumprir 1/6 dessa pena (1 ano), requer sua progressão para o regime semiaberto. Devido a lapso do cartorário na conclusão dos autos ao juiz, o pedido apenas é apreciado pelo magistrado 10 meses depois, constatando ele a presença dos requisitos objetivo e subjetivo necessários à progressão. Considerando essa situação fática, em que já transcorridos mais de 1/6 da pena remanescente desde a época em que realizado o pedido de progressão, pergunta-se: **poderá o magistrado ordenar a progressão diretamente do regime fechado para o aberto?** Em linhas gerais, os tribunais manifestam-se contrariamente a essa possibilidade, entendendo que a progressão *per saltum*, mesmo nesse caso, não pode ser deferida tendo em vista o óbice do art. 112 da LEP, que exige, para fins de progressão, o cumprimento de 1/6 da pena no regime imediatamente anterior. O que é aceito por alguns, isto sim, é que o tempo indevidamente cumprido no regime fechado **componha** o tempo de pena a ser cumprido no regime semiaberto. Para os adeptos dessa orientação, tal situação não implica em progressão *per saltum*, pois de qualquer o modo o indivíduo, após a progressão do regime fechado para o semiaberto, deverá cumprir certo tempo de pena nesse regime antes de progredir para o aberto[48].

Perceba-se que essas situações não se confundem com aquela em que o condenado, depois de já ter cumprido 1/6 da pena no regime fechado e conseguido progressão para o regime semiaberto, não obtém vaga nesse regime, permanecendo mais 1/6 no regime fechado. Nesse caso, é evidente que se deve admitir o *salto fático* para o regime aberto, mesmo porque *juridicamente* o apenado encontrava-se no semiaberto[49].

8.2.17.7 Progressão e crimes contra a Administração Pública

Na hipótese de condenação por *crime contra a Administração Pública*, estabelece o art. 33, § 4º, do Código Penal que a progressão está condicionada à *reparação do dano causado ou à devolução do produto do ilícito praticado, com os acréscimos legais.* Trata-se de requisito específico, exigido por lei, além daqueles previstos em relação aos demais crimes, quais sejam, o cumprimento mínimo de 1/6 da pena no regime anterior e mérito (bom comportamento carcerário) do apenado.

Ensina Julio Fabbrini Mirabete que os crimes contra a Administração Pública referidos no art. 33, § 4º, do Código Penal são aqueles "praticados, por particular ou por funcionário público, contra o interesse da normalidade funcional, probidade, prestígio, incolumidade e decoro da Administração Pública, que no código Penal estão previstos nos arts. 312 a 359-H, não sendo exigível o requisito somente por integrar o

---

[47] STJ, *Habeas Corpus* 234.178/SP, *DJ* 23.11.2012; *Habeas Corpus* 199.436/PR, *DJ* 16.11.2012; *Habeas Corpus* 191.223/SP, *DJ* 08.03.2012.

[48] STJ, *Habeas Corpus* 171.680/SP, *DJ* 13.06.2012; *Habeas Corpus* 199.436/PR, *DJ* 16.11.2012; *Habeas Corpus* 164.647/MS, *DJ* 15.06.2011; *Habeas Corpus* 147.648/RJ, *DJ* 01.02.2011.

[49] Cleber Masson. *Direito Penal Esquematizado*. 6ª ed. São Paulo: Método, 2012. p. 570.

patrimônio público o bem objeto do ilícito, como na hipótese de dano qualificado (art. 163, parágrafo único, inciso III, do CP)".[50]

Questão relevante concerne à *impossibilidade de reparação do dano*. Com efeito, ao contrário do que ocorre no livramento condicional, em que a reparação do dano é requisito objetivo à sua concessão salvo a efetiva impossibilidade de fazê-lo (art. 83, IV, do CP), na hipótese de progressão de regime dos condenados por crimes contra a Administração Pública o art. 33, § 4º, do CP nada ressalva. Não obstante o silêncio legal, tem-se entendido majoritariamente que, também no caso de progressão, a comprovada impossibilidade de reparação do dano não impede o deferimento do benefício, caso em que a questão patrimonial deverá ser demandada nas vias ordinárias.

8.2.17.8 Progressão e gravidade do crime

Aspecto questionável respeita à gravidade concreta (*modus operandi*, consequências, circunstâncias etc.) do crime pelo qual condenado o réu, isto é, se tal circunstância deve ser considerada na análise do pedido de progressão de regime.

Na medida em que a gravidade concreta da infração influencia no momento da individualização da pena no processo de conhecimento, balizando a fixação da pena e do regime inicial de cumprimento, entendemos que o mesmo fator não pode ser novamente considerado, por si só, para o efeito de obstar a progressão, mesmo porque tal análise não é exigida pelo art. 112 da LEP ou pelo art. 2º, §§ 1º e 2º, da L. 8.072/1990.

Não obstante esse raciocínio, alertamos que o Superior Tribunal de Justiça já salientou que a gravidade concreta do delito praticado pelo apenado constitui motivação suficiente para que determine o juiz a realização de exame criminológico previamente à sua decisão sobre a progressão[51]. Lembre-se que, após a vigência da L. 12.493/2003, o art. 112 da LEP deixou de prever a realização do exame criminológico como condicionante para a progressão de regime prisional. Sem embargo, conforme se intui da **Súmula 439 do STJ**, pode o juiz determiná-lo quando as peculiaridades do caso assim recomendarem, mediante decisão fundamentada, sendo a gravidade da infração motivação idônea para determinar sua efetivação[52].

E quanto à *gravidade abstrata* da infração? Entende-se que tal fator não é suficiente para submeter o condenado a exame criminológico, muito menos para o indeferimento da progressão[53].

8.2.17.9 Progressão e longo tempo de pena a cumprir

Considere-se que o agente, primário, tenha sido condenado pelo crime de latrocínio a 24 anos de reclusão, em regime inicial fechado. Considere-se também que, após 10 anos de pena, tenha ele postulado a progressão de seu regime prisional, eis que já cumprido o mínimo de 2/5 da pena imposta (trata-se o latrocínio de crime hediondo), alegando ainda possuir bom comportamento carcerário. *Seria lícito ao juiz, nesse caso, indeferir a progressão sob o fundamento único da longevidade da pena a cumprir?* A resposta afigura-se negativa, pois nem o art. 112 da LEP nem o art. 2º, § 2º, da L. 8.072/1990

---

50 Julio Fabbrini Mirabete, op. cit., p. 388.

51 STJ, *Habeas Corpus* 255.665/SP, *DJ* 27.02.2013.

52 STJ, *Habeas Corpus* 191.150/SP, *DJ* 27.02.2013; *Habeas Corpus* 206.647/SP, *DJ* 27.02.2013.

53 STJ, *Habeas Corpus* 259.261/SP, *DJ* 01.03.2013; *Habeas Corpus* 246.888/SP, *DJ* 20.11.2012; Agravo Regimental no *Habeas Corpus* 244.127/SP, *DJ* 26.11.2012.

estabelecem a verificação do saldo de pena a cumprir como fundamentação hábil ao indeferimento da progressão. Sobre o tema, a propósito, em diversas oportunidades já se pronunciou o STJ, asseverando que a longa pena a cumprir, segundo pacífico entendimento, "não constitui motivação idônea para justificar o indeferimento da benesse"[54].

8.2.17.10 Progressão e a situação do estrangeiro

Evidentemente, o estrangeiro em *situação regular* no país faz jus, assim como os nacionais, à progressão de regime prisional, desde que se cumpram os requisitos objetivo e subjetivo estabelecidos por lei.

Na verdade, as dúvidas diziam respeito ao estrangeiro em *situação irregular com ou sem processo de expulsão em trâmite*, mormente aquele que se encontrava cumprindo pena privativa de liberdade em regime fechado. Parte da jurisprudência, com efeito, sustentava a impossibilidade de conceder-se a progressão do regime fechado para o semiaberto ao estrangeiro em situação irregular, mesmo porque não teria ele como comprovar ocupação lícita. Considerava-se, ademais, que o indeferimento do benefício, nesse caso, não afrontava o princípio da isonomia, pois não se poderia exigir de nacionais ou estrangeiros em situação legal no país o cumprimento das obrigações atinentes à progressão do regime carcerário e deixar de exigi-las para estrangeiros em situação irregular. Sem embargo dessa orientação, no Superior Tribunal de Justiça prevalecia entendimento diverso, admitindo ao estrangeiro em situação irregular no país a progressão ao regime semiaberto, até porque, nesse regime, a regra é o trabalho interno, em colônia agrícola, industrial ou estabelecimento similar, independente, assim, de visto de permanência ou qualquer outro requisito de regularidade administrativa.[55] Segundo essa linha de pensamento, negar progressão para o regime semiaberto ao condenado estrangeiro em situação irregular no país, pelo simples fato de estar impedido de exercer atividade remunerada no mercado formal, impunha condição discriminatória. Aduzia o STJ, também, que a exigência de estar trabalhando ou da possibilidade imediata de fazê-lo é prevista apenas para a progressão para o regime aberto (art. 114 da LEP), não sendo feita igual exigência para fins de progressão para o regime semiaberto.[56] Na atualidade, contudo, com a revogação do Estatuto do Estrangeiro (L. 6.515/1980) pela Lei de Migração (L. 13.445/2017), a discussão perdeu o sentido, tendo em vista o que dispõe o seu art. 54, § 3º, no sentido de que "**o processamento da expulsão em caso de crime comum não prejudicará a progressão de regime**, o cumprimento da pena, a suspensão condicional do processo, a comutação da pena ou a concessão de pena alternativa, de indulto coletivo ou individual, de anistia ou de quaisquer benefícios concedidos em igualdade de condições ao nacional brasileiro" (grifamos).

E se for o caso de **estrangeiro com expulsão já decretada**? Pode ser beneficiado com a progressão do regime fechado para o semiaberto? Há, também aqui, duas orientações: *Primeira,* no sentido de que não se pode conceder esse benefício ao estrangeiro quando sua expulsão foi decretada, *sob pena de poder vir a frustrar-se a própria ordem de expulsão, pela fuga;*[57] e, *segunda,* compreendendo que a condição de estrangeiro

---

[54] STJ, *Habeas Corpus* 259.261/SP, *DJ* 01.03.2013; *Habeas Corpus* 240.293/SP, *DJ* 31.07.2012; *Habeas Corpus* 231.383/SP, *DJ* 01.08.2012; *Habeas Corpus* 134.542/SP, *DJ* 03.11.2009.

[55] STJ, *Habeas Corpus* 129.994/SP, *DJ* 19.10.2009.

[56] STJ, *Habeas Corpus* 123.329/RN, *DJ* 30.03.2009.

[57] Julio Fabbrini Mirabete, op. cit., p. 425.

com decreto de expulsão expedido não constitui óbice ao indeferimento da progressão prisional. Agasalhando esse último entendimento, há muito tempo vinha decidindo a maioria do Superior Tribunal de Justiça que a possibilidade de fuga, e consequentemente de frustração do decreto de expulsão, não justifica o indeferimento da progressão ao regime semiaberto, no qual a execução da pena ocorre em colônia agrícola, industrial ou estabelecimento similar.[58] Mais recentemente (2015), a referida Corte firmou, definitivamente, a posição de que, efetivamente, a existência de decreto de expulsão em desfavor do estrangeiro não pode impedir a concessão do benefício da progressão de regime, tendo em vista que tal expulsão pode ocorrer, conforme o interesse nacional, após o cumprimento da pena ou, até mesmo, antes disso.[59]

8.2.17.11 Progressão e prisão do militar

Os militares, mesmo cumprindo a pena privativa de liberdade em unidade militar, possuem direito à progressão de regime, eis que não foram excluídos da garantia constitucional da individualização da pena. Conforme já deliberou o Supremo Tribunal Federal, "a Constituição Federal de 1988, quando quis tratar por modo diferenciado os servidores militares, o fez explicitamente. Por ilustração, é o que se contém no inciso LXI do art. 5º do Magno Texto, a saber: 'Ninguém será preso senão em flagrante delito ou por ordem escrita e fundamentada de autoridade judiciária competente, salvo nos casos de transgressão militar ou crime propriamente militar, definidos em lei'. Nova amostragem está no preceito de que 'não caberá *habeas corpus* em relação a punições disciplinares militares' (§ 2º do art. 142). Isso sem contar que são proibidas a sindicalização e a greve por parte do militar em serviço ativo, bem como a filiação partidária (incisos IV e V do § 3º do art. 142)"[60].

8.2.17.12 A decisão judicial sobre o pedido de progressão

A progressão de regime deverá ser pleiteada ao **juízo da Vara das Execuções Penais**, *ex vi* do art. 66, III, *b*, da LEP, pois a ele cabe a análise do eventual preenchimento pelo condenado dos requisitos objetivo e subjetivo necessários à concessão do benefício. Dúvidas existem em relação à competência para decidir a progressão na hipótese de **execução provisória** da pena, isto é, quando já transitada em julgado a decisão condenatória para a acusação, não obstante ainda esteja pendente a análise de recurso da defesa (v. item 8.2.6 deste Capítulo). Há duas posições:

> *Primeira*: É de competência do juízo da condenação decidir o pedido de progressão de regime, quando ainda não transitada em julgado a sentença condenatória. Considera-se, nesse caso, que a sentença condenatória somente torna-se título executivo judicial com o trânsito em julgado para a acusação e para a defesa, iniciando-se, a partir daí, a competência da Vara de Execuções Criminais. Logo, não havendo condenação definitiva, são da competência do juiz da condenação os incidentes pertinentes à execução provisória[61].

---

[58] STJ, *Habeas Corpus* 219.017/SP, *DJ* 27.03.2012.

[59] STJ, HC 324.231/SP, *DJ* 10.09.2015.

[60] STF, *Habeas corpus* 104.174/RJ, *DJ* 18.05.2011.

[61] STJ, Recurso Especial 304.266/DF, *DJ* 23.06.2003; *Habeas Corpus* 7.955/MT, *DJ* 17.02.1999; Recurso Ordinário em *Habeas Corpus* 5.722/SP, *DJ* 21.10.1996.

Segunda: Aplica-se a Lei de Execução Penal ao preso provisório quando recolhido em estabelecimento sujeito à jurisdição ordinária (art. 2º da LEP). Portanto, em se tratando de execução de pena definitiva ou provisória, compete ao Juízo da execução do local de cumprimento da reprimenda decidir sobre os incidentes que surgirem durante a execução, por força do art. 65 da LEP[62]. Adotamos esta última orientação, mesmo porque, conforme já consignado pelo Superior Tribunal de Justiça, "a indicação da competência do Juízo da Vara das Execuções Criminais, não importando a sede da jurisdição do processo cognitivo, é medida salutar em todo caso porque melhor atende à celeridade e à efetividade do provimento jurisdicional requerido, na medida em que permite o trâmite procedimental sem Juízos intermediários e facilita a análise e deslinde, pela proximidade com o condenado, da *quaestio juris* suscitada"[63].

De acordo com o art. 112, § 1º, 1ª parte, da LEP, a decisão do juiz sobre a progressão será sempre **motivada**. Essa exigência, que se compatibiliza com o mandamento constitucional de motivação das decisões judiciais (art. 93, IX, da CF), objetiva impedir decisões de simples remissão a cálculos de pena e a atestados de comportamento emitidos pelo diretor do estabelecimento prisional. Faz-se necessário, pois, o exame judicial do mérito do apenado, vale dizer, de sua resposta à execução penal, com vista à readaptação social[64].

Para fins de decidir a progressão, é necessário ainda que seja facultada **prévia manifestação do Ministério Público e do defensor do apenado**, nos termos do art. 112, § 1º, 2ª parte, da LEP. O dispositivo harmoniza-se com o disposto no art. 67 da LEP, no sentido de que "o Ministério Público fiscalizará a execução da pena e da medida de segurança, oficiando no processo executivo e nos incidentes da execução", bem como com o art. 81-A do mesmo diploma ao estabelecer que "a Defensoria Pública velará pela regular execução da pena e da medida de segurança, oficiando, no processo executivo e nos incidentes da execução, para a defesa dos necessitados em todos os graus e instâncias, de forma individual e coletiva". Logo, a ausência dessa oportunidade para intervir acarreta nulidade da decisão judicial, que assim poderá ser cassada pelas Instâncias Superiores, com determinação ao juízo da execução no sentido de que outra decisão venha a ser prolatada, dessa vez com o cumprimento da formalidade legal[65].

Tratando-se de decisão jurisdicional, o deferimento ou o indeferimento da progressão de regime pelo juiz da execução podem ser impugnados por meio do **agravo** contemplado no art. 197 da LEP.

8.2.17.13 Progressão e habeas corpus

É possível a impetração de *habeas corpus, em vez de agravo da execução, contra decisão judicial que indefere a progressão de regime prisional ao apenado?*

A resposta afigura-se, em tese, negativa.

Em primeiro lugar, deve-se ter em vista que os Tribunais Superiores firmaram o entendimento no sentido de que, ressalvadas hipóteses de flagrante constrangimento ilegal, o *habeas corpus* não pode ser utilizado como substitutivo de recurso próprio. Essa

---

62 STJ, Conflito de Competência 81.284/RS, *DJ* 29.03.2010.

63 STJ, Conflito de Competência 95.404/MG, *DJ* 08.09.2008.

64 STJ, *Habeas Corpus* 93.322/RS, *DJ* 04.08.2008.

65 STJ, *Habeas Corpus* 207.934/MS, *DJ* 17.08.2011; *Habeas Corpus* 173.081/ES, *DJ* 20.06.2012.

orientação tem por fim prestigiar a lógica do sistema recursal, bem como racionalizar a utilização do *writ*, reservando-se o seu manejo para situações de evidente ilegalidade ou abuso de poder que resulte em coação ou ameaça à liberdade de locomoção. Conforme já restou consignado pelo Supremo Tribunal Federal, *o* habeas corpus *é garantia fundamental que não pode ser vulgarizada, sob pena de sua descaracterização como remédio heroico*[66].

Em segundo lugar, o fato de que a análise do requisito subjetivo da progressão (mérito do reeducando) demanda exame aprofundado dos elementos de convicção carreados ao processo de execução criminal, procedimento esse incompatível com os estreitos limites do *habeas corpus*.

Evidente, conforme dissemos anteriormente, sendo o caso de flagrante ilegalidade, abuso de poder ou decisão teratológica, não fica obstado o conhecimento do *writ* e, sendo o caso, a concessão da ordem.

8.2.17.14 Progressão e revisão criminal

O cabimento da revisão criminal encontra-se taxativamente previsto no art. 621 do Código de Processo Penal, sendo cabível em relação à sentença condenatória quando a sentença condenatória for contrária ao texto expresso da lei penal ou à evidência dos autos; quando a sentença condenatória se fundar em depoimentos, exames ou documentos comprovadamente falsos; e quando, após a sentença, se descobrirem novas provas de inocência do condenado ou de circunstância que determine ou autorize diminuição especial da pena.

Ora, na medida em que nenhuma dessas hipóteses permitem a dedução da ação revisional contra decisão do juiz da execução acerca da progressão do regime prisional, detecta-se ser ela meio inidôneo para esse fim.

8.2.17.15 Progressão e Regime Disciplinar Diferenciado

Como já dissemos antes (item 5.3.7), não se trata o **Regime Disciplinar Diferenciado** de uma quarta modalidade de cumprimento da pena privativa de liberdade além das já existentes (regime fechado, semiaberto e aberto), mas sim de uma forma especial de cumprimento da pena no regime fechado, que se caracteriza pela permanência do preso em cela individual, limitação do direito de visita e redução do direito de saída da cela.

Quanto à sua natureza, o RDD ora se apresenta como **sanção disciplinar,** ora como **medida cautelar**: *sanção disciplinar*, na hipótese regrada pelo art. 52, *caput*, da LEP, que prevê sua imposição para o condenado que cometer fato definido como crime doloso que ocasione subversão da ordem e da disciplina da casa prisional; e *medida cautelar* no caso do art. 52, §§ 1º e 2º, ao estabelecer a inserção no RDD dos condenados que apresentem alto risco para a ordem e segurança do estabelecimento penal ou da sociedade, bem como para aquele em relação ao qual recaiam fundadas suspeitas de envolvimento em organização criminosa ou associação criminosa[67].

Pois bem, levando em conta essas naturezas próprias do RDD – sanção disciplinar e medida cautelar –, questiona-se a possibilidade de ser concedida a progressão

[66] STF, *Habeas Corpus* 104045/RJ, *DJ* 06.09.2012.

[67] O crime de quadrilha ou bando, previsto no art. 288 do Código Penal, com as alterações determinadas pela L. 12.850/2013, teve seu *nomen iuris* modificado para associação criminosa, considerando-se como tal a conduta de "associarem-se 3 (três) ou mais pessoas, para o fim específico de cometer crimes".

de regime prisional ao apenado que a ele se encontre submetido. Evidentemente, não há qualquer óbice sob o ponto de vista do **requisito objetivo** necessário à progressão (cumprimento mínimo de 1/6 da pena, nos crimes comuns, e de 2/5 ou 3/5, nos crimes hediondos ou equiparados). Problema existe, na verdade, quando se trata de aferir o **requisito subjetivo** da progressão (mérito do apenado), já que esse exame, conforme dissemos antes (item 8.2.17.2 deste Capítulo), pode não estar limitado à análise pura e simples da conduta retratada no atestado de boa conduta carcerária emitido pelo diretor do estabelecimento prisional.

Embora não haja proibição legal expressa à progressão de regime durante o período de cumprimento do RDD, não vislumbramos a possibilidade de considerar preenchido o requisito subjetivo da progressão pelo condenado sujeito às restrições desse regime. Isso porque as situações previstas no art. 52, *caput* e §§ 1º e 2º, da LEP, sugerem periculosidade, desajuste carcerário e inadequação à terapêutica penal aplicada, revelando que o apenado está longe de alcançar a reintegração social que se espera com o cumprimento da pena privativa de liberdade. E tais atributos, ao fim e ao cabo, são incompatíveis com o reconhecimento do mérito necessário à concessão da progressão[68]. Aliás, o próprio STJ, em diversas oportunidades, já decidiu no sentido de que não há ilegalidade na decisão indeferitória da progressão de regime que leva em conta, entre outros fatores, o fato de o executado já ter sido incluído no RDD[69].

Sinale-se, todavia, a existência de posição em sentido oposto, isto é, no sentido da possibilidade de progressão de regime prisional estando o preso submetido a Regime Disciplinar Diferenciado. Nesse sentido, a orientação de Renato Marcão, observando, entretanto, que, "mesmo recebendo a progressão, por exemplo, para o regime semiaberto, o preso deverá cumprir a sanção disciplinar integralmente, antes de ir, de fato, para o novo regime"[70].

8.2.18 Regressão de regime (art. 118 da LEP)

8.2.18.1 Considerações gerais (art. 118, I, II e § 1º, da LEP)

Em sentido amplo, pode-se dizer que a causa determinante da **regressão** consiste na *ausência de mérito* do apenado para prosseguir usufruindo as benesses concernentes ao regime prisional mais brando. Supõe-se, enfim, sua inadaptação ao regime semiaberto ou aberto, impondo-se transferência para regime mais rigoroso em razão de indicativos de que não se encontra ele respondendo positivamente à execução penal.

Conforme examinamos no tópico anterior, a progressão não pode ser realizada por saltos, isto é, diretamente do regime fechado para o aberto, impondo-se, em qualquer caso, a passagem pelo regime intermediário. Isso ocorre porque o art. 112 da LEP condiciona a progressão ao cumprimento de tempo mínimo de pena *no regime anterior*. O mesmo óbice, contudo, não existe para fins de regressão, que pode ser realizada *per saltum*, já que o art. 118 da LEP autoriza a *transferência para qualquer dos regimes mais rigorosos* quando ocorrerem as situações nele previstas. Nesse contexto, o preso do regime aberto pode regredir tanto para o regime semiaberto como diretamente para o regime fechado. Cabe ao juiz da execução, enfim, a partir da análise da causa de regressão,

---

68 STJ, *Habeas Corpus* 41.606/SP, *DJ* 01.08.2005.

69 STJ, *Habeas Corpus* 292.142/SP, *DJ* 19.09.2014 e AgRg no HC 293.288/SP, *DJ* 19.08.2014.

70 Renato Marcão, op. cit., p. 190.

determinar para qual regime prisional deverá ser transferido o condenado. Ressalte-se que esse entendimento vem sendo agasalhado pela jurisprudência pátria, já decidindo o Superior Tribunal de Justiça que "a regressão de regime pode ocorrer para qualquer um dos regimes mais gravosos, sendo despicienda a observância da forma progressiva estabelecida no art. 112 do mesmo diploma legal. Decerto, compete ao Julgador, analisando as circunstâncias fáticas, transferir o apenado ao regime intermediário ou fechado"[71]. Em sentido oposto, compreendendo que descabe a regressão por saltos, o entendimento de Renato Marcão[72].

A regressão de regime, nos termos do art. 118 da LEP, poderá ser autorizada quando concorrerem quaisquer das seguintes causas:

a) Quando o condenado praticar, após o início da execução, fato definido como crime doloso (art. 118, I, 1ª parte, da LEP): Trata-se de motivo de regressão obrigatória, não estando esta a critério discricionário do magistrado. É suficiente a *prática de fato definido como crime doloso*, não sendo necessária a existência de sentença condenatória transitada em julgado. Afinal, quando a Lei de Execução Penal exige condenação prévia, o faz expressamente, tal como ocorre no art. 118, II. Além disso, deve-se considerar que a prática de crime doloso constitui falta grave (art. 52, *caput*, da LEP) e a prática de infração disciplinar de natureza grave é também um dos motivos que autoriza a regressão do regime (art. 118, I, 2ª parte, da LEP). Não bastasse, a **Súmula 526 do STJ** é explícita no sentido de que "o reconhecimento de falta grave decorrente do cometimento de fato definido como crime doloso no cumprimento da pena prescinde do trânsito em julgado da sentença penal condenatória no processo instaurado para apuração do fato". E no mesmo sentido, a compreensão do Supremo Tribunal Federal aduzindo que "a Lei de Execução Penal não exige o trânsito em julgado de sentença condenatória para a regressão de regime, bastando, para tanto, que o condenado tenha 'praticado' fato definido como crime doloso (art. 118, I da LEP)".[73] Quanto à orientação oposta, no sentido de que a regressão do regime apenas com base na *prática* de crime doloso, sem a exigência de prévia condenação definitiva, implica violação ao princípio da presunção de inocência, cabe opor o argumento de que, na regressão de regime provocada pelo cometimento de crime doloso, não há qualquer discussão a respeito da culpabilidade do indivíduo, mas tão somente a aferição do desmerecimento diante da conduta praticada.[74]

Sem embargo dessas considerações, compreendemos que a regressão exige um mínimo de certeza quanto à ocorrência do fato definido como crime doloso e de sua autoria, o que se tem por atendido, por exemplo, quando já recebida a denúncia ou queixa em relação ao indivíduo ou até mesmo quando informado o juízo da execução acerca de sua prisão em flagrante. Pode ocorrer, entretanto, que após operada a regressão do regime perante a prática de crime doloso, venha o sentenciado a ser absolvido no processo criminal instaurado para apuração dessa infração. Nesse caso, parece-nos evidente que deve ele retornar ao regime a que estava sujeito antes da regressão, mesmo

---

[71] STJ, *Habeas Corpus* 210880/SP, *DJ* 14.10.2011. No mesmo sentido: Recurso Especial 708667/RS, *DJ* 26.09.2005.

[72] Renato Marcão, op. cit., p. 192.

[73] STF, *Habeas Corpus* 97218/RS, *DJ* 28.05.2009.

[74] STJ, Recurso Especial 1064427/RS, *DJ* 28.09.2009; Agravo Regimental no Recurso Especial 987541/RS, *DJ* 09.12.2008; Agravo Regimental no Recurso Especial 1052437/RS, *DJ* 15.09.2008.

porque a decisão que ordena a regressão possui natureza administrativa e, assim, não pode sobrepor-se à sentença absolutória proferida por juiz criminal.

Conforme se infere da regra legal, a regressão ocorre em razão da prática de *crime doloso*, não importando a natureza do crime (comum ou hediondo, punido com detenção ou reclusão, praticado com ou sem violência e grave ameaça etc.). Tratando-se de *crime culposo* ou de *contravenção penal,* não incide a causa de revogação obrigatória. Todavia, essas condutas poderão demonstrar que o condenado está frustrando os fins da execução e, com base nesse motivo, autorizar a regressão do regime aberto para o semiaberto ou fechado a partir da regra do art. 118, § 1º, da LEP.

b) Quando o condenado praticar, no curso da execução, falta grave (art. 118, I, 2ª parte, da LEP): Também é causa de regressão a prática de falta grave. Essas faltas, em relação ao condenado a pena privativa de liberdade, encontram-se taxativamente previstas no rol do art. 50 da LEP. É o caso, por exemplo, da participação em motins (art. 50, I), fuga (art. 50, II), posse de aparelho telefônico (art. 50, VII), entre outras.

Lembre-se de que, no entendimento da maioria, a prática de falta grave, além de implicar regressão obrigatória de regime, representa marco interruptivo para a obtenção de progressão de regime (**Súmula 534 do STJ**). Reinicia-se, enfim, a contagem do lapso temporal exigido para a concessão de futura progressão. Essa consequência é importante especialmente para o apenado do regime fechado, pois, não podendo ele regredir para regime mais rigoroso, pelo menos ficará submetido ao efeito secundário da regressão, que é a interrupção e consequente reinício da contagem do lapso temporal para a progressão, além, é claro, da sanção disciplinar pertinente à falta disciplinar cometida. A propósito, remetemos o leitor ao item 8.2.17.2 deste Capítulo.

Atenção: correlato com o art. 118, I, da LEP, estabelece o art. 112, § 4º, do mesmo diploma, ao tratar da chamada "progressão especial" (progressão viabilizada pelo art. 112, § 3º, a partir do cumprimento do mínimo de um oitavo da pena no regime anterior, à condenada gestante ou que for mãe ou responsável por crianças ou pessoas com deficiência), que esta será revogada na hipótese de cometimento de crime doloso ou falta grave. Ora, se há a *revogação* da progressão especial antes concedida à condenada, naturalmente, tem-se aqui uma forma de regressão. E qual a consequência de, em vez de falar em *regressão do regime* no caso apontado, ter o dispositivo em exame se referido à *revogação da progressão especial?* A nosso ver, a consequência que advém dessa semântica utilizada pelo legislador é a de que, se deferida à condenada a progressão especial a partir do cumprimento de 1/8 da pena no regime anterior, vier ela a ter revogado esse benefício em face da prática de crime doloso ou falta grave, nova progressão não poderá ser realizada a partir da cumprimento da mesma fração de pena, impondo-se, portanto, a observância dos tempos ordinários de progressão determinados pelo art. 112, *caput,* da LEP (um sexto) e pelo art. 2º, § 2º, da Lei dos Crimes Hediondos (2/5 ou 3/5, conforme primária ou reincidente a apenada). A propósito do tema, remetemos o leitor ao tópico 8.2.17.4 deste Capítulo, em que tratamos a respeito.

c) Quando o condenado sofrer condenação por crime anterior, cuja pena, somada ao restante da pena em execução, torne incabível o regime (art. 118, II, da LEP): Pode ocorrer que, no curso da execução da pena, o condenado sofra nova condenação pela prática de crime cometido antes do início do cumprimento da pena. Nesse caso, por força do art. 111, parágrafo único, da LEP, "somar-se-á a pena ao restante da que está sendo cumprida, para determinação do regime".

A título de exemplo, imagine-se que, condenado a 9 anos de reclusão em regime inicial fechado, após 1/6 da pena, progride para o regime semiaberto, restando-lhe agora 6 anos de pena. Nesse interregno, porém, transita em julgado nova condenação por crime praticado antes do início da execução, desta vez a 5 anos de reclusão em regime semiaberto. Ora, por força do art. 111, parágrafo único, da LEP, a pena resultante da nova condenação (5 anos) será somada ao restante da pena em execução (6 anos), totalizando 11 anos de reclusão. Nesse caso, considerando a regra do art. 33, § 2º, alínea *a*, do Código Penal, caberá ao juiz da execução, obrigatoriamente, determinar a regressão para o regime fechado, pois o somatório das penas é superior a 8 anos de reclusão.

Há quem diga que, para fins da regressão de regime em face do art. 118, II, da LEP, é desnecessário o trânsito em julgado da condenação superveniente. Discordamos, parcialmente, dessa orientação. Perceba-se, pois, que a hipótese difere das previstas no inc. I do mesmo dispositivo, que insere permissivo para a regressão de regime na simples *prática de fato definido como crime doloso ou falta grave*. No regramento do inc. II, ao contrário, tipifica-se a causa de regressão do condenado que "sofrer condenação", intuindo-se, daí, a necessidade, **em tese**, de trânsito em julgado dessa nova decisão. Diz-se "**em tese**" porque se essa nova condenação decorreu ou foi determinada ou confirmada em Segundo Grau, pelo Tribunal de Justiça ou Tribunal Regional Federal, no julgamento de apelação, e se, em razão disso, teve início a execução provisória da pena (consoante entendimento adotado pelo STF em 11.11.2016, no julgamento do Recurso extraordinário 964.246/SP, em regime de repercussão geral), neste caso, e apenas neste caso, reputamos possível a regressão do regime carcerário regrada no art. 118, II, da LEP independentemente da inocorrência do trânsito em julgado.

Nada obsta a que o regime decorrente da aplicação do art. 111, parágrafo único, da LEP seja mais gravoso do que o originariamente fixado nas sentenças condenatórias. Ilustra-se: o indivíduo foi condenado a cumprir pena no regime semiaberto, faltando-lhe 6 anos de reclusão. Durante a execução, porém, resta ele condenado a 3 anos de reclusão, pela prática de crime anterior, no regime aberto. Considerando que o total das penas a cumprir será agora de 9 anos de reclusão, caberá ao juiz ordenar sua regressão para o regime fechado (art. 33, § 2º, alínea *a*, do CP), não importando a circunstância de que as sentenças condenatórias então prolatadas tenham estabelecido inicialmente apenas os regimes semiaberto e aberto.

Outro aspecto a observar é que, como dissemos anteriormente, não fica vedada a regressão *per saltum*. Veja-se: o condenado encontra-se no regime aberto, restando-lhe quatro anos de pena. Nesse ínterim, sobrevêm duas novas condenações, impondo cada uma três anos de pena em regime aberto. Levando-se em conta que o somatório das penas a cumprir totaliza 10 anos de pena, caberá ao juiz da execução estabelecer o regime fechado para cumprimento (art. 33, § 2º, alínea *a*, do CP). Em outras palavras, nessa situação o sentenciado passará direto, por força da regressão imposta pela soma das penas, do regime aberto para o regime fechado.

Questão debatida é se, no caso do art. 118, II, da LEP, além da regressão, deve-se alterar a data-base, vale dizer, o marco inicial para contagem do prazo visando à futura progressão. Tome-se como base o seguinte exemplo:

1. Determinado indivíduo, reincidente, é condenado pela prática de crime de homicídio simples, cometido em 10.07.2016, a 6 anos de reclusão em **regime fechado**. A decisão é publicada em 01.10.2017 e transita em julgado em 10.10.2017, sendo o cumprimento da pena iniciado em 20.10.2017.

2. Cumprido 1/6 da pena (1 ano), este apenado progride para o **regime semiaberto** em 20.10.2018.
3. Sobrevém nova condenação a 6 anos de reclusão em **regime semiaberto** (não era reincidente à época do fato praticado), por outro homicídio simples, praticado em 10.08.2015 – antes do início da execução da primeira pena que estava cumprindo. A sentença é publicada em 01.11.2018 e, não havendo recurso, transita em julgado na data de 20.11.2018.
4. Tendo que o somatório do saldo de pena da condenação pelo primeiro homicídio (5 anos) com o total da nova condenação (6 anos), ultrapassa a 8 anos (patamar do art. 33, § 2º, alínea *a,* do CP), determina o juiz da execução a regressão para o **regime fechado**, retornando o apenado a cumprir pena nesse regime em 20.12.2018.

Pergunta-se: nesse caso, a partir de qual data deve ser computado novo lapso de 1/6 da pena para que o apenado possa, novamente, progredir para o regime semiaberto? Há posições distintas aqui:

Primeira: na hipótese do art. 118, II, da LEP altera-se a data-base para o deferimento de futura progressão. Em outras palavras, reinicia-se a contagem do prazo para a progressão de regime, prazo este que deverá ser novamente calculado tendo como base a soma das penas restantes a serem cumpridas (11 anos). Logo, o apenado poderá requerer nova progressão de regime após cumprir 1 ano e 10 meses de pena (1/6 do restante de 11 anos), devendo-se considerar o termo inicial de contagem desse prazo a data do **trânsito em julgado da nova decisão condenatória (20.11.2018)**. Nesse cenário, o cálculo do tempo para nova progressão deverá levar em conta o prazo de 1 ano e 10 meses, contado a partir de 20.11.2018, o que será implementado em **20.09.2020**

Segunda: de fato, a data-base para futura progressão altera-se na hipótese do art. 118, II, da LEP. Logo, o cálculo do tempo para nova progressão deverá levar em conta o tempo de pena de 1 ano e 10 meses (1/6 do restante de 11 anos), considerando-se, todavia, por ser mais benéfico ao reeducando, como *dies a quo* da contagem desse prazo, não a data do trânsito em julgado, mas sim a da **publicação da sentença condenatória superveniente. (01.11.2018)**. Por esse modo, o apenado poderá postular nova progressão de regime a contar de 0**1.09.2020** (1 ano e 10 meses a partir de 01.11.2018).

Terceira: muito embora a superveniência de nova condenação possa implicar, em face do somatório com o saldo de pena a cumprir na execução em andamento, a regressão do regime prisional, a alteração da data-base para data do trânsito em julgado da nova decisão condenatória ou da publicação dessa sentença, com desconsideração do tempo de pena já cumprido até a primeira progressão (1 ano decorrido entre o início da pena em 20.10.2017 e a primeira progressão em 20.10.2018), configura excesso de execução, pois não há previsão legal para tanto. Logo, para o cálculo do prazo para nova progressão de regime deve-se levar em consideração o lapso de 2 anos (1/6 da pena total de 12 anos) subtraído de 1 ano (pena cumprida até a primeira progressão), o que resulta no prazo de 1 ano, a ser contado do **dia em que o apenado foi posto no regime para o qual regrediu (20.12.2018)**. Portanto, surge o direito ao pedido de nova progressão em **20.12.2019**.

Na atualidade, prevalece esta última corrente, muito especialmente em face do que restou deliberado pelo STJ, ao julgar *leading case,* sob o rito dos recursos repetitivos, nos autos do Recurso Especial nº 1.557.461/SC, afetado à 3ª Seção (*DJ* 15.03.2018). Dado a complexidade das situações acima tratadas, passamos ao seguinte gráfico comparativo, visando à melhor visualização:

CASO CONCRETO: CONDENAÇÕES POR CRIMES NÃO HEDIONDOS

1ª CONDENAÇÃO: 6 ANOS DE RECLUSÃO EM REGIME FECHADO
DATA DO FATO: 10.07.2016
DATA DA PUBLICAÇÃO DA SENTENÇA: 01.10.2017
DATA DO TRÂNSITO EM JULGADO DA 1ª CONDENAÇÃO: 10.10.2017
INÍCIO DO CUMPRIMENTO DA PENA: 20.10.2017
DATA DA PROGRESSÃO PARA O REGIME SEMIABERTO: 20.10.2018
2ª CONDENAÇÃO: 6 ANOS DE RECLUSÃO EM REGIME SEMIABERTO
DATA DO FATO: 10.08.2015
DATA DA PUBLICAÇÃO DA SENTENÇA: 01.11.2018
DATA DO TRÂNSITO EM JULGADO DA 2ª CONDENAÇÃO: 20.11.2018
DATA DO RETORNO DO APENADO AO REGIME FECHADO: 20.12.2018

QUAL O LAPSO DE PENA A SER CUMPRIDO PARA EFEITOS DE NOVA PROGRESSÃO DE REGIME E QUAL O *DIES A QUO* DE SUA FLUÊNCIA?

	1ª CORRENTE	2ª CORRENTE	3ª CORRENTE
LAPSO DE PENA A CUMPRIR PARA NOVA PROGRESSÃO	1/6 da pena resultante da soma do saldo de pena da primeira condenação (5 anos) com o total da pena da segunda condenação (6 anos) 1/6 de 11 anos = 1 ano e 10 meses	1/6 da pena resultante da soma do saldo de pena da primeira condenação (5 anos) com o total da pena da segunda condenação (6 anos) 1/6 de 11 anos = 1 ano e 10 meses	Calcula-se 1/6 da soma das penas totais de ambas as condenações: 1/6 de 12 anos = 2 anos Subtrai-se 2 anos de 1 ano, que é o tempo já cumprido do início da pena (20.10.2017) até a primeira progressão (20.10.2018): 1 ano.
***DIES A QUO* DA FLUÊNCIA DO PRAZO**	Data do trânsito em julgado da segunda condenação (20.11.2018)	Data da publicação da sentença que determinou a 2ª condenação (01.11.2018)	Data do retorno do apenado ao regime para o qual regrediu (20.12.2018)
DATA A PARTIR DA QUAL O APENADO PODERÁ REQUERER A NOVA PROGRESSÃO	1 ano e 10 meses contados de 20.11.2018 resulta em **20.09.2020**	1 ano e 10 meses contados de 01.11.2018 resulta em **01.09.2020**	1 ano contado de 20.12.2018 resulta em **20.12.2019**

Reitera-se, por oportuno, que nem sempre o somatório da nova pena com o restante da que está em cumprimento acarretará a regressão. Como dissemos antes, tudo depende da adequação ao caso concreto dos parâmetros do art. 33 do Código Penal. Por exemplo: indivíduo não reincidente se encontra cumprindo pena no regime semiaberto, restando-lhe 5 anos de reclusão pela frente, quando sobrevém nova condenação à pena de 2 anos de reclusão em regime aberto. Na hipótese, somando-se a pena remanescente com a nova, totalizar-se-ão 7 anos de reclusão, o que é compatível com o regime semiaberto, *ex vi* do art. 33, § 2º, alínea *b*, do Código Penal. Não haverá, portanto, regressão nesse caso.

d) Quando o condenado do regime aberto frustrar os fins da execução (art. 118, § 1º, 1ª parte, da LEP): O condenado do regime aberto, além de estar sujeito à regressão do regime prisional por força do disposto no art. 118, incisos I (prática de fato definido como crime doloso ou falta grave) e II (nova condenação a pena que, somada à que está em execução, inviabilize a permanência no regime), também poderá regredir para os regimes semiaberto ou fechado quando *frustrar os fins da execução.*

Trata-se, nesse caso, do apenado que revela conduta incompatível com o regime aberto, baseado na autodisciplina e no senso de responsabilidade (art. 36 do CP), evidenciando tal indivíduo verdadeiro desprezo à execução penal. Conforme ensina Julio Fabbrini Mirabete, "a desobediência a ordens recebidas, a provocação de rescisão de contrato de trabalho ou seu abandono, a prática de contravenção ou crime culposo, a prática de falta média ou leve etc. podem revelar que o condenado não se está adaptando ao regime nem se processa sua reinserção social, recomendando-se sua transferência para regime mais rigoroso"[75].

e) Quando o condenado do regime aberto, podendo, não pagar a multa cumulativamente imposta (art. 118, § 1º, 2ª parte, da LEP): Essa hipótese, que também se dirige ao preso do regime aberto, tem lugar quando foram aplicadas ao indivíduo, simultaneamente, pena privativa de liberdade e pena pecuniária. A causa de regressão, entretanto, apenas incide quando se trata de condenado solvente, vale dizer, aquele que tem condições de efetuar o pagamento integral ou parcelado da pena de multa, sem privar-se dos recursos indispensáveis ao seu sustento e de sua família (art. 50, § 2º, do CP).

Sem embargo da previsão legal, deve-se alertar que existe orientação no sentido de que a previsão do art. 118, § 1º, 2ª parte, da LEP teria sido revogada pela L. 9.268/1996. Ocorre que essa lei, ao alterar o art. 51 do Código Penal e revogar o art. 182 da LEP, proibiu a conversão da pena de multa em pena privativa de liberdade, impondo que tal penalidade seja considerada dívida de valor com a Fazenda Pública, devendo ser cobrada na forma da L. 6.830/1980 (a chamada lei de execuções fiscais). Aderindo a esse entendimento, já decidiu o Tribunal de Justiça de São Paulo que: "se o objetivo visado com a alteração legislativa foi o de evitar a conversão da multa em prisão, mesmo sendo solvente o sentenciado, é de entender-se, por questão de coerência jurídica, que o impedimento é absoluto, alcançando também a regressão de regime por falta de pagamento da sanção pecuniária, restando revogada, ainda que tacitamente, a regra contida no art. 118, § 1º, da L. 7.210/1984"[76].

Além das situações previstas no art. 118, I e II e § 1º, da LEP, também é prevista a regressão do regime carcerário na hipótese de **violação de deveres relacionados com o monitoramento eletrônico**. Com efeito, o art. 146-B da LEP dispõe que o juiz

[75] Julio Fabbrini Mirabete, op. cit., p. 491.

[76] TJSP, Agravo 00899746.3/7, j. 31.08.2006. No mesmo sentido: Agravo 0034655-86.2009.8.26.0000, j. 30.06.2009.

poderá definir a fiscalização por meio da monitoração eletrônica quando "autorizar a saída temporária no regime semiaberto [...] e quando determinar a prisão domiciliar". Nesses casos, estabelece o art. 146-C da LEP que o condenado será instruído acerca dos cuidados que deverá adotar com o equipamento eletrônico e dos deveres de "receber visitas do servidor responsável pela monitoração eletrônica, responder aos seus contatos e cumprir suas orientações", bem como de "abster-se de remover, de violar, de modificar, de danificar de qualquer forma o dispositivo de monitoração eletrônica ou de permitir que outrem o faça". Pois bem, a violação injustificada e comprovada desses deveres poderá importar, a critério do juiz da execução, depois de ouvidos o Ministério Público e a defesa, a **regressão de regime prisional** (art. 146-C, parágrafo único, I, da LEP), caso não se revele suficiente a simples advertência escrita a que se refere o art. 146-C, parágrafo único, VII, da LEP.

Regressão do regime prisional	
Prática de crime doloso ou falta grave (art. 118, I, da LEP)	– É suficiente a prática do crime doloso ou da falta grave; – No caso de condenação por crime culposo ou por contravenção não incide a causa de regressão – Necessária a realização de prévia audiência de justificação (art. 118, § 2º, da LEP)
Superveniência de nova condenação (art. 118, II, da LEP)	– De acordo com o art. 111, parágrafo único, da LEP, no caso de nova condenação no curso da execução, somar-se-á a pena ao restante da que está sendo executada para efeito de determinação do regime; – Não há previsão legal de prévia audiência de justificação neste caso
Frustração da execução ou não pagamento da multa imposta no caso de condenação ao regime aberto (art. 118, § 1º, da LEP)	– A causa de regressão destina-se, unicamente, aos condenados do regime aberto; – Necessária a realização de prévia audiência de justificação (art. 118, § 2º, da LEP)
Violação dos deveres relacionados com o monitoramento eletrônico (art.146-C, parágrafo único, I, da LEP)	– Estabelece o art. 146-C, parágrafo único, I, da LEP que, após oitiva do Ministério Público e da Defesa, o juiz poderá regredir o regime carcerário, desde que não seja suficiente a aplicação da advertência escrita a que se refere o art. 146-C, parágrafo único, VII, da LEP

8.2.18.2 Oitiva do condenado (art. 118, § 2º, da LEP)

Dispõe o art. 118, § 2º, da LEP que, "nas hipóteses do inciso I e do parágrafo anterior, deverá ser ouvido previamente o condenado". Isso quer dizer que, na hipótese de **prática de fato definido em lei como crime doloso ou falta grave**, bem como na situação do **condenado em regime aberto que frustrar a execução ou, sendo solvente, omitir-se no pagamento da pena pecuniária imposta simultaneamente com a pena privativa de liberdade**, impõe-se a **oitiva do apenado**, em audiência de justificação especialmente designada pelo juiz da execução para esse fim, antes da decisão acerca da regressão do regime prisional. Na medida em que essa audiência tem por finalidade apenas possibilitar ao apenado justificar o ato praticado e ser avaliado pelo juízo da execução, não é necessário facultar-se a produção de provas (muito embora isso também não seja proibido). De qualquer modo, para que a defesa seja efetivamente ampla, exige-se a presença de defensor.

A relevância dessa audiência para oitiva do apenado é inquestionável. Em relação à *prática de crime doloso ou falta grave* (art. 118, I, da LEP), pode ocorrer por exemplo que, ao ser ouvido, alegue ele que o fato definido como crime doloso foi praticado em atitude de legítima defesa; ou que a falta grave a ele imputada não subsiste, já que não é seu o aparelho telefônico localizado na cela que ocupa juntamente com outros presos. Por outro lado, relativamente ao *apenado do regime aberto a quem se imputa frustrar os fins da execução ou o não pagamento da pena pecuniária* (art. 118, § 1º, da LEP), poderá sustentar que não está descumprindo as condições do regime aberto; ou que apenas não pagou a multa imposta em razão da ausência de condições financeiras para fazê-lo sem prejuízo ao sustento próprio e de sua família.

Questão importante refere-se à necessidade de instauração de **procedimento administrativo disciplinar**, no âmbito do estabelecimento prisional, previamente à realização da audiência judicial de justificação, para fins de apuração da falta grave (lembre-se de que o cometimento de fato definido como crime doloso também constitui falta grave, *ex vi* do art. 52 da LEP). Como já dissemos antes, alguns consideram que é imprescindível a instauração do procedimento administrativo disciplinar, cujo escopo é justamente preservar o direito de defesa do apenado, não sendo suprida a sua ausência pela posterior realização de audiência judicial de oitiva do apenado para justificativa da falta praticada. Outros, ao contrário, sustentam não constituir constrangimento ilegal a omissão na instauração do procedimento administrativo disciplinar se, antes da homologação judicial da falta grave, for assegurado ao apenado o direito de ser ouvido em audiência de justificação perante o juízo da execução, com a devida assistência de advogado, garantido, assim, o exercício da ampla defesa e do contraditório. Tal impasse, no âmbito do *Superior Tribunal de Justiça*, foi resolvido a partir da aprovação da **Súmula 533**, em que restou firmada a tese no sentido da imprescindibilidade da instauração do procedimento administrativo para o reconhecimento da falta disciplinar: "Para o reconhecimento da prática de falta disciplinar no âmbito da execução penal, é imprescindível a instauração de procedimento administrativo pelo diretor do estabelecimento prisional, assegurado o direito de defesa, a ser realizado por advogado constituído ou defensor público nomeado".

Perceba-se, em derradeiro, que não exige a lei oitiva do condenado quando se trata de regressão motivada pela **superveniência de condenação que torne incabível a permanência no regime em que se ele encontrar (art. 118, II, da LEP)**. Tal dispensa prende-se ao fato de que o trânsito em julgado da nova condenação pressupõe a tramitação de ação penal em que asseguradas ao acusado as garantias do devido processo legal, ampla defesa e contraditório. Logo, nenhuma utilidade teria a oitiva do apenado previamente à regressão nesse caso, já que, de qualquer forma, não poderia violar a coisa julgada produzida pela condenação superveniente. Também não exige a lei a oitiva pessoal do condenado na hipótese de **violação de deveres relacionados com o monitoramento eletrônico (art. 146-C, parágrafo único, I, da LEP)**, muito embora, nesse caso, devam ser instados a manifestar-se previamente o Ministério Público e a Defesa.

8.2.18.3 Regressão cautelar ou sustação provisória de regime

Embora inexista previsão legal, tem-se entendido que, nas hipóteses de cometimento de falta grave pelo apenado e de descumprimento das condições do regime, é possível a **regressão cautelar**, isto é, a **sustação ou suspensão judicial** do regime semiaberto ou aberto, com o imediato retorno do condenado ao regime mais severo, até que, atendendo-se ao art. 118, § 2º, da LEP, seja ele ouvido (frise-se que, para fins de regressão cautelar, não é necessária a oitiva prévia do reeducando, a qual somente será exigível na sequência da apuração da falta disciplinar diante da possibilidade de regressão definitiva ao regime mais gravoso) e possa defender-se a respeito do fato a ele imputado. A providência deve ser adotada especialmente nos casos em que o fato atribuído ao condenado implicar grave prejuízo à execução penal, como ocorre, por exemplo, nas situações de motim e de evasão de presos, independendo de prévia oitiva do condenado, necessária unicamente para fins de *regressão definitiva*[77].

Observe-se que a possibilidade de *regressão cautelar* fundamenta-se sobretudo no poder geral de cautela, que é inerente à função jurisdicional e tem aplicação tanto no processo de conhecimento como na fase de execução, quando estiverem presentes o *fumus boni iuris* e o *periculum in mora*.

Sem embargo de admitir-se a permanência em regime mais gravoso até a solução do procedimento destinado à apuração da falta grave, deve-se ter em mente que o condenado que regride cautelarmente de regime prisional não pode ficar aguardando indefinidamente a decisão final do Juízo. Portanto, nesses casos, o poder competente tem de instaurar o procedimento cabível e decidir em prazo curto o procedimento da regressão[78].

Caso, após oitiva do condenado nos termos do art. 118, § 2º, da LEP, conclua o juízo no sentido da inexistência de falta grave, crime ou conduta que indique frustração aos fins da execução ou desídia injustificada no pagamento da multa imposta simultaneamente à prisão, caberá ao juiz restabelecer a situação anterior, revogando, portanto, a ordem de regressão cautelar.

8.2.18.4 A legislação complementar e o regime aberto (art. 119 da LEP)

De acordo com o art. 36, § 1º, do Código Penal, o condenado do regime aberto deverá trabalhar, frequentar curso ou exercer outra atividade autorizada, fora do estabelecimento e sem vigilância, permanecendo recolhido durante o período noturno e nos dias de folga. Referindo-se a essa disciplina, diz o art. 119 da LEP que "a legislação local poderá estabelecer normas complementares para o cumprimento da pena privativa de liberdade em regime aberto". Isso significa que as regras pertinentes às atividades desenvolvidas pelo condenado fora do estabelecimento penal (por exemplo, horários de saída e retorno ao estabelecimento), bem como algumas normas relativas ao período em que permanecer o sentenciado no interior da Casa de Albergado ou estabelecimento similar, podem ser determinadas por lei local.

---

[77] STJ, RHC 45990/MG, *DJ* 01.07.2014; *Habeas Corpus* 184988/RJ, *DJ* 28.02.2013; *Habeas Corpus* 240643/SP, *DJ* 16.11.2012; *Habeas Corpus* 161452/RJ, *DJ* 05.09.2012.

[78] STJ, *Habeas Corpus* 169012/RJ, *DJ* 09.03.2011.

8.2.19 Autorizações de saída (arts. 120 a 125 da LEP)

A Lei de Execução Penal, disciplinando a execução das penas privativas de liberdade, contempla a possibilidade de serem deferidas ao sentenciado *autorizações de saída*, que, em linhas gerais, consistem em benefícios que podem ser concedidos aos apenados dos regimes fechado ou semiaberto. Tais *autorizações* classificam-se em *permissões de saída* e *saídas temporárias*. Conforme dispõe o item 127 da Exposição de Motivos da L. 7.210/1984, tais benefícios "constituem notáveis fatores para atenuar o rigor da execução contínua da pena de prisão" (item 127 da Exposição de Motivos a LEP).

8.2.19.1 Permissões de saída (arts. 120 e 121 da LEP)

As *permissões de saída* estão regulamentadas nos arts. 120 e 121 da LEP, fundamentam-se em razões humanitárias e visam possibilitar saídas do estabelecimento prisional, **mediante escolta** (art. 120, *caput*, da LEP). As situações que autorizam o deferimento do benefício encontram-se previstas taxativamente (não é admitida interpretação extensiva) no art. 120, I e II, da LEP, consistindo nos seguintes:

> **I - Falecimento ou doença grave do cônjuge, companheira, ascendente, descendente ou irmão:** O evento *morte* ou a *doença grave* devem estar devidamente comprovados, para fins de deferimento do benefício, mediante a juntada da correspondente prova documental. Também deverá estar comprovada a *relação familiar*. No caso de cônjuge, ascendente, descendente ou irmão, essa prova deve ser feita por meio de certidão, nos termos do art. 155, parágrafo único, do CPP. Já em relação ao companheiro ou companheira, a relação estável pode ser comprovada por qualquer outro meio idôneo, desde que seja hábil a convencer o diretor do presídio acerca do vínculo existente entre o preso e a pessoa morta ou falecida (por exemplo, declarações escritas de testemunhas). Perceba-se que, em relação à doença grave, não exige a lei que seja incurável ou que se encontre o preso em estado terminal. Basta, com efeito, a séria perturbação da saúde e o consequente risco de morte do familiar.
>
> **II - Necessidade de tratamento médico (parágrafo único do art. 14):** A remissão do art. 120, II, da LEP ao "parágrafo único do art. 14", na verdade, deve ser compreendida como relativa ao § 2º do art. 14, já que o dispositivo não contém parágrafo único. Trata-se, enfim, da hipótese em que o estabelecimento penal não está aparelhado para prover a assistência médica necessária ao preso, impondo-se que seja ela prestada em outro local, público ou privado (neste último caso, às expensas do preso). Logo, não pode ser concedida a permissão de saída se houver na casa prisional estrutura adequada ao tratamento do preso.

O benefício destina-se aos condenados que cumprem pena em **regime fechado ou semiaberto**, bem como aos **presos provisórios,** assim considerados aqueles em relação aos quais ainda não há sentença condenatória transitada em julgado. Não é prevista a sua concessão para os presos do **regime aberto**, mesmo porque estes se recolhem à casa do albergado apenas no período noturno e nos dias de folga. Sem embargo, deve-se lembrar que, se o executado estiver no regime aberto, o acometimento de doença grave poderá ensejar prisão domiciliar, conforme se infere do art. 117, II, da LEP.

Tratando-se de medidas de natureza administrativa, essas permissões deverão ser apreciadas e, sendo o caso, concedidas pelo **diretor do estabelecimento** em que se encontra recolhido o preso (art. 120, parágrafo único, da LEP). Evidentemente, nada obsta seja postulado o benefício ao juiz da execução, principalmente na hipótese de negativa injustificada da autoridade administrativa em concedê-lo, mesmo porque o art. 66, VI, da LEP estabelece que a esse juiz incumbe zelar pelo correto cumprimento da pena.

A Lei de Execução Penal não estabeleceu **prazo de duração** das permissões de saída, limitando-se a dispor, no seu art. 121, que "terá a duração necessária à finalidade da saída". Nesse viés, embora o benefício, como regra, destine-se a breves afastamentos do estabelecimento prisional, não é impossível que sua duração se prolongue no tempo. Isso pode ocorrer especialmente na hipótese do art. 120, II, que contempla a permissão de saída para fins de tratamento médico, caso em que o benefício deverá estender-se até que o preso, ao menos parcialmente recuperado, possa ter seu atendimento prestado pela assistência médica do estabelecimento prisional.

Há quem diga que as permissões de saída constituem direito do preso, quando presentes as situações legais que autorizam sua concessão. Entretanto, no âmbito dos Tribunais Superiores já se decidiu em sentido oposto, isto é, que essas permissões **não caracterizam direito subjetivo** do reeducando à obtenção da benesse, devendo ser avaliadas, em cada caso concreto, a pertinência e a razoabilidade em deferir a pretensão[79].

8.2.19.2 Saídas temporárias (arts. 122 a 125 da LEP)

8.2.19.2.1 Considerações gerais

As *saídas temporárias* estão disciplinadas nos arts. 122 a 125 da LEP. Em linhas gerais, têm por objetivo possibilitar o retorno gradual do preso ao mundo exterior, facilitando sua reintegração na sociedade. Quanto às hipóteses de sua concessão, estão previstas no art. 122, I, II e III, da LEP, constituindo-se nas seguintes:

> **I – Visita à família:** A manutenção dos vínculos familiares do preso é estimulada pela Lei de Execução Penal devido à sua importância no processo de reinserção social. Considerando que o art. 122, I, é genérico, deflui-se que autorizam o deferimento da saída a visitação a qualquer pessoa da família, e não apenas cônjuge, companheiro, ascendente, descendente ou irmão, podendo abranger outros familiares próximos, bastando que com estes mantenha o preso laços de afeto (padrasto, madrasta, tios, primos e outros). Evidentemente, a existência do vínculo familiar deve ser comprovada documentalmente. No caso da união estável, não havendo prova documental, deve-se admitir a produção de prova testemunhal. Na prática, é comum autorizar-se a saída para visita à família em datas comemorativas, como Natal, festas de fim de ano, Páscoa, Dia das Mães etc.
>
> **II – Frequência a curso profissionalizante, bem como de instrução do 2º grau ou superior, na Comarca do Juízo da Execução:** Releva essa hipótese de saída temporária, principalmente, nas situações em que o estabelecimento prisional não tenha condições de prover a assistência educacional do preso. O art. 122, II, da LEP concilia-se com regras constitucionais que asseguram a educação para todos, o que abrange evidentemente não apenas os homens livres, mas também os segregados. Veja-se que o art. 205 da CF preceitua que "a educação, direito de todos e dever do Estado e da família, será promovida e incentivada com a colaboração da sociedade, visando ao pleno desenvolvimento da pessoa, seu preparo para o exercício da cidadania e sua qualificação para o trabalho". Já o art. 208, § 1º, da mesma Carta refere que "o acesso ao ensino obrigatório e gratuito é direito público subjetivo". Especificamente em relação ao segregado, deve-se ter em conta que o estudo funciona como fator ressocializador, adaptando-o ao reingresso no convívio em sociedade. Outro aspecto importante a observar é o de que, nesse caso, condiciona a lei a saída do preso a que o curso a ser frequentado seja ministrado na *comarca do juízo da execução.* Considerando que o objetivo dessa previsão é possibilitar o retorno do condenado ao

[79] STJ, *Habeas Corpus* 170197/RJ, *DJ* 20.06.2012; *Habeas Corpus* 235104/RJ, *DJ* 20.06.2012.

estabelecimento penal, parece lógico que não fica obstado o deferimento da saída quando se trata da frequência a curso ministrado na área da comarca em que localizado o estabelecimento penal, mesmo que tal não seja a comarca do juízo da execução (há casos em que o juízo da execução localiza-se em comarca distinta daquela em que situado o estabelecimento penal) ou até mesmo em comarcas muito próximas ou contíguas.

III - Participação em atividades que concorram para o retorno ao convívio social: tendo em vista a amplitude da norma, deve-se inserir no seu âmbito as atividades culturais, artísticas, religiosas, esportivas, recreativas etc. Na verdade, caberá ao juízo das execuções criminais verificar, em cada caso, a pertinência e a razoabilidade em deferir ou não a pretensão.[80]

Ao contrário do que ocorre com as *permissões de saída*, as saídas temporárias não se condicionam à **vigilância direta ou escolta** do preso (art. 122, *caput*, da LEP). Isso não impede, contudo, que ao conceder a benesse determine o juiz a fiscalização do apenado por meio de monitoramento eletrônico, nos termos dos arts. 122, parágrafo único, e 146-B, II, ambos da LEP.

Em termos legais, dirigem-se as saídas temporárias apenas aos condenados do **regime semiaberto.** Apesar dessa limitação, parcela expressiva da doutrina e da jurisprudência admite sua concessão também aos presos do **regime aberto**, *a um* porque, destinando-se o benefício ao retorno gradual do apenado à sociedade, não há motivos para excluir de sua concessão aquele que se encontra nesse regime, possibilitando-lhe, por exemplo, permanecer determinado número de dias sem regresso à casa do albergado após o cumprimento da jornada de trabalho; e *a dois*, conforme referido pelo Ministro Celso de Mello, pelo fato de que "a recusa desse benefício ao preso albergado constituiria verdadeira *contradictio in terminis*, pois conduziria a uma absurda situação paradoxal, eis que o que cumpre pena em regime mais grave (semiaberto) teria direito a um benefício legal negado ao que, precisamente, por estar em regime aberto, demonstrou possuir condições pessoais mais favoráveis de reintegração à vida comunitária"[81]. Por outro lado, quanto aos presos do **regime fechado**, é assente a jurisprudência no sentido de que esse regime mostra-se incompatível com o benefício da saída temporária[82]. Do mesmo modo, não se concede o benefício ao **preso provisório**, ressalvada a hipótese de sentença condenatória que tenha imposto regime inicial semiaberto, pendente de trânsito em julgado apenas em razão de recurso exclusivo da defesa, já que, nesse caso, revela-se absolutamente impossível a reforma da decisão para fins de imposição de regime mais gravoso. *E quanto ao indivíduo preso para fins de extradição?* Entende o STF que "a prisão para extradição é uma prisão processual e, em regra, é executada em regime semelhante ao fechado". Logo, descabe o benefício para extraditando cuja extradição já foi deferida (Ext. 1490 Agr/DF, *DJ* 07.02.2018).

Existem divergências quanto à possibilidade de concessão do benefício ao indivíduo que se encontra em prisão domiciliar. Para ilustrar, suponha-se que um determinado apenado tenha progredido do regime fechado para o semiaberto, mas que, em razão da falta de vagas para cumprimento da pena nesse último regime, tenha sido autorizado pelo juiz da execução à prisão domiciliar, consoante termos da Súmula Vinculante 56 do STF. *A tal apenado, caso cumpridos os demais requisitos legais, poderá ser concedido o benefício de saída temporária?* Há quem entenda que existe essa possibilidade, mesmo porque o apenado está

80 STJ, *Habeas Corpus* 170197/RJ, *DJ* 20.06.2012; *Habeas Corpus* 235104/RJ, *DJ* 20.06.2012.

81 *Diário da Justiça*, Seção I, p. 22.277, 03.08.1995.

82 STJ, *Habeas Corpus* 213575/MG, *DJ* 03.11.2011; *Habeas Corpus* 114088/RS, *DJ* 21.06.2010.

em regime que faculta o deferimento do benefício, apenas não se encontrando preso em estabelecimento penal por circunstância relacionada à inexistência de vagas no semiaberto. Outros, ao contrário, inclinam-se em sentido oposto, sustentando que a contemplação legal do benefício da saída temporária existe para aquele que está recolhido, efetivamente, no regime semiaberto, isto é, com restrição da liberdade. A nosso ver, é preciso ver caso a caso. De fato, não faz sentido conceder ao apenado que está sob prisão domiciliar saída temporária para visita a pessoas de sua família (art. 122, I, da LEP), já que as poderá receber na casa em que se encontra (ressalvadas, por óbvio, situações excepcionalíssimas devidamente justificadas – pessoa a ser visitada está acamada, ou hospitalizada, ou com grande dificuldade de deslocamento etc.). Todavia, o benefício deve, sim, ser concedido quando justificado nas demais situações elencadas no art. 122, II e III, da LEP, sob pena de prejuízo injusto ao reeducando do semiaberto que apenas está submetido à prisão domiciliar por omissão do Estado na criação de vagas para cumprimento da pena em tal regime).

Conforme determina o art. 123 da LEP, a autorização será concedida por ato motivado do **juiz da execução**, ouvidos o Ministério Público e a administração penitenciária. Como se vê, opostamente ao que ocorre com as *permissões de saída*, a autorização possui caráter jurisdicional e insere-se na competência privativa do magistrado que oficia na Vara de Execuções Criminais, não podendo o pedido de saída ser deliberado pelo diretor do estabelecimento prisional, ao qual incumbe tão somente manifestar-se perante o juízo, favorável ou desfavoravelmente ao seu deferimento, conforme estejam ou não presentes os requisitos objetivos e subjetivos de sua concessão. Outra exigência legal é a oitiva prévia do Ministério Público, implicando em nulidade absoluta a decisão judicial proferida sem o cumprimento dessa formalidade.

8.2.19.2.2 Requisitos

O benefício da saída temporária não pode ser deferido pelo juiz da execução de forma automática, isto é, como simples consequência da progressão do apenado para o regime semiaberto ou da circunstância de ter ele iniciado o cumprimento da pena nesse regime. Necessário se faz, enfim, o exame acerca do preenchimento pelo segregado de determinados pressupostos previstos em lei, sempre atentando para razão maior das benesses concedidas no âmbito da execução criminal, que consiste na readaptação do condenado à vida em sociedade.

Nesse contexto, estabelece o art. 123, I, II e III, da LEP os seguintes requisitos, que devem ser atendidos pelo apenado que pretende saída temporária do estabelecimento penal:

> **I – Comportamento adequado:** Trata-se de requisito subjetivo, consubstanciado no mérito do apenado, a ser aferido sobretudo a partir de informações prestadas pela administração penitenciária. Para tanto, deve ser observada a vida carcerária do indivíduo, não devendo ser concedida a benesse àquele que, por exemplo, apresentar histórico relativamente recente de faltas disciplinares ou que se mostrar refratário em relação às obrigações decorrentes do cumprimento da pena previstas no art. 39 da LEP.
>
> **II – Cumprimento mínimo de 1/6 (um sexto) da pena, se o condenado for primário, e 1/4 (um quarto), se reincidente:** Estabelece a lei, nesse caso, requisito objetivo, consistente na necessidade de que tenha o apenado cumprido lapso mínimo de pena como condição para o deferimento de saída temporária. Nesse viés, tratando-se de condenado não reincidente, deverá ter cumprido pelo menos um sexto da pena e, sendo o caso de condenado reincidente, pelo menos um quarto da pena. Note-se que, encontrando-se o apenado no regime semiaberto por força de progressão de anterior regime fechado, não exige a lei que

o tempo mínimo de pena exigido tenha sido cumprido integralmente no regime semiaberto, podendo ser computado o período em que esteve no regime fechado. Esse, a propósito, o sentido da **Súmula 40 do STJ** ao dispor que, "para obtenção dos benefícios de saída temporária e trabalho externo, considera-se o tempo de cumprimento da pena no regime fechado". Ilustra-se: Determinado indivíduo é condenado a 12 anos de reclusão no regime inicialmente fechado. Cumprido um sexto da pena nesse regime, obtém a progressão para o semiaberto. Poderá ele, desde logo, postular o benefício da saída temporária, desde que ocorram quaisquer das situações elencadas no art. 122 da LEP, independentemente de satisfazer mais um sexto ou um quarto da pena no regime semiaberto.

III - Compatibilidade do benefício com os objetivos da pena: Além da finalidade de prevenção geral e repressão à prática de crimes, a pena tem como objetivo a ressocialização do indivíduo, visando adaptá-lo ao convívio em sociedade. Essa é a razão pela qual a Lei de Execução Penal adotou o sistema da progressividade, que objetiva favorecer o apenado que demonstrar boa conduta carcerária e sancionar aquele que persiste na prática de condutas graves. Especificamente em relação às saídas temporárias, condiciona-se seu deferimento a que haja compatibilidade com os objetivos da pena, isto é, que o condenado demonstre estar apto à concessão do benefício, não implicando o contato com o mundo exterior em riscos maiores à eficácia do processo de ressocialização. Veja-se, entretanto, eventual indeferimento de pedido de saída temporária com base no art. 123, III, da LEP deve fundamentar-se em dados concretos, não sendo suficientes alegações relativas à gravidade em abstrato do delito praticado ou à quantidade de pena que resta a ser cumprida[83].

Aspecto importante, no que toca ao exame dos requisitos impostos por lei para a concessão de saídas temporárias, refere-se à possibilidade de **automatização** desses benefícios, isto é, de sua concessão antecipada pelo juiz da execução, autorizando de uma só vez várias saídas ao longo do ano. Não se olvida que a jurisprudência, em diversas oportunidades, considerou possível essa automatização, validando decisões antecipadas independentemente de nova manifestação do Poder Judiciário, bastando para tanto que se mantenham inalteradas as condições pertinentes, especialmente aquelas contidas no inciso I (comportamento adequado) e no inciso III (compatibilidade com os objetivos da pena) do art. 123 da LEP[84]. Sem embargo desse entendimento, reputamos que automatizar as saídas implica violação aos termos da Lei de Execução Penal, que determina, em cada caso e à luz da realidade do preso no momento da concessão do benefício, a manifestação do Ministério Público e da Administração Penitenciária e subsequente avaliação pelo Juízo da Execução a respeito da conveniência da medida. Ademais, não se pode negar que a concessão de saídas periódicas automatizadas constitui verdadeira delegação de função jurisdicional ao administrador do presídio, já que a este incumbirá efetivar a saída anteriormente autorizada pelo Poder Judiciário sem que o juiz da execução avalie, nessa ocasião, a presença dos requisitos dispostos no mencionado art. 123, I e III, da LEP[85]. Nesse sentido, a orientação adotada no Superior Tribunal de Justiça:

> "É indevida a delegação do exame do pleito à Autoridade Penitenciária, impedindo o *Parquet* de se manifestar na concessão do benefício e, ainda, de exercer a sua função fiscalizadora

---

83 STJ, *Habeas Corpus* 125643/RJ, *DJ* 08.09.2009; *Habeas Corpus* 136167/RJ, *DJ* 30.11.2009; *Habeas Corpus* 166733/RJ, *DJ* 21.06.2010.

84 STJ, Recurso Especial 794602/RS, *DJ* 09.12.2008; Medida Cautelar 10037/RS, *DJ* 04.08.2008.

85 TJRS, Agravo 70048366322, j. 16.05.2012. STJ, Agravo Regimental no Recurso Especial 1050279/RS, *DJ* 14.09.2011; *Habeas Corpus* 159346/RJ, *DJ* 11.10.2010.

no tocante à ocorrência de excesso, abuso ou mesmo de irregularidade na execução da medida. A renovação automática das saídas temporárias, deixando a sua fiscalização a cargo do administrador do presídio, contraria, de forma flagrante, a vontade da lei, não bastando o argumento de desburocratização e racionalização do Juízo da Vara de Execuções Criminais justificativa plausível para a não observação a Lei de Execução Penal"[86].

8.2.19.2.3 Prazo

Conforme se infere do art. 124 da LEP, uma vez atendidos os requisitos legais, a autorização de saída temporária, em regra, poderá ser deferida por prazo não superior a sete dias, podendo ser renovada por mais quatro vezes durante o ano. Como se vê, a interpretação literal do dispositivo faz concluir que o preso poderá obter até **cinco autorizações de saída temporária**, não podendo cada uma delas **exceder a sete dias** e nem o total superar a **trinta e cinco dias** durante o ano. Sem embargo, tem-se discutido a possibilidade de ser deferido ao apenado número de saídas superior a cinco ao ano, quando, no total, não excederem aos mencionados trinta e cinco dias. Na verdade, existem duas correntes:

Primeira: Não é possível a compensação de dias. Isso quer dizer que, se o apenado gozou uma saída de três dias e outras quatro de sete dias, não lhe assistirá o direito a outras autorizações até que se completem o total de trinta e cinco dias[87].

Segunda: Ao estabelecer o art. 124 da LEP que a autorização para saídas temporárias será concedida por prazo não superior a sete dias, podendo ser renovada por mais quatro vezes durante o ano, fixou por via oblíqua um limite máximo de trinta e cinco dias anuais para saídas temporárias[88]. Respeitado esse limite, a concessão de mais de cinco saídas temporárias de menor duração alcança o objetivo de reintegrar gradualmente o condenado à sociedade.

Na visão dos tribunais, tem prevalecido a segunda orientação, compreendendo-se que, embora a redação do art. 124 da LEP possibilite interpretar de que são permitidas apenas cinco saídas temporárias anuais independentemente de sua duração, dentro do limite de sete dias, a melhor leitura é no sentido de que não existe nenhum óbice ao uso do saldo de dias remanescentes para a concessão de novos benefícios. Afinal, as saídas temporárias objetivam a reinserção gradual do preso na sociedade, sendo uma forma de permitir ao juiz da execução a análise de sua adaptação ao meio aberto, para concessão de futuros benefícios, como a progressão para o regime aberto ou o livramento condicional. Assim, em atenção ao princípio da ressocialização, a concessão de um maior número de saídas temporárias de menor duração, uma vez respeitado o limite de dias imposto na Lei de Execuções, alcança o objetivo de reintegrar gradualmente o condenado à sociedade[89].

Observação importante: De acordo com o art. 124, § 2º, da LEP, a limitação temporal de trinta e cinco dias não se aplica na hipótese de saída temporária prevista no art. 122, II, da mesma lei, isto é, quando se tratar de **frequência a curso profissionalizante, de instrução de ensino médio ou superior**, caso em que o tempo de saída será o necessário para o cumprimento das atividades discentes. Em outras palavras, o preso poderá sair da

---

86 STJ, Recurso Especial 1176264/RJ, *DJ* 03.09.2012; Recurso Especial 1166251/RJ, *DJ* 04.09.2012.

87 Renato Marcão, op. cit., p. 209.

88 TJRS, Agravo 70020732129, j. 13.09.2007.

89 STJ, Recurso Especial 1176264/RJ, *DJ* 03.09.2012.

colônia penal todos os dias da semana em que houver aula, permanecendo ausente durante o tempo necessário para o exercício das atividades estudantis. Nesse caso, também, infere-se do art. 124, § 3º, da LEP que não se aplica a restrição de intervalo mínimo de quarenta e cinco dias entre uma saída e outra, regra aplicável somente às hipóteses de autorizações de saída para visita à família (art. 122, I, da LEP) e para a participação em atividades que concorram para o retorno ao convívio social (art. 122, III, da LEP).

8.2.19.2.4 Condições de gozo

Com a modificação da L. 12.258/2010, o art. 124, § 1º, da LEP estabeleceu condições que devem ser impostas pelo juiz ao conceder saída temporária, e devidamente cientificadas ao condenado. Trata-se de **condições legais** ou **obrigatórias**, consistindo em: I - Fornecimento do endereço onde reside a família a ser visitada ou onde poderá ser encontrado durante o gozo do benefício; II - Recolhimento à residência visitada, no período noturno; e III - Proibição de frequentar bares, casas noturnas e estabelecimentos congêneres. O estabelecimento dessas condições tem em vista manter o juízo informado do paradeiro do condenado enquanto usufrui do benefício a fim de possibilitar a sua fiscalização, bem como minimizar o risco de contato do apenado com ambientes nocivos, o que pode dificultar o processo de reintegração social e até facilitar a reiteração criminosa.

Note-se que, de acordo com o art. 124, § 1º, da LEP, essas condições são impostas sem prejuízo de outras - chamadas de **condições judiciais ou facultativas** - que o magistrado entenda compatíveis com as circunstâncias do caso e com a situação pessoal do condenado. Para tanto, como refere Renato Marcão, o juiz "deverá observar critérios de razoabilidade e proporcionalidade, bem como estrita relação com o crime praticado pelo condenado, do qual resultou a pena sob execução, além de suas condições pessoais no momento do benefício"[90]. Não devem ser admitidas, portanto, condições desvinculadas do crime ou de caráter aleatório, vale dizer, não individualizadas em relação à pessoa do preso.

O desatendimento das condições impostas na autorização, na medida em que demonstra a falta de comprometimento do apenado com a reeducação que se espera da pena, implicará automática **revogação** do benefício, *ex vi* do art. 125 da LEP. E mais: conforme entendimento pretoriano, tal inobservância acarreta também o reconhecimento da prática de **falta grave**, pois o art. 39, V, da LEP estabelece como dever do condenado a execução *das ordens recebidas* e o art. 50, VI, da mesma lei dispõe que comete falta grave o condenado à pena privativa de liberdade que inobservar os deveres previstos nos incisos II e V, do art. 39. Em decorrência, sujeita-se o reeducando às consequências pertinentes à homologação judicial da falta grave, tais como a possibilidade de regressão do regime carcerário (art. 118, I, da LEP) e a alteração da data-base (marco inicial) para concessão de alguns benefícios prisionais, a exemplo da progressão de regime carcerário, nos termos da **Súmula 534 do STJ**[91-92].

8.2.19.2.5 Revogação do benefício

O art. 125 da LEP estabelece as hipóteses em que o benefício da saída temporária será revogado. Ocorrentes as situações legais, a revogação pelo Juízo da Execução será

90 Renato Marcão, op. cit., p. 209.

91 Súmula 534 do STJ: "A prática de falta grave interrompe a contagem do prazo para a progressão de regime de cumprimento de pena, o qual se reinicia a partir do cometimento dessa infração".

92 Conforme temos dito ao longo desta obra, há determinados benefícios da execução penal que não são atingidos pelo reconhecimento judicial da prática de falta grave. É o caso do livramento condicional (Súmula 441 do STJ) e da comutação de pena ou indulto (Súmula 535 do STJ).

automática, isto é, deverá ser decretada pelo juiz ao simples conhecimento da causa de revogação, não se exigindo, portanto, a prévia oitiva do condenado.

Autorizam a revogação as seguintes hipóteses:

a) **Prática de crime doloso:** Basta o conhecimento pelo juiz acerca do cometimento de crime doloso pelo condenado durante o gozo da saída temporária. Não exige a lei, portanto, prévia condenação transitada em julgado. Note-se, porém, que a prática de crime doloso é causa de regressão do regime prisional (art. 118, I, da LEP), sendo que, para essa finalidade – não para a revogação da saída, mas sim em razão da regressão do regime –, exige-se a prévia oitiva do apenado em audiência judicial de justificação (art. 118, § 2º, da LEP). Encontrando-se o apenado em regime semiaberto, a regressão para o fechado inviabiliza, por si, a concessão de novas saídas, já que estas são incompatíveis com o regime fechado (art. 122 da LEP).

b) **Punição por falta grave:** O art. 125 da LEP exige a *punição* pela prática de falta grave. Não obstante, deve-se referir que a simples *prática* da falta é causa de regressão do regime prisional. Portanto, cometida a falta grave pelo apenado do regime semiaberto (que é quem pode usufruir de saídas temporárias, *ex vi* do art. 122 da LEP), a consequência daí resultante será a regressão para o regime fechado, que não permite o deferimento de saídas temporárias. Lembre-se que, para fins de regressão do regime prisional pela prática de falta grave, exige o art. 118, § 2º, da LEP a prévia oitiva do apenado em audiência judicial de justificação. Situação relativamente frequente é não retornar o apenado ao estabelecimento prisional após o término da saída temporária. Tal conduta, não sendo adequadamente justificada, caracteriza a falta grave prevista no art. 50, II, da LEP – fuga, conduzindo, no mais das vezes, à regressão de regime[93].

c) **Desatendimento das condições impostas na autorização:** Trata-se das condições legais ou judiciais impostas pelo juiz da execução por ocasião do deferimento de saída temporária. Como referimos no tópico anterior (item 8.2.19.2.4), vem se firmando a jurisprudência no sentido de que essa desobediência implica, por si, a prática de falta grave, com base nos arts. 39, V, e 50, VI, da LEP, diante da inobservância das *ordens recebidas*[94]. Logo, o fato do desatendimento dessas condições, além de implicar na revogação da saída temporária, pode importar regressão para o regime fechado, inviabilizando, nessa hipótese, novas saídas.

d) **Baixo grau de aproveitamento do curso:** Tal hipótese tem pertinência com a saída temporária autorizada para frequência a curso supletivo, profissionalizante, bem como de instrução de ensino médio ou superior (art. 122, II, da LEP), não importando se o baixo aproveitamento deve-se a desídia ou despreparo intelectual do preso. Em suma, não havendo indicativos de aproveitamento de parte do condenado, a autorização de saída deve ser revogada por não estar contribuindo para a sua reinserção social.

[93] STJ, *Habeas Corpus* 175254/RS, *DJ* 17.11.2011.

[94] TJRS, Agravo 70050109669, j. 13.12.2012; Agravo 70049105596, j. 28.06.2012; Agravo 70048579403, j. 24.05.2012.

Além das hipóteses previstas no art. 125 da LEP, poderá acarretar a revogação do benefício a **violação injustificada e comprovada dos deveres relativos à monitoração eletrônica**. Explica-se: o art. 146-B, II, da LEP refere que, ao conceder saída temporária, o juiz poderá determinar a fiscalização do condenado por meio de monitoramento eletrônico. Nesse caso, estabelece o art. 146-C, *caput*, da LEP que o condenado será instruído acerca dos cuidados que deverá adotar com o equipamento eletrônico e dos deveres de *receber visitas do servidor responsável pela monitoração eletrônica, responder aos seus contatos e cumprir suas orientações*; bem como de *abster-se de remover, de violar, de modificar, de danificar de qualquer forma o dispositivo de monitoração eletrônica ou de permitir que outrem o faça*. Pois bem, a violação injustificada e comprovada desses deveres poderá importar, a critério do juiz da execução e depois de ouvidos o Ministério Público e a defesa, a **revogação da autorização de saída temporária** (art. 146-C, parágrafo único, II, da LEP), caso não se revele suficiente a simples advertência escrita a que se refere o art. 146-C, parágrafo único, VII, da LEP.

Considerando que o art. 125 da LEP determina a revogação *automática* do benefício nas hipóteses nele previstas, infere-se que essa providência poderá ser ordenada *ex officio* pelo juiz da execução, nada impedindo, por óbvio, que seja requerida pelo Ministério Público.

Quanto à suposta *violação do princípio da presunção de inocência* pelo fato de não exigir a lei prévia oitiva do apenado para que seja revogada a saída temporária deferida ao preso, pensamos que não ocorre. É que a revogação do benefício constitui verdadeira punição e, assim, deve ocorrer antes de se esgotar o tempo pelo qual autorizada a saída temporária. Sobre o tema, aliás, já se pronunciou o Superior Tribunal de Justiça aduzindo que o Juízo das Execuções pode revogar a saída temporária "independentemente do exaurimento do procedimento administrativo disciplinar"[95].

8.2.19.2.6 Recuperação do direito à saída temporária

De acordo com o art. 125, parágrafo único, da LEP, pode o condenado recuperar o direito à saída temporária nos seguintes casos:

a) **Absolvição no processo penal**: Se o condenado teve revogado o benefício em razão da prática de crime doloso, a superveniência de absolvição criminal possibilita a recuperação do direito à saída temporária. Não obstante a omissão do texto legal, deve-se compreender que apenas a absolvição definitiva ou, ao menos, aquela que tenha transitado em julgado para a acusação, é capaz de produzir esse efeito.

b) **Cancelamento da punição disciplinar:** Também conduz à recuperação do benefício, não importando se tal cancelamento ocorreu por decisão administrativa ou foi determinado por decisão judicial.

c) **Demonstração de mérito do condenado:** Essa hipótese tem lugar, especialmente, quando a revogação da saída temporária ocorreu diante do desatendimento

[95] STJ, *Habeas Corpus* 33683/RJ, *DJ* 01.07.2005.

das condições impostas ou do baixo grau de aproveitamento do curso[96]. Como ensina Julio Fabbrini Mirabete[97], "nesses casos, é necessário que, durante um tempo considerável, o condenado demonstre seu mérito para poder novamente usufruir do benefício", não podendo pretender nova autorização logo após a revogação, "exigindo-se a demonstração de seu mérito por período posterior ao cancelamento".

Note-se que a recuperação do direito à saída temporária equivale a uma nova autorização, condicionando-se a prévia oitiva do Ministério Público e da administração penitenciária, devendo ainda ser devidamente motivada a decisão do juiz. Sem embargo, não se exige que o condenado cumpra mais um sexto de pena, se primário, ou um quarto, se reincidente, para obtenção da nova saída, podendo ser computado o tempo de pena anteriormente cumprido. Nesse sentido:

> "As saídas temporárias são automaticamente revogadas na prática de falta grave. Porém, a recuperação desse direito não depende de cumprimento de mais pena, mas de outros fatores, elencados no art. 125, parágrafo único, da LEP (absolvição no processo criminal, cancelamento da punição ou demonstração de mérito)".[98]

8.2.19.2.7 Gráfico comparativo

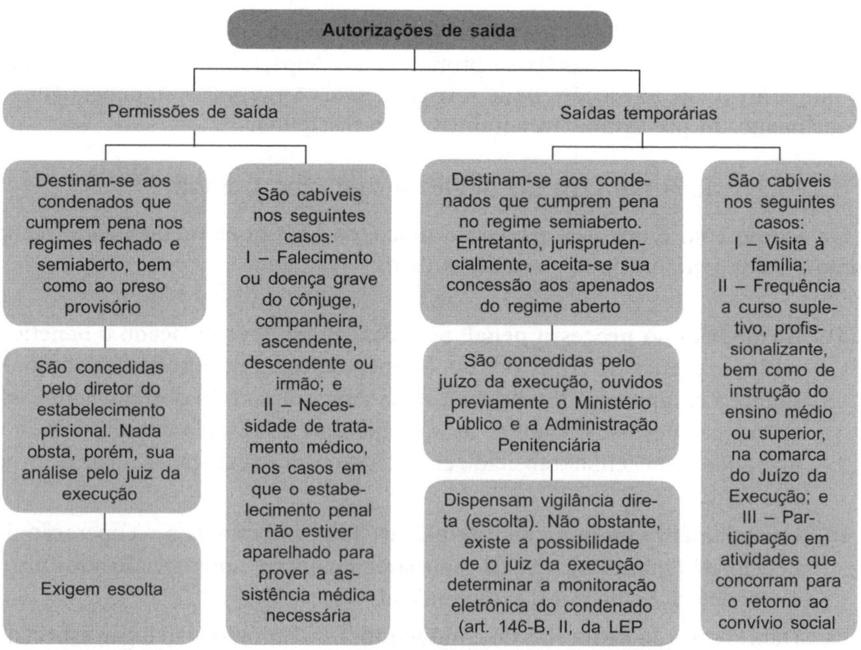

---

96 "A demonstração do merecimento do condenado é causa de recuperação para a hipótese de o benefício ter sido perdido em decorrência de desatenção às condições impostas ou de revelação de baixo grau de aproveitamento de curso" (TJRS, Agravo 70033189432, j. 09.12.2009).

97 Julio Fabbrini Mirabete, op. cit., p. 516.

98 TJRS, Agravo 70048549133, j. 28.06.2012.

8.2.20 Remição (arts. 126 a 130 da LEP)

8.2.20.1 Considerações gerais

No âmbito da execução criminal, compreende-se por *remição* o instituto que permite ao sentenciado **reduzir o tempo de cumprimento da pena privativa de liberdade, em razão do trabalho ou do estudo**, nos termos previstos nos arts. 126 a 130 da LEP.

Originariamente, previa a Lei de Execução Penal a possibilidade de remição de pena apenas pelo *trabalho* do preso. Entretanto, após intenso debate, passaram os tribunais a considerar possível o deferimento do benefício também nas hipóteses de *estudo*, posição que restou fortalecida com a edição da **Súmula 341 do STJ**, dispondo que "a frequência a curso de ensino formal é causa de remição de parte do tempo de execução de pena sob regime fechado ou semiaberto". Com a vigência da L. 12.433/2011, alterando dispositivos da LEP, o impasse foi definitivamente solucionado, contemplando essa lei, expressamente, a possibilidade de remição pelo estudo.

A remição deverá ser declarada pelo **juiz da execução** (art. 66, III, *c*, da LEP). Para tanto, impõe-se a prévia oitiva do Ministério Público, a quem incumbe fiscalizar a execução da pena, e também a oitiva da defesa do apenado (art. 126, § 8º, da LEP). A proporção de abatimento da pena é estabelecida em lei, observando-se o seguinte critério (art. 126, § 1º, da LEP):

> I – 1 (um) dia de pena a cada 12 (doze) horas de frequência escolar, dividas, no mínimo, em 3 (três dias);
>
> II – 1 (um) dia de pena a cada 3 (três) dias de trabalho.

Não existe **limite** para a remição de pena. Portanto, quanto mais o condenado dedicar-se ao trabalho ou ao estudo, maior será o tempo de desconto da pena privativa de liberdade. Considerando que o benefício tem por objetivo auxiliar no processo de ressocialização, seu deferimento independe, também, da **natureza do crime** cometido, podendo alcançar os autores de crimes cometidos com violência ou grave ameaça, condenados pela prática de crimes hediondos e assemelhados etc.

Por muito tempo, discutiu-se a **forma de abatimento do tempo remido**. Havia duas correntes:

> *Primeira*: O tempo remido deverá ser abatido do total da pena aplicada. Ilustra-se: Determinado indivíduo, condenado a 6 anos de reclusão, obtém pelo trabalho a remição de *60 dias* de pena. Tal montante será descontado do final da reprimenda, como se tivesse ele sido sentenciado, na verdade, a *5 anos e 10 meses* de prisão (6 anos – 60 dias = 5 anos e 10 meses). Nesse contexto, o prazo necessário a obtenção de benefícios incide sob a pena de *5 anos e 10 meses*, fazendo que tenha direito, por exemplo, à progressão de regime após o cumprimento de 1/6 deste total, isto é, **11 meses e 20 dias** após o início da pena.
>
> *Segunda*: O tempo remido deverá ser somado ao tempo de pena cumprida. Tome-se por base o exemplo anterior, em que restou condenado o agente a 6 anos de reclusão. Nesse caso, o lapso necessário à concessão de benefícios incidirá sobre o total da pena, isto é, 6 anos. Logo, para a progressão de regime, será necessário cumprir 1/6 da pena, isto é, 12 meses. Considerando, porém, que os *60 dias* remidos devem ser somados ao tempo de pena já cumprido, conclui-se que após **10 meses de pena** o apenado alcançará o lapso de 1/6 de pena necessário à progressão. Afinal, *10 meses* de pena cumprida + *60 dias* de remição equivalem a *12 meses*, o que corresponde a 1/6 da pena de 6 anos.

Em que pese a divergência doutrinária e jurisprudencial, a controvérsia foi definitivamente solucionada a partir da L. 12.433/2011, que modificou o art. 128 da LEP, passando este a dispor que "o tempo remido será computado como pena cumprida, para todos os efeitos". Com essa redação, consolidou-se legalmente a segunda orientação referida, o que permite ao condenado alcançar antes o tempo necessário à obtenção de benefícios prisionais que exijam o cumprimento de lapso mínimo de pena (progressão de regime, livramento condicional, indulto etc.).

Considerando que, para fins de remição, é necessária a comprovação das atividades desenvolvidas pelo preso, dispõe o art. 129, *caput*, da LEP que cabe à autoridade administrativa do estabelecimento penal em que se encontrar o preso encaminhar mensalmente ao juízo da execução **cópia do registro de todos os condenados que estejam trabalhando ou estudando**, com informação dos dias trabalhados ou das horas de frequência escolar ou de atividades de ensino de cada um deles. Segundo o art. 130 da Lei, constitui crime de falsidade ideológica, tipificado no art. 299 do Código Penal, declarar ou atestar falsamente prestação de serviço para fins de instruir pedido de remição.

Finalmente, veja-se do art. 129, § 2º, da LEP que ao condenado deve ser dada a **relação de seus dias remidos**. Essa norma concilia-se com o disposto no art. 41, XVI, da LEP, prevendo como direito do preso a obtenção de atestado de pena a cumprir, emitido anualmente, sob pena de responsabilidade da autoridade judiciária competente[99].

Questão importante: É possível remir dias com base no trabalho realizado em execução distinta? Imagine-se que o apenado, por força de trabalho externo deferido no Processo de Execução Criminal n.º 01234, relativo a crime praticado em 2005 e já extinto (pelo cumprimento da pena, pela extinção da punibilidade ou pela superveniência de decisão absolutória), possua saldo de tempo a remir de cem dias. Considere-se que, em relação a esse mesmo apenado, tenha sido instaurado o Processo de Execução Criminal n.º 05678 por crime cometido em 2011. *Poderia ele, neste outro PEC, remir dias de pena em face do trabalho desempenhado no PEC anterior?* Há três orientações aqui, as quais, aplicadas ao exemplo citado, podem conduzir às seguintes soluções:

Primeira: Na medida em que a remição tem como objetivo a redução da pena a partir dos dias trabalhados ou estudados, é possível a utilização das atividades realizadas pelo apenado enquanto cumpria pena em outro processo.

Segunda: Não é possível considerar, para efeito de remição no processo cuja pena está sendo executada (no exemplo, o PEC 05678) o período de labor desenvolvido no cumprimento da pena em outro processo (no exemplo, o PEC 01234), por absoluta falta de embasamento legal.

Terceira: Viabiliza-se a remição penal por conta de processo de execução penal distinto apenas quando o delito pelo qual o agravante cumpre sua pena e postula o benefício tenha sido praticado antes do período durante o qual exerceu efetiva atividade laboral, situação que não ocorre no exemplo dado. Trata-se da posição prevalente. Para ilustrar sua aplicação, atente-se ao seguinte exemplo: Determinado indivíduo foi condenado pela prática de crimes apurados nos Processos n.º 00130, 00140 e 00150, a pena total de 14 anos e 6 meses de reclusão, por delitos cometidos, respectivamente, em **03.10.2008, 04.11.2009** e **05.06.2009**. No curso da execução de sua pena, postula o reconhecimento da remição em razão de trabalho realizado no período de **19.09.2002 a 08.08.2003**, quando esteve recolhido cautelarmente em

[99] TJRS, Agravo 70060930922, j. 18.09.2014.

razão de outros processos. Neste caso, a decisão do Juiz da Execução Criminal deve ser no sentido do indeferimento do pleito. Isto porque o período trabalhado que busca o autor remir é anterior à prática dos delitos pelos quais está cumprindo pena. Nestes casos, o deferimento da remissão configuraria verdadeira aceitação de crédito de pena cumprida, contra o Estado, a ser usado para impunidade de posteriores infrações penais, o que não é aceito pela jurisprudência pátria.

8.2.20.2 Remição pelo trabalho

Conforme referimos no Capítulo 4, considera-se *trabalho* a atividade desempenhada pelo preso dentro ou fora do estabelecimento prisional, sujeito o preso à devida remuneração. Tendo em vista a função ressocializadora, sua prestação é prevista como um direito (art. 41, II, da LEP) e ao mesmo tempo um dever do condenado no curso da execução da pena (art. 39, V, da LEP). Em outras palavras, o trabalho, devidamente remunerado, é **obrigatório** ao preso na medida de sua aptidão e capacidade.

Ressalva existe com relação ao **condenado por crime político** que, nos termos do art. 200 da LEP, não está obrigado a trabalhar.

Também não existe esta obrigatoriedade para o **preso provisório**, conforme se infere do art. 31, parágrafo único da LEP. Não obstante, caso haja vontade do segregado provisório em trabalhar, sua execução fica limitada ao interior do estabelecimento prisional, o que é justificado pelas circunstâncias que motivaram a prisão antes do trânsito em julgado da sentença, que não são compatíveis com a prestação de trabalho no meio externo.

É ainda facultativo o trabalho para o condenado que cumpre pena de **prisão simples não excedente a quinze dias**, nos termos do art. 6º, § 2º, do Decreto-Lei 3.688/1981 (Lei das Contravenções Penais).

Logicamente, o trabalho exercido pelo preso deve ser lícito, devendo ser observados, na sua atribuição, fatores como a habilitação, a condição pessoal, as necessidades futuras do preso e as oportunidades oferecidas pelo mercado (art. 32, *caput*, da LEP). Os maiores de sessenta anos poderão solicitar ocupação adequada à sua idade e os doentes e deficientes físicos somente exercerão atividades apropriadas ao seu estado (art. 32, §§ 2º e 3º, da LEP).

Tratando-se de condenado que cumpre pena em **regime fechado ou semiaberto**, poderá remir, pelo trabalho, parte do tempo de execução da pena, sendo o desconto efetuado na proporção de **um dia de pena a cada três dias de trabalho** (art. 126, *caput* e § 1º, II, da LEP). Note-se que somente podem ser considerados os dias efetivamente trabalhados, excluindo-se, assim, os dias de descanso obrigatório, ou seja, domingos e feriados (art. 33, *caput*, da LEP). Sendo o caso de horário especial de trabalho, imposto ao preso nos serviços de conservação e manutenção do estabelecimento penal (art. 33, parágrafo único, da LEP), o descanso pode recair em outro dia da semana.

A remição não pode ser concedida ao indivíduo que cumpre pena no *regime aberto*, o que se justifica no fato de essa modalidade pressupor o trabalho do preso (ou a frequência a curso, ou o exercício de outra atividade autorizada), implicando a recusa injustificada em frustrar os fins da execução e, consequentemente, na possibilidade de regressão do regime (art. 36, §§ 1º e 2º, do CP). Na verdade, a remição de pena aos condenados que estão no regime aberto é autorizada pelo art. 126, § 6º, apenas no caso de frequência em curso regular ou de educação profissional, não alcançando, assim, a hipótese de prestação do trabalho[100]. **Mas, atenção**: existe orientação que, embora minoritária, se inclina no sentido de que o referido § 6º "acabou por aniquilar a exclusividade do regime fechado e semiaberto para o trabalho para fins de remição, afinal estudo é uma forma de trabalho, e por isso o trabalho deve ser abrangido no dispositivo"[101]. Com respeito às vozes que assim apregoam, discordamos do entendimento dado à explicitude da LEP a respeito do tema.

E quanto ao liberado condicional? Não faz jus à remição pelo trabalho, pois o objetivo desse instituto é o de estimular ou instigar o interesse pela atividade laboral, não podendo ser concedido na hipótese em que o exercício de atividade lícita é condição para o deferimento e manutenção do benefício, como ocorre no caso do livramento condicional (art. 132, § 1º, letra *a*, da LEP).

E quanto ao indivíduo que cumpre pena restritiva de direitos de prestação de serviços à comunidade? Também descabe a remição, já que nesse caso a prestação do trabalho é a própria pena a ser cumprida, implicando a omissão injustificada em conversão da pena em privativa de liberdade (art. 181, § 1º, letras *b* e *c*, da LEP).

E quanto ao agente submetido a medida de segurança de internação em hospital de custódia e tratamento psiquiátrico? Não lhe assiste direito à remição tendo em vista que tal sentenciado não está cumprindo pena de acordo com as normas dos regimes fechado e semiaberto, conforme exige o art. 126, *caput*, da LEP para fins de remição. Além do mais, eventual realização do trabalho pelo indivíduo internado tem objetivo terapêutico, não se confundindo, portanto, com os objetivos da remição.

E quanto ao preso provisório? Conforme se depreende do art. 126, § 7º, da LEP, alterado pela L. 12.433/2011, o instituto da remição se aplica à prisão cautelar. Portanto, se o apenado exerceu atividade laboral no período em que esteve provisoriamente preso, tem direito ao benefício. E mais: considerando a possibilidade de execução provisória da decisão condenatória que pende apenas do julgamento de recurso da defesa e, inclusive, de progressão de regime prisional durante esse interregno (**Súmula 716 do STF**), tem-se entendido que o deferimento da remição não está condicionado ao trânsito em julgado da condenação, podendo ocorrer em momento anterior a este[102].

E quanto ao apenado em prisão domiciliar? O STJ, sistematicamente, tem deliberado no sentido de que, em se tratando de apenado do regime semiaberto – modalidade de regime prisional que, como vimos, autoriza a remição (art. 126, *caput*) – e encontrando-se ele em prisão domiciliar por força da ausência de vagas para cumprimento da pena nesse regime (possibilidade determinada pela Súmula Vinculante 56 do STF), devem ser reconhecidos, para efeitos de remição, os dias comprovadamente trabalhados em ambiente externo[103]. Há vozes, contudo, em sentido oposto, compreendendo que, para o reeducando que se encontra sob prisão domiciliar, analogamente ao que ocorre com o preso do regime aberto, o trabalho é uma condição de ingresso e permanência, não

---

[100] STJ, Agravo Regimental no Recurso Especial 1223281/RS, *DJ* 07.02.2013; *Habeas Corpus* 186385/RS, *DJ* 29.08.2012.

[101] *RJTJERGS*, 211/154, citado por Marcelo Rodrigues da Silva, *Modificações implementadas à Lei de Execução Penal ao Instituto da Remição pela Lei 12.433/11*, disponível em: <http://www.ambito-juridico.com.br/site/index.php?n_link=revista_artigos_leitura&artigo_id=9994>, acesso em: 29.04.2016.

[102] TJRS, Agravo 70046964144, j. 01.08.2012.

[103] "O entendimento adotado pela Corte de origem encontra-se em consonância com a jurisprudência deste Sodalício, no sentido de que o apenado que se encontrava vinculado ao regime semiaberto para cumprimento de pena tem o direito de remição pelo trabalho prestado extramuros, ainda que em gozo de prisão domiciliar." (STJ, AgRg no REsp 1.685.033/SC, *DJ* 30.05.2018).

podendo, então, ensejar remição de pena, pois isso implicaria espécie de *bis in idem pro reo*, o que deve ser rechaçado, sob pena de violação dos princípios que regem a execução penal[104].

Autoriza-se a remição pelo trabalho externo desempenhado em estabelecimento empresarial pertencente ao próprio apenado em empresa familiar? Muitos consideram que não é possível nem sequer autorizar o trabalho externo nesses estabelecimentos, em razão da dificuldade de controle estatal das atividades desenvolvidas pelo apenado. Não obstante, é prevalente a orientação no sentido de que existe, sim, a possibilidade de remição nesses casos, não sendo plausível que problema relacionado à ausência de estrutura do Estado para a devida fiscalização acarrete prejuízo ao reeducando.

Perceba-se que, de acordo com o STJ, é possível a remição do tempo de trabalho realizado antes do início da execução da pena, desde que em data posterior à prática do delito cuja pena está em execução[105]. Em outras palavras, o deferimento do benefício, nesse caso, condiciona-se a que o delito pelo qual o indivíduo está cumprindo pena tenha sido cometido antes do trabalho realizado pelo preso. Para exemplificar, considerem-se as seguintes hipóteses:

> 1. Pedro é condenado a sete anos de reclusão por crime de roubo cometido em **1.06.2017**. Recolhido ao sistema penitenciário em 2019, requer ao Juízo da Execução o deferimento da remição de pena, em razão do trabalho interno realizado no período em que esteve preso preventivamente em face da imputação de crime de tráfico de drogas, supostamente cometido em **1.10.2017**, pelo qual foi absolvido. De acordo com o STJ, nesse caso, o juiz que está oficiando na execução do crime de roubo poderá deferir a remição pretendida, já que o trabalho prisional foi realizado **posteriormente** a esse delito.
>
> 2. João é condenado a sete anos de reclusão por crime de estupro cometido em **1.10.2017**. Iniciado o cumprimento da pena por esse crime em 1.4.2019, requer ao Juízo da Execução o deferimento da remição de pena, em razão do trabalho interno realizado no período de **1.5.2017 a 1.9.2017**, período esse em que esteve cautelarmente preso em face da imputação de crime de tráfico de drogas, pelo qual foi absolvido. Nessa hipótese, de acordo com o STJ, a remição não poderá ser deferida tendo em vista que o trabalho do preso foi realizado **anteriormente** à data do crime cuja pena está em execução (estupro).

Para fins de remição pelo trabalho, não diferencia a Lei de Execução Penal se a hipótese é de **trabalho interno** ou de **trabalho externo.** Nesse sentido, aliás, é a orientação reiterada do Superior Tribunal de Justiça, entendendo que "a única imposição contida no art. 126 da Lei de Execuções para a concessão da remição é a de que o condenado cumpra pena em regime fechado ou semiaberto, nada explicitando acerca do local desse trabalho. Logo, possível a remição da pena naqueles casos em que o preso trabalhe fora do estabelecimento prisional"[106]. Consolidando essa orientação, editou o STJ a **Súmula 562**, dispondo que "é possível a remição de parte do tempo de execução da pena quando o condenado, em regime fechado ou semiaberto, desempenha atividade laborativa, ainda que extramuros".

---

[104] TJRS, Agravo 70079734026, Primeira Câmara Criminal, Tribunal de Justiça do RS, Rel. Manuel José Martinez Lucas, j. 20.2.2019.

[105] STJ, *Habeas Corpus* 420.257/RS, J. 19.04.2018 (Informativo 625).

[106] STJ, *Habeas Corpus* 205592/RJ, *DJ* 27.02.2013; *Habeas Corpus* 184501/RJ, *DJ* 25.05.2012.

Independentemente da **natureza do trabalho** desenvolvido (desde que lícito, é claro), é certo que a atividade laboral que serve de base à remição é aquela que efetivamente cumpre sua função ressocializadora, e devidamente fiscalizada pelos órgãos de execução. Por esse motivo, já se deliberou que serviços de faxina na própria cela não viabilizam o deferimento do benefício.[107] O mesmo deve ser dito em relação à prática de artesanato, quando desenvolvida sem qualquer controle da atividade e dos períodos supostamente trabalhados. Evidentemente, não se está dizendo que a remição pelo trabalho artesanal seja proibida, mas sim que, para tanto, sua prestação deve ser devidamente comprovada pela autoridade responsável do presídio – que, inclusive, deve viabilizá-la, muito especialmente nos casos em que o estabelecimento não possua infraestrutura suficiente para oferecer outro tipo de qualificação profissional ao recluso.

Aspecto importante refere-se à **jornada de trabalho**, que autoriza a remição de pena na proporção do art. 126, § 1º, II, da LEP. Nesse ponto, deverá ser observado o art. 33 da LEP ao dispor que "a jornada normal de trabalho não será inferior a 6 (seis) nem superior a 8 (oito) horas, com descanso nos domingos e feriados". Todavia, essa questão não é tão simples quanto parece, já que existem interpretações distintas a respeito da contagem do tempo a ser remido. Note-se:

> *Primeira*: A remição deve ter por base 1 dia de pena para cada 18 horas efetivamente trabalhadas (o que corresponde a 3 dias de trabalho com a jornada mínima de 6 horas), pois não é razoável tratar da mesma forma aqueles que trabalham 6 horas por dia e aqueles que trabalham 8 horas. De acordo com esse entendimento, deve-se utilizar o **divisor em horas**, considerando-se que, a cada 18 horas de trabalho, faculte-se ao apenado a remir *1 dia de pena. Exemplo:* se o apenado laborou 114 dias, em jornada de 8 horas, poderá remir 51 dias de pena, com arredondamento da diferença em benefício do apenado. Para chegar a esse montante, multiplicou-se o número de dias trabalhados (114) pelo número de horas diárias (8), sendo o resultado dividido por 6 (jornada mínima) e, depois, novamente dividido por 3 (proporção determinada pelo art. 126, § 1º, II, da LEP).[108]
>
> *Segunda*: O art. 126, § 1º, II, da Lei de Execução Penal é claro ao afirmar que a contagem do tempo a ser remido será feita com base em dias, e não em horas, de trabalho. Já o art. 33 do mesmo diploma legal assevera que, por dia de trabalho, deve ser considerada uma jornada laboral que pode variar entre 6 e 8 horas diárias. Nesse caso, utiliza-se o **divisor em dias**, considerando-se que a cada *3 dias de trabalho* (jornada normal de 6, 7 ou 8 horas), faça jus o apenado a remir *1 dia de pena. Exemplo:* se o apenado laborou 114 dias, poderá remir 38 dias de pena. Para chegar a esse resultado, simplesmente dividiu-se o número de dias trabalhados (114) por 3 (proporção determinada pelo art. 126, § 1º, II, da LEP), independentemente de a jornada ter sido de 6, 7 ou 8 horas de trabalho. Essa orientação tem sido a **predominante,**[109] lembrando-se de que devem ser considerados os dias efetivamente trabalhados, excluídos os dias de descanso obrigatórios, isto é, os domingos e os feriados (art. 33, *caput*, 2ª parte, da LEP), salvante a hipótese de sido atribuído ao preso horário especial de trabalho para os serviços de conservação e manutenção do estabelecimento penal (art. 33, parágrafo único, da LEP), caso em que o descanso pode recair em outro dia da semana.

---

107 STJ, *Habeas Corpus* 116840/MG, *DJ* 02.03.2009.

108 TJRS, Embargos Infringentes 7004476696, j. 21.10.2011; Agravo 70041243452, j. 31.03.2011.

109 "A remição de pena se dá por dias trabalhados, e não por horas, sendo que a contagem de tempo será feita à razão de um dia de pena a cada 3 dias trabalhados, exigindo-se, para cada dia a ser remido, o labor de no mínimo 6 e no máximo 8 horas" (AgRg no REsp 1653679/MG, Rel. Ministro Rogerio Schietti Cruz, Sexta Turma, j. 06.04.2017, *DJe* 20.04.2017).

Perceba-se que, nos exemplos anteriores, considerou-se que tenha o apenado exercido jornada de trabalho não inferior a **seis** nem superior a **oito horas diárias**. Nesse contexto, surge a dúvida: *E se o trabalho for desenvolvido em jornada* **aquém do mínimo de seis horas** ou **além do máximo de oito horas** previstos no art. 33 da LEP? Também aqui há divergências, surgindo três orientações:

Primeira corrente: Apenas deve ser considerada a jornada completa de trabalho. Logo, quem laborar menos de 6 horas em um dia não terá direito a considerar esse lapso para fins de remição. Igualmente, trabalhando mais de 8 horas na mesma data, não poderá aproveitar o excedente a título de compensação. Em outras palavras, considera-se aqui que a remição tem como marco legal os dias efetivamente trabalhados com observância dos limites mínimo e máximo previstos no art. 33 da LEP, descabendo compensar ou considerar equivalência de horas trabalhadas fora desses limites. Logo, se o apenado, por exemplo, trabalhou duzentos dias com jornada de trabalho inferior ao mínimo previsto na Lei de Execução Penal, não terá direito ao benefício da remição. Trata-se de posição adotada por parcela considerável da doutrina.[110]

Segunda corrente: O trabalho extraordinário do apenado não pode, em tese, ser desprezado. Portanto, se o condenado desempenhar atividade laboral *além* do limite máximo da jornada de trabalho (8 horas diárias), o período excedente também deverá ser computado para fins de remição de pena, considerando-se cada 6 horas extras realizadas como um dia de trabalho. O mesmo não ocorre, contudo, em relação à jornada *aquém* do mínimo legal de 6 horas, que deve ser abstraída do cálculo de dias trabalhados. Nesse sentido, a posição dominante nos tribunais pátrios:

> *No cálculo da remição, consideram-se os dias de trabalho e não as horas trabalhadas, sendo que a cada três dias de trabalho desconta-se um dia de pena. 2. Inexistindo previsão legal a respeito, inviável o cômputo das horas trabalhadas aquém do mínimo legal de 6 horas diárias. 3. Todavia, com fundamento no entendimento esposado pelo STJ, é possível valorar as horas trabalhadas além do limite máximo diário, consideradas como horas extraordinárias, como forma de valorizar o próprio empenho do reeducando em ressocializar-se. 4. Destarte, o período excedente também deverá ser computado, considerando-se cada 6 (seis) horas extras com um dia de trabalho para fins de remição da pena.* (TJRS, Agravo n.º 70068386085, Quinta Câmara Criminal, Rel. Des. Cristina Pereira Gonzales, j. 06.04.2016)

Terceira corrente: efetivamente, a regra é a de que, para fins de remição, sejam observados os parâmetros ditados pela Lei de Execução Penal em relação à jornada de trabalho. Entretanto, assim como ocorre em relação ao trabalho realizado além do limite máximo de oito horas, também não podem ser desprezadas as horas trabalhadas pelo simples fato de terem sido inferiores a seis horas, condicionando-se, entretanto, a que a atividade laboral inferior à legal **não tenha decorrido de ato de insubmissão ou de indisciplina do preso**, mas sim de **imposição da administração prisional.** Prestigia-se, neste caso, o *princípio da proteção da confiança*, já que, sendo o trabalho nestas condições determinado pela Direção do estabelecimento penal, surge, para o apenado, a expectativa de que a atividade por ele

[110] Nesse sentido: Cleber Masson, op. cit., p. 611; e Renato Marcão, op. cit., p. 215.

desenvolvida relevará no abatimento do tempo de pena. Neste sentido, a propósito, já se pronunciou o STF, compreendendo como *obrigatório o cômputo do tempo de trabalho nas hipóteses em que o sentenciado, por determinação da administração penitenciária, cumpra jornada inferior ao mínimo legal de 6 (seis) horas, vale dizer, em que essa jornada não derive de ato de insubmissão ou de indisciplina do preso.* Nessa oportunidade, salientou a Corte que *os princípios da segurança jurídica e da proteção da confiança tornam indeclinável o dever estatal de honrar o compromisso de remir a pena do sentenciado, legítima contraprestação ao trabalho prestado por ele na forma estipulada pela administração penitenciária, sob pena de desestímulo ao trabalho e à ressocialização* (RHC 136.509/MG, 2ª Turma, *DJ* 27.04.2017). Trata-se, também, da posição a que vem se alinhando o STJ.[111]

Para o deferimento do pleito de remição de pena, os dias trabalhados deverão ser comprovados mediante a apresentação no Juízo da Execução de **atestado detalhado** lavrado pela direção do estabelecimento prisional, indicando a natureza das atividades desenvolvidas pelo preso, quais os dias e horários em que realizadas e a respectiva jornada. Não é por outra razão que o art. 129 da LEP determina à autoridade administrativa o encaminhamento mensal de "cópia do registro de todos os condenados que estejam trabalhando ou estudando, com informação dos dias de trabalho ou das horas de frequência escolar ou de atividades de ensino de cada um deles". *E se, por desídia ou ausência de condições materiais da Administração, não for encaminhado ao Poder Judiciário o registro mensal dos dias trabalhados?* Nada impede, nesse caso, seja feita a comprovação por outros meios idôneos, mesmo porque não seria razoável cogitar que a omissão estatal no cumprimento da formalidade legal pudesse acarretar prejuízo ao apenado[112].

Perceba-se que, embora a exigência não esteja explícita na lei, é certo que o atestado encaminhado pela autoridade administrativa deverá conter, ainda, a referência de que o sentenciado não cometeu faltas disciplinares no período. Isso ocorre porque o art. 127 da LEP, alterado pela L. 12.433/2011, faculta ao juiz, no caso de falta grave, "revogar até 1/3 (um terço) do tempo remido". Ora, se a falta grave autoriza o magistrado a revogar até 1/3 do tempo *já remido*, parece lógico que seu cometimento permite a ele desconsiderar o mesmo percentual, também, do tempo *a remir.* Sinale-se, porém, a existência de orientação em sentido oposto, vale dizer, de que "a interpretação do dispositivo supracitado deve contemplar, estritamente, os dias declarados remidos e computados na pena, não englobando aqueles ainda não declarados judicialmente, uma vez que menciona, tão somente, o tempo remido, ou seja, os dias declarados judicialmente"[113].

8.2.20.3 Remição pelo estudo

8.2.20.3.1 Proporção

O art. 126, *caput* e § 1º, I, da LEP, alterado pela L. 12.433/2011, assegura ao preso o direito à remição pelo estudo, na proporção de **1 (um) dia de pena a cada 12 (doze) horas de frequência escolar, divididas em no mínimo 3 (três dias)**, em atividade de ensino fundamental, médio, inclusive profissionalizante, ou superior, ou ainda de requalificação profissional. Isso quer dizer que o limite máximo para o estudo do preso

---

111 STJ, AgRg no HC 390755/MG, 6ª Turma, *DJ* 23.10.2017.

112 TJPR, RA 331770-6, j. 20.07.2006.

113 TJRS, Agravo 70051683233J. 28.11.2012.

é de 4 (quatro) horas diárias. Apesar disso, não fica proibido o acúmulo de doze horas de estudo em período mais dilatado. *Exemplo:*

a) O estudo por *2 horas diárias* durante seis dias totaliza *12 horas* de frequência escolar, autorizando o abatimento de um dia de pena.

b) O estudo por 3 horas diárias durante oito dias totaliza *24 horas* de frequência escolar, autorizando o abatimento de dois dias de pena.

c) O estudo por *5 horas diárias* durante três dias, embora totalize *15 horas* de frequência escolar, autoriza o abatimento de apenas um dia de pena, já que ultrapassado o limite máximo de 4 horas diárias.

d) O estudo por *12 horas* em apenas um dia não possibilita 1 dia de remição, pois a carga horária não foi distribuída em no mínimo 3 dias, sendo também superado o limite máximo de 4 horas diárias.

8.2.20.3.2 Natureza das atividades de estudo

As atividades de estudo poderão ser desenvolvidas de **forma presencial** ou por **metodologia de ensino a distância**, devendo, em qualquer caso, ser devidamente certificadas pelas autoridades educacionais competentes dos cursos frequentados (art. 126, § 2º, da LEP).

Infere-se do art. 129, § 1º, da LEP que a instituição de ensino poderá situar-se **fora dos limites do estabelecimento penal**, caso em que deverá comprovar mensalmente à direção do estabelecimento prisional, por meio de declaração da respectiva unidade de ensino, a frequência e o aproveitamento escolar. Note-se que, nesse caso, o afastamento do preso da casa penal só pode ocorrer a título de *saída temporária* nos termos do art. 122, II, da LEP, condicionando-se, portanto, a que esteja ele no regime semiaberto; que tenha sido devidamente autorizado pelo Juízo da Execução; e que a atividade de estudo refira-se a curso supletivo profissionalizante ou de instrução do 2º grau ou superior.

Para fins de exame da viabilidade ou não da remição de pena pelo estudo, é necessário, muitas vezes, verificar as **especificidades do caso concreto**, vale dizer, se a atividade desenvolvida, de fato, pode ser considerada como contributiva para a reinserção social do apenado. Por esta razão, é que tem os Tribunais Superiores deliberado no sentido da possibilidade de *interpretação extensiva em prol do preso e da sociedade* das atividades consideradas pela LEP como ensejadoras de remição – a lei contempla apenas a remição pelo trabalho e pelo estudo –, chegando o STJ a considerar como permissiva do benefício, por exemplo, a participação do apenado em coral musical, pois, na hipótese analisada pela Corte, evidenciava-se que tal atividade teria contribuído para o aprimoramento e para formação profissional do reeducando no âmbito cultural e artístico (REsp 1666637/ES, *DJ* 09.10.2017). Em outra oportunidade, a mesma Corte determinou que se abreviasse a pena, pela remição, em face da **aprovação de apenada no Exame Nacional do Ensino Médio (ENEM)**, considerando que tal resultado teria decorrido dos estudos por ela realizados, por conta própria, durante a execução da pena, sendo indiferente o fato de que concluiu o ensino médio muito antes de ingressar no sistema prisional. Neste último caso, o cálculo da remição foi realizado em conformidade com a Recomendação 44/2013 do CNJ, que, para a hipótese em questão (aprovação no ENCCEJA ou no ENEM), determina que se considere, para fins de remição da pena pelo estudo, cinquenta por cento (50%) da carga horária definida legalmente para cada nível de ensino (fundamental ou médio), totalizando 1.600 horas para os anos finais do ensino fundamental e 1200 horas para o ensino médio (HC 382.780/PR, *DJ* 07.04.2017). E também tem sido reconhecida pelo STJ a possibilidade de remição de pena pela **leitura**, observando esse Tribunal, para tanto, que "o sentido e o alcance do artigo 126 da LEP podem ser ampliados pelo aplicador do direito, com o uso da hermenêutica, para abarcar atividades complementares como o estudo ou a simples leitura, com a finalidade de readaptação e ressocialização do preso, além de incentivar o bom comportamento e a disciplina"(HC 390721/RS, *DJ* 22.08.2017).

8.2.20.3.3 Beneficiários

Vimos que, como regra geral, possuem direito à remição os presos que se encontram nos **regimes fechado e semiaberto**, *ex vi* art. 126, *caput*, da LEP.

Depreende-se, no entanto, do art. 126, § 6º, da mesma lei que também os condenados do **regime aberto** e aqueles que se encontram no período de prova do **livramento condicional** poderão remir, pela frequência a curso de ensino regular ou de educação profissional, parte do tempo de execução da pena ou do período de prova, à razão de 1 (um) dia de pena a cada 12 (doze) horas de frequência escolar - atividade de ensino fundamental, médio, inclusive profissionalizante, ou superior, ou ainda de requalificação profissional - divididas no mínimo em 3 (três) dias.

Ainda, nos termos do art. 126, § 7º, da LEP, viabiliza-se a remição pelo estudo também em relação aos **presos provisórios**. Evidentemente, nesse caso fica o abatimento da pena condicionado à superveniência de condenação criminal.

8.2.20.3.4 Acréscimo ao tempo remido

Visando estimular o preso ao estudo e aprimoramento cultural, previu o art. 126, § 5º, da LEP que o tempo a remir em função das horas de estudo será acrescido de 1/3 (um terço) no caso de **conclusão do ensino fundamental, médio ou superior** durante o cumprimento da pena, desde que certificada pelo órgão competente do sistema de educação. Deve-se enfatizar que o referido índice tem pertinência apenas à hipótese de conclusão do *ensino fundamental, médio ou superior*, não incidindo, portanto, na órbita das atividades profissionalizantes e de requalificação profissional. E mais: para fins de incidência do acréscimo legal, os cursos mencionados deverão ser concluídos *durante a execução da pena.*

8.2.20.4 Remição cumulativa

Dispõe o art. 126, § 3º, da LEP que, "para fins de cumulação dos casos de remição, as horas diárias de trabalho e de estudo serão definidas de forma a se compatibilizarem". Como se vê, admite a lei a **cumulação** dos casos de remição pelo trabalho e pelo estudo, desde que exista compatibilidade das horas diárias, isto é, que uma das atividades não prejudique a realização da outra.

Para ilustrar, imagine-se a hipótese do preso que trabalha durante o dia na jornada de *seis* a *oito horas* e que estuda à noite pelo período de quatro horas. Tal condenado, a cada três dias de exercício conjunto destas atividades, fará jus ao abatimento de *dois dias da pena*, vale dizer, um em razão do trabalho e outro em face do estudo.

8.2.20.5 Impossibilidade de prosseguir no trabalho ou nos estudos em razão de acidente

Pode ocorrer que, durante o trabalho ou o estudo, o preso, por **acidente**, fique impossibilitado de prosseguir nessas atividades. Nesse caso, estabelece o art. 126, § 4º, da LEP que ele continuará a beneficiar-se com a remição. Imagine-se, pois, que, no exercício da atividade laboral, o condenado lesione-se gravemente, permanecendo em razão disso hospitalizado por trinta dias. Tal período deverá ser considerado de efetivo trabalho para fins de remição, abatendo-se a pena na proporção estabelecida no art. 126, § 1º, I, da LEP – *um dia de pena a cada três dias de trabalho*. Em outras palavras, não haverá interrupção, durante o período de afastamento do preso, da contagem de cada três dias úteis para remição de um dia de pena.

Perceba-se que na contagem não se incluem, logicamente, os domingos ou feriados, pois são dias em que o apenado, ainda que não estivesse impossibilitado, não estaria trabalhando.

Questão relevante respeita à hipótese de estar o apenado impossibilitado para prosseguir no trabalho ou no estudo em razão de **acidente não relacionado à atividade laborativa**. Não obstante parte expressiva da doutrina compreenda que o cômputo dos dias para fins de remição apenas se justifica quando se tratar acidente diretamente vinculado à atividade laboral ou ao estudo, decidiu o Superior Tribunal de Justiça no julgamento do Recurso Especial 783.247/RS que "o acidente *in itinere*, aquele classificado como ocorrido no deslocamento para o local de trabalho, autoriza a concessão da remição[114]. E mais: compreendeu a Corte Superior, na mesma oportunidade, que não é necessário que o acidente esteja obrigatoriamente ligado ao exercício do trabalho, razão pela qual considerou como tal uma tentativa de homicídio cometida contra o preso quando este se deslocava para o local onde exerceria a atividade laboral.

8.2.20.6 Falta de atribuição do trabalho

Há quem defenda a tese de que a ausência de condições para o trabalho no estabelecimento prisional ou a desídia da administração prisional em facultá-lo, por si, permite ao apenado beneficiar-se com a remição. Trata-se da denominada *remição ficta*. Consideram, enfim, que constitui direito do preso a "atribuição de trabalho e sua remuneração" (art. 41, II, da LEP). Logo, se o Estado não se desincumbe da obrigação de franquear ao recluso o acesso ao trabalho, deve ele fazer jus à remição de pena mesmo sem o exercício de qualquer atividade laborativa.

Tal entendimento, porém, não possui amparo legal. Como refere Renato Marcão, "não é possível retirar da conhecida falta de sintonia entre a legislação atinente à execução penal e o sistema carcerário existente, o direito à remição ante o fato de

[114] *DJ* 30.10.2006.

o presídio, onde se encontra, não dispor de qualquer condição para tanto, cabendo, antes, atentar que é o condenado que está em débito com a sociedade e, por isso, deve arcar com todas as consequências de sua conduta delinquencial, inclusive com aquelas que lhe decorrem à conta de eventuais falhas e lacunas da estrutura penitenciária atual"[115].

Não fosse o bastante, deve-se referir que, se a atribuição do trabalho é direito do preso, também o é a "igualdade de tratamento, salvo quanto à exigência da individualização da pena" (art. 41, XII, da LEP). Logo, de todo desarrazoado igualar o preso que trabalha àquele que não exerce qualquer atividade laboral.

Finalmente, deve-se ter em mente que o art. 126 da LEP deixa claro que o condenado *poderá remir, por trabalho ou por estudo, parte do tempo de execução da pena.* Estabeleceu o legislador, como se vê, uma faculdade que poderá ser exercida pelo condenado, observada a "disponibilidade e oportunidade da administração carcerária em proporcionar as condições necessárias ao desenvolvimento do referido trabalho. Nesse sentido, deve-se salientar que em nenhum momento restou a administração obrigada a oferecer trabalho a todos os presos, muito embora reconheça-se que é salutar o desempenho da atividade laborativa"[116-117].

8.2.20.7 Perda de dias remidos

Em sua redação original, dispunha o art. 127 da LEP que "o condenado que for punido por falta grave perderá o direito a tempo remido, começando o novo período a partir da data da infração disciplinar". Tal normatização foi alvo de intenso debate, muitos se inclinando no sentido da sua inconstitucionalidade, ao fundamento de que implicava violação ao princípio da proporcionalidade, ao direito adquirido e à coisa julgada.

Para resolver o impasse e uniformizar a interpretação da lei federal perante a Constituição da República, editou o Supremo Tribunal Federal, em 12 de junho de 2008, a Súmula Vinculante 9, estabelecendo que: "o disposto no art. 127 da Lei 7.210/1984 (Lei de Execução Penal) foi recebido pela ordem constitucional vigente, e não se lhe aplica o limite temporal previsto no *caput* do art. 58".

Não obstante a disciplina sumular, sobreveio, em 29 de junho de 2011, a L. 12.433, alterando a redação do art. 127 da LEP, passando este a dispor que, "em caso de falta grave, o juiz poderá revogar até 1/3 (um terço) do tempo remido, observado o disposto no art. 57, recomeçando a contagem a partir da data da infração disciplinar". Com esse regramento, restou parcialmente superada a precitada Súmula Vinculante 9 do STF (fenômeno conhecido como "superação sumular normativa" ou *overruling*[118]), que, de resto, permaneceu válida apenas no aspecto em

---

[115] Renato Marcão, op. cit., p. 223, citando o julgamento, pelo Tribunal de Justiça de São Paulo, em 04.09.1995, do Agravo 187.892/3.

[116] TJSP, Agravo 9069776-08.1998.8.26.0000, R. 17.11.1998.

[117] No mesmo sentido: "A falta de condições no presídio para o exercício de qualquer atividade laborativa desmerece invocada como justificativa de se resgatar parte do tempo da pena corporal, acorde com a remição, pois, tal como o assegurado direito ao trabalho do preso, esse benefício condiciona-se a regime normativo disciplinar quanto à concessão, efetividade e revogação" (JTJ 179/307).

[118] Por *overruling* depreende-se a técnica de revisão jurisprudencial, em que um precedente perde seu caráter vinculante, sendo substituído por outra disciplina. O Tribunal, enfim, adota nova posição, abandonando a antiga. Especificamente no que concerne à Súmula Vinculante 9 do STF, sua revisão ou cancelamento em decorrência

que afirma a constitucionalidade da perda de dias remidos em decorrência de falta grave. Estabeleceu-se, enfim, que a penalidade consistente na *perda de dias remidos não mais incide sobre a totalidade do tempo remido, mas apenas até o limite de 1/3 (um terço) desse montante*, cabendo ao Juízo das Execuções, com certa margem de discricionariedade, aferir o *quantum* (pode determinar a perda de 1/4, 1/5, 1/6...), levando em conta a natureza, os motivos, as circunstâncias e as consequências do fato, bem como a pessoa do faltoso e seu tempo de prisão, conforme o disposto no art. 57 da LEP[119]. Com isso, restou mais uma vez firmado o entendimento de que o instituto da remição, como prêmio concedido ao apenado em razão do tempo dedicado ao trabalho ou estudo, está sujeito à cláusula *rebus sic stantibus*, gerando apenas expectativa de direito. Sua concessão, em outras palavras, não produz coisa julgada material, podendo ocorrer revogação de dias remidos diante do reconhecimento da prática de falta grave pelo apenado.

Note-se que, uma vez operada a perda de dias remidos, determina o art. 127 da LEP que a contagem de novo período de trabalho ou estudo, para fins de remição, recomeça a partir da data da infração disciplinar, nada impedindo que sobre esse novo período novamente incida a perda de até 1/3 de dias remidos, na hipótese de reconhecimento de nova falta grave.

Ao fixar o percentual de dias remidos perdidos, cabe ao juiz **fundamentar sua decisão**, apontando os elementos concretos do caso que justifiquem a adoção da perda em maior ou menor patamar, atendendo a critérios de necessidade, razoabilidade e proporcionalidade, não bastando, portanto, a simples repetição dos requisitos legais previstos no referido art. 57 da LEP[120].

Aspecto importante a atentar é o fato de que a atual redação do art. 127 da LEP viabiliza a revogação de até um terço dos dias remidos *em caso de falta grave*. Difere, como se vê, da redação anteriormente conferida ao dispositivo, que impunha a perda do direito ao tempo remido ao condenado que *for punido por falta grave*. Nesse viés, indaga-se: é suficiente o cometimento da falta grave para que incida a perda de até um terço dos dias remidos ou se exige que *essa falta tenha sido devidamente apurada com a punição do condenado pela sua prática?* Em que pese a omissão do texto legal, reputamos que não é suficiente a prática da falta grave, exigindo-se, para fins de perda de dias remidos, que a falta grave tenha sido reconhecida judicialmente. Lembre-se, por oportuno, de que não há unanimidade acerca da obrigatoriedade de instauração de procedimento administrativo disciplinar para apuração da falta grave, no âmbito do estabelecimento prisional, previamente à apuração judicial, alguns entendendo imprescindível essa formalidade (e esta é a posição do STJ, consoante estabelece a sua **Súmula 533**), enquanto outros a dispensam, considerando suficiente a oitiva do apenado em audiência de justificação presidida pelo juiz da execução (v. item 8.2.18.2 deste Capítulo).

---

do novo regramento introduzido pela L. 12.433/2011 ao art. 127 da LEP encontra respaldo no art. 103-A, § 2°, da Constituição Federal, regulamentado pelo art. 5° da L. 11.417/2006, segundo o qual, "revogada ou modificada a lei em que se fundou a edição de enunciado de súmula vinculante, o Supremo Tribunal Federal, de ofício ou por provocação, procederá à sua revisão ou cancelamento, conforme o caso".

[119] STJ, *Habeas Corpus* 243085/RS, *DJ* 06.03.2013.

[120] STJ, *Habeas Corpus* 222148/RS, *DJ* 05.09.2012.

Outra questão: *reconhecida a falta grave, está o juiz obrigado a determinar a perda de dias remidos?* Alguns compreendem que o dispositivo insere uma simples faculdade ao juiz da execução, que poderá determiná-la ou não conforme os vetores do art. 57 da LEP, exigindo-se, em qualquer caso, pronunciamento fundamentado. Não pensamos dessa forma. Entendemos que, uma vez configurada a falta grave, a consequência lógica prevista no art. 127 da Lei de Execuções Penais é a perda dos dias remidos, não ficando afastada em face da imposição de outras sanções (regressão de regime e alteração da data-base para concessão de futuros benefícios) sob o argumento de que seriam elas o bastante. Em outras palavras, parece-nos que a melhor interpretação do art. 127 da LEP é a de que o reconhecimento da falta grave na conduta do apenado acarreta a **obrigatoriedade da declaração da perda dos dias remidos**. Logo, o que se insere no âmbito da discricionariedade do Julgador é, unicamente, a fixação do *quantum* de tempo a ser cassado (até o limite de 1/3). Nesse sentido, a propósito, o entendimento do STJ, deliberando que "a prática de falta grave pelo reeducando impõe a decretação da perda de até 1/3 (um terço) dos dias remidos, devendo a expressão 'poderá' contida no art. 127 da Lei 7.210/1984, com a redação que lhe foi conferida pela Lei n.º 12.433/2011, ser interpretada como verdadeiro poder-dever do Magistrado, ficando no juízo de discricionariedade do Julgador apenas a fração da perda, que terá como limite máximo 1/3 (um terço) dos dias remidos"[121].

Existem dúvidas acerca da possibilidade de ser determinada a perda de **dias a remir**, vale dizer, aqueles que ainda não foram efetivamente declarados remidos por decisão judicial. Reputamos que não existe óbice a esse reconhecimento, pois se a lei permite, diante da falta grave, a revogação parcial da remição já concedida ao apenado por decisão transitada em julgado, não seria lógico considerar inatingíveis os dias a remir tão somente pelo fato de que ainda não foram reconhecidos pela autoridade judicial. Sem embargo desse entendimento, deve-se ressaltar a existência de orientação jurisprudencial em sentido oposto, considerando a interpretação do art. 127 da LEP de contemplar estritamente os dias declarados remidos e computados na pena, não englobando aqueles ainda não declarados judicialmente, uma vez que o dispositivo menciona, tão somente, o tempo remido, ou seja, os já reconhecidos[122].

Na medida em que se refere a cumprimento de pena, é certo que o art. 127 da LEP possui natureza penal. Levando em conta esse caráter e tendo em vista que a nova redação do dispositivo determinada pela L. 12.433/2011 é mais favorável ao condenado, conclui-se que é obrigatória a sua **retroatividade** (art. 5º, XL, da CF), incidindo não apenas sobre as situações atuais como em relação aos casos já definitivamente julgados, condicionando-se, é claro, a que ainda não tenha ocorrido a extinção da pena. Daí decorre a necessidade de revisão *ex officio* pelo juiz da execução das decisões que determinaram a perda da integralidade de dias remidos, já que, na atualidade, tal perda pode ser determinada até o máximo de *um terço* do tempo remido. Isso imporá dizer que, na prática, deverá ser *restituído* aos executados atingidos por tais decisões, no mínimo, o equivalente aos *dois terços* que haviam perdido.

---

121 STJ, AgRg no REsp 1.424.583/PR, Rel. Min. Maria Thereza de Assis Moura, Sexta Turma, *DJe* 18.06.2014.

122 TJRS, Agravo, 70051683233, j. 28.11.2012; Agravo 70050697598, j. 11.10.2012.

Remição pelo trabalho e pelo estudo do preso

Normas gerais aplicáveis

– A remição é determinada pelo juiz da execução, ouvidos previamente o MP e a Defesa (art. 126, § 8º);
– Não existe limite para a remição. Assim, quanto mais trabalhar e estudar o apenado, maior será o tempo de abatimento da pena;
– Alcança condenados pela prática de quaisquer crimes, inclusive hediondos e assemelhados;
– Possuem direito à remição tanto o preso definitivo como o preso cautelar (art. 126, § 7º)
– Quanto à forma de abatimento, determina a Lei que o tempo remido seja somado ao tempo de pena já cumprido, para todos os efeitos (art. 128);
– A comprovação dos dias de trabalho e estudo é realizada mediante relatório encaminhado pela autoridade administrativa do presídio, mensalmente, ao juiz da execução (art. 129, *caput*).
– O condenado tem direito a obter a relação dos dias remidos (art. 129, § 2º);
– Admite-se a acumulação dos casos de remição pelo trabalho e pelo estudo, desde que exista compatibilidade das horas diárias (art. 126, § 3º);
– No caso de impossibilidade de prosseguir o preso nas atividades de trabalho e estudo, em razão de acidente, continuará ele a beneficiar-se da remição (art. 126, § 4º);
– O reconhecimento de falta grave implica perda de até 1/3 dos dias remidos (art. 127)

Remição pelo trabalho

– Destina-se aos presos dos regimes fechado e semiaberto (art. 126, *caput*). Não fazem jus ao benefício os presos do regime aberto, os liberados condicionais, os indivíduos que cumprem pena restritiva de prestação de serviços à comunidade e os internados para fins de medida de segurança;
– O abatimento é realizado na proporção de 1 dia de pena para cada 3 dias de efetivo trabalho (art. 126, § 1º, II);
– Deve ser observada a jornada de trabalho prevista no art. 33 da LEP. Assim, a cada 3 dias de trabalho em jornada de 6 h, 7 h ou 8 h, o apenado poderá remir 1 dia de pena. Sem embargo, tem-se entendido que a jornada além de 8 h não pode ser ignorada, considerando-se, neste caso, cada 6 h acumuladas como 1 dia de trabalho

Remição pelo estudo

– Destina-se, aos presos dos regimes fechado, semiaberto e aberto, bem como aos liberados condicionais (art. 126, *caput* e § 6º, da LEP);
– O abatimento é realizado na proporção de 1 dia de pena para cada 12 h de frequência escolar, divididas em no mínimo 3 dias (art. 126, § 1º, I). Portanto, o limite máximo para o estudo do preso é de 4 h diárias;
– As atividades de estudo poderão ser desenvolvidas de forma presencial ou por metodologia de ensino a distância (art. 126, § 2º), e a instituição de ensino poderá situar-se dentro ou fora dos limites do estabelecimento penal (art. 129, § 1º);
– O tempo a remir será acrescido de 1/3 no caso de conclusão do ensino fundamental, médio ou superior durante o cumprimento da pena (art. 126, § 5º)

8.2.21 Suspensão condicional da pena (arts. 156 a 163 da LEP)

8.2.21.1 Considerações gerais

O instituto da *suspensão condicional da pena*, vulgarmente conhecido como *sursis*, encontra-se disciplinado nos arts. 77 a 82 do Código Penal. Sem embargo, existem regras específicas previstas na legislação especial, cabendo citar o art. 16 da L. 9.605/1998 (crimes ambientais), o art. 5º da L. 7.170/1983 (crimes contra a segurança nacional) e o art. 11 do Decreto-Lei 3.688/1941 (contravenções penais). Nesse primeiro momento, analisaremos apenas o regramento geral do Código Penal, relegando para momento posterior a análise das peculiaridades do *sursis* regulado nas citadas leis.

Pois bem. Define-se o *sursis* como sendo o instituto que permite a suspensão condicional da pena privativa de liberdade, submetendo o condenado, durante o período de prova, ao cumprimento de condições judicialmente fixadas. Por ser "verdadeira medida descarcerizadora, a suspensão condicional da pena tem por finalidade evitar o aprisionamento daqueles que foram condenados a penas de curta duração, evitando-se, com isso, o convívio promíscuo e estigmatizante do cárcere"[123].

Questão discutível respeita à **natureza jurídica** do *sursis*, considerando alguns tratar-se de um direito subjetivo do réu, razão pela qual sua concessão seria impositiva quando presentes os requisitos legais[124], enquanto outros sustentam que consiste em modalidade de execução de pena. Em termos de jurisprudência, tem prevalecido a posição intermediária, vislumbrando-se no *sursis* não um direito subjetivo, mas sim medida de política criminal que permite ao indivíduo condenado por infrações de menor gravidade a satisfação de sua pena de forma mais branda[125].

Dispõe o art. 157 da LEP, repetindo a regra do art. 697 do Código de Processo Penal, que "o juiz ou Tribunal, na sentença que aplicar pena privativa de liberdade (...), deverá pronunciar-se, motivadamente, sobre a suspensão condicional, quer a conceda, quer a denegue". Na sequência dessa disciplina, prevê o art. 159 da LEP que, "quando a suspensão condicional da pena for concedida por Tribunal, a este caberá estabelecer as condições do benefício". Daí se infere, portanto, que, como regra geral, a **competência** para apreciar o cabimento ou não do *sursis* é do juiz, na sentença, ou do Tribunal, no acórdão exarado no julgamento de recurso das partes. Essa incumbência, aliás, tem sido reafirmada de modo reiterado no âmbito do Superior Tribunal de Justiça, compreendendo-se sistematicamente que "o magistrado, ao condenar o réu à pena privativa de liberdade não superior a 2 (dois) anos deve obrigatoriamente se manifestar sobre a concessão, ou não, da suspensão condicional da pena, por força do disposto no art. 697 do CPP"[126].

Pode ocorrer, entretanto, que, a par dessa obrigação legal, omita-se o magistrado sentenciante em deliberar sobre a suspensão condicional da pena. Nesse caso, tem-se entendido que a sentença condenatória não é nula[127], sendo necessário distinguir duas situações: *1) A omissão é constatada pelo tribunal ao julgar apelação da sentença:* se mantiver a condenação, deve o tribunal determinar ao juiz sentenciante que se manifeste sobre a concessão ou não do benefício; *2) A sentença transita em julgado sem apreciar a questão relativa ao sursis*: incide aqui o art. 66, III, *d*, da LEP, dispondo que compete ao juiz da execução decidir sobre a suspensão condicional da pena. Note-se que também compete ao juízo da execução decidir a revogação do *sursis* (art. 162 da LEP), a modificação das condições e regras estabelecidas na decisão que o deferiu (art. 158, § 2º, da LEP), a prorrogação do prazo quando ocorrente causa facultativa de revogação (art. 81, § 3º, do CP) e a decretação da extinção da punibilidade pelo decurso do prazo da suspensão sem a ocorrência de causa de revogação (art. 82 do CP).

Perceba-se finalmente que, se o juízo da condenação expressamente inadmitir a concessão do *sursis*, transitando em julgado essa decisão não poderá o benefício ser revisto pelo juízo da execução sob pena de violação à coisa julgada.

[123] Rogério Greco, *Código Penal comentado*, 4ª ed. Niterói: Impetus, 2010, p. 176.

[124] Nesse sentido, Renato Marcão, op. cit., p. 285.

[125] STF, *Habeas Corpus* 85790/RJ, *DJ* 12.05.2006; *Habeas Corpus* 84985/MG, *DJ* 17.05.2005.

[126] STJ, *Habeas Corpus* 91616/MG, *DJ* 22.06.2009; *Habeas Corpus* 104363/PA, *DJ* 30.03.2009.

[127] STJ, *Habeas Corpus* 92399/MG, *DJ* 10.12.2007.

8.2.21.2 Requisitos da suspensão condicional da pena (art. 77 do CP)

Os requisitos do *sursis* estão dispostos no art. 77 do Código Penal, classificando-se em *objetivos* e *subjetivos*. Os requisitos objetivos são relacionados à pena pela qual se operou a condenação, enquanto os requisitos subjetivos dizem respeito à pessoa do sentenciado.

São *requisitos objetivos* da suspensão condicional da pena:

1) **Condenação a pena privativa de liberdade:** Conforme dispõe o art. 80 do Código Penal, o *sursis* não se estende às penas restritivas de direitos nem à multa. Logo, é impositivo para sua concessão que tenha o réu sido condenado a pena privativa de liberdade, não importando se esta é de reclusão, detenção ou prisão simples. O benefício, consistindo na suspensão da *pena,* não alcança o indivíduo submetido a medida de segurança, mesmo porque esta não é apenas uma espécie de sanção penal[128], possuindo também finalidade curativa. Além disto, deve-se lembrar que, quando aplicada ao inimputável, a medida de segurança decorre de sentença absolutória (absolvição imprópria), sendo despropositado cogitar de *sursis* nesse caso.

Tenha-se em mente que a análise judicial acerca da concessão ou não do *sursis* independe do regime prisional fixado pelo juiz para cumprimento da pena privativa de liberdade. Isso porque o momento de deliberar a respeito desse benefício surge após ter sido estabelecida a pena (segundo o critério trifásico) e estabelecido o regime inicial de seu cumprimento. Essa definição anterior releva para que o condenado tenha ciência das condições em que deverá ser cumprida a pena na hipótese de não aceitar a suspensão condicional (o benefício, como veremos, condiciona-se à aceitação pelo sentenciado).

2) **Pena máxima não superior a dois anos:** Infere-se do art. 156 da LEP e do art. 77, *caput*, do Código Penal que, como regra, poderá fazer jus ao *sursis* o condenado a *pena não superior a dois anos*. Sem embargo, existem situações especiais que admitem sua concessão para indivíduos condenados a pena superior a esse patamar. Isso ocorre em relação ao ***sursis* etário**, que pode ser deferido ao condenado maior de 70 anos de idade ao tempo da sentença ou do acórdão, e com o ***sursis* humanitário,** destinado ao condenado com problemas de saúde, casos em que, de acordo com o art. 77, § 2º, do Código Penal, admite-se o benefício quando tiver sido aplicada *pena não superior a quatro anos*. Outra situação está prevista no art. 16 da L. 9.605/1998 (crimes ambientais), permitindo-se a suspensão condicional da pena no caso de condenação *não superior a três anos.*

Note-se que não fica obstada a concessão do benefício quando se tratar de infrações diversas cometidas em concurso, caso em que se deve levar em conta, para a constatação do requisito objetivo, o resultado do somatório (concurso material e concurso formal impróprio) ou da exasperação (concurso formal próprio e crime continuado) das penas correspondentes às infrações diversas.

---

[128] STJ, *Habeas Corpus* 182973/DF, *DJ* 26.06.2012; *Habeas Corpus* 226014/SP, *DJ* 30.04.2012.

Outro aspecto a atentar respeita à detração penal. É que, conforme dispõe o art. 387, § 2º, do Código de Processo Penal, introduzido pela L. 12.736/2012, pode o juiz, na própria sentença condenatória – desde que isto produza reflexos na fixação do regime prisional inicial de cumprimento de penal (v. tópico 8.2.11 deste Capítulo), reconhecer a detração penal, o que, antes da mencionada alteração legislativa, competia exclusivamente ao juiz da execução. Nesse contexto, é de se questionar: *a pena superior a dois anos, porém tornada inferior a esse patamar diante do reconhecimento na sentença da detração, autoriza o deferimento do* sursis? A resposta, evidentemente, é negativa. Isso porque, *a um*, o próprio art. 387, § 2º, do CPP refere que a detração será considerada pelo juiz na sentença "para fins de determinação do regime inicial de pena privativa de liberdade", somente isso; e, *a dois*, porque o *sursis* deve ser concedido quando a pena concretizada na sentença condenatória não for superior a dois anos. Para esse efeito, deve-se considerar *pena concretizada* aquela que resulta do critério trifásico de cálculo da pena, não se levando em conta, portanto, aspectos relacionados à detração.

3) **Não seja indicada ou cabível a substituição da pena privativa de liberdade por restritiva de direitos:** Trata-se de requisito estipulado pelo art. 77, III, do Código Penal, determinando o caráter residual ou subsidiário do *sursis* em relação às penas restritivas de direitos. Essa previsão esvazia em muito o cabimento do *sursis,* já que, em linhas gerais, sob o enfoque da quantidade de pena aplicada, as hipóteses que o autorizam (condenações a até dois anos de prisão) também permitem a substituição da pena por restritiva de direitos (condenações a até quatro anos de prisão ou por crime culposo). Destarte, subsiste o *sursis* basicamente nas situações em que não implementados os demais requisitos exigidos para a substituição da pena privativa de liberdade por restritiva de direitos, por exemplo, a circunstância de ter sido o crime cometido com violência ou grave ameaça à pessoa, situação essa que impede a aplicação de pena alternativa (art. 44, I, do CP), conquanto não obste a suspensão condicional da pena.

Por outro lado, são **requisitos subjetivos** do *sursis:*

1) **Réu não reincidente em crime doloso:** É o que determina o art. 77, I, do Código Penal. Não obstante, a regra possui uma exceção, incorporada ao art. 77, § 1º, do mesmo Código, permitindo o deferimento do *sursis* ao reincidente em crime doloso quando na condenação anterior tiver sido aplicada exclusivamente pena de multa. No mesmo sentido, aliás, é a **Súmula 499 do STF**, dizendo que "não obsta a concessão do *sursis* condenação anterior à pena de multa". Ressalte-se que, por exclusão, a reincidência em crime culposo não impede o *sursis.* Também não conduz à reincidência o fato de condenação anterior pela prática de contravenção penal.
2) **A culpabilidade, os antecedentes, a conduta social e personalidade do agente, bem como os motivos e as circunstâncias do crime, autorizem a concessão do benefício:** Esse requisito, disposto no art. 77, II, do Código Penal, refere-se às condições pessoais do agente e ao delito em si. Trata-se, na verdade, de requisito que deve ser apreciado diante das peculiaridades do caso concreto, cabendo

ao juiz aferir, a partir da análise conjunta dos fatores positivos e negativos, se a concessão do benefício é suficiente para a reprovação e prevenção do comportamento criminoso. Questão discutível refere-se à existência de inquéritos policiais e ações penais em andamento ou sem certificação de trânsito em julgado. No âmbito do Superior Tribunal de Justiça, tem-se entendido que, sob pena de ofensa ao princípio da presunção de inocência, esses elementos não podem ser utilizados como maus antecedentes, má conduta social ou personalidade voltada para crime para o fim de negar o juiz a concessão do *sursis*[129].

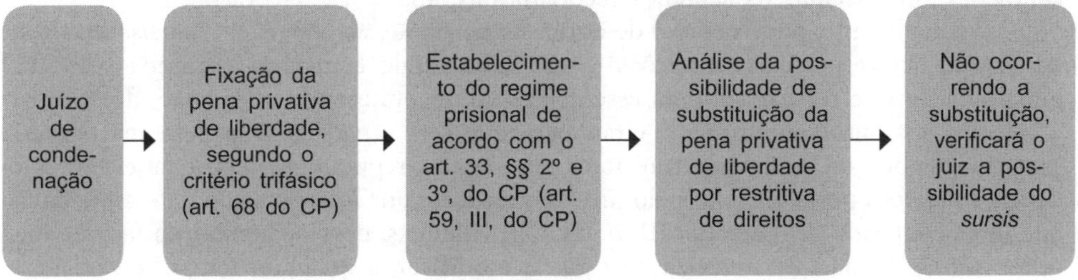

8.2.21.3 Espécies de sursis *(art. 78 do CP)*

Existem dois tipos de *sursis* na disciplina do Código Penal:

1) ***Sursis* simples**: é permitido se o condenado, injustificadamente, não houver reparado o dano ou quando as circunstâncias do art. 59 do Código Penal não lhe forem inteiramente favoráveis. Extrai-se essa modalidade da interpretação *contrario sensu* do art. 78, § 1º, do Código Penal e da interpretação *contrario sensu* do § 2º do mesmo dispositivo. Nesse caso, impõe-se ao condenado prestação de serviço à comunidade ou limitação de final de semana no primeiro ano do período de prova, ficando a escolha de qualquer dessas obrigações fixada a critério do juiz.
2) ***Sursis* especial:** é concedido ao condenado que tiver reparado o dano, salvo impossibilidade de fazê-lo, e se as circunstâncias do art. 59 do Código Penal lhe forem inteiramente favoráveis. Previsto no art. 78, § 2º, do Código Penal, faculta ao juiz substituir a prestação de serviços à comunidade ou a limitação de final de semana por outras condições a serem cumpridas no primeiro ano do período de suspensão e que devem ser impostas cumulativamente, as quais consistem em: proibição de frequentar determinados lugares; proibição de ausentar-se da comarca onde reside, sem autorização do juiz; e o comparecimento pessoal e obrigatório a juízo, mensalmente, para informar e justificar suas atividades. Estas últimas condições substituem a prestação de serviços à comunidade e a limitação de final de semana, não podendo o juiz aplicar todas essas obrigações conjuntamente. De acordo com a jurisprudência, o *sursis* especial somente deve ser concedido a réus com mínima culpabilidade, irretocáveis antecedentes, boa índole e personalidade[130].

---

[129] STJ, *Habeas Corpus* 240698/RJ, *DJ* 22.10.2012.

[130] TJSP, Apelação 0000563-57.2008.8.26.0634, j. 13.09.2011.

8.2.21.4 Condições da suspensão condicional da pena (arts. 158 e 159 da LEP)

Não existe *sursis* incondicionado, sendo obrigatório, na sua concessão, o estabelecimento de condições. Daí o nome do instituto – suspensão *condicional* da pena. Sendo o benefício concedido pelo juiz da sentença, a ele caberá especificar as condições a que fica sujeito o condenado (art. 158 da LEP). Se, por outro lado, for deferido pelo Tribunal diante de recurso das partes, poderá esse Colegiado tanto estabelecer as condições do *sursis* (art. 159, *caput*, da LEP) quanto delegar essa incumbência ao Juízo da execução (art. 159, § 2º, da LEP). A mesma regra é aplicável quando o Tribunal modificar as condições estabelecidas na sentença recorrida (art. 159, § 1º, da LEP).

Eventualmente, pode ocorrer de o juiz sentenciante, ao conceder o *sursis*, omitir-se na fixação das respectivas condições. Nesse caso, sendo a matéria analisada pelo Tribunal em grau de recurso, poderá esse colegiado, reconhecendo a omissão, determinar o retorno dos autos ao Primeiro Grau para que seja sanada a falta pelo magistrado. Tratando-se, porém, de decisão transitada em julgado, reputamos que o estabelecimento dessas condições pode ser feito pelo juiz da execução, por interpretação da competência que lhe é conferida pelo art. 66, III, *d*, da LEP. Ademais, deve-se atentar ao fato de que o art. 158, § 2º, da LEP autoriza esse juiz a modificar, a qualquer tempo, de ofício, a requerimento do Ministério Público ou mediante proposta do Conselho Penitenciário, as condições estabelecidas na sentença concessiva. Ora, se existe a possibilidade de o juiz da execução alterar condições fixadas pelo juiz da sentença, parece evidente que pode também fixar as condições do benefício quando for omissa aquela sentença a respeito. Não obstante esse entendimento, deve-se atentar para a existência de corrente oposta, vale dizer, no sentido de que, na omissão do juiz da sentença, não pode o juiz da execução estabelecer as condições do *sursis* sob pena de ofensa à coisa julgada.

A especificação das condições a serem impostas ao beneficiado depende da modalidade do *sursis* aplicável. Assim, no ***sursis* simples**, a **condição legal** e obrigatória é a prestação de serviços à comunidade ou a limitação de fim de semana, a escolha do juiz, durante o primeiro ano do período de suspensão (art. 158, § 1º, da LEP e art. 78, § 1º, do CP). Já no ***sursis* especial** a prestação de serviços à comunidade e a limitação de fim de semana podem ser substituídas pelas seguintes **condições legais**, que devem ser cumpridas no primeiro ano do período de prova cumulativamente: proibição de frequentar determinados lugares, proibição de ausentar-se da comarca onde reside sem autorização do juiz e comparecimento pessoal e obrigatório a juízo, mensalmente, para informar e justificar suas atividades (art. 78, § 2º, do CP).

Sem embargo dessas condições que, insistimos, decorrem de lei, faculta o art. 79 do Código Penal ao juiz "especificar outras condições a que fica subordinada a suspensão, desde que adequadas ao fato e à situação pessoal do condenado". Trata-se das chamadas **condições judiciais**, que não poderão ser vexatórias, abusivas, violar direitos fundamentais do condenado ou depender de fatos estranhos ao sentenciado. Nos termos do art. 158, § 1º, da LEP, as condições "serão adequadas ao fato e à situação pessoal do condenado", em estrita observância, portanto, aos princípios da adequação e da proporcionalidade. Por simetria ao que ocorre com as condições legais, também aqui deverão as obrigações ser fixadas apenas para o primeiro ano do período de suspensão.

Além das referidas *condições legais* e *condições judiciais,* reconhece-se a existência de **condições legais indiretas,** isto é, situações que, se presentes, autorizam a revogação do benefício. Consistem nas situações previstas no art. 81, §§ 1º e 2º, do Código Penal, de onde se infere que não poderá o beneficiário *ser condenado, em sentença irrecorrível, por crime doloso; frustrar, embora solvente a execução da pena de multa ou não efetuar, sem motivo justificado, a reparação do dano* (causas de revogação obrigatória), bem como *ser condenado irrecorrivelmente por crime culposo ou por contravenção, a pena privativa de liberdade ou restritiva de direitos* (revogação facultativa).

Alerta-se, finalmente, que o juiz da execução poderá, a qualquer tempo, de ofício, a requerimento do Ministério Público ou mediante representação do Conselho Penitenciário, modificar as condições e regras estabelecidas na sentença. Para tanto, sob pena de nulidade da decisão, deverá ouvir previamente o sentenciado, em atenção aos princípios da ampla defesa, contraditório e devido processo legal (art. 158, § 2º, da LEP).

8.2.21.5 Período de prova (art. 156 da LEP)

Compreende-se por *período de prova* o lapso de tempo estabelecido na decisão concessiva do *sursis*, em que o condenado deverá manter boa conduta e cumprir as condições que tiverem sido impostas pelo juízo.

De acordo com o art. 156 da Lei de Execução Penal e com o art. 77, *caput*, do Código Penal, o período de prova, como regra, deve ser estipulado entre **dois e quatro anos**. Sem embargo, existem determinadas exceções, previstas tanto no próprio Código Penal quanto na legislação especial. Trata-se dos seguintes casos:

a) ***Sursis* etário**, aplicável ao condenado maior de 70 anos na época da sentença ou do acórdão, devendo, nesse caso, o período de prova ser fixado (art. 77, § 2º, do CP):
   - Entre **quatro e seis anos**, no caso de condenação superior a dois anos e inferior a quatro anos;
   - Entre **dois e quatro anos**, no caso de condenação não superior a dois anos.

b) ***Sursis* humanitário**, aplicável ao condenado com problema de saúde, devendo, nesse caso, o período de prova ser fixado (art. 77, § 2º, do CP):
   - Entre **quatro e seis anos**, no caso de condenação superior a dois anos e inferior a quatro anos;
   - Entre **dois e quatro anos**, no caso de condenação não superior a dois anos.

c) ***Sursis* no caso de condenação por crime contra segurança nacional praticado em tempo de paz**, em que o período de prova deve ser estabelecido entre **dois e seis anos** (art. 5º, *caput*, da L. 7.170/1983).

d) ***Sursis* no caso de condenação por contravenção penal**, devendo o período de prova ser fixado entre **um e três anos** (art. 11 do Decreto-Lei 3.688/1941).

Quanto ao critério para a definição do período de suspensão entre o mínimo e o máximo previsto em lei, tem-se compreendido que a fixação acima do patamar mínimo exige decisão fundamentada do juiz, levando em conta, para tanto, "a natureza do crime, a personalidade do agente e a intensidade da pena, não podendo o juiz, senão em hipóteses excepcionais, estabelecê-lo no prazo máximo"[131]. Note-se que não é possível a suspensão por período inferior ou superior ao legalmente previsto.

---

131 Julio Fabbrini Mirabete, *Manual de Direito Penal*, vol. 1, 26. ed. São Paulo: Atlas, 2010.

8.2.21.6 Execução da suspensão condicional da pena (arts. 158 e 160 da LEP)

Dispõe o art. 160 da LEP que, "transitada em julgado a sentença condenatória, o juiz a lerá ao condenado, em audiência, advertindo-o das consequências de nova infração penal e do descumprimento das condições impostas". Trata-se da **audiência admonitória** (também chamada de ***audiência de advertência***). **Esta solenidade marca o início do período de prova** e, como refere o dispositivo, deverá ser realizada após o trânsito em julgado da sentença ou acórdão condenatório em que concedida a suspensão condicional da pena. Frise-se, não se admite a realização dessa audiência tão somente em razão do esgotamento das vias ordinárias (apelação ou agravo), exigindo-se, para tanto, o trânsito em julgado da condenação[132], ao menos para a acusação[133]. A partir dessa orientação, infere-se que está superado o entendimento anteriormente adotado pelo Supremo Tribunal Federal no sentido de que a interposição de recurso especial ou extraordinário, por serem recebidos apenas no efeito devolutivo, não obsta a realização da precitada audiência.

Discute-se qual seja o **juiz competente** para presidir essa audiência, isto é, se o *juiz da condenação* ou do *juiz da execução*. Analisando a vertente, Renato Marcão[134] sustenta a competência do juízo da condenação, alegando que a competência do juízo da execução inicia-se com a efetiva suspensão da pena, o que pressupõe audiência admonitória já realizada pelo juiz sentenciante. Por sua vez, Julio Fabbrini Mirabete[135] considera que, tratando-se a audiência admonitória de atividade administrativa, sua efetivação pode ser conferida tanto ao juiz da sentença como ao juiz da execução. Interpretando o art. 160 da LEP, entendemos que a competência é, na verdade do juízo da execução. Nesse viés, transitando em julgado a decisão condenatória em que concedido o *sursis*, deve o juízo da condenação determinar a expedição de guia de recolhimento ao juízo da execução, cabendo a este, então, designar audiência admonitória e determinar a notificação do sentenciado (ainda que tenha sido revel no processo de conhecimento), pessoalmente ou por edital com prazo de vinte dias, para comparecimento, sob pena de ser tornado sem efeito o benefício e de ser executada imediatamente a pena, com a consequente expedição de mandado de prisão[136]. Nesse mesmo sentido, aliás, a interpretação que se extrai do art. 159, § 2º, da LEP, ao dizer que "o Tribunal, ao conceder a suspensão condicional da pena, poderá, todavia, conferir ao Juízo da execução a incumbência de (...) realizar a audiência admonitória".

Outro aspecto a atentar é que, nessa audiência, não é imprescindível a presença do defensor do sentenciado, uma vez que tal ato não constitui atividade jurisdicional, mas sim administrativa do Juízo da execução[137].

Considerando que o *sursis* impõe ao condenado o cumprimento de certas condições, pode esse benefício ser **recusado** pelo condenado. Se houver essa recusa, a pena

---

132 STJ, *Habeas Corpus* 228756/SP, *DJ* 12.06.2012.

133 André Estefam, *Direito Penal*, São Paulo: Saraiva, 2010, p. 390.

134 Renato Marcão, op. cit., p. 288.

135 Julio Fabbrini Mirabete, op. cit., p. 670.

136 TJSP, Conflito de Jurisdição 0488132-22.2010.8.26.0000, j. 28.02.2011; TJRS, Conflito de Jurisdição 687032284, j. 20.08.1987; STJ, Conflito de Competência 106036/PE, *DJ* 21.08.2009.

137 STJ, Recurso Ordinário em *Habeas Corpus* 24842/SC, *DJ* 17.10.2010; TJPR, Acórdão 16322, j. 13.10.2011; TJPR, Apelação 812.178-0, j. 16.02.2012.

privativa de liberdade será executada. Sendo, ao contrário, aceito o *sursis*, inicia-se o período de prova, com a fiscalização do cumprimento das condições.

A fiscalização do *sursis* é atribuída a serviço social penitenciário, patronato, conselho da comunidade ou instituição beneficiada com a prestação de serviços, sob fiscalização do Conselho Penitenciário, do Ministério Público ou de ambos, dependendo da disciplina instituída nos estados ou Distrito Federal. Na ausência de legislação supletiva, cabe ao juiz da execução suprir a falta estabelecendo a regulamentação necessária para fiscalização do *sursis* (art. 158, § 3º, da LEP).

No curso da suspensão, deverá o beneficiário comparecer periodicamente à entidade fiscalizadora para comprovar a observância das condições a que está sujeito e comunicar sua ocupação e os salários ou proventos de que vive (art. 158, § 4º, da LEP).

Se a entidade fiscalizadora do *sursis* tomar ciência de qualquer fato capaz de acarretar a revogação do benefício, a prorrogação do prazo ou a modificação das condições, deverá comunicar imediatamente a sua ocorrência ao órgão de inspeção – Ministério Público, Conselho Penitenciário ou ambos (art. 158, § 5º, da LEP).

Eventualmente, pode ocorrer de o condenado pretender mudar-se da comarca em que reside. Essa mudança, contudo, deve ser autorizada pelo juiz da execução. Havendo a permissão, determina a lei que seja esta comunicada ao juiz e à entidade fiscalizadora do local da nova residência, aos quais deverá o apenado apresentar-se imediatamente (art. 158, § 6º, da LEP). Frise-se, no entanto, que não há, nesse caso, modificação da competência, permanecendo o juiz da execução originário competente para decidir questões atinentes à execução da pena. Nesse sentido já decidiu o Superior Tribunal de Justiça:

> "Aplicadas as penas restritivas de direitos, na hipótese de o apenado mudar o seu domicílio, cabe ao Juízo da Execução Penal expedir carta precatória para a nova localidade, deprecando-se, no caso, a realização da audiência admonitória e a fiscalização do cumprimento das condições fixadas. Não há a transferência da competência, apenas de alguns atos, sendo que os decisórios permanecem atribuídos ao juízo responsável pela execução no local da condenação".[138]

8.2.21.7 *Revogação da suspensão condicional da pena (art. 162 da LEP)*

Preceitua o art. 162 da LEP que a revogação da suspensão condicional da pena dar-se-á na forma do art. 81 do Código Penal. Este, por sua vez, estabelece causas de **revogação obrigatória** e causas de **revogação facultativa.** Diante dessa possibilidade, é conclusivo que a decisão concessiva do *sursis* não faz coisa julgada material, submetendo-se à cláusula *rebus sic stantibus.*

Considerando que ao Ministério Público incumbe fiscalizar a execução da pena, oficiando no processo executivo e nos incidentes da execução (art. 67 da LEP), reputamos necessária sua oitiva antes de ordenar o juiz a revogação da suspensão condicional da pena.

Caso o *sursis* venha a ser revogado, independentemente do momento em que isso ocorra, deverá o sentenciado cumprir integralmente a pena privativa de liberdade cuja execução estava suspensa.

---

138 STJ, Conflito de Competência 106.036/PE, *DJ* 21.08.2009.

8.2.21.7.1 Revogação obrigatória do *sursis*

A **revogação obrigatória** do *sursis* está disciplinada no art. 81, *caput*, do Código Penal, dispondo este que:

> Art. 81. A suspensão será revogada se, no curso do prazo, o beneficiário:
>
> I – é condenado, em sentença irrecorrível, por crime doloso;
>
> II – frustra, embora solvente, a execução de pena de multa ou não efetua, sem motivo justificado, a reparação do dano;
>
> III – descumpre a condição do § 1º do art. 78 deste Código.

Como se vê, os motivos determinantes da revogação, nesse caso, decorrem de lei. Logo, não possui o juiz discricionariedade para manter ou não o *sursis*, devendo, diante da ocorrência dessas razões, decretar a revogação. Frisa-se que, dispondo o art. 81 do Código Penal que, nos casos nele previstos, a suspensão condicional da pena "será revogada", depreende-se que essa revogação não é automática, sendo necessária a existência de decisão judicial.

Pois bem. A *primeira causa de revogação obrigatória* é ser o beneficiário **condenado, em sentença irrecorrível, por crime doloso (art. 81, I, do CP)**. Considerando que a lei não exige tenha esse crime ocorrido durante o período de prova, conclui-se que é irrelevante o momento em que cometido, podendo ter sido praticado antes ou durante o prazo da suspensão. O que importa, enfim, é a superveniência de condenação transitada em julgado pela prática de crime doloso. A condenação pela prática de crime culposo ou contravenção não constituem motivo de revogação obrigatória, mas sim razões de revogação facultativa quando imposta pena privativa de liberdade ou restritiva de direitos, *ex vi* do art. 81, § 1º, do Código Penal.

A lei não faz referência expressa quanto à natureza da pena imposta para que incida a causa revogação obrigatória estipulada no art. 81, I, do Código Penal. Contudo, levando em conta que a condenação à pena de multa não obsta a concessão do *sursis* nos termos do art. 77, § 1º, do mesmo diploma, deduz-se, por questão de lógica, que essa espécie de condenação não pode acarretar a revogação do benefício.

Não induz à revogação o fato de, apesar de condenado por crime doloso, ter sido o indivíduo agraciado com o perdão judicial. É que, segundo a **Súmula 18 do STJ**, "a sentença concessiva do perdão judicial é declaratória da extinção da punibilidade, não subsistindo qualquer efeito condenatório".

Eventualmente, pode ocorrer que já tenha expirado o período de prova, quando se descobre que, no seu curso, foi o beneficiário irrecorrivelmente condenado por crime doloso. Nesse caso, já decidiu o Superior Tribunal de Justiça que, se ainda não foi julgada extinta a punibilidade mediante decisão transitada em julgado, é possível a revogação do *sursis*[139]. Há, entretanto, posição diversa, reputando que a pena privativa de liberdade extingue-se automaticamente com o término do período de prova, não havendo a possibilidade de revogação do benefício depois disso, ainda que por causa anterior.

Discute-se, no caso do art. 81, I, do Código Penal, a necessidade ser oportunizado ao condenado manifestar-se antes da decisão revocatória, entendendo alguns que, em respeito às garantias constitucionais do contraditório e da ampla defesa, é necessário assegurar-lhe o direito de pronunciamento prévio. Não obstante, no âmbito do Superior Tribunal de

---

[139] STJ, *Habeas Corpus* 175758/SP, *DJ* 14.10.2011; *Habeas Corpus* 97702/SP, *DJ* 23.06.2008.

Justiça já se decidiu que, nessa hipótese, sendo a revogação medida necessária decorrente de condição objetiva, não há razão para a prévia audiência do apenado, diversamente das situações de revogação nas quais existe a possibilidade, no caso concreto, de não ser revogado o benefício (o que ocorre nos casos de revogação facultativa do benefício)[140].

A *segunda causa de revogação obrigatória* refere-se ao beneficiário que **frustra, embora solvente, a execução da pena de multa, ou não efetua, sem motivo justificado, a reparação do dano (art. 81, II, do CP)**. Relativamente ao *não pagamento da multa*, há dúvidas quanto à possibilidade de revogação do *sursis*, dividindo-se a doutrina a respeito. Uns, com efeito, consideram que, se após o advento da L. 9.268/1996, que alterou o art. 51 do Código Penal, ficou vedada a conversão da multa impaga em prisão (impondo-se a sua execução na forma da L. 6.830/1980), não é lógico compreender que sua inadimplência possa conduzir à revogação do *sursis* e prisão do sentenciado[141]. Outros, ao contrário, sustentam que a referida L. 9.268/1996 limitou-se a modificar a redação do art. 51 do Código Penal, razão pela qual se mantiveram incólumes os demais dispositivos relativos à pena de multa, inclusive o comando do art. 81, II, do Código Penal[142].

A outra causa de revogação obrigatória da suspensão condicional da pena contemplada no dispositivo refere-se à hipótese do beneficiário que, sem motivo justificado, *deixa de reparar o dano* causado pela prática da infração penal. Note-se que não basta o fato da não reparação para que haja a revogação do *sursis*. É necessário que seja esta injustificada. Logo, não se deve cogitar dessa revogação quando, por exemplo, comprovar o beneficiário sua absoluta insuficiência de recursos financeiros ou for desconhecido o paradeiro da vítima.

Tanto em um como em outro caso, diante da possibilidade de o condenado justificar o não pagamento da multa e a ausência de reparação do dano, impõe-se a sua oitiva previamente à revogação do benefício, atendendo-se, desse modo, às garantias da ampla defesa e do contraditório.

A *terceira causa de revogação obrigatória* consiste no **descumprimento da condição do art. 78, § 1º, do Código Penal (art. 81, III, do CP).** O citado art. 78, § 1º, do Código Penal contempla a condição legal do *sursis* simples, que obriga o condenado, alternativamente, à prestação de serviços à comunidade ou à limitação de final de semana. Lembre-se de que o *sursis* simples é aplicável ao condenado que, injustificadamente, não houver reparado o dano ou não lhe forem inteiramente favoráveis as condições do art. 59 do Código Penal. O descumprimento das obrigações do art. 78, § 1º, do CP, contudo, deve ser injustificado, pois do contrário não é razoável cogitar da revogação do benefício. Por exemplo, não deve ser revogado o *sursis* quando o condenado, antecipando-se à decisão revogatória, comparecer em juízo comprovando que deixou de cumprir prestação de serviço à comunidade a que obrigado pelo fato de ter sofrido um acidente, ficando impossibilitado de trabalhar. Nesse contexto, também nessa hipótese de revogação obrigatória é necessário oportunizar ao condenado manifestar-se antes da decisão revogatória.

Note-se, ademais, que a lei não incluiu como motivo determinante de revogação obrigatória o descumprimento das condições legais do *sursis especial* (art. 78, § 2º, *a* a *c*, do Código Penal) nem das condições judiciais. É que, nesses casos, a revogação é facultativa, *ex vi* do art. 81, § 1º, do Código Penal.

---

140 STJ, Recurso Ordinário em *Habeas Corpus* 18521/MG, *DJ* 07.05.2007.

141 Nesse sentido: Celso Delmanto, *Código Penal comentado*, 5ª ed., São Paulo: Renovar, 2000, p. 150; e André Estefam, *Direito Penal*, Parte Geral, São Paulo: Saraiva, 2010, p. 388.

142 Nesse sentido: Julio Fabbrini Mirabete, *Código Penal interpretado*, 5ª ed., São Paulo: Atlas, p. 429.

8.2.21.7.2 Revogação facultativa do *sursis*

A **revogação facultativa** do *sursis* está disciplinada no art. 81, § 1º, do Código Penal, que dispõe:

> Art. 81. (...)
>
> § 1º A suspensão poderá ser revogada se o condenado descumpre qualquer outra condição imposta ou é irrecorrivelmente condenado, por crime culposo ou por contravenção, a pena privativa de liberdade ou restritiva de direitos.
>
> (...)
>
> § 3º Quando facultativa a revogação, o juiz pode, ao invés de decretá-la, prorrogar o período de prova até o máximo, se este não foi o fixado.

Como se vê, nessas hipóteses o juiz possui margem de discricionariedade, podendo, de acordo com as peculiaridades do caso concreto e a situação pessoal do condenado, determinar a revogação do benefício ou, ao invés de decretá-la, prorrogar o período de prova até o máximo, se este não foi o fixado (art. 81, § 3º, do CP). Diante da possibilidade dessa opção, deve o juiz, antes de decidir sobre qual das providências adotar, ouvir o condenado.

Caso o *sursis* seja revogado, deverá o condenado cumprir integralmente a pena privativa de liberdade cuja execução estava suspensa, independentemente do momento em que ocorra a revogação.

Pois bem. A *primeira causa de revogação facultativa* é o **descumprimento de qualquer outra condição imposta (art. 81, § 1º, 1ª parte, do CP)**. Considerando a regra do art. 81, III, do Código Penal, que estabelece como motivo determinante de revogação obrigatória a inobservância das condições legais pertinentes ao *sursis* simples, detecta-se que o art. 81, § 1º, 1ª parte, do Código Penal, em verdade, está fazendo alusão ao descumprimento das condições legais do *sursis* especial contempladas no art. 78, § 2º, do Código Penal (proibição de frequentar determinados lugares, proibição de ausentar-se da comarca onde reside sem autorização do juiz e comparecimento pessoal e obrigatório a juízo, mensalmente, para informar suas atividades) e às condições judiciais eventualmente estabelecidas por força do art. 79 do mesmo diploma legal.

Já a *segunda causa de revogação facultativa* consiste na superveniência de **condenação irrecorrível, por crime culposo ou contravenção, a pena privativa de liberdade ou restritiva de direitos (art. 81, § 1º, 2ª parte, do CP)**. Da leitura da regra conclui-se por exclusão que, coerentemente com a regra do art. 77, § 1º, do Código Penal (dispondo que a condenação anterior a pena de multa não obsta a concessão do benefício), não será o *sursis* revogado quando vier a ser condenado o beneficiário pela prática de crime culposo ou contravenção à pena pecuniária.

8.2.21.8 Prorrogação do período de prova (art. 162 da LEP)

Refere o art. 162 da LEP que a prorrogação do período de prova (e consequente dilatação do prazo determinado na decisão concessiva do benefício) ocorrerá "na forma do art. 81 e respectivos parágrafos do Código Penal". Da análise do referido art. 81 do Estatuto Repressivo, detecta-se que, na verdade, essa prorrogação dar-se-á em duas hipóteses: *primeira*, quando o beneficiário estiver sendo processado por outro crime ou contravenção (art. 81, § 2º, do CP), e *segunda*, nas hipóteses de revogação facultativa (art. 81, § 3º, do CP).

Veja-se que, segundo a orientação majoritária, durante a prorrogação do período de prova não subsistem as condições do *sursis*.

8.2.21.8.1 O beneficiário está sendo processado por outro crime ou contravenção (art. 81, § 2º, do CP)

Nessa situação, prorroga-se o prazo da suspensão até o julgamento definitivo do processo criminal. De acordo com o entendimento dominante, tal prorrogação é automática (o art. 81, § 2º, utiliza a expressão "considera-se prorrogado o prazo da suspensão"), não ficando condicionada à existência de decisão judicial nesse sentido. Ressalte-se, todavia, que a ocorrência da prorrogação vincula-se à existência de *processo* em andamento, o que pressupõe denúncia ou queixa devidamente recebidas, não bastando, portanto, a simples prática de crime ou contravenção ou indiciamento em inquérito policial.

Outro aspecto a atentar é que a lei não exige que o processo criminal refira-se a crime ou contravenção praticados durante o período de prova. Logo, dar-se-á a prorrogação automática ainda que a infração penal tenha sido praticada em data anterior àquela cuja condenação resultou no deferimento do *sursis.*

Sobrevindo, no julgamento definitivo do processo criminal pelo crime ou contravenção, o trânsito em julgado de sentença absolutória, o *sursis* não será revogado e, verificado o cumprimento integral do período de prova, a pena poderá ser extinta. Tratando-se, contudo, de sentença condenatória transitada em julgado, é necessário verificar a natureza da infração penal pela qual se operou a condenação. Assim, a condenação irrecorrível por *crime doloso* acarretará a revogação obrigatória do *sursis* (art. 81, I, do CP). Já a condenação irrecorrível por *crime culposo ou contravenção* a pena privativa de liberdade ou restritiva de direitos acarretará, facultativamente, a revogação do *sursis* (art. 81, § 1º, do CP) ou a prorrogação do período de prova até o máximo, se este não foi o fixado (art. 81, § 3º, do CP).

Por vezes, depois de encerrado o período de prova, vem ao conhecimento do juiz da execução que o beneficiário está sendo processado por outro crime ou contravenção. Nesse caso, considerando o entendimento majoritário de que a prorrogação motivada nessa circunstância ocorre automaticamente (prescindindo, portanto, de decisão judicial que a reconheça), tem-se entendido que é possível sim considerar-se prorrogado o período da suspensão, não se declarando, assim, extinta a pena antes do trânsito em julgado da sentença prolatada no processo criminal a que responde o beneficiário. Todavia, para que assim se considere, é necessário que ainda não tenha sido declarada a extinção da pena por decisão transitada em julgado. Se já houver decisão nesse sentido quando se descobre que o indivíduo responde a processo por crime ou contravenção, nada mais poderá ser feito.

8.2.21.8.2 Ocorrência de causa de revogação facultativa (art. 81, § 3º, do CP)

Como dissemos, a ocorrência de qualquer das causas previstas no art. 81, § 1º, do Código Penal – descumprimento das condições do *sursis* especial e das condições judiciais eventualmente impostas, bem como a superveniência de condenação irrecorrível por crime culposo ou contravenção a pena privativa de liberdade ou restritiva de direitos – autoriza o juiz à opção entre revogar o *sursis* (art. 81, § 1º, do CP) ou prorrogar o período de prova até o máximo, se este não foi o fixado (art. 81, § 3º, do CP).

Note-se que, nessa hipótese, a prorrogação não é automática, condicionando-se à existência de decisão judicial expressa que a determine.

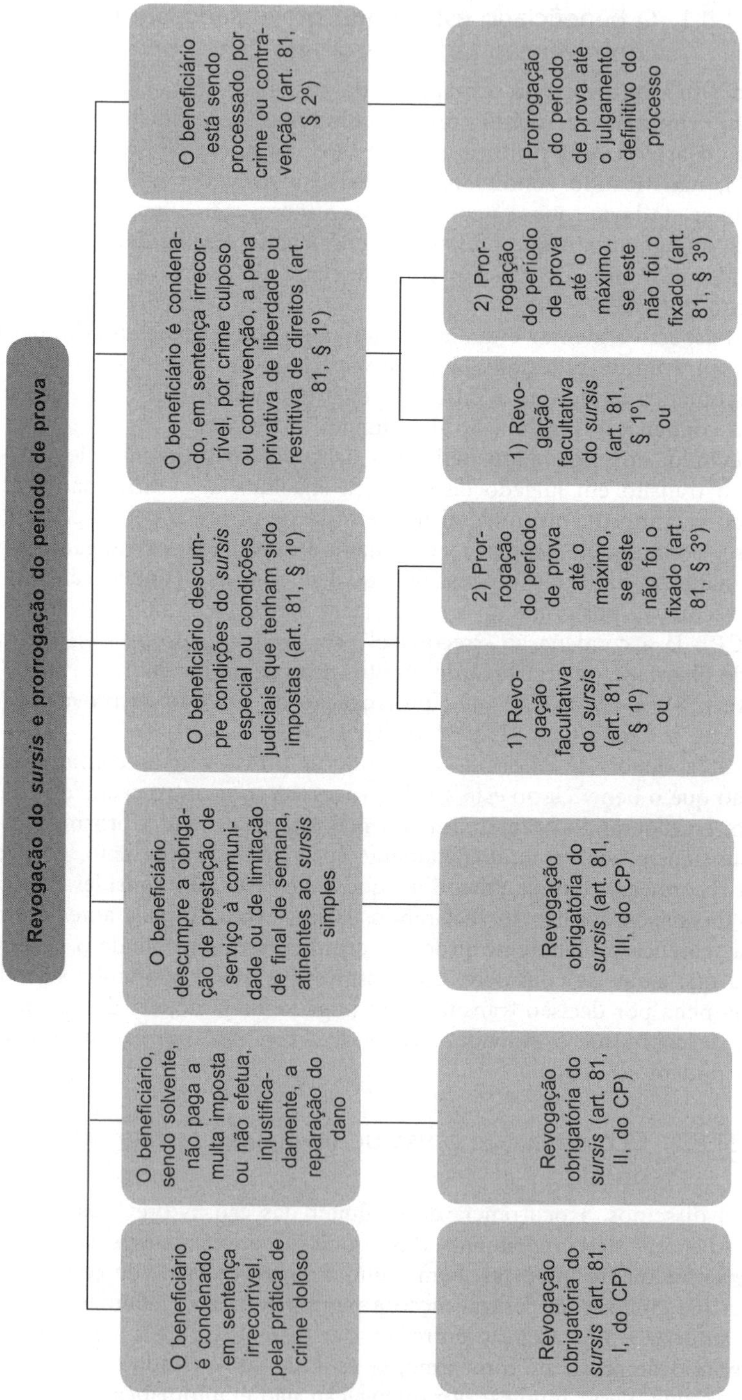
Revogação do *sursis* e prorrogação do período de prova
O beneficiário é condenado, em sentença irrecorrível, pela prática de crime doloso
Revogação obrigatória do *sursis* (art. 81, I, do CP)
O beneficiário, sendo solvente, não paga a multa imposta ou não efetua, injustificadamente, a reparação do dano
Revogação obrigatória do *sursis* (art. 81, II, do CP)
O beneficiário descumpre a obrigação de prestação de serviço à comunidade ou de limitação de final de semana, atinentes ao *sursis* simples
Revogação obrigatória do *sursis* (art. 81, III, do CP)
O beneficiário descumpre condições do *sursis* especial ou condições judiciais que tenham sido impostas (art. 81, § 1º)
1) Revogação facultativa do *sursis* (art. 81, § 1º) ou
2) Prorrogação do período de prova até o máximo, se este não foi fixado (art. 81, § 3º)
O beneficiário é condenado, em sentença irrecorrível, por crime culposo ou contravenção, a pena privativa de liberdade ou restritiva de direitos (art. 81, § 1º)
1) Revogação facultativa do *sursis* (art. 81, § 1º) ou
2) Prorrogação do período de prova até o máximo, se este não foi fixado (art. 81, § 3º)
O beneficiário está sendo processado por crime ou contravenção (art. 81, § 2º)
Prorrogação do período de prova até o julgamento definitivo do processo

8.2.21.9 Sursis *sem efeito, ou ineficaz, ou cassado*

Não se confunde o *sursis* revogado com o *sursis* ineficaz.

A **revogação**, com efeito, ocorre nas situações previstas no art. 81 do Código Penal. Em todos estes casos, o *sursis* foi concedido e aceito pelo condenado em audiência admonitória. Entretanto, *durante o período de prova*, a ocorrência dos atos, fatos e circunstâncias contempladas no referido dispositivo do Código Penal acarretam a revogação do benefício, retornando o indivíduo ao cárcere para cumprimento integral da pena privativa de liberdade que lhe foi originariamente imposta. Já a **ineficácia ou cassação** do *sursis* dá-se *antes do início do período de prova*. Ao reconhecê-la, cabe ao juiz determinar que se expeça mandado de prisão objetivando a execução da pena privativa de liberdade.

Outra diferença entre a revogação do benefício e a sua ineficácia tem que ver com o início da contagem do prazo prescricional. Observe-se:

- Se ocorreu a audiência admonitória e depois foi revogado o *sursis* por qualquer dos motivos previstos em lei, o *dies a quo* do prazo prescricional será a data da revogação desse benefício, conforme estabelece o art. 112, I, 2ª parte, do Código Penal. Dispõe esse artigo que a prescrição depois de transitar em julgado a sentença condenatória começa a correr do dia em que transita em julgado a decisão que "revoga a suspensão condicional da pena ou o livramento condicional".
- Se, contudo, a audiência admonitória não se concretiza e, assim, não tem início o período de prova, a contagem do prazo prescricional começa a correr "do dia em que transita em julgado a sentença condenatória, para a acusação", nos termos do art. 112, I, 1ª parte, do Código Penal.

Pois bem. A *primeira* hipótese de ineficácia do *sursis* está prevista no art. 161 da Lei de Execução Penal, pertinente ao condenado que, embora intimado pessoalmente ou por edital para audiência admonitória, a esta não comparece injustificadamente. Nesse caso, de acordo com referido dispositivo da LEP, "a suspensão ficará sem efeito e será executada imediatamente a pena". Pode ocorrer, entretanto, que apesar de não comparecer à audiência admonitória, o sentenciado venha a apresentar justificativa ao juiz (por exemplo, o fato de ter sofrido um acidente ou ter sido acometido por alguma doença). Nesse caso, poderá o magistrado manter o benefício, designando, então, nova data para audiência admonitória. Se já tiver reconhecido a ineficácia do *sursis*, nada obsta a que o juiz restabeleça o benefício diante da justificativa apresentada.

Uma *segunda* situação de ineficácia do *sursis* é aquela em que, no período de tempo situado entre a decisão concessiva do benefício e a realização da audiência admonitória, sobrevém o trânsito em julgado de sentença condenatória proferida em outro processo, com imposição de pena privativa de liberdade, sem a concessão do *sursis* (quer porque este foi negado, quer porque a pena imposta não permite o seu deferimento). Nesse caso, por absoluta incompatibilidade da execução simultânea da pena privativa de liberdade imposta na nova condenação e da suspensão condicional da pena determinada na primeira condenação, cabe ao juiz da execução tornar sem efeito o *sursis*, procedendo, em consequência, à soma ou unificação das penas correspondentes às infrações diversas.

O *terceiro* caso em que se torna sem efeito o *sursis* ocorre quando a pena privativa de liberdade imposta na decisão concessiva do benefício for majorada pelo tribunal, em razão de recurso da acusação, alcançando patamar que não permita a manutenção da suspensão condicional. O fundamento dessa situação encontra-se no art. 706 do Código de Processo Penal, dispondo que a suspensão "ficará sem efeito se, em virtude de recurso, for aumentada a pena de modo que exclua a concessão do benefício".

Finalmente, perfaz-se a *quarta* hipótese quando o condenado, antes ou durante a audiência admonitória, renuncia ao benefício. Lembre-se que o *sursis* tem seu implemento condicionado à aceitação pelo sentenciado. Não ocorrendo esta, fica sem efeito a suspensão.

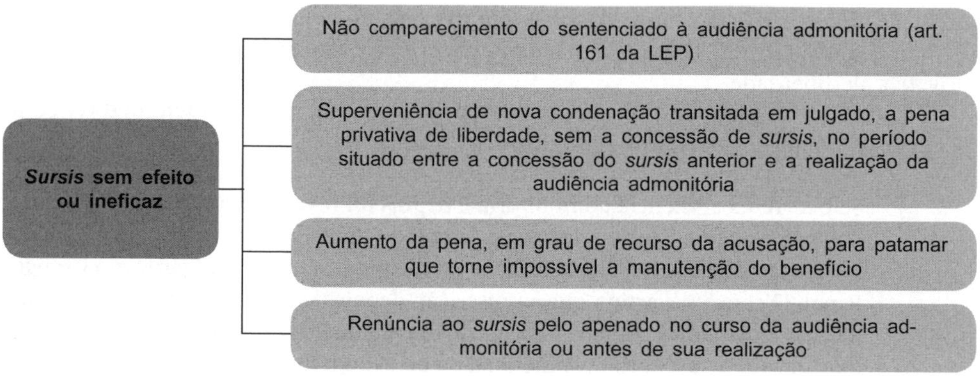

8.2.21.10 Sursis *simultâneos*

Denominam-se *sursis* simultâneos ou coetâneos os que forem cumpridos ao mesmo tempo. Isso é possível em duas hipóteses:

> *Primeira:* Durante o período de prova decorrente da concessão de *sursis* anterior, é o réu condenado irrecorrivelmente, pela prática de crime culposo ou contravenção, a pena privativa de liberdade (causas de revogação facultativa do *sursis*, conforme art. 81, § 1º, do CP), sendo-lhe concedido novo *sursis*. Nesse caso, sendo mantido o *sursis* originário, será ele cumprido simultaneamente com o mesmo benefício deferido na condenação posterior.
>
> *Segunda:* O réu, antes do início do período de prova, é condenado irrecorrivelmente pela prática de crime doloso, não sendo, porém, considerado reincidente. Diante dessa situação, o *sursis* anterior pode ser mantido, já que a condenação por crime doloso apenas o revoga quando seu trânsito em julgado ocorre durante o período de prova.

8.2.21.11 Sursis *sucessivos*

Imagine-se que, após cumprir o *sursis* diante de condenação anterior, já se encontrando extinta a pena, comete o agente crime culposo ou contravenção. Ora, não sendo reincidente em crime doloso, poderá obter novo *sursis* em relação a essa nova infração. O benefício, nesse caso, será cumprido sucessivamente ao *sursis* anterior.

8.2.21.12 Sursis *e condenação por crime hediondo ou assemelhado*

Apesar de a L. 8.072/1990 não estabelecer qualquer proibição ao deferimento da suspensão condicional da pena na hipótese de condenação por crime hediondo ou equiparado, o tema é controvertido, havendo duas orientações:

Primeira: mesmo que a quantidade de pena imposta na sentença condenatória permita o deferimento do *sursis*, esse benefício é manifestamente incompatível com o tratamento mais severo determinado pela Constituição Federal e pela Lei Federal aos crimes hediondos e equiparados. Além disso, por disposição legal expressa, os indivíduos condenados por tais delitos deverão cumprir a pena em regime inicialmente fechado (art. 2º, § 1º, da LCH), circunstância essa que também concorre para afastar a possibilidade da concessão do *sursis*. Trata-se da posição prevalente[143].

Segunda: Não existindo na L. 8.072/1990 qualquer vedação à concessão do *sursis* e não sendo possível cogitar de interpretação extensiva para o fim de deixar de conceder benefício que não está vedado, deve-se assegurar o direito à suspensão condicional da pena para o réu que atenda aos requisitos exigidos pelo Código Penal[144-145].

8.2.21.13 Extinção da pena

Uma vez expirado o período de prova sem que tenha ocorrido a revogação do *sursis*, considera-se extinta a pena privativa de liberdade, conforme dispõe o art. 82 do Código Penal.

Discute-se se o decurso do prazo do *sursis* sem a ocorrência de causa de revogação ou prorrogação acarreta, por si, a extinção da punibilidade. Predomina, contudo, o entendimento em sentido contrário, qual seja, o de que essa extinção não é automática, devendo ser declarada pelo juiz da execução. Contudo, uma vez proferida essa decisão, retroage ela ao dia em que se encerrou o período de prova.

Ressalte-se por fim que, diante do que dispõe o art. 67 da LEP, a declaração da extinção da pena exige prévia manifestação do Ministério Público.

8.2.21.14 Registro

Conforme determina o art. 163 da LEP, a sentença condenatória será registrada, com a nota de suspensão, em livro especial do Juízo a que couber a execução da pena. Revogada a suspensão ou extinta a pena, será o fato averbado à margem do registro. O registro e a averbação serão sigilosos, salvo para efeito de informações requisitadas por órgão judiciário ou pelo Ministério Público, para instruir processo penal.

8.2.21.15 Questões importantes em relação ao sursis

8.2.21.15.1 *Sursis* e detração penal

Considerando que o benefício tem por objetivo impedir a execução da pena privativa de liberdade imposta ao réu, não se autoriza o desconto do período cumprido a título de prisão provisória do total da pena imposta, mesmo porque se trata de reprimenda que está suspensa, não sendo objeto de cumprimento pelo sentenciado.

Também não se admite a detração do período de prisão provisória em relação ao tempo de cumprimento das condições do *sursis*. Imagine-se, por exemplo, que o indivíduo esteve preventivamente preso por três meses, sobrevindo, após, sentença condenatória e

---

143 STJ, *Habeas Corpus* 197268/SP, *DJ* 06.03.2013; STF, *Habeas Corpus* 101919/MG, *DJ* 26.10.2011.

144 Renato Marcão, op. cit., p. 298.

145 STJ, Agravo Regimental no *Habeas Corpus* 1163452/MG, *DJ* 18.02.2013; STF, *Habeas Corpus* 86698/SP, *DJ* 31.08.2007.

concessão do *sursis* com a condição de prestação de serviços à comunidade no primeiro ano do período de prova. Nesse caso, em que pese exista posição contrária, é dominante a orientação de que é inadmissível, para efeitos de detração, o cômputo do período de prisão provisória para diminuir o tempo de prestação de serviços à comunidade estabelecida como condição do *sursis*, visto que esta não se trata de efetivo cumprimento de pena. A propósito, já se decidiu que "não se pode considerar como integrante do tempo de cumprimento da pena período de não cumprimento de pena alguma. Isso porque a suspensão condicional de pena outra coisa não é senão o benefício de não cumpri-la, ou não receber a execução da sanção privativa de liberdade, mediante condições e em tempo que a lei e a sentença estabeleçam"[146].

Permite-se, contudo, a detração na hipótese de revogação do *sursis*, já que, nesse caso, deverá apenado cumprir a pena privativa de liberdade que lhe foi imposta.

8.2.21.15.2 *Sursis* e a condição de estrangeiro em passagem pelo território nacional

Não se discute a possibilidade de concessão do benefício aos estrangeiros que se encontrem no Brasil em situação regular e com visto permanente. Logo, a controvérsia gira em torno da possibilidade de seu deferimento aos estrangeiros que se encontrem no país em caráter temporário. Há duas posições a respeito:

> *Primeira:* A concessão do *sursis* encontra óbice no art. 1º do Decreto-Lei 4.865/1942, dispondo que "é proibida a concessão da suspensão condicional da pena imposta aos estrangeiros que se encontrem em território nacional em caráter temporário". Some-se a isso a circunstância de que, tratando-se de estrangeiro em passagem, não efetivaria o cumprimento das condições impostas.
>
> *Segunda:* É viável o *sursis*, tendo em vista a previsão do art. 5º, *caput*, da Constituição Federal, que proíbe distinções entre brasileiros, natos ou naturalizados, e estrangeiros residentes no país. Veja-se que, não obstante o *caput* do art. 5º faça referência expressa aos *estrangeiros residentes no país*, "a jurisprudência do STF vem acrescentando, por meio da interpretação sistemática, os estrangeiros não residentes (por exemplo, a turismo), os apátridas e as pessoas jurídicas".[147] Não fosse o bastante, o Decreto-lei 4865/1942, impedindo o *sursis* no caso de estrangeiro com visto temporário, foi revogado pelo Estatuto do Estrangeiro (L. 6.815/1980), o qual, por sua vez, não estabeleceu qualquer restrição ao benefício. Nesse sentido, decidiu o Supremo Tribunal Federal, como se vê do voto do Ministro Francisco Rezek, exarado no julgamento do *Habeas Corpus* 63.142/RJ (19.12.1985):
>
> "(...) De fato, o Estatuto vigente teve em mira reestruturar a sistemática jurídica pertinente ao estrangeiro no Brasil. O diploma específico traçou o rol dos direitos e deveres do forasteiro, definindo as restrições cabíveis. Para tanto, abriu o legislador um título autônomo na lei, e ali não se repete a restrição do Decreto-Lei 4865/1942. Esse quadro, pois, faz aplicável o magistério de Carlos Maximiliano, no sentido de que 'se a lei nova cria, sobre o mesmo assunto da anterior, um sistema inteiro, completo, diferente, é claro que todo o outro sistema foi eliminado' (*Hermenêutica e aplicação do Direito*, Rio, Freitas Bastos, 1951, p. 429). Parece-me que o título X do Estatuto reestruturou a sistemática dos direitos básicos do alienígena, estando, por isso, revogado o Decreto-Lei 4865/1942; (...)."

---

[146] *RT* 533/280.

[147] Cleber Masson, op. cit., p. 760.

Atente-se que o Estatuto de Estrangeiro, consubstanciado na L. 6.815/1980, foi revogado pela Lei de Migração (L. 13.445/2017). Tal revogação, contudo, não afeta os fundamentos da posição adotada pelo STF no HC 63.142/RJ, acima mencionado, no sentido de que o Decreto-lei 4.865/1942 encontra-se tacitamente revogado. Não se pode cogitar aqui, enfim, da ocorrência de repristinação do aludido decreto-lei (fenômeno segundo o qual uma determinada lei, anteriormente revogada por outra, tem restaurada a sua vigência em face da revogação da norma revogadora), tendo em visa a ausência de previsão expressa, neste sentido, na Lei de Migração.

8.2.21.15.3 *Sursis* e indulto

Existem controvérsias a respeito da possibilidade de indulto ao condenado que se encontra em gozo da suspensão condicional da pena. Também aqui há duas posições:

Primeira: O decreto de indulto pode beneficiar o indivíduo que cumpre suspensão condicional da pena. Considera-se que o indulto se destina a quem cumpre pena privativa de liberdade e que o *sursis* nada mais é do que uma forma de execução da pena.

Segunda: O indulto apenas se dirige a quem, efetivamente, está cumprindo pena privativa de liberdade, não alcançando aquele que se encontra com a execução da pena suspensa.

Ainda que prevaleça a primeira das orientações citadas, deve-se ressalvar a hipótese de o próprio decreto que disciplina o indulto proibir a concessão desse benefício aos condenados agraciados com a suspensão condicional da pena. Nesses casos, evidentemente, o indulto não pode ser deferido.

8.2.21.15.4 *Sursis* e suspensão dos direitos políticos

De acordo com o art. 15, III, da Constituição Federal, "é vedada a cassação de direitos políticos, cuja perda ou suspensão só se dará nos casos de: (...) III - condenação transitada em julgado, enquanto durarem seus efeitos".

Ora, enquanto o *sursis* estiver sendo cumprido, não há a extinção da pena privativa de liberdade. Sendo assim, não há como afastar, nesse período, os efeitos condenação - inclusive a suspensão dos direitos políticos -, mesmo porque, diante da possibilidade de revogação do benefício, inexiste certeza de que o condenado irá cumpri-lo integralmente.

Nesse sentido, a propósito, o entendimento de Alexandre de Moraes, ao dizer que: "a suspensão dos direitos persistirá enquanto durarem as sanções impostas ao condenado, tendo total incidência durante o período de livramento condicional, e, ainda, nas hipóteses de prisão-albergue ou domiciliar, pois somente a execução da pena afasta a suspensão dos direitos políticos com base no art. 15, inciso III, da Constituição Federal. Em relação ao período de prova do *sursis*, por tratar-se de forma de cumprimento da pena, o sentenciado igualmente ficará privado temporariamente de seus direitos políticos"[148].

8.2.22 Livramento condicional (arts. 131 a 146 da LEP)

8.2.22.1 Considerações gerais

Considera-se livramento condicional o benefício que permite ao condenado a pena privativa de liberdade igual ou superior a dois anos a liberdade antecipada, condicional

[148] Alexandre de Moraes, *Constituição do Brasil interpretada*, 5ª ed., São Paulo: Atlas, 2005, p. 595.

e precária, desde que cumprida parte da reprimenda imposta e que sejam observados os demais requisitos legais. Diz-se que a liberdade é *antecipada* porque o indivíduo retorna ao convívio social antes do cumprimento integral da pena privativa de liberdade; é *condicional* porque fica ele sujeito, durante o período restante da pena (período de prova ou período de experiência), ao cumprimento das condições fixadas na decisão que concedeu o benefício; é, por fim, *precária* pelo fato de que pode ser revogada se, no seu curso, ocorrerem as situações mencionadas nos arts. 86 e 87 do Código Penal[149].

O instituto representa a última etapa do sistema penitenciário progressivo e constitui fator importante de individualização da pena, já que sua concessão não resulta apenas do cumprimento de parte da pena, mas depende também da análise de fatores peculiares da vida prisional (mérito do apenado), da presença de recursos internos suficientes para usufruir de forma construtiva o benefício pretendido e do prognóstico de que não voltará a delinquir.

A competência para deliberar sobre a concessão ou não do livramento condicional é do *juízo da execução*, *ex vi* do art. 66, III, *e*, da LEP, mais precisamente o juízo do lugar em que cumpre pena privativa de liberdade o condenado, ainda que eventualmente tenha sido condenado por sentença proferida em comarca distinta. Esse, aliás, o regramento do art. 712, parágrafo único, do CPP ao dispor que "a concessão do livramento competirá ao juiz da execução da pena que o condenado estiver cumprindo".

Discute-se a existência de um **direito subjetivo público** do apenado ao livramento condicional. Muitos consideram que, preenchidos os requisitos legais, possui ele direito de gozar do benefício, sendo vedado ao juiz indeferi-lo a partir da consideração de requisitos não previstos em lei[150]. Aderimos, entretanto, a orientação diversa, considerando possível ao magistrado deixar de concedê-lo quando, no exercício do seu livre convencimento motivado, à vista de circunstâncias concretas, constatar que ainda não restou abrandada a periculosidade inicial do preso, havendo grande possibilidade de recidiva criminosa.

Durante o período de prova, o indivíduo beneficiado pelo livramento condicional é denominado pela Lei de Execução Penal de **egresso**, conforme se depreende do art. 26, II, dessa lei.

O livramento condicional não se confunde com a **suspensão condicional da pena *(sursis)***. Não obstante se trate de institutos destinados aos condenados a pena privativa de liberdade e apesar de ambos sujeitarem os respectivos beneficiários ao cumprimento de condições judicialmente estabelecidas durante o período de prova, a verdade é que o livramento condicional e o *sursis* apresentam diferenças marcantes, a saber:

- O *livramento condicional* destina-se aos condenados à pena privativa de liberdade superior a dois anos; o *sursis* concerne à hipótese em que a pena concretamente aplicada na sentença não seja superior a dois anos, condicionando-se a sua concessão, ainda, a que não tenha a pena privativa de liberdade sido substituída por restritiva de direitos;
- O *livramento condicional* pressupõe o cumprimento, pelo condenado, de determinado tempo de pena legalmente estabelecido, tempo esse que varia conforme

[149] Cleber Masson, op. cit., p. 765.

[150] TJRS, Agravo 70049136716, j. 27.06.2012.

as condições pessoais do agente (reincidente em crime doloso ou não) e a natureza do crime praticado (crime comum ou crime hediondo); no *sursis*, por sua vez, o indivíduo tem a pena privativa de liberdade suspensa antes de iniciar o respectivo cumprimento;

- No *livramento condicional*, o período de prova corresponde ao tempo remanescente da pena privativa de liberdade. Considere-se, por exemplo, que um indivíduo condenado a nove anos obtenha a liberdade condicional após cumprimento de três anos de pena. Nesse caso, os seis anos faltantes constituirão o período de prova, no qual deverá atentar às condições impostas por ocasião da concessão do benefício; já no caso do *sursis*, o período de prova é estipulado, em regra, entre dois e quatro anos, muito embora, às vezes, possa ser estabelecido lapso diverso, como ocorre em relação ao *sursis* etário e na hipótese do *sursis* humanitário, bem como em determinadas situações previstas em leis especiais;
- O *livramento condicional* é de competência exclusiva do juízo da execução (art. 66, III, *e*, da LEP); já o *sursis* será decidido pelo juiz da sentença, nada obstando, entretanto, no caso de omissão deste último, que venha a ser deliberado pelo juiz da execução (art. 66, III, *d*, da LEP).

Tendo em vista que o livramento condicional exige o cumprimento de tempo mínimo de pena privativa de liberdade legalmente estabelecido, infere-se que, no momento de sua concessão, em regra, deve existir decisão condenatória transitada em julgado. Considerando, porém, a possibilidade de **execução provisória da pena** (o que pode ocorrer quando a decisão condenatória transita em julgado para a acusação, pendendo apenas de recurso da defesa), o Supremo Tribunal Federal tem compreendido como possível, também no curso desta execução, o deferimento do benefício[151].

8.2.22.2 Requisitos do livramento condicional (art. 83 do CP)

A concessão do livramento condicional pressupõe a satisfação de requisitos objetivos e subjetivos, os primeiros relacionados à pena (espécie, quantidade e tempo mínimo de cumprimento) e à reparação do dano, e os demais, pertinentes às condições pessoais do condenado. Esses requisitos estão contemplados no art. 83 do Código Penal. Note-se que, para fins de obtenção da liberdade condicional, é largamente majoritário o entendimento de que não importa o regime de pena a que está submetido o condenado, podendo ele encontrar-se no regime fechado, semiaberto ou aberto. Não se pode olvidar, contudo, a existência de orientação oposta, vale dizer, no sentido de que, apesar de não existir vedação legal expressa à concessão do benefício aos presos do regime fechado, este regime, por se destinar aos presos de maior periculosidade, mostra-se incompatível com a liberdade condicional, que se constitui na última fase do processo de ressocialização.[152] Para esta corrente, enfim, estando o apenado a cumprir pena no regime fechado, a concessão da liberdade condicional implicaria forma indireta de progressão de regime *per saltum* na execução da pena de prisão, ferindo a lógica do processo de execução, pela qual deve a liberdade do preso ser restituída em etapas e não de modo abrupto.

---

[151] STF, *Habeas Corpus* 90813/SP, *DJ* 25.05.2007; *Habeas Corpus* 87801/SP, *DJ* 26.05.2006.

[152] TJRS, Agravo n.º 70072003718, J. 29.03.2017.

São *requisitos objetivos* do livramento condicional:

1) **Natureza da pena imposta:** Depreende-se do art. 83, *caput*, do Código Penal que poderão fazer jus ao livramento condicional os condenados à pena privativa de liberdade, seja esta de reclusão, detenção ou prisão simples. Portanto, inviável cogitar da concessão do benefício a quem cumpre pena restritiva de direito, muito menos à hipótese de condenação a pena de multa.
2) **Quantidade de pena imposta:** O mesmo art. 83, *caput*, do Estatuto Repressivo dispõe que o livramento condicional é permitido aos condenados a pena privativa de liberdade igual ou superior a dois anos. Veja-se que, de acordo com o art. 84 do Código Penal, "as penas que correspondem a infrações diversas devem somar-se para efeito do livramento". Isso significa que poderá fazer jus ao benefício tanto o indivíduo condenado, por exemplo, à pena de quatro anos pela prática de um só crime, como aquele que restou condenado por dois crimes de menor gravidade, recebendo para cada um a pena de um ano e seis meses, já que, somadas, tais condenações perfazem três anos (superior a dois anos, portanto).
3) **Cumprimento de tempo mínimo de pena privativa de liberdade:** A satisfação do requisito temporal vincula-se às condições do condenado e à natureza do crime que cometeu. Outro aspecto a observar é o de que, na verificação do lapso mínimo de cumprimento de pena, deve-se considerar o período em que o apenado esteve custodiado em razão de prisão provisória ou administrativa, bem como o tempo de internação em hospital psiquiátrico (art. 42 do CP). Ainda, deve ser levado em conta o tempo remido pelo trabalho ou pelo estudo (art. 128 da LEP). Pois bem, de acordo com o art. 83 do CP, são os seguintes os lapsos de pena cumprida a serem observados pelo condenado para a obtenção do benefício:
    a) *Condenado não reincidente em crime doloso e com bons antecedentes:* É suficiente o cumprimento de mais de um terço de pena, operando-se aqui o chamado *livramento condicional simples* (art. 83, I, do CP).
    b) *Condenado reincidente em crime doloso:* É necessário o cumprimento de mais da metade da pena, operando-se nesse caso o denominado *livramento condicional qualificado* (art. 83, II, do CP). A exigência de lapso maior de pena cumprida decorre da consideração de que o condenado reincidente em crime doloso revela maior periculosidade, sendo exigível, portanto, maior rigor penal, já que a condenação anterior não foi suficiente para reprimir a prática de novo delito.

E quanto ao reincidente em crime culposo? Na ausência de previsão legal, entendemos que deve ser aplicada a ele a norma do art. 83, I, do CP, exigindo-se o cumprimento de apenas mais um terço de pena, já que se trata do regramento mais favorável. O mesmo raciocínio tem aplicação à situação do condenado em que o crime anterior é culposo e o posterior é doloso, ou vice-versa.

E quanto à reincidência na prática de contravenção penal? Não constitui óbice à concessão do livramento, tampouco exige o cumprimento de mais da metade da pena, já que o agravamento da condição temporal determinado pelo art. 83, II, do CP refere-se à reincidência em *crime doloso*. Logo, a regra a ser aplicada é a do art. 83, I, do CP, que impõe o cumprimento de mais de um terço de pena.

E quanto ao indivíduo *não reincidente em crime doloso e com maus antecedentes?* Teoricamente, não se enquadra ele na regra do art. 83, I, do CP (que exige bons antecedentes), tampouco no art. 83, II, do mesmo diploma (destinado aos reincidentes em crime doloso). Surgiram, então, duas correntes: a *primeira*, no sentido de que, na ausência de previsão legal, deve ser adotada a orientação mais favorável, sendo cabível a concessão do benefício quando tiver cumprido mais de um terço da pena; e a *segunda*, compreendendo que o tratamento a ser dispensado ao condenado nessa situação é, subsidiariamente, o mesmo conferido ao reincidente em crime doloso, exigindo-se, portanto, o cumprimento de mais da metade da pena. No âmbito do Superior Tribunal de Justiça, já se decidiu em conformidade com a primeira corrente citada, entendendo-se que o condenado primário com maus antecedentes não pode ser equiparado ao reincidente[153].

E quanto ao indivíduo que foi condenado pela prática de vários crimes, sendo reincidente em alguns deles e não reincidente em outros? Considere-se, a título de exemplo, que o réu foi condenado em quatro processos criminais, sendo reconhecida a reincidência em apenas um deles. Nesse caso, **para alguns**, a aferição do requisito temporal deve ser feita à luz de cada uma das condenações, separadamente. Logo, na verificação do prazo para o livramento condicional deve-se exigir o cumprimento de metade da pena em relação ao crime pelo qual apurada a reincidência e de um terço em relação aos demais. **Para outros**, no entanto, deve-se considerar alcançado o requisito temporal quando o réu tiver cumprido mais da metade da pena total. Entendem os adeptos dessa orientação que a reincidência é circunstância de caráter pessoal, e não uma condição específica de cada processo, contaminando, assim, a totalidade da execução. Fundamenta esse entendimento, ainda, a regra do art. 84 do Código Penal, dispondo que *as penas que correspondem a infrações diversas devem somar-se para efeito do livramento condicional*. Aderimos a esse entendimento, assim como considerável parcela da jurisprudência nacional[154-155-156].

A prática de falta grave pelo condenado interrompe o prazo necessário ao deferimento do livramento condicional? Muito embora o cometimento de falta grave importe em *interrupção* do tempo de pena para fins de progressão do regime prisional, dispõe

---

153 STJ, *Habeas Corpus* 102278/RJ, *DJ* 22.04.2008.

154 "[...] A reincidência é uma circunstância de caráter pessoal, devendo ser analisada de forma global, nos termos dos artigos 63 e 84 do CP. O apenado condenado em mais de um processo transitado em julgado, para fins de Execução, deve cumprir período mais prolongado até atingir o benefício do livramento condicional. Não se confunde com os efeitos do reconhecimento da reincidência na sentença, que, entre outros, pode gerar o agravamento da pena e do regime" (TJRS, Agravo 70058629874, Primeira Câmara Criminal, j. 05.05.2014).

155 "[...] A reincidência é circunstância pessoal que, uma vez reconhecida judicialmente, afeta o processo de execução por inteiro, ainda que neste exista condenações em que tal agravante não foi reconhecida. Inviável, *in casu*, a retificação da guia de execução do agravante, porquanto, em sendo reincidente, para concessão do livramento condicional, nos termos do artigo 83, II, do CP, impõe-se o cumprimento de 1/2 da pena total a ele imposta" (TJRS, Agravo n.º 70059096131, Oitava Câmara Criminal, j. 30.04.2014).

156 "[...] É assente neste Tribunal o entendimento de que havendo várias condenações deve se proceder a soma das penas, realizando-se o cálculo do requisito objetivo exigido ao livramento condicional sobre o montante obtido (art. 84 do Código Penal). 2. *In casu*, sendo o paciente reincidente em crime doloso, deve ser adotado o lapso preconizado no art. 83, II, do Código Penal, impondo-se o transcurso do patamar de 1/2 (um meio) da sanção para a obtenção da liberdade clausulada, não havendo de se cogitar na aplicação concomitante do patamar de 1/3 (um terço) para a execução de pena aplicada ao tempo em que o réu ostentava a primariedade e de 1/2 (um meio) para as demais execuções" (STJ, *Habeas Corpus* 95.505/RS, *DJ* 01.02.2010).

a **Súmula 441 do STJ** que sua prática "não interrompe o prazo para obtenção de livramento condicional".

Como deve ser calculado o lapso mínimo necessário à concessão do livramento na hipótese de unificação de penas com base no art. 75 do Código Penal? Estabelece o art. 75 do CP que, "quando o agente for condenado a penas privativas de liberdade cuja soma seja superior a 30 (trinta) anos, devem elas ser unificadas para atender ao limite máximo deste artigo". Em outras palavras, determina o dispositivo que o tempo de cumprimento das penas privativas de liberdade não pode ser superior a trinta anos. A partir dessa normatização, surgiu a discussão quanto ao reflexo do referido art. 75 do CP em relação ao tempo mínimo de pena necessário para a concessão do livramento condicional. Uma primeira orientação compreendia que a unificação em trinta anos destina-se unicamente à fixação do *quantum* máximo de pena a ser cumprida, não podendo ser considerada para fins de concessão de benefícios prisionais. Outros, porém, mais liberais, entendiam que o limite máximo de trinta anos deve ser considerado para todos os efeitos penais. Em que pese majoritário o primeiro entendimento, a controvérsia foi definitivamente solucionada apenas com a publicação da **Súmula 715 do STF**, dispondo que: "a pena unificada para atender ao limite de trinta anos de cumprimento, determinado pelo art. 75 do Código Penal, não é considerada para a concessão de outros benefícios, como o livramento condicional ou regime mais favorável de execução". Nessa disciplina, como se vê, importa considerar que a base de cálculo a ser utilizada para se chegar ao montante de pena a ser cumprida pelo condenado, a fim de obter os benefícios da execução penal (comutação, progressão de regime, livramento condicional e outros) é o somatório total das penas impostas. Correto esse entendimento, pois admitir o contrário implicaria utilizar a lei penal como estímulo ao cometimento de múltiplos delitos, já que um condenado, por exemplo, a cem anos de reclusão poderia obter o livramento condicional no mesmo tempo de outro condenado a trinta anos.

c) *Condenado pela prática de crime hediondo ou equiparado (tráfico de drogas, tortura e terrorismo):* Exige-se o cumprimento de mais de dois terços da pena, desde que não se trate de indivíduo reincidente específico em crimes dessa natureza, operando-se aqui o chamado *livramento condicional específico* (art. 83, V, do CP). Note-se que, em que pesem divergências doutrinárias, por reincidente específico na prática de crimes hediondos ou equiparados deve-se considerar o indivíduo que pratica, no prazo da reincidência, qualquer um desses delitos, ainda que tipificados em dispositivos penais distintos, por exemplo, um latrocínio e um homicídio qualificado. Logo, não procede, a nosso ver, o entendimento de que o reconhecimento da reincidência específica condiciona-se à reiteração de crimes com a mesma capitulação ou que protejam o mesmo bem jurídico.

E quando se tratar de indivíduo condenado por crime hediondo ou equiparado e por outro crime sem esta natureza? Nesse caso, existem três correntes:

Primeira: Prevalece o índice relativo ao crime hediondo ou equiparado, por ser o delito de maior gravidade, exigindo-se, para fins de obtenção do livramento condicional, o cumprimento de dois terços sobre o total da pena. Trata-se de vertente pouco aceita, compreendendo a maioria que é indevido estender a exigência de cumprimento de dois terços à pena de ambos os crimes[157].

Segunda: Devem ser cumpridos dois terços da pena relativa ao crime hediondo ou equiparado, e também um terço (se não reincidente) ou metade (se reincidente) da pena do delito não hediondo. Imagine-se que determinado indivíduo, reincidente, seja condenado a seis anos pela prática de crime hediondo e a quatro anos pelo cometimento de crime não hediondo, no total de dez anos. De acordo com essa posição, poderá ele alcançar direito ao benefício após cumprir *seis anos de pena*, o que equivale ao somatório de 2/3 da pena pelo crime hediondo (quatro anos) e 1/2 da pena pelo crime não hediondo (dois anos)[158]. Trata-se da orientação dominante. A propósito, decidiu o STJ: "Para a concessão da benesse do livramento condicional, quando se tratar de execução conjunta de penas por crime hediondo e crime comum, deve ser elaborado o cálculo separadamente, com o agrupamento por crimes, computando-se por primeiro o percentual de 2/3 referente à condenação pelos crimes hediondos e, em seguida, o percentual de 1/3"[159].

Terceira: Devem ser cumpridos 2/3 da pena relativa ao crime hediondo ou equiparado e também 1/3 ou 1/2, conforme o caso, do restante da pena. Segundo esse entendimento, o indivíduo reincidente condenado a seis anos pela prática de crime hediondo e a quatro anos pelo cometimento de crime não hediondo poderá fazer jus ao livramento condicional após cumprir *sete anos de pena*, o que representa o somatório de 2/3 da pena pelo crime hediondo (quatro anos) e 1/2 da pena restante de seis anos (três anos)[160].

E quanto ao indivíduo condenado por crime hediondo ou equiparado que seja reincidente específico em delito dessa natureza? Nesse caso, extrai-se do art. 83, V, última parte, do CP (*contrario sensu*) que não é cabível o livramento condicional, impondo-se o cumprimento integral da pena imposta[161]. Veja-se até que, tratando-se de crime de tráfico de drogas, o art. 44, parágrafo único, da L. 11.343/2006 é expresso no sentido de que "dar-se-á o livramento condicional após o cumprimento de dois terços da pena, vedada sua concessão ao reincidente específico". Controvérsia existente aqui se refere à possibilidade de o juiz da execução criminal reconhecer a reincidência específica e determinar sua averbação na Guia de Execução Criminal (obstando, assim, o deferimento do futuro do livramento condicional), quando tal reincidência não foi mencionada pelo Juiz do processo de conhecimento na sentença condenatória. Para alguns, a omissão a respeito da reincidência específica no decreto condenatório não pode ser suprida pelo juízo da execução, pois isto transvaza a sua competência, não encontrando suporte nas faculdades referidas no art. 66 da LEP. Outros, ao contrário, consideram que a reincidência é circunstância de caráter pessoal e não uma condição própria de determinado processo, razão pela qual contamina a totalidade da execução. A partir desta ótica, é irrelevante o fato de a sentença condenatória não ter feito menção à reincidência específica, podendo o juiz da execução criminal, sim, considerá-la como empecilho ao

---

157 STJ, *Habeas Corpus* 40.126/RJ, *DJ* 27.06.2005.

158 TJRS, Agravo 70050743095, j. 31.01.2013; Agravo 70052357878, j. 23.01.2013.

159 STJ, *Habeas Corpus* 267.328/MG, *DJ* 07.03.2014.

160 "*In casu*, a condenação por tráfico de entorpecentes foi firmada em 3 (três) anos, a do crime de associação, também em 3 (três), e a de porte de arma em 2 (dois) anos. Unificadas as penas em 8 (oito) anos, mas cumprindo 2/3 do crime hediondo, ou seja, 2 anos, sobre o somatório restante, 6 (seis) anos, deve incidir o cômputo de 1/3 para efeito de conferir o direito ao livramento condicional, conforme se depreende das normas do art. 83, I e V, c/c o art. 84, ambos do CP" (STJ, *Habeas Corpus* 23942/RJ, *DJ* 19.12.2002).

161 TJRS, Agravo 70050964204, j. 08.11.2012; Agravo 70049048663, j. 09.08.2012.

benefício da liberdade condicional. Este último é o entendimento dominante, sendo também o nosso.

E quanto à situação do indivíduo reincidente específico pela prática de crime hediondo ou equiparado, que foi condenado por crime desta natureza e também por outro não hediondo? Tal pessoa poderá obter o livramento após o cumprimento integral da pena referente ao crime hediondo, desde que tenha sido superado o requisito temporal relativo ao delito sem essa natureza[162]. Nesse sentido: "A vedação contida no inciso V do art. 83 do Código Penal diz respeito, tão somente, às condenações pelos crimes hediondos. Assim, cumprida a totalidade das penas impostas dessas condenações, é possível a concessão da benesse às condenações remanescentes, desde que preenchidos os requisitos objetivo e subjetivo"[163].

4) **Reparação do dano causado pela infração:** A condenação criminal tem como efeito automático e obrigatório o de tornar certa a obrigação de indenizar o dano causado pelo crime (art. 91, I, do CP). Correlato com essa disciplina, estabelece o Código de Processo Penal que a sentença penal condenatória transitada em julgado pode ser executada no juízo cível para fins de reparação do dano (art. 63) e que, na sentença condenatória, o juiz fixará valor mínimo para reparação dos danos causados pela infração (art. 387, IV). Pois bem, tendo em vista a relevância legal do ressarcimento do dano cível *ex delicto*, consagrou o art. 83, IV, do Código Penal como um dos pressupostos para a concessão do livramento condicional o cumprimento, pelo condenado, da condição de reparar esse dano, *salvo a efetiva impossibilidade de fazê-lo*, como na hipótese de não ser localizada a vítima a ser ressarcida ou então da comprovada ausência de recursos materiais para tal ressarcimento. Quanto a esta última circunstância, deve-se enfatizar que não basta, para demonstrar o estado de insolvência, a simples juntada de atestado de pobreza. É necessário, com efeito, que a insolvabilidade seja estreme de dúvidas[164]. Veja-se que, na hipótese de condenação por mais de um crime, a reparação dos danos deve se dar em relação a todos os delitos, alcançando as diversas vítimas.

Por outro lado, são **requisitos subjetivos** do livramento condicional:

1) **Bom comportamento carcerário:** Muito embora o art. 83, III, 1ª parte, do Código Penal refira-se à necessidade de "comportamento satisfatório durante a execução da pena", o art. 112, *caput* e § 2º, da LEP, alterado pela L. 10.792/2003, faz menção à necessidade de ostentar o preso "bom comportamento carcerário" (há maior rigor, portanto, nessa aferição). Esse requisito deve ser comprovado mediante atestado emitido pelo diretor do estabelecimento prisional com base no agir do apenado após o início da execução de sua pena. Ressalte-se, entretanto, a existência de posição no sentido de que é suficiente o "comportamento satisfatório", tal como regrado no art. 83, III, do CP, o que implica exigir menos rigor na apreciação da conduta do sentenciado.

---

162 STJ, *Habeas Corpus* 84.189/RJ, *DJ* 14.04.2008.

163 TJRS, Agravo 70050794411, j. 19.12.2012.

164 STJ, *Habeas Corpus* 10.104/RJ, *DJ* 25.10.1999; *Habeas Corpus* 47.492/SP, *DJ* 01.08.2006.

2) **Bom desempenho no trabalho que lhe for atribuído:** O requisito está previsto no art. 83, III, 2ª parte, do Código Penal. Partiu o legislador do princípio de que o trabalho do preso é obrigatório (art. 31, *caput*, da LEP). A recusa injustificada em prestá-lo, além de importar no cometimento de falta grave (art. 50, VI, c/c o art. 39, V, ambos da LEP), acarreta vedação à concessão do benefício da liberdade condicional. Muito embora o dispositivo refira-se ao bom desempenho no trabalho *que lhe for atribuído* (o que sugere a prestação de trabalho interno pelo preso), parece evidente que a regra abrange também o trabalho externo, vale dizer, aquele prestado extramuros pelo preso.

3) **Aptidão para prover a própria subsistência mediante trabalho honesto:** Trata-se do pressuposto exigido pelo art. 83, III, última parte, do Código Penal. Note-se que a condição legal refere-se à *aptidão* do indivíduo para exercer o trabalho, não implicando na exigência de que a obtenção do benefício condicione-se à apresentação prévia de proposta de emprego[165].

4) **Constatação de condições pessoais que façam presumir que o liberado não voltará a delinquir, no caso de condenado por crime doloso, cometido com violência ou grave ameaça à pessoa:** Esse requisito é previsto no Código Penal apenas em relação ao condenado pela prática de crime doloso, cometido com violência ou grave ameaça à pessoa. A constatação das *condições pessoais que façam presumir que o liberado não voltará a delinquir* pode ser alcançada mediante a elaboração de exame criminológico, que constitui inequivocamente instrumento relevante de prognóstico da vida futura do condenado, especialmente a partir de considerações sobre a introjeção da terapêutica prisional, presença de consciência crítica sobre os atos criminosos praticados, sentimento de culpa perante os danos causados a terceiros, vulnerabilidade à patologia delitiva etc. Deve-se referir, entretanto, a existência de forte entendimento no sentido de que a constatação das condições pessoais do condenado prevista no art. 83, parágrafo único, do CP e a possibilidade de submetê-lo a exame criminológico teriam sido revogadas pela nova redação dada ao art. 112, *caput* e § 2º, da LEP pela L. 10.792/2003, dispositivo esse que teria passado a exigir, tanto para fins de livramento condicional quanto para a progressão de regime, apenas o implemento do fator temporal e o bom comportamento carcerário atestado pelo diretor do presídio. Não concordamos, porém, com essa posição e compartilhamos do entendimento de que, embora a nova redação do art. 112 da LEP tenha dispensado a obrigatoriedade o exame criminológico para a concessão da progressão de regime e do livramento condicional, faculta-se ao juiz, **fundamentando sua decisão nas peculiaridades do caso concreto**, determinar a realização desse exame, especialmente nas hipóteses de crimes cometidos com violência ou grave ameaça à pessoa. Nesse sentido, aliás, é a orientação dominante[166-167] e também a **Súmula 439 do STJ** dizer que "admite-se o exame criminológico pelas peculiaridades do caso, desde que em decisão motivada".

165 TJRS, Agravo 70034738278, j. 25.03.2010; TJMG, Agravo 1.0231.07.085209-1/001, j. 16.12.2010.

166 STJ, *Habeas Corpus* 191.150/SP, *DJ* 27.02.2013; *Habeas Corpus* 260.760/SP, *DJ* 12.03.2013.

167 STF, *Habeas Corpus* 110.306/RS, *DJ* 08.08.2012; *Habeas Corpus* 110.073/SP, *DJ* 25.06.2012.

5) **Não se tratar de condenado reincidente específico nos crimes hediondos e equiparados:** A interpretação *a contrario sensu* do art. 83, V, última parte, do Código Penal permite concluir que, sendo o condenado reincidente específico em delitos hediondos e assemelhados, descabe a liberdade condicional, devendo ele cumprir integralmente a pena imposta.

Note-se que, para a maioria, a **gravidade abstrata do crime praticado** ou o **montante de pena a ser cumprido**, por si sós, não constituem motivação idônea para indeferimento do pedido de livramento condicional quando presentes os requisitos legais estabelecidos pelo art. 83 do Código Penal. A propósito do tema, confira-se o seguinte julgamento levado a efeito no Superior Tribunal de Justiça:

> "1. A gravidade em abstrato do delito e a longa pena a cumprir não são fundamentos idôneos para indeferir o livramento condicional, por ausência de requisito subjetivo. 2. O *quantum* da reprimenda imposta possui relevância apenas no que se refere ao requisito objetivo, e a gravidade do delito exaure-se na fixação da pena, não podendo ser considerados para efeito do livramento condicional. 3. O art. 112 da Lei de Execução Penal exige, para o preenchimento do requisito subjetivo, apenas o atestado de bom comportamento carcerário, firmado pelo diretor do estabelecimento prisional, podendo o magistrado, quando quer melhor aferir a periculosidade do sentenciado, determinar a realização de exame criminológico, desde que o faça por meio de decisão fundamentada nas peculiaridades do caso concreto"[168].

Há quem defenda a possibilidade do chamado **livramento condicional humanitário**. Trata-se de uma analogia ao *sursis* humanitário que permitiria ao condenado a obtenção da liberdade antecipada mesmo ainda não tendo cumprido o lapso mínimo de pena exigido no art. 83, I, II e V, do Código Penal. Sem embargo, prevalece na quase unanimidade da doutrina o entendimento de que essa forma de liberdade condicional não pode ser permitida, tendo em vista a ausência de previsão legal.

Outra discussão concerne ao **livramento condicional cautelar**, aceito por parcela da jurisprudência "para o condenado beneficiado com a progressão para o regime aberto, ante a inexistência de casa do albergado"[169] e ao não preenchimento dos pressupostos da prisão domiciliar. Somos contrários, porém, a essa concessão, pois o livramento condicional é benefício que pode ser deferido apenas diante do preenchimento dos requisitos legais. Logo, ausentes tais pressupostos, impõe-se a sua negativa, não havendo cogitar de *livramento condicional cautelar* como saída para resolver o problema relacionado à ineficiência do Estado em disponibilizar casas do albergado suficientes para abrigar os presos do regime aberto. Conforme decidiu o Tribunal de Justiça do Rio Grande do Sul no julgamento do Agravo 70021459557[170], "por maior que seja a inquietação quanto ao problema carcerário no Brasil, inovações na execução da pena, como se vê no caso dos autos através da concessão de livramento condicional cautelar, não podem se sobrepor à aplicação da Lei, que exige estritamente o cumprimento de requisitos específicos para que o benefício do livramento condicional seja deferido".

---

[168] STJ, *Habeas Corpus* 125.958/SP, *DJ* 03.11.2009.

[169] STJ, *Habeas Corpus* 26.537/SP, *DJ* 03.05.2004.

[170] TJRS, Agravo 70021459557, j. 24.10.2007.

8.2.22.3 Momentos de concessão e beneficiários

Conforme dissemos, o livramento condicional pode ser concedido no curso da **execução definitiva** e até mesmo durante a **execução provisória da pena** (o que pode ocorrer quando a decisão condenatória é transitada em julgado para a acusação, pendendo apenas de recurso da defesa)[171].

Outrossim, o livramento condicional pode ser concedido tanto ao sentenciado **nacional** quanto ao **estrangeiro**, já que ambos submetem-se aos cânones constitucionais da isonomia e da individualização da pena.[172] Não obstante, há controvérsias em relação à situação do estrangeiro com decreto de expulsão já deferido, muitos entendendo que, nesse caso, é inviável a concessão do benefício dada a impossibilidade de sua permanência no país, com ou sem trabalho lícito, lembrando, ainda, que a obtenção de ocupação lícita e a manutenção de residência fixa são condições legais da liberdade condicional (art. 132, §§ 1º e 2º, da LEP). Não obstante essa linha de pensamento, na atualidade, tem o STJ consolidada a posição contrária, vale dizer, no sentido de que "a situação irregular do estrangeiro no País não é circunstância, por si só, capaz de afastar o princípio da igualdade entre nacionais e estrangeiros, razão pela qual a **existência de processo ou mesmo decreto de expulsão em desfavor do estrangeiro não impede a concessão dos benefícios da progressão de regime ou do livramento condicional**, tendo em vista que a expulsão poderá ocorrer, conforme o interesse nacional, após o cumprimento da pena, ou mesmo antes disto" (HC 324.231/SP, *DJ* 10.09.2015) - grifamos.

Questiona-se a possibilidade de concessão da liberdade antecipada ao preso que se encontre em **regime disciplinar diferenciado**. Embora algumas vozes posicionem-se no sentido da possibilidade desse deferimento[173], compreendemos de modo diverso. É que, indiscutivelmente, a obtenção da liberdade antecipada pressupõe mérito de parte do condenado, o que se infere a partir da exigência de seu *comportamento satisfatório durante a execução da pena*. Ora, tal requisito, a nosso ver, é incompatível com as situações que autorizam a transferência e manutenção do recluso para o regime disciplinar diferenciado - *prática de fato previsto como crime doloso que ocasione subversão da ordem ou disciplina interna, alto risco para a ordem e a segurança do estabelecimento penal ou da sociedade* e *fundadas suspeitas de envolvimento ou participação, a qualquer título, em organização criminosa ou associação criminosa.*[174] (art. 52, *caput* e §§ 1º e 2º, da LEP). Nesse mesmo sentido, aliás, o Enunciado 36 do Centro de Apoio Operacional das Promotorias de Justiça de Execução Penal do Ministério Público do Rio de Janeiro, referindo que "não cabem a progressão de regime e o livramento condicional a apenado que esteja em regime disciplinar diferenciado (RDD) ou inserido em penitenciária federal de segurança máxima".

---

171 STF, *Habeas Corpus* 90813/SP, *DJ* 25.05.2007; *Habeas Corpus* 87801/SP, *DJ* 26.05.2006.

172 SJT, *Habeas Corpus* 217149/SP, *DJ* 27.08.2012.

173 "Não é possível negar, genericamente, a possibilidade de conceder livramento condicional ao preso que se encontre submetido ao cumprimento da sanção denominada Regime Disciplinar Diferenciado (RDD)" (Renato Marcão, op. cit., p. 240).

174 Ver nota 66.

8.2.22.4 Procedimento de concessão do livramento condicional (arts. 131, 136 a 138 da LEP)

O art. 131 da LEP, reafirmando a competência prevista no art. 66, III, alínea *e*, da mesma lei, dispõe que incumbe ao **juiz da execução** conceder o livramento condicional, quando verificar a presença dos requisitos objetivos e subjetivos previstos no art. 83 do Código Penal. Não é possível a dedução do pedido do benefício diretamente no Tribunal, isto é, sem prévio requerimento ao juiz da execução, pois isso implicaria supressão de instância. A decisão do juiz que conceder ou denegar esse benefício comporta **agravo da execução**, *ex vi* do art. 197 da LEP. Conforme reiterada jurisprudência, contra o indeferimento da liberdade antecipada descabe o uso do *habeas corpus*, já que sua concessão exige a análise de requisitos de ordem subjetiva, o que demanda aprofundado exame da prova, para o que não se presta o *writ*[175]. Se, denegado o livramento pelo juiz da execução, vier o Tribunal, no julgamento de agravo interposto pelo sentenciado, a reformar a decisão denegatória e conceder o benefício, deverá esse colegiado, com base no art. 135 da LEP, determinar a baixa dos autos (autos do agravo, já que esse recurso se processa por instrumento e não nos próprios autos do processo de execução penal) ao Juízo da Execução *para as providências cabíveis*. As *providências cabíveis*, nesse caso, são aquelas relacionadas à efetivação da liberdade antecipada, tais como a expedição da carta de livramento (art. 136 da LEP), medidas necessárias para o aprazamento da audiência admonitória (art. 137 da LEP) e, para muitos, a própria fixação das condições do livramento, no caso de estas não terem sido deliberadas pelo Tribunal.

De acordo com o art. 712, *caput* do CPP, o benefício poderá ser concedido mediante **requerimento do sentenciado, de seu cônjuge ou parente em linha reta, ou por proposta do diretor do estabelecimento penal, ou por iniciativa do Conselho Penitenciário**. Considerando que o próprio preso possui direito de petição (art. 41, XIV, da LEP), depreende-se que o pedido de livramento condicional pode ser feito por ele próprio, não se exigindo que seja realizado por meio de advogado. Embora não haja previsão expressa, compreendemos que também o **Ministério Público** pode requerer a concessão do benefício em prol do apenado diante da atribuição prevista no art. 68, II, alínea *a*, da LEP, no sentido de que lhe incumbe requerer "todas as providências necessárias ao desenvolvimento do processo executivo". Dúvidas existem quanto à possibilidade de sua concessão pelo **juiz da execução *ex officio***. Prevalece, entretanto, a orientação de que existe essa faculdade, até por interpretação *lato sensu* do art. 195 da LEP, que permite ao juiz dar início a todos os procedimentos judiciais da execução penal[176].

Note-se que o art. 131 da LEP condiciona a concessão do livramento condicional pelo juiz a que sejam ouvidos previamente o Ministério Público e o Conselho Penitenciário. Ainda, por força do art. 112, §§ 1º e 2º, da LEP, faz-se necessário ouvir o defensor.

Pois bem:

Quanto à necessidade de oitiva do **Ministério Público**, inexiste qualquer controvérsia, primeiro porque estabelecida expressamente esta providência no citado art. 131 da LEP, e segundo porque, de acordo com o art. 67 dessa Lei, cabe a esse órgão fiscalizar "a execução da pena e da medida de segurança, oficiando no processo executivo

---

[175] STJ, *Habeas Corpus* 57459/SP, *DJ* 20.11.2006; Recurso Ordinário em *Habeas Corpus* 17114/RJ, *DJ* 01.08.2005.

[176] STJ, Ag. 969049 (Decisão Monocrática da Ministra Maria Thereza de Assis Moura), *DJ* 22.04.2010; TJPR, Processo 0368091-7, J. 08.03.2007; Processo 0374785-1, j. 15.03.2007.

e nos incidentes da execução". Logo, a ausência de vista ao *parquet* para opinar sobre o requerimento do benefício citado leva à nulidade absoluta da decisão judicial[177].

Também não existem dúvidas quanto à imprescindibilidade, sob pena de nulidade, de notificação do **defensor** do sentenciado para que se manifeste, salvo, evidentemente, quando o requerimento, instruído com os elementos necessários, tiver sido feito por seu intermédio. Isso se infere da interpretação literal do art. 112, §§ 1º e 2º, da LEP, com a nova redação conferida pela L. 10.792/2003[178], constituindo, ainda, imperativo da ampla defesa, do contraditório e do devido processo legal. Veja-se que ao defensor deve ser oportunizado manifestar-se após a oitiva do Ministério Público.

Na verdade, o que se discute em relação à norma do art. 131 da LEP é a subsistência ou não da exigência de ser colhida a manifestação do **Conselho Penitenciário** antes do deferimento da liberdade condicional. Móvel da controvérsia reside no fato de que a L. 10.792/2003, alterando o art. 70, I, da LEP, suprimiu das atribuições desse conselho a de *emitir parecer sobre o livramento condicional,* que constava na redação primitiva do dispositivo. Três posições surgiram:

> *Primeira*: Embora tenha a L. 10.792/2003 retirado do art. 70, I, da LEP a atribuição do Conselho Penitenciário para se manifestar sobre a concessão do livramento condicional, a necessidade dessa manifestação persiste incólume no art. 131 da LEP, devendo o juiz, portanto, atentar a essa formalidade. Trata-se da posição minoritária.
>
> *Segunda*: Ao suprimir do art. 70, I, da LEP tal incumbência do Conselho Penitenciário, a L. 10.792/2003 revogou tacitamente a previsão incorporada ao art. 131 da mesma lei. Logo, na atualidade, inexiste previsão de oitiva desse conselho previamente à decisão judicial sobre o livramento condicional.
>
> *Terceira*: Pode o juiz da execução decidir o livramento condicional sem o parecer prévio do Conselho Penitenciário. Sem embargo, não fica ele impedido de determinar, motivadamente, a sua realização quando entender necessário para aferir a presença dos requisitos legais do livramento. Essa posição tem sido a dominante[179], sendo também o entendimento que adotamos.

De qualquer sorte, deve-se frisar que o parecer do Conselho Penitenciário não vincula o juiz da execução, que, assim, tanto pode acolher os seus termos quanto rejeitá-lo. Nesse sentido, aliás, é peremptório o art. 713 do Código de Processo Penal, dispondo que "as condições de admissibilidade, conveniência e oportunidade da concessão do livramento serão verificadas pelo Conselho Penitenciário, a cujo parecer não ficará, entretanto, adstrito o juiz.

Uma vez concedido o livramento condicional, deverá ser expedida *carta de livramento*, com a cópia integral da sentença em duas vias, remetendo-se uma à autoridade administrativa incumbida da sua execução e outra ao Conselho Penitenciário, nos termos do art. 136 da LEP. Note-se que, ao referir o dispositivo que uma via da carta será

---

177 TJRS, Agravo 70014740955, j. 09.08.2006; Agravo 70012727780, j. 13.10.2005.

178 TJRS, Agravo 70051603959, j. 12.12.2012; Agravo 70051603959, j. 12.12.2012.

179 "A exemplo do que ocorre com as análises psicossociais, a prévia audiência junto ao Conselho Penitenciário fica ao alvedrio do magistrado, de modo que o juiz da execução pode determinar sua realização, quando compreender necessário, constituindo, então, elemento de convicção ao juízo de conveniência sobre a liberdade condicionada. Inteligência do art. 112, § 2º, da LEP. Faculdade da consulta que encontra respaldo no princípio da livre convicção motivada do juiz" (TJRS, Agravo 70051153054, j. 25.10.2012).

enviada à *autoridade administrativa incumbida da execução do livramento condicional*, não está fazendo alusão ao diretor do estabelecimento prisional, mas sim à autoridade administrativa do serviço social penitenciário, patronato ou conselho da comunidade incumbidos da observação cautelar e de proteção a que se refere o art. 139 da LEP. Já o encaminhamento da outra via da carta de livramento ao Conselho Penitenciário tem em vista as atribuições desse órgão, ao qual incumbe: supervisionar os patronatos e a assistência aos egressos (art. 70, IV, da LEP); representar pela modificação das condições a que fica submetido o livramento durante o período de prova (art. 144 da LEP); emitir parecer sobre a revogação e a suspensão do benefício (art. 145 da LEP); e manifestar-se a respeito da extinção da pena privativa de liberdade (art. 146 da LEP).

O ato seguinte é a realização de **audiência admonitória** (ou audiência de livramento, ou cerimônia de livramento), consistente em cerimônia solene realizada no estabelecimento onde está sendo cumprida a pena, em dia marcado pelo presidente do Conselho Penitenciário, conforme reza o art. 137, *caput*, da LEP. Embora, como regra, tal cerimônia deva ser conduzida pelo próprio Presidente do Conselho Penitenciário, pode ele delegar essa atribuição a outro membro do colegiado (art. 137, I, da LEP). Não obstante, a verdade é que, em muitos casos – principalmente nas comarcas em que não se encontre sediado esse conselho – a realização da cerimônia é presidida pelo próprio juiz da execução (art. 137, I, última parte, da LEP).

Perceba-se que a lei não fixa prazo para a realização da audiência. Contudo, levando em conta que, uma vez concedido o livramento condicional, a liberação do sentenciado é direito seu, é evidente que o ato deve ser realizado com toda a brevidade possível. Outro aspecto a atentar é o de que nada obsta a que, na mesma solenidade, se proceda à liberação de mais de um condenado, possibilidade essa que se infere do art. 137, I, da LEP, ao dizer que a decisão concessiva do livramento *será lida ao liberando, na presença dos demais condenados*.

Por ocasião da audiência, cabe a quem presidi-la (Presidente do Conselho Penitenciário, quem este designar ou juiz da execução) ler a decisão que concedeu o benefício, chamando a atenção do liberando para as condições nela impostas, ou seja, aquelas que deverão ser observadas durante o período de prova, sob pena de revogação do benefício (art. 137, I e II, da LEP). Ato contínuo, deve o liberando declarar se aceita ou não tais condições (art. 137, III, da LEP). Aceitando, perfectibiliza-se a liberdade condicional. Caso contrário, encerra-se a audiência, sendo o fato comunicado ao juiz da execução para fins de revogação do benefício.

A reunião deverá ser formalizada por meio de termo, lavrado em livro próprio, que será subscrito por quem presidiu a cerimônia e pelo liberando, ou alguém a seu rogo, se não souber ou não puder escrever. Cópia desse termo deverá ser remetida ao juiz da execução (art. 137, §§ 1º e 2º, da LEP).

Ao sair do estabelecimento penal em que estava recolhido, dispõe o art. 138, *caput*, da LEP que deverão ser restituídos ao liberado os **pertences** que, arrecadados no momento de sua prisão, encontrem-se em poder da administração do estabelecimento penal, desde que se trate de objetos lícitos, evidentemente. Nos termos do mesmo dispositivo, também será entregue ao liberado o **saldo do pecúlio** que porventura tiver obtido com o desempenho do trabalho prisional. Essa previsão guarda sintonia com o disposto no art. 29, § 2º, da LEP, estabelecendo que a remuneração do preso pelo desempenho do trabalho, uma vez uma vez deduzidos percentuais relativos à indenização dos danos causados pelo crime, à assistência à família e a pequenas despesas pessoais, será depositada em caderneta de poupança para constituição do pecúlio, "que será entregue ao condenado quando posto em liberdade" (art. 29, § 2º). Por fim, será entregue ao liberado nessa mesma ocasião uma **caderneta**, que conterá a identificação do liberado, o texto impresso das normas do livramento condicional presentes na Seção V, do Capítulo I, do Título V, da LEP (em que pese refira-se a LEP ao *texto impresso do presente Capítulo*, não há razão para constarem na caderneta as regras pertinentes aos demais institutos tratados no Capítulo I) e o teor das condições impostas pelo juiz na concessão do benefício (art. 138, *caput* e § 1º, da LEP). Como ensina Julio Fabbrini Mirabete, a caderneta entregue ao condenado constitui "documento comprobatório de sua situação e que deverá portar sempre para exibi-la, quando for exigida, à autoridade judiciária ou administrativa"[180]. Note-se que a lei contempla a possibilidade de ser a caderneta substituída por *salvo-conduto* entregue ao preso, em que constem as condições do livramento, podendo a ficha de identificação ou o seu retrato serem substituídos pela descrição dos sinais que possam identificá-lo (art. 138, § 2º, da LEP). De qualquer forma, quer na caderneta, quer no salvo-conduto, deverá haver espaço para que sejam consignadas, pelo juiz da execução e pela autoridade incumbida da observação cautelar e proteção, o cumprimento das condições do livramento (art. 138, § 3º, da LEP). Por questão de lógica, deverá ser anotada na caderneta, ainda, a extinção da pena quando esta for declarada pelo juiz após decorrer o período de prova sem revogação do benefício. Se vier a ser revogado, a carteira deve ser apreendida.

8.2.22.5 Condições do livramento condicional (art. 132 da LEP)

Como dissemos anteriormente, o livramento condicional é o instituto pelo qual se concede ao apenado o direito de cumprir em liberdade o restante da pena privativa de liberdade que lhe foi imposta. Esse tempo remanescente de pena corresponde ao chamado *período de prova* ou *período de experiência*, lapso no qual deverá o liberado observar determinas condições fixadas pelo juiz ao conceder o benefício, sob pena de sua revogação (art. 132, *caput*, da LEP).

Referidas condições classificam-se em duas ordens: condições legais ou obrigatórias e condições judiciais ou facultativas.

As **condições legais ou obrigatórias** estão previstas, taxativamente, no art. 132, § 1º, da LEP e sempre serão impostas ao liberado condicional. Consistem em:

a) **Obter ocupação lícita, dentro de prazo razoável se for apto para o trabalho:** A condição é a de que *obtenha o liberado ocupação* lícita dentro de prazo razoável, não se exigindo, portanto, que ele já possua proposta de emprego certo e definido no momento da concessão do benefício. Considerando que a lei não determina qual seja esse *prazo razoável*, depreende-se que deverá ele ser fixado pelo juiz, devendo levar em conta, para tanto, a realidade local e as condições pessoais do condenado (capacitação, preparo intelectual, idade, meio em que vive etc.). Observe-se que tal condição apenas pode ser exigida quando o indivíduo *for apto para o trabalho*. Logo, tratando-se de pessoa portadora de problemas de saúde que o impeçam de exercer atividade laboral (deficiência física, doença grave,

[180] Julio Fabbrini Mirabete, op. cit., p. 586.

transtorno mental etc.), a condição não pode ser exigida, sob pena de implicar, indiretamente, na negativa do benefício.

b) **Comunicar periodicamente ao juiz sua ocupação:** Também aqui não estabelece a lei qual seja essa periodicidade, cabendo ao juiz da execução estipulá-la quando da concessão do livramento. Na prática, é comum a determinação de que o preso comprove suas atividades mensal ou bimestralmente. Justifica-se a exigência legal na necessidade de que acompanhe o magistrado, durante o período de prova, a evolução do liberado e sua efetiva ressocialização.

c) **Não mudar do território da comarca do Juízo da execução sem prévia autorização deste:** Embora a interpretação literal da regra permita concluir que não está o condenado legalmente proibido de mudar de endereço dentro do território da comarca do juízo da execução, exigindo-se prévia autorização do juiz apenas quando se tratar de mudança de endereço de uma comarca para outra, não se pode ignorar que a proibição de mudança de residência sem prévia comunicação à autoridade competente *poderá*, facultativamente, ser uma das obrigações fixadas pelo juiz (art. 132, § 2º, da LEP).

Observação importante: De acordo com o art. 133 da LEP, se for permitido ao liberado residir fora da Comarca do Juízo da Execução, deve ser remetida cópia da sentença do livramento condicional ao juízo do lugar para onde ele tenha se transferido e à autoridade incumbida da observação cautelar e de proteção (serviço social penitenciário, patronato ou conselho da comunidade, *ex vi* do art. 139 da LEP). Nesse caso, reza o art. 134 da LEP que o liberado será advertido da obrigação de apresentar-se imediatamente às autoridades referidas, pois estas é que ficarão encarregadas do acompanhamento e assistência ao liberado, bem como da fiscalização das condições impostas. Atente-se, contudo, que a transferência do condenado para comarca diversa e subsequente remessa de cópia da decisão concessiva do livramento ao juízo do lugar em que foi residir o liberado não implica mudança de competência para a execução. Permanece, enfim, o juízo de origem com a incumbência de decidir sobre eventuais alterações posteriores (*v.g.*, modificação das condições, revogação do benefício etc.), transferindo-se para o outro juízo tão somente o acompanhamento do liberado e a fiscalização do cumprimento das condições estipuladas. A propósito: "Concedido o livramento condicional, a mudança de domicílio do réu, que deve ser precedida de autorização, não opera a transferência da competência do Juízo da execução originário, mas cabe a este expedir carta precatória, devidamente instruída com cópia da sentença do livramento, ao Juízo da nova localidade para onde houver se transferido o réu, a fim de que lá seja fiscalizado o cumprimento das condições. Inteligência do art. 133 da LEP"[181].

Ao liberado pode ser permitido o cumprimento do livramento condicional no estrangeiro? Compreendemos negativamente, a um pela ausência de previsão legal, e a dois porque a liberdade condicional, consistindo na última etapa do sistema progressivo, deve ser cumprida integralmente no Brasil, mesmo porque seria neste país que o apenado cumpriria toda sua pena caso não tivesse sido agraciado pelo benefício. Nesse sentido, decidiu o Superior Tribunal de Justiça: "O art. 133 da LEP tão somente admite que o liberado resida fora da comarca do juízo da execução, devendo ser remetida cópia da sentença do livramento ao magistrado competente da comarca onde passou a residir, o qual ficará responsável pelo

---

[181] STJ, *Habeas Corpus* 87895/SP, *DJ* 13.10.2008; Conflito de Competência 38175/SP, *DJ* 14.06.2004.

seu acompanhamento, não havendo previsão de cumprimento das condições impostas em outro país"[182].

Já as **condições judiciais ou facultativas** são aquelas que podem ou não ser impostas pelo juiz, cumulativamente com as condições legais ou obrigatórias, levando em conta as condições pessoais do liberado (idade, saúde, grau de instrução etc.), o fato pelo qual foi condenado e até mesmo seu histórico prisional. Uma vez estabelecidas, tais condições deverão ser obrigatoriamente cumpridas pelo condenado. Estão elas previstas, exemplificativamente, no rol do art. 132, § 2º, da LEP, sem prejuízo de facultar-se ao juiz o estabelecimento de outras obrigações reputadas necessárias ou recomendadas ao caso concreto (*v.g.*, a abstenção de ingerir bebidas alcoólicas), desde que observados os direitos constitucionais do condenado e que não importem, logicamente, em constrangimentos, vexames ou humilhações. Assim, *poderão* ser estabelecidas pelo juiz da execução, entre outras, as obrigações de:

a) **Não mudar de residência sem comunicação ao juiz e à autoridade incumbida da observação cautelar e de proteção:** O estabelecimento dessa condição importa para o liberado na obrigação de comunicar ao juiz e à autoridade incumbida da observação cautelar e de proteção (serviço social penitenciário, patronato ou conselho da comunidade, *ex vi* do art. 139 da LEP) qualquer alteração superveniente no endereço residencial inicialmente informado. Note-se que, nesse caso, não exige a lei *prévia autorização* (tal qual o faz no art. 132, § 1º, alínea *c*, ao estabelecer as condições obrigatórias), mas simplesmente a *comunicação* quanto à mudança de endereço. Outro aspecto a atentar é que o juiz a ser comunicado não é, necessariamente, o juiz sentenciante, mas sim aquele que oficia no processo de execução.

b) **Recolher-se à habitação em hora fixada:** Objetivou o legislador evitar ou dificultar o contato do liberado com ambientes que possam dificultar o processo de reintegração social, tais como bares, boates, prostíbulos, casas de jogos etc. Veja-se que, nesse caso, impõe-se ao juiz da execução fixar claramente qual o horário de recolhimento à habitação.

c) **Não frequentar determinados lugares:** Assim como ocorre em relação à condição anterior, a estipulação dessa obrigação tem por fim impedir que o liberado frequente ambientes nocivos, isto é, locais que possam interferir no seu comportamento ou até mesmo reintroduzi-lo na senda criminosa.

Além das *condições legais ou obrigatórias* previstas no art. 132, § 1º, da LEP, e das *condições judiciais ou facultativas* de que trata o art. 132, § 2º, da mesma lei, refere a doutrina também a existência das chamadas **condições legais indiretas**, que correspondem às causas de revogação obrigatória ou facultativa do livramento condicional, previstas, respectivamente, nos arts. 86 e 87 do Código Penal. Em decorrência, não poderá o liberado, durante o período de prova, ser condenado a pena privativa de liberdade, em sentença irrecorrível, por crime cometido durante a vigência do benefício, ou mesmo por crime anterior, observado o disposto no art. 84 do Código Penal (art.

[182] STJ, Recurso Ordinário em *Habeas Corpus* 28196/CE, *DJ* 19.12.2011.

86 do CP), ou sofrer condenação irrecorrível por crime ou contravenção, a pena que não seja privativa de liberdade (art. 87 do CP).

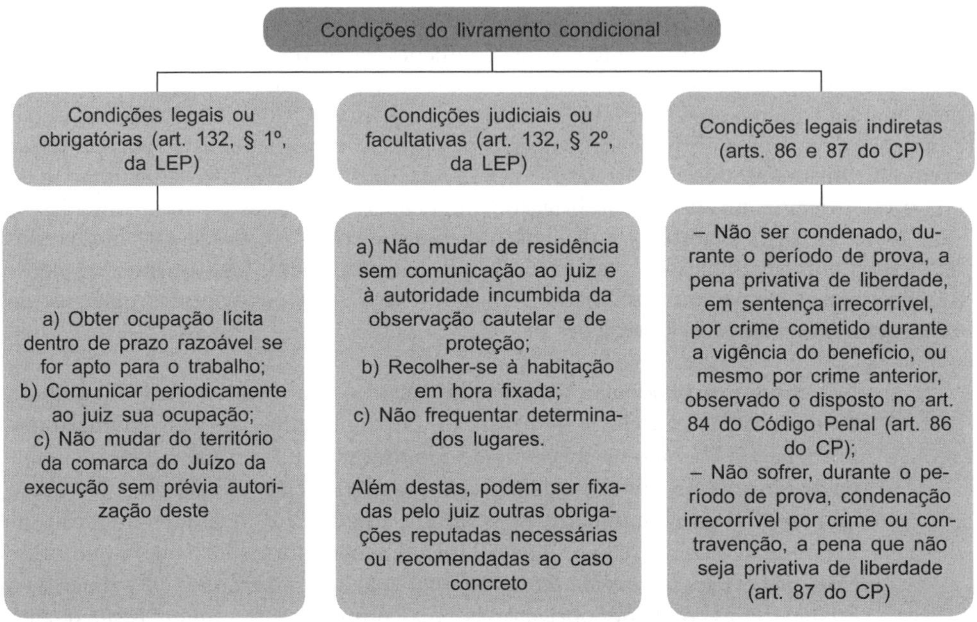

8.2.22.6 Execução do livramento condicional (art. 139 da LEP)

Conforme referimos antes, uma vez concedido o livramento condicional, submeter-se-á o liberado a um *período de prova* ou *período de experiência*, que corresponde ao tempo restante da pena privativa de liberdade que lhe foi imposta. Durante esse tempo, deverá cumprir as condições legais (art. 132, § 1º, da LEP) e condições judiciais (art. 132, § 2º, da LEP) estabelecidas na decisão concessiva do benefício.

Pois bem. No curso do período de prova, além do acompanhamento do liberado e fiscalização do cumprimento das referidas condições levado a efeito pelo juízo da execução, sujeita-se à observação cautelar e a proteção realizado por *serviço social penitenciário, patronato* ou *conselho da comunidade* (art. 139 da LEP).

A atividade de *observação cautelar* destina-se a "fazer observar o cumprimento das condições especificadas na sentença concessiva do benefício" (art. 139, I, da LEP). Trata-se, enfim, de vigilância discreta praticada com os objetivos de zelar pelo efetivo adimplemento das obrigações legais e judiciais determinadas pelo juiz da execução ao deferir a liberdade condicional, e de analisar o comportamento do liberado, comunicando ao juiz da execução e ao Conselho Penitenciário eventuais desvios praticados com vista à revogação do benefício, à modificação das condições impostas e qualquer outra providência que se revelar adequada ao caso.

Já a *proteção* tem em vista "proteger o beneficiário, orientando-o na execução de suas obrigações e auxiliando-o na obtenção de atividade laborativa" (art. 139, II, da LEP). Trata-se de atribuição que incumbe a lei às entidades mencionadas (serviço social, patronato e conselho da comunidade) de indiscutível relevância para a reintegração social do egresso (assim denominado o liberado condicional, durante o período de prova, *ex vi* do art. 26, II, da LEP), guardando sintonia com as previsões inseridas em diversos dispositivos da Lei de Execução Penal, especialmente:

- Art. 10, parágrafo único, dispondo o primeiro que é dever do Estado a assistência ao egresso;
- Art. 25, I e II, referindo que "a assistência ao egresso consiste: I – na orientação e apoio para reintegrá-lo à vida em liberdade; II – na concessão, se necessário, de alojamento e alimentação, em estabelecimento adequado, pelo prazo de 2 (dois) meses", prazo esse que poderá ser prorrogado uma vez se comprovado, por declaração do assistente social, o empenho na obtenção de emprego;
- Art. 27, determinando que "o serviço social colaborará com o egresso para a obtenção de trabalho";
- Art. 70, IV, mencionando que incumbe ao Conselho Penitenciário "supervisionar os patronatos, bem como a assistência aos egressos"; e
- Art. 78, dizendo que "o patronato público ou particular destina-se a prestar assistência aos albergados e egressos (art. 26)".

Finalmente, deve-se atentar que a entidade encarregada da observação cautelar e de proteção do liberado deverá apresentar ao Conselho Penitenciário *relatório* sempre que constatar a ocorrência das situações que possam implicar revogação do livramento condicional ou modificação das condições impostas na decisão que o concedeu (art. 139, parágrafo único, da LEP). Veja-se que os arts. 143 e 144 da LEP conferem ao Conselho Penitenciário legitimidade para representar ao juiz da execução no sentido da adoção das referidas medidas, servindo, então, o citado *relatório* de prova documental acerca da ocorrência de violação das regras atinentes ao benefício.

8.2.22.7 Modificação das condições do livramento condicional (art. 144 da LEP)

Dispõe o art. 144 da LEP que "o Juiz, de ofício, a requerimento do Ministério Público, da Defensoria Pública ou mediante representação do Conselho Penitenciário, e ouvido o liberado, poderá modificar as condições especificadas na sentença, devendo o respectivo ato decisório ser lido ao liberado por uma das autoridades ou funcionários indicados no inciso I do *caput* do art. 137 desta Lei, observado o disposto nos incisos II e III e §§ 1º e 2º do mesmo artigo".

Em síntese, permite o dispositivo que as condições fixadas na decisão concessiva do livramento condicional sejam modificadas pelo juiz sempre que necessário, tanto para agravá-las (*v.g.*, fixando-se outras obrigações além daquelas originariamente fixadas) como para atenuá-las (suprimindo-se uma ou mais condições, reduzindo-lhes o rigor etc.).

Em termos de legitimidade, permite a lei que a alteração seja determinada pelo juiz da execução ***ex officio***, bem como a partir de requerimento do **Ministério Público** (órgão encarregado de fiscalizar a execução da pena, *ex vi* do art. 67 da LEP) e da **Defensoria Pública** (a quem incumbe requerer todas as providências necessárias ao desenvolvimento do processo executivo a teor do art. 81-B, I, *a*, da LEP) e, ainda, mediante representação do **Conselho Penitenciário** (órgão consultivo e fiscalizador da execução da pena). Apesar da omissão legal, compreendemos que também pode requerer a modificação das condições impostas o próprio **liberado,** de próprio punho, independentemente de advogado.

Os motivos pelos quais pode determinar o juiz a alteração, embora diversos, normalmente estão relacionados à inadequação ou insuficiência das condições inicialmente impostas diante da finalidade de reintegração social ínsita ao benefício. Exemplo de situação que autoriza a modificação das obrigações encontra-se no art. 140, parágrafo único, da LEP, quando, referindo-se à hipótese de revogação facultativa do livramento condicional, determina que, se entender o juiz por manter esse benefício, "deverá advertir o liberado ou agravar as condições". Pode ocorrer, também, que as entidades encarregadas da observação cautelar e de proteção do liberado (serviço social penitenciário, patronato e conselho da comunidade) relatem ao Conselho Penitenciário, nos termos do art. 139, parágrafo único, da LEP, a ocorrência de atos, fatos ou circunstâncias que revelem a necessidade de esse conselho representar ao juiz da execução pela modificação das referidas condições.

De qualquer forma, seja qual for a causa invocada para o ajuste, não pode o juiz alterar as condições do livramento sem a prévia oitiva do liberado, implicando a ausência dessa providência em nulidade da decisão judicial por ofensa aos princípios da ampla defesa, do contraditório e do devido processo legal.

Finalmente, deve-se atentar que a modificação das condições impõe a realização de nova audiência admonitória, na forma determinada pelo art. 137 da LEP, a fim de que o liberado fique ciente formalmente das novas regras estabelecidas.

8.2.22.8 Suspensão do livramento condicional (art. 145 da LEP)

Conforme veremos no tópico seguinte (*8.2.22.10*), o livramento condicional está sujeito a revogação quando o liberado for condenado criminalmente por sentença irrecorrível. Essa revogação será *obrigatória* nos casos do art. 86 do Código Penal e *facultativa* nas hipóteses do art. 87 do mesmo Estatuto. Em qualquer caso, exige-se a existência de condenação penal por decisão transitada em julgado.

Pode ocorrer, todavia, que diante da simples prática da infração (sem que haja, portanto, decisão judicial condenatória definitiva), verifique o juiz da execução que é contraindicada a permanência do livramento condicional. Nessas hipóteses, já que ainda não é possível revogar o benefício, permite o art. 145 da LEP a **suspensão do livramento condicional**. Apesar do silêncio legal, é evidente que essa decisão judicial pode ser tomada pelo juiz da execução *ex officio*, bem como a partir de requerimento do Ministério Público ou de representação do Conselho Penitenciário. Não sendo autores do pedido, esses dois órgãos deverão ser ouvidos previamente à decisão judicial de suspensão.

A suspensão do livramento condicional é medida que possui **natureza cautelar**, consoante bem enfatizado pelo Ministro Sepúlveda Pertence no julgamento do *Habeas Corpus* 81.879/SP, ao afirmar que "a suspensão do curso do livramento condicional até a decisão definitiva do processo resultante da imputação da prática de crime durante a sua vigência é medida cautelar, dependente de decisão judicial específica"[183]. Nesse viés, infere-se, primeiro, que tal suspensão não pode ocorrer automaticamente, vale dizer, sem decisão judicial expressa que a determine, e, segundo, que a decisão judicial que a defere deve ser fundamentada na real necessidade de suspender o livramento

[183] STF, *Habeas Corpus* 81.879/SP, *DJ* 20.09.2002.

condicional, não bastando a simples alusão genérica no sentido de que o cometimento de crime pelo condenado no curso do benefício autoriza a suspensão do benefício[184-185].

Outro aspecto a atentar é o de que o art. 145 da LEP menciona, como causa determinante da suspensão do livramento, a prática de *infração penal*, não importando, portanto, se esta caracteriza um crime (que pode ser doloso ou culposo, punido com reclusão ou detenção) ou uma contravenção. Levando em conta que esse dispositivo é aplicável tanto às hipóteses de revogação obrigatória do art. 86 do Código Penal quanto aos casos de revogação facultativa do art. 87 do mesmo Código, deduz-se que a infração penal que justifica a suspensão do livramento tanto pode ter sido praticada na vigência do livramento como em momento anterior[186]. Ressalva-se, contudo, que, entre as situações de revogação facultativa contempladas no precitado art. 87 da LEP, encontra-se o descumprimento das condições estabelecidas na decisão concessiva do livramento condicional, hipótese essa que não permite a suspensão do livramento, já que, nos termos do art. 145 da LEP, tal providência apenas pode ser adotada na hipótese de prática de infração penal.

A suspensão do livramento condicional implica recolhimento do condenado à prisão. Trata-se, convém repetir, de decisão que não exige o prévio ajuizamento de ação penal, podendo ter por base, por exemplo, a prisão em flagrante do liberado[187] ou até o mesmo o seu indiciamento em inquérito policial. E, conforme orientação consolidada, tal suspensão, ainda que realizada nesses termos, vale dizer, sem a existência de condenação transitada em julgado pela nova infração praticada, não implica violação ao princípio constitucional da presunção de inocência, *a um* porque tal providência "busca resguardar a escorreita execução da pena e a aplicação meritória dos benefícios a ela inerentes até o trânsito em julgado da ação penal relativa ao delito praticado no período de prova, impedindo a extinção da punibilidade do preso pelo transcurso do tempo"; e, *a dois*, pelo fato de que, "comprovada a inocência do sentenciado naquela ação penal, restitui-se a ele o gozo da liberdade condicional, anteriormente suspensa, com todos os seus direitos e deveres, prestigiando-se a efetividade do processo de reintegração social visado pela Lei n.º 7.210/1984"[188].

A suspensão do livramento condicional não se opera automaticamente diante da notícia da prática de infração penal pelo liberado. Trata-se, ao contrário, de faculdade do juiz da execução, que pode ou não ser adotada ante as peculiaridades do caso concreto.

Parte da doutrina e da jurisprudência entende que, em atenção às garantias constitucionais da ampla defesa e do contraditório, deve ser oportunizada, antes da suspensão, a oitiva do executado, possibilitando-se a este justificar sua conduta[189]. Sem embargo,

---

184 "[...] a suspensão do livramento condicional não é automática. Pelo contrário, deve ser expressa, por decisão fundamentada, para se aguardar a apuração da nova infração penal cometida durante o período de prova, e, então, se o caso, revogar o benefício" (STF, *Habeas Corpus* 119.938/RJ, *DJ* 25.06.2014. No mesmo sentido: STF, Recurso Ordinário em *Habeas Corpus* 86.317/RJ, *DJ* 18.10.2005; STF, *Habeas Corpus* 105.497/RJ, *DJ* 31.03.2011).

185 STF, *Habeas Corpus* 98411/RS, *DJ* 05.04.2011.

186 Nesse sentido, a orientação de Cleber Masson (op. cit., p. 782). Em sentido contrário, compreendendo que a suspensão apenas é cabível quando for praticado pelo liberado novo delito no curso do livramento, é o entendimento de Renato Marcão (op. cit., p. 248).

187 STJ, *Habeas Corpus* 243.670/SP, *DJ* 30.10.2012.

188 STJ, *Habeas Corpus* 145.583/RS, *DJ* 10.12.2012.

189 "A suspensão cautelar do livramento, com expedição de mandado de prisão, sem a oitiva do liberado ou de seu defensor, porque lhe subtrai direito subjetivo, constitui constrangimento ilegal" (STJ, *Habeas Corpus* 28.503/RJ, *DJ* 29.03.2004).

prevalece a orientação de que pode o juiz determinar a suspensão cautelar do livramento condicional, em especial nas situações de extrema gravidade, quando verificada a presença do *fumus boni iuris* (evidências suficientes quanto à ocorrência de infração penal) e do *periculum in mora* (por exemplo, o elevado risco de recidiva criminosa no período em que permanecer solto o condenado)[190].

Ressalte-se por fim que, apesar de a suspensão do livramento implicar no recolhimento à prisão do condenado, retornando este ao estabelecimento penal para o cumprimento da pena privativa de liberdade, a efetiva revogação do benefício fica condicionada à superveniência decisão condenatória, com trânsito em julgado, a ser proferida no processo criminal instaurado diante da nova infração penal.

8.2.22.9 Prorrogação do prazo do livramento condicional (art. 89 do CP)

Admite-se a **prorrogação** do prazo do livramento condicional quando o liberado vem a responder a processo criminal em razão de **crime cometido na vigência do livramento condicional.** Essa prorrogação tem como fundamento a regra inscrita no art. 89 do Código Penal, determinando que "o juiz não poderá declarar extinta a pena enquanto não passar em julgado a sentença em processo a que responde o liberado, por crime cometido na vigência do livramento". Em outras palavras: praticada infração penal no curso do livramento condicional, não poderá o juiz da execução declarar extinta a pena privativa de liberdade enquanto não transitar em julgado a sentença proferida na respectiva ação penal, que poderá ser *condenatória* ou *absolutória*. Caso sobrevenha sentença condenatória, o livramento condicional será revogado, não se computando como cumprimento de pena o tempo em que o liberado permaneceu condicionalmente solto; sendo, porém, hipótese de sentença absolutória, o tempo de liberdade condicional será computado na pena.

Note-se que a prorrogação do período de prova apenas se opera quando presentes os seguintes requisitos:

a) **Tenha sido a infração praticada na vigência do livramento condicional.** Justifica-se a exigência legal porque, na hipótese de condenação criminal por *crime anterior* à vigência do livramento, permite-se o cômputo na pena do tempo em que esteve solto o condenado. Desse modo, seria inócuo prorrogar o benefício além do período de prova, uma vez que a pena privativa de liberdade já estaria integralmente cumprida.

b) **Trate-se o delito praticado de um crime,** pois essa é a exigência inserta ao art. 89 do Código Penal. Desimporta tratar-se de crime doloso ou culposo, punido com reclusão ou detenção. Contudo, não poderá ocorrer a prorrogação se a hipótese for de *contravenção* praticada no curso do período de prova.

Questão discutida refere-se à forma como se implementa a regra do art. 89 do Código Penal ao tratar da prorrogação do prazo do livramento condicional. Há duas posições: uma, no sentido de que essa prorrogação ocorre automaticamente, com o simples recebimento de denúncia ou queixa, sendo dispensada a existência de uma decisão judicial decretando a prorrogação; outra, compreendendo que a prorrogação não

---

190 STJ, *Habeas Corpus* 232.827/RJ, *DJ* 11.04.2012; *Habeas Corpus* 123.397/RJ, *DJ* 04.05.2011.

é automática, exigindo decisão judicial expressa a respeito. Esta última é a orientação prevalente nos Tribunais Superiores[191].

Finalmente, deve-se atentar que, conforme observa Cleber Masson, "durante a prorrogação não subsistem as condições do livramento condicional, desde que já tenha sido ultrapassado o período de prova, ou seja, já se tenha esvaído o tempo restante da pena privativa de liberdade"[192].

8.2.22.10 Revogação do livramento condicional (art. 140 da LEP)

Tratando-se de um benefício precário, o livramento condicional poderá ser revogado a qualquer tempo, bastando que ocorram as situações previstas nos arts. 86 e 87 do Código Penal, correspondentes, respectivamente, a causas de revogação obrigatória e facultativa (art. 140, *caput*, da LEP).

Essa revogação, seja obrigatória, seja facultativa, deve ser decretada pelo **juiz da execução**, de ofício, a requerimento do **Ministério Público** ou mediante representação do **Conselho Penitenciário**. A atuação do *Ministério Público* justifica-se na sua condição de fiscal da execução da pena, cabendo-lhe requerer a extinção da pena privativa de liberdade apenas quando transcorrido o período de prova sem a ocorrência de causa de revogação. Quanto ao *Conselho Penitenciário*, a legitimidade para representar pela revogação do livramento decorre da circunstância de ser o órgão destinatário do relatório encaminhado pela entidade encarregada da observação cautelar e de proteção a que se refere o art. 139, parágrafo único, da LEP.

Veja-se que, de acordo com o art. 143 da LEP, a revogação do livramento condicional pressupõe a prévia **oitiva do condenado**, *implicando a inobservância dessa formalidade em* nulidade da decisão revogatória por violação aos princípios do contraditório, da ampla defesa e do devido processo legal[193]. Considerando que o dispositivo não faz distinção, tem-se que tal oitiva prévia, *em tese*, deveria ser exigida tanto nas hipóteses de revogação obrigatória quanto nos casos de revogação facultativa do benefício. Diz-se "em tese" porque há controvérsia quanto à necessidade dessa prévia oitiva do reeducando nos casos do art. 86 do CP, que contemplam a revogação obrigatória do livramento condicional em face da superveniência de condenação, pela prática de crime, à pena privativa de liberdade, em sentença irrecorrível, nos casos ali tratados, já que, em tais situações, não será possível o Magistrado acatar qualquer justificativa do apenado para mantê-lo no gozo do benefício. Não há, enfim, qualquer margem para decisão do juiz em sentido oposto, sendo ele obrigado, por força de lei, a revogar a benesse[194]. Concordamos, plenamente, com essa orientação, por uma questão de lógica. Fora disso, vale dizer, sendo hipótese de revogação facultativa (casos do art. 87 do CP), inexiste qualquer dúvida quanto à incidência da disciplina do citado art. 143 da LEP em sua plenitude. Aliás, o próprio Superior Tribunal de Justiça já decidiu que não basta a intimação da defesa técnica para que se manifeste sobre a causa de revogação, sendo necessária a oitiva prévia do condenado, que deverá ser intimado a comparecer a

---

191 STJ, AgRg no HC 277161/SP, *DJ* 10.10.2013 e AgRg no HC 300774/SP, *DJ* 01.10.2014.

192 Cleber Masson, op. cit., p. 783.

193 STJ, *Habeas Corpus* 125.722/RJ, *DJ* 15.06.2009; *Habeas Corpus* 113.644/RJ, *DJ* 02.02.2009; *Habeas Corpus* 364.444/RJ, *DJ* 17.12.2004.

194 *"A revogação do livramento condicional em razão da superveniência de condenação em decisão irrecorrível é obrigatória, mostrando-se desnecessária a oitiva do apenado a respeito do livramento condicional". (TJRS, Agravo nº 70073619009, Primeira Câmara Criminal, j. 31.5.2017)*

juízo para expor suas justificativas antes que seja determinada a revogação da liberdade condicional. Evidentemente, se não for ele localizado ou se, apesar de intimado, não comparecer a juízo, deverá suportar o ônus decorrente de seu silêncio, possibilitando ao juiz revogar o benefício[195].

Discute-se a competência para ordenar a revogação do livramento condicional na hipótese de liberado que, devidamente autorizado nos termos do art. 133 da LEP, **reside fora da comarca do juízo da execução**. É prevalente, no entanto, a orientação de que, embora incumba ao juízo do lugar em que reside o condenado a *observação cautelar* acerca do seu comportamento e do cumprimento das condições impostas, é ao juízo da execução originário (aquele junto ao qual o indivíduo cumpria pena e que lhe concedeu o livramento condicional) que incumbe deliberar sobre a revogação do benefício[196]. Nesse sentido:

> "Concedida a liberdade condicional, a mudança de domicílio do réu, que deve ser precedida de autorização, não opera a transferência da competência do Juízo da execução originário, mas cabe a este expedir carta precatória, devidamente instruída com cópia da sentença do livramento, ao Juízo da nova localidade para onde houver se transferido o réu, a fim de que lá seja fiscalizado o cumprimento das condições. Inteligência do art. 133 da LEP. Conflito conhecido para declarar competente o Juízo da Vara das Execuções Penais da Comarca de Marília/SP para decidir acerca da eventual revogação do livramento condicional, bem como quaisquer outros incidentes na execução"[197].

8.2.22.10.1 Revogação obrigatória do livramento condicional (art. 86 do CP)

As causas de **revogação obrigatória** do livramento condicional encontram-se disciplinadas no art. 86 do Código Penal. São chamadas de *obrigatórias* porque decorrem de previsão legal expressa, não sendo lícito ao magistrado, na sua ocorrência, deixar de revogar o benefício. Estabelece o referido dispositivo:

> Art. 86. Revoga-se o livramento, se o liberado vem a ser condenado a pena privativa de liberdade, em sentença irrecorrível:
>
> I – por crime cometido durante a vigência do benefício;
>
> II – por crime anterior, observado o art. 84 deste Código.

Como se vê do artigo, a revogação obrigatória do benefício, nas duas hipóteses nele previstas, vincula-se à ocorrência das seguintes circunstâncias:

a) *Condenação a pena privativa de liberdade:* Se a pena imposta for apenas *multa*, a revogação da liberdade condicional será facultativa, *ex vi* do art. 87 do Código Penal. Nesse caso, não importa se a pena de multa foi a única cominada, ou se foi a pena escolhida entre as cominadas, ou se decorreu de substituição da pena privativa de liberdade (*v.g.*, arts. 44, § 2º, e 6º, § 2º, ambos do CP). O mesmo ra-

---

[195] STJ, *Habeas Corpus* 101.907/RJ, *DJ* 14.12.2009.

[196] STJ, *Habeas Corpus* 87895/SP, *DJ* 13.10.2008.

[197] STJ, Conflito de Competência 38175/SP, *DJ* 14.06.2004.

ciocínio deve ser aplicado quando a pena imposta for *restritiva de direitos*. Também aqui, a partir do mesmo art. 87 do Código Penal, infere-se que a revogação do livramento antecipado é facultativa, sendo irrelevante o fato de essa espécie de pena sempre decorrer de substituição da pena privativa de liberdade.

b) *Sentença irrecorrível:* Para que incidam as causas de revogação obrigatória, é necessário que tenha ocorrido o trânsito em julgado da decisão penal condenatória. Logo, embora a simples prática de nova infração penal possa autorizar a *suspensão* do livramento condicional nos termos do art. 145 do Código Penal, sua revogação apenas será ordenada quando o liberado for definitivamente condenado.

c) *Condenação pela prática de crime:* A condenação pela prática de contravenção penal não é causa de revogação obrigatória, ainda que seja aplicada pena privativa de liberdade. Isso fica evidente não apenas a partir dos incisos I e II do art. 86 do Código Penal (fala-se em *crime*), como também em decorrência do disposto no art. 87 do mesmo diploma ao tratar como causa de revogação facultativa a condenação irrecorrível por contravenção penal a pena que não seja privativa de liberdade.

d) *Desnecessária fundamentação na decisão revogatória:* Basta o fato da condenação irrecorrível, por crime, a pena privativa de liberdade, para que o juiz da execução esteja obrigado a proceder a revogação da liberdade condicional. Desnecessária, desse modo, qualquer fundamentação de tal decisão quanto à necessidade ou conveniência dessa revogação, bastando o reconhecimento quanto à ocorrência da mencionada condenação criminal[198].

Pois bem, a *primeira hipótese de revogação obrigatória* do livramento condicional consiste na superveniência de condenação irrecorrível, pela prática de crime cometido durante a vigência do benefício, a pena privativa de liberdade (art. 86, I, do CP). A previsão legal alcança o liberado que, encontrando-se no período de prova, pratica novo crime, sendo por este condenado, por decisão transitada em julgado, à pena de prisão (a condenação pela prática de contravenção penal é hipótese de revogação facultativa, *ex vi* do art. 87 do CP). Ocorrendo a revogação, advêm para o apenado as seguintes consequências:

a) O tempo em que esteve solto o executado não será computado como cumprimento de pena. **Cuidado, aqui:** há quem defenda a possibilidade de o juiz decretar a perda apenas parcial do período em que o condenado esteve sob livramento condicional. Discordamos disso, reputando implicar tal orientação flagrante inobservância dos arts. 142 da LEP e 88 do CP, que estabelecem que o período em que o sentenciado esteve em liberdade não seja computado como pena cumprida, uma vez que se trata, justamente, de uma das consequências legais da revogação do benefício;

b) Veda-se a concessão de novo livramento em relação à mesma pena;

c) Proíbe-se a soma do restante da pena cominada ao crime à nova pena, para fins de concessão de novo livramento.

---

198 STJ, *Habeas Corpus* 96279/ES, *DJ* 02.06.2008.

Como fica a situação do indivíduo que pratica nova infração penal durante o período de prova, enquanto não houver decisão criminal condenatória transitada em julgado? Autoriza o art. 145 da LEP que o juiz, ouvido o Conselho Penitenciário e o Ministério Público, proceda à *suspensão* do curso do livramento condicional (o que implica retorno do liberado à prisão). Nesse caso, o desiderato do benefício fica condicionado ao resultado do processo movido em relação à nova infração penal. Sobrevindo o trânsito em julgado de *condenação*, deverá o livramento ser revogado. Se, por outro lado, for o executado *absolvido* em definitivo, será ele novamente posto em liberdade condicional e o tempo em que havia permanecido solto, bem como o período da suspensão do livramento em que esteve recolhido, serão computados como cumprimento de pena.

Veja-se que, de acordo com o art. 89 do Código Penal, o juiz não poderá declarar extinta a pena, enquanto não passar em julgado a sentença em processo a que responde o liberado, por crime (o dispositivo não alcança a contravenção) cometido na vigência do livramento. Isso quer dizer que, cometido um crime no curso do período de prova e sendo instaurada a ação penal antes do transcurso desse período, uma vez suspenso o livramento condicional, será o período de prova prorrogado automaticamente até o julgamento definitivo daquela ação.

E se, suspenso o livramento condicional em razão da prática de novo crime (a partir, por exemplo, do simples indiciamento do liberado), não for ajuizada ação penal antes do término do período de prova? Nessa hipótese, em que pese possa o juiz da execução suspender o livramento, descabe a prorrogação do período de prova a que alude o art. 89 do Código Penal com vista à posterior revogação da liberdade condicional. É que o referido art. 89, ao sugerir a prorrogação do período de prova, diz que tal pode ocorrer diante de "processo a que responde o liberado".

E se a nova infração penal não for praticada durante o período de prova, mas sim depois de expirado esse período, embora ainda não declarada extinta a pena pelo juiz da execução? Expirado esse período sem a sua prorrogação nos termos do art. 89 do Código Penal, a consequência deverá ser a extinção da pena privativa de liberdade, não se podendo, em tal caso, cogitar da revogação do benefício[199].

Além da revogação do livramento condicional, a superveniência de condenação por crime cometido durante a vigência do benefício acarreta a imposição dos consectários legais relativos à prática de falta grave? Mesmo não desconhecendo a existência de linha de pensamento em sentido oposto, pensamos que, no caso apontado, a resposta é positiva. Isso porque a prática de novo fato definido como crime não caracteriza simples descumprimento das condições impostas ao livramento condicional. Mais que isso, é também hipótese de **falta grave**, já que o livramento condicional se trata da última fase de execução da pena privativa de liberdade, como dispõem o Código Penal e a Lei de Execução Penal, sujeitando, em decorrência, o reeducando, às consequências do comportamento faltoso – regressão do regime carcerário (art. 118, I), revogação de até 1/3 (um terço) do tempo remido (art. 127) e, conforme a jurisprudência do STJ e do STF, interrupção do lapso temporal para obtenção de benefícios.

A *segunda hipótese de revogação obrigatória* do livramento condicional consiste na **superveniência de condenação irrecorrível, pela prática de crime anterior, a pena privativa de liberdade, observado o art. 84 do Código Penal (art. 86, II, do CP)**. Por *crime anterior* depreende-se aquele praticado a qualquer tempo, porém antes da vigência do

[199] STJ, *Habeas Corpus* 182490/RJ, *DJ* 22.06.2012.

livramento condicional. Já o art. 84 do Código Penal corresponde à determinação de que "as penas que correspondem a infrações diversas devem somar-se para efeito do livramento".

Daí se infere que a pretensão do legislador com a regra do art. 86, II, do Código Penal foi determinar a revogação obrigatória na hipótese em que *a nova pena privativa de liberdade, somada ao faltante da pena anterior* (aquela que ensejou o livramento) *resultar na impossibilidade de manutenção do benefício.* Imagine-se, para exemplificar, a hipótese do indivíduo primário e de bons antecedentes que, condenado a 9 anos de reclusão, tenha obtido o livramento condicional após o cumprimento de 4 anos da pena, o que resulta na fixação do período de prova em 5 anos. Considere-se, outrossim, que, transcorrido 1 ano do período de prova (faltando, portanto, 4 anos para extinção da pena), seja o liberado condenado, por crime anterior à vigência do livramento, à pena de 20 anos de reclusão. Nesse caso, não será possível manter o benefício. Observe-se: o tempo total de cumprimento de pena, no caso, é de 5 anos (4 anos de pena cumpridos na prisão + 1 ano de livramento condicional). Por outro lado, a soma de 20 anos (nova pena) com 4 anos (pena faltante) totaliza 24 anos. Ora, 5 anos representa menos que um terço da pena total de 24 anos. Todavia, considerando tratar-se de crime cometido antes da concessão do livramento, as consequências, aqui, não são tão graves como na primeira hipótese de revogação obrigatória, consistindo nas seguintes (arts. 141 da LEP e 88 do CP):

a) O tempo em que esteve solto o executado será computado como cumprimento de pena;
b) Admite-se a concessão de novo livramento condicional, desde que o condenado tenha cumprido mais de um terço ou mais de metade do total da pena imposta (soma da nova pena como restante da pena anterior), conforme seja primário e portador de bons antecedentes ou reincidente em crime doloso, respectivamente.

Note-se que, tratando-se de crime cometido antes da vigência do livramento, não se cogita de prorrogação do prazo do livramento, mesmo que o processo criminal tramite durante esse período. É que o art. 89 do Código Penal, ao tratar dessa prorrogação, refere-se unicamente ao caso de crime cometido na vigência do livramento.

8.2.22.10.2 Revogação facultativa do livramento condicional (art. 87 do CP)

As causas de **revogação facultativa** do livramento condicional encontram-se disciplinadas no art. 87 do Código Penal. São chamadas de *facultativas* porque compete ao juiz da execução, diante de suas ocorrências, decidir no sentido da manutenção ou não do benefício. Dispõe, com efeito, o precitado dispositivo:

> Art. 87. O juiz poderá, também, revogar o livramento, se o liberado deixar de cumprir qualquer das condições constantes da sentença, ou for irrecorrivelmente condenado, por crime ou contravenção, a pena que não seja privativa de liberdade.

Como se vê, a *primeira hipótese de revogação facultativa* do livramento condicional consiste no **descumprimento pelo liberado de qualquer das obrigações constantes da decisão concessiva do livramento condicional (art. 87, 1ª parte, do CP).** Conforme dispõe o art. 132, §§ 1º e 2º, da LEP, ao conceder o livramento condicional, estabelece o juiz determinadas condições (condições legais e condições judiciais). Por outro lado, de acordo com o art. 137, II, da mesma Lei, na audiência admonitória é o executado advertido acerca da necessidade de observar tais condições durante o período de prova. Nesse viés, é evidente que eventual descumprimento das obrigações deve trazer consequências para o liberado, sendo a principal delas a possibilidade de revogação judicial do benefício. Dessa revogação, decorrem as seguintes consequências (arts. 142 da LEP e 88 do CP):

a) O tempo em que esteve solto o executado não será computado como cumprimento de pena;
b) Veda-se a concessão de novo livramento em relação à mesma pena.

Na sequência, estabelece a Lei de Execução Penal a *segunda hipótese de revogação facultativa* do benefício, consistente na **condenação irrecorrível do executado, por crime ou contravenção, a pena que não seja privativa de liberdade**. Ressalte-se que, nesse caso, a lei vincula a ocorrência da causa de revogação a que seja o indivíduo condenado por crime ou contravenção *a pena que não seja privativa de liberdade*. Isso ocorre porque, sendo hipótese de condenação por *crime* a pena privativa de liberdade, incide a hipótese de revogação obrigatória estipulada pelo art. 86, I e II, do CP. *E quando for o caso de condenação por contravenção a pena privativa de liberdade?* Essa situação não se enquadra nem no art. 86, ao tratar da revogação obrigatória do livramento, nem no art. 87, ao referir a revogação facultativa desse benefício. Considerando que o art. 86 é restritivo, enumerando taxativamente as hipóteses que conduzem à revogação obrigatória, nele não se pode incluir, por analogia ou interpretação extensiva, a condenação por contravenção à pena de prisão simples. Contudo, a interpretação sistemática do art. 87 permite que se inclua tal circunstância como causa de revogação facultativa. Afinal, se a condenação por contravenção a pena não privativa de liberdade traz como consequência a possibilidade de revogação judicial do benefício, seria absurdo compreender que hipótese mais grave – condenação a pena de prisão simples – não acarrete, no mínimo, a mesma consequência.

Veja-se ainda que, de acordo com o art. 88 do Código Penal, variam os efeitos dessa revogação conforme o momento em que a infração penal foi praticada. Assim:

a) Condenação irrecorrível por fato praticado durante a vigência do livramento condicional: O tempo em que esteve solto o executado não será computado como cumprimento de pena. Além disso, veda-se a concessão de novo livramento em relação à mesma pena.
b) Condenação irrecorrível por fato praticado anteriormente ao livramento condicional: O tempo em que esteve solto o executado será computado como cumprimento de pena. Também, admite-se a concessão de novo livramento condicional em relação à mesma pena.

Outra menção relevante é a que decorre do art. 140, parágrafo único, da LEP, no sentido de que, "mantido o livramento condicional, na hipótese da revogação facultativa, o juiz deverá advertir o liberado ou agravar as condições". Em outras palavras, sendo hipótese de revogação facultativa, poderá o juiz da execução, em vez de revogar o livramento condicional, optar por advertir o liberado ou agravar as condições do livramento. De qualquer forma, uma dessas duas providências deverá ser obrigatoriamente adotada pelo juiz quando decidir não revogar o livramento, cabendo-lhe, entretanto, conforme as circunstâncias, analisar qual delas possui maior conveniência no caso concreto.

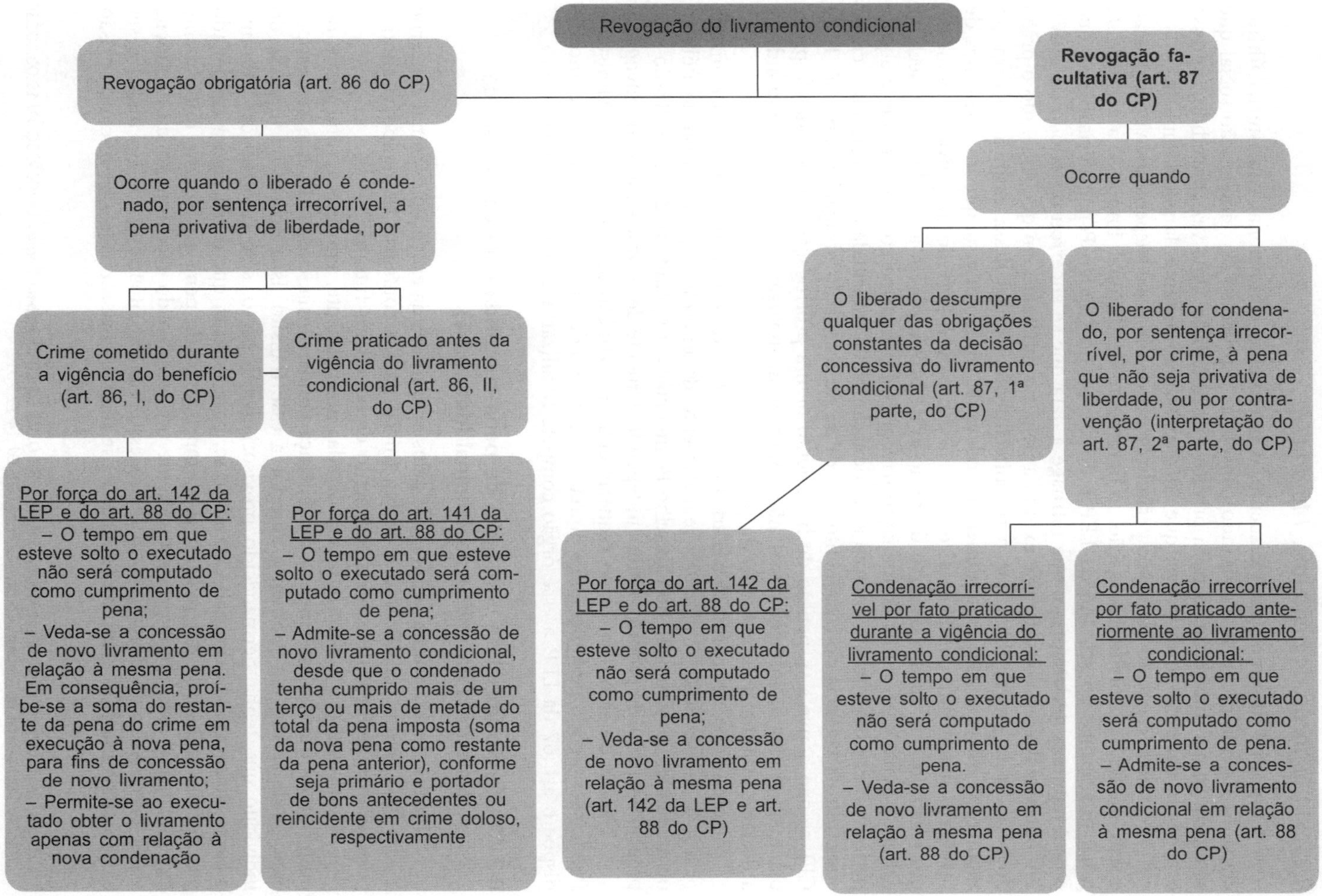
Revogação do livramento condicional
Revogação obrigatória (art. 86 do CP)
Ocorre quando o liberado é condenado, por sentença irrecorrível, a pena privativa de liberdade, por
Crime cometido durante a vigência do benefício (art. 86, I, do CP)
Crime praticado antes da vigência do livramento condicional (art. 86, II, do CP)
Por força do art. 142 da LEP e do art. 88 do CP:
– O tempo em que esteve solto o executado não será computado como cumprimento de pena;
– Veda-se a concessão de novo livramento em relação à mesma pena. Em consequência, proíbe-se a soma do restante da pena do crime em execução à nova pena, para fins de concessão de novo livramento;
– Permite-se ao executado obter o livramento apenas com relação à nova condenação
Por força do art. 141 da LEP e do art. 88 do CP:
– O tempo em que esteve solto o executado será computado como cumprimento de pena;
– Admite-se a concessão de novo livramento condicional, desde que o condenado tenha cumprido mais de um terço ou mais de metade do total da pena imposta (soma da nova pena como restante da pena anterior), conforme seja primário e portador de bons antecedentes ou reincidente em crime doloso, respectivamente
Revogação facultativa (art. 87 do CP)
Ocorre quando
O liberado descumpre qualquer das obrigações constantes da decisão concessiva do livramento condicional (art. 87, 1ª parte, do CP)
O liberado for condenado, por sentença irrecorrível, por crime, à pena que não seja privativa de liberdade, ou por contravenção (interpretação do art. 87, 2ª parte, do CP)
Por força do art. 142 da LEP e do art. 88 do CP:
– O tempo em que esteve solto o executado não será computado como cumprimento de pena;
– Veda-se a concessão de novo livramento em relação à mesma pena (art. 142 da LEP e art. 88 do CP)
Condenação irrecorrível por fato praticado durante a vigência do livramento condicional:
– O tempo em que esteve solto o executado não será computado como cumprimento de pena.
– Veda-se a concessão de novo livramento em relação à mesma pena (art. 88 do CP)
Condenação irrecorrível por fato praticado anteriormente ao livramento condicional:
– O tempo em que esteve solto o executado será computado como cumprimento de pena.
– Admite-se a concessão de novo livramento condicional em relação à mesma pena (art. 88 do CP)

8.2.22.11 Extinção da pena (art. 146 da LEP)

Conforme dissemos anteriormente, o livramento condicional consiste na última etapa do sistema progressivo, visando consolidar o processo de reintegração social que se espera com a imposição da pena privativa de liberdade. Uma vez concedido, ingressa o apenado em período de prova, que corresponde ao restante da pena imposta.

Pois bem, esgotado que seja o período de prova sem a sua suspensão ou prorrogação e sem que tenha ocorrido revogação do livramento condicional, impõe-se a *extinção da pena*, nos termos do art. 146 da LEP e do art. 90 do Código Penal, decisão essa que possui natureza declaratória e que retroage à data que se encerrou o período de prova. Em outras palavras: considera-se extinta a pena no momento em que superado o prazo do período de prova, ainda que o reconhecimento judicial dessa extinção ocorra em momento posterior. Esse entendimento é relevante tendo em vista que impede o juiz de revogar o livramento condicional quando já expirado o período de prova. Imagine-se, por exemplo, que após o decurso do período de prova, porém antes de o juiz declarar extinta a pena, sobrevenha condenação irrecorrível por crime cometido durante aquele período. Nesse caso, muito embora a condenação penal transitada em julgado por crime cometido na vigência do livramento seja causa de revogação obrigatória (art. 86, I, do CP), se não houve a suspensão do livramento nem a prorrogação do período de prova diante da prática da infração penal, não poderá o juiz revogar o livramento, impondo-se a declaração judicial de extinção da pena[200-201].

Note-se que, de acordo com o art. 146 da LEP, a extinção da pena pode ser realizada pelo juiz da execução *ex officio*, a requerimento do interessado, do Ministério Público ou mediante representação do Conselho Penitenciário. O pedido pode ser realizado pelo próprio apenado, de próprio punho, independentemente de estar assistido por advogado.

Não tendo sido o autor do requerimento de extinção da pena, deve o Ministério Público ser ouvido pelo juiz antes do reconhecimento do fim da pena. Afinal, conforme dispõe o art. 67 da LEP, a esse órgão compete fiscalizar a execução da pena.

8.2.23 Termo inicial da contagem de pena cumprida para concessão de benefícios da execução criminal (data-base)

Terminologia bastante empregada pelos operadores da execução criminal concerne à *data-base*, assim considerado o marco inicial para a contagem de tempo visando à postulação e, se for o caso, ao deferimento de benefícios futuros.

Muito embora a *data-base* seja fixada, normalmente, em época coincidente ou posterior ao trânsito em julgado da sentença condenatória, eventualmente sua estipulação pode se dar em momento anterior a esse trânsito. Isso ocorre na hipótese do indivíduo que tenha permanecido provisoriamente preso, sem interrupções, durante o curso do processo criminal. Considere-se, para ilustrar, que o réu, agora condenado por decisão transitada em julgado ao cumprimento de pena em regime inicialmente fechado, tenha sido preso preventivamente por ocasião do recebimento da denúncia, assim permanecendo durante todo o processo. Em tal situação, o termo inicial a ser levado em conta para efeito de progressão de regime deve ser a data de início da prisão

---

200 STJ, Agravo Regimental no *Habeas Corpus* 190456/SP, *DJ* 01.02.2013; *Habeas Corpus* 198069/SC, *DJ* 19.03.2013; Agravo Regimental no *Habeas Corpus* 127675/SP, *DJ* 14.12.2012.

201 STF, *Habeas Corpus* 94580/RJ, *DJ* 24.10.2008; *Habeas Corpus* 81879/SP, *DJ* 06.08.2002.

preventiva, pois o regime em que ficou preso durante o andamento da ação penal é idêntico ao fechado, não sendo razoável nem justo desconsiderar tal período para fins de progressão de regime ou de outros benefícios da execução.

Há, todavia, hipóteses específicas relacionadas à estipulação da data-base que exigem atenção, mesmo porque não é incomum a ocorrência de situações que importam na sua modificação. Veremos, a seguir, alguns desses casos:

8.2.23.1 Progressão de regime

Como regra geral, faz jus à progressão de regime o indivíduo que cumpre o lapso legalmente determinado no regime mais rigoroso, que é de 1/6 para os condenados primários ou reincidentes em caso de crimes comuns (art. 112, *caput,* da LEP), e de 3/5 ou 2/5 para o condenado autor de crime hediondo ou equiparado, conforme seja reincidente ou não, respectivamente (art. 2º, § 2º, da L. 8.072/1990). Lembre-se de que, em se tratando a condenada de mulher gestante ou que for mãe ou responsável por crianças ou pessoas com deficiência, que não tenha cometido crime com violência ou grave ameaça a pessoa nem tenha sido o crime pelo qual condenada praticado contra seu filho ou dependente, o lapso mínimo de cumprimento de pena é de 1/8 no regime anterior, não importando se é hediondo ou não o delito objeto da pena em execução (art. 112, § 3º, da LEP).

Sem embargo dessa aparente simplicidade, algumas questões dividem a jurisprudência.

A primeira delas refere-se à **data-base para a segunda progressão**. Considere-se a seguinte situação: condenado a 9 anos de pena, em regime fechado, pela prática de homicídio simples (não hediondo), alcança 1/6 da pena imposta em janeiro/2019, requerendo, nessa oportunidade, a progressão para o semiaberto. Entretanto, o juiz, compreendendo necessário exame criminológico, ordena, fundamentadamente, a sua realização. Favorável o laudo criminológico, determina o juiz, em março/2019 a progressão para o regime semiaberto. Por questões relacionadas a obtenção de vagas nesse regime, apenas em abril/2019 o apenado passa, efetivamente, ao cumprimento da pena nesse regime. Nesse caso, qual a *data-base* a ser considerada que possa esse apenado requerer a segunda progressão, vale dizer, do regime semiaberto para o aberto? Janeiro/2019, que foi a data em que implementou o condenado o tempo necessário à nova progressão? Ou março/2019, que foi a época em que o juiz deferiu a progressão? Ou abril/2019, que foi o momento em que, efetivamente, ingressou o apenado no regime semiaberto? Há duas orientações aqui:

Primeira, adotada no STF e no STJ, no sentido de que a decisão que concede a progressão de regime possui natureza declaratória e não constitutiva. Logo, no exemplo, o marco inicial para a segunda progressão (do semiaberto para o aberto) deverá ser a data em que o apenado preencheu os requisitos legais – no exemplo, o mês de janeiro/2019 – e não a data da decisão que concedeu o benefício ou a data do efetivo início da reprimenda no regime semiaberto[202].

Segunda, no sentido de que a data-base, em princípio, deve ser aquela em que, efetivamente, foi deferida a progressão – no exemplo, março/2019).

---

[202] STJ, HC 488140/SP, *DJ* 28.03.2019).

Terceira, compreendendo que o marco inicial de cumprimento da pena para efeito de progressão do regime semiaberto para o aberto deverá ser aquele em que o apenado, efetivamente, ingressou no regime semiaberto (no exemplo, abril/2019), passando a ter sua condição jurídica norteada pelas regras desse regime.

Malgrado, como dissemos, tenham o STF e STJ aderido à primeira das orientações citadas, agasalhamos o segundo entendimento. Isso porque, se, além de observar a disciplina concernente ao lapso temporal mínimo exigido para o deferimento da progressão (art. 112, *caput* e § 3º, da LEP e art. 2º, § 2º, da L. 8.072/90) – *requisito de ordem objetiva* –, compreender o juízo necessária, também, a aferição das condições psicossociais do apenado, vale dizer, se indicativas ou não possibilidade de usufruir ele das benesses atinentes a regime carcerário menos gravoso – *requisito de ordem subjetiva* –, apenas a partir da constatação de que essas duas ordens de requisitos estão presentes é que terá o juízo condições para deferir o benefício. E tal detecção, no exemplo, ocorreu somente em março/2019, devendo, portanto, ser esta a data-base a ser considerada para o exame de nova e futura progressão. E não se diga que a avaliação psicossocial do apenado não poderia ser exigida pelo Juízo de Primeiro Grau, já que não prevista no art. 112 da LEP e no art. 2º, § 2º, da LCH, Basta ver que a jurisprudência dominante firmou o entendimento de que não é vedado ao juiz aferir o mérito do reeducando por outros elementos – além do atestado de boa conduta carcerária emitido pela administração prisional –, entre os quais exame criminológico, avaliação psicossocial e o parecer da Comissão Técnica de Classificação[203-204]. Não é outro, aliás, o sentido da **Súmula 439 do STJ** ao dizer que "admite-se o exame criminológico pelas peculiaridades do caso, desde que em decisão motivada"; bem como o teor da **Súmula Vinculante 26 do STF** ao estabelecer que, para efeito de progressão de regime no cumprimento de pena por crime hediondo ou equiparado, o juízo da execução avaliará se o condenado preenche ou não os requisitos objetivos e subjetivos do benefício, podendo determinar para tal fim, de modo fundamentado, a realização de exame criminológico. *E se, por demora na prestação jurisdicional (falha de servidores, do Ministério Público ou desídia do juiz), transcorrer tempo excessivo entre a data do pedido de progressão do regime fechado para o semiaberto e a decisão que concedeu o benefício, violando-se, com isto, o princípio da razoabilidade que deve nortear o tempo para prolação das decisões judiciais?* Em tal caso, por óbvio, deve-se, excepcionalmente, diante da evidente ilegalidade do constrangimento impingido ao preso, considerar como data-base para a segunda progressão aquela em que, efetivamente, se operou o implemento do requisito temporal para a progressão do regime fechado para o semiaberto ou, no mínimo, a data em que requerido o benefício. Tal solução, porém, segundo pensamos, deve ser dada a título de exceção e não como regra da progressão, levando-se em conta peculiaridades do caso concreto.

Outra situação controvertida concerne à **data-base para a segunda progressão no caso de indivíduo condenado pela prática de crime hediondo ou equiparado**. Há quem defenda, nesse caso, que, muito embora para a primeira progressão (do regime fechado para o semiaberto), seja necessário observar o lapso de 3/5 ou 2/5 de pena cumprida (conforme reincidente ou não o apenado), na segunda (semiaberto

[203] STF, *Habeas Corpus* 111830/SP, *DJ* 18.02.2013; *Habeas Corpus* 100068/SP, *DJ* 17.12.2012; *Habeas Corpus* 112464/RS, *DJ* 14.09.2012.

[204] STJ, *Habeas Corpus* 191150/SP, *DJ* 27.02.2013; *Habeas Corpus* 255665/SP, *DJ* 27.02.2013; *Habeas Corpus* 206647/SP, *DJ* 27.02.2013.

para o aberto) a regra aplicável seria a do art. 112 da LEP, do que resultaria a exigência de apenas 1/6 de pena. Mais uma vez discordamos. Basta atentar que o § 2.º do art. 2.º da L. 8.072/1990, ao estabelecer o tempo de pena a cumprir nesses casos, não faz qualquer distinção entre a primeira e a segunda progressão de regime do apenado, não sendo viável ao intérprete, então, fazer tal diferenciação e compreender de modo diverso ao que determina a norma legal. Esta, inclusive, é a orientação do STJ a respeito, já compreendendo que, "sendo a hipótese de condenação por crime hediondo e estando caracterizada a reincidência da paciente, aplica-se a fração de 3/5 para a aferição do requisito objetivo, independentemente de se tratar de segunda progressão"[205].

8.2.24 Monitoração eletrônica (arts. 146-A a 146-D da LEP)

8.2.24.1 Considerações gerais

A L. 12.258/2010, alterando e introduzindo dispositivos na Lei de Execução Penal, consolidou, no plano normativo, a monitoração eletrônica dos condenados beneficiados com **saídas temporárias** no regime semiaberto (arts. 122 a 125 c/c o art. 146-B, II, todos da LEP) e aos que se encontrarem sob **prisão domiciliar** (art. 117, c/c o art. 146-B, IV, ambos da LEP), únicos casos em que é admitida, tendo em vista os vetos determinados ao projeto original, que previa a monitoração eletrônica também para o regime aberto; cumprimento de penas restritivas de direito; livramento condicional e suspensão condicional da pena.

Em que pese a existência de opiniões contrárias, a medida não implica, a nosso ver, qualquer atentado ao *princípio da dignidade da pessoa humana*, pois, desde que o agente se submeta corretamente às condições do monitoramento, não sofrerá ele restrições maiores do que as decorrentes do uso de um aparelho eletrônico que pode ficar oculto sob suas roupas. Além do mais, ainda que se possa cogitar da ocorrência de alguma forma de violação ao princípio da dignidade da pessoa humana com tal monitoramento, é óbvio que o grau de lesividade daí decorrente é bem inferior àquele que advém, por exemplo, do indeferimento de saída temporária ao preso do regime semiaberto diante do elevado risco de fuga ou de recidiva criminosa.

Conforme se infere do art. 146-B da LEP, *caput*, compete ao *juiz* (leia-se: juiz da execução ou tribunal) determinar a fiscalização por meio de monitoração eletrônica, devendo fazê-lo fundamentadamente. Nesse contexto, não pode o procedimento ser estabelecido por autoridades administrativas, como o diretor do estabelecimento prisional, o secretário de segurança pública etc.

Uma vez imposta a monitoração eletrônica, será o condenado instruído acerca dos cuidados que deverá adotar com o equipamento e dos deveres que decorrem de sua utilização (art. 146-C da LEP). A lei não estabelece como deve ser passada essa instrução. Nada obsta, contudo, que seja aprazada audiência com tal finalidade perante o juiz, registrando-se em termo as advertências realizadas ao condenado bem como a sua aceitação. Tal formalidade é relevante na medida em que a violação comprovada dos deveres atinentes à monitoração poderá acarretar a regressão do regime, a revogação da autorização de saída temporária e a revogação da prisão domiciliar (art. 146-C, parágrafo único, I, II e VI, da LEP).

[205] STJ, *Habeas Corpus* 310.649/RS, *DJ* 27.02.2015.

Consistem esses deveres em:

1) **Receber visitas do servidor responsável pelo monitoramento eletrônico, responder aos seus contatos e cumprir suas orientações:** A monitoração eletrônica deverá ser acompanhada por servidor vinculado à Vara de Execuções Criminais com vista à fiscalização da medida e à orientação do condenado. Correto, nesse ponto, o entendimento de Renato Marcão ao dizer que "tais visitas deverão ter por escopo constatar as condições pessoais a que se encontra lançado o condenado durante o monitoramento, pois, ainda que não venha a violar o equipamento ou descumprir de forma aparente qualquer condição de permanência sob tal situação vigiada, outras práticas não recomendadas e incompatíveis com sua condição de condenado poderão ser adotadas, cumprindo então ao profissional responsável, em tais hipóteses, efetivar as orientações que entender pertinentes, de tudo fazendo minucioso relatório que encaminhará ao juízo incumbido do processo execucional respectivo, para conhecimento e eventuais providências"[206].
2) **Abster-se de remover, de violar, de modificar, de danificar de qualquer forma o dispositivo de monitoração eletrônica ou de permitir que outrem o faça:** Condiciona-se a permanência do benefício fiscalizado por monitoração eletrônica (saída temporária ou prisão domiciliar) a que o condenado abstenha-se de qualquer prática que importe comprometimento da eficácia da medida, tais como violar, modificar, danificar de qualquer forma o dispositivo ou permitir que outrem o faça. Como se vê, não importa se a conduta é praticada pelo próprio monitorado ou por outra pessoa, com o seu consentimento. Eventualmente, pode ocorrer que a violação do dispositivo ocorra acidentalmente. Nesse caso, deve o condenado comunicar o fato imediatamente à Vara das Execuções Criminais, para que sejam adotadas as providências cabíveis.

Conforme se depreende do art. 146-C, parágrafo único, da LEP, a violação comprovada desses deveres poderá importar em consequências relevantes ao processo executivo. Para que se operem essas consequências, porém, impõe o dispositivo a prévia oitiva do Ministério Público (tendo em vista sua atribuição de fiscalizar a execução da pena, *ex vi* do art. 67 da LEP) e da defesa (atendendo-se, nesse ponto, aos imperativos do contraditório e da ampla defesa). Cumpridas essas formalidades e reputando o juízo da execução comprovada a prática, pelo monitorado, de conduta que comprometa a efetividade da medida, poderá ele determinar:

Inciso I – Regressão do regime: trata-se de penalidade cabível na hipótese da prática de fatos de maior gravidade, isto é, aqueles que, por si, revelem a incompatibilidade do regime em que se encontra o apenado com o comportamento adotado no decorrer da monitoração eletrônica, por exemplo, a remoção intencional do equipamento de fiscalização. Tratando-se de apenado do regime semiaberto que se encontra em gozo de saída temporária, a regressão acarreta imediatamente a revogação da autorização para tais saídas (inciso II), já que estas são incompatíveis com o regime fechado.

[206] Renato Marcão, op. cit., p. 262.

Inciso II – Revogação da autorização de saída temporária: essa sanção deve ser imposta nas hipóteses mais brandas de violação dos deveres atinentes à monitoração eletrônica, não exigentes de regressão do regime prisional. É o caso, por exemplo, de não ter sido localizado, pelo profissional responsável, o beneficiário de saída temporária em sucessivas visitas de fiscalização e orientação (art. 146-C, I, da LEP), sem embargo de ter ele retornado ao estabelecimento prisional no dia e hora aprazados para o término do período de saída.

Incisos III a V – Vetados.

Inciso VI – Revogação da prisão domiciliar: A prisão domiciliar está prevista no art. 117 da LEP para os presos do regime aberto, nas hipóteses taxativamente previstas. Se, imposta a fiscalização por meio eletrônico, descumprir o beneficiário da prisão domiciliar as obrigações que assistem em relação à monitoração, a consequência pode ser a revogação do benefício, retornando o apenado a cumprir sua pena no regime em que se encontrava (regime aberto), sem prejuízo da possibilidade de regressão para regime mais gravoso (inciso I) quando essa providência se revelar adequada. Justifica-se a dupla punição (revogação da prisão domiciliar e regressão do regime prisional) em hipóteses de extrema gravidade, por exemplo, de fuga do condenado após violar o equipamento de monitoração.

Inciso VII – Advertência escrita: Muito embora relegada à última das sanções enumeradas no art.146-C, parágrafo único, da LEP, a verdade é que a advertência escrita é prejudicial das demais, isto é, deve ser aplicada "para todos os casos em que o juiz da execução decida não aplicar alguma das medidas previstas nos incisos de I a VI deste parágrafo". Trata-se, enfim, da mais leve das sanções, aplicável aos casos de menor gravidade, implicando sua efetivação em persistência da monitoração eletrônica, bem como dos benefícios relativos à saída temporária e prisão domiciliar. Para ilustrar, imagine-se o fato de não responder o condenado à primeira tentativa de contato realizada pelo profissional responsável pela fiscalização da monitoração.

8.2.24.2 Revogação da monitoração eletrônica

De acordo com o art. 146-D da LEP, três são as hipóteses de revogação da monitoração eletrônica:

Inciso I – Quando se tornar desnecessária ou inadequada: A determinação de monitoração eletrônica exige fundamentação do juiz da execução no sentido da necessidade e pertinência da medida no caso concreto. Reputando-se *desnecessária*, cabe ao juiz ordenar sua revogação. É o caso, por exemplo, de o monitorado beneficiado diversas vezes com saídas temporárias ter-se mostrado sempre disponível às visitas de fiscalização, acolhendo as orientações realizadas pelo profissional responsável, retornando ao estabelecimento prisional no dia e hora determinados pela autoridade judiciária, não havendo, ainda, qualquer notícia de má conduta durante o gozo do benefício. Outra hipótese de revogação da monitoração refere-se à *inadequação* da medida. Imagine que, em decorrência da violação de deveres atinentes a essa fiscalização durante a prisão domiciliar, tenha o juiz determinado a revogação desse benefício e ordenado, em consequência, o retorno do apenado ao cumprimento de pena no regime aberto. Em tal caso, não havendo previsão de monitoração, deverá o juiz revogar esse procedimento.

Inciso II, 1ª parte – Se o acusado ou condenado violar os deveres a que estiver sujeito durante a vigência da monitoração: De plano, constata-se a impropriedade da distinção feita no dispositivo em relação ao *acusado ou condenado*. Isso porque não há, na Lei de Execução

Penal, previsão de monitoração eletrônica para acusados no curso do processo criminal. O procedimento regulamentado pela LEP, como vimos, é aplicável apenas aos **condenados** do regime semiaberto em gozo de saída temporária e para os **condenados** do regime aberto sob prisão domiciliar e, embora se trate de medidas simétricas, não se confunde com a medida fiscalizatória no 319, IX, do Código de Processo Penal, destinada ao indiciado ou acusado no curso das investigações policiais ou durante o processo criminal, respectivamente. Tanto é assim que o art. 146-C da LEP, ao estabelecer os deveres do monitorado, refere-se apenas ao condenado.

Pois bem. A violação dos deveres atinentes à monitoração e consequente aplicação das sanções previstas no art. 146-C, parágrafo único, incisos I, II e VI, acarreta logicamente a revogação da monitoração. Na verdade, o art. 146-D, II, 1ª parte, é redundante diante da previsão instituída no inciso I do mesmo dispositivo, já que a regressão do regime prisional, a revogação da autorização de saída temporária e a revogação *incontinenti* da monitoração pela não subsistência dos motivos determinantes desse procedimento.

Sem embargo, deve-se ressalvar a hipótese prevista no art. 146-C, parágrafo único, inciso VII, da LEP, relativamente à advertência escrita. É que tal sanção também pode ser aplicada como consequência do descumprimento dos deveres estipulados no art. 146-C, I e II, e, apesar disso, não acarreta a revogação da monitoração, já que não implica cessação do gozo dos benefícios da saída temporária e da prisão domiciliar.

Inciso II, 2ª parte – Se o acusado ou condenado cometer falta grave: Conforme já explicamos no comentário anterior, também aqui se equivoca o dispositivo ao referir-se a *acusado*, devendo-se limitar o alcance do dispositivo aos *condenados*. Essa disposição harmoniza-se com a previsão do art. 118, I, da LEP, no sentido de que a prática de falta grave acarreta regressão do regime prisional, bem como com a regra do art. 125, *caput*, do mesmo diploma, estabelecendo a revogação da saída temporária quando o condenado for punido com falta grave. Considerando o caráter cogente dessas regras e tendo em vista a sintonia que com elas guarda o art. 146-D, II, 2ª parte, em exame, infere-se que, na verdade, a prática da falta grave importará *necessariamente* em revogação da monitoração eletrônica. Portanto, imprópria a LEP ao dizer que, nesse caso, a monitoração eletrônica "*poderá*" ser revogada. *Caracteriza falta grave a conduta do apenado que viola a zona de monitoramento, vale dizer, desloca-se para fora da área de sua inclusão, embora permaneça com o equipamento no corpo?* Está sedimentado nos Tribunais Superiores o entendimento de que tal conduta não mais constitui falta grave, mas apenas infração administrativa. Por óbvio, ressalva-se a hipótese em que tal conduta seja reiterada, caso em que a configuração da falta grave é inequívoca, ensejando as consequências legais. *E o fato de não adotar as providências necessárias para recarga da bateria do aparelho?* Reputamos caracterizada, sim, nesse caso, a prática de falta grave, nos termos dos arts. 50, VI, e 39, V, ambos da LEP, pois apenado, com tal conduta, está descumprindo ordens do servidor responsável pela monitoração, além de impedir a fiscalização da execução da pena, não sendo desarrazoado afirmar que, no período em que mantém o equipamento sem bateria, encontra-se o apenado em condição equivalente à do foragido, já que não está sujeito, nesse interregno, ao controle estatal.

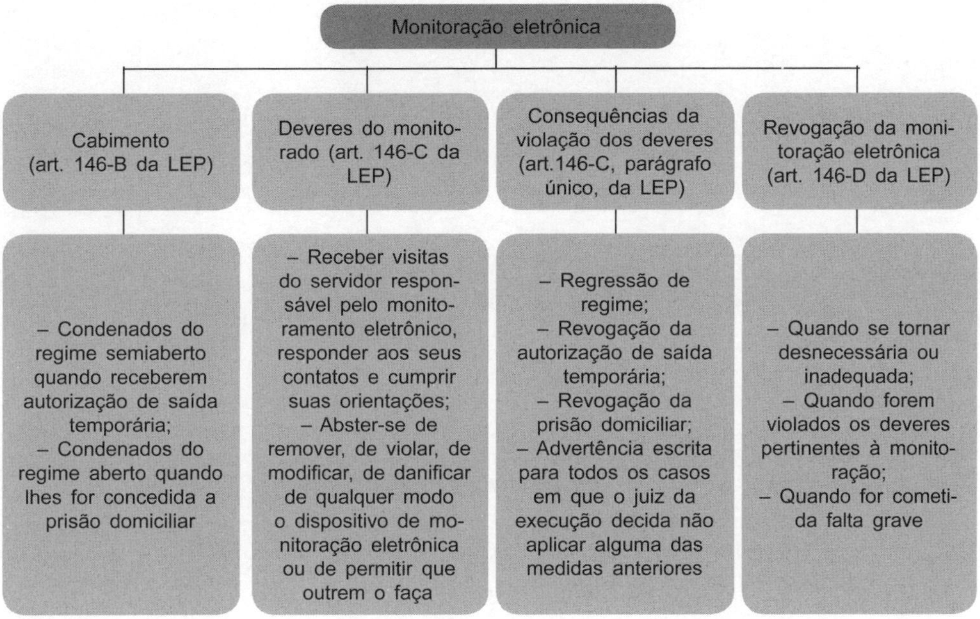
Monitoração eletrônica
Cabimento (art. 146-B da LEP)
Deveres do monitorado (art. 146-C da LEP)
Consequências da violação dos deveres (art.146-C, parágrafo único, da LEP)
Revogação da monitoração eletrônica (art. 146-D da LEP)
– Condenados do regime semiaberto quando receberem autorização de saída temporária;
– Condenados do regime aberto quando lhes for concedida a prisão domiciliar
– Receber visitas do servidor responsável pelo monitoramento eletrônico, responder aos seus contatos e cumprir suas orientações;
– Abster-se de remover, de violar, de modificar, de danificar de qualquer modo o dispositivo de monitoração eletrônica ou de permitir que outrem o faça
– Regressão de regime;
– Revogação da autorização de saída temporária;
– Revogação da prisão domiciliar;
– Advertência escrita para todos os casos em que o juiz da execução decida não aplicar alguma das medidas anteriores
– Quando se tornar desnecessária ou inadequada;
– Quando forem violados os deveres pertinentes à monitoração;
– Quando for cometida falta grave

CAPÍTULO 9

PENAS RESTRITIVAS DE DIREITOS

9.1 CONSIDERAÇÕES SOBRE AS PENAS RESTRITIVAS DE DIREITOS

9.1.1 Regras gerais

Também chamadas *penas alternativas*, as penas restritivas de direitos têm por finalidade evitar, nos casos previstos em lei, a imposição da pena privativa de liberdade a indivíduos que revelem condições pessoais favoráveis e tenham sido condenados pela prática de infrações penais de menor gravidade.

Fixadas em substituição à pena privativa da liberdade, as penas restritivas de direitos estão previstas, **taxativamente**, no art. 43 do Código Penal. Consistem em:

I - prestação pecuniária;

II - perda de bens e valores;

III - vetado (referia-se à pena de *recolhimento domiciliar*);

IV - prestação de serviços à comunidade ou a entidades públicas;

V - interdição temporária de direitos;

VI - limitação de fim de semana.

a) Prestação pecuniária: disciplinada no art. 45, §§ 1.º e 2.º, do Código Penal, consiste no pagamento em dinheiro à vítima, a seus dependentes ou a entidade pública ou privada com destinação social, de importância fixada pelo juiz, não inferior a um salário mínimo nem superior a 360 salários mínimos. O valor pago será deduzido do montante de eventual condenação em ação de reparação civil, se coincidentes os beneficiários. O § 2.º citado prevê a possibilidade, se houver aceitação do beneficiário, de a prestação pecuniária consistir em prestação de *outra natureza*, vale dizer, outro bem, distinto de dinheiro, como doação de cestas básicas e até mesmo serviços de mão de obra, *v.g.*, limpeza de muro pichado na hipótese do crime previsto no art. 65 da L. 9.605/1998. Sem embargo, deve-se mencionar a existência de forte entendimento no sentido da inconstitucionalidade dessa previsão, sob o argumento de que a pena de prestação de outra natureza "equivale a uma pena indeterminada, contrariando o princípio da reserva legal albergado no art. 1º do Código Penal, de prestígio superior, conforme decorre do disposto no art. 5º, XXXIX, da Constituição Federal"[1].

Como não foram fixados no Código Penal critérios para o estabelecimento da prestação pecuniária, recomenda-se que se considerem, como critérios concorrentes, as circunstâncias do art. 59 do Código Penal, o montante do prejuízo sofrido pela vítima e a condição econômica do condenado. Considere-se, por exemplo, a hipótese em que, ao apreciar as circunstâncias judiciais do referido art. 59 do CP, não considere o juiz desfavorável qualquer delas, estando o agente, ainda, desempregado. Nesse caso, o cotejo entre a condição econômica do condenado e a favorabilidade das circunstâncias judiciais do art. 59 do CP impõe a fixação da prestação pecuniária no mínimo legal – um salário mínimo.

Questão que tem gerado perplexidade diz respeito ao descumprimento dessa espécie de penalidade. Há posições divergentes: a primeira, no sentido de que a natureza dessa pena é idêntica à da pena de multa, não podendo o seu descumprimento, então, importar em conversão em pena privativa de liberdade, sendo facultada unicamente a execução; a segunda, considerando que a prestação pecuniária, ainda que de conteúdo eminentemente econômico, não se desprende da natureza de pena restritiva de direito, sendo possível, então, se descumprida, sua conversão em prisão. Esta última é a posição prevalente[2].

b) Perda de bens e valores: a perda de bens e valores pertencentes aos condenados, regrada no art. 45, § 3.º, do CP, dar-se-á em favor do Fundo Penitenciário Nacional (Funpen), ressalvada disposição em contrário da legislação especial. Trata-se inequivocamente de uma sanção penal, de caráter confiscatório, que alcança os bens ou valores de origem lícita do indivíduo. Logo, não podem incidir sobre os instrumentos utilizados para a prática do crime o produto do delito ou o valor auferido com a sua prática, pois estes são confiscados não a título de pena, mas sim como efeito extrapenal da condenação (art. 91, II, do CP).

Ao referir-se genericamente a "bens e valores", alcança a punição tanto bens móveis ou imóveis, coisas materiais ou imateriais com valor econômico, assim como papéis representativos de dinheiro (títulos, cheques, letras de câmbio etc.).

Os critérios para a quantificação dessa pena restritiva devem ser a culpabilidade e o dano causado. De qualquer sorte, cabe ressaltar que não existe valor mínimo, apenas máximo, que poderá ser o montante do prejuízo causado ou do provento obtido pelo agente ou por terceiro em razão da prática do crime, devendo optar-se sempre pelo valor maior.

A perda de bens ou valores tem sido muito aplicada no caso de crimes contra a ordem econômica ou tributária, já que se trata, sem dúvida, da reprimenda que mais atingirá o sonegador, perdendo o que adquiriu licitamente. Note-se que essa pena não pode ser utilizada no caso de condenação por contravenção penal, o que se deduz pelo fato de o art. 45, § 3º, do Código Penal referir-se à prática do *crime*.

---

1 Renato Marcão, op. cit., p. 276.

2 STJ, HC 133.942/MG, *DJ* 20.03.2012.

Discute-se quanto à natureza do crime objeto da condenação que permite a aplicação dessa pena. Majoritariamente, tem-se entendido que sua imposição é restrita aos crimes que tenham causado prejuízo à vítima ou proporcionado vantagem patrimonial ao condenado ou a terceiros, como delitos de furto, estelionato, receptação etc.[3].

Urge frisar a importante distinção entre a *perda de bens* como efeito da condenação transitada em julgado (art. 91, II, *b*, do CP) e a *perda de bens* como pena restritiva de direito aplicada em substituição à pena privativa da liberdade (art. 43, II, do CP). No primeiro caso, o confisco do patrimônio decorre de efeito automático da condenação, de natureza extrapenal. Destarte, morto o réu após o trânsito em julgado da condenação e antes de operar-se a perda dos bens adquiridos com o produto do ilícito, nada impede que sejam tais bens confiscados para fins de cumprimento da regra estabelecida no art. 91 do Código Penal. Já no segundo caso, a perda dos bens constitui verdadeira pena restritiva de direito. Assim, na morte do réu pós-condenação, porém antes do confisco dos bens, fica este prejudicado, em razão do *princípio da intranscendência da pena*, segundo o qual esta não pode passar da pessoa do condenado. Observe-se, a respeito, que a distinção encontra-se resguardada no próprio texto do art. 5.º, XLV, da Constituição Federal, quando reza que "nenhuma pena passará da pessoa do condenado, podendo a obrigação de reparar o dano e a decretação do perdimento de bens ser, nos termos da lei, estendidas aos sucessores e contra eles executadas, até o limite do valor do patrimônio transferido". Como se vê, a pena de perdimento de bens (art. 43, II, do CP) não pode ser executada contra os herdeiros do réu morto. Nada obsta, contudo, que o efeito de perdimento de bens (art. 91, II, *b*, do CP) seja exigido dos sucessores.

c) Prestação de serviços à comunidade ou a entidades públicas: regrada no art. 46 do Código Penal, é aplicável apenas às condenações superiores a seis meses de privação da liberdade. Consiste na prestação gratuita de serviços em entidades assistenciais, hospitais, escolas, orfanatos e outros estabelecimentos congêneres, em programas comunitários ou estatais. No dizer da melhor doutrina, a expressão *entidades públicas* deve ser interpretada em sentido amplo, abrangendo tanto as públicas em sentido estrito (Administração Pública direta ou direta), como as privadas com destinação social. As tarefas deverão ser atribuídas em conformidade com as aptidões do condenado (art. 46, § 3º, do CP), não podendo constituir atividades cruéis, humilhantes ou vexatórias, o que nada contribuiria para a finalidade ressocializadora da pena.

Compete ao juiz da condenação determinar a substituição da pena privativa pela prestação de serviços (art. 59, IV, do CP). Por outro lado, ao juiz da execução incumbirá a designação do programa ou entidade, a determinação do horário e eventuais alterações (art. 148 da LEP). Pode ocorrer que o juiz da sentença se omita no exame das condições necessárias à substituição. Nesse caso, se não forem opostos embargos declaratórios para provocar seu pronunciamento, poderá realizar tal análise o juiz da execução.

Quanto ao início do cumprimento, contar-se-á a partir do dia do primeiro comparecimento do condenado, conforme reza o art. 149, § 2.º, da LEP.

[3] Nesse sentido, Cleber Masson, op. cit., p. 692.

A prestação de serviços à comunidade deverá ser cumprida à razão de uma hora de tarefa por dia de condenação, de modo a não prejudicar a jornada normal de trabalho (art. 46, § 3.º, do CP). Embora, como regra geral (art. 55 do CP), deva ter a mesma duração da pena privativa de liberdade substituída, tratando-se de condenado a pena superior a *um ano de prisão*, ser-lhe-á facultado o cumprimento da pena substitutiva em menor tempo, desde que não seja inferior à metade do tempo da pena de prisão substituída (art. 46, § 4.º, do CP).

d) Interdição temporária de direitos: trata-se da proibição quanto ao exercício de direitos legítimos do cidadão. O art. 47 do Código Penal prevê cinco espécies de proibições:

> **I – Proibição do exercício de cargo, função ou atividade pública, bem como de mandato eletivo:** nesses casos, a pena importa em impedir o condenado de exercer temporariamente (apenas durante o tempo da interdição) cargo, função, atividade ou mandato. Decorrido esse lapso, retorna ele ao respectivo exercício. *Exemplo*: condenado o indivíduo à pena privativa de liberdade de oito meses, por crime cometido no exercício de função pública, o servidor poderá ter aquela pena substituída pela interdição do exercício dessa função durante igual prazo. Decorrido esse lapso, poderá ele retornar ao exercício normal. Assinale-se que existe forte posição no sentido de que a proibição ao exercício do mandato eletivo seria inconstitucional, já que os parlamentares apenas poderiam ficar privados desse exercício na forma prevista na Constituição Federal. Aplicada tal espécie de pena, deverá a autoridade competente, uma vez recebida a ordem judicial, editar o ato que dá início à execução. Observe-se que essa forma de pena restritiva não se confunde com a previsão do art. 92, I, do Código Penal, no sentido de *perda* do cargo, função ou mandato eletivo.
>
> **II – Proibição do exercício de profissão, atividade ou ofício que dependam de habilitação especial, de licença ou autorização do poder público:** nessa hipótese, a penalidade afeta o exercício de profissão, atividade ou ofício que seja dependente de habilitação especial, de licença ou autorização do poder público. Como exemplos, citem-se as profissões de dentista, engenheiro e professor. Observe-se que, assim como no caso anterior, uma vez expirado o prazo da interdição, poderá o condenado retornar ao exercício daquilo que lhe foi interditado.
>
> *Atenção:* De acordo com o art. 56 do Código Penal, "as penas de interdição, previstas nos incisos I e II do art. 47 deste Código, aplicam-se para todo o crime cometido no exercício de profissão, atividade, ofício, cargo ou função, sempre que houver violação dos deveres que lhes são inerentes". Interpretando esse dispositivo, a doutrina majoritária sustenta que a *proibição do exercício de cargo, função ou atividade pública, bem como de mandato eletivo* (art. 47, I, do CP) tem lugar, especialmente, nas hipóteses de violação de dever funcional. Já no que concerne à *proibição do exercício de profissão, atividade ou ofício que dependam de habilitação especial, de licença ou autorização do poder público* (art. 47, II, do CP), pode ser aplicada não apenas àqueles que violarem deveres inerentes à profissão, atividade ou ofício, como também aos autores dos chamados *crimes próprios*, assim compreendidos aqueles que exigem uma condição ou qualidade especial do sujeito ativo (p. ex., omissão de notificação de doença, art. 269 do CP; patrocínio infiel, art. 355 do CP etc.).

III - Suspensão de autorização ou de habilitação para dirigir veículo: essa modalidade de interdição veio a ser disciplinada no art. 292 do Código de Trânsito Brasileiro (L. 9.503/1997), dispondo este que *a suspensão ou a proibição de se obter a permissão ou habilitação para dirigir veículo automotor pode ser imposta isolada ou cumulativamente com outras penalidades*. Logo, tal interdição subsiste como pena substitutiva da privativa de liberdade apenas em relação aos delitos não previstos naquela legislação, por exemplo, os decorrentes de acidentes motonáuticos. Observe-se que, imposta que venha a ser essa penalidade, caberá ao juízo da execução determinar a apreensão dos documentos que autorizam o exercício do direito interditado. Outro aspecto importante a ser enfatizado respeita à inaplicabilidade da interdição para veículos de propulsão humana, tração animal ou outros para os quais não seja exigida autorização ou habilitação. A interdição ocorrerá pelo mesmo prazo da pena privativa de liberdade que substitui, sendo que, esgotado esse lapso, volta o condenado a poder dirigir veículos.

IV - Proibição de frequentar determinados lugares: trata-se de modalidade restritiva de difícil aplicação. De qualquer sorte, incumbirá ao juiz especificar os locais que ficará o condenado proibido de frequentar, devendo, contudo, guardar relação com o delito perpetrado.

V - Proibição de inscrever-se em concurso, avaliação ou exame públicos: Modalidade de interdição temporária de direitos acrescida ao Código Penal pela L. 12.550, de 15 de dezembro de 2011, com aplicação voltada, muito especialmente, aos réus condenados a pena privativa de liberdade pela prática de crime previsto no art. 311-A do Código Penal, desde que preencham os requisitos exigidos pelo art. 44 do mesmo diploma. Esse dispositivo, também inserido ao Estatuto Repressivo pela referida L. 12.550/2011, tipifica a conduta de quem utiliza ou divulga indevidamente, com o fim de beneficiar a si ou a outrem, ou de comprometer a credibilidade do certame, conteúdo sigiloso de concurso público; de avaliação ou exames públicos; de processo seletivo para ingresso no ensino superior ou de qualquer exame ou processo seletivo previstos em lei. Incrimina igualmente quem permite ou facilita, por qualquer meio, o acesso de pessoas não autorizadas a tais informações.

e) Limitação de fim de semana: modalidade de pena restritiva regulamentada no art. 48 do Código Penal que consiste "na obrigação de permanecer o condenado, aos sábados e domingos, por cinco horas diárias, em casa de albergado ou outro estabelecimento adequado". Nesse período, poderão ser ministrados a ele cursos e palestras ou atribuídas atividades educativas. Observe-se que a lei não se refere aos feriados, ficando estes excluídos, portanto, da restrição.

A execução dessa pena ocorrerá pelo prazo da pena privativa de liberdade que substitui. *Exemplo*: condenado o indivíduo a *oito meses* de pena privativa de liberdade, tendo esta sido substituída pela limitação de fim de semana, ficará o indivíduo sujeito à permanência, pelo mesmo período, aos sábados e domingos, durante cinco horas, no estabelecimento indicado.

De acordo com o disposto no art. 151 da LEP, considera-se iniciado o cumprimento a partir do primeiro sábado ou domingo do comparecimento.

A ausência de albergues tem sido obstáculo intransponível à aplicação de tal espécie de pena restritiva. Essa lacuna, porém, não autoriza que o condenado que tenha a sua pena de prisão substituída a cumpra em regime domiciliar, o que somente é possível nas hipóteses ditadas pelo art. 117 da L. 7.210/1984.

Penas restritivas de direitos

Prestação pecuniária (arts. 43, I, e 45, §§ 1º e 2º, do CP)	Perda de bens e valores (art. 43, II, e 45, § 3º, do CP)	Prestação de serviços à comunidade ou a entidades públicas (art. 46 do CP)	Interdição temporária de direitos (art. 47 do CP)	Limitação de fim de semana (art. 48 do CP)
Pagamento em dinheiro à vítima, a seus dependentes ou a entidade pública ou privada com destinação social, de importância fixada pelo juiz, não inferior a um salário mínimo, nem superior a 360 salários mínimos. O valor pago será deduzido do montante de eventual condenação em ação de reparação civil, se coincidentes os beneficiários	Dar-se-á em favor do Fundo Penitenciário Nacional. Alcança os bens ou valores de origem lícita do indivíduo. É restrita aos crimes que tenham causado prejuízo à vítima ou proporcionado vantagem patrimonial ao condenado ou a terceiros	Aplicável às condenações superiores a 6 meses de prisão. Consiste na prestação gratuita de serviços em entidades assistenciais, hospitais, escolas, orfanatos e outros estabelecimentos congêneres, em programas comunitários ou estatais	I – proibição do exercício de cargo, função ou atividade pública, bem como mandato eletivo; II – Proibição do exercício de profissão, atividade ou ofício que dependam de habilitação especial, de licença ou autorização do poder público; III – Suspensão de autorização ou de habilitação para dirigir veículo; IV – Proibição de frequentar determinados lugares; V – Proibição de inscrever-se em concurso, avaliação ou exame públicos	Obrigação de permanecer o condenado, aos sábados e domingos, por cinco horas diárias, em casa de albergado ou outro estabelecimento adequado". Nesse período, poderão ser ministrados a ele cursos e palestras ou atribuídas atividades educativas. Observe-se que a lei não se refere aos feriados, ficando estes excluídos, portanto, da restrição

9.1.2 Natureza das penas restritivas de direitos

As penas restritivas de direitos apresentam duas características essenciais: a **autonomia** e o **caráter substitutivo**, conforme estabelece o art. 44, *caput*, do Código Penal.

A *autonomia* significa que tais penas não possuem caráter assessório em relação à pena privativa da liberdade, vale dizer, independem da aplicação concomitante dessa ordem de pena. Observe-se que essa característica não se contradiz com a sua natureza substitutiva. Em realidade, quando refere o Código Penal que as penas são *autônomas*, está indicando que a pena final aplicada ao condenado poderá ser, unicamente, uma pena restritiva de direitos, independendo da aplicação conjunta de uma pena privativa de liberdade (detenção, reclusão ou prisão simples).

O *caráter substitutivo*, por sua vez, importa em considerar que, *como regra*, não serão as penas restritivas de direitos fixadas diretamente pelo juiz, dependendo de prévio estabelecimento de pena privativa da liberdade para, somente depois, substituí-la por restritiva de direito. Cabe ressaltar também que tal ordem de penas não pode, *em tese*, ser aplicada cumulativamente com a pena privativa da liberdade.

Exceções a essas disciplinas, porém, existem na legislação esparsa. É o caso do art. 292 da L. 9.503/1997 do Código Brasileiro de Trânsito, estabelecendo que, na hipótese de condenação por crime lá tipificado, *a suspensão ou a proibição de se obter a permissão ou habilitação para dirigir veículo automotor pode ser imposta isolada ou cumulativamente com outras penalidades;* e, também, do art. 28 da L. 11.343/2006, prevendo, entre outras cominações, a *prestação de serviços à comunidade* como sanção para quem for condenado por adquirir, guardar, ter em depósito, transportar ou trazer consigo, para consumo pessoal, drogas sem autorização ou em desacordo com a determinação legal ou regulamentar.

9.1.3 Duração das penas restritivas de direitos

Estabelece o art. 55 do Código Penal que as penas restritivas de direitos de *prestação de serviços à comunidade ou a entidades públicas, interdição temporária de direitos e limitação de fim de semana* têm a mesma duração da pena privativa de liberdade substituída. Trata-se de critério objetivo, não encontrando respaldo no ordenamento jurídico a fixação da quantidade de horas de forma diversa. Assim, fixada, por exemplo, na sentença condenatória, a pena de 2 anos de reclusão, a qual alcança a monta de 730 dias, a fixação da pena de serviços à comunidade aplicada em substituição deve se dar em 730 horas. Considere-se, agora, um apenamento quebrado, por exemplo, de 5 anos, 6 meses e 20 dias de reclusão. Nesse caso, o total da pena é de 2.025 dias, mostrando-se correta, então, a fixação da pena de serviços à comunidade em 2.025 horas.

Deve-se ressaltar, entretanto, que, segundo o art. 46, § 4º, do Código Penal, a pena de *prestação de serviços à comunidade ou a entidades públicas* superior a um ano pode ser cumprida em menor tempo, nunca inferior à metade da pena privativa de liberdade fixada. Nesse contexto, se o indivíduo foi condenado a 2 anos de reclusão e teve essa pena substituída por 2 anos de prestação de serviços à comunidade, pode ele antecipar 1 ano. Isso significa que durante 1 ano (metade da pena privativa de liberdade que havia sido imposta) deverá ele cumprir a pena, resgatando, porém, antecipadamente o outro ano. *Outro exemplo:* considere-se que o indivíduo foi condenado à pena de detenção de 2 anos e 8 meses, substituída esta por 7 horas de prestação de serviços junto a um hospital. Por força do permissivo do art. 46, § 4º, essa pena restritiva poderá ser cumprida em *ao menos* 1 ano e 4 meses. Nesse caso, evidentemente, será necessário o cumprimento de maior número de horas semanais. Frisa-se que essa possibilidade não pode implicar em redução da pena restritiva aplicada, que deverá ser cumprida em sua integralidade, facultando-se ao condenado, apenas, antecipar esse cumprimento. Outra consideração relevante é a de que o cumprimento antecipado da pena de prestação de serviços comunitários, conforme se infere do referido dispositivo legal, será sempre uma *faculdade do réu,* não podendo resultar de imposição do Juízo.

E quanto às penas restritivas de direitos de *prestação pecuniária* e *perda de bens ou valores?* Nesses casos, obviamente, não estabelece a lei um "prazo de duração", já que tais penas possuem natureza patrimonial, não sendo vinculadas ao cumprimento em prazo certo e determinado.

9.1.4 Condições para a substituição

A legislação estabelece requisitos objetivos e subjetivos para a substituição das penas privativas de liberdade pelas restritivas de direitos. Estes requisitos são **cumula-**

tivos, condicionando-se o deferimento da substituição, portanto, a que todos estejam configurados.

Na esteira do entendimento atual, presentes tais condições, a substituição será obrigatória, por constituir-se **direito subjetivo do réu**, e não propriamente uma faculdade do juiz. Em suma, a discricionariedade do magistrado está apenas em verificar se estão presentes os requisitos legais que autorizam a substituição[4]. Verificando que se encontram presentes, estará obrigado a procedê-la. Precitados requisitos consistem em:

Condições objetivas:

• **Primeira condição objetiva (art. 44, I, do CP): Natureza do crime objeto da condenação.** Tratando-se de *crime doloso*, é necessário que não tenha sido cometido com violência ou grave ameaça à pessoa. Se o for, incide a vedação legal, sendo irrelevante o grau de participação do agente no crime. É que tal circunstância – participação de menor importância – acarreta, quando muito, a redução da pena (art. 29, § 1º, do CP), não refletindo na classificação do crime imputado.

E quanto à violência imprópria? Trata-se da situação em que o agente não utiliza força física contra a vítima, mas a reduz por qualquer meio à impossibilidade de resistência. Embora alguns autores divirjam, a verdade é que a violência imprópria nada mais é do que a chamada *violência presumida ou ficta.* Pois bem. Nesse caso, embora haja controvérsias, prevalece o entendimento de que descabe, igualmente, a substituição da pena privativa de liberdade por restritiva de direitos[5-6].

E quanto aos crimes culposos? Não há restrição à substituição da pena privativa de liberdade na hipótese de condenação por essa natureza de delitos, ainda que sua prática importe em violência à pessoa, como é o caso do homicídio culposo tipificado no art. 121, § 3º, do Código Penal.

E quanto às infrações de menor potencial ofensivo praticadas com emprego de violência ou grave ameaça à pessoa? É o caso, por exemplo, do crime de lesões corporais leves (art. 129, *caput*, do CP) e do crime de ameaça (art. 147 do CP). A respeito da possibilidade de substituição da pena privativa de liberdade por restritiva de direitos nessa ordem de infrações, há duas correntes: *uma,* no sentido da impossibilidade dessa substituição diante da proibição legal; *outra,* compreendendo possível a substituição. Consideram os adeptos desta última orientação que, se é possível a transação penal nas infrações de menor potencial ofensivo, não é razoável, na hipótese de condenação, proibir a substituição da prisão por pena restritiva de direitos. Afinal, tanto esta medida quanto aquela (transação) têm por objetivo evitar o encarceramento do indivíduo a quem se imputa a prática de infrações de menor gravidade[7]. Os Tribunais Superiores aderem à primeira orientação, compreendendo descabida a substituição da pena privativa de liberdade por restritiva de direito, ainda que se trate de infração considerada como de menor potencial ofensivo. De acordo com o STJ, citando precedentes do STF, não se pode diminuir a abrangência do art. 44, I, do Código Penal, que é claro ao proibir a substituição quando o crime for cometido com violência ou grave ameaça à pessoa. Logo, se a violência chegou a

---

4 STJ, Recurso Ordinário em *Habeas Corpus* 30.680/SP, *DJ* 19.09.2011.

5 STF, *Habeas Corpus* 99.828/SP, *DJ* 31.05.2011.

6 STJ, Agravo Regimental no Recurso Especial 1.102.026/MG, *DJ* 27.02.2012.

7 TJRS, Apelação 70050710102, j. 08.11.2012.

caracterizar crime de lesão corporal, ainda que leve, descabe a substituição da pena[8], o mesmo ocorrendo em relação a delitos que envolvam grave ameaça, a exemplo da conduta tipificada no referido art. 147 do CP[9].

E quanto aos delitos hediondos? Compreendemos incabível a substituição quando se tratar de condenação por crime hediondo, justificando-se essa linha de raciocínio nas seguintes premissas: 1) Toda a exegese da L. 8.072/1990 dá-se no sentido de dificultar a liberdade aos autores de crimes hediondos (*v.g.*, aumentando o prazo para concessão de livramento condicional, considerando inafiançáveis tais delitos etc.), o que a faz inconciliável com a possibilidade de substituição; 2) Pela gravidade dos delitos hediondos, a pena resultante da substituição seria *insuficiente*, afastando-se, destarte, o requisito do art. 44, III, do CP; e 3) A L. 9.714/1998, que modificou o Código Penal, introduzindo a atual disciplina das penas restritivas, possui caráter geral, não tendo o condão de alterar ou revogar lei de ordem especial, no caso, a Lei de Crimes Hediondos. Sem embargo desse entendimento, deve-se ressaltar que, relativamente ao crime de tráfico de drogas (art. 33, *caput* e § 1º, da L. 11.343/2006), o Supremo Tribunal Federal, nos autos do *Habeas Corpus* 97.256/RS[10], deliberou no sentido da inconstitucionalidade da proibição à substituição da pena privativa de liberdade por restritiva de direitos estabelecida no art. 33, § 4º, da L. 11.343/2006. Superveniente a essa decisão, o Senado Federal, por meio da Resolução 5/2012, suspendeu a execução da expressão "vedada a conversão em penas restritivas de direitos" do art. 33, § 4º, da L. 11.343/2006. Dessa forma, em relação a esse crime, conquanto equiparado aos crimes hediondos, restou permitido o deferimento do benefício, desde que presentes os requisitos do art. 44 do Código Penal. Lembre-se, por oportuno, que muito embora o crime de tráfico tenha cominada pena *in abstrato* de cinco a quinze anos (art. 33, *caput* e § 1º, da L. 11.343/2006) e, portanto, acima do patamar quantitativo que permite a substituição, o art. 33, § 4º, da mesma lei estabelece que, sendo o agente primário e de bons antecedentes, não se dedicando a atividades criminosas nem integrando organizações criminosas,[11] as penas a ele fixadas poderão ser reduzidas de um sexto a dois terços. Operando-se essa redução, é conclusivo que a pena final imposta ao condenado por tráfico de drogas pode ficar inferior ao máximo de quatro anos previsto no art. 44, I, do Código Penal, possibilitando, então, a substituição por restritiva de direitos.

E quanto aos crimes praticados com violência doméstica ou familiar contra a mulher? Dispõe o art. 17 da L. 11.340/2006 que "é vedada a aplicação, nos casos de violência doméstica e familiar contra a mulher, de penas de cesta básica ou outras de prestação pecuniária, bem como a substituição de pena que implique o pagamento isolado de multa". Como se vê, não proibiu a lei a substituição da pena privativa de liberdade por todas as penas restritivas de direitos previstas em lei, mas apenas a aplicação ou substituição por penas de natureza pecuniária, vale dizer, financeira ou econômica.[12] Tal regra,

---

[8] STJ, *Habeas Corpus* 290.650/MS, *DJ* 22.05.2014.

[9] STJ, AgRg no REsp 1.463.031/MS, *DJ* 09.10.2014.

[10] STF, *Habeas Corpus* 97.256/RS, *DJ* 16.12.2010.

[11] De acordo com o art. 1°, § 1°, da L. 12.850/2013, considera-se organização criminosa "a associação de 4 (quatro) ou mais pessoas estruturalmente ordenada e caracterizada pela divisão de tarefas, ainda que informalmente, com objetivo de obter, direta ou indiretamente, vantagem de qualquer natureza, mediante a prática de infrações penais cujas penas máximas sejam superiores a 4 (quatro) anos, ou que sejam de caráter transnacional".

[12] TJRS, Apelação 70046919387, j. 26.07.2012.

por óbvio, refere-se apenas às infrações praticadas no âmbito da Lei Maria da Penha **sem a utilização de violência ou grave ameaça à pessoa** (violação de domicílio, por exemplo). Tratando-se, contudo, da prática de crime (lesão corporal, ameaça etc.) ou contravenção (vias de fato, por exemplo) cometidos com violência ou grave ameaça à pessoa no ambiente doméstico, fica vedada a substituição da pena privativa de liberdade por qualquer restritiva de direito e em qualquer situação, tendo em vista, exatamente, o que dispõe o art. 44, I, do Código Penal. Tal proibição, inclusive, é sumulada no STJ em seu **Verbete 588**, dispondo este que "a prática de crime ou contravenção penal contra a mulher com violência ou grave ameaça no ambiente doméstico impossibilita a substituição da pena privativa de liberdade por restritiva de direitos".

E quanto aos crimes militares? Já decidiu o Supremo Tribunal Federal que "não se aplica aos crimes militares a substituição da pena privativa de liberdade por restritiva de direitos, prevista no art. 44 do Código Penal, pois o art. 59 do Código Penal Militar disciplinou de modo diverso as hipóteses de substituição cabíveis sob sua égide"[13].

• **Segunda condição objetiva (art. 44, I, do CP): Quantidade de pena imposta.** No caso de condenação por *crime doloso*, a substituição é autorizada somente quando a pena imposta não for superior a quatro anos de prisão. Perceba-se que é irrelevante a pena *in abstrato* fixada no tipo penal. O que releva é a pena concretizada na decisão condenatória. Por outro lado, sendo o caso de condenação por *crime culposo*, não importa o *quantum* de pena privativa de liberdade fixada, admitindo-se a substituição em qualquer caso.

E quando se tratar de crime doloso cometido em concurso? Prevalece o entendimento de que a substituição apenas será possível quando o total das reprimendas somadas (no caso de concurso material e de concurso formal impróprio) ou exasperadas (no caso de concurso formal próprio e de crime continuado) não ultrapasse o limite de quatro anos estabelecido pelo art. 44, I, do Código Penal[14-15].

> *Atenção*: No caso do concurso material, pode ocorrer que, respeitado o limite máximo de quatro anos, tenha sido aplicada ao agente, por um dos crimes, pena privativa de liberdade (por não ser cabível a substituição por restritiva de direitos), não suspensa condicionalmente (art.77 do CP). Nesse caso, para alguns, as demais sanções penais impostas em concurso material não poderão ser substituídas por pena restritiva de direitos diante do que dispõe o art. 69, § 1º, do CP. Para outros, contudo, o referido art. 69, § 1º, do CP foi tacitamente revogado pelo art. 44, § 5º, do mesmo diploma, com a redação determinada pela L. 9.714/1998, razão pela qual é possível que o juiz aplique para um dos crimes pena privativa de liberdade e, quanto aos remanescentes, realize a substituição por pena restritiva de direitos, desde que esta seja compatível com o cumprimento da pena privativa de liberdade. Essa última posição tem sido prevalente.

13 STF, ARE 779.938 AgR/MG, *DJ* 22.08.2014. No mesmo sentido: STF, *Habeas Corpus* 94.083/DF, *DJ* 12.03.2010.

14 STJ, *Habeas Corpus* 241.533/RJ, *DJ* 18.12.2012; *Habeas Corpus* 240.783/SP, *DJ* 14.12.2012; *Habeas Corpus* 234.569/DF, *DJ* 21.09.2012; Agravo Regimental no Recurso Especial 1.169.676/RS, *DJ* 10.05.2012; *Habeas Corpus* 92.771/SP, *DJ* 19.12.2008.

15 STJ, *Habeas Corpus* 28.345/PB, *DJ* 29.11.2004.

Condições subjetivas:

• **Primeira condição subjetiva (art. 44, II, do CP): Não ser o condenado reincidente em crime doloso.** Pela exegese do art. 64, I, do CP, considera-se reincidente quem pratica novo crime dentro do período de cinco anos, contados da data do cumprimento ou da extinção da pena aplicada em decorrência de crime anterior. Para fins de substituição da pena privativa de liberdade por restritiva de direitos, limita-se o art. 44 do CP a proibir que seja o condenado *reincidente em crime doloso*. Destarte, nada obsta à substituição o fato de ser *reincidente em crime culposo*, bem como a circunstância de ter sido o crime doloso pelo qual agora respondeu praticado dentro dos cinco anos após a extinção da pena por crime anterior culposo.

Observe-se, porém, que mesmo a *reincidência* em crime doloso não constitui obstáculo absoluto à aplicação das penas restritivas. Isso porque o art. 44, § 3.º, do CP dispõe que, "se o condenado for reincidente, o juiz poderá aplicar a substituição, desde que, em face da condenação anterior, a medida seja socialmente recomendável e a reincidência não se tenha operado em virtude da prática do mesmo crime". Por "mesmo crime", na linguagem do aludido dispositivo, entende-se aquele que apresenta as mesmas elementares, independente de se tratar de tipo simples, qualificado ou privilegiado, tentado ou consumado. Com tal regramento, ressuscitou o legislador o conceito de *reincidência específica*, entendida como aquela decorrente da repetição do mesmo delito, opondo-se ao conceito de reincidência genérica, esta compreendendo a prática de qualquer crime no período mencionado no art. 64, I, do CP. A partir daí depreende-se, então, possível a substituição da pena privativa da liberdade no caso de *reincidência genérica*, quando for a medida socialmente recomendável diante da análise do caso concreto, das circunstâncias do crime e das condições pessoais do condenado. Nesse sentido, Luiz Flávio Gomes[16] e Damásio E. de Jesus[17]. Ressalta-se, porém, que há posição defendendo que nem o reincidente genérico nem o específico possuem o direito à substituição da pena privativa de liberdade por restritiva de direitos, sendo aplicável, então, o § 3.º, do art. 44 do Código Penal unicamente ao não reincidente em crime doloso, pois, do contrário, tornaria letra morta a proibição anterior. Seria o caso, por exemplo, do indivíduo já condenado por crime culposo que vem a sofrer nova condenação por crime doloso ainda no período depurador.

• **Segunda condição subjetiva (art. 44, III, do CP). Suficiência da substituição.** É necessário que a suficiência da substituição seja indicada pela culpabilidade, antecedentes, conduta social e personalidade do acusado, bem como pelos motivos e pelas circunstâncias do crime. Trata-se, na realidade, das mesmas circunstâncias judiciais indicadas pelo art. 59 do CP, à exceção das consequências do crime e do comportamento da vítima, circunstâncias essas que não devem ser consideradas para avaliação da suficiência para a substituição. Por essa razão, se na fixação da pena-base reconhecer o juiz que as circunstâncias judiciais do art. 59 do CP são desfavoráveis ao réu, não poderá, depois, conceder-lhe a substituição da pena privativa de liberdade por restritiva de direitos, sob pena de incorrer em grave contradição.

---

16 *Penas e medidas alternativas à prisão*, 2. ed. São Paulo: RT, 2000, p. 114.

17 *Direito penal*, 25. ed. São Paulo: Saraiva, 2000, v. I, p. 534.

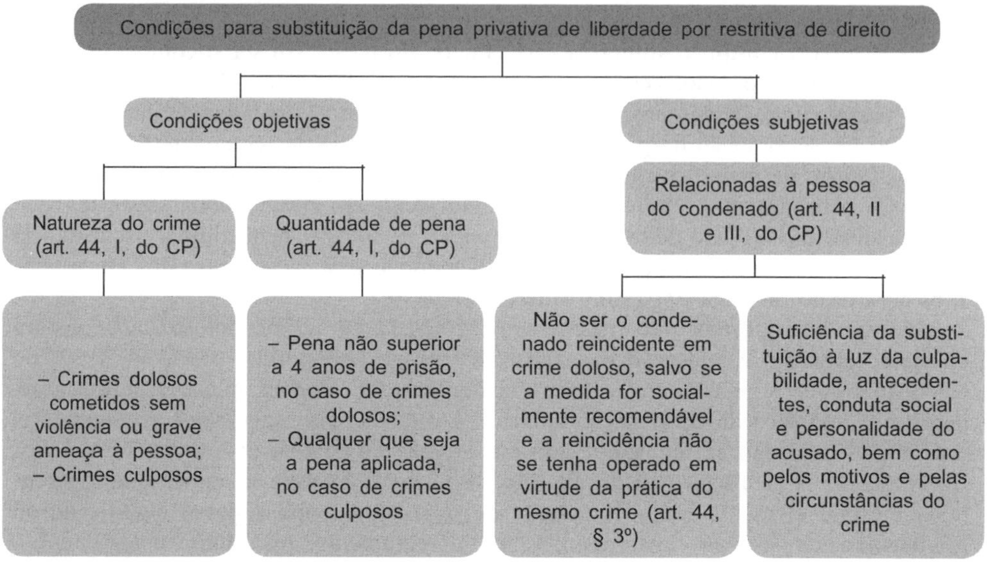

9.1.5 Momento da substituição

É na sentença condenatória ou no acórdão que reformar a sentença absolutória que o juiz ou o tribunal, depois de fixar a pena privativa de liberdade em obediência ao método trifásico de apenamento e estabelecer o regime inicial de cumprimento, decidem sobre o cabimento de pena restritiva de direitos. Se isso não ocorrer, possibilita o art. 180 da L. 7.210/1984 a substituição da pena privativa de liberdade **não superior a dois anos** durante a execução penal, desde que:

> I – o condenado a esteja cumprindo em regime aberto;
>
> II – tenha sido cumprido pelo menos 1/4 (um quarto) da pena;
>
> III – os antecedentes e a personalidade do condenado indiquem ser a conversão recomendável.

9.1.6 Critérios de substituição

A substituição da pena privativa de liberdade por restritiva de direitos obedece a critérios predeterminados em lei. Com efeito, dependendo da quantidade da pena de prisão fixada pelo juiz, dar-se-á a substituição apenas por uma pena restritiva de direitos, por duas penas restritivas de direitos e/ou por pena de multa cumulada ou não com pena restritiva de direitos. Assim:

- **Condenação não superior a 6 (seis) meses:** A pena privativa de liberdade poderá ser substituída por *multa*, observados os critérios dos incisos II e III do art. 44 do Código Penal (art. 60, § 2º, do CP);
- **Condenação igual ou inferior a 1 (um) ano:** A pena privativa de liberdade poderá ser substituída por *multa* ou por *uma restritiva de direitos*, sendo irrelevante se se trata de crime doloso ou culposo, punido com reclusão ou detenção (art. 44, § 2º, 1ª parte, do CP);

- **Condenação superior a 1 (um) ano:** A pena privativa de liberdade poderá ser substituída por *uma pena restritiva de direitos e multa* ou por *duas penas restritivas de direitos* (art. 44, § 2º, 2ª parte, do CP). Neste último caso, sendo aplicadas duas penas restritivas de direitos, o sentenciado cumprirá simultaneamente as que forem compatíveis entre si, e sucessivamente as demais (art. 69, § 2º, do CP).

Pena de prisão de	Possibilidade de substituição por	Dispositivo legal
Até 6 meses	Pena de multa	Art. 60, § 2º, do CP
Até 1 ano	Pena de multa ou Uma pena restritiva de direitos	Art. 44, § 2º, do CP
Superior a 1 ano e inferior a 4 anos	Uma pena restritiva de direitos + pena de multa ou Duas penas restritivas de direitos	Art. 44, § 2º, do CP

Deve-se atentar que, desde que observado esse regramento, a escolha das penas substitutivas insere-se no poder discricionário do julgador, que, analisando as condições do réu e as peculiaridades do caso, aplicará as restritivas que entender mais adequadas ao caso. Logo, se for aplicada, por exemplo, a pena alternativa de *prestação de serviços à comunidade,* descabe ao juízo da execução, sob pena de ofensa à coisa julgada, atender pedido do apenado no sentido da substituição dessa restritiva por outra ao argumento de que lhe é mais favorável ou que se apresenta suficiente para prevenção e retribuição do crime cometido[18]. **Mas, atenção:** a vedação a que estamos referindo respeita a substituição, em sede de execução, da restritiva aplicada por outra. Isto não se confunde com a faculdade conferida ao juiz no art. 148 da LEP no sentido de alterar as formas de cumprimento das penas de prestação de serviços comunitários e de limitação de final de semana a fim de adequá-las às condições pessoais do apenado. Essa alteração é possível (inclusive por força do art. 66, V, da LEP), desde que o faça o juízo da execução motivadamente, amparando-se, por exemplo, nas condições de saúde do reeducando ou em algum outro motivo de grande relevância.[19]

Relativamente à **substituição da pena privativa de liberdade** por **multa** cabe fazer duas observações, que relevam, notadamente, a quem se prepara para *concursos públicos* na área jurídica:

> **Primeira:** a multa substitutiva, vale dizer, aquela que substitui a pena privativa de liberdade, recebe a denominação doutrinária de **multa vicariante**.
>
> **Segunda:** de acordo com a **Súmula 171 do STJ**, *cominadas, cumulativamente, em Lei Especial, penas privativa de liberdade e pecuniária, é defeso a substituição da prisão por multa.* Na

---

18 "[...] A dificuldade de cumprimento da pena aplicada, em face da profissão do apenado, não justifica a substituição da espécie de pena restritiva pelo juízo da execução, sobretudo por inexistir previsão legal para tanto" (TJRS, Agravo 70056172687, j. 30.04.2014).

19 STJ, EDcl no AgRg no REsp 1630819/SC, *DJ* 19.02.2018

visão da Corte, nesses casos, a substituição da reprimenda corporal pela de multa implica alteração da própria cominação legal. À luz desse entendimento, se o agente for condenado à pena de 2 anos de detenção pelo crime de posse de arma de fogo de uso permitido (art. 12 da L. 10.826/2006, punido com detenção de 1 a 3 anos e multa), poderá ter essa pena substituída por duas restritivas de direito, mas não por uma restritiva e multa vicariante. *E quanto às demais infrações penais não previstas em legislação especial?* A despeito de expressivas vozes em sentido posto, pensamos que não incide, nesse caso, a vedação da precitada Súmula 171, sendo possível, então, o somatório da multa cumulativa com a multa substitutiva[20], mesmo porque os fatos geradores de ambas são distintos[21].

9.1.7 Reconversão obrigatória da pena restritiva de direitos em privativa de liberdade

Prevê o art. 44, § 4º, do Código Penal que "a pena restritiva de direitos converte-se em privativa de liberdade quando ocorrer o descumprimento injustificado da restrição imposta".

A regra, como se vê, é bem clara: uma vez convertida a pena privativa de liberdade em restritiva de direitos, não sendo esta cumprida, opera-se sua *reconversão* em pena privativa de liberdade. É o caso, por exemplo, de o condenado a prestação de serviços à comunidade deixar de prestá-los; de o indivíduo submetido a limitação de fim de semana não se recolher à casa de albergado; de o condenado a prestação pecuniária não efetuar o respectivo pagamento; e assim por diante.

Sem embargo dessa disciplina, deve-se atentar que o mesmo art. 44, § 4º, do Estatuto Repressivo, em sua segunda parte, dispõe que, ocorrendo essa reconversão, será deduzido, no cálculo da pena privativa de liberdade a executar, "o tempo cumprido da pena restritiva de direitos, respeitado o saldo mínimo de trinta dias de detenção ou reclusão". Isso quer dizer que se o condenado deixar de cumprir restrição imposta quando faltarem mais de 30 dias para o término da pena, o tempo faltante será reconvertido em pena privativa de liberdade. Agora, se restarem menos de 30 dias, deverá cumprir, de qualquer forma, o mínimo de 30 dias de privação da liberdade. Exemplificando:

- Indivíduo condenado a 8 meses de detenção tem essa pena substituída pela restritiva de prestação de serviços à comunidade. Se, após 5 meses de efetivo cumprimento dessa pena, deixar de se submeter ao serviço designado, operar-se-á a reconversão da pena restritiva de direitos, devendo ele cumprir 3 meses de pena privativa de liberdade.
- Se, no caso anterior, o condenado cessou o cumprimento da pena restritiva de direitos após 7 meses e 15 dias, uma vez operada a reconversão não bastará cum-

[20] "[...] Cabe aqui pontuar que a Súmula n.º 171 do C. STJ, como se observa pela leitura dos precedentes que lhe deram origem, ao se referir à Lei Especial, por óbvio, não diz respeito ao Decreto-Lei n.º 6259/1944, que trata exclusivamente de crimes de menor potencial ofensivo, mas à Lei Antidrogas (na época a Lei n.º 6368/1976, atualmente Lei n.º 11.343/2006) e outras leis especiais que versam sobre crimes graves e mais ofensivos para a sociedade" (Segunda Turma Recursal Criminal do Rio de Janeiro, Processo 2014.700.534086-3, j. 27.06.2014).

[21] No julgamento da Apelação Criminal 0002145-91.2000.4.03.6181/SP (2011), a Juíza Federal Convocada Raquel Perrini observou, em relação ao processo criminal relativo ao crime do art. 168-A do Código Penal, que "havendo a substituição da privativa de liberdade por uma pena restritiva de direitos e multa, de rigor a imposição de duas penas de multa: a primeira em virtude da substituição preconizada no mencionado artigo 44, § 2º, e a segunda, aquela inicialmente prevista no preceito secundário do tipo penal."

prir apenas os 15 dias faltantes a título de pena privativa de liberdade, sendo exigido, de qualquer modo, o cumprimento do lapso de 30 dias.

Considerando que o art. 44, § 4º, do Código Penal refere-se apenas à necessidade de ser respeitado "o saldo mínimo de trinta dias de detenção ou reclusão", nada mencionando em relação à *prisão simples*, há corrente doutrinária sustentando que, em se tratando de contravenções penais, sob nenhuma hipótese pode ocorrer a reconversão da pena restritiva em privativa de liberdade. Nesse sentido, Cezar Roberto Bittencourt e Damásio E. de Jesus.

Outra questão: pode ocorrer que a pena restritiva de direitos descumprida seja a *prestação pecuniária* ou a *perda de bens e valores*. Nesses casos, considerando tratar-se de penas que não permitem o abatimento de tempo de cumprimento determinado, tem-se entendido que se deve descontar da pena privativa de liberdade o percentual de pagamento já realizado pelo condenado. *Exemplo:* Imagine-se que o réu tenha sido condenado a pena privativa de liberdade de 10 meses, sendo esta substituída por prestação pecuniária no valor de R$ 2.000,00. Se o condenado tiver pago apenas 50% desse valor (R$ 1.000,00), operada a reconversão, deverá ele cumprir equivalente a 5 meses de pena privativa de liberdade, isto é, 50% da pena inicialmente fixada.

9.1.8 Reconversão facultativa da pena restritiva de direitos em privativa de liberdade

O art. 44, § 5º, do Código Penal dispõe que, "sobrevindo condenação a pena privativa de liberdade, por outro crime, o juiz da execução decidirá sobre a conversão, podendo deixar de aplica-la se for possível ao condenado cumprir a pena substitutiva anterior".

Conforme se observa, cuida o dispositivo da hipótese de o condenado estar cumprindo pena restritiva de direitos quando sobrevém nova condenação a pena privativa de liberdade. Nesse caso, é preciso diferenciar duas situações:

> *Primeira:* Não é possível ao réu prosseguir o cumprimento da pena restritiva de direitos diante da condenação anterior, por ser esta incompatível com o recolhimento à prisão determinado pela condenação posterior. É o caso, por exemplo, de se encontrar o indivíduo submetido a pena alternativa de prestação de serviços à comunidade quando sobrevém nova condenação a pena de prisão em regime fechado. Nesse caso, não sendo possível a continuidade do cumprimento da pena restritiva, impõe-se ao juiz reconvertê-la em pena privativa de liberdade.
>
> *Segunda:* É possível o cumprimento conjunto da pena restritiva anterior e da pena privativa de liberdade resultante da condenação posterior. É o que acontece, por exemplo, quando o indivíduo condenado a pena restritiva de prestação pecuniária sofre nova condenação a pena privativa de liberdade. Nesse caso, o fato da condenação superveniente a pena de prisão não inviabiliza o cumprimento da pena alternativa, podendo o juiz, então, deixar de realizar a sua reconversão.

E se ocorrer hipótese contrária, vale dizer, encontrar-se o indivíduo cumprindo pena privativa de liberdade e, no curso desta, sobrevir condenação a pena restritiva de direitos? Qual deverá ser o procedimento judicial em relação a esta última? As soluções são as mesmas acima apontadas. Havendo a possibilidade de as duas sanções punitivas serem cumpridas simultaneamente, não haverá óbice à manutenção da pena restritiva de direitos. Agora, se não for isto viável, vale dizer, se a execução da pena carcerária revelar-se incompatível com o cumprimento da restritiva de direitos, não poderá esta ser mantida, impondo-se a sua reconversão. Exemplo:

Considere-se que determinado indivíduo esteja cumprindo pena de 5 anos e 4 meses de reclusão, em regime semiaberto (Processo n.º 00001/01) e que, posteriormente seja inserida à execução uma nova condenação (Processo n.º 00002/02), na qual a pena privativa de liberdade tenha sido substituída pela restritiva de direito de prestação de serviços à comunidade. Nesta situação, caberá ao juiz reconverter a pena restritiva fixada no Processo n.º 00002/02 em pena de prisão, para cumprimento cumulativo com a pena decorrente da sentença anterior. Trata-se, enfim, de regra lógica: ficando o executado privado da liberdade em face da condenação anterior em regime semiaberto, não poderá, por óbvio, cumprir a prestação de serviços à comunidade. Logo, a reconversão é necessária, mesmo em face do que dispõe o art. 181, § 1º, *e*, da LEP. *E não poderia o juiz suspender a execução da pena alternativa para cumprimento posterior à execução da pena privativa de liberdade?* Parece-nos que não, dada à inexistência de previsão legal quanto à possibilidade de suspensão da pena restritiva.

9.2 EXECUÇÃO DAS PENAS RESTRITIVAS DE DIREITOS

9.2.1 Considerações gerais

O início da execução das penas restritivas de direitos ocorre a partir do trânsito em julgado da decisão que as aplicou. É o que determina o art. 147 da LEP ao dispor que, "transitada em julgado a sentença que aplicou a pena restritiva de direitos, o juiz da execução, de ofício ou a requerimento do Ministério Público, promoverá a execução, podendo para tanto requisitar, quando necessário, a colaboração de entidades públicas ou privadas". Não se olvida que o Supremo Tribunal Federal, ao deliberar no *Habeas Corpus* 126.292/SP (j. 17.02.2016) e ao julgar, em sede de repercussão geral, o Recurso Extraordinário n. 964.246/SP (j. 11.11.2016), viabilizou a execução provisória da pena privativa de liberdade após **condenação em Segundo Grau** (pelo Tribunal de Justiça no julgamento de apelação da sentença, por exemplo). De qualquer modo, embora haja precedentes do Excelso Pretório admitindo a execução provisória das penas alternativas,[22] a verdade é que, até o encerramento da 6ª edição deste livro, ainda não havia deliberação do Plenário daquela Corte a respeito. Diante disto, manteve o STJ sua orientação anterior, qual seja, no sentido da impossibilidade de execução provisória de penas restritivas de direitos enquanto não transitar em julgado a condenação.[23]

Embora silente a Lei de Execução Penal a respeito, é certo que a execução das penas restritivas de direitos condiciona-se à expedição prévia de um documento que permita ao juiz promovê-la. Trata-se da guia de execução da pena restritiva de direitos, que deve conter as mesmas formalidades da guia de recolhimento prevista no art. 106 da LEP para execução da pena privativa de liberdade, especialmente nome e qualificação do condenado, inteiro teor da denúncia e da sentença condenatória, certidão do trânsito em julgado e informação sobre os antecedentes.

---

22 STF, HC 141978 AgR/SP, *DJ* 01.08.2017; HC 143.041/PE, *DJ* 16.11.2018.

23 Agravo Regimental no Agravo em Recurso Especial 971.132/SP, *DJ* 05.04.2017; HC 431242, *DJ* 02.02.2018; HC 506.623/SC, *DJ* 20.05.2019.

Conforme assentado no art. 147 da LEP, a execução das penas alternativas pode ser promovida pelo juiz *ex officio* ou a requerimento do Ministério Público. Para o bem de efetivá-la, poderá o magistrado requisitar a colaboração de entidades públicas ou solicitá-la a particulares. Considerando que *requisição* dirigida a entidades públicas tem o sentido de ordem, não poderá ser recusada, ao contrário do que ocorre com a *solicitação* de colaboração ao particular, que poderá ser aceita ou não.

Tratando-se das penas de *prestação de serviços à comunidade* e de *limitação de fim de semana*, faculta o art. 148 da LEP ao juiz da execução, em qualquer momento, alterar motivadamente a forma de cumprimento dessas penas, ajustando-as às condições pessoais do condenado e às características do estabelecimento, da entidade ou do programa comunitário ou estatal. Essa faculdade, que decorre da necessidade de individualização da pena, poderá ser exercida pelo magistrado de ofício ou mediante provocação do Ministério Público (art. 67 da LEP), do Conselho Penitenciário (art. 69 da LEP) e do patronato (art. 79, II, da LEP), que possuem a incumbência legal de fiscalizar a execução das penas restritivas de direitos. Deve-se frisar, contudo, que a previsão incorporada ao art. 148 da LEP tem o objetivo de possibilitar ajustes na execução das penas de prestação de serviços e limitação de fim de semana, não implicando a substituição dessas penas por outra modalidade de restrição de direitos.

9.2.2 Prestação de serviços à comunidade ou a entidades públicas (arts. 149 e 150 da LEP)

A prestação de serviços à comunidade ou a entidades públicas consiste na atribuição de tarefas gratuitas ao condenado em entidades assistenciais, hospitais, escolas, orfanatos e outros estabelecimentos congêneres, assim como em programas comunitários ou estatais (art. 46, §§ 1º e 2º, do CP).

Transitada em julgado a sentença que fixou a pena restritiva, deverá o juízo da condenação providenciar a expedição da guia de execução e encaminhá-la ao Juízo da execução. Este, por sua vez, designará a entidade ou programa comunitário ou estatal, devidamente credenciado ou convencionado, junto ao qual o condenado deverá trabalhar gratuitamente. Para tal designação, devem ser levadas em conta as aptidões do indivíduo, não podendo ser impostas a ele medidas cruéis ou humilhantes. Esse cuidado releva não apenas para que seja alcançada a finalidade ressocializadora da pena como também para o melhor aproveitamento social do trabalho prestado (art. 149, I, da LEP).

Após designada a entidade ou o programa, determinará o juiz a intimação do condenado, cientificando-o do local, dias e horário em que deverá cumprir a pena (art. 149, II, da LEP). A execução da pena restritiva considera-se iniciada a partir da data do primeiro comparecimento (art. 149, § 2º, da LEP), o que deverá ser informado nos autos pela entidade beneficiada com a prestação. Não sendo encontrado o condenado, por estar em lugar incerto e não sabido, e desatendendo ele à intimação por edital, converte-se a pena restritiva em privativa de liberdade. Idêntica consequência tem lugar quando o sentenciado não comparecer injustificadamente à entidade ou programa em que deva prestar serviço; recusar-se injustificadamente a prestar o serviço que lhe foi imposto; praticar falta grave e sofrer condenação por outro crime à pena privativa de liberdade, cuja execução não tenha sido suspensa (art. 181, § 1º, da LEP).

O trabalho terá a duração de 8 (oito) horas semanais, tempo esse que poderá ser desdobrado entre sábados, domingos e feriados, ou até mesmo em dias úteis, de modo a não prejudicar a jornada normal de trabalho (art. 149, § 1º, da LEP). Os horários da prestação do serviço serão fixados pelo juiz da execução a partir das necessidades da entidade ou do programa e da disponibilidade do condenado. Não prevê a lei tempo mínimo ou máximo de trabalho por dia, exigindo-se apenas o cumprimento do número de horas semanais determinados em lei.

Para definição do tempo total de cumprimento da pena restritiva, considera-se a proporção de 1 (uma) hora de tarefa por dia de condenação (art. 46, § 3º, do CP). Nesse viés, infere-se que, para se encontrar o número efetivo de horas que devem ser prestadas pelo condenado, impõe-se a conversão da pena privativa de liberdade substituída em dias. E mais: a despeito de a Lei de Execução Penal limitar em 8 (oito) horas o tempo semanal da prestação (art. 149, § 1º) e de o Código Penal estabelecer que a prestação de serviços terá a mesma duração da pena privativa de liberdade substituída (art. 55), deve-se atentar que o art. 46, § 4º, do Estatuto Repressivo possibilita ao condenado, no caso de a pena privativa de liberdade substituída ser superior a 1 (um) ano, laborar número maior de horas, visando, assim, antecipar a finalização da pena restritiva de direitos. Nesse caso, porém, o tempo de cumprimento da pena restritiva não poderá ser inferior a metade da pena privativa de liberdade que havia sido fixada. *Exemplo: Imagine-se que o indivíduo tenha sido condenado a 2 anos de reclusão, pena esta substituída por 2 anos de prestação de serviços à comunidade. Nesse caso, faculta-se ao condenado, querendo, cumprir apenas um ano (metade da pena privativa de liberdade substituída), resgatando, através do aumento do número de horas semanais trabalhadas, o ano remanescente.*

Havendo necessidade, poderá o juiz da execução alterar a forma de cumprimento da pena restritiva, ajustando-a a eventuais modificações ocorridas no trabalho comum do condenado (art. 149, III, da LEP). Objetivou o legislador, com a regra, dar efetividade ao disposto no art. 46, § 3º, do Código Penal ao dispor que, para fins da prestação de serviços, as tarefas serão fixadas "de modo a não prejudicar a jornada normal de trabalho". Atente-se, contudo, que a faculdade legal conferida ao juiz da execução é de "alterar a forma de execução" da pena restritiva (modificando, por exemplo, o dia e horário de seu cumprimento) e não substituir a pena fixada por outra. Nesse sentido, já deliberou o Superior Tribunal de Justiça em diversas oportunidades, compreendendo que "não cabe ao juízo da execução alterar a espécie de pena restritiva de direitos estabelecida no decreto condenatório"[24].

Com vista ao acompanhamento e fiscalização da execução da pena alternativa, impõe a Lei de Execução Penal à entidade beneficiada com a prestação de serviços o encaminhamento mensal, ao juiz da execução, de relatório circunstanciado das atividades do condenado; bem como, a qualquer tempo, comunicação sobre ausência do condenado nos dias e horários estabelecidos ou sobre o cometimento de falta disciplinar (art. 150 da LEP). Esse relatório e as notícias e informações trazidas pelo patronato (a quem incumbe fiscalizar o cumprimento da pena de prestação de serviços à comunidade, *ex vi* do art. 79, II, da LEP) constituem importantes elementos de formação do convencimento do juiz acerca da efetividade da pena restritiva aplicada, podendo conduzir, inclusive, à conversão em pena privativa de liberdade.

Pode ocorrer que, durante a prestação dos serviços, venha o condenado a mudar seu domicílio. Nesse caso, cabe ao juízo da execução expedir carta precatória para a localidade de residência do condenado para que lá seja realizada a fiscalização do cum-

---

[24] STJ, Recurso Especial 1134507/PR, *DJ* 11.10.2010. No mesmo sentido: STJ, Conflito de Competência 122751/ES, *DJ* 31.10.2012.

primento da pena. Não há, todavia, a transferência de competência, permanecendo o juízo responsável pela execução do local da condenação responsável pela prática de atos decisórios, por exemplo, no caso de descumprimento da pena restritiva, a sua conversão em privativa de liberdade[25].

9.2.3 Limitação de fim de semana (arts. 151 a 153 da LEP)

Trata-se da obrigação imposta ao condenado de permanecer, aos sábados e domingos, por 5 (cinco) horas diárias, em casa de albergado ou outro estabelecimento adequado designado pelo Juiz da Execução (art. 48 do CP). Em que pese tenha a mesma duração da pena privativa de liberdade substituída (art. 55 do CP), a verdade é que a limitação de fim de semana somente altera a rotina do condenado nos dias de recolhimento, permanecendo ele com plena liberdade nos demais períodos.

A execução dessa pena é bem simples. Com efeito, transitada em julgado a decisão que a aplicou, providenciará o juízo da condenação na expedição da competente guia de execução, encaminhando-a à Vara de Execuções Criminais. Nessa esfera, determinará o juiz a notificação do condenado, cientificando-o do local, dias e horário em que deverá cumprir a pena, que se considerará iniciada a partir da data do primeiro comparecimento do condenado (art. 151 da LEP). Se o condenado não for encontrado por estar em lugar incerto e não sabido, e desatender a intimação por edital, a limitação de fim de semana será convertida em privativa de liberdade. O mesmo ocorre quando o condenado não comparecer ao estabelecimento designado para o cumprimento da pena; recusar-se a exercer a atividade determinada pelo juiz; praticar falta grave e sofrer condenação por outro crime à pena privativa de liberdade cuja execução não tenha sido suspensa (art. 181, § 2º, da LEP).

Perceba-se que, respeitado o período de cinco horas de recolhimento aos sábados e domingos, poderá o juiz, para não prejudicar a jornada normal de trabalho do condenado, fixar tanto horários diurnos quanto noturnos para o cumprimento da pena.

Visando à efetividade da pena e à ressocialização do sentenciado durante sua permanência no estabelecimento, a ele poderão ser ministrados cursos e palestras ou atribuídas atividades educativas, tais como cursos de alfabetização, profissionalizantes e de instrução (art. 152 da LEP e art. 48, parágrafo único, do CP). E nos casos de violência doméstica contra a mulher, o juiz poderá determinar ainda o comparecimento obrigatório do agressor a programas de recuperação e reeducação (art. 152, parágrafo único, da LEP).

Considerando a necessidade de acompanhamento e fiscalização da pena restritiva, deverá o estabelecimento designado para o recolhimento (casa do albergado ou similar) encaminhar mensalmente, ao juiz da execução, relatório circunstanciado das atividades desenvolvidas durante o cumprimento da pena e, também, comunicar, a qualquer tempo, a ausência do condenado ou a prática de falta disciplinar (art. 153 da LEP). Tais informações relevam para que o magistrado possa constatar a efetividade da pena aplicada e, sendo o caso, determinar a reconversão da pena restritiva em privativa de liberdade.

9.2.4 Interdição temporária de direitos (arts. 154 a 155 da LEP)

Como o próprio nome sugere, as interdições temporárias de direitos são restrições previstas expressamente em lei para o exercício de determinados direitos do condena-

---

[25] STJ, Conflito de Competência 122751/ES, *DJ* 31.10.2012; STJ, Conflito de Competência 113112/SC, *DJ* 17.11.2011.

do. No âmbito do Código Penal, essas interdições encontram-se arroladas no art. 47, consistindo nas seguintes:

> I – proibição do exercício de cargo, função ou atividade pública, bem como de mandato eletivo;
>
> II – proibição do exercício de profissão, atividade ou ofício que dependam de habilitação especial, de licença ou autorização do Poder Público;
>
> III – suspensão de autorização ou de habilitação para dirigir veículo;
>
> IV – proibição de frequentar determinados lugares;
>
> V – proibição de inscrever-se em concurso, avaliação ou exame públicos.

Uma vez aplicada a pena pelo juiz da condenação e expedida a guia de execução à Vara de Execuções Criminais, caberá ao juiz da execução "comunicar à autoridade competente a pena aplicada" (art. 154, *caput*, da LEP). Nesse caso, compreende-se como *autoridade competente* aquela que detém poderes para implementar a restrição que decorre da pena. Por exemplo, no caso da *proibição do exercício de cargo, função ou atividade pública bem como mandato eletivo*, incluem-se no contexto de "autoridade competente" secretários de Estado, presidentes de assembleias legislativas, diretores de autarquias e de empresas públicas, entre outros, os quais deverão, no prazo de vinte e quatro horas, contadas do recebimento do ofício, baixar ato (portaria, resolução, provimento etc.) a partir do qual a execução terá seu início (art. 154, § 1º, da LEP). Já em relação à *proibição do exercício de profissão, atividade ou ofício que dependam de habilitação especial, de licença ou autorização do Poder Público*, pode-se considerar "autoridade competente" o presidente da instituição encarregada da autorização para o exercício da atividade inerente a dada categoria profissional, que deverá determinar a apreensão dos documentos que autorizam o exercício do direito interditado (art. 154, § 2º, da LEP). Na hipótese da *suspensão de autorização ou de habilitação para dirigir veículo*, será "autoridade competente", por óbvio, o diretor do órgão de trânsito da respectiva Unidade da Federação, a quem incumbe, igualmente, ordenar a apreensão da carteira nacional de habilitação ou autorização para dirigir do condenado (art. 154, § 2º, da LEP).

Outra providência do juiz da execução, contemporânea à comunicação da pena à autoridade competente, é determinar a intimação do condenado para que se submeta à restrição imposta (art. 154, *caput*, da LEP). Essa intimação oficializa o conhecimento do sentenciado acerca do início da execução da pena. Se não for ele encontrado por estar em lugar incerto e não sabido, e desatender a intimação por edital, a pena de interdição temporária de direitos será convertida em privativa de liberdade. O mesmo ocorre quando o condenado exercer injustificadamente o direito interditado, e também na hipótese de sofrer ele condenação por outro crime à pena privativa de liberdade cuja execução não tenha sido suspensa (art. 181, § 3º, da LEP).

Atente-se que, especificamente no que toca à violação da restrição imposta, cabe à autoridade competente, como dever de ofício, comunicar o fato imediatamente ao juiz da execução (art. 155, *caput*, da LEP). Tal comunicação poderá ser feita, ainda, por qualquer prejudicado (art. 155, parágrafo único, da LEP), incluindo-se aqui, por exemplo, a vítima do delito.

9.2.5 Prestação pecuniária

Consiste no pagamento em dinheiro, à vítima, a seus dependentes ou a entidade pública ou privada com destinação social, de importância fixada pelo juiz, não inferior a 1 (um) salário mínimo nem superior a 360 (trezentos e sessenta) salários mínimos, devendo o valor pago ser deduzido do montante de eventual condenação em ação de reparação civil, se coincidentes os beneficiários (art. 45, § 1º, do CP). O valor da prestação pecuniária deve ser estabelecido sumariamente pelo juiz da condenação a partir dos dados existentes no processo, não guardando relação com a quantidade de pena privativa de liberdade substituída, e sim com o valor do prejuízo causado pela conduta delituosa[26] e com a condição econômica do réu.

Muito embora a execução dessa pena não esteja disciplinada na Lei de Execução Penal, tem-se entendido que, para tal fim, deve ser observado o seguinte procedimento: transitada em julgado a sentença que fixou a pena restritiva de prestação pecuniária em substituição à pena privativa de liberdade, será expedida guia de execução à Vara de Execuções Criminais. Nessa sede, cabe ao juiz determinar a notificação do condenado para efetuar o pagamento ao beneficiário indicado, podendo ser estipulado para tanto o prazo de dez dias, por analogia ao art. 164 da LEP.

Ocorrendo o pagamento, a pena é extinta.

Caso, porém, não ocorra o adimplemento da prestação pecuniária, deverá esta ser convertida em pena privativa de liberdade, nos termos do art. 44, § 4º, do Código Penal ("A pena restritiva de direitos converte-se em privativa de liberdade quando ocorrer o descumprimento injustificado da restrição imposta"). Nesse sentido, a propósito, o entendimento do Superior Tribunal de Justiça: "É possível a conversão da prestação pecuniária em pena privativa de liberdade, nos termos do art. 44, § 4º, do Código Penal"[27].

9.2.6 Perda de bens e valores

De acordo com o art. 45, § 3º, do Código Penal, "a perda de bens e valores pertencentes aos condenados dar-se-á, ressalvada a legislação especial, em favor do Fundo Penitenciário Nacional, e seu valor terá como teto – o que for maior – o montante do prejuízo causado ou do provento obtido pelo agente ou por terceiro em consequência da prática do crime".

Também aqui não regulou a L. 7.210/1984 a forma de execução. Diante dessa omissão, três soluções são apontadas pela doutrina:

> *Primeira:* O condenado deve entregar espontaneamente o bem. Não o fazendo, opera-se a conversão da pena restritiva de direitos em privativa de liberdade. Nesse sentido, Guilherme de Souza Nucci, para quem "não teria sentido obrigar o Estado a executar coercitivamente um determinado valor, com eventual penhora e hasta pública, relativo à prestação pecuniária, que substitui a pena privativa de liberdade, já que a pena é alternativa ao cárcere"[28]. Ressalte-se que a possibilidade de conversão da prestação pecuniária em pena privativa de liberdade foi objeto de deliberação pelo Tribunal Regional Federal da 4ª Região no julgamento do *Habeas Corpus* 2003.04.01.016.982-0, decidindo-se na ocasião que, "se o réu, injustificadamente, deixar de cumprir as penas substitutivas determinadas, deve retornar à situação anterior, que é a imposição de pena privativa de liberdade"[29].
>
> *Segunda:* Deve ser aplicada, por analogia, a regra do art. 51 do Código Penal, dispondo que a pena de multa (com a qual não se confunde a prestação pecuniária) imposta ao condenado constitui dívida de valor, sujeita à execução na forma estipulada pela Lei de Execução Fiscal (L. 6.830/1980).

---

26 STJ, Agravo Regimental no Recurso Especial 1154480/RS, *DJ* 22.11.2012.

27 STJ, *Habeas Corpus* 133942/MG, *DJ* 20.03.2012.

28 Guilherme de Souza Nucci, *Manual de processo penal e execução penal*, 7ª ed. São Paulo: Revista dos Tribunais, 2011, p. 1.044.

29 *DJ* 11.06.2003.

Terceira: Para a execução da prestação pecuniária deve-se utilizar o procedimento regulado no art. 164 e ss. da Lei de Execução Penal. Portanto, transitada em julgado a decisão que aplicar a pena restritiva, caberá ao Ministério Público requerer a citação do condenado para, no prazo de dez dias, entregar os bens referidos na sentença. Decorrido tal prazo sem que ocorra a entrega desses bens, proceder-se-á à respectiva penhora (art. 164, § 1º, da LEP), seguindo-se a partir daí o procedimento relativo à execução ditado pelo Código de Processo Civil (art. 164, § 2º, da LEP). Entre os adeptos dessa orientação encontra-se Renato Marcão[30].

Execução das penas restritivas de direitos

O início da execução ocorre com o trânsito em julgado da sentença. Todavia, o STF admite a execução provisória das penas restritivas quando os recursos interpostos pelo réu forem de caráter evidentemente procrastinatório

O juiz da execução juiz *ex officio* ou a requerimento do MP promoverá a execução, podendo requisitar a colaboração de entidades públicas ou solicitá-la a particulares

- **Prestação de serviços à comunidade ou a entidades públicas**
  - O juiz designará a entidade ou programa junto ao qual o condenado deverá trabalhar gratuitamente. Depois, determinará a intimação do condenado, cientificando-o do local, dias e horário em que deverá cumprir a pena. Com vista ao acompanhamento da execução, a entidade beneficiada enviará mensalmente a juízo relatório das atividades do condenado
- **Limitação de fim de semana**
  - O juiz determinará a notificação do condenado, cientificando-o do local, dias e horário em que deverá cumprir a pena. Durante sua permanência no estabelecimento, a ele poderão ser ministrados cursos e palestras. Para o acompanhamento da pena, deverá o estabelecimento designado encaminhar mensalmente a juízo relatório das atividades desenvolvidas durante a pena
- **Interdição temporária de direitos**
  - O juiz da execução comunicará a pena aplicada à autoridade competente, considerando-se como tal aquela que detém poderes para implementar a restrição que decorre da pena. De modo contemporâneo, intimará o condenado para que se submeta à restrição imposta. No caso de violação, cabe à autoridade competente comunicar o fato imediatamente ao juízo
- **Prestação pecuniária**
  - Apesar de a execução dessa pena não estar disciplinada na LEP, entende-se que, transitada em julgado a sentença, cabe ao juiz da execução determinar a notificação do condenado para efetuar o pagamento ao beneficiário. Ocorrendo o pagamento, a pena é extinta. Não ocorrendo, converte-se a pena em prisão
- **Perda de bens e valores**
  - Também aqui a LEP não regulou a execução, existindo três correntes: 1) O condenado deve entregar espontaneamente o bem, sob pena de conversão da pena em privativa de liberdade; 2) Deve ser aplicada, por analogia, a regra do art. 51 do CP, que dispõe ser a pena de multa dívida de valor, sujeita à execução na forma da Lei de Execução Fiscal; 3) Utiliza-se o procedimento regulado no art. 164 da LEP, cabendo ao MP requerer a citação do condenado para, no prazo de dez dias, entregar os bens referidos na sentença. Decorrido tal prazo sem que ocorra a entrega desses bens, proceder-se-á à respectiva penhora, seguindo-se a partir daí o procedimento relativo à execução ditado pelo CPC

30 Renato Marcão, op. cit., p. 277.

CAPÍTULO 10

PENA DE MULTA

10.1 CONSIDERAÇÕES GERAIS SOBRE A PENA DE MULTA

10.1.1 Definição e destinação

Trata-se a multa de espécie de sanção penal, de natureza patrimonial, prevista no art. 5º, XLVI, *c*, da Constituição Federal. Consiste, em síntese, no pagamento de determinado valor em dinheiro em favor do Fundo Penitenciário Nacional. Esse fundo foi instituído pela Lei Complementar 79/1994, constituindo-se de recursos provenientes, entre outras fontes, de "multas decorrentes de sentenças penais condenatórias com trânsito em julgado" (art. 2º, V, da LC 79/1994). Sem embargo dessa previsão, entende-se possível, no que toca às multas oriundas da Justiça Estadual, que os estados da Federação instituam, mediante a edição de leis próprias, fundo específico para sua gestão. É o que ocorre, por exemplo, nos estados de São Paulo (Lei Estadual 9.171/1995), Paraná (Lei Estadual 17.140/2012) e Goiás (Lei Estadual 17.616/2012), em que foram criados Fundos Penitenciários Estaduais.

10.1.2 Critério de fixação

A fixação da pena de multa pode ocorrer a título de sanção principal, alternativa ou cumulativamente com a pena de prisão, podendo ser ainda aplicada em substituição desta. Segundo o art. 49 e seus parágrafos do Código Penal, a tarifação levará em conta o critério do *dia-multa*, fixando-se o *quantum* final a partir de método bifásico (ao contrário da pena privativa de liberdade, que é estabelecida segundo o critério trifásico), constituído das seguintes etapas:

1.ª) Fixação do número de dias-multa, que não poderá ser menor que 10 (dez) e nem maior que 360 (trezentos e sessenta) dias-multa. Há, nesse enfoque, divergências no tocante à possibilidade de levar em consideração, nessa primeira etapa do cálculo da pena de multa, a culpabilidade do condenado. Sobre esse tema, três posições coexistem:

- O número de dias-multa deve ser calculado considerando-se unicamente a *condição econômica do réu*, independentemente de qualquer questionamento acerca de sua culpabilidade.
- O número de dias-multa levará em conta a *culpabilidade do acusado*, mensurada a partir do sopesamento das circunstâncias judiciais do art. 59 do Código Penal.

- O número de dias-multa deverá ser fixado mediante a utilização do mesmo critério previsto no art. 68 do Código Penal para o cálculo da pena privativa de liberdade: o *método trifásico*. Assim, a partir do mínimo cominado em abstrato (10 dias-multa), o juiz estabelecerá um número-base de dias-multa, tendo em vista as circunstâncias judiciais previstas no art. 59 do CP. Depois, verificará a ocorrência de agravantes (arts. 61 e 62 do CP) e atenuantes genéricas (arts. 65 e 66 do CP). Por fim, chegará à quantidade de dias-multa definitiva, fazendo incidir as causas de diminuição e aumento de pena dispersas, tanto na Parte Geral quanto na Parte Especial do Estatuto Repressivo.

Concordamos com a segunda posição, compreendendo que, efetivamente, na fixação do número de dias-multa, deve ser levada em conta a avaliação das circunstâncias judiciais do art. 59 do CP e não a situação econômica do acusado. Esta é, também, a orientação vigorante no Superior Tribunal de Justiça[1]. Dessa maneira, se não for constatada a existência de qualquer circunstância judicial negativa, sendo fixada a pena-base no mínimo legal, também os dias-multa devem ser estabelecidos na quantidade mínima prevista no Código Penal, ou seja, 10 dias.

2.ª) Arbitra-se o valor do dia-multa, que deverá estar compreendido entre os limites de um 1/30 (um trigésimo) e 5 (cinco) vezes o valor do maior salário mínimo vigente no tempo do fato. Para esse fim, deve-se levar em conta a *condição econômica do condenado* (art. 60, *caput*, do CP).

Pois bem, considerando esses dois critérios, é correto concluir que a pena de multa será totalizada mediante o produto do número de dias-multa calculado na 1ª etapa pelo valor do dia-multa a que se tenha chegado na 2ª etapa citada.

Se, apesar de aplicada no máximo legal, constatar o juiz que o total aferido é ineficaz diante da situação econômica do réu, faculta-lhe o art. 60, § 1º, do Código Penal aumentar esse valor até o *triplo*. Note-se que, nos crimes contra o sistema financeiro nacional (art. 33 da L. 7.492/1986), nos crimes contra a propriedade imaterial (art. 197, parágrafo único, da L. 9.279/1996) e nos crimes previstos nos arts. 33 a 39 da Lei de Drogas (art. 43, parágrafo único, da L. 11.343/2006), verificado o elevado poder econômico do réu, o valor da pena de multa pode ser elevado até o *décuplo*.

Quantidade de dias-multa (mínimo de 10 e máximo de 360 dias-multa, de acordo com a culpabilidade do agente - art. 59 do CP)	X	Valor de cada dia-multa (mínimo de 1/30 e máximo de 5 vezes o salário mínimo vigente, de acordo com a capacidade econômica do agente - art. 60 do CP)	=	Valor total da pena de multa (o juiz, de acordo com a capacidade do agente, pode aumentá-lo até o triplo, se o entender insuficiente e ineficaz diante da situação financeira do acusado - art. 60, § 1°, do CP)

[1] STJ, Recurso Especial 1099342/PR, *DJ* 02.02.2012; *Habeas Corpus* 194326/RS, *DJ* 29.08.2011; *Habeas Corpus* 132351/DF, *DJ* 05.10.2009; Recurso Especial 671195/RS, *DJ* 23.05.2005.

10.1.3 Pagamento voluntário, parcelamento e desconto na remuneração

De acordo com o art. 50, *caput*, 1ª parte, do Código Penal, o pagamento voluntário da multa imposta pode ser efetuado pelo condenado no prazo de 10 (dez) dias contados do trânsito em julgado da sentença condenatória. Em que pese a literalidade do dispositivo, por questão de lógica e de justiça deve-se entender que o prazo de dez dias nele mencionado flui, na verdade, a partir da notificação do apenado para pagamento da multa imposta.

Considerando as circunstâncias do caso, pode o juiz da execução, a requerimento do condenado, permitir que o pagamento seja realizado em parcelas mensais, iguais e sucessivas. Todavia, para que seja deferido esse parcelamento, impõe-se que o sentenciado o tenha postulado antes de escoado o prazo legal para pagamento da multa (art. 50, *caput*, 2ª parte, do CP e art. 169, *caput*, da LEP). Como a lei não limita o número de parcelas, cabe ao juiz fixá-las depois de ouvido o Ministério Público, realizando, se for o caso, as diligências necessárias para apurar a real situação econômica do condenado (art. 169, § 1º, da LEP). Esse parcelamento, porém, será revogado pelo juiz, de ofício ou a requerimento do Ministério Público, se o condenado for impontual no pagamento das parcelas ou se melhorar de situação econômica (art. 169, § 2º, da LEP).

Note-se que, se o condenado *estiver em liberdade* e puder efetuar o pagamento da multa em parcelas, permite a lei que a cobrança da pena de multa seja realizada mediante desconto na sua remuneração (vencimento ou salário), desde que não se atinjam os recursos indispensáveis ao sustento do condenado e de sua família. Isso é possível nas seguintes hipóteses:

a) A pena de multa foi aplicada isoladamente (art. 50, § 1º, *a*, do CP);
b) A multa foi aplicada cumulativamente com pena restritiva de direitos (art. 50, § 1º, *b*, do CP);
c) Embora condenado a pena privativa de liberdade, foi concedida a suspensão condicional da pena (art. 50, § 1º, *c*, do CP);
d) O condenado já cumpriu integralmente a pena privativa de liberdade (art. 170, § 1º, da LEP); e
e) O condenado obteve o livramento condicional (art. 170, § 2º, da LEP).

Nesses casos, o desconto terá como limites o máximo de um quarto e o mínimo de um décimo da remuneração (art. 168, I, da LEP) e será feito mediante ordem do juiz a quem de direito (empregador), sendo que o responsável pelo desconto será intimado a recolher mensalmente, até o dia fixado pelo juiz, a importância determinada (art. 168, II e III, da LEP).

10.1.4 Isenção da pena de multa diante das condições econômicas do condenado

Discute-se a possibilidade de o juiz da execução isentar o condenado do pagamento da pena de multa que lhe foi imposta diante da precariedade de suas condições econômicas. Prevalece, porém, o entendimento no sentido de que, na ausência de previsão legal, ainda que comprovada a pobreza do condenado, a multa, sob esse fundamento, não pode ser excluída.

Destaca-se que ao Juízo da Execução Penal é facultado, somente, o deferimento de eventual parcelamento do pagamento da multa nos termos do art. 50 do Código Penal e do art. 169 da Lei de Execução Penal, observadas, por óbvio, as condições pessoais da postulante.

Em virtude dessas considerações, é certo que a isenção da multa estabelecida em sentença condenatória afrontaria ao princípio da legalidade, mormente quando se trata de sanção contemplada no próprio tipo penal cumulativamente com a pena privativa de liberdade.

E quanto ao argumento no sentido de que a aplicação da pena de multa atinge a família do condenado, ofendendo, por consequência, o princípio da intranscendência previsto no art. 5º, XLV, da Constituição Federal, não procede. A propósito do tema, destaca-se a lição de *Eugenio Raúl Zaffaroni*[2], ao dizer que nunca se pode interpretar uma lei penal no sentido de que a pena transcenda da pessoa que é autora ou partícipe do delito. A pena é uma medida de caráter estritamente pessoal, em virtude de consistir numa ingerência ressocializadora sobre o apenado.

Nesse sentido, aliás, sistematicamente tem deliberado o Superior Tribunal de Justiça, compreendendo que "a precária situação financeira do condenado não autoriza a isenção da pena de multa, haja vista que o ordenamento jurídico-penal hoje em vigor prevê a multa como uma das espécies de sanção"[3-4].

10.2 EXECUÇÃO DA PENA DE MULTA

10.2.1 Execução forçada da pena de multa

Não efetuado pelo condenado o pagamento voluntário da multa no prazo de dez dias contados do trânsito em julgado da sentença condenatória (art. 50, *caput*, 1ª parte, do CP), proceder-se-á à execução coercitiva. Note-se que, de acordo com o art. 49, § 2º, do Código Penal, "o valor da multa será atualizado, quando da execução, pelos índices de correção monetária".

Originariamente, dispunha o art. 51 do Código Penal que a multa impaga poderia ser convertida em pena de detenção. Não obstante, com o advento da L. 9.268/1996, modificou-se a redação do art. 51 do Código Penal, passando este a dispor que, "transitada em julgado a sentença condenatória, a multa será considerada dívida de valor, aplicando-se-lhe as normas da legislação relativa à dívida ativa da Fazenda Pública, inclusive no que concerne às causas interruptivas e suspensivas da prescrição".

Diante dessa nova disciplina e do caráter de dívida de valor conferido à pena de multa após o trânsito em julgado da decisão condenatória, restou vedada a sua conversão em pena privativa de liberdade (mesmo porque revogados os parágrafos do art. 51 do Código Penal que previam essa conversão), ficando prejudicada toda e qualquer norma que disponha em sentido contrário (*v.g.*, o art. 581, XXIV, do CPP ao prever o cabimento de recurso em sentido estrito contra a decisão "que converter a multa em detenção ou em prisão simples"). Sem embargo dessa normatização, divergências

---

[2] ZAFFARONI, Eugenio Raúl. *Manual de direito penal brasileiro*: parte geral. 5ª ed. rev. São Paulo: RT, 2004, p. 171.

[3] STJ, Recurso Especial 722.561/RS, *DJ* 14.03.2006. No mesmo sentido: Recurso Especial 683.122/RS, *DJ* 03.05.2010; Recurso Especial 853.604/RS, *DJ* 06.08.2007.

[4] TJRS, Agravo 70046596813, j. 15.02.2012; Agravo 70035046838, j. 14.04.2010.

surgiram em relação à *legitimação ativa* e ao *juízo competente* para execução da pena de multa. Nesse viés, três correntes surgiram:

Primeira: A L. 9.268/1996 não revogou o art. 164 da LEP, que confere legitimidade ao Ministério Público para promover a cobrança do valor da multa. Logo, a pena de multa deverá ser executada pelo Ministério Público junto à Vara das Execuções Penais, de acordo com o procedimento estabelecido no referido art. 164 e parágrafos.

Segunda: Sendo a multa uma sanção de natureza penal, persiste a legitimidade do Ministério Público para a sua execução forçada, bem como a competência da Vara das Execuções Penais. Sem embargo, tal execução seguirá o rito previsto na L. 6.830/1980 para as execuções fiscais.

Terceira: Tratando-se a pena de multa de dívida de valor, deve esta ser executada pela Fazenda Pública perante o juízo das Execuções Fiscais. Assim, com o trânsito em julgado da sentença penal condenatória, deve o juízo da execução, após liquidar o valor da multa, notificar o devedor para seu pagamento em dez dias, nos termos do art. 50 do Código Penal. Não sendo efetuado o pagamento nesse prazo, o Juízo das Execuções Penais deve extrair certidão do débito correspondente e remetê-la à Procuradoria da Fazenda, a quem incumbirá promover a execução.

No âmbito das Cortes Superiores, esta última posição foi a prevalente por muitos anos, compreendendo tanto STJ (por meio da sua Súmula 521[5]) quanto STF que, efetivamente, a multa criminal deveria ser executada por meio da adoção dos procedimentos próprios da execução fiscal no juízo da Vara da Fazenda Pública, afastando-se a competência da Vara das Execuções Penais. Na sequência desse raciocínio, entendiam ser da **Fazenda Pública**, por meio de sua Procuradoria, a legitimidade para promover a execução de pena de multa imposta em sentença penal condenatória e não do Ministério Público[6-7].

Tal orientação, porém, deixou de ser adotada pelo STF. Isto porque, em 13.12.2018[8], no julgamento da Ação Direta de Inconstitucionalidade 3.150 (proposta pela Procuradoria-Geral da República), bem como no enfrentamento da 12ª Questão de Ordem apresentada na Ação Penal 470, o STF mudou sua orientação, passando a entender que é do Ministério Público a legitimidade principal para executar a pena de multa fixada em sentença penal condenatória transitada em julgado, sendo subsidiária a legitimidade da Fazenda Pública para tal execução, que poderá fazê-lo apenas no caso de inércia do *parquet*. Na oportunidade, acolheu a maioria dos Ministros o entendimento do Ministro Luís Roberto Barroso (relator na Questão de Ordem na AP 470) no sentido de que a circunstância de o art. 51 do Código Penal estabelecer o caráter de *dívida de valor* da pena de multa não afasta a legitimidade do Ministério Público para realizar sua cobrança. Isso porque, primeiro, a multa está prevista na Constituição Federal como sanção penal (art. 5º, XLVI, letra *c*), não sendo viável a

5 Súmula 521 STJ: "A legitimidade para a execução fiscal de multa pendente de pagamento imposta em sentença condenatória é exclusiva da Procuradoria da Fazenda Pública."

6 STJ, Agravo Regimental no Recurso Especial 1332225/MG, *DJ* 06.02.2013; Agravo Regimental no Recurso Especial 1333113/MG, *DJ* 09.10.2012; Agravo Regimental no Recurso Especial 1160207/MG, *DJ* 19.12.2011; Recurso Especial 1181905/RS, *DJ* 16.05.2011.

7 STF, *Habeas Corpus* 115405/SP, *DJ* 17.12.2012.

8 Disponível em: http://redir.stf.jus.br/estfvisualizadorpub/jsp/consultarprocessoeletronico/ConsultarProcessoEletronico.jsf?seqobjetoincidente=2204004.

alteração dessa natureza por meio de lei (*in casu*, a L. 9.268/196, que deu nova redação ao art. 51 do CP); e, segundo, porque a Lei de Execução Penal, no art. 164, reconhece, expressamente, a atribuição do Ministério Público para tal execução. Enfim, a partir dessas duas premissas, consolidou o STF o entendimento de que é do **Ministério Público** a prioridade de cobrança da multa, devendo fazê-lo em **Vara de Execução Criminal**, podendo a **Procuradoria da Fazenda Pública** promover tal execução, em **Vara de Execução Fiscal**, com base na Lei de Execução Fiscal, apenas na hipótese de inércia do Promotor de Justiça no prazo de 90 dias após o trânsito em julgado da sentença. *E quanto à Súmula 521 do STJ?* Está superada, devendo ser cancelada em definitivo. Isso porque a aludida mudança na jurisprudência do STF ocorreu no âmbito de ação direta de inconstitucionalidade, cujos efeitos são vinculantes e *erga omnes* (art. 102, § 2º, da CF), sendo, portanto, de observância obrigatória no âmbito do Poder Judiciário de todas as unidades da Federação,

Pois bem, definida a legitimidade apenas subsidiária da Fazenda Pública em relação à atribuição do Ministério Público para a execução da multa, é de se questionar: *tal legitimidade (supletiva) será das Procuradorias das Fazendas Públicas dos Estados ou da Procuradoria da Fazenda Nacional?* Ora, tratando-se de multa imposta no âmbito da Justiça Federal, a execução deve ficar a cargo da Procuradoria da Fazenda Nacional[9]. Sendo, porém, hipótese de multa fixada pela Justiça Estadual, há duas posições:

> *Primeira:* Desde o advento da L. 9.268/1996, alterando o art. 51 do Código Penal, compete aos estados, por meio de suas procuradorias, cobrar dívida relativa à pena de multa imposta em processo criminal.
>
> *Segunda:* Na medida em que o valor da multa criminal destina-se ao Fundo Penitenciário Nacional (Funpen), sua execução deve estar afeta, em qualquer caso, à Procuradoria da Fazenda Nacional.

Na jurisprudência, é majoritária a primeira corrente, o que, de resto, atende a um princípio de justiça, cabendo à União recolher o montante das multas penais estipuladas pela Justiça Federal e, aos estados, aquelas impostas pela Justiça Estadual[10].

10.2.2 Cumprimento integral da pena privativa de liberdade e subsistência da pena de multa

Questão bastante discutida refere-se à hipótese do indivíduo que, condenado a pena privativa de liberdade (substituída ou não por restritiva de direitos) e multa, logra cumprir integralmente a primeira, deixando, porém, de efetuar o pagamento da multa imposta. Nessa hipótese, questiona-se se pode o juiz da execução, a partir da simples comunicação do débito à Fazenda Pública para fins de execução, julgar extinta a punibilidade do executado; ou se, ao contrário, isso apenas pode ocorrer quando efetivamente paga a pena de multa, permanecendo até lá ativo o processo de execução criminal.

---

[9] TRF da 1ª Região: Agravo em Execução Penal 2000.38.03.006853-6/MG, *DJ* 28.02.2011; Apelação Criminal 2005.32.00.000563-1/AM, *DJ* 26.11.2010; Agravo em Execução Penal 2001.01.00.041071-1/DF, *DJ* 28.10.2005.

[10] STJ, Conflito de Atribuições 107/PB, *DJ* 19.12.2002; Conflito de Atribuições 105/PB, *DJ* 05.03.2001.

Há duas posições:

Primeira: A comunicação do débito à Fazenda Pública não pode acarretar, por si, a extinção da pena de multa para fins penais. Logo, ainda que cumprida integralmente a pena privativa de liberdade ou a pena restritiva de direitos aplicada em substituição desta, a extinção da punibilidade apenas ocorrerá quando cumprida também a pena pecuniária. Em outras palavras, apenas com o cumprimento de todas as penas é que se mostra possível a declaração de extinção da punibilidade do executado e consequente extinção do processo de execução criminal.

Segunda: Tendo cumprido o executado, integralmente, a pena privativa de liberdade ou a restritiva de direitos substitutiva, a pendência de pagamento da multa não pode obstar a extinção do processo de execução penal, que não pode permanecer indefinidamente no aguardo da execução eventualmente promovida pela Procuradoria da Fazenda Pública. Trata-se da posição agasalhada no Superior Tribunal de Justiça, considerando essa Corte que, "constituindo a pena de multa, após o trânsito em julgado da condenação, dívida de valor, o seu inadimplemento, desde que verificado o cumprimento integral da pena privativa de liberdade imposta, não constitui óbice para o reconhecimento da extinção da punibilidade do agente na seara criminal"[11].

Considerando esse entendimento sufragado pelo Superior Tribunal de Justiça, que é também o adotado pela maioria dos tribunais, conclui-se que se a pena de multa **for a única imposta**, com o trânsito em julgado da condenação e com a extração de certidão de débito e seu encaminhamento à Fazenda Pública, esgota-se a atuação da jurisdição criminal. Se, contudo, a pena de multa **for cumulativa** com pena privativa de liberdade ou restritiva de direitos, o cumprimento destas últimas acarreta a extinção do respectivo processo de execução, o que independe de ter sido ou não ajuizada a execução forçada pela Fazenda Pública.

10.2.3 Multa de valor reduzido

Há posição doutrinária no sentido de que, sendo a multa imposta de reduzido valor, não deve ser cobrada pelo Estado, pois os gastos para eventual execução ultrapassariam o valor fixado para pagamento. Discordamos, porém, dessa orientação. Consideramos que, sendo a pena de multa espécie de sanção penal, deve ser adimplida pelo condenado, que não poderá ser isentado do pagamento sob o argumento de que o gasto estatal para a cobrança é maior do que o valor a ser recebido.

10.2.4 Correção monetária

Embora disponha o art. 49, § 2º, do Código Penal que "o valor da multa será atualizado, quando da execução, pelos índices de correção monetária", há divergências sobre a data a ser considerada para fins dessa atualização. Nesse contexto, surgiram várias orientações, considerando termo inicial: 1) a data do fato; 2) a data da sentença condenatória; a data do trânsito em julgado dessa sentença; o décimo primeiro dia após o trânsito em julgado da condenação (o art. 50, *caput*, do CP estabelece que a multa será paga dentro de dez dias depois de transitada em julgado a sentença); e 5) a data da citação para execução.

---

11 STJ, AgRg no REsp 1.467.978/SP, *DJ* 09.10.2014.

Não obstante tais divergências, aderimos ao entendimento de que a incidência de correção monetária na pena de multa deve ter como termo inicial a data em que foi praticada a infração penal, *pois foi nesse momento que ocorreu a lesão ao bem jurídico tutelado*[12]. Não fosse o bastante, deve-se ressaltar que o valor do dia-multa leva em conta o salário mínimo vigente no tempo do fato, conforme estipula o art. 49, § 1º, do Código Penal.

10.2.5 Suspensão da execução da multa

Dispõe o art. 52 do Código Penal que "é suspensa a execução da pena de multa, se sobrevém ao condenado doença mental". No mesmo sentido está o art. 167 da Lei de Execução Penal. Perceba-se que essa normatização apenas tem coerência na hipótese de execução da pena de multa no âmbito de Vara de Execução Criminal a partir de procedimento desencadeado pelo Ministério Público com base no art. 164, *caput*, 2ª parte, da LEP. Tratando-se, todavia, de execução ajuizada pelas Procuradorias da Fazenda Pública em Vara de Execução Fiscal com base na L. 6.830/1980 (esta lei dispõe sobre a cobrança judicial da dívida ativa da fazenda pública), não se deve cogitar da mencionada suspensão, pois a referida lei não prevê a superveniência de doença mental como motivo de suspensão da execução, limitando-se a dispor que "o Juiz suspenderá o curso da execução enquanto não for localizado o devedor ou encontrados bens sobre os quais possa recair a penhora" (art. 40). Logo, neste último caso – execução da multa em vara fazendária –, consideramos inaplicáveis as regras dos arts. 52 do CP e 167 da LEP.

A respeito da legitimidade para execução da pena de multa – MP em vara de execução criminal ou Procuradoria da Fazenda em vara com jurisdição na execução fiscal – remetemos o leitor ao tópico 10.2.1 deste Capítulo, em que tratamos do tema.

10.2.6 Execução provisória da pena de multa

Apesar da possibilidade consagrada de execução provisória da pena privativa de liberdade (art. 2º, parágrafo único, da LEP) fixada em sentença transitada em julgado apenas para a acusação (na pendência, portanto, do julgamento de recurso da defesa), o mesmo não ocorre em relação à pena de multa. Isso se infere tanto da redação do art. 50, *caput*, do Código Penal ("A multa deve ser paga dentro de 10 (dez) dias depois de transitada em julgado a sentença") como a partir do disposto no art. 164, *caput*, 1ª parte, da Lei de Execução Penal ("Extraída certidão da sentença condenatória com trânsito em julgado..."). Nesse contexto, depreende-se que a multa apenas pode ser exigida quando não mais couber recurso contra a decisão condenatória, sendo indiferente o fato de tramitar recurso que não seja dotado de efeito suspensivo[13]. **Mas, atenção:** considerando que o STF, ao deliberar no *Habeas Corpus* 126.292/SP (j. 17.02.2016) e ao julgar, em sede de repercussão geral, o Recurso Extraordinário n.º 964.246/SP (j. 11.11.2016), viabilizou a execução provisória da pena após a **confirmação da sentença condenatória em Segundo Grau** (pelo Tribunal de Justiça no julgamento de apelação da sentença, por exemplo), algumas vozes já se levantam defendendo o entendimento de que a mesma regra deveria alcançar, também, a pena de multa.

---

[12] Renato Marcão, op. cit., p. 313.

[13] TJRS, *Habeas Corpus* 70021961206, j. 14.02.2008.

10.2.7 Prescrição da pena de multa

A análise da prescrição da pena de multa, envolve a distinção entre a *prescrição da pretensão punitiva* e a *prescrição da pretensão executória.*

No tocante à *prescrição da pretensão punitiva* (hipótese em que a sanção pecuniária ainda não transitou em julgado para ambas as partes), é pacífica a aplicação do art. 114 do Código Penal. Nesse caso, incidem as causas impeditivas e interruptivas inseridas nos arts. 116, I e II, e 117, I a IV, do mesmo diploma. Dispõe o art. 114 do CP:

> Art. 114. A prescrição da pena de multa ocorrerá:
>
> I - em dois anos, quando a multa for a única cominada ou aplicada;
>
> II - no mesmo prazo estabelecido para a prescrição da pena privativa de liberdade, quando a multa for alternativa ou cumulativamente cominada ou cumulativamente aplicada.

Por outro, tratando-se da *prescrição da pretensão executória* (hipótese em que a sentença penal condenatória já transitou em julgado para o Ministério Público ou para o querelante e também para a defesa), há duas correntes quanto ao prazo prescricional:

> *Primeira:* A pena de multa prescreve em dois anos, se for a única aplicada. Caso, porém, seja imposta conjuntamente com pena privativa de liberdade, a prescrição ocorrerá no mesmo prazo desta última, em face do que dispõe o art. 118 do Código Penal, segundo o qual as penas mais leves prescrevem com as mais graves.
>
> *Segunda:* O lapso prescricional da pena de multa será regulado pelo Código Penal apenas quando se tratar de prescrição da pretensão punitiva. Tornando-se definitiva a sentença, deve-se aplicar o prazo de 5 anos, que é o que dispõe a Fazenda Pública para a cobrança da dívida ativa. Esse entendimento é **prevalente**. Logo, se, por exemplo, a sentença condenatória transitar em julgado para Ministério Público em 27 de março de 2015, o acusado deve ser chamado para efetuar o seu pagamento. Se isto não ocorrer, em 26 de março de 2020, ocorrerá a prescrição da pretensão executória.

Lembre-se por fim de que, na hipótese da prescrição da pretensão executória, as causas suspensivas e interruptivas são as estipuladas pela L. 6.830/1980, nos termos do art. 51 do CP.

CAPÍTULO 11

MEDIDAS DE SEGURANÇA

11.1 CONSIDERAÇÕES GERAIS SOBRE AS MEDIDAS DE SEGURANÇA

11.1.1 Definição, finalidade e natureza jurídica

O Código Penal e a legislação complementar contemplam tipos penais que correspondem a determinados comportamentos humanos – ações ou omissões – cuja prática é capaz de submeter o agente à imposição de uma pena legalmente prevista. Pode ocorrer, entretanto, que o agente, no tempo do fato, seja totalmente incapaz (inimputável) ou apenas parcialmente capaz (semi-imputável) de compreender o caráter ilícito de sua conduta e de se autodeterminar segundo tal entendimento. Nesses casos, em vez de sofrer uma pena, poderá ele sujeitar-se à aplicação de medida de segurança.

Nesse contexto, define-se a medida de segurança como **a providência de caráter terapêutico, aplicável a indivíduos inimputáveis ou semi-imputáveis portadores de periculosidade, visando prevenir a prática de novas infrações penais.**

Discute-se a **natureza jurídica** da medida de segurança. Alguns, com efeito, consideram-na um instituto de caráter puramente assistencial e curativo, absolutamente desvinculado dos princípios que norteiam o Direito Penal. Predomina, entretanto, entendimento diverso, qual seja, o de que a medida de segurança é espécie do gênero *sanção penal*, ao lado da pena[1-2], razão pela qual a ela se aplicam os princípios da reserva legal, da anterioridade e da jurisdicionalidade:

- *Princípio da reserva legal:* Apenas a lei pode criar tipos penais e fixar a pena correspondente a sua violação. Essa disposição alcança a medida de segurança, que, assim, para ser imposta, deve estar prevista em lei, não se aceitando a sua instituição, por exemplo, por meio de medida provisória.
- *Princípio da anterioridade:* Anteriormente à prática da ação ou omissão, deve existir legislação concebendo a conduta do agente como uma infração penal e possibilitando a aplicação da medida de segurança, caso presentes as condições que a autorizam.
- *Princípio da jurisdicionalidade:* Somente o Poder Judiciário pode aplicar a medida de segurança, condicionando-se à existência de prévia ação penal em que observadas as garantias do devido processo legal, ampla defesa e contraditório.

---

1 STJ, *Habeas Corpus* 182973/DF, *DJ* 26.06.2012; *Habeas Corpus* 226014/SP, *DJ* 30.04.2012; *Habeas Corpus* 172179/SP, *DJ* 16.04.2012.

2 STF, *Habeas Corpus* 86888/SP, *DJ* 02.12.2005.

Para reforçar a natureza de sanção penal inerente à medida de segurança, deve-se enaltecer a previsão consagrada em nosso sistema penal de substituição da pena privativa de liberdade por medida de segurança no caso de agente semi-imputável (art. 98 do CP). Também, a possibilidade de computar-se o tempo de prisão provisória para fins de detração dos prazos mínimos de duração da medida de segurança (art. 42 do CP). E, por fim, a regra de que, extinta a punibilidade, não se imporá medida de segurança nem subsistirá a execução da que tenha sido imposta (art. 96, parágrafo único, do CP).

Sem embargo, deve-se ter em conta que *medida de segurança* não se confunde com *pena*. Esta, com efeito, possui finalidade retributiva e preventiva, ao passo que a *medida de segurança* visa, essencialmente, prevenir a prática de novas infrações penais. Além disso, a *pena* é estabelecida para cumprimento em determinado período, enquanto a *medida de segurança* não tem prazo máximo fixado em lei, perdurando, em tese, enquanto não cessar a periculosidade do agente. Distinguem-se ainda a *pena* e a *medida de segurança* em relação a seus destinatários, já que a primeira dirige-se aos imputáveis e semi-imputáveis sem periculosidade e a segunda destina-se aos inimputáveis e semi-imputáveis dotados de periculosidade.

11.1.2 Pena e medida de segurança: sistema de aplicação

Antes da Reforma da Parte Geral do Código Penal pela L. 7.209/1984, vigorava o sistema do *duplo binário*, pelo qual se facultava ao juiz, diante da prática de crimes graves e violentos e sendo o agente perigoso, aplicar *pena e medida de segurança*. Nesse contexto, o indivíduo cumpria a pena privativa de liberdade imposta e, no final desta, se constatada a permanência da periculosidade, era submetido a medida de segurança.

Na atualidade, porém, o *duplo binário* não mais subsiste. Vigora o chamado *sistema vicariante ou unitário*, a partir do qual o juiz somente pode aplicar **pena ou medida de segurança**. Logo, sendo o agente imputável no tempo da infração, submete-se à *pena*; sendo, inimputável, poderá ficar sujeito a *medida de segurança* (art. 97 do CP). No caso do semi-imputável, aplica-se *pena*, que pode ser substituída por *medida de segurança* se necessitar o acusado de especial tratamento curativo (art. 98 do CP).

11.1.3 Requisitos para imposição da medida de segurança

Três são os requisitos que necessariamente devem estar presentes com vista à imposição de medida de segurança: *prática de um fato típico e ilícito; periculosidade do agente*; e que *ainda não tenha ocorrido a extinção da punibilidade.*

a) **Prática de um fato típico e ilícito:** A aplicação da medida de segurança pressupõe que, a partir de regular processo criminal em que observadas as garantias do devido processo legal, da ampla defesa e do contraditório, reconheça o magistrado a inequívoca existência de um fato típico (infração penal) e ilícito, bem como a efetiva autoria do acusado. Em outras palavras, deve o juiz questionar-se: *Não fosse a ausência de culpabilidade (diante da doença mental ou do desenvolvimento mental incompleto ou retardado), a hipótese ensejaria a condenação do agente?* A resposta positiva a essa indagação permite a aplicação de medida de segurança. Não, porém, a resposta negativa. Imagine-se que, a despeito da doença mental no tempo da ação, reste apurado que a conduta foi praticada ao abrigo de causa justificante (legítima defesa, por exemplo). Nesse caso, ainda que perigoso o agente, não lhe poderá ser aplicada medida de segurança, pois, houvesse culpabilidade, tal circunstância implicaria juízo de absolvição. Idêntica solução teria lugar se, não obstante a doença mental do acusado, inexistissem elementos apontando a autoria e/ou a materialidade do fato.

b) **Periculosidade do agente:** A medida de segurança pressupõe periculosidade, assim considerada a *probabilidade* de o agente praticar novas infrações penais. Não basta a mera possibilidade de recidiva criminosa, exigindo-se, isso sim, um prognóstico fundado em dados concretos que indiquem a potencialidade de se envolver o indivíduo na prática de outros crimes ou contravenções. É o que se chama de *juízo de prognose*. Sem embargo, deve-se atentar que o sistema adotado pelo Código Penal Brasileiro considera a periculosidade sob duas óticas distintas: *periculosidade presumida*, no caso do agente inimputável; e *periculosidade real*, relativa ao agente semi-imputável, temas esses que serão analisados no *item 11.1.4 deste Capítulo.*

c) **Não ocorrência de causa extintiva da punibilidade:** Dispõe o art. 96, parágrafo único, do Código Penal que, "extinta a punibilidade, não se impõe medida de segurança nem subsiste a que tenha sido imposta". Isso quer dizer que, se restar configurada na hipótese concreta qualquer das causas extintivas da punibilidade previstas em lei, não poderá ser aplicada medida de segurança e cessará a que já tenha, eventualmente, sido imposta. Imagine-se, por exemplo, que entre a data do recebimento da denúncia e a data da sentença tenha decorrido tempo suficiente para a prescrição da pena em abstrato. Nesse caso, mesmo que comprovada a inimputabilidade do agente e ainda que se presuma sua periculosidade, não poderá o juiz aplicar medida de segurança, impondo-se a ele julgar extinta a punibilidade.

11.1.4 Natureza da sentença que impõe a medida de segurança

Relativamente à natureza da sentença que aplica a medida de segurança, há regramento diferenciado conforme seja **inimputável** ou **semi-imputável** o indivíduo no tempo do fato. A L. 7.209/1984, que instituiu a reforma na Parte Geral do Código Penal, eliminou a possibilidade de aplicação de medida de segurança ao **imputável**, que está sujeito apenas à imposição de pena.

Pois bem, para o **inimputável**, a medida de segurança imposta no processo de conhecimento resulta de sentença absolutória – a chamada absolvição imprópria (art. 97 do CP). Isso ocorre porque, segundo o art. 26, *caput*, do CP, o agente que, no tempo da ação ou omissão, era inteiramente incapaz de compreender o caráter ilícito do fato ou de se autodeterminar de acordo com esse entendimento é isento de pena. Ora, o indivíduo isento de pena, em conformidade com o art. 386, VI, 2ª parte, do CPP, deve ser absolvido. Tal sentença absolutória poderá ser própria ou imprópria: será *própria* se não for imposta medida de segurança no seu âmbito; será *imprópria* se realizada a imposição de medida de segurança. Note-se que a absolvição imprópria fundamenta-se no art. 386, parágrafo único, III, do CPP, c/c o art. 97 do CP, facultando ao juiz, ao absolver o réu, aplicar medida de segurança, se cabível.

Atente-se, também, ao fato de que, para o inimputável, adotou o Código de Processo Penal o sistema da *periculosidade presumida*, impondo a aplicação de medida de segurança, quando, em situações normais (indivíduo plenamente capaz à época do fato), devesse o acusado ser condenado. Evidentemente, ao indivíduo que se encontrar em situação de absoluta higidez mental, embora possa a sentença que o absolver impor medida de segurança, não poderá ser exigido pelo juiz da execução o cumprimento integral do prazo mínimo estabelecido, podendo ocorrer a suspensão da execução da medida antes do final desse lapso (art. 176 da LEP). Para tal fim, de acordo com o Superior Tribunal de Justiça, é necessário que o réu tenha iniciado o cumprimento da medida de segurança; e somente depois desse início é que poderá requerer ao juiz da execução, fundamentadamente, a realização antecipada do exame para que se verifique a cessação de sua periculosidade[3]. Não obstante essa orientação do STJ, aderimos a corrente oposta, vale dizer, no sentido de que, recobrando o agente sua sanidade no curso da ação penal, conforme perícia testada nos autos, deve-se admitir a antecipação do exame para verificação da cessação da periculosidade antes mesmo de iniciar ele o cumprimento da medida.

E se, muito embora constatada a periculosidade atual do indivíduo, entender o juiz que a hipótese justifica absolvição própria (v.g., em razão da inexistência de provas de que concorreu para a infração penal)? Não havendo como aplicar medida de segurança, caberá ao juiz criminal extrair cópias dos autos e enviá-las ao juízo cível, para que lá se delibere acerca da possibilidade de internação. Nesse caso, a internação possui natureza civil, não se confundindo com medida de segurança.

Por outro lado, em relação ao **semi-imputável**, tal medida decorrerá de substituição da pena pela qual for condenado o réu (art. 98 do CP). Aplica-se, nesse caso, o art. 26, parágrafo único, c/c o art. 98, ambos do Código Penal. Dispõe o art. 26, parágrafo único, do CP que o juiz poderá (deverá) reduzir a pena de um a dois terços quando o agente, ao tempo da ação ou omissão, não era inteiramente capaz de compreender o caráter ilícito do fato e de se autodeterminar de acordo com esse entendimento. Por sua vez, refere o art. 98 do CP que, se necessitar o condenado de especial tratamento curativo em razão de perturbação da saúde mental, a pena privativa de liberdade poderá ser substituída por internação ou tratamento ambulatorial. *Exemplo: Considere-se que ao réu, acusado de lesão corporal seguida de morte, diante de incidente de insanidade mental instaurado no curso do processo, tenha sido reconhecida a condição de semi-imputável no momento da prática da infração. Entendendo desfavorável a maioria das circunstâncias judiciais do art. 59 do CP, considere-se que tenha o juiz fixado a pena-base em 5 anos de reclusão (1.ª fase do cálculo da pena). Reconhecida a atenuante da confissão espontânea, suponha-se que esta pena seja reduzida em 6 meses, elevando-se, após, em 9 meses diante da agravante da reincidência, totalizando, na segunda fase do cálculo da pena, 5 anos e 3 meses (2.ª fase do cálculo da pena). Considerando, porém, a semi-imputabilidade, imagine-se que proceda o juiz à redução de um terço (art. 26, parágrafo único, do CP), totalizando, então, a pena definitiva em 3 anos e 6 meses de reclusão (3.ª fase do cálculo da pena). Esta, pois, a pena que deve ser cumprida pelo condenado. Não obstante, se entender que o acusado necessita de especial tratamento curativo diante de perturbação da saúde mental (leia-se: se revelar periculosidade), poderá o juiz substituir tal reprimenda (já reduzida) por medida de segurança (art. 98 do CP).*

Como se vê, na hipótese do semi-imputável, não adotou o Código Penal o sistema da periculosidade presumida, mas sim o *sistema da periculosidade real*. Em suma, o réu, aqui, jamais será absolvido com medida de segurança, podendo o juiz, apenas, absolvê-lo

[3] STJ, *Habeas Corpus* 112042/RJ, *DJ* 13.09.2010.

sem essa medida ou condená-lo. Nesse último caso, deve o magistrado analisar o estado mental do indivíduo no momento da prolatação da sentença. Não sendo perigoso, compete-lhe apenas reduzir a pena de 1/3 a 2/3, na forma do art. 26, parágrafo único, do CP. Presente, porém, o estado de periculosidade, deverá ainda substituir a pena privativa de liberdade por medida de segurança, conforme autorizado pelo art. 98 do CP.

Considerando que o art. 98 do Código Penal refere-se apenas à substituição da pena privativa de liberdade por medida de segurança, discute-se a possibilidade dessa substituição quando a pena imposta for apenas de *multa*, alguns entendendo que, apesar de não haver menção na lei, é possível a tal substituição[4], enquanto outros sustentam que tal providência é por demais gravosa, devendo o julgador, então, manter a sanção pecuniária e não substituí-la por medida de segurança[5]. Aderimos a este último entendimento. De qualquer sorte, se for aplicada a pena de multa cumulativamente com a pena privativa de liberdade e se esta última vier a ser substituída por medida de segurança, a multa não poderá subsistir, vale dizer, não poderá ser exigida cumulativamente com a imposição da medida de segurança diante da eliminação do sistema duplo binário (pena e medida de segurança) e consagração do sistema vicariante (pena ou medida de segurança).

11.1.5 Doença mental ou perturbação da saúde mental supervenientes à execução da pena

Pode ocorrer que a doença mental ou a perturbação da saúde mental advenham na fase da execução da pena. Nesse caso, duas possibilidades são facultadas ao juízo[6]:

a) **Aplicação da regra do art. 41 do CP:** Esse artigo determina a internação (também chamada de *transferência*) do apenado para hospital ou outro estabelecimento psiquiátrico adequado. Recuperando-se, volta ele a cumprir o restante da pena, computando-se como tempo de cumprimento o período de internação.

b) **Aplicação da regra do art. 183 da LEP:** É a medida mais adequada aos casos em que se revelar improvável a recuperação do reeducando. Aqui, trata-se da conversão do saldo de pena em medida de segurança. Recuperando-se o apenado antes do tempo que corresponde ao saldo da pena convertida, a medida deve ser suspensa e o indivíduo, desinternado, não retornando ao presídio[7]. As regras, enfim, são as pertinentes à medida de segurança, salientando-se, porém, a existência de entendimento jurisprudencial consolidado no sentido de que essa medida não pode perdurar por mais tempo do que o correspondente à pena

---

4 Renato Marcão, op. cit., p. 321.

5 Julio Fabbrini Mirabete, op. cit., p. 743.

6 "Doença ocorrida durante a execução da pena: há duas possibilidades: a) doença transitória: aplica-se o art. 41 do Código Penal, ou seja, transfere-se o condenado para o hospital penitenciário, sem se alterar a pena; b) doença de caráter duradouro ou permanente: converte-se a pena em medida de segurança, conforme disposto no art. 183 da LEP" (NUCCI, Guilherme de Souza. *Código de Processo Penal comentado*, p. 290).

7 "Possibilitando a lei, na hipótese de superveniência de doença mental, também, a simples transferência do condenado para o hospital (art. 41 do CP), a conversão [em medida de segurança] somente se justifica quando se trata de doença mental ou perturbação da saúde mental sérias. Na hipótese de serem transitórias a doença ou a perturbação, recomendável é a simples transferência para tratamento. Por cautela, aliás, deve o juiz da execução, assim que tiver a notícia da superveniência da doença ou perturbação, determinar a transferência para, somente depois, de posse do resultado dos exames, determinar a conversão." E mais: "A conversão é irreversível, ao contrário do que ocorre com a simples transferência" (MIRABETE, Julio Fabbrini. *Execução penal*, p. 349).

substituída. Assim, se ainda restavam seis anos de pena privativa da liberdade no momento em que se deu a conversão em medida de segurança, esta igualmente estará limitada a seis anos[8]. *E se, vencido esse prazo, persistir a periculosidade do indivíduo?* Como já dissemos alhures, em tal situação compete ao magistrado que atua na execução criminal, ao suspender a execução da medida, encaminhar cópia dos documentos que sugerem a persistência da periculosidade ao juízo cível, a fim de que neste, em procedimento próprio, seja averiguada a possibilidade de internação civil, com base na L. 10.216/2001.

Note-se que a opção entre essas duas alternativas – *internação ou conversão em medida de segurança* – compete ao juiz da execução, levando em conta as peculiaridades do caso concreto e os elementos de convicção existentes a seu dispor (art. 66, V, letra *d*, da LEP).

Evidentemente, tendo conhecimento de que o apenado encontra-se com perturbação da saúde mental, a cautela recomenda que o juiz, inicialmente, determine a sua internação, aludida no art. 41 do CP, em estabelecimento psiquiátrico, na tentativa de recuperá-lo. Alcançado esse objetivo, retornará o reeducando ao cumprimento da pena imposta. Verificada, porém, que tal recuperação é impossível ou improvável, somente aí deverá o juiz ordenar a conversão do saldo de pena em medida de segurança, nos moldes preconizados pela L. 7.210/1984.

Não obstante esse procedimento seja o adequado, nada impede que o juiz decida, imediatamente, pela conversão da pena em medida de segurança, deixando de ordenar, previamente, a internação psiquiátrica. Na prática, tal solução vem sendo adotada nas hipóteses em que a prova acostada aos autos do processo de execução já refere como improvável a recuperação do apenado.

11.1.6 Prazo de duração da medida de segurança

Na aplicação da medida de segurança de internação ou de tratamento ambulatorial deve o juiz da sentença estabelecer o **prazo mínimo** de seu cumprimento, que poderá ser de um, dois ou três anos[9]. Essa regra se aplica tanto à hipótese do inimputável (art. 97, *caput* e § 1.º, do CP) quanto do semi-imputável (art. 98 do CP). Perceba-se, porém, que o estabelecimento de tal prazo visa não obrigar o respectivo cumprimento, podendo ser suspensa a execução da medida antes mesmo desse prazo, se, por meio de perícia, for comprovada a cessação da periculosidade do indivíduo (art. 176 da LEP). Nesse contexto, é correto afirmar que o chamado "prazo mínimo" visa apenas marcar a época obrigatória do primeiro exame para verificação de cessação de periculosidade (art. 97, § 2º, do CP e art. 175 da LEP). *E quais os parâmetros a serem utilizados pelo juiz na definição do prazo mínimo entre um e três anos?* Conforme ensina Renato Marcão, três

[8] "[...] 1. A Lei de Execução Penal prevê a possibilidade de conversão da pena privativa de liberdade em medida de segurança, quando do surgimento de doença mental ou perturbação da saúde mental no curso do cumprimento da pena, consoante disposto no art. 183 da L. 7.210/1984. 2. No incidente de execução, consistente na conversão de pena privativa de liberdade em medida de segurança, a pena imposta na sentença condenatória é substituída por medida de segurança, sendo limitada ao tempo máximo da pena aplicada. 3. Extrapolado o prazo máximo da pena privativa de liberdade, não há como manter o paciente no cumprimento da medida de segurança, a qual deve ser declarada extinta" (STJ, HC 130.160/SP, 5ª Turma, Rel. Min. Arnaldo Esteves Lima, *DJ* 14.12.2009).

[9] TJRS, Apelação 70051129732, j. 09.01.2013.

são os critérios: o grau de comprometimento produzido pela doença mental; a gravidade da infração penal; e a periculosidade evidenciada pelo agente[10].

Não estabelece o Código Penal prazo máximo de duração da medida de segurança. Pelo contrário. Determinam os arts. 97, § 1º, e 98 do CP que a internação ou o tratamento ambulatorial será por tempo indeterminado. Isso significa que, de acordo com a lei, deve a medida perdurar enquanto não cessar a periculosidade do indivíduo. Não obstante essa previsão, os Tribunais Superiores firmaram a posição de que a medida de segurança é uma forma de sanção penal, apresentando tanto o caráter de retribuição ao delito cometido, como o de prevenção a possível cometimento de novos crimes. Logo, na sua aplicação, deve ser observado o disposto no art. 5.º, XLVII, *b*, da Constituição Federal, que veda a pena de prisão perpétua. A partir daí consagrou-se o entendimento de que o tempo de cumprimento da medida de segurança, na modalidade de internação ou tratamento ambulatorial, deve ser limitado. Assim, para o STJ (revisando seu entendimento anterior), essa limitação corresponde ao máximo da pena abstratamente cominada ao delito perpetrado[11], encontrando-se tal questão, inclusive, sedimentada na Corte por meio de sua **Súmula 527**, dispondo esta que "o tempo de duração da medida de segurança não deve ultrapassar o limite máximo da pena abstratamente cominada ao delito praticado". Já para o STF, a medida de segurança fica jungida ao período máximo de 30 anos, tal como previsto no art. 75 do Código Penal em relação ao cumprimento da pena privativa de liberdade[12]. Pois bem, independentemente dessa divergência quanto à duração da medida de segurança estabelecida nos Tribunais Superiores (pena máxima abstrata, para o STJ; 30 anos, para o STF), se, ao revogar a medida em razão de ter sido alcançado o patamar máximo, constatar o juiz criminal que permanece perigoso o indivíduo, deverá ele determinar sejam extraídas cópias dos autos e enviadas ao juízo cível, para que lá, em procedimento judicial próprio instaurado pelos familiares do indivíduo ou pelo Ministério Público com base na L. 10.216/2001, delibere-se acerca da possibilidade de internação. Nesse caso, a internação possui natureza civil, não se confundindo com medida de segurança.

11.1.7 Espécies de medidas de segurança

De acordo com o art. 96 do Código Penal, duas são as espécies de medidas de segurança:

- **Medida de segurança detentiva:** Está prevista no art. 96, I, do Código Penal, consistindo na *internação* em hospital de custódia e tratamento psiquiátrico ou, à falta, em outro estabelecimento adequado. Implica, como se vê, em privação da liberdade.
- **Medida de segurança restritiva:** Contemplada no art. 96, II, do Código Penal, consiste na submissão do agente a *tratamento ambulatorial*. Nessa modalidade, o agente permanece em liberdade, conquanto sujeito a tratamento médico. De acordo com o art. 101 da Lei de Execução Penal, o tratamento ambulatorial será realizado no hospital de custódia e tratamento psiquiátrico ou em outro local com dependência médica adequada.

---

10 Renato Marcão, op. cit., p. 320.

11 STJ, *Habeas Corpus* 91.602/SP, *DJ* 26.10.2012.

12 STF, *Habeas Corpus* 107.777/RS, *DJ* 07.02.2012.

O critério para escolha de uma ou outra modalidade, conforme se extrai do art. 97 do Estatuto Repressivo, é a natureza da pena cominada *in abstrato* pelo tipo penal. Assim, tratando-se de *inimputável* e sendo o fato punido com reclusão, a medida de segurança será de *internação*. Se, todavia, o fato previsto como crime for punível com detenção, poderá o juiz, considerando o grau de periculosidade do agente[13], optar entre a *internação* e o *tratamento ambulatorial*. O mesmo tratamento é dispensado ao *semi-imputável* que, nos termos do art. 98 do Código Penal, tiver sua pena substituída por medida de segurança.

Sem embargo dessa disciplina, o Superior Tribunal de Justiça tem deliberado que, independentemente de o fato ser punido com reclusão ou detenção, a avaliação do caso concreto permite ao julgador optar pelo tratamento mais adequado ao agente. Possibilita-se, assim, em homenagem aos princípios da adequação, da razoabilidade e da proporcionalidade, a aplicação do tratamento ambulatorial ao agente de crime punido com reclusão. Considera-se, para tanto, que as medidas de segurança, ao contrário das penas, não devem ser necessariamente proporcionais à gravidade dos delitos praticados, mas sim à periculosidade do delinquente[14].

Pode ocorrer ainda que, aplicada a medida de segurança de tratamento ambulatorial, revele o agente incompatibilidade com essa medida. É o caso, por exemplo, do indivíduo que não comparecer ao local determinado nos dias e horários fixados pelos médicos; ou daquele que, no curso do tratamento, revela agravamento de sua doença mental e aumento da periculosidade. Nessas hipóteses, prevê o art. 184 da Lei de Execução Penal que o *tratamento ambulatorial poderá ser convertido em internação* pelo prazo mínimo de um ano, ao cabo do qual será o agente submetido a exame para verificação da cessação de sua periculosidade.

11.1.8 Medida de segurança provisória

A denominada medida de segurança provisória ou preventiva, prevista na redação original do art. 80, *caput*, do Código Penal, foi suprimida com a entrada em vigor da L. 7.209/1984. Na esteira dessa modificação legislativa, o art. 171 da LEP condicionou a execução da medida de segurança ao trânsito em julgado da sentença que a aplicar. Diante disso, restaram taticamente revogados, também, os dispositivos do Código de Processo Penal que fazem alusão à medida de segurança provisória, como é o caso dos arts. 378 e 596, parágrafo único, desse Estatuto. Sobre o tema, não é outro o entendimento do Superior Tribunal de Justiça ao deliberar que "não é cabível no ordenamento jurídico a execução provisória da medida de segurança"[15].

Veja-se que a impossibilidade jurídica de aplicação da medida de segurança provisória nos tempos que se seguiram à vigência da L. 7.209/1984 e da L. 7.210/1984 não foi atingida pelas alterações da L. 12.403/2011 ao Código de Processo Penal ao instituir a medida cautelar diversa da prisão de internação provisória (art. 319, VII, do CPP). Essa providência, que em nada se confunde com a extinta medida de segurança provisória, tem sua aplicação restrita aos acusados de crimes cometidos com violência

[13] STJ, *Habeas Corpus* 150887/ES, *DJ* 01.02.2013.

[14] STJ, Recurso Especial 1266225/PI, *DJ* 03.09.2012; Agravo Regimental no Recurso Especial 1107323/SP, *DJ* 01.08.2012.

[15] STJ, *Habeas Corpus* 226014/SP, *DJ* 30.04.2012.

ou grave ameaça que tiverem apurada sua inimputabilidade ou semi-imputabilidade no tempo da infração penal e que demonstrem risco de reiteração.

11.1.9 Prescrição da medida de segurança

A medida de segurança, sendo espécie do gênero *sanção penal*, sujeita-se às regras contidas no art. 109 do Código Penal, sendo possível, portanto, sua extinção diante da prescrição.

Para a apuração do prazo prescricional, deve-se atentar inicialmente à natureza da sentença que impõe a medida de segurança. Conforme referimos alhures (item 11.1.4), tratando-se de **inimputável** (art. 26, *caput*, do CP), a sentença que impõe a medida de segurança é absolutória - a chamada absolvição imprópria. O juiz, enfim, constatando a existência de prova do fato e de sua autoria, bem como a ausência de causas justificantes da conduta ou de outras exculpantes (além da inimputabilidade), absolve o réu e, diante da periculosidade presumida, aplica-lhe medida de segurança. Por outro lado, tratando-se de **semi-imputável** (art. 26, parágrafo único, do CP), poderá ser condenado ao cumprimento de uma pena, reduzida de um a dois terços, ou, se evidenciada a necessidade de especial tratamento curativo, ter a pena privativa de liberdade substituída por medida de segurança (art. 98 do CP) diante de sua periculosidade real. Detecta-se, então, que para o semi-imputável a imposição de medida de segurança provém de uma condenação.

Pois bem, tratando-se de indivíduo **semi-imputável**, a *prescrição da pretensão punitiva* ocorre normalmente, a partir do confronto entre a pena privativa de liberdade máxima estabelecida para a infração penal com os prazos previstos no art. 109 do CP. Já a *prescrição da pretensão executória* deve ser calculada com base na pena privativa de liberdade que foi substituída por medida de segurança.

Já em relação ao **inimputável**, existem três correntes:

Primeira: Somente é possível o reconhecimento da *prescrição da pretensão punitiva*, com base na pena máxima em abstrato prevista no tipo penal. Não se admite, entretanto, a *prescrição da pretensão executória*, já que esta pressupõe a imposição de pena concreta, o que não ocorre com a medida de segurança aplicada ao inimputável.

Segunda: Tanto pode ser reconhecida a *prescrição da pretensão punitiva* quanto a *prescrição da pretensão executória*, devendo ambas ser calculadas a partir da pena máxima fixada em abstrato[16].

Terceira: Podem ser reconhecidas a *prescrição da pretensão punitiva* e a *prescrição da pretensão executória*. No primeiro caso, deve ser calculada com base na pena máxima cominada ao tipo penal imputado ao agente; no segundo, o cálculo deve levar em conta o prazo de trinta anos, que, sob a ótica do Excelso Pretório, corresponde ao máximo de duração da medida de segurança. Esta última posição é aceita pelo Supremo Tribunal Federal[17].

Atenção: Os prazos prescricionais da medida de segurança relacionados à pretensão punitiva e à pretensão executória obedecem aos termos iniciais e marcos interruptivos e suspensivos dispostos no Código Penal. Logo, não se pode falar em transcurso do prazo prescricional durante o cumprimento da medida de segurança, já que tal prazo, segundo orientação consolidada no STF, por analogia ao art. 117, V, do CP, é interrompido com o início da submissão do agente a internação ou tratamento ambulatorial.

16 STJ, *Habeas Corpus* 182973/DF, *DJ* 26.06.2012; *Habeas Corpus* 56980/SP, *DJ* 16.10.2006.

17 STF, *Habeas Corpus* 107777/RS, *DJ* 16.04.2012; *Habeas Corpus* 97621/RS, *DJ* 02.06.2009.

11.1.10 Medida de segurança e detração penal

De acordo com o art. 42 do Código Penal, o tempo de prisão provisória ou de internação computa-se na medida de segurança. Para aplicação desta regra, o desconto deve ser realizado sobre o total estipulado como prazo mínimo de duração desta medida. Portanto, se o indivíduo, no curso do processo, permaneceu preso preventivamente por um ano e se, ao final, for imposta a medida de internação ou de tratamento ambulatorial, pelo prazo mínimo de três anos, o exame de cessação da periculosidade (que deve ser realizado no termo do prazo mínimo, *ex vi* do art. 97, § 2º, do CP) deverá ser realizado no término do prazo de dois anos e dos três anos inicialmente estabelecidos.

11.1.11 Falta de vagas para a internação

A falta de vagas para a internação é problema frequentemente enfrentado nas Varas de Execuções Criminais devido à precariedade dos investimentos públicos realizados na área. Nesse caso, surge a dúvida: *é possível o recolhimento do indivíduo a que imposta medida de segurança de internação em estabelecimento prisional comum, até que obtenha vaga em estabelecimento adequado?* Há duas orientações aqui:

> *Primeira:* Deve prevalecer o interesse público. Logo, como forma de garantir a tranquilidade social, pode o agente ser recolhido ao cárcere comum enquanto aguarda vaga para internação em hospital de custódia e tratamento psiquiátrico.
>
> *Segunda:* Constitui constrangimento ilegal a permanência do agente que recebeu medida de segurança em regime fechado devido a inexistência de vagas em hospital específico, não justificando essa situação a insuficiência de recursos do Estado e a eventual gravidade do delito.

Inequivocamente, predomina a última corrente. No âmbito do Superior Tribunal de Justiça, inclusive, afirmou-se: "a teor da pacífica orientação desta Corte, o inimputável submetido à medida de segurança de internação em hospital de custódia e tratamento psiquiátrico não pode permanecer em estabelecimento prisional comum, ainda que sob a justificativa de ausência de vagas ou falta de recursos estatais"[18]. Nesse viés, compreende-se que a providência a ser adotada pelo juiz é submeter o agente a regime de tratamento ambulatorial, até que surja a vaga para sua internação[19].

11.1.12 Medida de segurança na Lei de Drogas (L. 11.343/2006)

As regras pertinentes à medida de segurança relativamente aos delitos previstos na L. 11.343/2006 estão previstas nos arts. 45, parágrafo único, e 46 desse diploma.

Assim, é **isento de pena** o agente que, em razão de dependência, ou sob o efeito, proveniente de caso fortuito ou força maior, de droga, era, no tempo da ação ou da omissão, qualquer que tenha sido a infração penal praticada, inteiramente incapaz de entender o caráter ilícito do fato ou de determinar-se de acordo com esse entendimento (inimputável). Sem embargo, ao absolvê-lo, poderá o juiz determinar, na sentença, o seu encaminhamento para tratamento médico adequado. Conforme refere Guilherme

---

[18] STJ, *Habeas Corpus* 231124/SP, *DJ* 30.04.2013.

[19] STJ, *Habeas Corpus* 211750/SP, *DJ* 26.10.2011; *Habeas Corpus* 121760/SP, *DJ* 14.09.2009; *Habeas Corpus* 81959/MG, *DJ* 25.02.2008.

de Souza Nucci, "quem cometer um fato criminoso, mormente grave (ex.: matar alguém sob forte influência de drogas, das quais é dependente), deve ser submetido a tratamento médico. E por menor que seja o ilícito cometido, cabe tratamento médico, em virtude justamente do vício. Por outro lado, se for absolvido em função do efeito da droga ingerida por caso fortuito ou força maior não poderá ser encaminhado a tratamento algum, nos mesmos moldes do que ocorre com o embriagado por acidente (art. 28, § 1º, CP). Afinal, nada há a tratar, pois não é dependente nem doente mental"[20].

Por outro lado, se em razão dependência ou do efeito de droga ingerida por caso fortuito ou força maior, o agente não possuía, no tempo da ação ou da omissão, a plena capacidade de entender o caráter ilícito do fato ou de determinar-se de acordo com esse entendimento (semi-imputável), sendo condenado, o juiz **reduzirá a pena de um terço a dois terços**. Discute-se, nesse caso, a possibilidade de se aplicar medida de segurança substitutiva, nos moldes estabelecidos pelo art. 98 do Código Penal. Parte da doutrina compreende que não há óbice a essa aplicação, já que "pode ser mais conveniente ao agente quase dependente, com a saúde mental abalada, a internação para desintoxicação do que o cumprimento da pena em estabelecimento comum"[21].

11.1.13 Gráficos ilustrativos

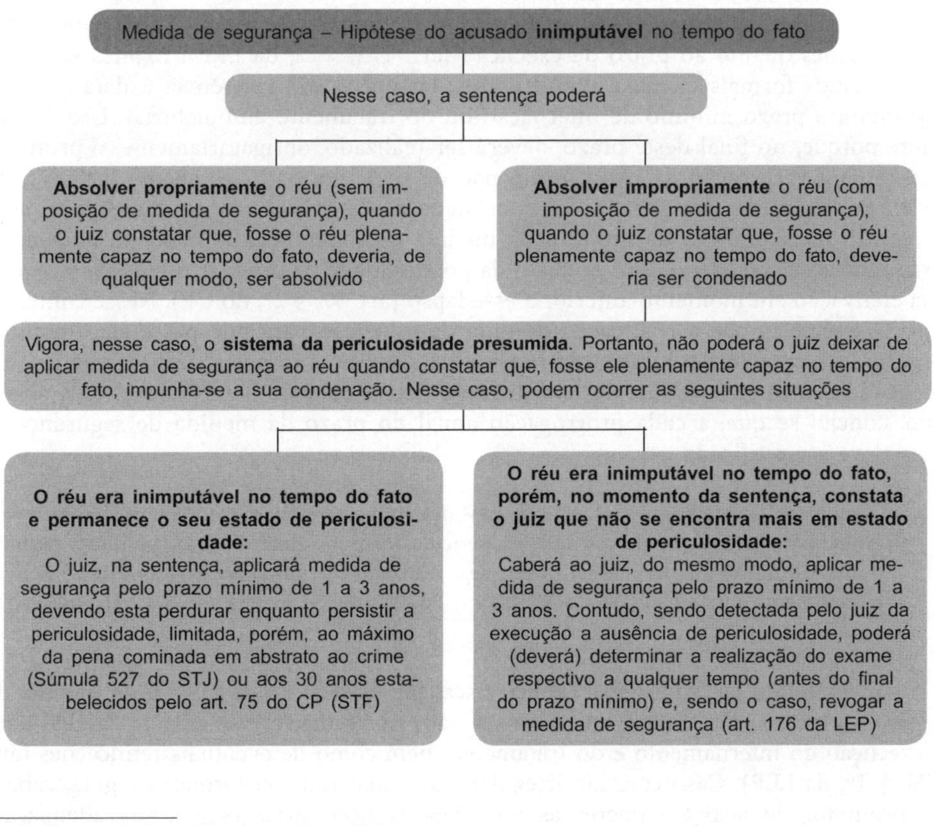

20 Guilherme de Souza Nucci, op. cit., p. 384.

21 Guilherme de Souza Nucci, op. cit., p. 385.

11.2 EXECUÇÃO DA MEDIDA DE SEGURANÇA

11.2.1 A guia para a execução

Transitada em julgado a decisão que aplicar medida de segurança, será ordenada pelo juiz da sentença a expedição de **guia para a execução do internamento em hospital de custódia e tratamento psiquiátrico ou do tratamento ambulatorial** (art. 171 da LEP), que será encaminhada, juntamente com outras peças do processo, ao juízo da execução penal. Essa guia é indispensável e sem a sua expedição pela autoridade judiciária ninguém será internado em hospital de custódia e tratamento psiquiátrico ou submetido a tratamento ambulatorial (art. 172 da LEP). Referido documento será extraído e subscrito pelo escrivão, que o rubricará em todas as folhas, devendo, ainda, conter a assinatura do juiz que determinou sua expedição (art. 173 da LEP). Na confecção da guia, deverão ser observados os requisitos formais previstos em lei. Assim, deverá ela conter o nome e qualificação do agente e o número do registro geral do órgão oficial de identificação; o inteiro teor da denúncia (e da queixa) e da decisão que aplicou a medida de segurança, bem como a certidão do trânsito em julgado desta; a data em que terminará o prazo mínimo de internação ou do tratamento ambulatorial e, por fim, outras peças do processo reputadas indispensáveis à adequada internação ou tratamento do agente (art. 173, I a IV, da LEP).

Determina a lei que a guia de execução seja **retificada** sempre que sobrevierem modificações quanto ao prazo de execução (art. 173, § 2º, da LEP). Explica-se: entre os requisitos formais da guia, como vimos, encontra-se a referência à data em que terminará o prazo mínimo de internação ou do tratamento ambulatorial. Isso é relevante porque, no final deste prazo, deverá ser realizado, obrigatoriamente, o primeiro exame para verificação da cessação ou não da periculosidade do agente (art. 175 da LEP). Se, realizada essa perícia, for constatada a persistência da periculosidade, será acrescido mais um ano de duração da medida de segurança, ao cabo do qual novo exame deve ser realizado, sem prejuízo da possibilidade de ordenar o juiz da execução sua efetivação em momento anterior a esse lapso (art. 97, § 2º, do CP). Nesse contexto, pois, é que se impõe a retificação da guia de execução para que passe ela a constar o período acrescido de duração da medida de segurança imposta. Considerando que, realizado o primeiro exame, daí em diante a periculosidade deverá ser aferida ano a ano, conclui-se que, a cada prorrogação anual do prazo da medida de segurança, a guia deve ser retificada.

> *Atenção:* Muito embora o art. 175 da LEP determine a realização obrigatória do primeiro exame para verificação da cessação da periculosidade no final do prazo mínimo, permite o art. 176 da mesma lei que tal exame seja realizado mesmo antes desse prazo, se houver requerimento fundamentado do Ministério Público ou do interessado, de seu procurador ou defensor.

Incumbindo ao Ministério Público fiscalizar a execução da pena e da medida de segurança (art. 67 da LEP), a este deve ser dada obrigatoriamente ciência da guia para a execução do internamento e do tratamento, bem como de eventuais retificações (art. 173, § 1º, da LEP). Caso constate irregularidades materiais ou formais na guia, caberá ao promotor de justiça requerer as providências necessárias para a sua adequação, podendo até mesmo suscitar, para tanto, incidente de excesso ou desvio da execução.

11.2.2 Exame criminológico

O exame criminológico no agente pode constituir importante instrumento para aferição do grau de sua periculosidade e até mesmo para subsidiar futuro exame de cessação dessa periculosidade. Nesse contexto, determina o art. 174 da LEP (ao remeter aos arts. 8º e 9º desta lei) que tal exame será obrigatório quando se tratar de medida de segurança de *internação* em hospital de custódia e tratamento psiquiátrico (medida que guarda simetria com o cumprimento da pena privativa de liberdade em regime fechado) e apenas facultativo quando se trata de *tratamento ambulatorial.*

11.2.3 Acompanhamento do sentenciado

Por força do art. 43 da LEP, faculta-se aos familiares e dependentes do internado e do submetido a tratamento ambulatorial a contratação de médico de sua confiança pessoal, a fim de orientar e acompanhar o tratamento. Nesse caso, havendo divergências entre o médico particular contratado e o perito oficial, serão elas resolvidas pelo juiz da execução.

Sem embargo da previsão legal, esse permissivo tem sido alvo de críticas de parte da doutrina, compreendendo muitos que implica privilégio inaceitável em prol de pessoas provenientes de famílias com bom poder aquisitivo, em detrimento de outros que não ostentem essa condição. É o que pensa, por exemplo, Guilherme de Souza Nucci, para quem "o ideal seria a igualdade de todos perante a lei", impondo que a orientação e acompanhamento se façam "pelo médico oficial, para ricos ou pobres"[22].

11.2.4 Procedimento de verificação da cessação da periculosidade

Conforme dissemos alhures (item 11.1.6), a medida de segurança é fixada pelo juízo da sentença no prazo mínimo de um, dois ou três anos (art. 97, § 1º, do CP), e a opção por um ou outro prazo deverá levar em conta a periculosidade do agente, aferida com base no fato praticado e na doença ou perturbação mental apresentada. Ressalve-se que, na hipótese de conversão de tratamento ambulatorial em internação, o prazo mínimo a ser fixado pelo juiz da execução é de um ano (art. 184, parágrafo único, da LEP).

O estabelecimento do prazo mínimo tem por finalidade marcar a época da realização obrigatória do exame de cessação da periculosidade. Este, a propósito, é o sentido do art. 97, § 2º, do Código Penal, ao determinar que "a perícia médica realizar-se-á ao termo do prazo mínimo fixado", e do art. 175, *caput*, da LEP, ao dispor que "a cessação da periculosidade será averiguada no fim do prazo mínimo de duração da medida de segurança, pelo exame das condições pessoais do agente".

Note-se que cabe à autoridade administrativa incumbida da execução da medida de segurança (diretor do hospital de custódia e tratamento) providenciar, *ex officio*, a efetivação da perícia médica. Nada obsta, evidentemente, que o procedimento seja desencadeado por ordem do juiz, *ex officio* ou a requerimento do Ministério Público, do interessado ou quem o represente, do seu cônjuge, parente ou descendente, ou do Conselho Penitenciário (art. 195 da LEP). Discute-se a consequência jurídica do esgotamento do prazo mínimo sem que sejam adotadas pela autoridade administrativa ou pelo juiz

[22] Guilherme de Souza Nucci, op. cit., p. 469.

da execução as providências necessárias para verificação da periculosidade. Pensamos, entretanto, que essa circunstância não pode gerar, por si, a presunção da cessação da periculosidade e o direito à desinternação ou liberação do indivíduo, muito embora possa ensejar a impetração de *habeas corpus* com vista à imediata realização da perícia.

> *Atenção:* sem embargo da regra de que a perícia psiquiátrica será realizada no término do prazo de duração mínima da medida de segurança, permite a lei ao juiz da execução, em qualquer tempo, ainda no decorrer daquele prazo, determinar a realização antecipada do exame de cessação da periculosidade. Basta, para tanto, que haja requerimento fundamentado nesse sentido do Ministério Público ou do interessado, de seu procurador ou defensor (art. 176 da LEP). E mais: conquanto não haja previsão legal, tem-se aceito doutrinariamente que ordene o juiz a realização antecipada do exame *ex officio* "quando tiver ciência de fato relevante capaz de justificar sua atuação"[23].

Pois bem, efetivado o laudo psiquiátrico, no tempo oportuno ou antecipadamente, observar-se-á o procedimento instituído pelo art. 175, I a VI, da LEP visando à deliberação judicial acerca da manutenção ou suspensão da execução da medida de segurança. Para tanto:

- A autoridade administrativa deverá encaminhar ao juiz da execução, até um mês antes de expirar o prazo mínimo de duração da medida de segurança, relatório minucioso da situação do indivíduo, contemplando histórico completo desde o seu ingresso no hospital de custódia e tratamento psiquiátrico (art. 175, I, da LEP).
- Esse relatório será instruído com o laudo pertinente ao exame psiquiátrico realizado, que conterá a análise acerca da cessação ou não da periculosidade a fim de habilitar o juiz da execução a decidir sobre a suspensão ou permanência da medida de segurança (art. 175, II, da LEP). O laudo será subscrito por perito oficial (art. 159, *caput*, do CPP), que obviamente deverá ser médico, havendo entendimento doutrinário no sentido de que não pode ser confeccionado por peritos leigos, assim consideradas as pessoas idôneas, portadoras de curso superior, nomeadas em razão da ausência de perito oficial (art. 159, § 1º, do CPP).
- Com a juntada do relatório aos autos do processo de execução criminal e a realização de eventuais diligências, serão ouvidos sucessivamente, no prazo de três dias cada um, o Ministério Público (a quem incumbe fiscalizar a execução da pena e da medida de segurança) e o defensor do sentenciado (art. 175, III, da LEP), constituído ou nomeado (art. 175, IV, da LEP), que poderão, até mesmo, formular quesitos para análise do perito. Note-se que a referência legal à oitiva do *curador* está de certo modo prejudicada, já que, na prática, o curador nomeado é o próprio advogado que já defende o sentenciado.
- Diante do poder geral de cautela que assiste ao juiz, faculta-se a este, de ofício ou a requerimento de qualquer das partes, determinar, além do relatório e do laudo psiquiátrico já acostados, a realização de novas diligências que o permitam aferir, com maior segurança, a cessação da periculosidade (art. 175, V, da LEP).

[23] Cleber Masson, op. cit., p. 824.

- Realizadas novas diligências e ouvidas sobre elas as partes, o juiz proferirá sua decisão no prazo de cinco dias (art. 175, VI, da LEP), podendo concluir pela *persistência da periculosidade*, mantendo, então, a medida de segurança; ou, ao contrário, pela *cessação da periculosidade*, caso em que suspenderá a execução da medida de segurança, determinando a desinternação (no caso da medida de segurança detentiva) ou a liberação (no caso da medida de segurança restritiva) do agente.

No término do prazo mínimo da medida de segurança, a autoridade administrativa providenciará a realização de perícia médica no indivíduo → Concluído o laudo psiquiátrico, a autoridade administrativa enviará ao juiz da execução relatório minucioso sobre a situação do sentenciado, instruindo esse relatório com o referido laudo → Juntado o relatório aos autos do processo de execução e realizadas eventuais diligências, serão ouvidos sucessivamente, no prazo de 3 dias, o Ministério Público e o defensor → O juiz, de ofício ou a requerimento de qualquer das partes, poderá determinar a realização de novas diligências que o permitam aferir a cessação ou não da periculosidade → Realizadas novas diligências e ouvidas as partes, o juiz proferirá sua decisão no prazo de cinco dias, podendo manter a medida de segurança ou suspendê-la

11.2.5 Persistência da periculosidade

Concluindo o juiz da execução, após o procedimento do art. 175 da Lei de Execução Penal, pela *persistência da periculosidade*, determinará a **manutenção da medida de segurança**. Nesse caso, por força do art. 97, § 2º, do Código Penal, a perícia médica investigativa da cessação da periculosidade do interno ou do submetido a tratamento ambulatorial deverá ser renovada pela autoridade administrativa anualmente, ou a qualquer tempo, se o entender o juízo da execução, sempre observando o procedimento estabelecido nos arts. 175 e 176 da Lei de Execução Penal (art. 177 da LEP).

A decisão que mantém a medida de segurança comporta agravo – o denominado agravo da execução –, nos termos do art. 197 da LEP.

11.2.6 Cessação da periculosidade

Convencendo-se o juiz, a partir dos elementos angariados na forma do art. 175 da Lei de Execução Penal, no sentido de que *cessou a periculosidade* do agente, deverá **suspender a execução da medida de segurança**, determinando a *desinternação* (no caso da medida de segurança detentiva) ou a *liberação* (no caso da medida de segurança restritiva). Contudo, essa desinternação ou liberação apenas será realizada após o trânsito em julgado da decisão que concluir pela cessação da periculosidade (art. 179 da LEP). Nesse viés, se contra essa decisão for interposto o agravo da execução, tal recurso, por exceção à regra do art. 197 da LEP (que dispõe que o agravo não terá efeito suspensivo), suspenderá a desinternação ou liberação. Enfim, continua sendo executada a medida de segurança, até que a decisão que a suspendeu torne-se irrecorrível.

Sem embargo dessa disciplina, deve-se atentar ao fato de que "a desinternação, ou a liberação, será sempre condicional devendo ser restabelecida a situação anterior se o agente, antes do decurso de 1 (um) ano, pratica fato indicativo de sua periculosidade (art. 97, § 3º, do CP). Como se vê, a suspensão da execução da medida de segurança sujeita-se, durante o prazo de um ano, a uma condição resolutiva, já que poderá ser restabelecida a internação ou o tratamento ambulatorial caso, antes do decurso desse lapso, pratique o agente fato indicativo da persistência de sua periculosidade, não exigindo a lei que tal fato seja tipificado como crime ou contravenção. Por isso, até, é que se diz que a medida de segurança não é *extinta* com a constatação da cessação da periculosidade pelo juiz da execução, mas tão somente *suspensa*.

E mais: Por força do disposto no art. 178 da Lei de Execução Penal, ao determinar a desinternação ou liberação, deve o juiz impor ao agente as mesmas condições do livramento condicional. Essas condições classificam-se em obrigatórias e facultativas. São *condições obrigatórias* a obtenção de ocupação lícita, dentro de prazo razoável se for apto para o trabalho; a comunicação periódica de sua ocupação ao juiz da execução; e a proibição de mudar-se da comarca sem prévia autorização judicial (art. 132, § 1º, da LEP). Por outro lado, são *condições facultativas* (podem ser impostas pelo juiz segundo a sua discricionariedade) a proibição de mudar de residência sem comunicação ao juiz e à autoridade incumbida da observação cautelar e de proteção; o recolhimento à habitação em hora fixada; e a proibição de frequentar determinados lugares (art. 132, § 2º, da LEP).

11.2.7 Desinternação progressiva

Apesar de não prevista na Lei de Execução Penal, tem-se reconhecido a possibilidade de *desinternação progressiva* do agente quando for constatado em perícia psiquiátrica a melhora de seu quadro clínico com abrandamento considerável da periculosidade. A providência implica colocação do indivíduo, por determinado período, em regime de semi-internação, permitindo-se que usufrua saídas controladas da instituição. Nesse sentido, aliás, deliberou o Superior Tribunal de Justiça que, "apresentando o paciente melhora progressiva em seu quadro psiquiátrico, embora ainda precise de tratamento contínuo, poderá ser colocado em desinternação progressiva, em regime de semi-internação até que alcance a desinternação condicional"[24].

Finalizado o período da semi-internação, deverá o agente ser submetido a novo exame psiquiátrico para que seja apurada a possibilidade de sua desinternação, ou a necessidade de permanência na semi-internação por maior lapso ou ainda, se tais providências forem desaconselháveis, o retorno ao regime de internação[25].

Sob o rótulo da *desinternação progressiva* aceita-se, também, a conversão da internação em tratamento ambulatorial, a fim de que o agente se prepare paulatinamente ao convívio social, sem prejuízo de permanecer sob cuidados médicos.

---

[24] STJ, *Habeas Corpus* 113459/RS, *DJ* 10.11.2008.

[25] STJ, *Habeas Corpus* 116655/SP, *DJ* 30.03.2009.

CAPÍTULO 12

INCIDENTES DA EXECUÇÃO

12.1 CONSIDERAÇÕES GERAIS SOBRE OS INCIDENTES DA EXECUÇÃO

Consideram *incidentes da execução* as questões jurídicas que ocorrem no curso do processo de execução criminal, exigentes de pronunciamento judicial, as quais podem acarretar a alteração do curso da execução, a redução ou até mesmo a extinção da pena ou da medida de segurança.

A Lei de Execução Penal contempla as seguintes modalidades de incidentes: *conversões* (arts. 180 a 184), *excesso ou desvio* (arts. 185 e 186), *anistia e indulto* (arts. 187 a 193).

Ao contrário da previsão incorporada à lei anterior, não constituem incidentes da execução a *suspensão condicional da pena* e o *livramento condicional.* Também não a *alteração do regime carcerário por força de progressão ou regressão.* É que tais hipóteses se referem ao desenvolvimento normal da execução da pena privativa de liberdade, não implicando modificação nos rumos dessa execução.

Em termos de competência, cabe ao *juiz da execução* resolver os incidentes relativos ao processo executivo (art. 66, III, *f*, da LEP), podendo fazê-lo *ex officio* ou a requerimento dos órgãos da execução penal, do sentenciado, seu procurador ou defensor. Note-se que, não sendo o autor do requerimento, o Ministério Público deverá obrigatoriamente oficiar nos incidentes da execução (art. 67 da LEP), o que se justifica diante da sua atribuição de fiscalizar a execução da pena e da medida de segurança.

12.2 CONVERSÕES

12.2.1 Considerações gerais

Por *conversão* entende-se, no âmbito da execução criminal, a substituição incidental de uma pena ou medida de segurança por outra, podendo essa transformação ser favorável ou prejudicial ao sentenciado. Exemplo de substituição *favorável* é a conversão da pena privativa de liberdade por restritiva de direitos (art. 180 da LEP); exemplo de substituição *prejudicial* é o procedimento inverso, vale dizer, a conversão da pena restritiva de direitos em privativa de liberdade (art. 181 da LEP).

O Ministério Público, não sendo o autor do pedido de conversão, deverá ser ouvido previamente à decisão judicial. E mais: devem-se assegurar ao sentenciado a ampla defesa e o contraditório, ouvindo-se a defesa técnica e facultando-se a produção de provas, especialmente na hipótese de ser a conversão desfavorável ao condenado. A propósito, decidiu o STJ: "Jurisprudência firme desta Corte Superior considera que, preliminarmente à conversão de medidas restritivas de direito em pena privativa de liberdade, é imprescindível a intimação do Reeducando para que esclareça as razões do descumprimento, à luz dos princípios do contraditório e da ampla defesa"[1].

Na medida em que as conversões normalmente resultam do comportamento do condenado, é correto afirmar que se harmonizam elas com a dinâmica do processo de execução, que, no caso da pena, visa não apenas a retribuição, mas também a progressiva reintegração social do sentenciado; e, na hipótese da medida de segurança, a cessação da periculosidade do internado e do submetido a tratamento ambulatorial.

Em última análise, as conversões atendem à necessidade de individualização da pena e da medida de segurança, permitindo, nos limites legalmente autorizados, ajustar a forma de cumprimento de cada uma dessas sanções penais.

12.2.2 Conversão da pena privativa de liberdade em restritiva de direitos (art. 180 da LEP)

Permite o art. 180 da Lei de Execução Penal a transformação da pena privativa de liberdade em restritiva de direitos no curso do processo executivo. Veja-se que essa possibilidade harmoniza-se com a teleologia do Código Penal ao instituir o sistema progressivo, segundo o qual o sentenciado vai alcançando condições mais favoráveis e obtendo benefícios à medida que demonstra adaptação aos fins da pena.

Para que se viabilize essa conversão, exige a lei o atendimento de requisitos, sendo três de ordem objetiva e um de ordem subjetiva.

São **requisitos objetivos** (art. 180, *caput* e incisos I e II, da LEP):

1) *Pena privativa de liberdade aplicada não superior a dois anos*, não importando a natureza dessa pena (reclusão, detenção ou prisão simples). Sinale-se, entretanto, a existência de orientação compreendendo que, com o advento da L. 9.714/1998, tal prazo, de dois anos, teria sido ampliado de forma tácita para quatro anos. É que o art. 44, I, do Código Penal, modificado pela referida lei, passou a admitir que o juiz, na sentença condenatória, substitua por restritiva de direitos a pena privativa de liberdade *não superior a quatro anos*, previsão essa que teria refletido no art. 180, *caput*, da LEP. Na esteira do entendimento dos Tribunais Superiores[2-3], não concordamos com tal orientação. Consideramos, enfim, que a L. 9.714/1998, que trata das penas restritivas de direitos, limitou-se a alterar o Código Penal nessa matéria, razão pela qual persiste em vigor a disciplina da Lei de Execução Penal determinando que a conversão só é viável nas condenações não superiores a dois anos.

---

1 STJ, *Habeas Corpus* 274.603/SP, *DJ* 28.03.2014. No mesmo sentido: STJ, *Habeas Corpus* 199.102/RJ, *DJ* 24.04.2013.

2 STJ, *Habeas Corpus* 102.603/RS, *DJ* 17.12.2010.

3 STF, *Habeas Corpus* 91.709/CE, *DJ* 13.03.2009; *Habeas Corpus* 86.079/SP, *DJ* 06.11.2006.

2) *Cumprimento da pena em regime aberto*, sendo irrelevante se esse foi o regime inicialmente estabelecido na decisão condenatória ou se foi alcançado pelo sentenciado por força de progressão.

3) *Cumprimento de, no mínimo, 1/4 (um quarto) da pena*, computando-se, para tanto, os descontos da pena motivados por detração penal ou por remição.

Por outro lado, constitui **requisito subjetivo** (art. 180, III, da LEP) a circunstância de indicarem os antecedentes e a personalidade do condenado ser recomendável a conversão, prognosticando-se que o indivíduo efetivamente submeter-se-á à restrição imposta em substituição da pena privativa de liberdade. Assim, registrando o indivíduo condenações anteriores ou revelando os exames de personalidade e criminológico ou outros elementos dos autos que apresenta ele personalidade desajustada, dada a incapacidade de assumir as consequências de seus atos, ausência de arrependimento e de desejo de emenda, não deve o juiz da execução facultar a conversão. Não impede a benesse, contudo, a existência de inquéritos e ações penais em andamento, pois estes, nos termos da Súmula 444 do STJ, não evidenciam personalidade desajustada e também não podem ser reconhecidos como maus antecedentes, em observância ao princípio da presunção de inocência[4].

O juiz da execução pode realizar a conversão *ex officio* ou a requerimento do Ministério Público (art. 68, II, *e*, da LEP), da Defensoria Pública (art. 81-B, I, *h*, da LEP), do próprio executado ou de seu advogado constituído ou nomeado. A decisão do juiz deve ser fundamentada e, se não tiverem sido os autores do pedido, precedida de vista ao Ministério Público e à defesa. Contra a deliberação judicial que converter ou não a pena, pode ser interposto o agravo previsto no art. 197 da LEP.

Uma vez efetuada a conversão, ensina Julio Fabbrini Mirabete que "a pena restritiva de direitos terá a mesma duração da pena privativa de liberdade aplicada primitivamente, tal como determina o art. 55 do Código Penal, como regra geral. Não se desconta, portanto, o tempo da pena privativa de liberdade cumprido"[5].

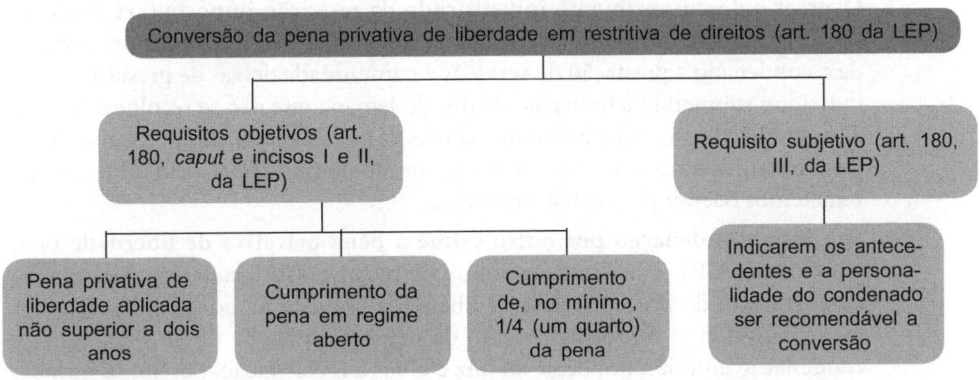

[4] STJ, *Habeas Corpus* 218.207/SP, *DJ* 20.06.2012.

[5] Julio Fabbrini Mirabete, op. cit., p. 767.

Se, convertida a pena, ocorrer qualquer das hipóteses previstas no art. 181 e seus parágrafos da Lei de Execução Penal, a pena restritiva de direitos será reconvertida em privativa de liberdade. Nesse caso, evidentemente, computa-se na duração da pena o tempo de prisão anteriormente cumprido.

12.2.3 Conversão da pena restritiva de direitos em privativa de liberdade (art. 181 da LEP)

12.2.3.1 Regras gerais da conversão

Refere o art. 181, *caput*, da Lei de Execução Penal que "a pena restritiva de direitos será convertida em privativa de liberdade nas hipóteses e na forma do art. 45 e seus incisos do Código Penal". Sem embargo, diante das alterações produzidas pela L. 9.714/1998 ao Código Penal, a remição ao "art. 45 e seus incisos" deve ser considerada feita ao art. 44, §§ 4º e 5º, daquele diploma. Esse, portanto, é o dispositivo que insere, na atualidade, as **regras gerais** de conversão das penas restritivas de direitos em privativa de liberdade.

Parêntese: muito embora se refira a lei à *conversão* da pena restritiva de direitos em privativa de liberdade, o que ocorre, na verdade, é uma *reconversão*. É que a pena restritiva de direitos é aplicada em substituição à privativa de liberdade. Portanto, se já houve uma conversão anterior, o que ocorre, nos casos do art. 44, §§ 4º e 5º, do CP e do art. 181, §§ 1º a 3º, da LEP, é uma reconversão.

Reitere-se que a reconversão de pena restritiva de direitos em privativa de liberdade condiciona-se a que tenham sido possibilitados ao executado o contraditório e a ampla defesa, constituindo constrangimento ilegal, por ofensa aos princípios da ampla defesa e do contraditório, a reconversão automática, vale dizer, sem a prévia oitiva do condenado, em audiência de justificação[6].

Pois bem, de acordo com o art. 44, §§ 4º e 5º, do Código Penal, a pena restritiva de direitos reconverte-se em privativa de liberdade quando:

a) **Ocorrer o descumprimento injustificado da restrição imposta (art. 44, § 4º, do CP).** Trata-se de hipótese de reconversão obrigatória. É o caso, por exemplo, de o condenado a prestação de serviços à comunidade deixar de prestá-lo ou do indivíduo submetido à limitação de fim de semana que não se recolhe à casa do albergado. O tema, inclusive no que concerne à dedução do tempo cumprido da pena restritiva de direitos, foi por nós analisado no *Capítulo 9, item 9.1.8*, ao qual remetemos o leitor para evitar tautologia.

b) **Sobrevier condenação por outro crime a pena privativa de liberdade (art. 44, § 5º, do CP).** Trata-se de hipótese de reconversão facultativa. Assim, se o cumprimento da pena privativa de liberdade imposta na nova condenação for incompatível com o prosseguimento da pena restritiva de direitos imposta na condenação anterior, impõe-se ao juiz efetuar a reconversão. Porém, se for possível o cumprimento conjunto da pena restritiva anterior e da pena privativa de

6 STJ, *Habeas Corpus* 242.366/RJ, *DJ* 26.09.2012. No mesmo sentido: *Habeas Corpus* 199.102/RJ, *DJ* 24.04.2013; Recurso Ordinário em *Habeas Corpus* 29.198/SP, *DJ* 09.04.2013; Recurso Ordinário em *Habeas Corpus* 29.955/RJ, *DJ* 17.08.2011.

liberdade resultante da condenação posterior, poderá o juiz deixar de realizar a reconversão. *Exemplo:* Indivíduo condenado a pena restritiva de direitos de prestação pecuniária sofre condenação posterior a pena privativa de liberdade. Essa nova condenação não impede o cumprimento da pena restritiva. Logo, não deve se operar a reconversão desta última em prisão. De resto, remetemos o leitor ao *Capítulo 9, item 9.1.8,* em que examinamos a matéria.

Independentemente das **regras gerais** de reconversão estabelecidas pelo Código Penal, o art. 181, §§ 1º a 3º, da Lei de Execução Penal estabelece **disciplina específica** acerca da reconversão das penas de *prestação de serviços à comunidade, limitação de fim de semana* e *interdição temporária de direitos* em privativa de liberdade, que serão analisadas nos tópicos seguintes deste capítulo.

12.2.3.2 Regras específicas da reconversão da pena de prestação de serviços à comunidade

As causas de reconversão da pena de prestação de serviços à comunidade em privativa de liberdade encontram-se dispostas no art. 181, § 1º, da LEP. Ocorrem quando o condenado:

a) *Não for encontrado por estar em lugar incerto e não sabido ou desatender a intimação por edital*: Conforme dispõe o art. 149, II, da LEP, na execução da pena de prestação de serviços à comunidade, caberá ao juiz da execução "determinar a intimação do condenado, cientificando-o da entidade, dias e horário em que deverá cumprir a pena". Se, procurado o condenado para esse fim, não for ele localizado para intimação pessoal, dar-se-á a sua intimação por edital. Desatendida esta, opera-se a reconversão da pena restritiva de direitos em privativa de liberdade. Note-se que, nesse caso, é irrelevante se foi ou não revel o sentenciado no curso do processo de conhecimento, sendo suficiente para que se dê a reconversão o fato de não ser encontrado na fase de execução da pena restritiva.

b) *Não comparecer, injustificadamente, à entidade ou programa em que deva prestar serviço:* Abrange-se aqui tanto a hipótese em que, devidamente intimado, o executado não compareceu para iniciar a prestação de serviço junto à entidade ou programa estabelecidos, como a situação em que deixou de comparecer após ter iniciado a execução da pena. Frise-se que a causa de revogação condiciona-se a que a ausência do sentenciado seja *injustificada*. Logo, se a falta for motivada (em razão de doença, por exemplo), não se opera a reconversão.

c) *Recusar-se, injustificadamente, a prestar o serviço que lhe foi imposto:* É o caso em que, embora compareça ao local do serviço, recusa-se o indivíduo a prestá-lo. Também nesse caso exige-se que a recusa seja injustificada, não podendo operar-se a reconversão da pena restritiva de direitos em privativa de liberdade se houver justa causa para a negativa (*v.g.*, a ausência de condições físicas para o desempenho do trabalho determinado).

d) *Praticar falta grave:* As faltas de natureza grave na execução das penas restritivas de direitos estão arroladas no art. 51 da Lei de Execução Penal, consistindo em *descumprir, injustificadamente, a restrição imposta; retardar, injustificadamente, o cumprimento da obrigação imposta* e *inobservar os deveres previstos nos incisos II e V, do art. 39, da LEP (obediência ao servidor e respeito a qualquer pessoa com quem deva relacionar-se* e *execução do trabalho, das tarefas e das ordens recebidas*). Frise-se que, para que se dê a reconversão sob esse fundamento, basta a *prática* da falta grave, não se exigindo, portanto, a prévia instauração de procedimento disciplinar para a respectiva apuração.

e) *Sofrer condenação por outro crime à pena privativa de liberdade, cuja execução não tenha sido suspensa:* Ocorre a reconversão quando o indivíduo que está cumprindo prestação de serviços à comunidade vem a sofrer nova condenação à pena privativa de liberdade, não lhe sendo, em relação a esta última, concedido o *sursis* (suspensão condicional da penal). Trata-se de regra lógica: ficando o executado privado da liberdade diante da nova condenação, não poderá obviamente cumprir a prestação de serviços à comunidade. Assim, esta última deve ser reconvertida em pena de prisão, para cumprimento cumulativo com pena decorrente da nova sentença. Mas atenção: a causa em exame consiste na superveniência de condenação por **outro crime à pena privativa de liberdade** não suspensa. Assim, não se opera a reconversão:

- No caso de nova condenação por contravenção penal;
- No caso de nova condenação por outro crime em que a pena imposta seja multa ou restritiva de direitos;
- No caso de nova condenação por outro crime a pena privativa de liberdade que tenha sido suspensa (*sursis*).

12.2.3.3 Regras específicas da reconversão da pena de limitação de fim de semana

De acordo com o art. 48 do Código Penal, a limitação de fim de semana consiste na obrigação de permanecer, aos sábados e domingos, por 5 (cinco) horas diárias, em casa do albergado ou outro estabelecimento adequado, período no qual poderão ser ministrados ao condenado cursos e palestras ou atribuídas atividades educativas.

Essa pena restritiva, entretanto, está sujeita à sua reconversão em privativa de liberdade quando o executado manifestar descaso com a determinação judicial, praticando quaisquer das condutas descritas no art. 181, § 2º, da Lei de Execução Penal, que são:

a) *Não comparecer ao estabelecimento designado para o cumprimento da pena:* Dispõe o art. 151, *caput*, da LEP que caberá ao juiz da execução determinar a intimação do condenado, cientificando-o do local, dias e horário em que deverá cumprir a pena. Ora, se, devidamente intimado, deixar o executado de atender à obrigação de recolhimento, a reconversão de sua pena restritiva em prisão revela-se consequência lógica e necessária. Atente-se, porém, que, muito embora o texto legal não abra espaço para apresentação de justificativa do apenado para sua omissão, parece evidente que apenas o não recolhimento imotivado impõe a aplicação da pena privativa de liberdade. Logo, se houver justificativa plausível, deve ser mantida a pena restritiva.

b) *Recusar-se a exercer a atividade determinada pelo juiz:* Conforme dissemos alhures, durante o seu recolhimento "poderão ser ministrados ao condenado cursos e palestras ou atribuídas atividades educativas" (art. 48, parágrafo único, do CP), não sendo lícito a ele pretender desonerar-se dessas atividades. Se o fizer, está sujeito à reconversão da limitação de fim de semana em pena privativa de liberdade.

c) *Se ocorrer qualquer das hipóteses do art. 181, § 1º, letras* a, d *e* e: Trata-se, como vimos no item 12.2.2.2 (*retro*), da não localização do condenado para que seja cientificado do local, dias e horário em que deverá cumprir a pena, ou o desatendimento à intimação por edital; a prática de falta grave e a circunstância de sofrer ele condenação por outro crime à pena privativa de liberdade, cuja execução não tenha sido suspensa.

12.2.3.4 Regras específicas da reconversão da pena de interdição temporária de direitos

A pena de interdição temporária de direitos, nos termos do art. 47 do Código Penal, abrange a proibição do exercício de cargo, função ou atividade pública, bem como de mandato eletivo; a proibição do exercício de profissão, atividade ou ofício que dependam de habilitação especial, de licença ou autorização do poder público; a suspensão de autorização ou de habilitação para dirigir veículo; a proibição de frequentar determinados lugares e, por fim, a proibição de inscrever-se em concurso, avaliação ou exames públicos.

Pois bem, de acordo como art. 181, § 3º, da Lei de Execução Penal, essa modalidade de pena restritiva de direitos está sujeita à reconversão em privativa de liberdade quando concorrer qualquer das seguintes hipóteses:

a) *Exercer o condenado, injustificadamente, o direito interditado:* A prática revela descaso com a pena aplicada pelo Poder Judiciário, acarretando, por isso mesmo, a reconversão em prisão. Sem embargo, deve-se atentar que a incidência dessa causa condiciona-se a que o exercício do direito interditado seja injustificado. Logo, havendo motivação aceitável, a pena restritiva deve ser mantida. É o caso citado por Julio Fabbrini Mirabete (citando Silva e Boschi) do médico que se vê na contingência de atender pessoa na via pública com grave risco de vida, e do motorista que transporta ao hospital, em automóvel, pessoa gravemente enferma[7].

b) *Ocorrer qualquer das hipóteses do art. 181, § 1º, letras* a *e* e: Trata-se, como vimos no item 12.2.2.2 (*retro*), da não localização do condenado para que seja cientificado do início da restrição correspondente à pena imposta, ou o desatendimento à intimação por edital; e a circunstância de sofrer ele condenação por outro crime à pena privativa de liberdade, cuja execução não tenha sido suspensa.

12.2.3.5 Reconversão das penas de prestação pecuniária e perda de bens e valores

Nos exatos termos do art. 45, § 1º, do Código Penal, *a prestação pecuniária* consiste no pagamento em dinheiro à vítima, a seus dependentes ou a entidade pública ou

[7] Julio Fabbrini Mirabete, op. cit., p. 772.

privada com destinação social, de importância fixada pelo juiz não inferior a 1 (um) salário mínimo nem superior a 360 (trezentos e sessenta) salários mínimos, devendo o valor pago ser deduzido do montante de eventual condenação em ação de reparação civil, se coincidentes os beneficiários.

Reza, por outro lado, o art. 45, § 3º, do Estatuto Repressivo que *a perda de bens e valores* pertencentes aos condenados dar-se-á, ressalvada a legislação especial, em favor do Fundo Penitenciário Nacional, e seu valor terá como teto – o que for maior – o montante do prejuízo causado ou do provento obtido pelo agente ou por terceiro, em consequência da prática do crime.

Ao contrário do que fez em relação às penas restritivas de prestação de serviços à comunidade, de limitação de fim de semana e de interdição temporária de direitos, não estabeleceu a Lei de Execução Penal regras específicas acerca da possibilidade de reconversão da prestação pecuniária e da perda de bens ou de valores em pena privativa de liberdade. Nesse contexto, duas orientações surgiram:

> *Primeira:* A prestação pecuniária e a perda de bens e valores possuem a mesma natureza intrínseca da pena de multa, isto é, todas são modalidades de penas pecuniárias. Sendo assim, à semelhança do que ocorre com a multa, que, por interpretação do art. 51 do Código Penal, não admite conversão em prisão quando impaga (devendo ser executada segundo o rito da L. 6.830/1980), também as referidas penas não poderão ser reconvertidas em pena privativa de liberdade.
> *Segunda:* Deve ser aplicada, também em relação à prestação pecuniária e à perda de bens e valores, a literalidade do art. 44, § 4º, do Código Penal, dispondo que "a pena restritiva de direitos converte-se em privativa de liberdade quando ocorrer o descumprimento injustificado da restrição imposta". Trata-se da posição que acolhemos e que também predomina na doutrina e jurisprudência. Enfim, se, intimado a pagar à vítima, a seus dependentes ou a entidade assistencial o montante fixado a título de prestação pecuniária, não o fizer o condenado, terá essa pena restritiva reconvertida em privativa de liberdade. Nesse sentido, decidiu o STJ: "É possível a conversão da prestação pecuniária em pena privativa de liberdade, nos termos do art. 44, § 4º, do Código Penal"[8]. O mesmo deverá ocorrer se, intimado a dispor de algum bem ou valor de sua propriedade em prol do Fundo Penitenciário Nacional, quedar-se inerte.

Entendendo-se, em conformidade com a segunda corrente, viável a reconversão das mencionadas penas restritivas em prisão, surge a questão relativa ao cálculo do montante de pena privativa de liberdade a ser cumprido, já que se tratam, a prestação pecuniária e a perda de bens e valores, de penas que não permitem o abatimento de tempo de cumprimento determinado. Sem embargo da natureza própria dessas penas, tem-se compreendido que seu descumprimento importa conversão em pena privativa de liberdade, pelo total da pena de prisão substituída, no caso de inadimplemento total; ou proporcional ao valor já pago, na hipótese de inadimplemento parcial. *Exemplo:* Imagine-se que o réu tenha sido condenado a pena privativa de liberdade de 10 meses, sendo esta substituída por prestação pecuniária no valor de R$ 2.000,00. Se o condenado tiver pago apenas 50% desse valor (R$ 1.000,00), operada a reconversão, deverá ele cumprir equivalente a 5 meses de pena privativa de liberdade, isto é, 50% da pena inicialmente fixada.

---

8 STJ, *Habeas Corpus* 133942/MG, *DJ* 20.03.2012.

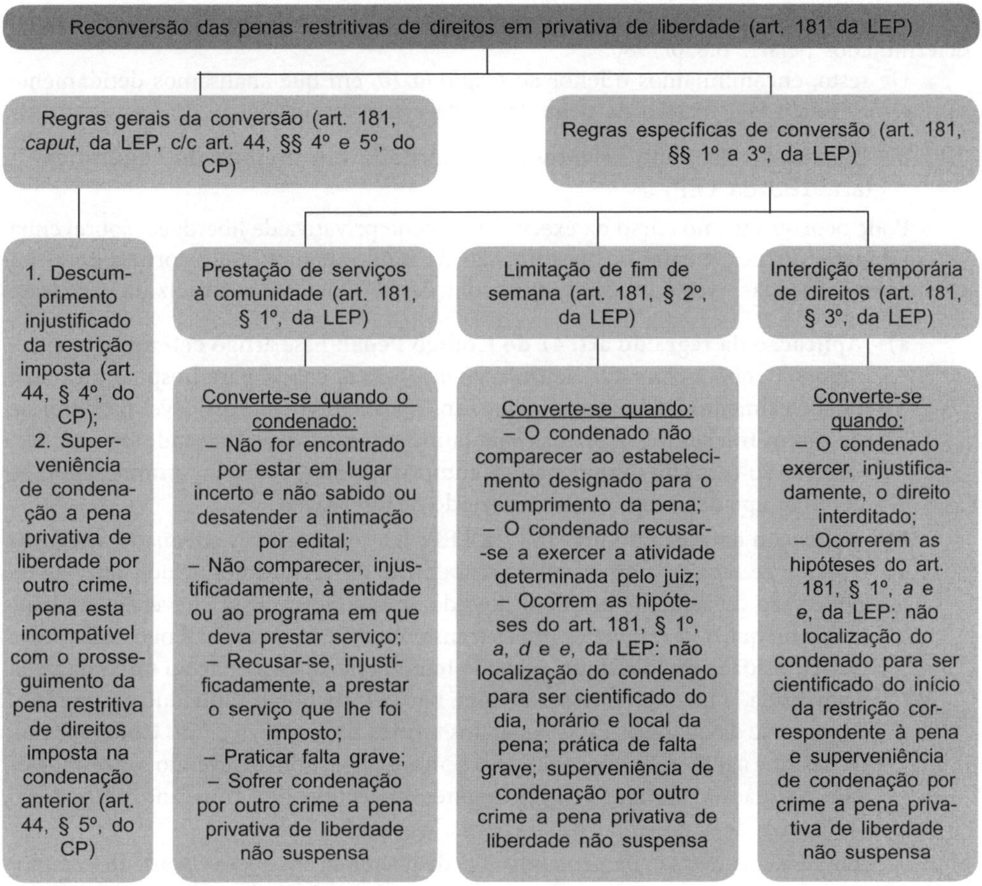

12.2.4 Conversão da pena de multa

Previamente à L. 9.268/1996, estabelecia o art. 182 da Lei de Execução Penal que a pena de multa (não paga) seria convertida em detenção, na forma prevista pelo art. 51 do Código Penal. Estipulava-se ainda que, na conversão, a cada dia-multa corresponderia um dia de detenção, cujo tempo de duração não poderia ser superior a um ano. Por fim, determinava-se que a conversão ficaria sem efeito se, a qualquer tempo, fosse paga a multa. Essa disciplina da LEP harmonizava-se plenamente com a redação pretérita do mencionado art. 51 do Estatuto Repressivo, o qual dispunha que a multa convertia-se em detenção caso o condenado solvente deixasse de pagá-la ou frustrasse a sua execução.

Sem embargo, com o advento da L. 9.268/1996, foi o art. 182 da LEP expressamente revogado. E mais: conferiu-se nova redação ao citado art. 51 do Código Penal, passando este a dispor que, "transitada em julgado a sentença condenatória, a multa será considerada dívida de valor, aplicando-se-lhe as normas da legislação relativa à dívida ativa da Fazenda Pública, inclusive no que concerne às causas interruptivas e suspensivas da prescrição".

Diante desse regramento, inviabilizou-se por completo, no sistema vigente, a conversão da multa em pena privativa de liberdade. Impaga a multa criminal, deverá esta ser executada por meio da adoção dos procedimentos próprios da execução fiscal determinados pela L. 6.830/1980.

De resto, encaminhamos o leitor ao *Capítulo 10*, em que analisamos detidamente as questões relativas à fixação da pena de multa e sua execução.

12.2.5 Conversão da pena privativa de liberdade em medida de segurança (art. 183 da LEP)

Pode ocorrer que, no curso da execução da pena privativa de liberdade, sobrevenha ao condenado doença mental ou perturbação da saúde mental que o tornem total ou parcialmente incapaz. Nessa hipótese, duas soluções são facultadas ao juiz da execução:

a) **Aplicação da regra do art. 41 do Código Penal:** Esse artigo determina a internação (também chamada de *transferência*) do apenado para hospital ou outro estabelecimento psiquiátrico adequado. É a medida recomendável na hipótese de serem transitórias a doença mental ou a perturbação da saúde mental. Recuperando-se, volta o condenado a cumprir o restante da pena, computando-se como tempo de cumprimento o período de internação.

b) **Aplicação da regra do art. 183 da LEP:** É a medida mais adequada aos casos em que se revelar improvável a recuperação do reeducando. Aqui, trata-se da conversão do saldo de pena em medida de segurança. Essa conversão, ao contrário do que ocorre com a simples transferência, é irreversível. Logo, cessando a periculosidade do indivíduo antes do tempo que corresponde ao saldo da pena convertida, a medida deve ser extinta, não retornando o indivíduo ao presídio. Lembre-se de qualquer modo que, nos termos do art. 97, § 3º, do Código Penal, "a desinternação, ou a liberação, será sempre condicional, devendo ser restabelecida a situação anterior se o agente, antes do decurso de 1 (um) ano, pratica fato indicativo de persistência de sua periculosidade".

   Em tese, a conversão da pena privativa de liberdade alicerçada no art. 183 da LEP deve conduzir à aplicação da medida de segurança de internação. Entretanto, se o crime cometido pelo apenado era punido abstratamente com detenção, não há óbice legal à conversão da medida em tratamento ambulatorial (arts. 97, *caput*, e 98 do CP).

   Considerando que, uma vez operada a conversão, as regras aplicáveis são as pertinentes à medida de segurança, discute-se quanto ao prazo dessa medida, havendo duas correntes: a *primeira*, minoritária, sustentando que a medida de segurança nesse caso terá prazo indeterminado, persistindo até que cesse a periculosidade do agente; a *segunda*, amplamente majoritária, no sentido de que a medida de segurança substitutiva não pode perdurar por mais tempo do que o correspondente à pena substituída. Assim, se ainda restavam seis anos de pena privativa da liberdade no momento em que se deu a conversão em medida de segurança, esta igualmente estará limitada a seis anos[9]. *E se, vencido esse prazo,*

---

[9] "[...] 1. A Lei de Execução Penal prevê a possibilidade de conversão da pena privativa de liberdade em medida de segurança, quando do surgimento de doença mental ou perturbação da saúde mental no curso do cumprimento da pena, consoante disposto no art. 183 da L. 7.210/1984. 2. No incidente de execução, consistente na conversão de pena privativa de liberdade em medida de segurança, a pena imposta na sentença condenatória é substituída por medida de segurança, sendo limitada ao tempo máximo da pena aplicada. 3. Extrapolado o prazo máximo da pena privativa de liberdade, não há como manter o paciente no cumprimento da medida

persistir a periculosidade do indivíduo? Em tal situação compete ao magistrado que atua na execução criminal, ao extinguir a medida, encaminhar cópia dos documentos que sugerem a persistência da periculosidade ao juízo cível, a fim de que neste, em procedimento próprio, seja averiguada a possibilidade de internação civil, com base na L. 10.216/2001.

Note-se que a opção entre estas duas alternativas – *internação ou conversão em medida de segurança* – compete ao juiz da execução, levando em conta as peculiaridades do caso concreto e os elementos de convicção existentes a seu dispor (art. 66, V, letra *d*, da L. 7.210/1984).

Evidentemente, tendo conhecimento de que o apenado encontra-se com perturbação da saúde mental, a cautela recomenda que o juiz, inicialmente, determine a sua internação, aludida no art. 41 do CP em estabelecimento psiquiátrico na tentativa de recuperá-lo. Alcançado esse objetivo, retornará o reeducando ao cumprimento da pena imposta. Verificada, porém, a partir de novos exames, que tal recuperação é impossível ou improvável, somente aí deverá o juiz ordenar a conversão do saldo de pena em medida de segurança, nos moldes preconizados pela L. 7.210/1984.

Não obstante esse procedimento seja o adequado, nada impede que o juiz decida imediatamente pela conversão da pena em medida de segurança, deixando de ordenar previamente a internação psiquiátrica prevista no art. 41 do CP. Na prática, tal solução vem sendo adotada nas hipóteses em que a prova acostada aos autos do processo de execução já refere como improvável a recuperação do apenado.

Perceba-se finalmente que, nos termos do art. 183 da LEP, a conversão da pena privativa de liberdade em medida de segurança pode ser determinada pelo juiz *ex officio* ou a requerimento do Ministério Público, da Defensoria Pública ou da autoridade administrativa (diretor do estabelecimento penal).

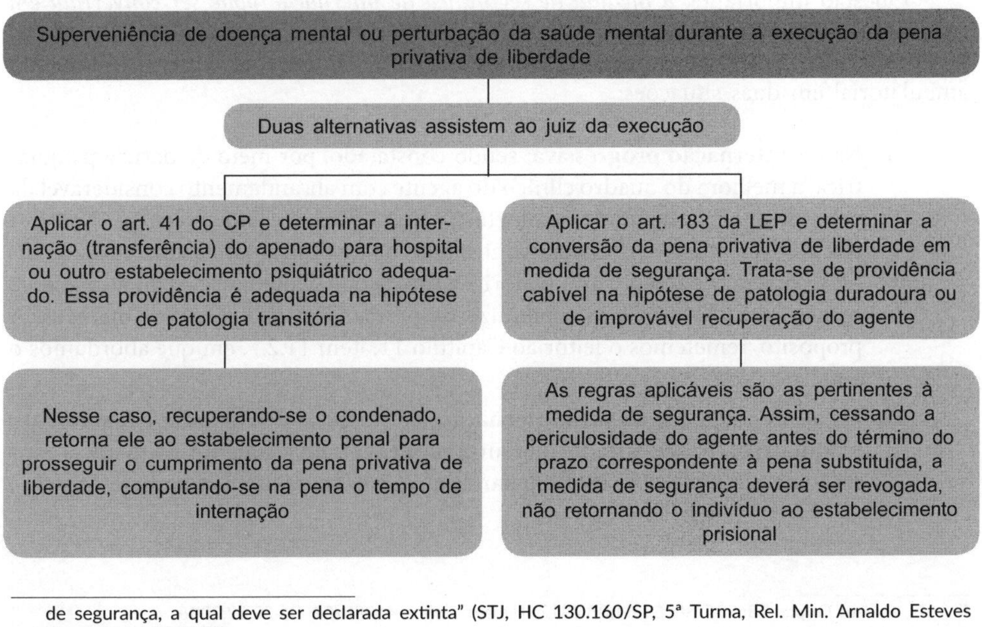

de segurança, a qual deve ser declarada extinta" (STJ, HC 130.160/SP, 5ª Turma, Rel. Min. Arnaldo Esteves Lima, *DJ* 14.12.2009).

12.2.6 Conversão do tratamento ambulatorial em internação (art. 184 da LEP)

De acordo com o art. 184 da Lei de Execução Penal, a medida de segurança de tratamento ambulatorial será convertida em internação em hospital de custódia e tratamento psiquiátrico se o agente revelar incompatibilidade com aquela medida. Hipótese frequente dessa conversão é aquela em que o agente, injustificadamente, deixa de comparecer ao estabelecimento designado para o tratamento ambulatorial[10]. Também podem ser mencionados como fatores de conversão o agravamento da doença mental a recusa ao tratamento prescrito e a constatação de que se acentuou a sua periculosidade.

Veja-se que, comprovada a efetiva necessidade da conversão, tal providência *deve* ser determinada pelo juiz da execução, não havendo, portanto, a simples faculdade decorrente da aposição do verbo *poderá* na redação do art. 184 da LEP.

Embora silente a lei, a conversão pode ser determinada pelo juiz *ex officio*, embora o mais comum seja sua efetivação a requerimento do Ministério Público.

Discute-se a necessidade de ser facultada ao executado prévia manifestação. Parte da doutrina compreende necessária essa providência, devendo ser ouvido, antes da decisão judicial acerca da conversão, o seu defensor constituído ou nomeado, em observância aos princípios da ampla defesa e do contraditório.

Conforme dispõe o art. 184, parágrafo único, da LEP, realizada a conversão do tratamento ambulatorial, o prazo mínimo da internação é de um ano, devendo o agente submeter-se, no final desse lapso, a exame psiquiátrico para verificação da cessação da periculosidade. Cessada esta, extingue-se a medida de segurança (observado o disposto no art. 97, § 3º, do CP). Se, ao contrário, a periculosidade persistir, prorroga-se a medida de segurança por mais um ano, ao cabo do qual novo exame será realizado (art. 97, § 2º, do CP).

Questão importante: *a medida de segurança de internação pode ser convertida em tratamento ambulatorial?* Não há previsão legal. Entretanto, por força de construção jurisprudencial, tem-se aceito que o indivíduo sujeito a internação cumpra tratamento ambulatorial em duas situações:

1) **Na desinternação progressiva**: sendo constatado, por meio de perícia psiquiátrica, a melhora do quadro clínico do agente com abrandamento considerável da periculosidade, aceita-se a sua inclusão em regime de semi-internação (permitindo-se que usufrua de saídas controladas da instituição) ou a conversão da internação em tratamento ambulatorial a fim de que se prepare ele paulatinamente para o convívio social, sem prejuízo de permanecer sob cuidados médicos. A propósito, remetemos o leitor ao Capítulo 11, item 11.2.7, em que abordamos o tema.

2) **Na ausência de vagas para internação em hospital de custódia e tratamento psiquiátrico:** Nesse caso, até que surja vaga em estabelecimento adequado à condição do paciente, deve este sujeitar-se a regime de tratamento ambulatorial[11].

---

10 STJ, *Habeas Corpus* 236985/SP, *DJ* 01.08.2012; *Habeas Corpus* 44288/SP, *DJ* 20.02.2006.

11 STJ, *Habeas Corpus* 243636/SP, *DJ* 02.10.2012; *Habeas Corpus* 231124/SP, *DJ* 30.04.2013.

12.3 EXCESSO OU DESVIO DA EXECUÇÃO

A execução penal rege-se pelo *princípio da legalidade*, impondo-se, no seu curso, a estrita observância aos limites ditados pela sentença penal condenatória ou de absolvição imprópria transitadas em julgado, bem como às prescrições estabelecidas em lei. Esse, aliás, o comando do art. 1º da LEP ao dizer que "a execução penal tem por objetivo efetivar as disposições de sentença ou decisão criminal (...)", e do art. 3º do mesmo diploma, ao estabelecer que "ao condenado e ao internado serão assegurados todos os direitos não atingidos pela sentença ou pela lei".

Não obstante essa disciplina, pode ocorrer que em dado momento referidos limites sejam ultrapassados, atingindo-se direitos do sentenciado e afetando-se a regularidade do processo executivo. Surgem, nesse momento, os denominados *excesso* ou *desvio da execução*, que, nos precisos termos do art. 185 da LEP, ocorrem "sempre que algum ato for praticado além dos limites fixados na sentença, em normas legais ou regulamentares".

Em que pese a Lei de Execução Penal estabelecer apenas uma definição para o *excesso* e para o *desvio*, existe distinção entre um e outro. Ocorre o **excesso** na hipótese de execução abusiva da pena ou da medida de segurança, violando-se direito do sentenciado em termos de *quantidade* de punição. É o caso do indivíduo que permanece preso muito embora, diante de remição anteriormente concedida, já esteja cumprida a pena. Já o **desvio** refere-se a situações nas quais, em dado momento, a execução passa a destoar dos parâmetros estabelecidos pela lei ou por decisão judicial, podendo referir-se não apenas ao afrontamento de direitos do sentenciado como também a benefícios impropriamente concedidos. Aqui, o constrangimento ilegal supera em conteúdo *qualitativo* os limites fixados. Ilustra-se o caso de ter sido deferida ao apenado a progressão para o regime semiaberto, permanecendo ele, contudo, no regime fechado diante da ausência de vaga em estabelecimento compatível com o regime mais brando[12]; ou da hipótese em que deferido livramento condicional quando ainda não implementado o tempo mínimo de cumprimento de pena exigido por lei.

Compete ao juiz da execução decidir os incidentes de excesso e desvio (art. 66, III, *f*, da LEP).

Quanto à legitimação, dispõe o art. 186 da LEP que poderão suscitá-los o *Ministério Público, o Conselho Penitenciário, o sentenciado e qualquer dos demais órgãos da execução penal*, o que abrange o Conselho Nacional de Política Criminal e Penitenciária, os Departamentos Penitenciários, o patronato, o conselho da comunidade e a Defensoria Pública, *ex vi* do art. 61 da LEP. E mais: na medida em que o juiz da execução insere-se entre os órgãos da execução penal (art. 61, II, da LEP), depreende-se que também ele pode, *ex officio*, promover a instauração dos incidentes de excesso e desvio. *E o assistente de acusação?* Este não possui legitimidade para atuar nos atos e termos pertinentes à execução da pena. Por essa razão, bem como pelo fato de que o rol do art. 186 da LEP é taxativo, não se reconhece a ele legitimação para suscitar os referidos incidentes.

12.4 ANISTIA E INDULTO

12.4.1 Considerações gerais sobre a anistia, a graça e o indulto

A Lei de Execução Penal, no Capítulo III do Título VII, refere-se apenas à *anistia* e ao *indulto*, não fazendo menção expressa à *graça*, que, assim com os dois primeiros, é causa extintiva da punibilidade (art. 107, II, do CP). Sem embargo dessa aparente omissão,

---

12 TJSP, *Habeas Corpus* 0226653-41.2012.8.26.0000, j. 06.12.2012.

a verdade é que a *graça* também é alcançada pela disciplina da LEP sob a denominação de *indulto individual.* Em outras palavras, *graça* e *indulto individual* constituem um só instituto, ao lado da *anistia* e do *indulto coletivo,* que é o indulto propriamente dito.

Anistia, graça e indulto são indulgências provindas de órgãos alheios ao Poder Judiciário. Apesar dessa origem, a efetiva extinção da punibilidade do beneficiário condiciona-se ao seu reconhecimento por decisão judicial.

Nas três hipóteses, ocorre verdadeira renúncia do Estado ao direito de punir, atingindo tanto crimes de ação penal pública incondicionada e condicionada como delitos de ação penal privada. Lembre-se de que, nestes últimos, apesar de a titularidade da ação penal pertencer ao particular, o direito de punir, na hipótese de eventual sentença condenatória, continua inerente ao Estado, podendo este a eles renunciar" por meio dos institutos em análise.

12.4.2 Anistia

Trata-se da declaração realizada pelo Poder Público, por meio de lei ordinária editada pelo **Congresso Nacional** (arts. 21, XVII, e 48, VIII, da CF), no sentido de que determinados fatos tornem-se impuníveis ou insuscetíveis de medida de segurança em razão de clemência política ou social. Com a anistia, exclui-se o fato criminoso da incidência da lei penal. O instituto, portanto, refere-se a **fatos** e não a indivíduos. E, apagando o fato, afasta-se em consequência a tipicidade, pois essa é a adequação do fato ao tipo penal.

> *Atenção:* A anistia não se confunde com a *abolitio criminis.* Esta, com efeito, deixa de considerar universalmente determinada conduta como criminosa. Já a anistia incide sobre a prática criminosa apenas em certos casos concretos. Por essa razão, muitos a consideram uma causa excludente da tipicidade *sui generis.*

Exemplo clássico de anistia encontra-se no art. 1º da L. 6.683/1979, por meio do qual *é concedida anistia a todos quantos, no período compreendido entre 2 de setembro de 1961 e 15 de agosto de 1979, cometeram crimes políticos ou conexos com estes, crimes eleitorais, aos que tiveram seus direitos políticos suspensos e aos servidores da Administração Direta e Indireta, de fundações vinculadas ao Poder Público, aos servidores dos Poderes Legislativo e Judiciário, aos militares e aos dirigentes e representantes sindicais, punidos com fundamento em Atos Institucionais e Complementares.* Nesse caso, como se vê, foram anistiados especialmente aqueles que praticaram **fatos** classificados como crimes políticos ou conexos e crimes eleitorais no período mencionado.

Essa causa extintiva da punibilidade alcança, em regra, **crimes políticos**. Excepcionalmente, porém, pode abranger **crimes comuns**, o que fica bem claro a partir da interpretação *contrario sensu* do art. 5º, XLIII, da Constituição Federal, ao dispor que são insuscetíveis de anistia "a prática de tortura, o tráfico ilícito de entorpecentes e drogas afins, o terrorismo e os definidos como crimes hediondos". Ora, ao dizer a Constituição Federal que esses delitos não podem ser alcançados pela anistia, permitiu indiretamente que outros crimes comuns o sejam.

Existem determinadas classificações inerentes à anistia. Assim:

- **Anistia especial e comum:** *Anistia especial* é aquela que beneficia agentes que praticaram crimes políticos, o que, como vimos, é a regra; por outro lado, *anistia comum* é aquela que alcança os que praticaram crimes comuns.

- **Anistia própria e imprópria:** *Própria* é a concedida antes do trânsito em julgado da sentença condenatória, acarretando a extinção da ação; *imprópria* é a concedida depois desse trânsito, importando em extinção da condenação.
- **Anistia condicionada e incondicionada:** Denomina-se *anistia condicionada* a que impõe condições a serem aceitas pelo destinatário (por exemplo, a reparação do dano). Nesse caso, a não aceitação implica recusa à anistia. *Anistia incondicionada*, por outro lado, é a que não está sujeita a condições para sua aceitação, não sendo passível, portanto, de recusa.
- **Anistia geral e parcial:** A *anistia geral* destina-se a todos os indivíduos que praticaram determinado fato; já a *anistia parcial* alcança apenas algumas dessas pessoas (por exemplo, somente os acusados primários).
- **Anistia irrestrita e limitada:** Irrestrita é aquela que alcança todos os delitos que guardarem relação com o fato criminoso principal; limitada é aquela que exclui alguns desses crimes.

A anistia produz **efeitos *ex tunc***, isto é, apaga o próprio crime, atingindo todos os efeitos penais da sentença. Logo, se em momento posterior o beneficiado cometer outro crime, não será considerado reincidente. Sinale-se, todavia, que a anistia não afeta os efeitos extrapenais da decisão condenatória (dever de indenizar, perdimento do produto do crime e de instrumentos ilícitos utilizados na sua prática etc.), subsistindo esta como título executivo judicial na esfera cível.

Uma vez concedida, a anistia não poderá mais ser revogada, ainda que, no caso da *anistia condicionada*, não sejam posteriormente cumpridas as condições impostas. Nesse caso, resta imputar ao indivíduo, se for o caso, o cometimento do crime previsto no art. 359 do Código Penal ("exercer função, atividade, direito, autoridade ou múnus, de que foi suspenso ou privado por decisão judicial").

Relativamente à competência para reconhecer a anistia e declarar extinta a punibilidade, será do **juiz que presidiu o processo de conhecimento** ou do **tribunal** (se o processo estiver em grau recursal ou no caso de competência originária), na hipótese de a lei que a conceder entrar em vigor antes do trânsito em julgado da sentença condenatória. Se, porém, tal lei passar a vigorar após esse trânsito, será competente o **juiz da execução**, *ex vi* do art. 66, II, da LEP, que poderá fazê-lo de ofício, a requerimento do interessado ou do Ministério Público e, ainda, por proposta da autoridade administrativa (diretor do estabelecimento penal, por exemplo) ou do Conselho Penitenciário (art. 187 da LEP). Não sendo o autor do requerimento, o Ministério Público sempre deverá ser ouvido antes da decisão judicial.

Especial atenção deve ter o juiz na hipótese de *anistia condicionada*, pois nesse caso a declaração de extinção da punibilidade vincula-se à realização de prévia consulta aos interessados, para que declarem se aceitam as condições estabelecidas no ato concessivo, não produzindo a anistia efeitos em relação àquele que a recusar. Note-se que, na *anistia condicionada*, as condições encontram-se previstas na lei federal que a concedeu. Sendo assim, a menos que haja expressa permissão legal, tais condições não podem ser transacionadas ou modificadas por ato próprio do juiz.

Finalmente, deve-se atentar que a decisão do juiz da execução que reconhecer ou não a causa extintiva da punibilidade enseja impugnação por meio de agravo da execução, *ex vi* do art. 197 da LEP.

12.4.3 Graça ou indulto individual

Ao contrário do que ocorre com a anistia, que se refere a fatos criminosos, a *graça* destina-se a **pessoa** determinada. Denominada pela Lei de Execução Penal de *indulto individual*, trata-se de clemência concedida por ato privativo do **Presidente da República** (art. 84, XII, da CF), muito embora possa ele delegar tal atribuição aos Ministros de Estado, ao Procurador-Geral da República e ao Advogado-Geral da União, que observarão os limites traçados nas respectivas delegações (art. 84, parágrafo único, da CF).

Apesar de constituir ato discricionário do Presidente da República, que a concede ou não segundo sua própria avaliação, devem ser observadas as restrições constitucionais existentes. Nesse viés, são insuscetíveis de graça a prática de tortura, o tráfico ilícito de entorpecentes e drogas afins, o terrorismo e os crimes definidos como hediondos (art. 5º, XLIII, da CF).

A graça pode ser **total (ou plena)** e **parcial**. No primeiro caso, alcança a sanção imposta ao condenado, caracterizando-se como causa extintiva da punibilidade (art. 107, II, do CP). No segundo, a graça não importa em extinção da punibilidade, acarretando apenas a redução da pena ou sua substituição por outra mais branda, o que se denomina *comutação*. É o que se infere do art. 192 da LEP.

A graça tem como pressuposto a existência de decisão condenatória transitada em julgado, ao menos para a acusação. Na hipótese de ser total, apaga o efeito penal principal da condenação – a possibilidade de execução da pena. Sem embargo, subsistem os efeitos penais secundários, como a reincidência, e os efeitos extrapenais, a exemplo da obrigação de reparar o dano (Súmula 631 STJ). Note-se que a graça pode também alcançar e extinguir a medida de segurança, pois não há óbice legal.

Em regra, a graça não pode ser recusada pelo beneficiário. Ressalva-se, contudo, a hipótese de ter sido proposta a *comutação de pena* (art. 739 do CPP) ou que tenham sido fixadas condições para sua concessão.

O procedimento que envolve a concessão da graça encontra-se disciplinado nos arts. 188 a 192 da LEP, sob a denominação de *indulto individual*. Assim, deverá ser **provocada** (depende de solicitação, portanto) por petição do condenado, por iniciativa do Ministério Público, do Conselho Penitenciário ou da autoridade administrativa. Essa petição, acompanhada dos documentos que a instruem, será encaminhada ao Conselho Penitenciário para elaboração de parecer sobre o mérito do pedido, ocasião em que poderá esclarecer qualquer formalidade ou circunstância omitida na petição. Para elaboração desse parecer, o Conselho Penitenciário, à vista dos autos do processo e do prontuário do sentenciado, poderá promover as diligências que entender necessárias (por exemplo, colher informações sobre a vida pregressa do condenado e seu histórico prisional), efetuando, em seguida, por meio de relatório, a narração do ilícito penal e dos fundamentos da sentença condenatória, a exposição dos antecedentes do condenado e do procedimento deste depois da prisão. Ato contínuo, a petição, os documentos que a acompanham e o parecer do Conselho Penitenciário serão encaminhados ao Ministério da Justiça. Nesse âmbito, a petição será processada e depois submetida a deliberação do Presidente da República, podendo este, entretanto, delegar a apreciação aos Ministros de Estado, ao Procurador-Geral da República ou ao Advogado-Geral da União, nos termos do art. 84, parágrafo único, da CF. Concedida a graça por decreto presidencial, cópia desse decreto será acostada aos autos do processo de execução criminal, cabendo ao juiz, após vista ao Ministério Público, declarar extinta a pena ou, no caso de comutação, ajustar a execução aos termos do decreto. Note-se que, não estipulando o decreto presidencial condições de qualquer ordem, é o juiz obrigado a reconhecer a graça, liberando o acusado ou, no caso de comutação, reduzindo ou substituindo a pena. Se, contudo, referido decreto estabelecer alguma espécie de condição, caberá ao Poder Judiciário analisá-las a fim de verificar se o destinatário efetivamente tem direito ao benefício.

12.4.4 Indulto coletivo

O *indulto coletivo* é forma de indulgência concedida **espontaneamente** pelo **Presidente da República, inserindo-se no âmbito de sua competência privativa** (quanto possa delegar esta atribuição aos Ministros de Estado, ao Procurador-Geral da República ou ao Advogado-Geral da União, nos termos do art. 84, parágrafo único, da CF) a determinado grupo de condenados ou submetidos a medida de segurança que preencherem os requisitos exigidos pelo decreto. Esses requisitos poderão ser *objetivos* (por exemplo, o cumprimento de certo tempo de pena) ou *subjetivos* (tais como a primariedade e a conduta carcerária) e deverão ser analisados pelo juiz da execução penal, ouvido o Ministério Público.

O benefício, normalmente, destina-se a condenados submetidos a determinado tempo de pena. Por exemplo, ao normatizar o indulto natalino em 2016, estabeleceu o Decreto 8.940 que seriam beneficiadas, entre outras situações, as pessoas "condenadas a pena privativa de liberdade, não substituída por restritivas de direitos ou por multa, que tenham, até 25 de dezembro de 2016, cumprido as condições previstas neste Decreto" (art. 1º, *caput*), entre as quais a de, no caso de condenação por crimes praticados com grave ameaça ou violência à pessoa, à pena privativa de liberdade superior a quatro e igual ou inferior a oito anos, ter o condenado, cumprido "a) metade da pena, se não reincidentes, ou dois terços, se reincidentes; b) um terço da pena, se não reincidentes, e metade, se reincidentes, nas hipóteses do § 1º do art. 1º" (art. 5º, II). Como se vê, nessa ordem de crimes (com grave ameaça ou violência à pessoa), ficou, implicitamente, afastada a possibilidade de indulto a condenados a pena privativa de liberdade superior a oito anos. Ressalte-se, ainda, a existência do *indulto humanitário*, caso em que o decreto concessivo, em regra, estabelece requisitos diferenciados e de menor rigor, como no caso dos indivíduos acometidos de doença grave e permanente que apresentem grave limitação de atividade e restrição de participação ou exijam cuidados contínuos que não possam ser prestados no estabelecimento penal. No referido Decreto 8.940/16, essa modalidade de indulto foi contemplada no art. 1º, § 1º, VI.

Para a concessão do benefício, já decidiu o Supremo Tribunal Federal que basta a ocorrência de trânsito em julgado da decisão condenatória para a acusação, não interferindo o fato de ainda estar pendente recurso da defesa.[13]

Classifica-se o indulto coletivo em:

- **Total** ou **parcial.** Na primeira hipótese, há a extinção da punibilidade (art. 107, II, do CP); na segunda, o indulto não extingue a punibilidade, acarretando apenas a redução da pena remanescente ou sua substituição por outra mais branda, o que se denomina *comutação.*

---

13 STF, *Habeas Corpus* 68.096/DF, *DJ* 14.09.1990; *Habeas Corpus* 105022/DF, *DJ* 12.04.2011.

- **Condicionado ou incondicionado**, conforme sejam ou não estabelecidas condições para que haja o aperfeiçoamento do indulto. Como exemplo de condição que pode ser estabelecida no decreto presidencial, a circunstância de não ser indiciado nem processado por crime doloso durante determinado período referido no decreto. Note-se que, em se tratando de indulto condicionado, pode ser recusado pelo beneficiário.

Discute-se a possibilidade de o Decreto Presidencial prever o indulto coletivo no caso de condenação por crimes hediondos e equiparados. É que, por um lado, a L. 8.072/1990, no art. 2º, I, proíbe a concessão de indulto nesses casos. Por outro, contudo, a Constituição Federal, no art. 5º, XLIII, vedou apenas a concessão de graça ou anistia em relação aos referidos delitos. Nesse contexto, há duas orientações:

> *Primeira:* A vedação imposta pela Lei dos Crimes Hediondos é inconstitucional, já que a Constituição Federal proíbe, para os crimes hediondos e equiparados, apenas a anistia e a graça, não fazendo referência ao indulto. Logo, nada obsta que estabeleça o decreto do Presidente da República o indulto para condenados pela prática de crimes hediondos e equiparados.
>
> *Segunda:* É constitucional a proibição à concessão do indulto. Considera-se que tanto o indulto individual como o indulto coletivo são espécies do gênero *graça*. Logo, ao proibir a concessão da graça em relação a crimes hediondos, indiretamente veda o texto constitucional, também, a concessão do indulto. Essa, a propósito, a orientação já trilhada pelo Supremo Tribunal Federal: "A jurisprudência deste Supremo Tribunal Federal é firme no sentido de que o instituto da graça, previsto no art. 5º, inc. XLIII, da Constituição Federal, engloba o indulto e a comutação da pena, estando a competência privativa do Presidente da República para a concessão desses benefícios limitada pela vedação estabelecida no referido dispositivo constitucional".[14]

Partindo-se da premissa de que é vedado o indulto no caso de condenação por crimes hediondos ou equiparados, surge a controvérsia sobre a possibilidade de sua concessão em relação a delitos que passam a ser considerados hediondos, mas que não o eram na época de sua prática. Cleber Masson, por exemplo, adere ao entendimento de que deve ser analisada a natureza do delito na época do decreto presidencial.[15] Em sentido oposto, a posição de Guilherme de Souza Nucci, para quem "é incabível que um delito cometido antes da vigência da L. 8.072/1990 seja considerado hediondo, prejudicando o condenado, por qualquer pretexto que seja".[16] No âmbito do Supremo Tribunal Federal, o entendimento não é pacificado, ora deliberando em um sentido, ora em outro. Observe-se, para tanto, que no julgamento do *Habeas Corpus* 94.679/SP (*DJ* 18.12.2008), compreendeu que "a natureza dos crimes não contemplados pelo decreto presidencial que concede o benefício de indulto e comutação de pena deve ser aferida à época da edição do respectivo ato normativo, pouco importando a data em que tais delitos foram praticados". Sem embargo, ao deliberar sobre o *Habeas Corpus* 101.238/SP (*DJ* 20.05.2010), entendeu que, sob pena de ofensa ao princípio da irretroatividade da

---

14 STF, *Habeas Corpus* 115099/SP, *DJ* 13.03.2013; *Habeas Corpus* 118.213/SP, *DJ* 04.08.2014.

15 Cleber Masson, op. cit., p. 868.

16 Guilherme de Souza Nucci, *Código Penal comentado*, 8ª ed. São Paulo: Revista dos Tribunais, 2008, p. 537.

lei penal mais gravosa, a vedação do indulto atinge apenas os delitos cometidos após o advento da lei que os considerou hediondos.

Tratando-se de indulto total, sua concessão extingue as sanções penais referidas no decreto presidencial. Sem embargo, subsistem os demais efeitos penais (por exemplo, a reincidência) e extrapenais (por exemplo, a obrigação de indenizar) não abrangidos pelo benefício.

Em relação à **pena de multa**, há duas orientações: *primeira*, no sentido de que apenas será extinta se o decreto de indulto expressamente assim dispuser, e, *segunda*, compreendendo que o decreto de indulto estende-se à pena de multa, ainda que omisso a respeito. Prevalece a primeira orientação. Por exemplo, o Decreto 8.940/2016, ao estabelecer regras para a concessão de indulto coletivo, determinou, no art. 10, que "a pena de multa aplicada, cumulativamente ou não, com a pena privativa de liberdade ou restritiva de direitos não é alcançada pelo indulto".

E quanto às **penas restritivas de direitos**? Mais uma vez, tudo depende da regulamentação determinada pelo decreto presidencial. Novamente ilustrando com o Decreto 8.940/2016, dispôs essa norma que o indulto não alcançava pessoas condenadas à pena privativa de liberdade substituída por restritiva de direitos (art. 1º, *caput*). Já no Decreto Presidencial de 2017 (Dec. 9.246) contemplava-se regra diversa, pois dispunha que o indulto alcançava pessoas condenadas à pena privativa de liberdade substituída por restritiva de direitos (art. 8º, I), Situação interessante ocorreu em relação à disciplina do Decreto 8.615/2015, que facultava o indulto aos indivíduos que tiveram a pena privativa de liberdade substituída por restritiva de direitos desde que tivessem cumprido 1/4 da pena, se não reincidentes, ou 1/3, se reincidentes (art. 1º, XIV). Tal regramento gerou polêmica no tocante à situação do indivíduo que, condenado à pena privativa de liberdade substituída por duas restritivas de direitos, tivesse adimplido apenas uma dessas penas restritivas. Tome-se como exemplo a situação do agente, não reincidente, condenado a uma pena de 2 anos de reclusão, sendo esta substituída por duas penas restritivas de direito, consistentes em 730 horas de prestação de serviços à comunidade e um salário mínimo de prestação pecuniária. Considere-se que tivesse ele, até a data estipulada no decreto, cumprido 1/2 da pena de prestação de serviços e descumprido a prestação pecuniária. *Nesse caso, teria ele direito ao indulto, já que 1/2 de uma das penas corresponde à soma de 1/4 de ambas*? Ou, ao contrário, *seria necessário o adimplemento de 1/4 de cada uma delas*? Nada sendo disciplinado no decreto presidencial a respeito, compreendíamos que, no caso narrado, o apenado não faria jus à benesse. Isto porque, a par de ter cumprido 1/2 da prestação de serviços, não cumpriu 1/4 da prestação pecuniária, o que, de forma inequívoca, demonstra o não implemento do requisito objetivo para a concessão do indulto, mesmo porque a prestação de serviços e a prestação pecuniária são penas diversas, possuindo diferentes resoluções (a primeira, trabalho físico ou intelectual e, a segunda, a entrega pecuniária), devendo, por isso mesmo, ser adimplidas individualmente.

Questão relevante diz respeito à **prática de falta grave**, vale dizer, se impede ou não a concessão do indulto. Embora essa prática sugira a ausência de mérito do condenado, tem-se entendido que apenas obstará a concessão do indulto se houver previsão no decreto presidencial. Por exemplo, o Decreto 8.380/2014 estabeleceu no art. 5º, § 1º, que "a notícia da prática de falta grave ocorrida após a publicação deste Decreto não suspende e nem impede a obtenção de indulto ou da comutação de penas". No mesmo sentido foi a disciplina do Decreto 8.615/2015, também no art. 5º, § 1º. Já no Decreto

8.940/2016, previu o art. 9º que "a declaração do indulto prevista neste Decreto fica condicionada à ausência da prática de infração disciplinar de natureza grave, nos doze meses anteriores à publicação deste Decreto". Regramento análogo foi incorporado art. 4º, I, do Decreto 9.246/2017, vedando o indulto natalino e a comutação de pena às pessoas que "tenham sofrido sanção, aplicada pelo juízo competente em audiência de justificação, garantido o direito aos princípios do contraditório e da ampla defesa, em razão da prática de infração disciplinar de natureza grave, nos doze meses anteriores à data de publicação deste Decreto". Perceba-se, por oportuno, que ditos regramentos não entram em rota de colisão com o teor da Súmula 535 do STJ, ao dispor que *a prática de falta grave não interrompe o prazo para fim de comutação de pena ou indulto*, pois dito verbete não está dizendo que o cometimento de infração disciplinar grave não impede o indulto e a comutação, mas referindo, apenas, à não interrupção automática, como consequência do reconhecimento judicial da prática da infração disciplinar, do tempo necessário de cumprimento de pena quando previsto em Decreto Presidencial como condicionante ao benefício (v.g. 1/3, 1/2, 2/3 etc.). Logo, não obsta a Súmula que, em decretos de indulto, seja inserida a prática de falta grave como óbice ao deferimento do benefício.

Pode ocorrer que o indivíduo tenha sido condenado pela prática de **dois ou mais crimes em concurso** e que apenas um ou alguns desses delitos permitam que seja ele beneficiado com o indulto. Também nesses casos a concessão do benefício condiciona-se ao que estiver estipulado no decreto presidencial. O Decreto 8.615/2015, por exemplo, determinou em seu art. 8º, parágrafo único, que, na hipótese de haver concurso entre crime impeditivo do benefício e crime não impeditivo, *não será declarado o indulto ou a comutação da pena correspondente ao crime não impeditivo enquanto a pessoa condenada não cumprir dois terços da pena correspondente ao crime impeditivo dos benefícios*. Já o Decreto 8.940/2016, no art. 11, parágrafo único, conquanto tenha contemplado regra semelhante, estabeleceu a necessidade de cumprimento integral da pena correspondente ao crime impeditivo como condicionante para a concessão do indulto ou comutação pelo crime não impeditivo. Mais recentemente, no Decreto 9.246/2017, tornou o Poder Executivo da União a amenizar a regra, dispondo, no art. 12, parágrafo único, sobre a necessidade de cumprimento de apenas dois terços da pena correspondente ao crime impeditivo para que possa fazer jus ao indulto pelo crime não impeditivo (desde que cumprido também, por óbvio, o lapso de pena necessário em relação a esse último delito). Ilustra-se: apenado, não reincidente, é condenado à pena de 5 anos e 2 meses pelo cometimento do delito de tráfico de drogas (equiparado a hediondo e, portanto, impeditivo do benefício, nos termos do art. 3º, II, do decreto) e à pena de 1 ano e 6 meses pela prática do crime de lesão corporal (crime que enseja o indulto quando cumprida metade ou um terço da pena, conforme seja, respectivamente, reincidente ou não o condenado, nos termos do art. 1º, II, do decreto). Considerada a mencionada regra do Decreto 9.246/2017, poderá ser deferido o indulto quando o apenado tiver cumprido dois terços da pena relativa ao crime equiparado a hediondo somado ao tempo de um terço da reprimenda pertinente ao delito comum. Agora, pode ocorrer de o decreto silenciar a respeito da hipótese de concurso de crimes. Nessa hipótese, predomina a orientação de que o impedimento à concessão do indulto a um dos delitos obsta a concessão do benefício em relação aos demais, ainda que, quanto a estes, estejam cumpridos os requisitos objetivos e subjetivos.

E se o indivíduo, que se encontra cumprindo pena privativa de liberdade, chegou a usufruir da **suspensão condicional da pena**, sendo este benefício, contudo, revogado posteriormente (por exemplo, pelo descumprimento de condições)? Nessa hipótese, a jurisprudência do Supremo Tribunal Federal está consolidada no sentido de que o *sursis* não configura cumprimento de pena, não servindo, portanto, para cômputo do requisito temporal normalmente exigido pelos decretos de indulto como de observância obrigatória para a concessão do benefício. Neste sentido: "O período de prova da suspensão condicional da pena não é tempo de cumprimento de pena. É inviável a consideração do período de prova do *sursis* para fins de concessão do benefício do indulto" (STF, HC 123192, Rel. Min. Marco Aurélio, *DJ* 23.06.2016).

Relativamente ao procedimento de concessão do indulto, é bastante simples, resumindo-se ao que estabelecem os arts. 192 e 193 da LEP. De acordo com esses dispositivos, se o sentenciado for beneficiado por indulto, o juiz da execução, *ex officio*, a requerimento do interessado, do Ministério Público ou por iniciativa do Conselho Penitenciário ou da autoridade administrativa, anexará aos autos do processo de execução criminal cópia do decreto presidencial e, se constatar a presença dos requisitos exigidos, declarará extinta a pena, no caso do indulto total, ou ajustará a execução aos termos do decreto, no caso de comutação (indulto parcial). Note-se que, ressalvada a hipótese do indulto humanitário (que considera o estado de saúde do preso), a decisão judicial sobre o indulto e comutação de pena deve ser precedida de parecer do Conselho Penitenciário (art. 70, I, da LEP). O Ministério Público, não sendo autor do pedido, sempre deverá ser ouvido. A decisão do juiz, em qualquer caso, deverá ser fundamentada, podendo ser impugnada por meio de agravo da execução (art. 197 da LEP).

Anistia, Graça e Indulto – diferenças e semelhanças

Anistia (art. 187 da LEP)	Graça ou indulto individual (arts. 188 a 192 da LEP)	Indulto coletivo (art. 193 da LEP)
– Declaração de que determinados **fatos** se tornem impuníveis ou insuscetíveis de medida de segurança. – Independe de provocação. – Competência: Congresso Nacional, mediante lei. – Pode ser concedida antes ou depois do trânsito em julgado da sentença. – Atinge todos os efeitos penais da sentença, mas não os efeitos extrapenais. – Não gera reincidência.	– Visa beneficiar **pessoas determinadas**, não relacionando a fatos criminosos. – Deverá ser provocada pelos legitimados. – Competência: Presidente da República, que poderá delegá-la aos Ministros de Estado, Procurador-Geral da República e Advogado-Geral da União. – Pressupõe sentença transitada em julgado, ao menos para a acusação. – Atinge somente o efeito penal principal da (pena ou medida de segurança), mas não os efeitos penais secundários e os extrapenais. – Gera reincidência.	– Visa beneficiar certo **grupo de condenados** que preencham determinados requisitos. – Independe de provocação. – Competência: Presidente da República, que poderá delegá-la aos Ministros de Estado, Procurador-Geral da República e Advogado-Geral da União. – Pressupõe sentença transitada em julgado, ao menos para a acusação. – Atinge somente o efeito penal principal da sentença (pena ou medida de segurança), mas não os efeitos penais secundários e os extrapenais. – Gera reincidência.

CAPÍTULO 13

PROCEDIMENTO JUDICIAL

13.1 PROCEDIMENTO CORRESPONDENTE ÀS SITUAÇÕES PREVISTAS NA LEP

13.1.1 Procedimento judicial (art. 194 da LEP)

O enfrentamento das questões atinentes à execução da pena e da medida de segurança deve obedecer aos postulados constitucionais do devido processo legal, do contraditório e da ampla defesa. Nesse viés, objetivando assegurar a efetiva observância de tais garantias, estabeleceu o art. 194 da LEP que "o procedimento correspondente às situações previstas nesta Lei será judicial, desenvolvendo-se perante o Juízo da execução". Com essa regra, ratificou a Lei de Execução Penal o caráter predominantemente jurisdicional da execução criminal, impondo que sejam conhecidos pelo juiz os atos praticados pelos órgãos e autoridades que interferem no desenvolvimento do processo executivo.

Não se ignora que a execução penal é atividade complexa, que se desenvolve nos planos jurisdicional e administrativo. Contudo, a tutela pertinente à efetivação da sanção penal é objeto do processo de execução e este guarda natureza indiscutivelmente jurisdicional, integrando o direito processual.

Inúmeras são as situações que decorrem da aplicação da Lei de Execução Penal e que demandam a observância do procedimento judicial estabelecido no art. 194. É o caso, por exemplo, da suspensão ou perda de benefícios (saídas temporárias, trabalho externo, dias remidos etc.), da revogação do *sursis*, da concessão e revogação do livramento condicional, da apuração de falta grave, da progressão e regressão de regime, das conversões de penas, do processamento dos incidentes de excesso e desvio da execução e de outras alterações que importem concessão, redução ou perda de benefícios prisionais. Trata-se, na realidade, de rito padrão, aplicável na decisão de incidentes quando não houver previsão expressa de outro procedimento, implicando sua inobservância em causa de nulidade, conforme se infere dos seguintes julgados, referidos a título de ilustração:

> "O paciente em regime semiaberto e com o benefício de Visita Periódica ao Lar (VPL) e Trabalho Extramuros (TEM) não pode ter esses benefícios suspensos pelo Desipe, mediante parecer da Comissão Técnica de Classificação (CTC), sem o devido processo legal e do contraditório penal e plenitude de defesa, como exige o art. 194 da Lei de Execuções Penais. Tal decisão não pode prosperar se não obedeceu ao procedimento judicial perante o Juízo da Execução. Ordem concedida" (TJRJ, *Habeas Corpus* 1.068/98, j. 21.07.1998).

"Execução Penal. Progressão ao regime semiaberto. Sentença deferitória anulada, com determinação de que outra seja proferida, após a manifestação do representante local do Ministério Público acerca do mérito pessoal do sentenciado (requisito de ordem subjetiva). Com efeito, não fora dada prévia vista dos autos ao Ministério Público, cuja intervenção é obrigatória conforme o art. 67 da LEP. Obediência aos princípios constitucionais do contraditório e do devido processo legal e, bem assim, a judicialização do procedimento '... correspondente às situações previstas nesta lei será judicial, desenvolvendo-se perante o Juízo da Execução' – art. 194 da LEP" (TJSP, Agravo da Execução 0015191-71.2012.8.26.0000, j. 13.11.2012).

"Imprescindível a presença da defesa no procedimento judicial de apreciação de falta grave e perda dos dias remidos. Os procedimentos de execução da pena são todos judicializados, conforme dispõem os arts. 194 a 196 da LEP, respeitando o contraditório e o devido processo legal, garantidos no art. 5º, incisos LIV e LV, da Constituição Federal de 1988" (TJRS, *Habeas Corpus* 70014001572, j. 09.02.2006).

Como se vê, toda vez que houver alteração do título executório, seja em decorrência da concessão de benefícios, seja em decorrência da supressão destes, existe a obrigatoriedade de intervenção tanto do *Ministério Público*, a quem incumbe fiscalizar a execução da pena e da medida de segurança (art. 67 da LEP), como também da *defesa técnica*, pois somente assim haverá certeza de ter sido respeitado, na fase da execução, o devido processo legal, com seus consectários naturais, em especial o contraditório e ampla defesa. Não é outro, aliás, o comando do art. 196, *caput*, da LEP ao referir a necessidade de serem ouvidos "o condenado e o Ministério Público, quando não figurarem como requerentes da medida".

13.1.2 Início e desenvolvimento do procedimento judicial (arts. 195 e 196 da LEP)

Dispõe o art. 195 da Lei de Execução Penal que "o procedimento judicial iniciar-se-á de ofício, a requerimento do Ministério Público, do interessado, de quem o represente, de seu cônjuge, parente ou descendente, mediante proposta do Conselho Penitenciário, ou, ainda, da autoridade administrativa".

A possibilidade de iniciativa do procedimento judicial pelo juiz *ex officio* decorre da necessidade de assegurar o regular desenvolvimento do processo de execução, permitindo-se a ele, independentemente de prévia manifestação de vontade dos demais órgãos da execução penal e do próprio sentenciado, praticar atos relacionados à solução das várias questões e incidentes que podem surgir durante o cumprimento da pena ou da sujeição à medida de segurança. Veja-se, a propósito, que a própria execução da sanção penal, em regra, inicia-se de ofício pelo juiz da execução, a partir do recebimento da guia de recolhimento (ou de internamento, quando for o caso de medida de segurança) expedida pelo juiz da condenação.

Não é incomum, na praxe forense, encontrar-se a alegação de que a atuação oficiosa do juiz (por exemplo, no sentido de desencadear o procedimento judicial para apuração de falta grave) importa em ofensa à imparcialidade que rege o Poder Judiciário, razão pela qual, à semelhança do que ocorre no processo de conhecimento, deveria o magistrado sempre agir mediante provocação. Desarrazoada, porém, tal tese. Isso porque o processo de execução criminal segue procedimento completamente diverso do processo de conhecimento. Neste último vigora o princípio da *inércia da jurisdição*, não cabendo ao magistrado iniciar a persecução penal de ofício. Já a fase executória é regida por princípios próprios, destinando-se não apenas à repressão, mas também à recuperação e ressocialização do condenado. Por essa razão impõe-se, nessa seara, que o juiz passe a atuar de modo mais efetivo, mesmo porque tem a incumbência de zelar pelo correto cumprimento da pena e da medida de segurança (art. 66, VI, da LEP), não implicando, de modo algum, a iniciativa conferida pelo art. 195 da LEP ao juiz da execução ofensa ao princípio da imparcialidade.

Sem embargo da faculdade de atuação oficiosa pelo juiz da execução, prevê a lei também a hipótese de o procedimento judicial ser instaurado por **requerimento** do Ministério Público, do interessado (condenado, internado ou submetido a tratamento ambulatorial), de quem o represente, de seu cônjuge, parente ou descendente e, ainda, mediante **proposta** do Conselho Penitenciário e da autoridade administrativa (o diretor do estabelecimento prisional, por exemplo). Perceba-se que não foi atribuída legitimação ao **assistente de acusação**, tampouco a quem tenha figurado como **querelante** (no caso de condenação proferida no âmbito de ação penal privada). A razão dessa omissão legal é o fato de que tais sujeitos processuais não podem intervir na fase executória, esgotando-se sua atuação com o trânsito em julgado da sentença que condenou o réu ou lhe impôs medida de segurança.

Independentemente da forma como iniciado o procedimento judicial (*ex officio*, por requerimento ou proposta dos legitimados), revela-se imprescindível que, no seu curso, esteja o sentenciado assistido **por defensor, constituído ou nomeado**, implicando a ausência dessa assistência em causa de nulidade. Para tanto, é irrelevante que o art. 196 da LEP tenha omitido a necessária intervenção da defesa técnica, pois tal exigência decorre diretamente dos princípios constitucionais do contraditório e da ampla defesa.

Pois bem, tratando-se de instauração *ex officio* do procedimento judicial, caberá ao juiz baixar a competente **portaria**; sendo, por outro lado, hipótese de provocação, deverá esta ser realizada mediante **petição**. De acordo com o art. 196, *caput*, da LEP, a *portaria* ou a *petição* deverão ser autuadas, ouvindo-se, em seguida, no prazo de 3 (três) dias, o condenado (por seu defensor) e o Ministério Público, salvo, evidentemente, se forem eles os requerentes do procedimento.

Não havendo a necessidade de realização de provas, caberá ao juiz decidir de plano em igual prazo (art. 196, § 1º, da LEP).

Se, ao contrário, houver a necessidade de produção de provas no âmbito do procedimento judicial (art. 196, § 2º, da LEP), estas serão realizadas em fase instrutória. Veja-se que tais provas podem ser ordenadas na *portaria*, requeridas na *petição* ou determinadas pelo juiz após a manifestação dos interessados. Tratando-se de prova pericial, esta será realizada e, depois de vista às partes do respectivo laudo, o juiz decidirá a questão objeto do procedimento. Se, por outro lado, for o caso de prova oral, designará o magistrado audiência para sua produção e, após manifestação dos interessados, proferirá sua decisão, fazendo-o de forma fundamentada (art. 93, IX, da CF).

Eventualmente, pode ocorrer o indeferimento, pelo juiz, das provas requeridas, por reputá-las desnecessárias, compreendendo ser possível decidir o procedimento à luz dos elementos existentes. Nessa situação, se houver desconformidade do Ministério Público ou da defesa técnica com a decisão adotada, poderão eles agravar ao tribunal (art. 197 da LEP), insistindo na produção das provas indeferidas. Se acatar esse recurso, o tribunal cassará a decisão judicial e ordenar que, após a realização das provas requeridas, outra seja prolatada.

Observe-se finalmente que, muito embora a LEP não estabeleça prazo para a conclusão do procedimento judicial, sua tramitação não pode perdurar mais tempo do que, pelo senso comum, seja considerado o razoável para a produção das provas necessárias e deliberação judicial sobre a questão que motivou sua instauração. Eventuais atrasos resultantes de desídia do juízo na tramitação de procedimentos relacionados à concessão de benefícios prisionais caracterizam constrangimento ilegal ao sentenciado, viabilizando, conforme o caso, o manejo de *habeas corpus*. Tratando-se, por outro lado, de delongas no andamento de procedimentos destinados à supressão ou perda desses benefícios, afigura-se possível a impetração de mandado de segurança pelo Ministério Público. Em um e outro casos, ainda, não se descarta o cabimento da própria *correição parcial* sob o argumento do *error in procedendo* provocado pela paralisação injustificada do feito.

13.1.3 Agravo em execução (art. 197 da LEP)

Previsto no art. 197 da L. 7.210/1984, o *agravo* é o recurso cabível contra qualquer decisão do juiz da Vara de Execuções Criminais, por exemplo: saída temporária, progressão e regressão de regime, livramento condicional, unificação de penas, *sursis*, incidentes da medida de segurança, conversões, homologação de faltas graves, trabalho externo etc.

Não há previsão de prazo, forma ou rito na LEP para essa modalidade recursal. Apesar disso, é consolidado o entendimento de que segue as mesmas normas que regem o recurso em sentido estrito, no que forem aplicáveis. Tal entendimento consolidou-se com a edição da Súmula 700 do STF, dispondo que "é de *cinco dias* o prazo para interposição de agravo contra decisão do juiz da execução penal" (grifamos).

Destarte, assim como o Recurso em Sentido Estrito, pode o agravo ser ingressado por *petição ou termo*, facultando-se a apresentação das razões em momento posterior à interposição. Nada obsta, é claro, que sejam estas apresentadas já no ato da dedução.

O agravo, como regra, subirá ao tribunal por instrumento (traslado). Para tanto, na interposição, deverão ser indicadas pelo recorrente as peças dos autos que reputar necessárias ao julgamento do recurso, sempre atentando aos documentos obrigatórios previstos no art. 587, parágrafo único, do CPP. Quanto ao recorrido, a indicação de peças deverá se dar no momento em que apresentar suas contrarrazões.

Em relação às *razões* e *contrarrazões*, por força do art. 588 do CPP, serão apresentadas no prazo de dois dias, contados da intimação dos interessados para essas finalidades.

Como toda via impugnativa, o agravo possui efeito *devolutivo*, implicando devolução ao Judiciário da matéria incorporada ao recurso.

Possui, também, efeito *regressivo* (*juízo de retratação*) em razão da já mencionada aplicação subsidiária do procedimento cabível para o recurso em sentido estrito (art. 589 do CPP).

Referente ao efeito *suspensivo*, dispõe o art. 197 da L. 7.210/1984 que o agravo não o possui. Por muito tempo, entendeu-se pertinente, nas hipóteses de prejuízo evidente ao apenado ou à sociedade, o manejo do **mandado de segurança** para atribuir efeito suspensivo ao agravo interposto contra decisões do Juiz da Execução. Não obstante, a jurisprudência, paulatinamente, foi evoluindo no sentido do descabimento do *mandamus* para tal fim, sendo essa orientação, na atualidade, retratada por meio da Súmula 604 do STJ (publicada em 05.03.2018), ao dispor que "mandado de segurança não se presta para atribuir efeito suspensivo a recurso criminal interposto pelo Ministério Público". *E* *se for o caso de recurso da defesa?* O entendimento prevalente é o mesmo, cabendo ao apenado, portanto, na hipótese de sucumbência muito grave, valer-se do *habeas corpus* com vista à cessão do constrangimento.[1] Atente-se, contudo, que o *habeas corpus* não pode ser utilizado como substituto de recursos. Portanto, a impetração da ação constitucional e concessão da ordem, nesses casos, podem ocorrer, apenas, excepcionalmente e desde que se trate de ilegalidade flagrante ou de pronunciamento judicial evidentemente teratológico. Outra questão a pontuar é a de que a precitada Súmula 604 do STJ não possui efeito vinculante. Logo, a despeito da jurisprudência amplamente dominante vedar o uso do mandado de segurança para conferir efeito suspensivo a agravo em execução, alguns tribunais, casuisticamente, aceitam a sua impetração desde que, repita-se, a decisão agravada seja absolutamente contrária à lei.[2]

Outra situação que merece destaque diz respeito ao **agravo interposto contra a decisão que julga extinta a medida de segurança**, já que parte da doutrina vislumbra, nesse caso, hipótese legal de recurso com efeito suspensivo. É que, relativamente a essa decisão, dispõe o art. 179 da L. 7.210/1984 que a desinternação ou a liberação somente poderá ocorrer depois do trânsito em julgado da decisão que extinguir a medida. Nesse contexto, consideram os adeptos da referida posição que, se o Ministério Público ingressar com agravo, isso importará em adiamento do respectivo trânsito em julgado, *suspendendo-se*, por conseguinte, a liberdade do indivíduo.

Particularmente, não concordamos com a afirmação de que o agravo interposto contra a decisão que extingue a medida de segurança possa ter efeito suspensivo, mesmo porque o art. 197 da LEP, que o disciplina, é categórico em afirmar que tal recurso não possui efeito suspensivo, sem fazer qualquer ressalva. Logo, entendemos que o máximo que se pode ver na espécie é um *efeito suspensivo indireto*, ou seja, impossibilidade de execução daquela decisão pelo fato da interposição do agravo, diante da ausência de trânsito em julgado provocada pela dedução do recurso.

---

1 STJ, HC 428.217/RJ, *DJ* 14.03.2018.

2 TJRS, Mandado de Segurança n.º 70075075705, j. 31.01.2018.

CAPÍTULO 14

DIVULGAÇÃO DE FATOS ENVOLVENDO O CONDENADO. USO DE ALGEMAS. O TRABALHO DO PRESO CONDENADO POR CRIME POLÍTICO. SEPARAÇÃO DE PRESOS. REGISTROS CRIMINAIS APÓS O CUMPRIMENTO OU EXTINÇÃO DA PENA

14.1 DISPOSIÇÕES FINAIS E TRANSITÓRIAS DA LEI DE EXECUÇÃO PENAL

14.1.1 Divulgação de fatos envolvendo o condenado (art. 198 da LEP)

O art. 198 da Lei de Execução Penal estabelece que "é defesa ao integrante dos órgãos da execução penal, e ao servidor, a divulgação de ocorrência que perturbe a segurança e a disciplina dos estabelecimentos, bem como exponha o preso a inconveniente notoriedade, durante o cumprimento da pena".

Essa vedação guarda sintonia com a proteção à imagem do preso consagrada no art. 5º, XLIX, da Constituição Federal, dispondo que os presos conservam o direito à intangibilidade de sua integridade física e moral. Harmoniza-se, também, com o estatuído pelo art. 40 da LEP e pelo art. 38 do Código Penal, que tratam da necessidade de ser respeitada a integridade física e moral dos condenados e presos provisórios; e com a regra do art. 41, VIII, da LEP, ao estipular como direito do preso a proteção contra qualquer forma de sensacionalismo.

A *ratio* da proteção constitucional e legal consiste no fato de que a imagem do indivíduo, especialmente o sujeito à pena privativa de liberdade, é naturalmente atingida pelo fato da condenação e do seu recolhimento ao cárcere, não havendo, portanto, razões para sensacionalismos ou escândalos que atraiam sobre o preso a atenção da comunidade, o que só contribui para a marginalização ainda maior do detento, dificultando o processo de sua ressocialização.

Como se vê da literalidade do art. 198 da LEP, a proibição destina-se aos integrantes dos órgãos da execução penal e servidores que exerçam funções junto a pessoas condenadas, não alcançando, assim, o próprio sentenciado ou pessoas estranhas. Evidentemente, não ficam proibidas reportagens ou notícias envolvendo estabelecimentos prisionais, desde que o respectivo conteúdo não seja atentatório à dignidade humana dos detentos.

A violação das regras que tutelam a imagem do preso e a sua sujeição a constrangimentos e outras situações proibidas por lei atenta contra a dignidade da pessoa humana e constitui ilícito penal – o art. 4º da L. 4.898/1965 estabelece que constitui crime de abuso de autoridade "submeter pessoa sob sua guarda ou custódia a vexame ou a constrangimento não autorizado em lei".

14.1.2 Uso de algemas (art. 199 da LEP)

Estabelece o art. 199 da Lei de Execução Penal que "o emprego de algemas será disciplinado por decreto federal". Na esteira dessa previsão, foi editado o Decreto n.º 8.858, de 26.09.2016, estipulando que "é permitido o emprego de algemas apenas em casos de resistência e de fundado receio de fuga ou de perigo à integridade física própria ou alheia, causado pelo preso ou por terceiros, justificada a sua excepcionalidade por escrito" (art. 2º) e que "é vedado emprego de algemas em mulheres presas em qualquer unidade do sistema penitenciário nacional durante o trabalho de parto, no trajeto da parturiente entre a unidade prisional e a unidade hospitalar e após o parto, durante o período em que se encontrar hospitalizada" (art. 3º).

Veja-se que a disciplina do art. 2º do mencionado Decreto coincide, quase integralmente, com os termos da Súmula Vinculante 11 do STF, aprovada na Sessão Plenária de 13.08.2008, regrando que "só é lícito o uso de algemas em casos de resistência e de fundado receio de fuga ou de perigo à integridade física própria ou alheia, por parte do preso ou de terceiros, justificada a excepcionalidade por escrito, sob pena de responsabilidade disciplinar, civil e penal do agente ou da autoridade e da nulidade da prisão ou do ato processual a que se refere, sem prejuízo da responsabilidade civil do Estado".

Mais recentemente, introduzido pela L. 13.434/2017, dispôs o parágrafo único do art. 292 do CPP ser "vedado o uso de algemas em mulheres grávidas durante os atos médico-hospitalares preparatórios para a realização do parto e durante o trabalho de parto, bem como em mulheres durante o período de puerpério imediato". Referido diploma legal, que tem em vista dar efetividade ao princípio da dignidade da pessoa humana, consagrou, em termos de lei federal, a regulamentação ao art. 199 da L. 7.210/1984 (Lei de Execução Penal) antes já determinada pelo já citado art. 3º do Decreto 8.858/2016, que disciplina de modo similar.

A partir dessas disciplinas é possível perceber o caráter excepcional para utilização das algemas, restando estas autorizadas apenas nas hipóteses de resistência à prisão, na prevenção de fugas e no resguardo à integridade física do preso ou de terceiros. Sua imposição, quando não for imprescindível ou quando se revelar desnecessária, implica prática do crime de abuso de autoridade descrito no art. 4º, *b*, da L. 4.898/1965, que dispõe sobre a exposição da pessoa submetida a guarda ou custódia a vexame e constrangimento não autorizado em lei, lembrando-se ainda que o art. 37, § 6º, da Constituição Federal refere a responsabilidade objetiva do Estado, o que possibilita ao lesado buscar indenização junto ao Poder Judiciário na hipótese de o agente público, no exercício de suas funções, praticar ato ilícito causador de dano.

Conforme se infere do Decreto n.º 8.858/2016 e da Súmula Vinculante 11 do STF, sendo constatada a ocorrência de hipótese que autoriza a utilização de algemas, a adoção dessa providência deve ser justificada por escrito por quem assim o determinar, seja pelo juiz no curso de atos processuais (audiências, julgamentos pelo tribunal do júri, reconhecimentos etc.), seja pela autoridade policial ao efetuar prisão em flagrante, seja pelo executor do mandado de prisão. Nesses dois últimos casos, deve-se também atentar para o que dispõe o art. 292 do Código de Processo Penal, no sentido de que, "se houver, ainda que por parte de terceiros, resistência à prisão em flagrante ou à determinada por autoridade competente, o executor e as pessoas que o auxiliarem poderão usar dos meios necessários para defender-se ou para vencer a resistência, do que tudo se lavrará auto subscrito também por duas testemunhas".

Atente-se, por fim, à existência de regulamentações esparsas que, pela especialidade e pelas particularidades, não parecem ter sido revogadas pelos mencionados Decreto e Súmula Vinculante. A título de exemplo, pode ser mencionada a L. 9.537/1997, que disciplina o tráfego aquaviário em águas sob jurisdição nacional e que, no seu art. 10, III, confere ao comandante, no exercício de suas funções e para garantia da segurança das pessoas, da embarcação e da carga transportada, a possibilidade de "ordenar a detenção de pessoa em camarote ou alojamento, se necessário com algemas, quando imprescindível para manutenção da integridade física de terceiros, da embarcação ou da carga"; e, também, o Código de Processo Penal Militar (Decreto-Lei n.º 1.002/1969), no art. 234, § 1º, determinou que "o emprego de algemas deve ser evitado, desde que não haja perigo de fuga ou de agressão da parte do preso, e de modo algum será permitido, nos presos a que se refere o art. 242". O citado art. 242 do CPPM refere-se a categorias que exercem determinadas funções, como é o caso dos ministros de Estado, governadores, membros do Congresso Nacional, magistrados etc.

Em verdade, diante de todo esse cenário legislativo e sumular, a conclusão a que se chega é a de que, no sistema vigente, devem os agentes públicos primar pelo bom senso, sujeitando o preso ao uso de algemas apenas quando presentes os motivos de sua utilização, observado sempre o princípio da proporcionalidade, isto é, a adequação, a necessidade e a ponderação da medida à luz dos valores legal e constitucionalmente protegidos.

14.1.3 O trabalho do preso condenado por crime político (art. 200 da LEP)

Conforme analisamos no Capítulo 4 deste livro, o trabalho, devidamente remunerado, é **obrigatório** ao preso na medida de sua aptidão e capacidade. Tal obrigatoriedade, evidentemente, não se confunde com *trabalho forçado*, que é constitucionalmente vedado (art. 5º, XLVII, *c*, da CF). Portanto, se o condenado recusar-se à sua execução, não poderá ser constrangido a tanto, porém tal conduta implicará cometimento de falta grave (arts. 39, V e 50, VI, da LEP), sujeitando-o às sanções disciplinares previstas em lei.

Sem embargo dessa regra geral, dispõe o art. 200 da LEP que "o condenado por crime político não está obrigado ao trabalho". A razão dessa exclusão é muito bem explicada por Julio Fabbrini Mirabete ao dizer que, se para o condenado por crime comum o trabalho visa a sua reintegração social, na hipótese do crime político não existe esta preocupação, "já que teria praticado o delito por idealismo, manifestando seu desacordo com o regime ou com certas práticas do poder dominante e negando o estabelecido social ou politicamente"[1].

Perceba-se, entretanto, que a regra do art. 200 da LEP não suprime do condenado por crime político o direito ao trabalho, o que é inerente a todo indivíduo preso ou internado (arts. 41, II, e 42 da LEP). O que se estabelece, enfim, é que não possui ele o *dever* de prestá-lo, diferentemente do que ocorre com os demais indivíduos condenados a pena privativa de liberdade (art. 39, V, da LEP). Se, todavia, quiser trabalhar, poderá solicitar à administração carcerária a atribuição de labor, caso em que, assim com os outros presos, fará jus à remuneração, remição e demais benefícios que decorrem do trabalho.

14.1.4 Separação de presos (art. 201 da LEP)

O art. 201 da LEP prevê que, "na falta de estabelecimento adequado, o cumprimento da prisão civil e da prisão administrativa se efetivará em seção especial da Cadeia Pública".

Em relação à **prisão civil**, observe-se que, muito embora o art. 5.º, LXVII, da Constituição Federal permita essa modalidade segregatória quanto ao responsável pelo inadimplemento voluntário e inescusável de *obrigação alimentícia* e do *depositário infiel*, o Supremo Tribunal Federal, em 16.12.2009, aprovou a Súmula Vinculante 25, estabelecendo que "é ilícita a prisão civil de depositário infiel, qualquer que seja a modalidade do depósito". Na oportunidade, seguindo entendimento que já vinha sendo adotado em julgamentos anteriores, considerou o Excelso Pretório que, com a adesão do Brasil, em 1992 (portanto, posteriormente à promulgação da *Lex Fundamentalis*), à Convenção Americana sobre Direitos Humanos – Pacto de San José da Costa Rica –, não há mais base legal para a aplicação da parte final do art. 5.º, LXVII, da Constituição Federal, ou seja, para a prisão civil do depositário infiel. Isso porque a precitada convenção, em

---

[1] Julio Fabbrini Mirabete, op. cit., p. 836.

seu art. 7.º, n. 7, estabeleceu que "ninguém deve ser detido por dívidas", ressalvando apenas que "este princípio não limita os mandados de autoridade judiciária competente expedidos em virtude de inadimplemento de obrigação alimentar". Logo, na atualidade, a forma de privação da liberdade pessoal em comento é cabível tão somente para o **alimentante inadimplente**.

Tocante à **prisão administrativa**, encontrava-se prevista na redação pretérita do art. 319 do CPP (antes das alterações determinadas pela L. 12.403/2011) e destinava-se, especialmente, aos remissos ou omissos em entrar para os cofres públicos com os dinheiros a seu cargo e ao estrangeiro desertor de navio de guerra ou mercante, surto em porto nacional. Rotulava-se, também, de prisão administrativa a prevista no art. 35 do revogado Decreto-Lei 7.661/1945 (antiga Lei de Falências). Todavia, mesmo antes das alterações legislativas que afastaram do mundo jurídico essas espécies de prisões, já era consolidada a orientação no sentido de que não haviam sido elas recepcionadas pela Constituição Federal de 1988. Nesse viés, para alguns doutrinadores, restava como forma de prisão administrativa, unicamente, a prevista art. 69 da L. 6.815/1980 (Estatuto do Estrangeiro), dispondo que "o Ministro da Justiça, a qualquer tempo, poderá determinar a prisão, por 90 (noventa) dias, do estrangeiro submetido a processo de expulsão e, para concluir o inquérito ou assegurar a execução da medida, prorrogá-la por igual prazo". Sem embargo dessa orientação doutrinária, a verdade é que, de há muito, a jurisprudência vinha compreendendo que a prisão administrativa de estrangeiro submetido a processo de expulsão não poderia mais ser determinada pelo Ministro da Justiça, porquanto o art. 69 da referida norma seria manifestamente incompatível com o texto constitucional disposto no art. 5º, LXI. Sendo assim, a medida excepcional de restrição da liberdade e acautelatória do procedimento de expulsão somente poderia ser admitida mediante decisão da autoridade judiciária, e não mais da autoridade administrativa.[2] Pois bem, na atualidade, revogado o Estatuto do Estrangeiro pela L. 13.445/2017, dispôs esta, no art. 123, que ninguém poderá ser privado de liberdade por razões migratórias, exceto nos casos previstos em lei, regrando, outrossim, o Decreto 9.199/2017, que regulamenta a Lei de Migração, ao tratar da *efetivação e do custeio das medidas de retirada compulsória* (arts. 207 a 212) que a prisão com vista à posterior retirada compulsória do estrangeiro do território nacional poderá ser ordenada apenas por autoridade judicial. Logo, não mais subsiste a celeuma doutrinária, sendo descabido, agora, falar em prisão administrativa.

Pois bem, a *prisão civil* possui natureza absolutamente distinta da prisão decorrente da prática criminosa, pois não constitui sanção penal, não ostenta índole punitiva ou retributiva, tampouco visa acautelar inquérito policial ou ação penal. Logo, não seria razoável reunir essa ordem de preso no mesmo ambiente, sendo necessária a separação, mesmo porque aos presos civis são inaplicáveis as normas que regulam o Direito Penal e a Execução Criminal.

Nesse contexto, inexistindo estabelecimento adequado aos presos civis, permite o art. 201 da LEP que sejam eles recolhidos em "seção especial de Cadeia Pública", assim compreendido o estabelecimento destinado aos presos provisórios (art. 102 da LEP). Apesar dessa possibilidade, a referência à "seção especial" deixa claro que os indivíduos sujeitos a prisão civil devem estar isolados dos que estiverem presos em razão da prática de infração penal. Enfim, uns e outros podem estar recolhidos ao mesmo estabelecimento penal, porém em dependências distintas, de modo que não permaneçam em contato uns com os outros.

---

[2] STJ, *Habeas Corpus* 134.195/DF, *DJ* 03.08.2009.

14.1.5 Registros criminais após o cumprimento ou extinção da pena (art. 202 da LEP)

Os arts. 93 a 95 do Código Penal contemplam o instituto da **reabilitação criminal**, compreendendo-se como tal a declaração judicial de que está o sentenciado reinserido no gozo de determinados direitos que haviam sido atingidos pela condenação transitada em julgado. A reabilitação deverá ser requerida ao juiz da sentença (já que não inserida no art. 66 da LEP entre as competências do juiz da execução), quando atendidos os requisitos do art. 94 do Código Penal e desde que tenha decorrido o prazo de 2 (dois) anos do dia em que for extinta, de qualquer modo, a pena ou terminar sua execução, computando-se o período de prova da suspensão e do livramento condicional se não sobrevier revogação.

> **Discussão:** há controvérsia a respeito da possibilidade de reabilitação do indivíduo que cumpriu, integralmente, a pena privativa de liberdade fixada, deixando, porém, de efetuar o pagamento da pena de multa. No STJ, o entendimento vigorante é o de que, decorrido o prazo de dois anos da extinção da pena corporal, poderá o condenado, sim, buscar a reabilitação criminal. Compreendeu a Corte, para tanto, que, "o entendimento contrário, ou seja, o de que a punibilidade do réu permaneceria incólume, enquanto não adimplida a multa, vincularia a finalização do procedimento penal à eventual cobrança do valor, pela Fazenda Pública, que - como se sabe - pode deixar de ajuizar a execução para cobrança da dívida ativa, em várias situações. Tal vinculação, assim, parece não se coadunar com as peculiaridades do processo penal, sendo desarrazoado que o réu, tendo cumprido a pena privativa de liberdade, fique impossibilitado de obter sua reabilitação, após o prazo estabelecido em lei, enquanto não comprovar o pagamento da multa, submetida a procedimento de cobrança cível". (STJ, REsp. 1166866/MS, 2013).

Pois bem, entre os efeitos da reabilitação disciplinados no art. 93 do Código Penal está o de assegurar "ao condenado o sigilo dos registros sobre o seu processo e condenação". Com isso, sugere o Código Penal que apenas depois de reabilitado (o que pode ocorrer dois anos após extinguir-se a pena ou terminar sua execução) é que se dará o cancelamento dos registros criminais para fins civis.

Não é isso, porém, o que ocorre. Na verdade, a previsão do sigilo dos registros criminais como efeito da reabilitação inserida ao art. 93, *caput*, do Código Penal é absolutamente inócua. Isso porque o art. 202 da Lei de Execução Penal estabelece que, "cumprida ou extinta a pena, não constarão da folha corrida atestados ou certidões fornecidas por autoridade policial ou por auxiliares da Justiça, qualquer notícia ou referência à condenação, salvo para instruir processo pela prática de nova infração penal ou outros casos expressos em lei". Em outras palavras: terminado o cumprimento da pena, não poderá o crime respectivo constar de qualquer certidão, salvo para registros de antecedentes internamente ao Poder Judiciário ou outros casos expressos em lei (Súmula 636 STJ). Portanto, não é preciso reabilitar-se o indivíduo para que, em sua folha corrida, desapareça o registro da condenação pela qual tenha cumprido pena, bastando que tenha sido esta extinta. Visou o legislador, com tal regramento, preservar o processo de ressocialização do egresso, facilitando-lhe, inclusive, a obtenção de emprego.

Apesar da omissão legal, tem-se entendido, por interpretação extensiva do art. 202 da LEP, que também não devem constar de certidões e folhas corridas as referências a processos criminais em que tenha ocorrido a absolvição do réu[3].

Note-se que, apesar de o cancelamento dos registros criminais para fins civis coincidir com o término da pena, sendo, portanto, independente da reabilitação, este último instituto subsiste no âmbito do Código Penal, já que é por meio dele que poderá o condenado excluir os efeitos da condenação previstos no art. 92 do Código Penal (art. 93, parágrafo único, do CP).

Abstraindo a previsão do art. 202 da LEP, deve-se mencionar que também é sigiloso o registro da sentença condenatória em que tenha sido concedida a suspensão condicional da pena, não podendo, portanto, ser informada em certidões requeridas a respeito do condenado, salvo no caso de requisições do Poder Judiciário ou do Ministério Público para instruir processo penal (art. 163, § 2º, da LEP). Se, eventualmente, for revogado o benefício, deixa de ser sigiloso o registro até que haja o cumprimento ou extinção da pena, caso em que o sigilo do registro criminal decorrerá da regra inserta ao art. 202 da LEP[4].

---

3 STJ, Recurso Ordinário em Mandado de Segurança 30182/SP, *DJ* 09.03.2011.

4 "A teor da interpretação literal do art. 202 da LEP e dos arts. 416 e 417 da CNJ [Consolidação Normativa Judicial da Corregedoria-Geral da Justiça], havendo condenação, apenas nos casos de cumprimento ou extinção da pena, ou de concessão do benefício da suspensão condicional da pena, é que será emitido alvará de folha corrida negativo, e, ainda assim, ressalvadas as informações requisitadas para instruir processo criminal pela prática de nova infração penal ou outros casos expressos em lei. Fora de tais hipóteses, em regra, as informações correspondentes à condenação, inclusive naquela em que imposta pena restritiva de direitos, deverão constar do alvará e da certidão de antecedentes do reeducando, até o efetivo cumprimento ou extinção, sob pena de infringência aos princípios da legalidade e da igualdade, que norteiam a execução penal e, sistematicamente, conferem tratamento isonômico aos apenados" (TJRS, Correição Parcial 70030116081, j. 15.07.2009).

BIBLIOGRAFIA

AMARAL, Carlos Eduardo Rios. *Novo papel da defensoria pública na tutela coletiva da execução penal (Lei 12.313, de 19 de agosto de 2010)*. Disponível em: <http://www.jurisway.org.br/v2/dhall.asp?id_dh=4580>. Acesso em: 15 jan. 2013.

ARAÚJO, Marina Pinhão Coelho (Coordenação). *Revista Brasileira de Ciências Criminais*. Ano 24. 124. ed. São Paulo: Revista dos Tribunais, 2016.

AVENA, Norberto. *Processo penal*. 11. ed. São Paulo: Método, 2019.

________. *Processo penal, versão universitária – teoria e prática*. 3. ed. São Paulo: Método, 2015.

BECCARIA, Cesare. *Dos delitos e das penas*. 6. ed. São Paulo: Revista dos Tribunais, 2013.

BITENCOURT, Cezar Roberto. *Tratado de direito penal*. 8. ed. São Paulo: Saraiva, 2008.

CAPEZ, Fernando. *Curso de direito penal*. 6. ed. São Paulo: Saraiva, 2006.

________. *Execução penal simplificado*. 15. ed. São Paulo: Saraiva, 2012.

CONSTANTINO, Lúcio Santoro de. *Recursos criminais, sucedâneos recursais criminais e ações impugnativas autônomas criminais*. 4. ed. Porto Alegre: Livraria do Advogado, 2010.

DELMANTO, Celso; DELMANTO, Roberto; DELMANTO JUNIOR, Roberto; DELMANTO, Fábio M. de Almeida. *Código Penal comentado*. 5. ed. Rio de Janeiro: Renovar, 2000.

ESTEFAM, André. *Direito penal*. São Paulo: Saraiva, 2010.

FARIAS, Cristiano Chaves de; ALVES, Leonardo Barreto Moreira; ROSENVALD, Nelson (Organização). *Temas atuais do Ministério Público*. 6. ed. Salvador: JusPodivm, 2016.

FERNANDES, Antonio Scarance. *Processo penal constitucional*. 7. ed. São Paulo: Revista dos Tribunais, 2012.

FRANCO, Alberto Silva. *Crimes hediondos*. 7. ed. São Paulo: Revista dos Tribunais, 2011.

GOMES, Luiz Flávio. *Penas e medidas alternativas à prisão*. 2. ed. São Paulo: Revista dos Tribunais, 2000.

________; MOLINA, Antônio García-Pablos de. *Direito penal.* 3. ed. São Paulo: Revista dos Tribunais, 2012.

GRECO, Rogério. *Curso de direito penal.* 13. ed. Niterói (RJ): Impetus, 2016.

GRINOVER, Ada Pellegrini. *Execução penal.* São Paulo: Max Limonad, 1987.

________; GOMES FILHO, Antônio Magalhães; FERNANDES, Antonio Scarance. *Recursos no processo penal.* 7. ed. São Paulo: Revista dos Tribunais, 2011.

JESUS, Damásio E. de. *Direito penal.* 25. ed. São Paulo: Saraiva, 2000.

KUEHNE, Maurício. *Lei de Execução Penal anotada.* 4. ed. Curitiba: Juruá, 2004.

MARCÃO, Renato Flávio. *Curso de execução penal.* 10. ed. São Paulo: Saraiva, 2012.

________. *Lei de Execução Penal anotada.* São Paulo: Saraiva, 2001.

MASSON, Cleber. *Direito penal esquematizado.* 6. ed. São Paulo: Método, 2012.

MIRABETE, Julio Fabbrini. *Código Penal interpretado.* 5. ed. São Paulo: Atlas, 2005.

________. *Execução penal.* 11. ed. São Paulo: Atlas, 2004.

________. *Manual de direito penal,* vol. 1. 26. ed. São Paulo: Atlas, 2010.

MORAES, Alexandre de. *Condenação criminal e suspensão dos direitos políticos.* Disponível em: <www.tj.ro.gov.br/emeron/sapem/2001/setembro/0709/Artigos/06>. Acesso em: 5 nov. 2012.

________. *Constituição do Brasil interpretada.* 5. ed. São Paulo: Atlas, 2005.

________. *Direitos humanos fundamentais.* 2. ed. São Paulo: Atlas, 1998.

________; SMANIO, Gianpaolo Poggio. *Legislação penal especial.* 6. ed. São Paulo: Atlas, 2002.

NOGUEIRA, Paulo Lúcio. *Comentários à Lei de Execução Penal.* São Paulo: Saraiva, 1990.

NUCCI, Guilherme de Souza. *Código de Processo Penal comentado.* 11. ed. São Paulo: Revista dos Tribunais, 2012.

________. *Código Penal comentado.* 8. ed. São Paulo: Revista dos Tribunais, 2008.

________. *Leis penais e processuais penais comentadas.* 4. ed. São Paulo: Revista dos Tribunais, 2009.

________. *Manual de Processo Penal e execução penal.* 7. ed. São Paulo: Revista dos Tribunais, 2011.

NUNES, Adeildo. *Defensoria pública e presídios.* Disponível em: <http://www.anadef.org.br/component/content/article/1-latest-news/277-defensoria-publica-e-presidios>. Acesso em: 17 jan. 2013.

________. *Da execução penal.* 2. ed. Rio de Janeiro: Forense, 2012.

PRADO, Luiz Regis. *Comentários ao Código Penal*. 4. ed. São Paulo: Revista dos Tribunais, 2007.

SILVA, Davi André Costa. *Direito penal – parte geral*. Porto Alegre: Verbo Jurídico, 2010.

TOURINHO FILHO, Fernando da Costa. *Processo penal*. 27. ed. São Paulo: Saraiva, 2005.

ZVIRBLIS, Alberto Antônio. *Livramento condicional e prática de execução penal*. São Paulo: Edipro, 2001.

ROTAPLAN
GRÁFICA E EDITORA LTDA
Rua Álvaro Seixas, 165
Engenho Novo - Rio de Janeiro
Tels.: (21) 2201-2089 / 8898
E-mail: rotaplanrio@gmail.com

1 2 3 4 5 6 7 8 9 10
2019

Dissertação defendida e aprovada em agosto de 2001, pela banca examinadora constituída pelos professores:

Professora Dra. Regina Helena Alves da Silva (Orientadora)

Professora Dra. Carla Anastasia (História/UFMG)

Professora Dra. Magda de Almeida Neves (PUC/MG)

Professor Dr. Dalmir Francisco (Comunicação/UFMG)